PRINCIPES

DE

MÉTAPHYSIQUE

ET

DE PSYCHOLOGIE

SOCIÉTÉ ANONYME D'IMPRIMERIE DE VILLEFRANCHE-DE-ROUERGUE
Jules BARDOUX, Directeur.

PRINCIPES
DE
MÉTAPHYSIQUE
ET
DE PSYCHOLOGIE

LEÇONS PROFESSÉES A LA FACULTÉ DES LETTRES DE PARIS

— 1888-1894 —

Par PAUL JANET
MEMBRE DE L'INSTITUT

TOME SECOND

PARIS

LIBRAIRIE CH. DELAGRAVE

15, RUE SOUFFLOT, 15

1897

LIVRE TROISIÈME

VOLONTÉ ET LIBERTÉ

LIVRE TROISIÈME
VOLONTÉ ET LIBERTÉ

LEÇON PREMIÈRE

LA VOLONTÉ ET L'ACTION RÉFLEXE

Messieurs,

Il y a dans la langue française et dans toutes les langues des mots dont les philosophes et les savants font continuellement usage, et dont le sens commun se sert aussi sans scrupule. Ce sont les mots d'activité, d'action, de pouvoir, d'énergie, d'effort, de travail, et tous ces termes se ramènent à celui que nous avons nommé le premier, à savoir celui d'*activité*. D'où vient cette notion d'activité? Quelle en est l'origine? Quel en est le type, le caractère, et par conséquent quelle en est l'autorité?

Il faut reconnaître que, si l'esprit de notre temps paraît favorable à l'idée d'activité et d'action (car aucune société n'a été jamais plus tumultueuse et plus agitée), la philosophie, au contraire, se montre en général assez opposée à cette idée, et toutes les écoles sont en quelque sorte d'accord pour la réduire ou la supprimer.

Demandez, par exemple, à l'école empiriste et associationiste ce qu'il faut entendre par action, pouvoir, force, elle vous répondra qu'il n'y a rien de semblable dans les choses. Nulle part nous ne surprenons en dehors de nous un véritable pouvoir, c'est-à-dire une cause transitive qui fasse passer quelque chose d'elle-même à son effet. Il n'y a que des successions et des simultanéités. Il n'y a pas de différence dans le fond, suivant Stuart Mill, entre l'agent et le patient ; ce n'est qu'une différence de point de vue.

Si nous interrogeons l'école physiologique, à l'explication précédente qu'elle accepte elle en ajoute une autre plus négative encore. Elle nie absolument ce que nous appelons l'effort. L'effort, qui est pour nous le type de l'activité, n'est autre chose qu'une sensation périphérique, afférente, comme on dit, et non efférente : c'est une sensation musculaire, accompagnée d'un grand nombre d'autres, également périphériques, mais ne contenant rien qui corresponde à l'idée de pouvoir, au passage de la cause à l'effet.

L'école idéaliste n'est pas non plus éloignée d'admettre le même point de vue. Tout est idée, et il n'y a rien autre chose que des idées, et rien de semblable à ce que nous appelons une action. « Le moi n'est pas un acte, c'est une forme[1] ; » s'il y avait quelque chose de semblable à ce que nous appelons action, il ne faudrait pas dire que tout est idée, et que la pensée est tout. L'action n'est pas une pensée. A la vérité, quelques philosophes admettent des idées forces ; mais ce n'est plus de l'idéalisme : c'est du dynamisme. Encore faut-il nous dire d'où vient l'idée de force : elle ne peut venir que du sens interne de l'effort, que nous transportons aux choses extérieures (cheval, cours d'eau, machine) et que, par un nouveau transfert, nous appliquons ensuite aux idées. Toujours est-il que l'idéalisme pur ne contient rien de semblable.

Un autre moyen de supprimer l'activité, c'est de confondre la cause efficiente avec la cause finale. Toute cause, dit-on, n'agit qu'à titre de fin : c'est dire qu'elle n'agit pas, car la fin est immobile, comme dit Aristote. La véritable action est dans l'être qui se dirige vers la fin, et cette action est celle d'une cause efficiente, non d'une cause finale : c'est là qu'est la force, le pouvoir, l'activité. Or nos idées (et une cause finale n'est qu'un idéal) n'ont rien de semblable ; on ne voit donc pas

---

[1]. Lachelier, *Du Fondement de l'induction.*

comment un agent pourrait se diriger vers la fin, étant destitué lui-même de toute activité intérieure. L'action par la cause finale est une action mystérieuse, une fascination ou un magnétisme qui n'est semblable en rien à une action véritable. L'être soumis au magnétisme, à l'hypnotisme, n'agit pas, il *est agi*. Tout cela est poétique, mais sans fondement dans la réalité, μεταφορικῶς καὶ κενῶς.

A la vérité, dans la philosophie contemporaine on parle beaucoup de liberté. C'est la seule notion qui ait surnagé (on ne sait pourquoi) dans le naufrage des idées métaphysiques; mais en même temps on enseigne, avec Kant, que l'on n'a pas conscience de la liberté, que la preuve du *sentiment dit interne* doit disparaître, et que la seule preuve de la liberté est la preuve morale. Mais alors où prend-on dans la réalité la force et le type de l'idée de liberté? La liberté est une action; et s'il n'y a pas en nous le sentiment de l'action, et par conséquent du pouvoir et de la force, il n'y a plus qu'une idée négative de la liberté, à savoir la non-nécessité; mais cette notion, toute négative, ne sert à rien, car elle est aussi bien celle du contingent et du fortuit que du libre.

De toutes les formes de l'activité, celle où elle se manifeste de la manière la plus sensible étant l'acte de la volonté, c'est la volonté que nous aurons surtout à défendre contre ceux qui la réduisent et qui l'annulent, et tout d'abord contre ceux qui la confondent avec l'action réflexe ou avec une coordination d'actions réflexes[1]. Depuis la sensitive qui se replie au toucher, jusqu'à l'action de Régulus qui meurt par dévouement à la patrie et à l'honneur, il n'y a rien qu'une série croissante et de plus en plus compliquée d'actions réflexes. En quoi consiste cette série?

Nous savons quel est le type de l'action réflexe. Une excitation se produit à la périphérie de l'organisme; elle se communique de proche en proche jusqu'à un centre par l'intermédiaire des nerfs sensitifs. De là elle passe dans les nerfs

---

1. Voir Ribot, *Des Maladies de la volonté*.

moteurs et se traduit en dehors par un mouvement. Ce *circulus* peut avoir lieu sans conscience, mais il peut avoir lieu avec conscience; c'est toujours la même chose. La volonté se rencontre dans la classe des actions réflexes conscientes. A quel moment la rencontrons-nous?

Le premier état du nouveau-né est presque exclusivement réflexe; les actions motrices sont innombrables et indéterminées : le travail de l'éducation consistera pendant longtemps à en supprimer le plus grand nombre. Ces mouvements ont été acquis par l'espèce; ils n'appartiennent pas en propre à l'individu : ils sont donc instinctifs et à peu près inconscients.

La conscience commence avec le *désir* qui « accompagne une étape ascendante de l'état réflexe à l'état volontaire ». Les désirs sont les formes les plus élémentaires de la vie affective, et physiologiquement ils ne diffèrent pas des réflexes d'ordre composé. « Psychologiquement ils en diffèrent par l'état de conscience souvent très intense qui les accompagne. » La tendance du désir à se traduire en acte est immédiate et irrésistible comme celle des réflexes; mais aussitôt que l'expérience a permis à l'intelligence de naître, « il se produit une nouvelle forme d'activité que l'on peut appeler idée motrice, qui est un perfectionnement, mais qui n'est qu'un perfectionnement de l'action réflexe. »

« Comment une idée peut-elle se traduire en mouvement? C'est là, dit-on, une question qui embarrasse fort l'ancienne psychologie, » mais qui, paraît-il, est fort simple dans la nouvelle. Voici l'explication qu'on en donne.

« En réalité, une idée ne produit pas un mouvement; ce serait une chose merveilleuse que ce changement total et soudain de fonctions. Une idée, telle que les spiritualistes la définissent, ne serait rien moins qu'un miracle. Ce n'est pas l'état de conscience comme tel, mais bien l'état physiologique correspondant qui se transforme en acte. Encore une fois, la relation n'est pas entre un événement psychique et un mouvement, mais entre deux événements de même nature, entre deux groupes d'éléments nerveux, l'un sensitif, l'autre moteur. Si l'on s'obstine à faire de la conscience une cause, tout reste obscur ; si on la considère comme le simple accompagnement d'un processus nerveux, qui lui seul est l'événement essentiel, tout devient clair, et la difficulté factice disparaît. »

Ce principe une fois posé, il semble qu'il soit peu nécessaire de distinguer plusieurs classes d'idées et leur puissance motrice, puisque cette puissance n'est qu'une apparence. Cependant la psychologie pourra recueillir avec intérêt les données suivantes :

1° Le premier groupe comprendra les états intellectuels extrêmement intenses qui passent à l'acte avec une fatalité et une rapidité presque égale à celle des réflexes. Ce sont ces idées que l'ancienne psychologie appelait les mobiles de la volonté. L'intelligence, disait-on, n'agissait sur la volonté que par l'intermédiaire de la sensibilité : ce qui signifie que l'état nerveux qui correspond à une idée se traduit d'autant mieux en mouvement qu'il est accompagné des états nerveux qui correspondent aux sentiments. Ce premier groupe comprend tout ce qu'on appelle les passions.

2° Le second groupe comprendra les idées réfléchies et délibérées. C'est l'activité raisonnable, la volonté au sens courant du mot. Dans ce groupe la tendance à l'acte n'est ni instantanée ni violente, l'état sensible concomitant est modéré. La plupart de nos actions se ramènent à ce type, déduction faite des formes précédentes et des habitudes.

3° Le troisième groupe comprend les idées abstraites. Ici la tendance au mouvement est à son minimum : ces idées étant des représentations de représentations, des extraits fixés par un signe, l'élément moteur s'appauvrit dans la même mesure que l'élément représentatif.

Telle est la cause de l'opposition souvent signalée entre les esprits spéculatifs et les esprits pratiques, entre voir le bien et le pratiquer.

La théorie de la volonté action réflexe rencontre ici une difficulté que ses partisans eux-mêmes reconnaissent ne pas exister dans la théorie psychologique. La volonté n'est pas seulement une puissance d'action, auquel cas elle se ramène à l'action motrice des idées; mais elle est aussi une puissance d'arrêt, un pouvoir d'empêcher. Psychologiquement, il n'y a pas de différence essentielle entre permettre et empêcher. La volition étant un *fiat*, peu importe que ce *fiat* commence ou arrête le mouvement. Mais si l'action réflexe est le type de toute action, si c'est une loi que tout état de conscience se transforme en mouvement, il faut expliquer pourquoi il y a des cas où il ne se transforme pas.

On accorde donc que la question physiologique est encore, à l'heure qu'il est, obscure et incertaine. Cependant on sait qu'il y a des nerfs d'arrêt. On sait encore que le cerveau lui-même exerce une action modératrice, c'est-à-dire inhibitoire; mais le mécanisme d'arrêt est peu connu.

Psychologiquement, la puissance d'arrêt s'explique par l'association des idées. Tel état psychologique, par exemple la colère, réveille (en vertu de l'éducation) l'idée de la dignité personnelle, et cette idée peut suffire dans certains cas et chez certaines personnes pour arrêter l'effet. Cela tient, dit-on, à ce que les idées ou sentiments qui produisent l'arrêt ont été primitivement des états dépressifs, qui tendent à diminuer l'action, par exemple principalement la crainte. Quant à cette force d'arrêt, elle est proportionnée à l'habitude et à l'hérédité.

Un point très essentiel de cette théorie de la volonté, c'est que ce n'est pas là seulement une faculté générale et identique. Pour tous les hommes elle est essentiellement individuelle; elle est « la réaction propre de l'individu ». Elle ne se produit pas du moi; elle forme le *caractère* ou le *moi*.

Qu'est-ce donc que la volition? La volition est un état de conscience final qui résulte de la coordination plus ou moins complexe d'un groupe d'états conscients, subconscients et inconscients qui, étant réunis, se traduisent par une action ou un arrêt. La coordination a pour facteur principal le caractère, qui n'est que l'expression psychique de l'organisme individuel. C'est le caractère qui donne à la coordination son unité, non l'unité abstraite d'un point mathématique, mais l'unité concrète d'un consensus. L'acte par lequel cette coordination se fait et s'affirme est le *choix*.

Il n'est pas vrai cependant, comme on serait tenté de le croire, d'après la phraséologie ordinaire du déterminisme, que le motif le plus fort l'emporte toujours : « Le motif prépondérant n'est pas la cause, mais seulement une portion de la cause, et toujours la plus faible, quoique la plus visible ; il n'a d'efficacité qu'autant qu'il est choisi, c'est-à-dire qu'il entre, à titre de partie intégrante, dans la somme des états qui constituent le moi à un moment donné, et que la tendance à l'acte s'ajoute à ce groupe de tendances qui viennent du caractère pour ne faire qu'un avec elles. »

La volition n'est donc, en résumé, qu'une résultante : « C'est l'effet de ce travail psychophysiologique tant de fois décrit, dont une partie seulement entre dans la conscience sous forme de délibération. »

En soi, « *la volition n'est cause de rien* ». Le « je veux » constate une situation et ne la constitue pas. « C'est un *effet*, sans être une cause. »

Telle est la théorie de la volonté action réflexe. Il y a dans cette théorie une partie de très bonne et très solide psychologie, qui peut être acceptée tout entière, sauf la conclusion, parce que cette conclusion n'est plus un fait, mais une interprétation de faits. C'est sur cette interprétation de faits que la discussion doit s'instituer.

Il est très vrai que les idées ont une action motrice. C'est une des acquisitions les plus importantes de la psychologie moderne. Il est très vrai que les idées peuvent se classer en différents groupes selon leur degré de puissance motrice. Il est très vrai qu'il y a un premier groupe, les passions, où l'idée est presque immédiatement motrice ; un second groupe, l'action délibérée, où l'idée ne se transforme pas nécessairement et immédiatement en mouvement, mais seulement après comparaison et réflexion ; enfin un troisième groupe, les idées abstraites, qui ne se transforment presque jamais en actes. Il est très vrai que, pour que la volonté produise un arrêt, il faut des idées antagonistes qui fassent contre-poids aux idées motrices. Il est très vrai surtout que la volonté est une faculté individuelle, qu'elle est le propre du moi, qu'elle n'est point l'unité abstraite d'un point mathématique, mais l'unité concrète d'un consensus; enfin qu'elle est l'expression du caractère, parce que le caractère lui-même est l'expression de la volonté. Enfin, d'autres faits que nous n'avions pas signalés, parce que l'on ne peut tout dire, sont également très bien observés dans cette analyse, par exemple combien il reste peu de place à la volonté proprement dite, dans la vie humaine, quand on fait abstraction de la vie physiologique, du sommeil, de l'habitude, de la passion et des mille actions indifférentes produites par les petites perceptions sourdes dont Leibniz a tant parlé. De même encore, les lois de dissolution de la volonté sont établies avec beaucoup de force et de preuves à l'appui. Voici le résumé de ces lois : « La dissolution de la volonté suit une marche régressive du plus volontaire et du plus complexe au moins volontaire et au plus simple, c'est-à-dire à l'automatisme.

Mais, après avoir fait la part des faits, il s'agit de les interpréter; et ici nous sommes en présence du pur arbitraire.

La théorie précédente, quoiqu'elle semble en apparence fidèle à la plus stricte méthode expérimentale, est dominée cependant par une idée préconçue, c'est-à-dire par une théorie métaphysique. Cette idée, c'est qu'il ne peut y avoir dans l'homme que des événements physiques : or c'est là une solution implicite du problème de l'essence de l'homme : car il est évident que si l'homme est à la fois esprit et corps, il peut y avoir en lui des événements moraux aussi bien que des événements physiques; et que s'il est plus esprit que corps, les événements moraux devront l'emporter sur les événements physiques. C'est donc résoudre subrepticement le problème, et le résoudre au point de vue du matérialisme, que de supposer comme un postulat évident que le fond de toutes nos actions est une succession d'événements physiques.

C'est également un postulat gratuit de soutenir qu'une idée ne peut pas produire un mouvement, et qu'en général un événement moral ne peut pas produire un événement physique, parce que ce serait « un miracle », comme s'il était plus facile de comprendre qu'un mouvement puisse produire un autre mouvement, et comment un mouvement peut passer d'un corps à l'autre ; et si l'on dit qu'il faut faire abstraction du comment, et qu'il faut simplement considérer le fait d'expérience, à savoir qu'un mouvement succède à un autre mouvement, nous nous demandons pourquoi l'on ne pourrait pas dire également qu'un mouvement succède à une idée. Il y a plus : on est bien forcé d'admettre, parce que l'expérience est incontestable, que le mouvement amène une idée, c'est-à-dire qu'un événement physique produit un événement mental, et dès lors qu'y a-t-il d'extraordinaire dans la réciproque, et pourquoi un événement mental ne produirait-il pas un événement physique ? Si le mouvement est suivi de sensation, pourquoi la sensation ne serait-elle pas suivie de mouvement ? Pour esquiver la difficulté, on emploie adroitement le mot *accompagner* pour le mot de *suivre* ; mais cela nous est indifférent : que les deux phénomènes, idée et mouvement, soient accompagnés ou suivis l'un par l'autre, le problème est le même ; si le mouvement est accompagné de sensation, pourquoi la sensation ne serait-elle pas accompagnée de mouvement ? Il faudrait alors admettre qu'il peut y avoir un événement qui n'a aucune conséquence, aucun effet : car si l'événement physique produit directement l'événement physique qui suit, sans rien devoir à l'intermédiaire mental, cet intermédiaire serait comme s'il n'existait pas, puisqu'il n'est cause de rien : ce qui est contraire à toutes les lois du déterminisme ; car, dans cette doctrine, il est aussi impossible de concevoir un phénomène sans effet qu'un phénomène sans cause. Si donc l'événement mental est absolument impuissant à produire quoi que ce soit, la chaîne est interrompue ;

la série physique est continue, la série mentale est discontinue. Au lieu d'admettre un commencement absolu, comme les partisans du libre arbitre, on admet une fin absolue, à savoir l'événement mental, puisqu'il ne produit rien ; et ce n'est pas seulement la volonté qui ne produit rien, c'est encore le désir, c'est la sensation elle-même ; la seule cause réelle, c'est le fond physique, auquel correspondent subjectivement le plaisir, le désir, la volonté ; mais ces phénomènes subjectifs ne peuvent produire par eux-mêmes aucun mouvement ; ils ne peuvent même pas engendrer des événements subjectifs qui leur seraient homogènes : la sensation ne peut produire un désir, ni le désir un effort, ni l'effort un acte de volonté libre : ces différents phénomènes ne sont que des répercussions, et par conséquent, en tant que subjectifs, ils ne sont que des effets. Ainsi, tandis que les événements physiques sont à la fois effets et causes, conséquents et antécédents, les phénomènes mentaux ne peuvent être que conséquents sans être antécédents : ce qui est contraire à toutes les lois du déterminisme. Cette thèse n'est pas moins contraire à la théorie empirique de la causalité. En effet, dans cette théorie une cause n'est qu'un antécédent, un effet n'est qu'un conséquent. Cela posé, il est évident que l'événement mental est un antécédent par rapport au mouvement qui suit : il en est donc la cause. En prétendant que le désir et la volonté ne sont cause de rien, on ne nie pas cependant qu'ils ne soient suivis de quelque chose. On ne peut leur contester l'antériorité par rapport au mouvement effectué : par exemple, je vois un fruit qui me tente ; je désire le prendre et je le cueille ; n'est-il pas évident que le fait de désirer est suivi du fait de cueillir ? Si je ne le désirais pas, je ne le cueillerais pas. Ainsi l'antériorité est incontestable, et, suivant la théorie empirique, le premier phénomène devrait être appelé la cause du second. Si donc on conteste au premier phénomène le titre de cause, ce n'est pas l'antériorité que l'on conteste, c'est l'efficacité, la productivité, la causalité dans le sens propre du mot. Par conséquent, lorsqu'on dit que la vraie cause n'est pas dans la volition, mais dans l'événement physique dont elle n'est que le signe, on admet par là même que la cause est autre chose qu'un antécédent, qu'elle est une action; mais par là aussi on introduit un élément dont on n'a jamais eu connaissance par l'expérience, si ce n'est par l'expérience de la volonté, laquelle cependant, dit-on, n'est cause de rien.

Essayons de surprendre dans un exemple particulier les étrangetés de cette théorie de « la volonté cause de rien »; supposons un homme qui joue aux échecs. On sait qu'une partie d'échecs représente un nombre considérable de calculs, c'est-à-dire une suite d'idées anticipées qui sont, ou du moins sont censées être la cause des mouvements produits; je pousse telle pièce parce que je prévois que vous en pousserez telle autre, et moi une troisième qui vous fera mat. Dans le fait, le calcul est souvent beaucoup plus long, et les habiles prévoient de bien plus loin; mais bornons-nous au fait le plus simple, à savoir trois idées que je me représente d'avance en sens inverse de leur production. On croit que ce sont ces idées qui déterminent la marche du jeu : en aucune façon; chacune d'elles se résout en sensations ou images de sensation, et chaque sensation ou image est liée à un mouvement; mais la sensation, pas plus que la volonté, n'est cause de rien : ce n'est donc pas la sensation ou l'idée qui détermine le mouvement; chaque mouvement est produit par un mouvement antérieur : l'idée n'est qu'un témoin, ce n'est pas un acteur. Il se joue dans le cerveau une partie d'échecs, pièce par pièce. Celle-là n'est pas calculée; ce sont les pièces qui poussent les pièces en vertu de certaines associations précédentes. L'automate de Vaucanson est le vrai joueur d'échecs, puisque la conscience n'est qu'un accident, un *épiphénomène*. L'invalide qui, ayant perdu toute conscience, continue à faire l'exercice, est un aussi bon soldat qu'auparavant. Qu'il aille se faire tuer comme une machine, ou pour le but étrange « de se dévouer pour une idée », c'est exactement la même chose. Qu'un Vaucanson supérieur sache construire un bataillon carré infranchissable, il aura créé la meilleure des armées ; la morale civique n'aura que faire là, car, n'ayant pour but que de produire des machines imparfaites, celui qui produira la machine parfaite fera une œuvre infiniment supérieure.

Il nous semble donc impossible de dire que la volonté n'est qu'une action réflexe ; c'est, si l'on veut, une action réflexe, mais avec la conscience en plus : or la conscience est quelque chose. Il y a des actions réflexes sans conscience ; donc celles où il y a conscience contiennent un élément de plus. Cet élément est éliminé par les partisans de l'automatisme : il est bien « issu du passé », comme le disait Leibniz, mais il n'est pas « gros de l'avenir » ; ce qui est contraire à toutes les lois du déterminisme.

Pour atténuer autant que possible le paradoxe étrange et contradictoire, dans un système déterministe, d'un phénomène sans effet, non moins impossible en soi qu'un phénomène sans cause, on s'efforce de réduire la réalité et le contenu de ces phénomènes. On dit que le fait subjectif n'est que le signe, le reflet du fait objectif ou physique, que la conscience est la même chose que l'*ombre par rapport au corps*. On ne peut pas employer une métaphore plus mal choisie. On sait d'ailleurs que les matérialistes ne sont pas heureux en métaphores. La conscience n'est pas plus une ombre que la pensée n'est une sécrétion. L'ombre n'est que l'absence de la lumière ; ce n'est qu'une négation. Dans l'ordre mental, c'est, au contraire, l'inconscience qui est l'ombre, et la conscience qui est la lumière. De quelque manière qu'on s'y prenne, il faut bien qu'on reconnaisse qu'un phénomène plus la conscience contient quelque chose de plus qu'un phénomène moins la conscience. Or ce quelque chose de plus est au moins un phénomène, si ce n'est plus ; mais, ne fût-ce qu'un phénomène, à ce titre seul il est quelque chose de réel et, par cela même, il doit avoir son rang dans la série et n'être pas seulement un effet. S'il a été déterminé à l'existence par un événement physique antérieur, il faut que lui-même détermine à l'existence un événement physique postérieur. Écartons la question de la liberté ; négligeons la question de savoir si la volonté est ou n'est pas le désir ou l'idée ; nous nous bornons à ceci : c'est qu'on ne peut admettre à aucun point de vue, et surtout au point de vue déterministe, que la volition ne soit cause de rien.

On ne veut pas admettre le circulus qui va de l'événement physique à l'événement mental, pour retourner de l'événement mental à l'événement physique. On ne veut que le circulus de l'action réflexe, qui par un courant afférent vient du dehors à la cellule suivante, et qui, communiqué de la cellule sensitive à la cellule motrice, se change en un courant efférent, d'où suit le mouvement externe. Mais que fait-on dans cette analyse de l'événement psychologique? Il est tellement inutile que l'on se demande pourquoi il est produit. C'est une superfétation ; c'est lui qui est un miracle. Car la loi de la conservation de la force s'appliquerait sans qu'il y eût de phénomène mental : autant de force accumulée dans le courant afférent, autant de force dépensée dans le courant efférent. Le phénomène psychologique reste en dehors ; il ne peut entrer dans le calcul, car on ne peut additionner ensemble un plaisir et un mouvement. Dès lors, s'il est en dehors de la loi, s'il est d'un autre ordre, pourquoi, en vertu du même principe, ne serait-il pas en dehors de la loi à titre de cause, aussi bien qu'à titre d'effet? Étant un effet hyperphysique, puisque, par hypothèse, il ne compte pas dans le calcul, pourquoi ne serait-il pas aussi une cause hyperphysique? Si, au contraire, on veut le faire compter dans le calcul et qu'on soutienne qu'une partie de la force s'est transformée en état de conscience, pourquoi, réciproquement, l'état de conscience ne transformerait-il pas une partie de la force en mouvement produit? D'ailleurs, on se demande ce que pourrait être, au point de vue mental, ce qu'on appelle force au point de vue mécanique ; car la force dont il est question dans le calcul n'implique que des rapports de masse et de vitesse, ce qui n'a plus aucun sens quand il s'agit de phénomènes subjectifs, tels que le plaisir, l'attrait, la volition.

Toutes ces impossibilités, dont on fait bon marché, nous forcent à conclure que les événements physiques ne peuvent être le fond réel, la substance des événements mentaux, qu'ils n'en sont que la condition, et que la série subjective a en elle-même son initiative, son individualité, son enchaînement, dont la série objective n'est que l'accompagnement ; et quant à la nécessité d'un tel accompagnement, il suffit, pour la comprendre, de réfléchir que le moi doit être mis en rapport avec le monde extérieur ; or, pour cela il faut qu'il soit uni à un appareil qui lui transmette les états du monde extérieur, et par lequel réciproquement il puisse agir sur ce monde extérieur.

Une autre manière de représenter la théorie serait de dire que l'événement mental peut être dit cause au même titre que l'événement physique, parce que c'est la même chose, à savoir un seul et même phénomène à deux faces, l'un subjectif, l'autre objectif. On dira donc indifféremment que c'est la volonté qui est la cause de l'action réflexe, ou l'action réflexe qui est la cause de la volonté ; ce seront deux manières de parler. Mais cette nouvelle doctrine est, en réalité, le renversement de la précédente ; car alors il ne sera plus du tout vrai de dire que la volition n'est cause de rien, et que l'efficacité n'existe que dans le mouvement. C'est alors une seule et même cause, volition-mouvement, qui produit un seul et même but, sensation-mouvement. Dans ce cas, je puis dire très exactement que la volition produit quelque chose (l'effort), qui est sensation subjectivement, et mouvement objectivement. Enfin, je puis faire abstraction du point de vue objectif, et ne considérer que le point de vue subjectif, ce qui nous ramène à la psychologie proprement dite. Dira-t-on que, dans ce total, volition-mouvement ou mouvement-volition, c'est le mouvement qui est la substance, la chose, et le phénomène subjectif qui est l'accident, parce que je puis modifier celui-ci en modifiant celui-là ? Par exemple, en enivrant un homme je lui fais vouloir et commettre des actions insensées ; mais réciproquement en déterminant un phénomène mental (par exemple une injure), je produis en lui un trouble physique extraordinaire. Or dans l'injure il est évident que c'est le mouvement qui est l'accessoire, et l'idée qui est le principal : dans ce cas, l'idée sera cause bien plus que le mouvement. Donc il est impossible, même dans la thèse de l'unité phénoménale à deux faces, de réduire la volition, aussi bien que tout autre phénomène subjectif, à n'être cause de rien.

Nous savons bien que l'on ne réduit pas la volition à n'être que l'expression d'un seul mouvement; elle est, au contraire, l'effet d'un nombre incalculable de mouvements antérieurs qui ne sont pas seulement propres à l'espèce, mais encore à l'individu, et c'est ce qu'on appelle le *caractère;* mais nous disons qu'il faut décomposer cet ensemble et nous dire si, dans chaque mouvement particulier, l'événement subjectif est effet sans être cause; et alors toutes nos objections reviennent. Si, au contraire, on a admis, à un moment quelconque, qu'un phénomène subjectif peut être cause, pourquoi le dernier de la série serait-il destitué de ce privilège? Que le contenu de la volition soit ou non emprunté à tout le passé de l'individu, c'est ce que nous ne discutons point en ce moment. C'est le problème du déterminisme ou de la liberté que nous écartons; mais par cela seul que tout le passé se trouve condensé dans un acte unique, ce dernier fait se distingue de tous les faits précédents, de même qu'une combinaison chimique diffère de tous les faits dont elle est la combinaison. Or, personne ne dit en chimie que l'eau n'est cause de rien, parce qu'elle est un produit de l'oxygène et de l'hydrogène. Par cela seul qu'on le dit de la volition, on pourrait le dire de tous les éléments subjectifs antérieurs, et l'on retombe toujours dans l'étonnante doctrine des phénomènes réels qui ne produisent rien et s'arrêtent dans le vide. Encore une fois, le phénomène mental est quelque chose ou il n'est rien. Mais qui osera dire qu'il n'est rien, absolument rien? Et s'il est quelque chose, comment peut-il avoir la réalité d'être effet sans être en même temps capable d'avoir la réalité d'être cause?

LEÇON II

ANALYSE PSYCHOLOGIQUE DE LA VOLONTÉ

Messieurs,

Nous avons, dans notre dernière leçon, résumé et discuté la théorie physiologique de la volonté. Revenons maintenant sur toute la série des faits précédents à la lumière de la psychologie : on verra qu'ils présentent un tout autre caractère. En effet, dans la théorie physiologique on élimine systématiquement tous les faits et tous les caractères des faits qui ne peuvent pas se traduire physiologiquement. Partant d'une hypothèse préconçue (à savoir que le physiologique est le fond et que le psychologique est l'accessoire), on supprime ou on élude tout ce qui ne rentre pas dans la théorie; et c'est au nom de la méthode expérimentale que l'on mutile l'expérience.

Le fait dont on part d'un commun accord, c'est que l'action exercée par l'objet extérieur sur l'être organisé, action communiquée au centre par les nerfs sensitifs, se traduit psychologiquement par un état de conscience qui sera, par exemple, le plaisir. Il est certain que cet état de conscience est déjà un embarras pour la théorie physiologique; car les choses se passeraient exactement de la même manière, soit qu'il y ait conscience, soit qu'il n'y en ait pas; on ne voit pas ce que ce fait nouveau vient faire dans la série, qu'il ne fait que compliquer et embarrasser sans servir à rien. Pour nous, au contraire, il est le fait capital; car il est le point de départ d'une série nouvelle.

L'objet qui a causé le plaisir disparaissant, l'état de conscience disparaît également; mais il est remplacé par un autre état de conscience que l'on appelle la douleur et, dans certains cas particuliers, le *regret*. Jusqu'ici, rien de nouveau : en effet, on comprend que, l'état physiologique qui cause le plaisir étant suspendu par la disparition de l'objet, cet état soit remplacé par une gêne, un désaccord qui se traduit psychologiquement en douleur.

Mais voici quelque chose de tout à fait nouveau : c'est que, l'objet disparu restant dans l'esprit à titre d'image plus ou moins vague, il se produit, à la suite de cette représentation, ou même par le simple sentiment de vide, ou de ce que Locke appelait malaise (*uneasiness*), un mouvement vers l'objet, que nous appelons le *désir*.

Il y a dans le désir quelque chose de plus que dans le plaisir ou la douleur. Ce n'est pas une simple transformation du plaisir ou de la douleur, c'est une action, une propulsion, une tendance. En effet, l'âme dans le plaisir est immobile; elle s'y repose : elle est, en apparence au moins, immobile. Il en est de même de la douleur. Ce sont des états; ce ne sont pas des mouvements. On comprend très bien qu'un être puisse s'arrêter au plaisir, sans aller jusqu'au désir. Les âmes molles ne vont pas jusque-là. Il faut déjà avoir une certaine force d'âme pour désirer. Les vieillards peuvent jouir encore; ils ne désirent plus. Or qu'y a-t-il de plus dans le désir que dans le plaisir? Il y a une *tendance*. Qu'est-ce qu'une *tendance?* C'est, répondrons-nous à ceux qui feraient cette question, ce que vous éprouvez quand vous désirez quelque chose que vous n'avez pas. Dans le désir nous sommes possédés, entraînés par une force analogue à celle qui du dehors nous pousserait vers un précipice ou vers quelque objet que ce soit. Le sentiment d'entraînement n'est pas seulement le sentiment d'un phénomène : c'est la conscience du passage d'un phénomène à un autre; objectivement, ce passage n'est autre chose qu'une succession de mouvements : subjectivement, nous avons conscience d'autre chose, à savoir d'une activité.

Quand nous disons que le désir n'est pas contenu dans le plaisir, nous ne voulons pas dire qu'il n'y est pas du tout;

mais il n'y est pas tout, il n'y est qu'en puissance, et il est quelque chose de plus. Si maintenant nous revenons en arrière, et si nous examinons le plaisir à la lumière que nous fournit le désir, nous trouvons dans le plaisir lui-même un élément d'activité qui n'y paraît pas quand il est seul, mais dont le désir est la manifestation ultérieure. Si le plaisir n'était pas une activité satisfaite, il ne se traduirait pas, en s'évanouissant, par une activité expectante et tendue comme est le désir. Un pur état passif serait suivi d'un autre état passif, et rien de semblable au désir ne se produirait. Mais l'activité satisfaite passant à l'état d'activité non satisfaite devient le désir. La satisfaction disparaissant, il ne reste que le sentiment d'activité. Ce sentiment s'endort dans la satisfaction; l'âme, tout entière au plaisir, s'y oublie et perd le sentiment de sa force active. Séparée de lui, elle se réveille et elle enfle ses voiles, en quelque sorte, pour regagner ce qu'elle a perdu.

Cependant le désir lui-même est encore une activité incomplète, une activité impuissante et en quelque sorte inactive. L'amour, à l'état de désir, est encore à l'état d'expectation. Cette activité tend vers l'objet, mais ne fait rien ou ne peut rien faire pour l'amener à elle ou pour se rapprocher de lui. Pour s'assimiler l'objet, il faut quelque chose de plus que le désir; il faut l'*effort*. L'effort est une action dans l'action, une tension dans la tension. Dans le désir on peut dire encore que l'homme *est agi;* dans l'effort il agit. Le désir est le sentiment d'une force qui est en nous; l'effort est le sentiment de notre propre force. Examinons d'un peu plus près le passage du désir à l'effort.

Il y a des âmes, avons-nous dit, qui sont capables de jouir, mais qui ne sont pas assez fortes pour désirer. Il y en a d'autres capables de désirs, mais incapables d'efforts. L'effort est donc autre chose que le désir. On dit que le désir se traduit naturellement et irrésistiblement en mouvement : oui, quand le mouvement est facile et qu'il n'y a aucun obstacle entre le désir et l'objet. Par exemple, un homme altéré est au bord d'une rivière; il n'a qu'à étendre la main pour puiser de l'eau. Il le fera infailliblement. Ici le désir est cause d'une manière immédiate. Mais si entre le désir et l'objet désiré il y a un obstacle ou une série d'obstacles, le désir ne suffit plus, ou il faut qu'il se surpasse lui-même, qu'il se raidisse, qu'il prenne une initiative, qu'il passe à l'état d'effort. Supposez, en effet, l'homme altéré de soif et en même temps exténué de fatigue ; supposez-le séparé du ruisseau par une certaine distance. Dans ce cas, le désir ne produira pas immédiatement et par lui-même le mouvement. Il faudra un acte propre et tout à fait nouveau : il faudra une lutte, une prise de possession de l'activité par elle-même, pour forcer le corps à franchir l'intervalle qui sépare la coupe et les lèvres.

L'effort cependant n'est pas encore la volonté, car il peut y avoir un effort involontaire ; et même il faut que l'effort ait été involontaire pour devenir ensuite volontaire ; et en général, comme l'a dit Ad. Garnier, nous ne faisons volontairement que ce que nous avons fait d'abord involontairement. Pour qu'il y ait effort, il suffit que le désir rencontre un obstacle ; l'activité indéterminée du désir se concentre alors sur le point résistant pour en triompher. Ce surcroît d'activité est ce qu'on appelle effort. Pour que l'effort devienne volonté, il faut qu'il soit accompagné ou précédé de connaissance, c'est-à-dire qu'il ait conscience de lui-même. La volonté est donc un effort conscient, ou, mieux encore, un effort réfléchi. Au fond et substantiellement, j'accorde qu'il n'y a pas là deux faits, deux facultés ; c'est bien la puissance de l'effort qui est le réel de la volonté. Mais, dans le premier cas, il fait effort sans le savoir ; dans le second cas, il fait effort le sachant, et c'est cela que l'on appelle plus spécialement la volonté. Un être devient capable de vouloir lorsqu'il peut se représenter d'avance son effort : cela donne à la puissance de l'effort une vertu nouvelle, un surcroît de forces que nous appellerons plus tard liberté, mais qui, toute question de libre arbitre mise à part, se manifeste par des signes particuliers. Telle est, par exemple, la différence entre un caractère irascible et irritable qui réagit immédiatement et spontanément contre une injure, et un caractère ferme et fort qui prévoit les obstacles ou calcule son effort. Tel est le personnage de la comédie, dont le premier mouvement est de se précipiter dans le péril, et le second de l'esquiver. Beaucoup d'hommes sont capables d'un effort spontané sous l'empire de circonstances; bien peu le sont d'un effort voulu et suivi.

Si l'on ne confond pas absolument la volonté avec l'effort, comme fait Maine de Biran, faut-il cependant l'en séparer absolument et dire que l'effort n'est pas l'essence, mais l'objet, le terme de la volonté? Je veux faire effort, dira-t-on : donc la volonté est autre chose que l'effort; elle est un jugement, une affirmation, c'est le dernier acte intellectuel qui clôt la délibération. Nous avons vu qu'il n'en est rien. Un acte pur d'intelligence ne suffit pas pour passer à l'acte; psychologiquement comme criminellement, l'intention pure ne suffit pas : il faut un commencement d'exécution. Il faut passer de la puissance à l'acte. L'idée préconçue n'est que la cause occasionnelle de l'action; la vraie cause est dans l'énergie intérieure qui se développe sous la direction de la pensée; en un mot, une idée qui ne serait qu'une idée, ou un effort qui ne serait qu'un effort, ne seraient ni l'un ni l'autre un acte de volonté. L'unité de l'effort et de l'idée est la volonté elle-même.

On dit que l'attention volontaire occupe une part extrêmement faible dans notre vie (Ribot, p. 100) : cela est possible. On dit que l'arrêt de la colère par la volonté est on ne peut plus rare (p. 17) : cela est possible. On dit que le motif lui-même sous l'empire duquel la volonté agit n'est qu'une portion de la cause, et la plus faible (p. 32) : cela est encore possible. On dit que souvent nous croyons agir pour un motif quand, en réalité, on ne fait qu'obéir à une suggestion externe, et que cela vérifie le mot de Spinoza que la croyance au libre arbitre n'est que l'ignorance des motifs qui nous font agir : soit encore. Toutes ces assertions peuvent être relativement vraies, et sont confirmées par des faits. Mais ce qui reste vrai aussi, malgré tous ces dires, c'est que la volonté, dans le sens propre, n'est autre chose que la puissance d'agir d'après une idée (ou, si l'on veut, d'après un sentiment qui est toujours accompagné d'idée); et c'est dans la mesure où le moi se détermine selon l'idée que l'action est dite volontaire à la rigueur. Il peut donc se faire que la volition pure soit un état extrême très rare dans la réalité. Peut-être même devrait-on dire de la volonté ce que Kant a dit de la vertu, qu'on ne sait pas si aucun acte de vertu n'a jamais été accompli dans le monde; de même aussi, dira-t-on, un acte pur de volonté, et à *fortiori* un acte pur de volonté libre n'a jamais eu lieu; et, c'est cependant là qu'est l'idée de la volonté; et c'est dans la mesure où l'on s'en rapproche que l'on peut être dit avoir ou ne pas avoir de volonté. Sans doute il y a un fond matériel, le caractère, qui est le substratum de la volonté : c'est de là que l'effort part, et il ne peut être en contradiction avec ce fond. Mais, loin de dire que c'est ce fond qui est la volonté même, tandis que la volition apparente ne serait que l'accident, nous disons au contraire que ce caractère lui-même n'est un caractère qu'en tant qu'il a été constitué en partie par la volonté; et enfin, si minime que soit dans notre vie la part faite à cet élément initiateur, c'est lui précisément et lui seul qui mérite d'être appelé volonté.

Est-ce à dire que nous méconnaissions l'unité qui peut exister entre tous les modes de l'activité psychologique? Établissons-nous des barrières absolues entre des faits qui se tiennent d'une manière si étroite et si intime? Maintiendrons-nous avec intolérance la psychologie des différences, tandis que tout nous porte de tous côtés à la théorie des analogues?

Il y a d'abord une théorie des analogues que nous rejetons sans hésiter : c'est celle qui fait sortir le plus du moins, et qui explique le progrès des choses par la complication croissante des phénomènes ; c'est celle qui ne voit dans la pensée que l'abstraction des sens, dans le sentiment que l'abstraction de l'appétit physique, dans la volonté qu'une combinaison d'actions réflexes. Toute notre psychologie est en contradiction avec celle-là. Sans doute la psychologie empirique est d'un grand prix, parce qu'elle a le goût des faits; et tous ceux qu'elle invoque et qu'elle expose servent d'enrichissement pour la science. Mais autre chose est le fait, autre chose l'interprétation des faits. Or, toute notre discussion précédente a eu précisément pour objet de démontrer que la volonté n'est pas une simple complexité d'actions réflexes.

Mais il y a une autre manière de réduire les phénomènes à l'unité : c'est de prendre pour point de départ, non pas le type inférieur, mais le type supérieur; c'est de dire, par exemple, comme l'avait remarqué Kant, non pas, avec Locke, que l'entendement est la sensibilité développée, mais, avec Leibniz, que la sensibilité est l'entendement enveloppé. De même on dira, non pas que la volonté est l'instinct perfectionné, mais que l'instinct est une volonté imparfaite. Cette seconde sorte de réduction n'a rien qui ne nous agrée. Nous ne voulons pas de miracle; nous n'admettons pas plus que M. Ribot « une volition provenant on ne sait d'où » (p. 151). Il faut donc qu'elle préexiste pour pouvoir exister; et en ce sens on peut dire que c'était elle déjà qu'on rencontrait dans les étages inférieurs, sous d'autres formes et à un moindre degré. Cependant, tout en reconnaissant la solidité d'un tel mode de raisonner, nous voudrions qu'on y apportât plus de précision et de rigueur qu'on ne fait aujourd'hui. En effet, les assimilateurs sont, en général, si préoccupés des analogies et des similitudes, qu'ils effacent toutes différences et noient tout dans de vagues identités; et alors il est vrai de dire que commencer par l'instinct, ou commencer par la volonté, c'est tout à fait la même chose, puisque l'on n'a attribué à la volonté aucun caractère nouveau qui la distingue de l'instinct. Soit; mais alors on n'apprend plus rien en passant de l'un à l'autre. Si vous voulez, au contraire, faire partir la série des identités du plus haut phénomène, et non pas du plus bas, commencez par définir l'attribut le plus élevé avec ses caractères propres, de manière à pouvoir toujours le reconnaître, en le suivant de dégradation en dégradation jusqu'à ses germes les plus humbles. Par là, la méthode des différences non seulement n'est pas opposée à la méthode de ressemblance, mais elle en est au contraire le fondement nécessaire.

Cela étant, nous choisissons pour type la résolution volontaire à son maximum, c'est-à-dire l'acte de prendre un parti après délibération et de faire effort pour en commencer l'exécution. Voilà la volonté pure (au point de vue humain, bien entendu). Supprimons maintenant la délibération et la conception des motifs : il reste la puissance de l'effort. La volonté ne naît pas de rien. Pour faire effort avec connaissance de cause et avec réflexion, il a fallu d'abord faire effort sans le savoir. Nous retrouvons donc la substance de la volonté dans l'acte de l'effort. Mais l'effort lui-même ou la puissance de réagir contre un obstacle ne serait pas possible s'il n'y avait pas déjà dans l'être une activité préexistante qui va vers son objet spontanément et s'identifie immédiatement avec lui lorsque la jouissance se présente d'elle-même, mais qui sera toute prête à se raidir si l'obstacle se présente. De plus, cette activité concrète et déterminée qui va vers l'objet présent suppose une activité idéale qui va vers l'objet absent, et n'est plus alors qu'une vague tension ; enfin, comme nous l'avons vu, cette activité non satisfaite, qui est à l'état d'attente, suppose que, dans le premier mouvement même où la satisfaction est venue du dehors, et même dans ce que nous appelons le plaisir passif, il y a encore une activité, et enfin cette activité doit préexister au plaisir et à la sensation même et doit déterminer des réactions inconscientes avant d'arriver à cette conscience, si humble qu'elle soit, qui accompagne la première sensation : c'est l'activité de l'*instinct*. Ainsi l'on peut donc dire que la volonté est en germe dans l'instinct, dans le désir, dans l'effort spontané, en un mot dans toute forme d'activité, et, comme l'activité est le fond de toutes choses, on peut dire que la volonté est le principe de toutes choses, comme l'a fait Schopenhauer ; mais c'est à la condition d'ajouter que cette activité, à chaque étape, engendre quelque chose de nouveau, et qu'elle prend ses forces en se développant, *vires acquirit eundo*. L'instinct devient désir, le désir devient effort, l'effort devient volonté ; mais ce désir est plus que l'instinct ; l'effort est plus que le désir, et la volonté est plus que l'effort. Le progrès, ou passage du moins au plus, est le caractère propre de l'activité vitale en général, et en particulier de l'activité spirituelle. La puissance de réaction va toujours croissant, et la volonté proprement dite en est la forme la plus haute.

Cette ascension de forces, qui dans la nature extérieure se produit par le passage de la mécanique à la physique, de la physique à la chimie, de la chimie à la vie, se traduit à son tour, dans l'ordre physiologique et psychologique, par le passage de l'irritabilité à l'instinct, de l'instinct au désir, du désir à l'effort, de l'effort à la volonté. Quel est le principe de cette tension de forces de plus en plus énergiques? Suivant quelques philosophes récents, inspirés de la philosophie d'Aristote, ce serait l'attraction du souverain bien qui ferait sortir de l'engourdissement de la matière les forces endormies qu'elle contient, et qui, à chaque degré, à chaque étape nouvelle, solliciterait les forces à un accroissement nouveau. Nous croyons qu'il y a là une grande part de vérité. Le souverain bien, ou Dieu, si l'on ne craint pas de lui donner son vrai nom, doit concourir à l'action des créatures. Le *concursus* divin doit être non seulement *simultaneus,* mais encore *prævius,* comme disaient les Scolastiques. Nous savons par expérience quel prestige a sur nous l'attrait de la beauté et de la bonté, et de quels efforts il nous rend capables. C'est là la part de la grâce, et je ne me refuse pas à ce qu'on le fasse aussi grand qu'on voudra. Mais cette part ne peut pas aller jusqu'à absorber tout ; autrement il n'y aurait plus de créature. La grâce elle-même suppose un certain consentement de la nature ; et si tout est grâce, il n'y a plus de nature. N'est-ce pas trop appauvrir l'activité et l'initiative de l'âme que de la réduire à être sollicitée par l'attrait? N'est-ce pas trop substituer le règne de la fascination et du magnétisme à celui de l'initiative morale et virile? Même pour aller vers le bien sous l'empire de l'attrait divin, il faut encore dans l'homme une certaine force, une certaine spontanéité d'action, et la cause finale ne peut pas supprimer et remplacer la cause efficiente. Je me dirige vers une étoile, c'est vrai ; s'il n'y avait pas d'étoile, je ne sortirais pas du repos. Mais c'est bien moi qui vais vers l'étoile. Il y a donc une force propre à la créature ; mais c'est l'attrait du souverain bien qui fait que cette force peut grandir sans cesse, et trouver en elle des ressources toujours nouvelles.

On peut donc dire que l'âme agit sous l'empire de la cause finale ; on peut même aller plus loin, et dire qu'elle-même n'agit qu'à titre de cause finale. En effet, comme on ne sait pas comment l'âme agit sur le corps, comment même elle agit sur elle-même, comment elle fait naître en elle des idées et même des sentiments, on peut supposer qu'elle est elle-même le but vers lequel tendent et se développent les forces intellectuelles et vitales, et que c'est pour cela qu'elle n'en a pas conscience. Cette supposition est séduisante ; en effet, pour sortir de l'inertie il faut que les activités aient un but à poursuivre. On peut donc admettre que toutes les forces de l'être organisé se portent à l'action pour réaliser les pensées de l'âme, pour exprimer dans leur diversité l'unité harmonique de l'esprit. Ainsi l'âme est une cause finale ; mais elle n'est pas seulement une cause finale. Nous ne pouvons croire qu'elle soit un *moteur immobile* attendant paisiblement, dans sa divine supériorité, que les forces inférieures se hissent péniblement jusqu'à elle. Le fait psychologique de l'effort résiste à cette explication trop quiétiste. Admettons, si l'on veut, que l'âme n'agisse pas directement sur le corps, et même qu'elle n'agit pas sur ses propres facultés. Je ne puis, je le sais bien, avoir des idées à volonté, ni supprimer une passion à volonté ; mais la résolution volontaire n'en est pas moins le propre de l'âme. Le *je veux* lui appartient en propre, c'est son acte même. Nous ne surprenons point le passage de cet acte à son effet. Mais on peut dire que les choses se passent comme si cet acte était cause de cet effet. C'est la concentration de la volonté qui fait la force de l'intelligence et la faiblesse de la passion : celui qui laisse venir à lui les idées, sans réagir, se laisse entraîner et déborder par elles; il gaspille son esprit. Celui qui se laisse aller au décousu des passions devient bien vite leur jouet. La volonté peut-être ne produit-elle rien par elle-même; mais elle tient les rênes. Elle est la maîtresse souveraine. Bien entendu, cet empire, chez la plupart des hommes, même les meilleurs, n'est encore qu'intermittent. Nous avons fait la part de la nature; nous avons fait la part de la grâce; mais cet « indivisible », comme l'appelle Descartes, ce point culminant de toute force et de toute activité, ne pourrait être supprimé sans que tout le reste s'écroulât. Nous ne voulons pas dire cependant qu'il ne puisse pas y avoir dans l'âme un état supérieur à la volonté elle-même; nous ne cherchons pas ici le terme final de l'activité philosophique. Disons seulement que nous trouvons jusqu'ici dans l'effort voulu le plus haut degré de la force qui constitue l'âme humaine, en y ajoutant toutefois la liberté.

LEÇON III

SUITE DE L'ANALYSE DE LA VOLONTÉ

Messieurs,

Continuons à étudier l'histoire de la volonté. Nous aurons ici trois questions à examiner :

1° La volonté peut-elle exister sans intelligence ? 2° Quelles sont les origines de la volonté ? 3° Quels sont les éléments et les divers moments de l'acte volontaire ?

I. Certains philosophes, par exemple Schopenhauer et Hartmann, admettent, l'un une volonté sans intelligence, l'autre une volonté sans conscience. C'est étendre, selon nous, d'une manière exagérée le domaine de la volonté. Une volonté qui ne connaît pas et qui ne se connaît pas n'est pas une volonté. « On ne veut jamais, dit Bossuet, *sans quelque raison.* » La volonté est donc pour nous la *spontanéité raisonnable*, la force qui se détermine pour un but avec conscience. Les Scolastiques lui donnaient le nom d'*appetitus rationalis* : c'est le vrai sens du mot volonté : c'est dans ce sens que nous l'entendrons. Si vous retranchez son caractère distinctif (*rationalis*), il ne reste plus que l'*appetitus* en général, la tendance active vers un but. On pourra, si l'on veut, donner à ce principe le nom de volonté : ce ne sera qu'une question de mots ; mais il y aura toujours lieu à distinguer l'*appetitus naturalis* (celui de la plante), l'*appetitus sensitivus* (celui de l'animal), et enfin l'*appetitus rationalis* ou volonté proprement dite.

Demandons-nous d'abord s'il peut y avoir volonté sans intelligence ; nous verrons ensuite s'il y a une volonté sans conscience. Ces deux questions sembleraient devoir se réduire à une seule : car qui dit intelligence, ne dit-il pas par là même conscience ? Mais le philosophe Hartmann a distingué l'un de l'autre, et a soutenu d'une part, contre Schopenhauer, qu'il n'y a pas de volonté sans intelligence, et, d'autre part, contre la plupart des philosophes, qu'il peut y avoir une volonté inconsciente. Il y a donc ici deux questions.

Hartmann nous paraît avoir démontré très solidement contre Schopenhauer l'union nécessaire de la *volonté* et de l'*idée*. Dans tout acte de volonté, dit-il, l'esprit veut passer d'un état présent à un nouvel état. On part toujours d'un état présent, et à cet état présent correspond déjà une certaine idée ; mais cet état présent ne suffirait pas à expliquer le vouloir, si la possibilité idéale d'un autre état ne s'y trouvait en même temps contenue. « Il y a donc dans la volonté deux idées : celle d'un état présent comme point de départ ; celle d'un état futur comme point d'arrivée ou comme but. La première se manifeste comme l'idée d'une réalité présente, la seconde comme l'idée d'une réalité à produire. La volonté est l'effort pour créer cette réalité, ou l'effort pour passer de l'état représenté par la première idée à l'état représenté par la seconde. »

« Il n'y a pas en réalité de vouloir pur qui n'ait ceci ou cela pour objet. *Une volonté qui ne veut rien n'existe pas réellement*. C'est à son contenu que la volonté doit la possibilité de son existence, et ce contenu est l'idée. D'où le mot d'Aristote : ὀρεκτικὸν οὐκ ἄνευ φαντασίας.

« En soi, la volonté n'est que le pouvoir formel de réaliser quelque chose d'une manière générale ; mais ce n'est qu'une pure forme. Il lui faut un contenu (un but) : ce contenu ne peut être conçu que comme représentation ou comme idée.

« Telle est l'erreur fondamentale de Schopenhauer. L'idée n'est aucunement reconnue par lui comme constituant seule et exclusivement le contenu de la volonté. La volonté, quoique aveugle, se conduit absolument comme si la représentation ou l'idée formait son contenu. »

Cette réfutation de Schopenhauer nous paraît victorieuse

et sans réplique. Tout ce que celui-ci, en effet, fait valoir pour séparer la volonté de l'intelligence, ne prouverait qu'une volonté sans conscience, mais non sans idée. Reste à savoir maintenant s'il est rationnel d'appliquer le même nom à deux modes aussi différents d'activité que l'activité consciente et l'activité inconsciente.

Si l'on veut soutenir seulement, en effet, qu'il y a en nous une puissance d'effort qui peut se développer spontanément et par conséquent sans conscience, avant de s'exercer d'une manière intentionnelle et réfléchie; que cette puissance a cependant un but dans un cas comme dans l'autre (car nul effort sans but); si l'on soutient que cette puissance est en substance la même dans les deux cas, soit qu'elle ait conscience, soit qu'elle n'ait pas conscience; si, en un mot, on convient d'appeler volonté la puissance de commencer le mouvement dans une direction prédéterminée, il n'y a nulle difficulté à accorder qu'il y ait une volonté inconsciente. Seulement on peut se demander si ce n'est pas un abus de mots que d'appeler volonté une puissance qui ne sait pas ce qu'elle fait. N'est-ce pas comme si l'on admettait une *volonté involontaire* et une *volonté volontaire?* Ne vaut-il pas mieux réserver ce terme si précis et si familier pour ce second cas, et désigner le premier par le mot d'instinct, comme on l'a toujours fait? A-t-on éclairci le moins du monde ce que c'est que l'instinct, en disant que c'est une volonté inconsciente, et le mot volonté employé ici (et séparé de l'idée de réflexion et d'intention) dit-il quelque chose de plus que le terme d'activité?

Il est vrai que, pour Hartmann, la volonté inconsciente paraît se distinguer de l'instinct, quoiqu'il n'explique pas nettement en quoi consiste la différence[1]. Examinons donc les faits qu'il apporte à l'appui de sa théorie. Il cite l'exemple de la grenouille décapitée qui continue non seulement à exécuter des mouvements réguliers et coordonnés, mais encore des mou-

---

1. Nous supposons qu'il les distingue, parce qu'il en fait deux chapitres différents; mais il ne dit pas en quoi consiste la distinction, et il signale de part et d'autre des faits qui paraissent bien semblables.

vements variés et appropriés pour éviter les obstacles qu'on lui oppose. Il cite l'insecte coupé en deux dont une moitié continue l'acte de la nutrition, tandis que l'autre continue l'acte de la copulation ; ce polype qui, sans aucun organe des sens, distingue l'insecte mort de l'insecte vivant et fait tous les mouvements nécessaires pour se l'approprier, au point que deux polypes luttent ensemble pour se disputer la même proie. Tous ces faits ne prouvent-ils point que la volonté n'est pas circonscrite au cerveau? Il y a une volonté ganglionnaire, comme une volonté cérébrale, puisque dans les insectes il n'y a pas de cerveau. Pourquoi n'en serait-il pas de même aussi dans les vertébrés? Pourquoi n'y aurait-il pas une volonté de la moelle épinière? Le pigeon, même sans cerveau, sait encore éviter les obstacles. Tous ces faits ne paraissent pas être du même ordre que l'instinct, et appartiennent à ce que Hartmann appelle la volonté inconsciente.

Tous ces phénomènes prouvent sans doute qu'il peut rester quelques vestiges de volonté et d'intelligence là où les organes habituels de ces facultés font défaut : mais prouvent-ils une volonté inconsciente, ou seulement, ce qui serait bien différent, une volonté d'une moindre conscience? Car, si l'on suppose qu'une sorte d'intelligence peut exister sans cerveau, pourquoi ne supposerait-on pas qu'une sorte de conscience peut subsister également dans la même condition? Or c'est là, au fond, la doctrine même de Hartmann. « La conscience cérébrale, dit-il, n'est pas la seule qui existe chez les animaux : c'est seulement la forme la plus haute de la conscience, la seule qui atteigne à la personnalité et au moi, la seule par conséquent que je puisse appeler *ma* conscience, à proprement parler. » Mais pourquoi n'y aurait-il pas une conscience de la moelle épinière, une conscience ganglionnaire? « Il ne faut pas à la légère considérer la volonté de la moelle épinière et des ganglions comme une volonté *inconsciente en soi*. Elle est seulement *inconsciente pour nous*, bien que résidant dans des centres nerveux qui font partie de notre organisme et qui par conséquent sont en nous. »

Nous n'avons pas à suivre ici l'auteur allemand sur le terrain où il se place. Qu'il y ait ou qu'il n'y ait pas des volontés spéciales répandues dans nos organes, et différentes de la seule volonté que nous nous connaissions, qui est la volonté du moi, c'est une question que nous n'avons pas à résoudre en ce moment. Tout ce que nous pouvons dire, c'est que si de telles volontés existent, de même que, conscientes peut-être en soi, elles sont inconscientes pour nous, de même, quoique en elles-mêmes elles puissent s'appeler volontés, elles ne sont pas des volontés pour nous. La seule volonté que nous connaissions, c'est la nôtre, c'est celle qui s'identifie avec notre moi; et celle-là c'est la volonté consciente; quant aux volontés subordonnées et dispersées dans l'organisme, elles ne peuvent être appelées de ce nom qu'en tant qu'elles seraient elles-mêmes accompagnées d'une certaine conscience. La conscience resterait donc, avec l'idée, la caractéristique de la volonté.

En résumé, la volonté considérée en soi, indépendamment de l'intelligence, ne contient rien de plus que l'idée d'activité en général, ou l'idée de force telle que Leibniz l'avait posée. Dire que tout est volonté, c'est dire que tout est actif; ce n'est rien de plus. On peut sans doute et on doit prendre le type de l'activité et de la force là où elle se manifeste de la manière la plus claire et la plus complète; mais cette clarté même ne subsisterait pas, si on ne conservait pas à la forme la plus haute de l'activité son caractère propre et distinctif. Pour se rendre compte des dégradations successives que subit la volonté en descendant d'étage en étage, depuis le premier jusqu'au dernier des organismes, il faut qu'elle soit d'abord définie et caractérisée dans ce qu'elle a de distinct et de suprême : sans quoi ce ne seront plus les autres forces que l'on comparera à la volonté : ce sera la volonté que l'on confondra avec les autres forces. La volonté sera donc pour nous l'activité consciente, ἐνέργεια μετὰ λόγου.

Si le contenu de la volonté est l'idée, c'est-à-dire le but conscient, la forme de la volonté sera l'*effort* ou l'énergie par laquelle l'âme passe d'un état à un autre. Cet effort, dit avec raison Hartmann, se dérobe à toute analyse, à toute *définition:* car notre pensée ne se meut qu'au milieu des idées, et l'*effort est en soi* quelque chose *de très différent de l'idée.* Tout ce qu'on peut dire de lui, c'est qu'il est la cause immédiate du changement. « Il est la forme vide, partout semblable à lui-même, du vouloir... C'est la forme de la causalité,... l'acte par lequel la volonté sort d'elle-même, tandis que l'idée reste inviolablement enfermée en elle-même. »

Ici une nouvelle question se présente : la volonté ne peut rien sans l'idée : soit; mais l'idée ne pourrait-elle pas quelque chose sans la volonté? L'idée ne serait-elle pas motrice par elle-même, n'est-elle pas une force, comme l'ont pensé Hégel et Herhart? Hermann pense que, même dans ce cas, l'idée ne peut rien sans la volonté. Il invoque l'autorité d'Aristote : ἡ φαντασία, ὅταν κίνῃ, οὐ κινεῖ ἄνευ ὀρέξεως. « L'imagination, ou la pensée, quand elle agit au dehors, n'agit pas sans la volonté » (ou sans le désir).

Il y a certainement des cas où le mouvement est provoqué par l'idée sans intervention directe de la volonté. C'est ainsi que, dans le sommeil magnétique, le sujet est entraîné à exécuter les tableaux qu'il a dans l'imagination : c'est ainsi que, dans le vertige, la vue d'un précipice détermine la tentation de s'y jeter : c'est ainsi que, dans certains cas d'aliénation mentale, le malade se sent entraîné malgré lui à commettre un crime, et demande en grâce à ceux qui l'écoutent de l'enchaîner pour mettre obstacle à ses désirs. L'idée a donc incontestablement une vertu motrice. Mais est-il nécessaire de faire intervenir ici l'action de la volonté? N'est-ce pas précisément parce que la volonté est absente, que l'idée agit directement sur le système moteur? N'est-ce pas précisément à cause de cette action directe sur le système moteur, que l'on dit que la volonté est absente? Que si l'on soutient que c'est alors l'œuvre d'une volonté inférieure, je le veux bien; mais alors ce n'est pas l'action de *ma* volonté; cette volonté inférieure que je ne connais pas n'est pas une volonté pour moi : c'est la volonté de mes organes, qui ne sont pas moi.

En un mot, il y a pour l'homme un mécanisme dans l'ordre des mouvements, comme il y a un mécanisme dans l'ordre des sensations. Tantôt ce mécanisme moteur est purement physiologique : il commence et il finit dans le système nerveux. Tantôt l'élément psychique et mental intervient dans le mécanisme, et agit à l'instar d'une excitation physique extérieure. C'est toujours de l'automatisme. L'habitude se compose pour autant d'actes psychiques que d'actes musculaires. Que j'oublie par hasard que c'est l'heure où je me livre à tel exercice, je pourrai y déroger pour cette fois; mais aussitôt que l'idée m'en est suggérée par autrui ou me revient spontanément, tout le mécanisme se déroule comme à l'ordinaire.

On peut soutenir, il est vrai, que, de même que dans la moindre sensation il y a de la pensée, dans le mécanisme le plus automatique il y a de la volonté; que ce n'est là qu'une forme inférieure de la volonté, comme le mécanisme des sensations est la forme inférieure de la pensée. Cette doctrine est solide et vraie. Il n'est pas vraisemblable qu'entre la sensibilité et l'entendement il y ait cet abîme qu'avait supposé Kant; il est plus probable, comme le pensait Leibniz, que la sensibilité n'est qu'un moindre entendement. De même il n'est pas probable qu'entre l'instinct et la volonté il y ait cet abîme qu'avait supposé Biran, voyant dans l'un le règne du *fatum*, dans l'autre de la liberté. Il est plus probable, nous l'accordons, que l'instinct n'est qu'une moindre volonté. Mais autre chose est le point de vue de la théorie, autre chose le point de vue de l'analyse expérimentale. Or, au point de vue de l'expérience, autre est l'action volontaire, conforme aux idées, autre l'action automatique des idées. Dans le premier cas, l'homme *agit;* dans le second, selon la belle expression de Malebranche, *il est agi* : c'est même là, en quelque sorte, un *experimentum crucis* en faveur de la liberté, car on prétend que nous agissons toujours par le motif le plus fort; mais c'est, au contraire, lorsque le motif est tellement fort qu'il détermine infailliblement l'action, qu'elle cesse alors de nous paraître volontaire et, à plus forte raison, libre. C'est là, nous le verrons, une raison très forte contre la doctrine d'un philosophe distingué de nos jours qui a voulu confondre l'idée de la liberté avec la liberté elle-même.

Comparons, en effet, les deux phénomènes que nous venons d'opposer l'un à l'autre : l'un dans lequel l'homme agit d'après une idée, l'autre où il *est agi* par une idée. Dans le premier cas il se sent actif, dans le second il est passif, exactement comme si une force extérieure agissait sur lui. J'ai l'idée d'un rendez-vous, et je m'y rends; j'ai l'idée d'un précipice, et je m'y jette. Quelle différence entre ces deux faits? Dans l'un, c'est moi-même qui me détermine; dans l'autre cas, c'est malgré moi que je suis entraîné. La volonté consiste précisément à rompre l'automatisme : ramener la volonté à un dynamisme logique, c'est la détruire. La volonté est le moyen terme entre l'idée et l'acte : c'est la force personnelle se substituant à la force automatique des idées.

Ainsi l'idée motrice n'est pas la volonté, et quand l'idée est directement motrice, il n'y a pas de volonté.

II. Considérons maintenant les origines de la volonté.

Maine de Biran paraît avoir posé le premier le problème des origines de la volonté : « Il y a lieu à chercher, dit-il, quelle est la suite des progrès ou des conditions qui ont pu amener le premier exercice de la puissance individuelle de l'effort... *quelle est la loi du passage des mouvements instinctifs aux mouvements volontaires.* »

Ce problème semble, en effet, impliquer une sorte de cercle vicieux : car s'il est vrai « que l'être pensant ne peut commencer à connaître qu'autant qu'il commence à agir et à vouloir, il n'est pas moins vrai qu'on ne peut vouloir expressément ce qu'on ne connaît en aucune manière. »

Voici la solution de Maine de Biran. Le mouvement se produirait primitivement sous l'influence des excitations externes; mais, en vertu des lois de l'habitude, qui sont bien connues, d'une part les impressions externes deviennent moins vives, de l'autre les mouvements deviennent plus faciles par les répétitions. Le centre nerveux qui est le distributeur du mouvement, et qui n'a d'abord agi que sous l'influence externe, contracte peu à peu des habitudes : « il devient capable d'entrer spontanément en action, en vertu de cette loi de l'habitude qui fait qu'un organe vivant tend à *renouveler de lui-même* les mouvements qu'une cause étrangère a suscités en lui. »

« En un mot, suivant Biran, la *spontanéité* remplace l'*instinct*, celui-ci étant encore sous l'empire d'une stimulation externe, et celle-là ayant son principe dans le centre. » Biran, comme on le voit, accorde encore plus à l'influence externe qu'on ne le fait d'ordinaire, puisqu'il dérive la spontanéité de l'habitude. Quoi qu'il en soit, la spontanéité étant donnée, il s'agit maintenant d'en faire sortir la volonté. « Cette spontanéité, en effet, dit Biran, n'est pas encore la volonté, mais elle la précède immédiatement.

Voici comment se ferait le passage : « En vertu de la spontanéité de l'action du centre, qui est le terme immédiat et l'instrument propre de la force hyperorganique de l'âme, cette force, qui ne pouvait apercevoir ses mouvements instinctifs, commence à sentir les mouvements spontanés. *Mais elle ne peut commencer à les sentir ainsi comme produits par son instrument immédiat, sans s'en approprier le pouvoir*. Dès qu'elle sent ce pouvoir, elle l'exerce en effectuant elle-même le mouvement. »

On voit où est ici la difficulté. L'âme reconnaît comme *sien* le mouvement, parce qu'il est produit spontanément par *son* instrument. Le mouvement de l'organe propre de la force motrice lui révèle à elle-même son propre pouvoir. Mais n'est-ce pas le lieu de dire ici avec Ad. Garnier : L'âme ne peut faire volontairement que ce qu'elle a déjà fait involontairement ? Si proche de nous-mêmes que soit l'organe central, il n'est pas encore nous-mêmes. Il ne semble donc pas qu'il puisse y avoir de passage de la spontanéité à la volonté, si la spontanéité n'appartient pas au même sujet que la volonté même. Biran dit bien que « la spontanéité donne l'éveil à l'âme et y fait naître comme un *pressentiment* de son pouvoir propre. » Mais comment la spontanéité d'un organe qui n'est pas le moi peut-il donner au moi le *pressentiment* de ce qui est en lui? Biran cite des exemples qui sont des faits, mais non des preuves : ainsi le passage des signes spontanés, les cris, aux signes volontaires. Comment l'enfant transforme-t-il des mouvements purement organiques en signes d'appel? Mais c'est toujours la même question; et il semble qu'on ne puisse comprendre le passage en question, si ce n'est par le même principe qui donne naissance à la fois au cri spontané et au cri volontaire. On est ainsi ramené à la doctrine de l'action motrice de l'âme antérieure à la volonté.

M. Bain admet également, avec Maine de Biran, que toutes nos actions volontaires ont été spontanées à leur début[1]. Mais la spontanéité ne suffit pas à expliquer la volonté. Le mouvement spontané, en effet, dépend de l'état du centre nerveux. *La décharge obéit à des conditions physiques, et non à des fins.* La spontanéité provoque des mouvements en général, mais non les mouvements qui sont nécessaires. Par exemple, le chien, après avoir dormi et une fois détaché, part et court de toute vitesse pour satisfaire au besoin d'activité; et c'est quand il est épuisé de fatigue qu'il aurait alors besoin de ses forces pour chercher sa nourriture. « Une force qui meurt quand l'action nous est le plus nécessaire ne peut être le véritable soutien de notre existence. » Il y a donc de la spontanéité dans la volonté; mais il y a aussi *quelque chose de plus*. Ce quelque chose de plus, selon Bain, c'est le *sentiment*.

Le lien qui unit le sentiment au mouvement est-il, comme le pense Reid, un lien instinctif, ou est-il le résultat d'une acquisition? Par exemple, l'enfant qui commence à parler, et qui trouve du plaisir dans les mouvements spontanés qui composent l'articulation, recommence volontairement le même mouvement. Comment ce plaisir peut-il lui apprendre

---

1. *Des Sens et de l'intelligence*, 1re partie, ch. IV, § iv.

quels sont les mouvements nécessaires pour produire l'effet qu'il désire? C'est là, suivant Reid, l'effet d'un instinct ; mais, selon Bain, c'est le résultat de l'expérience et de l'habitude : « Le plaisir, dit Bain, fait bien produire *quelque genre d'action, mais non pas le genre qu'il faut.* »

Ce qui prouve, suivant Bain, que l'union de la volonté et du mouvement n'est pas instinctive, mais habituelle, c'est la maladresse des premiers mouvements volontaires. L'enfant est obligé d'apprendre à se servir de ses doigts, de ses mains, de ses jambes. Nous apprenons à marcher, nous apprenons à parler, nous apprenons à prendre. Ce n'est pas à dire qu'il n'y ait pas quelque chose de spontané dans toutes ces actions; mais ce qu'il y a de spontané est précisément ce qui précède la volonté, ce qui la rend possible : ce n'est pas elle. Quant à l'usage volontaire des membres, il est, sans doute, facilité par la spontanéité, mais il n'en exige pas moins une certaine éducation.

Cela posé, comment s'expliquer, suivant Bain, la liaison du sentiment et du mouvement volontaires, autrement dit l'origine de la volonté ? Il l'explique par le principe suivant, c'est que *le plaisir a pour effet un accroissement des forces vitales.*

Nous n'avons maintenant qu'à supposer que les mouvements qui proviennent simplement de l'exubérance des forces soient accidentellement de nature à accroître le sentiment agréable du moment. « Le fait même de cet accroissement de plaisir impliquerait d'autres faits de l'accroissement des forces de l'organisme et des mouvements qui sont en jeu au moment même. *Le plaisir s'entretiendrait de la sorte lui-même,* et *nous aurions un fait équivalent en substance à une volition.* »

Pour nous, nous ne pouvons consentir à admettre comme équivalente à une volition une simple continuation mécanique d'un mouvement spontané. Lorsque, sous l'influence du plaisir, nous sentons s'accélérer le mouvement du sang dans nos veines, ou l'action digestive des organes nutritifs, nous ne sentons nullement le mouvement circulatoire et digestif, comme quelque chose de volontaire. Les muscles, qui sont d'abord censés agir en dehors de l'action de l'esprit, auront beau accroître leurs propriétés vitales et, sous l'empire de cet accroissement, continuer ou augmenter leur puissance d'action, le mouvement ne changera pas de caractère pour cela. D'automatique il ne deviendra pas volontaire, mais il restera automatique : on n'a pas prouvé par là le passage de la spontanéité à la volonté.

En un mot, Biran et Bain ont posé un principe solide, en établissant que tout ce qui est volontaire doit avoir été d'abord spontané ; mais l'un et l'autre, en mettant le mouvement spontané en dehors du moi, pour des raisons diverses, ne peuvent expliquer comment le moi pourrait s'approprier une action qui lui est étrangère. Dans Biran, il y a un *hiatus* qu'il n'a pas réussi à dissimuler ; le moi intervient tout à coup et se reconnaît dans ce qui n'est pas lui. Dans Bain, il n'y a pas d'hiatus ; mais le moi fait défaut dans le second moment aussi bien que dans le premier. Le *stimulus directeur*, qui est, suivant Bain lui-même, le fait caractéristique de la volonté, fait entièrement défaut.

Il faut donc reconnaître à l'âme une action motrice qui s'étend au moins sur tous les organes du mouvement volontaire, et qui peut-être va plus loin. C'est cette action qui, en s'exerçant, prend conscience d'elle-même et s'aperçoit qu'elle *peut* s'exercer. Or elle ne peut pas prendre conscience de son pouvoir, c'est-à-dire se réfléchir elle-même, sans être tentée d'exercer ce pouvoir, et par conséquent de faire avec réflexion et avec volonté ce qu'elle a d'abord fait spontanément. On peut même appeler déjà ce pouvoir moteur la volonté, et distinguer une volonté spontanée et une volonté réfléchie, une volonté inconsciente et une volonté consciente ; mais, nous l'avons dit déjà, ce serait à peu près comme si on disait qu'il y a une volonté involontaire et une volonté volontaire : ce qui est une sorte de non-sens. J'admettrai qu'il n'y a pas là deux facultés, l'une extérieure à l'autre et l'une dirigeant l'autre, mais deux états essentiellement différents d'une même faculté : et c'est le second état de l'activité motrice que nous appellerons volonté.

Maintenant comment la volonté apprend-elle à mouvoir les différents organes et à s'en servir comme il faut pour arriver à ses fins? Est-ce à l'instinct, est-ce à l'habitude qu'il faut avoir recours pour expliquer ce fait? Il est certain que l'habitude y est pour une grande part : mais il faut reconnaître que l'activité spontanée a fait déjà une grande partie de la besogne. Lorsque l'enfant vient à marcher seul pour la première fois, c'est sans savoir ce qu'il fait qu'il quitte son point d'appui et fait quelques pas en avant : il sait donc diriger ses membres par une force qui est en lui et qui n'a pas appris à le faire, puisque jusque-là il était soutenu : cette science, il ne la perd pas par la volonté; seulement, lorsqu'il veut recommencer, l'enfant s'étonne, il n'ose pas; il faut qu'il soit sollicité par l'appel de ses parents, par l'appât d'un jouet, d'un fruit; il recommence moitié en vertu de la spontanéité première, moitié par la volonté; il réussit moins bien : il va trop vite; il se hâte d'arriver au but. En un mot, les mouvements sont plus incertains, mais cependant la moitié de l'acte au moins est encore spontanée : la volonté est donc toujours guidée par la nature; et ce n'est qu'à mesure qu'elle prend conscience de sa force propre, qu'elle dégage de la spontanéité : en un mot, l'homme n'échappe à l'instinct que lorsqu'il est devenu capable d'agir par lui-même, de même qu'il ne s'affranchit du sein maternel que lorsqu'il a tout ce qu'il lui faut pour agir seul.

III. *Analyse de la volonté*. — L'école éclectique a introduit une analyse de la volonté qui est restée longtemps classique dans nos écoles, et qui l'est peut-être encore aujourd'hui.

D'après cette analyse, que l'on peut voir en détail dans notre *Traité élémentaire de philosophie*, l'acte volontaire se composerait de quatre moments : 1° conception de l'acte à faire; 2° comparaison entre les motifs et les mobiles de l'acte ou délibération; 3° résolution et détermination, ou acte volitif proprement dit; 4° exécution et action.

On a fait plusieurs objections contre l'analyse précédente.

1° On dit que la délibération n'est pas séparée de la volonté, car il y a de la volonté dans la délibération même : délibérer est un acte de liberté, et la preuve même de la liberté : comment ne serait-elle pas volontaire?

Cela est incontestable et n'est nullement nié dans l'analyse qui précède : il y a de la volonté dans la délibération; mais on en fait abstraction, pour ne considérer que ce qu'il y a d'intellectuel; or cette portion intellectuelle n'est pas volontaire. Ainsi, on ne délibère pas pour voir les choses comme on les veut, mais pour les voir telles qu'elles sont. La volonté n'intervient ici que pour faire apparaître les diverses raisons; mais ce n'est pas elle qui fait la force des raisons : la plus parfaite délibération est celle où la volonté s'abstient le plus qu'elle peut, et se désintéresse afin que la vérité décide seule. Tel serait l'idéal de la délibération, et c'est en cela qu'elle n'est pas volontaire et qu'elle se distingue de la résolution ou de l'acte par lequel la volonté veut ce que la pensée a décidé.

D'ailleurs, lorsqu'on suppose que la délibération est distincte de la résolution, c'est que l'acte que l'on prend pour exemple sera un acte extérieur distinct de la pensée; mais il peut se faire que l'acte en question, l'acte à choisir, soit précisément un acte de penser; et, dans ce cas, je délibérerais si je dois ou ne dois pas faire tel acte de penser; or la résolution de le faire (par exemple tel acte d'attention) n'en sera pas moins toujours différent de la délibération antérieure (dois-je ou ne dois-je pas faire attention? cela en vaut-il la peine?). Enfin il peut même se faire que l'acte dont il s'agit soit précisément un acte de délibération; et alors je délibère pour savoir si je dois délibérer; et quoique cela paraisse une subtilité, rien n'est plus commun dans la pratique. Par exemple, une assemblée politique discute pour savoir si elle passera à une seconde lecture; elle délibère pour savoir si elle délibérera. Voter l'urgence, qu'est-ce autre chose que voter la non-délibération, la moindre délibération? Voter les deux lectures, comme c'est l'usage, c'est voter qu'on délibérera. Enfin discuter ou l'un ou l'autre, c'est délibérer si on délibérera. Lorsque Mirabeau terminait son fameux discours sur la banqueroute en disant : « Catilina est aux portes, *et on délibère!* »Il donnaît des raisons pour ne pas délibérer, par exemple l'urgence du péril. Que l'on se décide à l'une ou à l'autre des deux alternatives dans ce cas, c'est l'acte de délibérer qui sera l'acte volontaire, et il sera, comme tout acte, précédé d'une résolution dans laquelle résidera l'essence de la volition, et cette résolution aura été précédée, à son tour, d'une première délibération qui, en tant que telle, sera un acte intellectuel, et non volontaire.

2° Mais on peut retourner l'objection ; et de même qu'on a dit que la délibération est un acte volontaire, de même on peut soutenir que la résolution est un acte intellectuel. Qu'est-ce que se résoudre à une action, si ce n'est la choisir, la préférer, la déclarer meilleure qu'une autre ? Or tout cela c'est juger. Nous répondons : autre chose est le choix et le jugement de l'intelligence, autre chose le choix ou la résolution de la volonté. Tant que je ne fais que choisir intellectuellement, je n'ai pas encore voulu. Le choix intellectuel, c'est le dernier jugement où se termine l'examen. Le choix volontaire, c'est le premier acte qui commence l'évolution de la volonté. Après avoir décidé que tel acte est meilleur, ou plus utile, ou plus agréable que tel autre, il reste encore à le réaliser : or il ne se réalise pas tout seul par le fait seul du jugement. Il faut passer à l'acte : ce passage se fait par un *coup* (*ictus*) donné par le moi, une sorte d'*élan* qui fait franchir l'obstacle.

3° On objecte encore que séparer la volonté de l'entendement, c'est en faire deux êtres distincts, dont chacun est en quelque sorte un moi complet. La volonté, en effet, se décide, choisit, préfère, etc. N'est-ce pas dire qu'elle a un entendement, qu'elle a une sensibilité, en un mot qu'elle est un être, une âme, une substance ? Si, au contraire, on ne prête à la volonté aucun entendement, comment peut-elle se décider d'après l'entendement ? Comment se résoudre à ce qu'on ne connaît pas ? On aurait beau unir l'entendement à la volonté, comme on fait de l'âme avec le corps, on ne rendra pas l'entendement volontaire, ni la volonté intelligente : car le corps, par son union avec l'âme, ne devient pas pensant ; et l'âme, par son union avec le corps, ne devient pas étendue. Comment donc la volonté deviendrait-elle intelligente, et, si elle ne l'est pas, comment se résoudrait-elle d'après les idées de l'intelligence?

Cette sorte d'objection consiste à abuser des imperfections nécessaires du langage philosophique, pour imputer à l'opinion que l'on combat des non-sens qui ne sont que dans les mots, et non dans les choses. Sans doute par cela seul qu'on distingue un fait volontaire d'un fait intellectuel, on est bien obligé d'employer des mots pour marquer cette distinction, et on appellera volonté le pouvoir en vertu duquel l'âme veut, et entendement le pouvoir en vertu duquel elle pense; puis l'on s'habituera, pour abréger, à parler de la volonté et de l'entendement comme de substances distinctes, dont l'une obéirait à l'autre; et si l'on prend ces expressions à la lettre, on donnera prise à l'objection précédente. Mais qui ne voit et qui ne sait que la volonté et l'entendement ne sont pas deux êtres, mais un seul et même être considéré à deux points de vue différents? Ce n'est pas la volonté, en tant que volonté, qui serait capable de comprendre ce que lui ordonne l'entendement, ce qui serait, en effet, supposer de l'intelligence à la volonté : c'est l'âme qui est tout à la fois douée de la faculté de penser et de vouloir, et qui ne peut vouloir qu'en tant qu'elle pense, mais qui veut par un autre acte que celui par lequel elle pense. Il n'en est pas ici comme de l'âme et du corps, qui, par hypothèse, sont deux substances distinctes, tandis que la volonté et l'entendement sont deux attributs ou, si l'on veut, deux modes de la même substance.

4° On peut encore objecter contre la théorie précédente que l'effort ne doit pas être identifié à la volonté, dont il n'est qu'une conséquence. Je *veux* d'abord, dira-t-on; puis je *fais effort* pour réaliser mon vouloir. L'effort est donc un phénomène intermédiaire entre la volonté et l'acte.

Si, dans les objections précédentes, on tend à confondre des choses différentes, ici, au contraire, il nous semble que l'on veut trop distinguer des choses inséparables. Que serait-ce, en effet, que cet acte de volonté, antérieur à l'effort et séparé de tout effort, si ce n'est un acte intellectuel, et non volontaire? Ce ne pourrait être que le dernier jugement qui termine l'examen. Or ce dernier jugement n'est nullement une résolution volontaire : il ne fait qu'exprimer la convenance d'une résolution. Aussitôt qu'il y a résolution, il y a effort. Toute résolution coûte; et lors même qu'elle est facilitée par le plaisir, il y a toujours un effort. Seulement il est agréable au lieu d'être pénible, car l'effort n'est pas nécessairement douloureux. Ce qui fait d'ailleurs que l'on veut distinguer à tort la résolution et l'effort, c'est qu'on ne pense jamais, comme Maine de Biran en a donné l'exemple, qu'à l'effort musculaire, qui en effet n'est pas toujours la même chose que la volonté et qui peut s'en séparer. Si, en effet, je me résous aujourd'hui d'aller me promener demain, c'est aujourd'hui que je prends ma résolution, et c'est demain que je fais l'effort; mais la résolution elle-même a exigé un certain effort et implique l'exercice d'une force. Quant à l'effort musculaire, il se compose de deux choses : une sensation plus ou moins pénible, qui peut même être agréable et qui est la sensation musculaire proprement dite, sensation qui peut être obtenue extérieurement (par exemple, par massement, friction, douleur, ou simplement bains, etc.), et un sentiment spécial qui est l'effort proprement dit, et qui est le sentiment de l'activité déployée. Au reste, nous admettons volontiers que l'effort est un phénomène plus général que la volition, puisque nous avons dit que l'action motrice doit être spontanée avant d'être volontaire : il y a donc un effort spontané avant qu'il y ait un effort volontaire ; mais il ne s'ensuit pas que la volonté elle-même n'implique pas un effort, comme toute activité qui se déploie contre un obstacle.

LEÇON IV

LA LIBERTÉ. — LES DEUX SENS DU MOT LIBERTÉ

Messieurs,

De la volonté nous passons maintenant à la liberté.

La première condition pour résoudre un problème, c'est de le bien poser, de le poser avec clarté, avec précision. C'est ce que l'on oublie souvent lorsqu'on parle de la liberté.

On sait que le mot de liberté a été employé dans des sens bien différents, surtout lorsque l'on s'est placé au point de vue pratique et social. On a parlé, en effet, de liberté civile, de liberté politique, de liberté religieuse, etc. Nous écartons tous ces différents sens pour nous borner au point de vue philosophique, à la liberté morale. Mais c'est précisément la liberté morale qui a été entendue et qui peut être entendue dans deux sens différents; ce qui jette dans une équivoque très préjudiciable à la solution du problème. En effet, si l'un des deux partis entend la liberté dans un sens, et l'autre dans un autre sens, il est évident qu'ils ne parlent pas la même langue, et par conséquent il est tout naturel qu'ils ne s'entendront pas.

Voici d'abord un premier sens que la philosophie nous fournit du mot de liberté.

Un homme libre, dira-t-on, est un homme en possession de la raison. Considérons, en effet, un homme sensé et raisonnable et un fou. Le premier peut et doit être appelé un homme libre. On dit qu'il est en possession de lui-même, qu'il est maître de soi. Le fou, au contraire, ne s'appartient pas à lui-même. Il n'est pas *compos sui;* il est *impotens sui*. En un mot, il est aliéné, *alienus a se,* étranger à lui-même. L'homme raisonnable parle et agit comme un homme libre. Le fou, au contraire, est l'esclave de son imagination, la victime de toutes ses visions, le jouet des mots qui l'entraînent dans tous les sens, et de ses organes qui désorganisent sa pensée. Ce que nous disons du fou, on peut le dire de l'homme ivre, que Socrate compare aussi à un esclave dans les *Mémorables* : « L'homme intempérant, disait-il, refuserait d'avoir un esclave semblable à lui-même. » L'homme ivre d'ailleurs est semblable au fou. L'ivresse est une folie passagère. Il en est de même de l'homme entraîné par la passion. La colère est une courte folie, *ira furor brevis*. L'amour entraîne l'homme à toutes les folies et même à toutes les bassesses. On s'étonne après coup d'avoir tout sacrifié à un délire dont on ne comprend plus la raison. Cela est vrai de toutes les passions : non seulement des passions individuelles, mais encore des passions sociales, religieuses ou politiques, qui font d'un homme l'instrument aveugle d'un parti, d'une secte, et d'où naissent tous les excès du fanatisme.

L'homme raisonnable, au contraire, voit les choses comme elles sont ; il ne se laisse pas entraîner par le dehors des choses, par les fausses séductions du désir et de l'espérance. Il comprend et il respecte les conditions de la vie, de la société, de l'ordre universel. Il est par là même son propre maître et ne fait que ce qu'il veut.

Maintenant dans la raison elle-même il y a des degrés, et cette sorte de raison qui n'est que l'égoïsme calculé, et qui ne sort pas du cercle des intérêts d'un individu, est moins libre, moins indépendante qu'une raison plus générale et plus haute qui s'élève jusqu'à l'idée de l'ordre universel, et qui fait concourir, autant qu'il est possible, sa propre sagesse avec la sagesse divine. Voir toutes les choses sous l'idée de Dieu, c'est-à-dire sous le point de vue de la raison éternelle et, comme l'exprime Spinoza, *sub ratione æternitatis*, c'est la plus haute idée que l'on puisse se faire de la liberté. Aussi Spinoza distingue-t-il deux états : celui qu'il appelle *état de raison* et que nous venons de décrire, et un autre qu'il appelle *état de nature*, dans lequel l'homme est considéré comme une partie de la nature, c'est-à-dire de l'univers physique, et est soumis à ses lois, et en particulier à la loi du plus fort. Dans ce second état, les passions les plus fortes l'emportent nécessairement, et ses passions elles-mêmes sont l'effet de l'action des choses extérieures. Or l'état de raison est, pour Spinoza, un état de liberté, et l'état de nature un état de servitude. De là les deux derniers livres de Spinoza, le *De Servitute* et le *De Libertate* (IV et V). Ainsi Spinoza, malgré le fatalisme inadmissible de sa doctrine, conservait et avait le droit de conserver, dans le sens que nous venons de dire, la liberté.

Chez les anciens, une grande école, absolument déterministe, l'école stoïcienne, qui considérait l'univers comme enchaîné par les lois de la destinée (qu'ils appelaient εἱμαρμένη), admettait cependant dans le même sens que Spinoza la liberté du sage. Aucune école plus que l'école stoïcienne n'insista sur la force morale, sur la puissance qu'elle attribue au sage de s'affranchir de toutes les choses extérieures et de tout ce qui ne dépend pas de nous. Le sage doit être indifférent à tous les maux et à tous les accidents, à la maladie, à la pauvreté, à l'exil, à la mort, car tout cela ne dépend pas de lui. Ce qui dépend de lui, c'est la raison, c'est l'opinion qu'il se fait des choses. Reconnaître l'empire de la nécessité, voilà la vraie liberté. Aussi, disaient les Stoïciens, le sage est le seul libre, le seul roi, le seul riche, et la liberté stoïcienne a donc le même caractère que la liberté de Spinoza. C'est la liberté de la raison, la liberté du devoir, la participation de l'homme à Dieu.

C'est la même idée qui domine dans les théologiens déterministes, qui tendent à détruire ou à limiter le plus possible la liberté humaine, pour accroître le champ de la puissance divine. Croire que l'homme peut quelque chose par lui-même, c'est en quelque sorte usurper sur la toute-puissance divine : car, en tant qu'on admettrait que l'homme tire de ses propres forces un acte absolument nouveau, il agirait en quelque sorte comme créateur; il coopérerait à l'action divine. Aussi tous les théologiens ont-ils eu beaucoup de peine à concilier le point de vue de la liberté humaine nécessaire à la morale avec le point de vue de la toute-puissance nécessaire à la théologie. Quelques-uns même, craignant d'admettre aucune causalité réelle autre que celle de Dieu, sont tentés de sacrifier la liberté humaine à la grâce divine. C'est ce qui a lieu dans le calvinisme et dans le jansénisme. Et cependant, même les théologiens ne renonçaient pas pour cela à l'idée de liberté. Ils pensaient que l'homme, étant l'œuvre de Dieu, lorsqu'il agit sous l'influence de la grâce divine, agit conformément à sa vraie nature, à la nature qu'il aurait s'il n'avait pas péché. Or nul doute que l'homme ne fût plus libre dans l'état d'innocence qu'il ne l'est maintenant sous le joug du péché. Revenir à l'innocence, c'est revenir à la liberté. La grâce affranchit du péché. Saint Paul disait : « Qui me délivrera de ce corps de mort? » Il disait encore : « La loi qui est dans mes membres combat la loi qui est dans mon esprit. » C'est la grâce qui nous délivre de ce corps de mort et de cette loi charnelle qui combat la loi de l'esprit; elle nous rend donc libres. C'est pourquoi Luther, tout en défendant le *serf arbitre* (*servum arbitrium*), disait que « le chrétien était la plus libre des créatures de Dieu ».

Si nous résumons l'ensemble des idées précédentes, nous dirons que les philosophes et les théologiens qui parlent ainsi ont bien le droit d'appeler du nom de *liberté* l'état qu'ils décrivent, pourvu qu'ils préviennent du sens qu'ils attachent à ce mot. Ils ont même le droit d'opposer leur doctrine à celle des déterministes, ou du moins de certains déterministes, par exemple au déterminisme physique et mécanique. Dans ce système, en effet, l'homme est une véritable chose. Il n'agit jamais; il *est agi*. Les actions sont le contre-coup et la résultante de toutes les forces extérieures. Au contraire, dans la doctrine spinoziste et stoïcienne, l'homme domine le déterminisme physique et mécanique. Il a un intérieur, un moi. Il participe à la raison universelle; il est ce qu'il doit être; il atteint à la vérité, à la plénitude de son être : un tel état mérite bien le nom de liberté.

On peut aller plus loin et dire que le déterminisme lui-même, lorsqu'il se place à un point de vue analogue au précédent, peut prétendre, à la rigueur, et non sans quelque vraisemblance, qu'il fait aussi la part à sa liberté; car là aussi, dans le déterminisme, il peut y avoir deux états : l'un où le sujet sentant est déterminé exclusivement par les accidents extérieurs, un coup de vent, un accès de fièvre, un désir passager; l'autre dans lequel il obéit à la raison, laquelle, à la vérité, est issue de la sensation, mais suivant certaines lois, et qui se conduit, se gouverne conformément aux lois générales de la nature. Le déterminisme lui-même a le droit d'opposer le cas de folie, d'ivresse, ou même de passion déréglée, au cas de la raison proprement dite. Il peut dire, lui aussi, que le premier cas est un état de servitude et que l'autre est un état de liberté. La distinction entre l'esclavage et la liberté pourrait donc tout aussi bien avoir lieu dans le déterminisme mécanique et physique que dans le déterminisme idéaliste et rationaliste; seulement il faudra reconnaître que celui-ci est supérieur à l'autre, et qu'il confère à l'homme une plus grande dose de liberté, parce qu'au lieu de prendre dans les choses extérieures le principe de son être, il le prend immédiatement dans la raison elle-même, c'est-à-dire dans un principe non mécanique, et, si l'on va jusqu'à Dieu, dans un principe souverainement parfait. Mieux vaut, sans doute, s'il faut *être agi,* l'être par Dieu que par la matière; mieux vaut être membre de Dieu que d'être membre de la nature. Dans l'une de ces hypothèses, il y a un fond de supériorité de l'homme sur la nature; dans l'autre, l'homme n'est qu'un agent naturel perfectionné.

Maintenant, ce premier sens du mot liberté étant bien défini, est-ce bien dans ce sens que se pose généralement le problème de la liberté? La liberté qu'exige la morale doit-elle se confondre avec la raison ou avec la grâce divine?

Sans doute c'est un grand bien que d'être raisonnable, d'être inspiré par la grâce divine, et je reconnais que c'est là un état auquel on peut, si l'on veut, donner le nom de liberté.

Mais la question n'est pas là ; elle est de savoir si un état de liberté idéale, à laquelle sans doute nous devons tendre de tous nos efforts, est l'œuvre et la conquête de notre propre activité. L'homme est libre, dans la doctrine de Spinoza, lorsqu'il est arrivé à l'état de raison ; et il est libre, dans la doctrine de Luther, lorsqu'il est plein de la grâce de Dieu. Mais ni dans l'un ni dans l'autre cas cette liberté possédée n'est l'œuvre ou la conquête de celui qui la possède. Elle est donnée par Dieu, ou elle fait partie de notre nature ; mais nous ne l'acquérons pas par nous-mêmes. Il s'agit donc de savoir (et c'est là le problème de la liberté) si nous pouvons par nous-mêmes et par nos propres efforts nous élever à l'état de raison ou à l'état de grâce, et échapper à l'état de nature ou à l'état de péché.

En un mot, la liberté de la raison ou de la grâce est un but à atteindre, un idéal à réaliser, un état à conquérir. Il faut y tendre ; il faut y arriver si nous le pouvons ; mais avons-nous en nous-mêmes le moyen de nous élever à ce but, ou bien cet état supérieur que nous appellerons aussi la liberté, si vous le voulez, n'est-il qu'un don de nature, ou un don libre de la Providence divine? Voilà la vraie question de la liberté morale. C'est celle-là et non pas une autre qui préoccupe l'âme des hommes, lorsqu'ils se demandent si l'homme est libre. On ne se demande pas si, parmi les hommes, les uns sont naturellement esclaves, les autres naturellement libres ; les uns fils de Dieu, les autres fils de la nature et du péché ; mais on se demande si tel homme, fils de la nature, peut, à son choix, devenir fils de Dieu ; ou si tel autre, doué par nature de la raison et de la grâce divine, peut dégénérer et retourner sous le joug de la nature et du péché ; et enfin si, dans les deux cas, le passage du mal au bien ou du bien au mal dépend du pouvoir de l'homme, et non du hasard et de la nécessité.

En un mot, être libre, c'est être capable de choisir entre le bien et le mal. On peut soutenir qu'une telle liberté n'existe pas, et c'est la thèse du déterminisme ; mais il ne faut pas dénaturer et déplacer la question, et faire croire qu'on l'a résolue conformément à la conscience morale de tous les hommes, puisqu'on a supprimé radicalement ce qui fait l'objet de cette conscience universelle.

Essayons de bien mettre en relief les deux sens que nous venons de distinguer.

Nous disons qu'il y a deux espèces de liberté : la liberté comme fin et la liberté comme moyen; la liberté comme état d'esprit qu'on possède et auquel on est arrivé, et la liberté comme pouvoir d'atteindre à cet état supérieur. Étant donné que l'état de raison est un état de liberté, et l'état de nature un état de servitude, nous demandons : « Pouvons-nous choisir entre l'un et l'autre? Sommes-nous libres d'être libres? » En un mot, la liberté dont nous enquérons est celle que l'on appelle le libre arbitre.

Ce qui prouve clairement que la liberté de raison n'est pas la vraie liberté morale, c'est qu'aucune philosophie plus que Spinoza n'a défendu et expliqué la liberté de raison, et n'en a mieux fait comprendre les conditions, et cependant tout le monde attribue à Spinoza la doctrine du fatalisme ou du déterminisme, et même du nécessitarisme le plus implacable. Personne n'a soutenu avec plus de dureté la doctrine du péché naturel. A ceux qui lui reprochaient de rendre le péché nécessaire, il répondait : sans doute il est fâcheux de n'être qu'un cheval; mais il est impossible à un cheval d'être autre chose qu'un cheval. La distinction établie par nous ressort donc de la doctrine même de Spinoza.

Éclaircissons encore la distinction précédente par un exemple emprunté à la politique. En politique, un peuple est dit libre lorsqu'il jouit d'institutions protectrices de ses droits; et il est esclave lorsqu'il est privé de ces institutions, au profit d'un homme ou même, si l'on veut, d'un grand homme. Or il est arrivé plusieurs fois dans l'histoire que le peuple a choisi lui-même le gouvernement d'un homme de préférence au règne des lois. Dans ce cas le peuple aurait choisi librement l'esclavage. Il serait librement esclave. Au contraire, quand c'est lui-même qui conquiert les institutions libérales, on peut dire alors qu'il est librement libre. On peut aussi concevoir le cas où il serait forcément libre : par exemple, des révolutionnaires hardis détruisent les institutions monarchiques et imposent à un peuple qui n'en éprouve pas le besoin, ou qui ne les comprend pas, des institutions de la liberté; ou encore tel tyran généreux, comme le rêvait Platon, imposant à ses sujets après lui les institutions libres, fonderait la liberté par le moyen du despotisme. Il en est de même de l'éducation des enfants. C'est une contrainte et une discipline qui a pour objet de les rendre libres ; car les instruire, leur enseigner la morale et la prudence, c'est leur donner la liberté, le moyen de se gouverner eux-mêmes. Mais lorsqu'il s'agit de l'éducation qu'on se donne à soi-même par l'expérience et par les efforts individuels, on devient librement libre.

Inutile de dire que ces deux espèces de liberté peuvent se mêler l'une à l'autre, et s'accroissent ainsi l'une l'autre réciproquement. Ainsi il est évident que l'homme est d'autant plus libre de la liberté du choix, qu'il possède une raison plus éclairée et qu'il aperçoit plus clairement et plus distinctement les raisons de choisir, c'est-à-dire qu'il connaîtra mieux les différences du bien et du mal, les avantages ou les inconvénients de telle ou telle conduite. Réciproquement, l'homme sera d'autant plus libre de la liberté de raison, qu'il aura conquis cette liberté par lui-même et qu'il se la garantit à lui-même en y consentant, en refusant d'en être dépossédé.

Laissant au mot de liberté le sens que l'usage lui donne et qui s'applique dans les deux cas, nous réserverons le terme de libre arbitre pour signifier la liberté du choix. La question pour nous se réduira donc à ces termes : l'homme est-il libre de choisir entre le bien et le mal? Telle est la vraie question débattue entre les partisans du déterminisme et ceux du libre arbitre; telle est la question que nous avons à examiner.

LEÇON V

UNE ILLUSION D'OPTIQUE DANS LE PROBLÈME DU LIBRE ARBITRE

Messieurs,

Avant d'aborder en lui-même le problème du libre arbitre, je voudrais dénoncer ce que j'appelle une sorte d'illusion d'optique logique qui se présente dans cette question et dans beaucoup d'autres semblables, et qui paraît au premier abord très défavorable aux partisans du libre arbitre et des doctrines analogues.

En effet, les défenseurs du libre arbitre ont à leur charge, si leur doctrine est vraie, de soutenir une vérité simple, absolue, qui est ou qui n'est pas une vérité tant qu'elle n'est pas démontrée, mais qui, lorsqu'elle est reconnue pour telle, est tout de suite connue, tout de suite prouvée, et ne prête à aucun développement. Les développements, dans cette question, viennent presque exclusivement de ce qu'on réfute une opinion contraire qui, par hypothèse, est une erreur, de telle sorte que si une telle erreur n'existait pas, nous n'aurions plus rien à dire. Il en est de même de la discussion des objections, qui jette beaucoup de variété et d'intérêt dans le sujet; mais alors la variété et le développement viennent encore de la thèse adverse, et non de la thèse de la liberté. Par exemple, résoudre successivement l'objection tirée soit des tempéraments, soit des passions, soit du milieu social, c'est donner lieu sans doute à des considérations très variées; mais c'est l'objection qui semble varier, ce n'est pas la réponse. La partie positive de la discussion, celle qui consiste à affirmer que nous sommes libres, est extrêmement réduite et se borne presque à affirmer le fait lui-même. L'homme est libre ou il ne l'est pas ; et les grands systèmes sur la liberté, ceux de Platon, de Spinoza ou de Kant, n'ont de variété et d'originalité que parce qu'ils déplacent la question, ou bien parce qu'ils inventent des moyens nouveaux d'échapper au déterminisme ; de sorte que là encore c'est l'adversaire du libre arbitre qui suggère des idées à ses partisans. Mais si nous prenons la liberté en elle-même, tout est dit en une fois ; et lorsque vous avez constaté le fait, vous n'avez plus rien à dire : la science est fixée sur ce point. Quant à la nature des preuves, il en est de même : car on n'en a jamais trouvé que deux, qui se résument en ces mots : 1° je suis libre, car j'ai conscience de ma liberté ; 2° je suis libre, car je suis soumis à la loi morale, et je suis responsable de mes actions. La philosophie ne sait rien de plus sur cette grave question. Elle n'en sait pas plus que le charbonnier.

Eh bien, ces courtes affirmations satisfont-elles à la curiosité scientifique ? Il semble qu'une science doive nous apprendre quelque chose, qu'elle doive toujours avoir à nous dire quelque chose de nouveau. Or, sur la question du libre arbitre, la science ne nous apprend rien que nous ne sachions d'avance ; et, en supposant qu'elle ait au moins le mérite de nous faire penser ce que nous savons déjà sans y avoir réfléchi, toujours est-il qu'après nous avoir dit une bonne fois ce qu'elle a à nous dire, elle ne peut plus que répéter toujours la même chose, sans faire aucun progrès, aucune découverte nouvelle.

Il en est ainsi, et il n'en peut être autrement. Le libre arbitre est un fait simple et, comme nous l'avons dit, absolu. Il est ou il n'est pas ; mais s'il est, il est une seule chose, toujours la même, et il ne peut pas se diversifier pour donner lieu à des descriptions et à des explications nouvelles.

Examinons maintenant la situation du déterminisme, et voyons combien elle est différente et comme elle se présente dans des conditions plus favorables. Que soutiennent, en effet, les déterministes ? C'est que toutes nos résolutions, toutes nos actions, sont déterminées par certaines conditions antérieures, qui se produisent soit dans le monde extérieur, soit dans l'organisme, soit dans l'âme elle-même. Quel est donc l'intérêt des déterministes? C'est de prouver leur thèse par l'énumération de ces circonstances diverses et multiples. Or ces circonstances sont en nombre infini, et, suivant qu'on met en lumière celles-ci ou celles-là, on peut toujours nous apprendre quelque chose de nouveau. Par exemple, on sera sensible aujourd'hui aux influences de l'hérédité, et l'on rassemblera le plus grand nombre de faits possible de ce genre; on ouvrira par là un chapitre de la science entièrement nouveau. Ou bien l'on découvrira le phénomène de la suggestion hypnotique : de là toute une science nouvelle, la science hypnotique; ou bien on étudiera les conditions physiologiques et organiques du criminel, et l'on créera l'anthropologie criminelle ; ou bien enfin on consultera la statistique et le nombre des crimes et des délits, les lois de leur production, et l'on créera ce que l'on a appelé la *physique sociale*. Par ces dernières études, aussi bien que par celles des sexes, des âges, des tempéraments, des maladies, on fera passer sous nos yeux tout un panorama de faits toujours nouveaux, toujours curieux, toujours instructifs. On appellera cela de la science, et avec raison; car on apprend par là une multitude de faits que l'on ne connaissait pas. De là vient la popularité de cette sorte d'étude. En effet, tous les hommes aiment à s'instruire; ils aiment à apprendre aujourd'hui ce qu'ils ne savaient point hier. Depuis que la philosophie est entrée dans cette voie, elle est devenue très populaire. Jamais il n'y a eu tant de personnes s'occupant de philosophie. C'est que, si le rationnel pur et les distinctions logiques fatiguent l'esprit, les faits ont un intérêt toujours nouveau et vous donnent la satisfaction de sentir que vous vous êtes instruit.

Tel est l'état des choses; et vous voyez maintenant quel est le désavantage de la thèse du libre arbitre en cette affaire. D'abord elle est sèche; car elle se borne à la plus simple affirmation. Ensuite elle est immobile; car cette affirmation est toujours la même. L'autre thèse, au contraire, est riche, variée, progressive, car elle a à sa disposition un grand nombre de faits, et de faits toujours nouveaux.

Néanmoins, malgré ce que peut avoir d'évident en apparence la proposition précédente, je ne vois là, comme je l'ai dit, qu'une illusion d'optique. Expliquons-nous.

La thèse déterministe grandit sans doute en étendue par l'accumulation des faits, toujours nouveaux et mieux étudiés; mais au fond l'argument n'a pas gagné un atome de force grâce à cet accroissement. Dans tous les temps, en effet, on a su qu'il y avait des faits divers et nombreux qui semblent déterminer nos actions. Que ce soient ceux-ci ou ceux-là, il importe peu; la vraie question est de savoir si ces faits nous déterminent nécessairement, de manière à nous enlever absolument la faculté de résister. Autrement, on pourrait dire aussi que l'argument déterministe a perdu de sa force et de son influence depuis la chute de l'astrologie judiciaire; car la doctrine de l'influence des astres impliquait un nombre considérable de faits qui semblaient enchaîner la destinée humaine et dont nous n'avons plus aujourd'hui à nous préoccuper. Il en est de même de la sorcellerie et de la magie. Et cependant même alors, au temps où l'on croyait à ces faits, le libre arbitre résistait, et l'on croyait pouvoir lui faire sa part au moyen d'axiomes comme celui-ci : *Astra inclinant, non necessitant*. Et qu'importe que les actions des astres aient disparu, si elles ont été remplacées par les influences du milieu et du caractère? En réalité, tous ces faits ne sont qu'un seul et même fait, toujours le même; et la diversité n'en augmente pas la puissance d'action, pas plus que la diversité des mets et des éléments n'augmente la nécessité de se nourrir. Celui qui sait que, dans un accès de fièvre chaude, un malade se jette par la fenêtre sans savoir ce qu'il fait et sans qu'on puisse lui imputer son action, en sait autant que celui qui apprend que, sous l'influence de la suggestion, le somnambule ira se jeter par la fenêtre, si on le lui commande. Celui qui sait qu'à l'état de folie ou de démence l'homme n'est plus responsable de ses actes en sait autant que celui qui apprend qu'il en est de même d'un hypnotique ; et je m'étonne de l'inquiétude et de l'effroi qu'ont produit chez les partisans de la liberté les faits de somnambulisme et de suggestion, très exagérés d'ailleurs, dont on a tant parlé ; car, puisqu'on accordait que le délire en général supprime ou atteint la liberté et la responsabilité, en quoi la liberté sera-t-elle plus menacée parce qu'on aura découvert un genre de délire nouveau et jusqu'ici inconnu ? De même pour l'hérédité. Si j'accorde, comme on est obligé de le faire, que le caractère et l'état du cerveau sont les conditions de l'intelligence, du génie ou du caractère, est-ce que je n'accorde pas par là même que l'hérédité, si je la considère comme un des facteurs de la structure cérébrale, a une action et une influence sur mon être moral ? Et cela n'ajoute rien à la force de l'argument déterminé ; car, que je sois boiteux par nature ou par hérédité, toujours est-il que, dans les deux cas, je ne puis pas marcher droit.

En un mot, la thèse déterministe est une thèse empiristique et phénoméniste. Elle s'établit dans le champ de l'expérience et des phénomènes. Or le champ des phénomènes est infini. On pourra toujours trouver un nouvel ordre de phénomènes auquel on ne se sera pas encore adressé. De là cette conséquence évidente que le déterminisme, étant appelé à nous présenter sans cesse des choses nouvelles, aura plus de chance de nous apprendre ce que nous ne savons pas. Mais il y a là une illusion. On est plus instruit au point de vue phénoméniste ; mais, au point de vue métaphysique, on reste toujours au même point. Par exemple, je ne saurais pas, si la science ne me l'avait pas appris, que l'hérédité peut sauter une génération et passer du grand-père au petit-fils. Voilà un fait intéressant en lui-même ; mais que mon caractère me vienne de mon grand-père, ou de mon père, ou de ma constitution organique, c'est tout à fait la même chose, et le déterminisme n'est pas plus prouvé dans un cas que dans l'autre. En effet, la doctrine du libre arbitre admet toujours l'existence d'un certain déterminisme, par exemple celui des lois de la nature. Je ne peux pas voler dans les airs si je le veux ;

je ne puis pas vivre sans me nourrir ; je ne puis pas faire que tels actes ne me causent pas du plaisir, tels autres de la douleur. Non seulement le libre arbitre admet en fait un certain déterminisme, mais on peut même dire qu'il l'implique nécessairement. Toute liberté, pour agir, a besoin d'une certaine matière d'action ; or cette matière est sujette à des lois. Toute liberté est donc conditionnée par ces lois. Une liberté qui ne rencontrerait aucune résistance agirait dans le vide, ou plutôt n'agirait pas ; car comment pourrait-il y avoir action sans un terme d'action, et par conséquent sans quelque chose de résistant et de déterminé, qui limite l'action de la liberté ? Dès lors, le déterminisme étant le champ d'action nécessaire dans lequel doit se déployer la liberté, en quoi la multiplicité des faits change-t-elle le fond des choses ? La question est toujours la même. Le déterminisme est-il absolu ? Ne laisse-t-il pas un domaine où la volonté peut échapper à la chaîne irrésistible du destin ? Et s'il y a certaines conditions irrésistibles, comme il y en a en effet, qu'importe que ce soit celles-ci plutôt que celles-là ?

Si nous examinons quel est le vrai fond de l'argument déterministe, nous verrons que sa raison d'être principale et même, pour ainsi dire, unique, c'est que nous avons dans l'esprit une loi soit innée, soit universellement acquise, une loi qui rattache invariablement la cause à l'effet ou l'effet à la cause. C'est le principe de causalité qui est le père du déterminisme. Aussi voyons-nous chez les anciens le déterminisme soutenu par une grande école, l'école stoïcienne, avec une fermeté et une témérité égales à celles de nos plus décidés déterministes, sans avoir besoin d'aucun exemple expérimental. Si, en effet, d'une manière générale, on admet que le phénomène est lié à sa cause par un lien indestructible, qu'avons-nous besoin de connaître tels effets ou telles causes ? Ces faits que l'on donne comme la preuve du déterminisme y étaient contenus en principe.

D'ailleurs, lors même qu'on accorderait que l'argument aurait gagné, sinon en valeur intrinsèque, au moins en extension, par l'élargissement du champ des phénomènes, jusque-là restreints à un certain nombre de faits vulgaires, ce que j'ai voulu faire remarquer, c'est qu'il est de l'essence de toute doctrine expérimentale de gagner sans cesse en extension, puisque le champ de l'expérience est infini, tandis que la doctrine innéiste, ontologique, spiritualiste, comme on voudra l'appeler, est, de son essence, immobile; car elle cherche et prétend trouver en tout un point fixe, un point d'arrêt, un absolu. Que ce point d'arrêt s'appelle Dieu, l'Ame, la Liberté, le Devoir, l'Idée à priori, toutes ces conceptions ont pour caractère d'être au-dessus de l'expérience, et par conséquent d'échapper aux conditions de l'expérience. Que l'on multiplie le nombre des phénomènes tant que l'on voudra, et que partout, dans la série des phénomènes, on trouve une même loi, cela ne prouvera pas qu'il n'y a pas quelque chose au delà de l'expérience et une loi supérieure à ses lois. L'établissement d'une pareille existence ne saurait être soumise aux mêmes conditions que l'établissement d'une vérité expérimentale. Exiger, par exemple, que l'on prouve par l'expérience externe l'établissement d'une activité interne, c'est demander l'impossible; car, par cela même que cette activité serait prouvée par l'expérience externe, elle cesserait d'être une activité interne. D'un autre côté, affirmer qu'une telle liberté n'existe pas parce qu'on ne la montre pas dans le champ externe de l'expérience, c'est faire une pétition de principe : car ce serait poser en principe que tout est phénomène, tandis que la question est précisément de savoir si tout est phénomène.

Supposons donc un moment l'existence de points fixes, absolus, tels qu'un Dieu supérieur au monde, une Ame supérieure au corps, la Liberté supérieure aux phénomènes, le Devoir supérieur à tous les mobiles de la sensibilité : on comprend que l'établissement de ces points fixes n'est pas susceptible de développement empirique, comme l'est l'établissement du déterminisme. La liberté ne peut être prouvée que par l'appel à la conscience psychologique et à la conscience morale, laquelle ne doit même s'appuyer que sur des raisons très simples, parce qu'elles doivent être à la portée de tous les hommes. La subtilité et l'invention philosophique ne peuvent se manifester ici que dans la solution des difficultés ; et à ce point de vue la thèse du libre arbitre a la même étendue que celle du déterminisme, car c'est la même de part et d'autre. Mais dans sa partie dogmatique la doctrine est condamnée à l'immobilité.

S'il en est ainsi, et si les deux arguments sont à la fois et également immobiles, et s'ils ne peuvent rien l'un sur l'autre, pourquoi ne pas les renvoyer dos à dos, pourquoi s'obstiner à soulever des problèmes insolubles ? La vraie science n'est pas déterministe ; elle n'est ni pour ni contre le libre arbitre. Elle constate les phénomènes et leurs rapports, et elle s'en tient là. Pourquoi ne pas faire comme elle ?

Peut-être cette solution serait-elle la plus sage, si elle était possible. Mais elle n'est point possible. La question se pose nécessairement dans l'ordre social par la question de la responsabilité des criminels. Elle se pose dans la vie privée de chacun de nous par la question de notre responsabilité propre. D'ailleurs, écarter la question, c'est la résoudre ; car dire que l'on ne sait pas s'il y a ou s'il n'y a pas de liberté, c'est dire qu'il n'y en a pas ; c'est agir comme s'il n'y en avait pas.

En tout cas, nous aurons fait, je crois, une chose utile en dénonçant l'illusion d'optique dont on abuse pour faire croire au progrès de l'une des deux thèses, tandis que l'autre, par la nature des choses, échappe à cette sorte de progrès et ne pourrait s'en prévaloir sans renoncer à elle-même. En tout cas, ce n'est pas un argument contre une thèse de n'être point susceptible de progrès, puisque la question est de savoir s'il n'y a pas telle existence, tel point fixe, dont la nature est précisément d'être supérieure à la loi du progrès.

LEÇON VI

LE LIBRE ARBITRE ET LA POSSIBILITÉ DES CONTRAIRES

Messieurs,

Nous avons vu qu'il y a deux sens du mot liberté. Dans le premier sens, il signifie affranchissement, émancipation, sagesse, raison; il s'oppose à la servitude. Dans le second sens il signifie passion. Le pouvoir de s'élever à cet état d'affranchissement et d'échapper à cet état de servitude, c'est-à-dire le pouvoir de choisir entre l'un et l'autre état, entre le bien et le mal, est ce que l'on appelle le libre arbitre.

Ce pouvoir est-il une illusion? C'est ce que nous avons à rechercher. Mais, illusion ou non, c'est de cette liberté-là qu'il s'agit lorsqu'on parle de la liberté morale. En effet, quand nous disons d'un homme qu'il est coupable et responsable de son action, nous entendons par là qu'il aurait pu l'éviter, et que c'est par son fait seul que cette action s'est produite. Si nous supposons, au contraire, que cette action a été la seule possible, et par conséquent qu'elle n'a pas pu être évitée, nous ne pensons plus que l'auteur de l'action soit responsable, et par conséquent qu'elle soit coupable.

Cependant il semble qu'il y ait un cas où il peut y avoir à la fois liberté et nécessité : c'est quand l'action est d'accord avec toutes les tendances, tous les penchants, en un mot avec la nature entière de l'agent, et où par conséquent celui-ci s'y abandonne avec plaisir et par conséquent la veut, y consent. Une action à laquelle je consens, et par conséquent je coopère, est bien une action libre, et par cela seul que j'y consens j'en accepte les conséquences; je veux l'action et tout ce qui s'ensuit. Une telle action n'est pas contrainte, n'est pas nécessitée, et par conséquent elle est libre.

Il faut reconnaître, en effet, qu'il y a une différence entre une action contrainte, et par conséquent nécessitée extérieurement, et une action nécessitée intérieurement. L'une a sa cause au dehors, l'autre au dedans; l'une est passive et n'implique aucune spontanéité, l'autre est active et spontanée. On a donc pu, et c'est la doctrine de Leibniz, confondre la spontanéité avec la liberté. Néanmoins, nous insistons pour affirmer que si l'action qui dérive de la nature d'un agent est la seule possible, qu'elle soit d'ailleurs bonne ou mauvaise, il serait inexact d'appeler cette action libre dans le sens que tout le monde donne à ce mot, car une telle action ne peut pas être évitée; et si l'on définit, comme il est d'usage, le nécessaire en disant que c'est ce dont le contraire est impossible, cette action étant telle que le contraire en est impossible, une telle action est nécessaire; or entre nécessaire et libre il y a contradiction.

La liberté est donc et ne peut être que le choix entre deux actions possibles.

Mais ici se présente une difficulté. Qu'appelle-t-on possible? Qu'appelle-t-on impossible?

On appelle possible en général ce qui est d'accord avec l'expérience universelle, ou du moins ce qui ne la contredit pas. Par exemple, qu'un homme ne meure pas, c'est ce qui est en contradiction avec l'expérience universelle; cela est donc impossible. Mais qu'un homme meure à cent ans, c'est ce qui n'est pas absolument contraire à l'expérience, puisqu'il y en a des exemples; cela est donc possible. Que je gagne le numéro 501 dans une loterie où il n'y a que 500 numéros, c'est absolument impossible, parce que cela est contradictoire; mais que je puisse tirer le numéro qui gagnera, cela n'est pas impossible, puisqu'il y a toujours quelqu'un qui le tire. Il est donc possible que je gagne; et au moment de tirer le billet, il est à la fois possible que je gagne ou que je perde.

Mais cette possibilité n'est pas celle que nous réclamons pour la liberté; car il ne s'agit ici que d'une possibilité générale qui consiste à faire abstraction de toutes les conditions réelles de l'action, en ne tenant compte que des conditions générales. Par exemple, il suffit que le billet gagnant soit au nombre des billets tirés pour qu'il n'y ait pas contradiction entre la sortie et leur tirage; mais à mesure que nous connaissons mieux les circonstances, cette possibilité diminue; car, par exemple, s'il est au fond de l'urne, et que je ne prenne qu'à la surface, il me devient impossible de le tirer. Que je pose la main à droite et à gauche et que le numéro soit au milieu, c'est la même chose. Si donc on arrive jusqu'au dernier acte, on reconnaît que, toutes les conditions données étant telles, il n'y a plus qu'une seule action possible, celle qui aura lieu. De là une grande différence entre le fatalisme et le déterminisme. Le fatalisme croit que, d'une manière absolue, telle action est impossible, par exemple que le méchant doit rester méchant, et le bon rester bon, et que, quelles que soient les circonstances, la chose arrivera nécessairement. Par exemple, si une ville doit être prise, elle sera prise : il est inutile de la fortifier. C'est ce qu'on appelle le *fatum mahometanum*. Au contraire, le déterminisme dit que, d'une manière généale, une ville n'est pas nécessairement prise, qu'elle ne le sera que si l'on ne prend pas toutes les précautions nécessaires; mais que, toutes les circonstances étant préparées pour la mettre en état de défense, elle pourra être sauvée. Ne sachant pas d'avance quelles seront ces circonstances, il faut agir comme si elle pouvait être soit prise, soit sauvée, selon le but qu'on se propose. C'est l'erreur des fatalistes, a fait remarquer Stuart Mill, d'avoir considéré comme impossible qu'un homme puisse changer de caractère, car cela tient à beaucoup de circonstances. On ne sait pas d'avance d'une manière absolue qu'un enfant aura tel caractère, comme on sait qu'un homme doit mourir; mais on doit faire en sorte de préparer et de réunir toutes les circonstances qui rendent possible un changement de caractère, s'il en est besoin.

On voit ce que signifie l'idée de possibilité : c'est une notion purement abstraite ; c'est l'accord avec les données générales de l'expérience. Plus vous diminuez le nombre de circonstances, plus la possibilité augmente ; plus vous accroissez par hypothèse le nombre des circonstances, plus la possibilité diminue ; enfin, si vous arrivez à la dernière action ou au dernier moment de l'action, on ne pourrait dire de deux actions différentes qu'elles sont à la fois possibles, que si on peut les concevoir l'une et l'autre comme d'accord avec un même état de circonstances données. Or, c'est ce que les déterministes déclarent impossible, et ce que les partisans du libre arbitre déclarent possible.

En un mot, par exemple, que je puisse mouvoir mon bras ou le laisser en repos, c'est ce qui est reconnu par tout le monde comme possible en soi, parce que les conditions générales de la matière ou de l'organisation peuvent s'accorder avec l'un ou avec l'autre événement. Mais qu'à un moment précis, toutes les conditions réelles étant une fois données, il n'y ait plus qu'une action qui s'accorde avec ces conditions, c'est cette seule action qui est possible. Voilà ce que disent les déterministes ; mais alors il n'y a plus de liberté. Pour qu'il y ait liberté, il faut que les deux actions soient possibles, c'est-à-dire qu'elles puissent l'une et l'autre s'accorder également avec ces conditions.

Remarquez d'ailleurs qu'il s'agit, non d'actions externes soumises à des lois physiques, mais d'actions internes qui peuvent être ou n'être pas d'accord avec les conditions extérieures. C'est donc dans le domaine seul de l'esprit qu'il s'agit de trouver la compossibilité de deux actions, ou du moins de deux résolutions différentes ou contraires. Laissons donc de côté les difficultés qui peuvent naître des lois physiques et mécaniques. Étudions en elle-même la question du choix entre les contraires.

Cette doctrine suppose la compossibilité des contraires. Sur quoi s'appuyer pour prouver cette compossibilité ?

A la vérité, cela ne peut pas faire l'objet d'une preuve

expérimentale. Comment prouver l'existence d'un possible, puisqu'il n'est pas encore réalisé? Et, quand il l'est, il s'agit encore de savoir si le contraire n'était pas possible également. Or ici encore comment prouver la possibilité de ce qui n'a pas été? La seule possibilité que l'on puisse prouver, à ce qu'il semble, c'est celle qui résulte de l'accord avec l'expérience, laquelle peut très bien être acceptée par le déterminisme. Quant à toute autre possibilité, il semble qu'elle échappe à toute démonstration.

Sans doute nous ne pouvons pas avoir conscience de ce qui n'a pas eu lieu; mais ce dont nous pouvons avoir conscience, c'est du *pouvoir* que nous avions de faire ce qui n'a pas eu lieu.

C'est le sentiment du *pouvoir* qui nous fait distinguer ce que j'appelle le possible réel du possible abstrait ou formel, qui est celui que nous avons défini jusqu'ici. Le possible réel est celui qui, étant d'accord avec les conditions générales de l'expérience, n'a besoin, pour être, que d'un acte de volonté. Or ce genre de possible est impliqué dans l'idée de responsabilité ou d'imputabilité, et il nous est donné dans la conscience du pouvoir. D'un tel possible nous ne pouvons donner d'autre preuve que le sentiment que nous en avons. Même en supposant qu'il existe, aucune autre preuve ne pourrait être donnée. Tout ce qui est exigé ici, c'est qu'il n'implique pas contradiction.

Mais on dit que la liberté ou pouvoir de choisir entre les contraires implique contradiction, en ce sens qu'il est en opposition avec le principe de causalité, qui est un principe de la raison au même titre que le principe d'identité. En effet, ou la cause qui produit l'effet est une cause pleine et entière, et alors l'effet suivra infailliblement; ou bien la cause ne détermine pas invinciblement l'effet, mais c'est qu'alors elle n'est pas pleine et entière; elle n'est donc pas une cause, et aucun effet ne peut suivre.

Mais il nous semble qu'il y a là une pétition de principe. Car on pose en principe qu'il n'y a pas une cause pleine et entière quand toutes les conditions nécessaires à une action ne sont pas réunies. Mais c'est ce qui est en question dans l'hypothèse de la liberté. Nous soutenons, au contraire, qu'une action peut ne pas être nécessitée, et que cependant la cause peut être pleine et entière.

En effet, que faut-il pour qu'une cause soit complète? Il faut : 1° qu'elle ait le pouvoir de faire sortir un phénomène du néant; 2° qu'elle ait une raison pour produire tel phénomène plutôt que tel autre. Or c'est ce qui a lieu dans l'action libre. La volonté est le pouvoir suffisant, et le motif est la raison suffisante de l'action.

Nous distinguons, en effet, le libre arbitre de la liberté d'indifférence proprement dite. Dans la liberté d'indifférence il y aurait un pouvoir, mais pas de raison. Nous admettons, au contraire, que la liberté n'agit pas sans motif, mais qu'elle n'est pas déterminée par le motif. Seulement nous distinguons entre ces deux termes : *être déterminé par* un motif (ce qui est le déterminisme), et *se déterminer pour* un motif (ce qui est la liberté). Dans le premier cas, l'action suit le motif, comme l'effet suit la cause, selon la loi des causes efficientes. Dans le second, c'est la volonté qui prend le motif pour but, selon la loi des causes finales. En obéissant au motif, elle obéit donc à elle-même.

Mais, dira-t-on, c'est encore la liberté d'indifférence : car quelle raison la volonté a-t-elle de choisir un motif plutôt qu'un autre? Je dis qu'on n'a pas le droit de poser cette question. Sans doute il faut un motif pour choisir une action; mais a-t-on le droit de conclure de là qu'il faut un motif pour choisir un motif, et un autre pour choisir celui-ci, et cela à l'infini? En disant que la volonté se décide pour un motif, n'avons-nous pas atteint le dernier mot de l'action? Si, par exemple, le motif pour lequel la volonté se détermine est un devoir, il implique par sa nature que ce n'est pas un motif nécessitant (autrement ce ne serait pas un devoir), et d'un autre côté quel motif pourrait-il y avoir d'obéir au motif du devoir, si ce n'est le devoir lui-même? Il ne peut y avoir ici de motif de motif à l'infini ; il y a un motif dernier, qui est l'idée du devoir. Or, c'est le caractère propre de ce motif d'être impératif sans être nécessitant. Le principe de causalité est donc satisfait, à moins qu'on ne commence par poser en axiome ce qui est en question, à savoir qu'il n'y a de cause suffisante que celle qui est nécessaire.

Reprenons la question par un autre point de vue : on a dit encore que l'illusion du libre arbitre vient de ce qu'on se représente le temps comme de l'espace[1]. On lui donne de la largeur; de là l'idée d'une bifurcation ou de deux chemins entre lesquels on peut choisir. Mais personne ne se représente le temps comme ayant une largeur. Sans doute on dit souvent que le temps a une dimension, la longueur, et on le compare à une ligne, et non pas à une surface. L'idée de coexistence psychologique n'implique nullement l'idée de juxtaposition. Par exemple, le *doute* est un état qui suppose la coexistence de deux idées ; car comment douter sans avoir à la fois les deux idées dans l'esprit? Et cependant nous ne plaçons pas ces deux idées dans l'espace. Dira-t-on qu'il n'y a pas coexistence, mais succession très rapide et alternante de l'une à l'autre idée? Mais, si rapide qu'on suppose cette succession, elle n'expliquera jamais le doute, si chaque idée ne coexiste pas au moins avec le souvenir de l'autre ; et il y aura toujours coexistence, sans qu'il y ait juxtaposition.

Une autre raison plus profonde que l'on a fait valoir contre la possibilité du libre arbitre, c'est qu'il s'en faut tellement que la possibilité des contraires, et en particulier la possibilité du mal, soit un caractère essentiel de la liberté, qu'au contraire la liberté parfaite, la liberté absolue que nous plaçons en Dieu exclut positivement la possibilité du mal, et même la possibilité du contraire. Dieu est impeccable, et cependant il est libre. On peut donc être libre sans avoir le pouvoir de pécher. Quelle étrange chose de faire de la liberté du mal le caractère essentiel de la liberté!

---

[1]. Voir Bergson, *Données immédiates de la conscience*.

Il est très vrai, dirons-nous à notre tour, que l'impeccabilité vaut mieux que la liberté du mal. Si j'avais à choisir entre être impeccable et jouir de la liberté du mal, je serais un fou de ne pas choisir l'impeccabilité. Mais ce n'est pas le fait. Que je le veuille ou non, je ne suis pas impeccable : je pèche, et le saint lui-même pèche plusieurs fois par jour. Or, si j'admets que le pécheur ne puisse pas ne pas pécher, non seulement je lui enlève la liberté du mal, mais encore la liberté du bien, puisqu'il est impossible d'échapper à l'état de pécheur. Nous ne réclamons donc pas la liberté du mal en elle-même, mais comme le seul moyen de garantir la liberté du bien.

Il y a, je le reconnais, dans l'illusion que nous combattons une certaine générosité ; et l'opinion contraire, quelque vraie qu'elle soit en elle-même, ne repose pas toujours sur de très bons principes. Nous supposons souvent chez les autres la liberté du mal, parce que nous aimons à blâmer et à haïr. Si, dans les efforts que l'on fait pour amnistier les coupables, nous ne voyions que le point de vue du mal, nous ne serions peut-être pas hostiles à ces efforts. L'opposition que ces efforts rencontrent dans le vulgaire vient souvent de mauvais principes, la peur ou la haine. Il semblerait donc, à ce point de vue, que la thèse de l'irresponsabilité fût une thèse favorable à l'humanité. Mais ce que ne voient pas les défenseurs de l'irresponsabilité, c'est qu'avec la liberté du mal ils détruisent la liberté du bien. En effet, le criminel qui a commis un crime n'aurait pas pu ne pas le commettre, puisqu'il n'y avait à ce moment qu'une seule action possible, celle qu'il a commise. Il n'était donc pas en son pouvoir d'être meilleur qu'il n'a été. En lui attribuant l'irresponsabilité, vous lui donnez à la vérité l'innocence, mais l'innocence de la brute; vous le dépouillez de ce qui est bien plus précieux, à savoir le pouvoir de s'élever au-dessus de la brute. Donc en supprimant le vice vous supprimez la possibilité de la vertu. Il reste, sans doute, des bons et des méchants, mais par le fait de la nature, comme il y a des agneaux et des tigres. C'est la doctrine de la prédestination, qui n'est pas moins dure parce que, au lieu d'être théologique, elle est philosophique. Peut-être même est-elle plus dure; car la prédestination théologique peut avoir des raisons que nous ne connaissons point, tandis que celle de la nature est purement aveugle.

C'est cette prédestination qui a toujours révolté les hommes; et c'est contre elle que la doctrine du libre arbitre s'est élevée; ou plutôt c'est la nature elle-même qui nous enseigne cette doctrine, et qui se révolte contre celle de la fatalité.

LEÇON VII

L'IDÉE DE LA LIBERTÉ

Messieurs,

M. Alfred Fouillée, dans son livre sur *la Liberté et le Déterminisme*, propose un biais ingénieux pour conserver les avantages de la liberté, tout en la supprimant théoriquement. C'est, dit-il, de remplacer la liberté par l'idée de la liberté.

Il part d'un fait psychologique bien connu : c'est que nous sommes d'autant plus capables de faire une chose, que nous nous en croyons plus capables. Le fait est résumé dans cet adage de Virgile bien connu : *Possunt quia posse videntur*. On fait un usage constant de cette vérité en éducation. A un enfant qui dit : « Je ne peux pas, » on répond qu'il peut s'il veut; qu'il fasse quelques efforts, et il verra qu'il pourra. On s'efforce surtout de réveiller en lui le sentiment de ses forces. Il en est de même pour la conduite morale. Qu'un homme se persuade qu'il ne peut rien pour se corriger d'un défaut ou d'un vice, que son caractère est imperfectible, qu'il subit le poids de son tempérament et de son milieu, il ne fera plus aucun effort et sera entraîné de plus en plus dans le mal. Mais qu'au contraire il soit persuadé qu'il dépend de lui d'être bon ou méchant, qu'il peut réaliser quand il le voudra le modèle idéal qu'il a dans l'esprit, on le verra surmonter sa faiblesse; et il faut bien qu'il en soit ainsi pour que l'on voie des pécheurs convertis comme il y en a eu certainement, et comme il faut espérer qu'il y en aura toujours.

Les déterministes eux-mêmes ont reconnu le fait dont il s'agit, et Stuart Mill n'hésite pas à faire remarquer que l'une des faiblesses du système nécessitarien est d'avoir trop laissé croire qu'il considérait les caractères comme imperfectibles et incorrigibles, et que, suivant l'expression vulgaire, on ne refait pas son caractère. Une telle opinion est trop contraire à la raison et à l'expérience. Les partisans du libre arbitre ont donc contribué pour leur compte à maintenir et à accroître l'effort moral de la volonté, précisément en enseignant que nous avons le pouvoir de nous réformer. Or comme, dans le fait, suivant Stuart Mill, cette liberté n'existe pas, c'est par l'idée de la liberté qu'il faut la remplacer.

Le fait dont on parle est donc vrai; et il y a lieu de se demander s'il n'y aurait pas là un véritable succédané à la liberté réelle, je veux dire une sorte de substitut qui, mis en lieu et place de la liberté effective, aurait cependant les mêmes effets que cette liberté, quoiqu'elle n'existe pas en réalité. Persuadé de son indépendance, l'homme agirait comme s'il était réellement indépendant. L'idée qu'il peut de plus en plus reculer les obstacles qui s'opposent à son action agirait comme une sorte de levier. L'homme qui se croirait libre agirait comme s'il l'était.

Le fait que nous venons de décrire est parfaitement vrai; mais les conséquences que l'on en tire ne le sont pas. Sans aucun doute, l'illusion peut agir sur l'homme exactement comme la réalité, mais c'est à la condition que l'on ne sache pas que c'est une illusion. Un homme est prêt à se dévouer pour un ami infidèle, parce qu'il le croit sincère; il agit donc comme si celui-ci l'était réellement. Mais s'il apprend que c'est une illusion, que son ami est infidèle et ingrat, aussitôt l'illusion tombe, et avec elle toute son efficacité. Un homme croit au droit divin : c'est une illusion; mais celui qui aura cette croyance agira sous l'empire de cette illusion comme si c'était la vérité. Mais qu'il soit désenchanté, désabusé, que la critique lui fasse voir le vide de son illusion, le principe d'action perdra toute sa force. Il pourra sans doute continuer à agir pour la même cause, mais par d'autres raisons; celle-là lui fera défaut et ne lui sera plus d'aucun secours. On voit l'erreur qu'il y a à appliquer au cas où la liberté est démontrée fausse, la puissance exercée sur l'esprit par la croyance qu'elle est vraie.

J'admettrais cependant pour un cas la théorie précédente. C'est, par exemple, si l'on laissait en suspens, comme Kant, la réalité objective de la liberté, tout en en reconnaissant la possibilité. Supposez que l'on dise : « Nous ne pouvons pas prouver spéculativement la liberté. Il y a contre elle des objections rationnelles que nous ne pouvons résoudre. Néanmoins il faut y croire, parce que la vie humaine en a besoin. C'est une hypothèse nécessaire. Je croirai donc à la liberté et j'agirai comme si elle était vraie. » C'est le pari de Pascal. De deux choses l'une : ou elle est, ou elle n'est pas. Si elle est, je ne me trompe donc pas en pariant qu'elle est, et je me trouve d'accord avec la nature des choses. Si elle n'est pas, tant pis, sans doute ; mais quel mal cela me fait-il, après tout ? Quel inconvénient peut-il y avoir à croire, par exemple, que je puis modifier et perfectionner mon caractère ? Que cela se fasse ou non par ma volonté, le seul fait que je crois pouvoir le faire me donnera en réalité le pouvoir. Je ferai donc bien de parier dans ce sens plutôt que dans l'autre.

Tout cela est très logique ; et dans le cas de doute il y a lieu, en effet, de prendre parti pour la liberté ; et dans ce cas-là j'admettrai, si l'on veut, que l'idée de la liberté soit équivalente à la liberté elle-même. C'est même à peu près le cas de la réalité pour la plupart des hommes. Les hommes, en effet, se soucient très peu des difficultés spéculatives de la question de la liberté. Ils abandonnent le problème spéculatif et se tiennent exclusivement sur le terrain pratique. Sur ce terrain ils agissent comme si la liberté était vraie ; et par là elle devient en quelque sorte vraie. Mais en sera-t-il de même le jour où il sera démontré qu'elle est fausse ? C'est ce que nous nions. Nous avons vu, en effet, que la liberté consiste dans le pouvoir de choisir entre les contraires. Elle implique donc la compossibilité de deux actions à la fois. Or on prétend démontrer que cette compossibilité est impossible, et que de deux actions mises idéalement en présence au moment de les accomplir, une seule est possible, et l'autre ne l'est pas. Cela étant, à quoi me servirait-il de faire comme si je croyais à la possibilité de l'impossible? Dans l'incertain je puis toujours faire une hypothèse; mais je ne puis en faire une contre le certain. Je puis m'abstraire du problème et me donner une foi pratique; mais c'est à la condition que le problème ne soit pas déjà résolu en sens inverse. Dans ce cas-là, la croyance ne peut plus exister à aucun degré, et par conséquent elle ne peut avoir aucune efficacité. Il faut donc renoncer à cet expédient.

Bien plus, cette théorie semble se réfuter elle-même : car s'il est vrai que la croyance à la liberté puisse susciter la liberté elle-même, ou du moins un pouvoir capable d'accomplir les mêmes effets, par la même raison la croyance à la non-liberté produira l'effet inverse. En effet, pourquoi l'idée de la non-liberté serait-elle privée du caractère inhérent à toute idée de tendre à sa réalisation? Si donc une certaine idée de liberté peut susciter la liberté, l'idée de la non-liberté doit paralyser l'effort vers la liberté. L'une tend à produire l'action, l'autre tend à empêcher l'action. Le résultat ne peut être que l'oscillation entre deux efforts, et par conséquent l'affaiblissement de la volonté.

Mais peut-être nous sommes-nous mépris sur le sens de la théorie que nous discutons. Nous avons cru qu'il était question de croyance, tandis qu'il ne s'agissait que d'idée. L'idée de la liberté n'est-elle pas autre chose que la croyance à la liberté?

Mais d'abord nous ne nous sommes pas mépris, car c'est à l'auteur lui-même que nous avons emprunté les arguments en faveur de son hypothèse. C'est lui-même qui cite le *possunt quia posse videntur*, qui implique bien l'idée de croyance à la possibilité d'une action, et non pas seulement celle de la représentation idéale de cette action. Examinons cependant ce nouveau point de vue.

Autre chose est la croyance, autre chose est l'idée.

La croyance est une affirmation de la réalité d'un objet.

L'affirmation consiste à déclarer qu'une chose est vraie. Il y a deux sortes d'affirmation : ou bien l'affirmation est provoquée par l'évidence, elle est alors nécessaire, et elle est un acte de l'entendement; ou bien, faute d'évidence, l'esprit se résout pour des raisons plus ou moins extrinsèques, par exemple des raisons de sentiment ou des raisons d'intérêt pratique, et l'affirmation est alors un acte de volonté; et c'est ce qu'on appelle croyance. Quelques philosophes croient que même l'affirmation nécessaire après évidence n'est encore qu'une croyance; mais c'est là un débat entre psychologues. Toujours est-il que la croyance proprement dite est l'acte par lequel nous donnons notre adhésion à une chose non évidente. Kant a dit que c'est la certitude subjective, et il l'oppose à la certitude objective.

Tandis que la croyance est une affirmation, l'idée est une simple conception; elle est, suivant la définition scolastique, la pure représentation d'un objet, *mera representatio objecti*. Or, s'il est vrai qu'une croyance ne puisse pas coexister avec la démonstration du contraire, cela n'est pas vrai de l'idée. Celle-ci peut subsister dans l'esprit, malgré la négation de l'objet. Ainsi la croyance, disparaissant, peut laisser subsister après elle une trace, un résidu, qui consiste dans l'idée de l'objet qui n'est pas absolument impuissante et qui continue même d'agir lorsque l'objet a disparu.

Donnons quelques exemples. Je prends, par exemple, l'idée du bonheur. Un homme que l'expérience a convaincu qu'il n'y a pas de bonheur possible ici-bas peut concevoir cependant dans son esprit l'idée du bonheur à titre de rêve ou de modèle d'imagination, qui, malgré tout, exerce une influence sur lui, si découragé, si pessimiste qu'il puisse être sur le fond des choses. Qu'il se présente pour lui une occasion d'obtenir quelques-uns de ces objets si désirés par les hommes, il se donnera autant de mal pour atteindre à ces objets que le ferait l'optimiste le plus convaincu. Que ce soit la richesse, la députation, l'Académie, quelque objet que ce soit, cet objet se présentera à lui comme un terme de satisfaction, répondant à l'idée du bonheur qui est en lui. Cette idée déterminera sa conduite, comme si l'objet avait une véritable réalité. Ainsi l'idée peut remplacer l'objet et même la croyance à l'objet.

De même pour l'idée de Dieu ou l'idée de l'être parfait. Supposons, avec certains philosophes, que l'idée de perfection ne répond à aucune réalité, en un mot qu'il n'y ait pas de Dieu, et même qu'il n'existe que l'univers. Cette idée de Dieu ne subsistera pas moins dans l'esprit. L'athée lui-même pense Dieu; et la croyance disparue a laissé en lui le type et le concept de l'objet. Eh bien, suivant ces philosophes, l'idée de la perfection, ne fût-elle qu'une idée, exerce sur l'esprit la même action que ferait la réalité. Cette idée est un modèle, un idéal, un type qui est pour le sage ce que le cercle et le polygone sont pour le géomètre.

On pourrait donc comprendre que l'idée de la liberté pût tenir lieu de la liberté réelle, même dans le cas où la science aurait dissipé l'illusion de la liberté.

Cette nouvelle analyse répondrait en partie aux critiques précédentes, mais elle ne les détruit pas entièrement. En effet, il est vrai que lorsqu'une croyance a longtemps existé parmi les hommes, elle finit par créer des habitudes qui subsistent encore lorsque la croyance est détruite; et la simple idée de l'objet suffit pour un temps à réveiller les habitudes liées à cet objet. La croyance au libre arbitre a habitué les hommes à de certains efforts, parce qu'ils ont cru que ces efforts venaient d'eux-mêmes, et qu'il dépendait d'eux de faire une chose ou de ne pas la faire. Celui qui croit cela et auquel en même temps on ordonne de faire telle ou telle chose est amené par là à agir comme il ferait si la chose en effet dépendait de lui. Les habitudes une fois créées ne disparaissent pas tout à coup, et l'idée de liberté peut, en ce sens, les réveiller en partie du moins et pour un temps. Mais ces habitudes persisteront-elles quand la croyance aura définitivement disparu? Voilà la question. L'idée froide d'une liberté idéale, mais non réelle, agira-t-elle comme la conviction ardente de ma liberté réelle? La loi d'association des idée aura-t-elle toujours son effet, même lorsque nous saurons que cette association n'est pas indissoluble?

Il en est de même de l'idée de Dieu. Il est certain que cette idée, même réduite à la notion de l'idéal, pourrait bénéficier pour un temps des avantages de la croyance réelle à l'existence de Dieu. Par exemple, cette croyance est accompagnée d'autres croyances : que la vie a un but ; que chacun de nous a sa destinée, qui a été fixée par un être supérieur ; que cet être a un œil ouvert sur nous, et que nos actions seront payées par lui relativement à leurs mérites ; que nos bonnes actions réjouissent la Divinité, que les mauvaises l'attristent ; que nous ne sommes pas isolés dans l'univers ; que la vertu n'est qu'une imitation de Dieu, une conformité à la volonté de Dieu, etc. Remplaçons maintenant la notion d'un Dieu réel par celle d'un Dieu idéal : cette fiction pourra peut-être pour un temps maintenir les autres croyances rattachées à la croyance fondamentale, ou du moins les inclinations et les habitudes créées en nous par ces croyances et qui se sont incorporées à notre être ; et il n'est pas douteux que la notion de l'idéal conservera quelque temps un certain prestige. Mais c'est une illusion métaphysique inadmissible de croire que l'on pourra remplacer du tout au tout et pour toujours la théodicée réelle par une théodicée toute semblable, mais absolument idéale. Cette notion d'un Dieu qui jouit de toutes les perfections, excepté de l'existence, comme la jument de Roland, ne peut être longtemps un principe d'action. On le transforme bien vite en un simple idéal moral, comme l'idée du sage dans l'école stoïcienne. L'idée de Dieu disparaît avec toutes ses conséquences. Il restera sans doute l'idée du devoir, si tant est que l'on admette que l'idée du devoir peut exister indépendamment de l'idée de la Divinité ; mais l'idée de la Divinité elle-même perdra toute action. Il en est de même pour l'idée de liberté.

On a fait remarquer que l'idée et même la croyance de la liberté sont si peu nécessaires à produire l'énergie morale, que c'est souvent dans les sectes religieuses ou philosophiques qui ont le plus fermement nié la liberté, que l'on rencontre les plus grands exemples d'énergie morale. Par exemple les calvinistes, les jansénistes, les Stoïciens, sont particulièrement remarquables par l'énergie et la force de l'initiative, et cependant ils n'ont pas admis la doctrine du libre arbitre. Cela est vrai ; mais cela prouve simplement que cette idée n'est pas la seule qui agisse sur la volonté, et qu'elle peut avoir son équivalent et son supplément dans d'autres idées : la croyance à la grâce divine pourra, par exemple, remplacer la croyance au libre arbitre ; croire que l'on est plein de la grâce divine, agir comme si Dieu lui-même nous poussait et agissait pour nous, cela peut être évidemment un ressort d'action aussi puissant que la croyance à la liberté. Chez les Stoïciens, la croyance à la grâce était remplacée par la croyance à l'ordre universel et au gouvernement de la raison. C'était un Dieu plus abstrait, mais c'était encore un Dieu qui agissait et qui pensait dans le sage. On ne dit donc pas, on ne peut pas dire que celui qui renoncerait à la liberté serait désarmé entièrement dans la lutte de la vie. Tantôt ce sera la croyance religieuse, tantôt la croyance politique, en un mot une force morale quelconque qui agira à sa place. Mais on se contente de dire que la croyance au libre arbitre engendrera une faculté d'effort qui disparaîtra avec cette croyance, et qui ne peut être remplacée par l'idée seule. Bien entendu que l'on appliquera le même raisonnement aux autres idées : car si l'on admet que l'idée de la liberté peut remplacer la croyance en la liberté, on admettra de même que l'idée de Dieu remplacera la croyance en Dieu, l'idée de patrie la croyance à la patrie, l'idée de vertu la croyance à la vertu. Mais alors nous dirons de chacune de ces idées ce que nous avons dit de l'idée de liberté. L'idée n'agit qu'en tant qu'elle devient croyance, et la croyance ne peut survivre à la démonstration du contraire. Celui donc qui aura réduit par l'analyse soit Dieu, soit la patrie, à une pure illusion, a détruit par là même le ressort qui s'attachait à ces idées en tant qu'elles étaient croyances. Tant que l'une de ces croyances subsiste, elle peut, à la rigueur, se substituer aux autres ; mais dès que la critique a détruit l'une d'elles, elle tend à détruire toutes les autres. Or la critique appliquée successivement à chacune de ces croyances tend à détruire la force morale, en tant que ces croyances fortifient en nous la faculté d'agir. Et que l'on ne dise pas que nous confondons deux domaines, celui de la spéculation et celui de la pratique ; car c'est la thèse adverse qui nous a elle-même amenés sur le terrain de la pratique. Dire, en effet, que l'idée de la liberté équivaut à la liberté elle-même, c'est se placer sur le terrain pratique. C'est en poussant cette idée jusqu'au bout que nous avons été amenés à montrer que l'affaiblissement moral suivrait l'abolition de la croyance au libre arbitre. Ce n'est pas là une nouvelle preuve de la liberté, mais c'est un cas particulier de la preuve morale en général.

LIVRE QUATRIÈME

DIEU

LIVRE QUATRIÈME

DIEU

LEÇON PREMIÈRE

L'INFINI

Messieurs,

Nous avons à parler aujourd'hui de la première, de la plus haute des idées philosophiques, de l'idée de Dieu. Après avoir recherché et constaté dans le monde des êtres contingents la présence de l'esprit, nous devons chercher plus haut son origine, et nous élever jusqu'à l'esprit absolu, c'est-à-dire jusqu'à Dieu.

Il semble que, dans l'état actuel de la philosophie, nommer Dieu et en affirmer l'existence soit une sorte de témérité : car c'est un fait remarquable que, depuis un certain nombre d'années, le mot et l'idée de Dieu aient, pour ainsi dire, disparu de la philosophie. On peut dire qu'il s'est fait à cet égard une conspiration du silence. Sans doute dans les milieux agités de la politique on continuait à parler de Dieu pour en faire une arme de parti. Mais dans la science pure, dans la métaphysique, il s'est établi une sorte de loi d'après laquelle il semble que l'expression de Dieu n'est pas philosophique, n'est pas scientifique. On en cherchera peut-être, on en donnera l'équivalent ; mais on craindra de prononcer ce mot. Nous voudrions, pour notre part, rompre avec ces habitudes pusillanimes. L'idée de Dieu est, selon nous, une idée essentiellement philosophique dont il est impossible de se passer.

Que si l'on s'en passe, encore faut-il dire pourquoi, et par là même on est encore amené à en parler.

Cependant tout n'est pas à blâmer dans cette sorte de silence qui s'est fait à l'égard de la notion de la Divinité. Ce n'est pas toujours, ce n'est pas nécessairement par malveillance et par esprit de scepticisme et de révolte que quelques-uns se refusent à nommer Dieu en philosophie. Ce peut être aussi par un sentiment tout contraire. On peut penser que la notion de Dieu est en soi quelque chose de si auguste et de si grand que toute parole humaine, et surtout toute analyse abstraite élaborée par la raison discursive, ne peut être qu'inadéquate à cette grande notion. Les preuves que l'on donne de l'existence de Dieu, les attributs que l'on distingue dans l'Être divin, la détermination des rapports de l'infini et du fini, tout cela est l'œuvre de la raison qui sépare, qui distingue, qui rapproche les objets de notre mesure pour les mieux comprendre ; c'est l'œuvre aussi du langage humain, qui fixe les idées dans des termes distincts pour les retourner et les remanier plus aisément ; tout cela est donc l'œuvre de la raison finie qui ne peut embrasser, qui ne peut exprimer l'infini. Aussi voit-on que tout effort pour démontrer Dieu a pour effet d'introduire de nouvelles objections, que toute détermination de la nature divine a pour effet de remplacer l'infini par le fini. Dieu est, non pas au dehors, mais au-dessus de la philosophie. Le silence sur l'idée de Dieu, bien loin de nuire à cette idée, aura peut-être, au contraire, pour effet de rendre plus sensible à l'âme le besoin d'un au-delà. La contemplation du monde réduite à elle-même réveillera bien plus sûrement le sentiment vif de l'infini que les démonstrations de l'école, que des formules apprises d'avance avant même que le besoin réel se fasse sentir. En un mot, la meilleure manière de plaider la cause de Dieu, c'est de n'en pas parler.

Nous ne sommes pas insensible à cet ordre de considérations. Nous admettons que, chez quelques esprits très élevés, l'idée de Dieu peut subsister dans le silence, et même se réveiller d'autant plus forte et d'autant plus haute qu'elle sera moins définie. Mais, chez la plupart des hommes, le silence n'est pas un bon moyen de faire pénétrer ou de réveiller une idée. Les hommes s'accoutument facilement aux idées médiocres. Si une fois on a restreint leur horizon dans un cercle trop limité, ils y restent enfermés et attachés jusqu'à ce qu'on vienne provoquer le réveil de ces idées plus hautes qu'ils ont oubliées. Or ce réveil ne peut avoir lieu que par la pensée et par la parole, et par suite avec les limitations que nous avons dû reconnaître. Cependant ce que nous devons retenir de la discussion précédente, c'est que les idées relatives à la Divinité seront nécessairement inadéquates : ce seront des à peu près, des balbutiements; mais ces balbutiements valent mieux que rien. Sans doute, si on se place au point de vue des choses en soi, la raison sera toujours peu de chose par rapport à la vérité elle-même, et alors mieux vaudrait peut-être se taire que de mal parler; mais au point de vue de la raison humaine la chose change d'aspect; et c'est le devoir de cette raison de s'élever aussi haut qu'elle le peut, fût-ce par un langage d'enfant. C'est le devoir de la philosophie de traduire comme elle le peut, en langage rationnel, ce que l'homme peut penser et sentir à l'égard de la Divinité. Si la raison nous fait une loi de dépasser le domaine du fini, il faut que nous exprimions cette nécessité d'une manière quelconque. Qu'elle soit impuissante à exprimer toute la réalité, cela ne diminue en rien sa responsabilité et ses obligations. Entre le domaine de la vérité en soi, telle qu'elle apparaîtrait, par exemple, dans ce que les chrétiens appellent la vision béatifique, et la perception claire et distincte du fini et de tout ce qui nous entoure, il y a place pour un effort de la raison humaine qui essaye de passer d'un domaine à l'autre. C'est un effort de ce genre auquel nous voulons nous livrer dans les quelques leçons que nous allons consacrer à l'étude de Dieu.

Mais en disant que nous allons parler de Dieu, nous rencontrons tout d'abord une difficulté : de quoi allons-nous parler? quel est l'objet représenté par ce mot? D'une part il semble que nous ne pouvons pas le dire avant d'avoir institué notre recherche, car c'est précisément l'objet et le résultat de cette recherche de définir et de déterminer cette notion. D'autre part, si nous ne fixons pas d'avance le sens de la notion dont il s'agit, nous ne savons plus ce que nous cherchons. Dire que nous devons partir de la notion commune sera assez arbitraire : car en quoi consiste cette notion commune? Tous les hommes mettent-ils la même idée sous le même nom? Le plus simple nous paraît d'emprunter la définition de Dieu à la plus haute religion qui ait existé parmi les hommes et qui, en tout cas, a formé la raison moderne, la raison européenne ; nous avons lieu de croire que cette idée est à peu près celle qui existe chez tous les hommes d'Occident. Nous verrons plus tard si c'est celle qui convient le mieux à la raison en général, à la raison païenne comme à la raison chrétienne, à la raison asiatique et à la raison européenne.

En disant que nous emprunterons notre définition au christianisme, nous ne voulons pas dire que nous y ferons entrer l'idée des mystères chrétiens. Le catéchisme lui-même fait la distinction. Il définit Dieu en général avant de parler de la Trinité; et cette définition, à peu de chose près, peut être acceptée par la philosophie comme la plus forte expression trouvée jusqu'ici pour traduire l'idée de la Divinité.

Voici comment le catéchisme définit Dieu : « L'Être infiniment bon, infiniment sage, infiniment parfait, qui a créé toutes choses et qui les gouverne toutes. »

Pour la commodité de la discussion qui va suivre, nous nous permettrons de modifier légèrement cette définition ainsi qu'il suit : « Dieu est l'Être infini, absolu, et parfait, qui a produit toutes choses et qui les gouverne toutes. » Cette modification porte sur deux points : 1° nous n'indiquons pas d'avance tous les attributs de Dieu, d'abord parce qu'ils sont tous contenus en substance dans l'idée de perfection, et ensuite parce qu'ils peuvent être l'objet d'une recherche ultérieure ; 2° en second lieu, nous remplaçons le mot *créer* par le mot *produire*, non pour écarter l'idée de création, mais pour ne pas compliquer d'avance l'idée que nous voulons étudier en y faisant entrer par définition l'idée d'un dogme particulier, le mot produire pouvant s'appliquer en général à tout mode de génération du monde, y compris la création elle-même.

Les trois termes essentiels de la définition sont les mots d'infini, d'absolu et de parfait. C'est sur ces trois idées que roulent toutes les controverses métaphysiques modernes. C'est pourquoi nous les plaçons à la tête de notre recherche, comme étant le fond même de la question.

Quelques-uns diront que ce ne sont pas ces trois notions métaphysiques qui contiennent l'essence de la Divinité; c'est, dira-t-on, la personnalité. Croire à Dieu, c'est croire à un être bon, bienfaisant, rémunérateur et vengeur, espoir du malheureux, crainte et terreur du criminel. Au contraire, les attributs métaphysiques dont nous parlions tout à l'heure ne sont que l'œuvre d'une science arbitraire et conjecturale qui est la métaphysique : c'est le reste de ce que Kant appelait le « dogmatisme vermoulu des écoles ». C'est l'abstrait à la place du concret.

Nous ne pouvons partager cette manière de voir. Si nous définissons Dieu par la personnalité, nous le définissons par un attribut qui lui est commun avec l'homme et qui, par conséquent, ne lui appartient pas en propre. C'est violer la règle du *soli definito*. La définition d'un être doit nous donner les caractères par lesquels cet être se distingue de tous les autres. Or les attributs moraux de la Divinité ne sont pas les caractères par lesquels Dieu se distingue de l'humanité, puisque ces attributs sont empruntés à la nature humaine et transférés en Dieu par induction.

Je suis loin de m'inscrire en faux contre ce procédé, que je crois, au contraire, très rationnel; toujours est-il que ce n'est pas par cette méthode qu'on peut déterminer l'essence de Dieu, puisque ce n'est pas par son essence que Dieu se communique à l'homme. Ce qui est dans l'homme n'est pas le propre de Dieu. Les attributs qui lui sont communs avec l'homme ne sont pas son être propre : et ce n'est pas par eux qu'il se distingue de lui : c'est par le degré. Or, n'y a-t-il qu'une différence de degré entre Dieu et l'homme? Suffit-il de dire que Dieu est plus intelligent, plus sage, plus puissant que l'homme? Non; car ce sera toujours un homme, un Jupiter, et la métaphysique religieuse ne s'élèvera pas au-dessus de l'anthropomorphisme.

Il faut que Dieu se distingue de l'homme, non seulement en degré, mais en essence; il ne suffit pas qu'il soit plus intelligent que l'homme, il faut qu'il le soit d'une manière infinie ; que non seulement il soit plus puissant que l'homme, mais qu'il possède la toute-puissance; que non seulement il soit bon, mais qu'il possède la bonté parfaite. Son caractère essentiel sera donc l'infini, l'absolu, le parfait. Quels seront les attributs qui viendront se ranger sous cette définition? C'est l'objet de la théodicée, et il est inutile de les déterminer à l'avance; car ou ils sont conciliables avec l'essence divine, et il sera toujours temps de les énumérer, ou ils sont inconciliables avec cette essence, et ils ne doivent pas entrer dans la définition.

Revenant à la définition exprimée plus haut, nous avons à étudier trois idées fondamentales : l'idée d'infini, l'idée d'absolu et l'idée de parfait. Commençons par l'idée d'infini.

L'idée d'infini naît en nous historiquement. Quand nous contemplons le ciel, que nous y voyons un nombre incroyable d'étoiles, et que nous nous demandons ce qu'il y a au delà des dernières étoiles, au delà des derniers mondes, nous ne pouvons pas croire qu'il n'y a rien, et notre imagination va de monde en monde, d'espace en espace, sans pouvoir s'arrêter. C'est surtout depuis l'invention du télescope que, perçant de plus en plus dans le ciel, découvrant sans cesse de nouveaux mondes et de nouveaux astres, nous avons été amenés à penser qu'il n'y a pas de fin, et que, si loin que nous portions nos moyens d'investigation, nous nous trouverons toujours en présence du même spectacle. Nous nous formerons encore la même idée en remontant la série des temps, en nous demandant toujours : « Qu'y avait-il avant cette époque, et quoi encore auparavant? » sans jamais rencontrer un commencement absolu.

On a dit que l'idée de l'infini était négative, parce qu'elle était exprimée sous forme négative. L'infini, c'est le non-fini. Mais qu'est-ce que contient cette idée du non-fini? Nous ne pouvons le dire. Nous pouvons nier le fini, parce que nous pouvons tout nier; mais cette négation ne donne lieu à aucune idée nouvelle, à aucune idée positive. Fénelon a fait à cette objection une réponse célèbre : « Le fini, dit-il, c'est ce qui a des bornes : or les bornes sont les négations de l'être. La négation des bornes, c'est-à-dire l'infini, n'est donc que la négation d'une négation : or la négation d'une négation est une affirmation. » Cette pensée a l'air d'un jeu de mots grammatical. Cependant elle est très solide : car nier ce qui limite l'être, c'est affirmer l'être sans limitation, par conséquent l'infini.

Cette pensée est si solide qu'elle a été reprise par un des penseurs les plus subtils de nos jours et les plus hardis, Herbert Spencer, qu'on ne s'attend guère à rencontrer comme défenseur d'une notion métaphysique. C'est cependant ce qui a lieu.

« Cette affirmation, dit H. Spencer, que de deux termes contradictoires le négatif n'est que la suppression de l'autre, n'est pas véritable pour les corrélatifs, tels que l'égal et l'inégal, et il est évident que le concept du négatif contient quelque chose de plus que la négation du positif. En effet, les choses dont on nie l'égalité ne sont pas pour cela effacées de la conscience. M. Hamilton n'a pas vu qu'il en est de même pour les corrélatifs dont le terme négatif est inconcevable. Prenons pour exemple le limité et l'illimité. Notre notion de limité se compose : 1° d'une certaine espèce d'êtres; 2° d'une négation de limites sous lesquelles il est conçu. Dans son antithèse, à savoir la notion d'illimité, *le concept de limites est aboli, mais non celle d'une certaine espèce d'êtres*. Il est tout à fait vrai qu'en l'absence de limites conçues cette conception cesse d'être un concept proprement dit; mais elle n'en reste pas moins un mode de conscience. »

En réunissant le point de vue de Fénelon et celui de Spencer, nous dirons que l'Infini c'est le réel des choses, moins la limite.

Pour prouver la non-existence de l'Infini, il faudrait prouver que les choses ne peuvent non seulement être conçues, mais encore exister, qu'à la condition d'être limitées. Car de ce que nous ne pourrions pas les concevoir sans limites, il ne s'ensuivrait pas encore qu'elles ne pourraient pas exister comme telles, les choses pouvant dépasser les bornes de nos conceptions. Il faut donc aller jusqu'à dire que tout ce qui est, est par là même fini ; il faut affirmer le *fini absolu*.

La proposition que nous voulons établir est celle-ci : de quelque manière qu'on s'y prenne, on ne peut échapper à la notion d'infini.

En effet, le fini absolu, le fini qui serait tout et qui ne serait que fini, implique contradiction.

On a beaucoup étudié les difficultés inhérentes à la notion d'infini ; on n'a pas assez signalé les difficultés inhérentes à la notion du fini.

Qu'est-ce que le fini? Le fini est inséparable de l'idée de bornes ou de limites. Or l'idée d'une limite implique toujours la notion d'un limitant. C'est ce qu'exprime Spinoza en disant : « J'appelle fini une chose qui est bornée par une autre chose du même genre. » Le géomètre Mairan, dont nous avons une correspondance avec Malebranche, développe l'idée de Spinoza. Malebranche avait dit que le fini est constitué par une essence propre, sans qu'il y ait rien qui l'environne. Mairan lui répond :

« Il me paraît impossible qu'une substance soit déterminée ou finie par son propre être, par son existence, et, si c'est un corps, sans qu'il y ait quelque chose qui l'environne. Car, être terminé et fini, c'est avoir en partie une négation d'être ou un non-être. Ce non-être ne peut venir à la substance de son essence : car l'*essence pose l'être et ne le nie pas*. Il faut donc qu'il lui vienne de quelque chose d'extérieur, et non de son être propre. »

Nous sommes de l'avis de Mairan : un fini ne peut être fini par lui-même. Il ne l'est qu'en tant qu'il est limité par autre chose. Il suit de là que nul être fini ne se suffit à lui-même ; il suppose toujours quelque chose en dehors de soi. Cela étant vrai de tout fini, quel qu'il soit, on peut dire qu'un fini absolu est impossible, par conséquent que le fini suppose l'infini.

Supposons, par impossible, un fini absolu. Je dis : de deux choses l'une : ou le fini n'est borné par rien, ou par quelque chose. S'il n'est borné par rien, il est réellement infini : car, que demandez-vous de plus pour être infini? Si par quelque chose il n'est donc pas, à lui seul, tout le fini, il n'est pas un fini absolu, mais un fini relatif. Il faut donc passer du limité au limitant. Or, de celui-là nous demanderons également : est-il borné, ou ne l'est-il pas? et ainsi de suite. Et que l'on ne dise pas que ce n'est là qu'un *processus in infinitum* qui ne nous donne que l'indéfini et non l'infini : car je n'ai pas besoin d'achever l'épuisement de la série, pour savoir que je ne trouverai nulle part un fini absolu. Je sais absolument, par l'idée même du fini, qu'il n'y en a pas. Si donc un fini absolu est impossible, il s'ensuit de toute nécessité qu'il y a de l'infini.

En un mot, que cet infini soit l'infini du monde, ou de l'espace et du temps, ou de l'être en soi, il est impossible d'échapper à la notion d'infini.

Considérons d'abord le monde. Kant a posé, à ce sujet, une antinomie célèbre. Il croit pouvoir également démontrer et que le monde est infini et qu'il est fini, c'est-à-dire qu'il a des bornes dans l'espace et dans le temps. Nous n'examinerons pas ces deux antinomies. Nous ne nous demanderons pas si la démonstration vaut également pour la thèse et l'antithèse ; mais nous croyons que, dans les deux cas, il y a toujours lieu de recourir à la notion d'infini.

En effet, dans la thèse, l'infini est affirmé du monde, soit dans l'espace, soit dans le temps ; dans le second cas, de ce que le monde serait fini, il ne s'ensuivrait pas que la notion d'infini disparût pour cela : car, si le monde est limité, il ne l'est pas par le rien, ce qui serait un non-sens, mais par l'espace et par le temps, qui sont infinis.

De plus, lorsque l'on soutient, avec l'antithèse, que le monde a eu un commencement, cela ne peut pas vouloir dire qu'il a eu un commencement absolu, c'est-à-dire qu'il vient de rien, et qu'il est sans cause, mais simplement qu'il y avait une cause avant lui qui l'a fait naître dans le temps. Si l'on supposait qu'il n'y a rien du tout, le monde ne pourrait être lui-même conçu comme ayant eu un commencement; car, comme l'a dit Bossuet, « si au commencement rien n'est, éternellement rien ne sera. » Donc le monde a été précédé par l'être qui lui a donné naissance, et celui-là, par la même raison, ne pouvant avoir de commencement absolu, est encore un infini.

Ainsi, ou le monde est par lui-même, et c'est lui-même qui est l'infini ; ou il est par un autre, et c'est cet autre qui est l'infini ; donc, point d'issue en dehors de l'infini.

On est d'accord pour reconnaître à l'espace et au temps le caractère de l'infinité. Mais on se demande si le temps et l'espace sont des réalités ou des notions de l'esprit.

Dans les deux cas, ce qu'on ne peut nier, c'est que l'espace et le temps sont des notions essentielles de l'esprit, et par conséquent l'infinité qui y est contenue est elle-même une forme essentielle de la pensée. Sans doute, dans ce cas, ce n'est qu'une notion idéale, tandis que, dans le cas de la réalité objective de l'espace et du temps, elle serait réelle ; mais, dans les deux cas, c'est une loi de la pensée. On ne peut donc échapper à la notion de l'Infini[1].

On essayera peut-être d'expliquer cette loi de l'infinité par une notion d'habitude ; mais cela n'est pas acceptable ; car, si nous pensons à l'infini de l'espace et du temps, ce n'est pas parce que le fini suggère toujours en nous l'image vague de

---

1. Au sujet de cette question, voir la thèse remarquable de M. Couturat sur l'*Infini mathématique,* où l'auteur démontre au point de vue mathématique la réalité du nombre infini.

quelque autre chose, mais c'est, nous l'avons vu, parce que le fini, par définition, suppose toujours quelque autre chose que lui-même : or, cette loi nécessaire qui nous porte à rattacher le fini à autre chose est précisément l'infini.

Plus on y réfléchit, plus on voit que le plus incompréhensible ce n'est pas l'infini, c'est le fini. Nous ne pouvons comprendre le fini que par l'espace et par le temps ; une chose finie est ce qui est borné par quelque espace et dans quelque temps. Donc le fini c'est ce qui est dans l'espace et dans le temps. Dès lors, si l'on supprime l'espace et le temps, la notion du fini disparaît, et nous perdons tout criterium du fini. Comment, en effet, cet être, qui serait supposé subsister dans l'absence de l'espace et du temps, comment cet être serait-il fini? Par quoi serait-il borné? Cet être cependant ne serait pas un rien ; il est être, ou pour mieux dire il est l'être ; et, n'étant point fini, il ne peut être que l'infini.

Que si, au contraire, on admet la réalité de l'espace et du temps, il est difficile d'admettre que l'infinité de ces deux notions soit le véritable infini. Comment croire qu'une si grande notion, qui enveloppe et domine toutes les autres, ne s'applique qu'au vide? car l'espace et le temps ne sont que le vide considéré à deux points de vue différents. Cet infini du vide n'est intelligible que par un infini de réalité. Il faut que l'être soit au moins égal au vide, et que le monde au moins remplisse l'espace et le temps. Nous admettrons donc l'une des deux antinomies de Kant, à savoir la thèse de l'infinité du monde dans l'espace et dans le temps. Cette infinité, fût-elle la seule que nous puissions reconnaître, vaudrait encore mieux que la non-infinité. L'infinité du monde vaut mieux que l'infinité du temps et de l'espace ; car elle est pleine, tandis que celle-ci est vide. Mais l'infinité absolue de l'être vaut mieux que l'une et l'autre.

Ainsi, au plus bas degré, l'hypothèse que nous repoussons d'une manière absolue est celle du fini absolu, l'espace et le temps n'étant eux-mêmes que des quantités finies. Nous admettrons donc l'infinité de l'espace et du temps, mais à la condition qu'elle soit remplie. Enfin nous ne nous refusons pas à admettre l'infinité du monde; mais nous plaçons au-dessus l'infinité absolue de l'être en soi. Mais ici cette notion vient se confondre avec une autre, celle de l'absolu. C'est cette nouvelle forme de la question que nous devons maintenant aborder.

LEÇON II

L'ABSOLU

Messieurs,

Nous avons à passer de la notion d'Infini à la notion d'Absolu. La philosophie critique a cru pouvoir établir que ces deux notions sont contradictoires. L'infini, c'est-à-dire la multiplicité sans bornes, serait le contraire de l'absolu, qui impliquerait l'idée d'une limite, d'un point d'arrêt. Toutes les antinomies de Kant reposent sur cette opposition : d'un côté la métaphysique prononce qu'« il faut s'arrêter », de l'autre qu' « il ne faut pas s'arrêter ». Telle est l'antinomie à résoudre.

On a rappelé aussi que chez les anciens l'infini, au lieu d'être identifié avec l'absolu, comme chez les modernes, lui était, au contraire, opposé. L'*infini*, τὸ ἄπειρον, était confondu avec la matière, le non-être. L'absolu, au contraire, était le τέλειον, qui exprime à la fois l'idée de limite et de perfection. Au contraire, ainsi que l'a fait remarquer M. Ravaisson, c'est un des caractères de la philosophie moderne depuis Descartes d'avoir assimilé l'infini à l'absolu.

En effet, on ne voit, au xviie siècle, aucune trace de cette opposition. Ni Descartes, ni Malebranche, ni Spinoza, ni Leibniz, n'ont cru que l'infini excluait l'absolu, et réciproquement. A la vérité, ils n'employaient pas l'expression d'absolu, qui vient de l'Allemagne moderne; mais ils disaient tantôt l'être nécessaire, tantôt l'être parfait, ou encore purement et simplement l'être, l'être sans rien ajouter.

Sans nous préoccuper d'abord du conflit élevé entre ces deux notions, nous interrogerons la notion d'absolu, en instituant, à l'occasion de cette notion, le même genre de recherches que nous avons fait pour la notion d'infini, et pour cette notion nouvelle nous établirons la même proposition que pour l'autre, et nous dirons :

L'on ne peut échapper à la notion d'absolu.

Et d'abord qu'est-ce que l'absolu? Nous en donnerons une définition analogue à celle de l'infini. L'infini, avons-nous dit, c'est le réel moins la limite.

De même on peut dire et nous disons : « L'infini, c'est le réel moins la dépendance. »

Au fond de l'une et de l'autre notion il y a l'être, mais l'être dépouillé de toutes conditions restrictives. L'infini, c'est la suppression de toutes les restrictions au point de vue de la quantité. L'absolu, c'est la suppression de toute condition au point de vue de l'existence.

L'existence sans condition, c'est l'indépendance, c'est ce que les anciens, Platon par exemple, appelaient τὸ αὔταρκες, τὸ ἱκανόν, τὸ ἀνυπόθετον. Existe-t-il quelque chose de semblable?

Je laisse de côté la question de savoir si les choses répondent à nos idées. Je prends la raison comme elle est donnée, et je me demande si, la raison étant donnée, l'existence de l'absolu n'est pas donnée en même temps que la raison.

La réalité de l'absolu est exprimée dans cette formule d'Aristote : Ἀνάγκη στῆναι, χρὴ στῆναι : il faut s'arrêter. Le progrès à l'infini est impossible. Au contraire, comme nous l'avons dit déjà, la formule de la notion d'infini serait plutôt celle-ci. Il ne faut pas s'arrêter. Ce sont ces deux propositions qui constituent l'antinomie. Occupons-nous d'abord de la première.

Quelles sont les raisons qui militent en faveur de l'existence de l'absolu?

La principale, c'est l'idée même du relatif. Qui dit relatif dit absolu. Une chose ne peut être relative que par rapport à une autre chose qui ne l'est pas, et qui par conséquent est absolue.

« Notons d'abord, dit Herbert Spencer, que tous les raisonnements par lesquels on démontre la relativité de la connaissance supposent distinctement l'existence de quelque chose au delà du relatif. Dire que nous ne pouvons connaître l'absolu, c'est dire implicitement qu'il y a un absolu. Quand nous nions que nous ayons le pouvoir de connaître l'essence de l'absolu, nous en admettons tacitement l'existence, et ce seul fait prouve que l'absolu a été présent à notre pensée, non pas en tant que rien, mais en tant que quelque chose... Il est impossible de concevoir que notre connaissance n'ait pour objet que des apparences, sans concevoir en même temps une réalité dont les apparences soient les représentations. En effet, l'apparence est inintelligible sans la réalité...

« ... Notre conception du relatif disparaît dès que notre conscience de l'absolu n'est plus qu'une négation... La conception de la relation implique la conception des deux termes... Si le non-relatif ou absolu n'est présent à la pensée qu'à titre de négation pure, la relation entre lui et le relatif devient inintelligible, parce qu'un des termes de la relation est absent de la conscience... L'impulsion de la pensée nous porte invinciblement par delà l'existence conditionnée jusqu'à l'existence inconditionnée ; et celle-ci demeure toujours en nous comme le corps d'une pensée à laquelle nous ne pouvons donner de forme.

« Que la philosophie condamne l'un après l'autre tout essai de conception de l'absolu, qu'elle nous prouve que l'absolu n'est ni ceci, ni cela, ni autre chose encore, il reste toujours au fond un élément qui passe sous de nouvelles formes. La négation continuelle de toute forme et de toute limite particulière n'a d'autre résultat que de supprimer plus ou moins complètement toutes les formes et toutes les limites, et d'aboutir à une conception indéfinie de l'informe et de l'illimité. »

On voit que le grand chef de l'école agnosticiste, tout en affirmant que l'on ne peut connaître en aucune façon l'essence de l'absolu (c'est pourquoi il l'appelle l'Inconnaissable), en affirme en même temps l'existence réelle et nécessaire. Il n'a pas même recours au faux-fuyant d'Hamilton, qui retranche cette notion du domaine de la connaissance, pour en faire un objet de la croyance ; il rejette ce biais qui a pour objet de mettre d'accord le scepticisme métaphysique avec les nécessités de la pratique : « M. Hamilton, dit-il, est réduit à conclure que notre conception de l'absolu n'est qu'une pure négation. Néanmoins il trouve qu'il existe dans la conscience une conviction irrésistible de l'existence réelle de quelque chose d'inconditionné. Il se débarrasse de l'inconséquence où le jette cette déclaration, en disant que nous recevons l'inspiration d'une révélation merveilleuse, voulant probablement donner à entendre par là que cette inspiration nous vient autrement que par les lois de la pensée et d'une manière surnaturelle. Mais en étudiant l'opération de la pensée, on comprendra le caractère essentiellement positif de notre conception de l'inconditionné, qui résulte d'une loi fondamentale de la pensée. »

Ainsi l'agnosticisme lui-même prend la conception de l'absolu comme une loi fondamentale de la pensée ; et si l'on essaye d'y échapper, on y retombe immanquablement. Supposez, en effet, qu'il n'y ait pas d'absolu, le relatif subsiste seul ; mais alors il n'est plus relatif, et c'est lui qui devient l'absolu. Comment serait-il relatif, puisqu'il n'y aurait plus rien dont il dépendrait? Sans doute, chacun des phénomènes dont se compose la série du monde est relatif par rapport à celui qui le précède ; mais la chaîne totale de tous les relatifs réunis ne peut pas être appelée relative, puisqu'elle ne se rapporte à rien, puisqu'elle ne dépend que d'elle-même, puisqu'elle est à elle-même sa dernière cause, sa dernière raison, sa dernière loi : elle devient donc précisément ce que nous appelons l'absolu, à savoir le réel moins la dépendance. Ainsi, lors même qu'on n'admettrait rien au delà du monde, il y aurait encore au moins un absolu, à savoir le monde lui-même dans sa totalité.

Passons maintenant de l'absolu du monde à l'absolu de Dieu. C'est ce que l'on appelle dans l'école la preuve *a contingentia mundi*. Quelle est la signification et la valeur de cette preuve? La voici telle qu'on la formule ordinairement : le contingent suppose le nécessaire ; or, ce monde est contingent ; donc il y a un être nécessaire ; et cet être est ce que nous appelons Dieu.

On peut taxer cette preuve de pétition de principe. En effet ceux qui nient l'existence de Dieu ne nient pas pour cela l'existence d'un être nécessaire ; mais ils disent que cet être nécessaire c'est le monde, ce n'est pas Dieu. Ils n'accorderont donc pas que le monde soit contingent ; et c'est ce qui est en question. Il ne s'agit pas de savoir si, le monde étant contingent, il n'y a pas un être nécessaire, ce qui est évident ; il s'agit de savoir si le monde est contingent.

Maintenant cette proposition : le monde est un être nécessaire, peut avoir deux sens. Ou bien on peut entendre par monde tout ce qui est, à la fois, être et phénomène ; mais alors ce qui est absolu ce n'est pas la série phénoménale qui tombe sous nos sens, car une série de relatifs ne peut être absolue. Personne ne dira qu'un arbre, un animal, un homme, soient quelque chose d'absolu ; car chacun de ces objets commence et finit, et par conséquent dépend de ses antécédents et de son milieu ; il sera donc relatif. Or un ensemble de phénomènes contingents ne peut constituer un être nécessaire. Ainsi lorsque l'on dit que le monde est absolu, on entend par là l'être du monde, la substance du monde ; ce n'est donc pas ce que nous voyons qui est absolu, c'est ce que nous ne voyons pas. Il y a, même dans ce cas, un être absolu, distinct de la série phénoménale : cela suffit quant à présent pour la proposition que nous voulons établir : à savoir que nous ne pouvons échapper à l'absolu. Nous n'avons pas besoin d'aller plus loin.

Il s'agira alors de savoir si l'absolu est seulement la substance du monde, s'il n'en est pas en même temps la cause, ou la fin, ou la loi, en un mot la *raison* dans le sens le plus général du mot. Il restera encore à savoir si l'être du monde s'épuise tout entier dans le monde, s'il n'a pas en lui-même quelque existence à part de celle du monde, une existence en soi. Cette existence en soi, cet arrière-fond d'existence, serait alors ce que nous appelons Dieu ; mais nous n'en sommes pas encore là ; nous n'en sommes qu'à poser en quelque sorte les premières assises de la Divinité.

Mais quand on dit que le monde est contingent, on n'entend pas par là ce fond d'existence dont nous venons de parler ; on entend la nature, ce que Spinoza appelle la nature *naturée,* à savoir le monde visible et phénoménal ; or il est certain que chaque phénomène pris à part est contingent et relatif, et dépend d'un autre phénomène qui dépend lui-même d'un autre phénomène, et cela à l'infini. Or une série de relatifs ne sera jamais une chose absolue ; elle suppose donc quelque chose d'absolu, au moins comme substratum.

Le phénomène ne peut reposer sur lui-même ; donc il lui faut une substance. Il ne se produit pas lui-même, donc il lui faut une cause. Il ne se termine pas et ne s'épuise pas en lui-même, donc il lui faut une fin. Il ne tient pas de lui-même sa liaison aux autres phénomènes, donc il lui faut une loi, c'est-à-dire un principe de liaison et d'unité. Va-t-on jusqu'à nier la substance, il reste au moins la cause ; nie-t-on la cause, il reste au moins la fin ; nie-t-on la fin, il reste au moins la loi. Mais toutes ces notions, au fond, n'en sont qu'une seule, à savoir le principe de la synthèse du monde, ce qui fait que le monde est un système, et non pas un chaos ; ce qui fait à la fois sa diversité et son unité. Le monde, comme on l'a dit, est une chaîne qui n'a pas de premier anneau, mais qui doit être cependant suspendue à quelque chose qui n'est pas une chaîne, mais qui est le principe et la liaison de cette chaîne. C'est ce que dit Stuart Mill lui-même lorsqu'il reconnaît qu'il ne suffit pas d'aller d'antécédent en antécédent dans un progrès sans fin, mais qu'il doit y avoir un *antécédent universel* qui soit la raison de tout.

Reste l'antinomie de l'infini et de l'absolu : voici comment nous essayerons de la résoudre.

M. Hamilton dit que c'est le caractère commun de l'infini et de l'absolu d'être l'un et l'autre inconditionnés ; seulement l'un est l'inconditionné illimité, l'autre est l'inconditionné limité. Mais, selon nous, cela est impossible ; l'inconditionné ne peut pas être limité, c'est-à-dire fini ; car il n'y a pas de fini absolu. On peut dire que l'absolu n'est ni fini ni infini ; mais en tout cas il n'est pas fini. Mais une doctrine plus solide et plus profonde, c'est que l'absolu soit en même temps infini. L'infini, c'est la forme inférieure de l'absolu : c'est l'absolu exprimé, développé. L'infini n'exprime pas l'absolu dans son essence, mais il l'exprime par ses manifestations. L'absolu manifesté ne peut se renfermer dans des limites : il faut qu'il se développe; en un mot, il devient, comme le dit Pascal, une sphère infinie dont le centre est partout et la circonférence nulle part. L'absolu, sans être l'infini, contient dans ce cas l'infini en puissance, soit dans ses attributs, soit dans ses modes, soit dans ses productions, s'il produit quelque chose. C'est ainsi que les Cartésiens l'ont compris. Par exemple, pour Spinoza la substance ou l'absolu est une en soi, mais elle contient l'infini dans ses attributs et dans ses modes. Quand même on se bornerait à la philosophie de Spinoza, on aurait encore une philosophie supérieure à celle de Kant et d'Hamilton, la morale mise à part.

LEÇON III

L'IDÉE DE PERFECTION

Messieurs,

En traitant de l'Infini et de l'Absolu, nous n'avons encore établi que ce que j'ai appelé les premières assises de la Divinité, mais non pas la Divinité elle-même. En effet, on conçoit ou du moins l'on peut concevoir par abstraction ces deux attributs comme s'appliquant au monde lui-même. On peut concevoir un infini cosmique sans limites dans le temps et dans l'espace; on peut concevoir une matière éternelle et nécessaire, et par conséquent absolue. Ni les panthéistes ni même les matérialistes ne nient expressément l'infini et l'absolu; seulement ils appliquent ces attributs au monde et à la matière, en quoi peut-être sont-ils inconséquents; mais par le fait jusqu'ici dans l'histoire de la philosophie aucun de ces deux systèmes n'a écarté ces deux notions. C'est l'empirisme, le scepticisme, le criticisme qui ont discuté et essayé d'éliminer la notion d'infini et d'absolu. Ce n'est ni le panthéisme ni même le matérialisme.

On voit que les notions d'infini, d'absolu, ou les notions équivalentes d'éternel, d'universel, de nécessaire, ne sont point tout d'abord adéquates à la notion de la Divinité. Bien plus, il semble qu'à l'origine l'idée de Dieu s'oppose plutôt qu'elle ne s'associe à la notion d'infini et d'absolu. Les premières religions n'ont conçu que des dieux, et n'ont pas conçu Dieu : « Tout était dieu excepté Dieu même. » L'anthropomorphisme associe l'idée de Dieu à la forme humaine. Les dieux étaient des êtres plus puissants que l'homme, mais semblables à l'homme, et par conséquent finis comme lui. Au contraire, la notion d'infini ne s'est introduite que comme principe indéterminé du monde, comme matière première, sans limites, mais aussi sans forme et sans qualité, et par conséquent aussi près que possible du non-être. Dans Platon et dans Aristote, la même opposition continue à subsister. L'infini était pour eux synonyme d'imperfection. Platon assimile sans cesse le τὸ ἄπειρον et le τὸ μὴ ὄν; et il est amené par là même à donner la limite, τὸ πέρας, comme principe de l'ordre. Dans le *Philèbe*, il dit explicitement que l'infini est la cause du désordre et de l'erreur, et que c'est la limite, τὸ πέρας, qui apporte avec elle le nombre et la mesure, et par conséquent l'ordre et la perfection. Aristote entend l'infini de la même manière que Platon, et il place la perfection dans la détermination, c'est-à-dire dans un principe qui paraît bien en essence analogue à celui de fini, le τέλειον ou le parfait, tenant son étymologie du substantif τὸ τέλος, la fin, qui sans doute a le sens de but, mais qui signifie aussi la fin, c'est-à-dire la borne. On voit, comme nous l'avons dit, que le parfait et l'infini sont opposés chez les anciens, tandis qu'ils sont identifiés chez les modernes.

Ce qui est certain, c'est que si l'infini ne suffit pas à caractériser la Divinité, d'un autre côté cependant, à mesure qu'on a approfondi l'idée de la Divinité, on a vu qu'elle était incompatible avec l'idée du fini. Un dieu homme, et par conséquent à plus forte raison un dieu animal, ne pouvait plus répondre dans la conscience moderne à la vraie notion de la Divinité. Cette notion implique toujours que l'être qui en est l'objet est le commencement et l'origine de toutes choses. Or la notion du fini est incompatible avec ces conditions. Si aujourd'hui on nous donnait à choisir entre un Jupiter, c'est-à-dire un dieu très bon et très grand, *optimus et maximus*, et l'infini cosmique du panthéisme, nous n'hésiterions pas, pour notre part, à choisir cet infini cosmique, qui, même sourd et aveugle, répondrait encore mieux cependant aux désirs infinis de l'homme qu'un dieu semblable à lui-même, quoique très supérieur.

Quoi qu'il en soit, si l'infini et l'absolu sont aujourd'hui des éléments nécessaires de l'idée de Dieu, ils ne sont point suffisants. La vraie qualification de Dieu, son attribut essentiel, est la perfection.

Quoique nous ayons fait remarquer tout à l'heure que, pour les anciens, l'idée de perfection avait plus d'affinité avec l'idée du fini qu'avec l'idée d'infini, cependant ce sont eux qui, au moins implicitement, ont introduit la notion moderne de perfection en identifiant Dieu avec le bien. Pour Platon, le terme de l'échelle dialectique est l'idée du Bien, qu'il identifie en même temps avec l'idée d'absolu, puisqu'il l'appelle τὸ ἀνυπόθετον. Tant que l'on s'élève sur cette échelle, on trouve toujours quelque degré supérieur, jusqu'à ce qu'on ait atteint le principe de l'être et de la vérité, le soleil du monde intelligible, le Bien et aussi le Beau. Aristote également, en plaçant au-dessus de la matière un Acte pur, c'est-à-dire un être qui est tout entier forme, essence et acte, sans aucun mélange de matière et de puissance ; en appelant du nom d'Acte pur le Bien, le souverainement désirable, auquel tout est suspendu ; en posant ce principe contre les Pythagoriciens que le parfait ne dérive pas de l'imparfait, mais que c'est du parfait que dérive l'imparfait, par ces doctrines Aristote, aussi bien que Platon, identifiait la perfection avec la Divinité, et jamais Platon ni Aristote n'ont confondu soit le Bien soit l'Acte pur avec le fini. Les catégories de fini et d'infini sont inférieures et ne sont applicables qu'au monde. La Divinité est, au contraire, caractérisée par la perfection absolue. Le christianisme, approfondissant cette matière, en distinguant les trois types absolus de la puissance, de l'intelligence et de l'amour, portait à son comble l'idée de la perfection divine. Enfin, nous l'avons vu, chez les Cartésiens l'idée de perfection et celle de l'infini se réunissaient et se confondaient dans l'idée de Dieu, qu'ils appelaient l'être infiniment parfait; car la perfection, excluant le fini, devient elle-même par là quelque chose d'infini. Spinoza, à son tour, comme les autres Cartésiens, définissait Dieu par la perfection, quoique en un autre sens il fît de la perfection une idée factice et toute relative, un modèle de l'imagination. En même temps cependant il attribuait la perfection à Dieu. En effet : 1° il démontrait Dieu par la perfection, comme tous les Cartésiens ; 2° il mesurait la perfection des êtres par leur rapport à la Divinité. C'est ainsi, par exemple, qu'il combattait les causes finales en disant que les partisans de ces sortes de causes confondaient le plus parfait avec le moins parfait, car ils confondaient l'effet avec la cause ; mais l'effet venant après la cause est plus éloigné de Dieu que la cause elle-même ; il est donc moins parfait ; ce qui n'aurait pas de sens si Dieu lui-même n'était la perfection.

Ce résumé historique nous met au courant de la question. Nous avons maintenant à analyser l'idée de perfection comme nous avons analysé l'idée de fini et d'infini.

Un éminent philosophe de nos jours a essayé de montrer que la notion de perfection est une notion purement idéale irréalisable dans l'être concret. C'est M. Vacherot, dans son beau livre de *la Métaphysique et la Science*. Cette critique était sans doute déjà impliquée dans la critique générale de Kant ; mais cette critique de Kant portait à la fois sur toutes les idées de la Raison pure, c'est-à-dire sur toutes les idées qui composent la notion de Dieu, à savoir l'infini, le parfait, le nécessaire, l'absolu ; et encore Kant ne disait-il pas que l'existence objective d'un tel être était impossible, mais seulement que nous n'avons pas des moyens assurés de passer de la notion à l'existence. La critique de M. Vacherot se renferme sur un terrain plus limité, mais aussi elle est plus précise. Elle consiste en ceci : c'est que, sans avoir besoin de mettre en question l'objectivité de la raison pure, et que même en tenant pour valable l'affirmation objective de l'infini et de l'absolu, en un mot de l'essence métaphysique de Dieu, on n'obtient pas encore par là la perfection ; mais c'est précisément cette idée de perfection qui exclut l'idée d'une existence objective. La perfection ne peut être qu'une chose idéale ; mais elle est en contradiction avec la réalité et la vérité. Si je cherche dans l'auteur que je résume des raisons bien précises en faveur de son opinion, j'avouerai qu'elles m'échappent. Il semble considérer le principe comme évident par lui-même. Cependant nous entrerons mieux dans sa pensée si nous essayons de nous rendre compte du concept dont il s'agit.

Il est très vrai que, dans l'usage ordinaire, le terme de perfection s'applique plutôt à l'idéal qu'à la réalité. Si l'on nous parle d'un sage parfait, d'une vertu parfaite, d'une république parfaite, d'un tableau parfait, on entend par là la conception d'un objet qui, sans changer d'essence et en restant ce qu'il est, à savoir un homme, un sage, une république, un tableau, serait cependant sans défaut, et n'aurait aucune tache, aucune ombre. Le *sage* stoïcien, la *République* de Platon, l'*Utopie* de Thomas Morus, sont de ce genre. Ce ne sont là que des types, des conceptions artificielles, qui nous servent à élever la réalité au-dessus d'elle-même ; mais ce ne sont que des conceptions. Il en est de même des concepts purs de la géométrie. Aucune réalité, aucune expérience ne saurait donner une ligne pure, c'est-à-dire sans aucune épaisseur, une ligne parfaitement droite, une courbe parfaitement courbe, un cercle dont tous les rayons soient rigoureusement égaux. Nous pouvons former un concept de la perfection ; nous ne pouvons en concevoir la réalité objective.

Si donc on essaye de se représenter la perfection en général d'après les exemples précédents, on n'y verra rien autre chose que l'idée abstraite de la réalité moins les imperfections, les désordres, les lacunes de la réalité. Mais en supprimant ces désordres et ces lacunes, ne supprimerait-on pas la réalité elle-même ? Si vous supprimez les imperfections de l'homme, ne supprimerez-vous pas l'homme ? Ainsi en est-il d'un état parfait, d'un sage parfait. Cela est encore plus évident pour les concepts de la géométrie. Ce n'est évidemment que par abstraction que l'on conçoit une ligne qui n'est que ligne, un cercle qui n'est que cercle : car nous ne pouvons arriver à ces conceptions qu'en supprimant les qualités physiques des corps, soit une, soit deux des dimensions de l'espace. Mais un corps sans propriétés physiques, une chose étendue sans deux, sans trois dimensions, sont des notions contradictoires et que nous ne pouvons concevoir comme réalisées. N'en est-il pas de même de l'idée d'être parfait?

Telles sont les raisons qui ont pu conduire les philosophes à se demander si la perfection n'est pas inconciliable avec la réalité.

Néanmoins, nous persistons à croire, quant à nous, non seulement que la perfection est réelle, mais encore, comme l'ont pensé Descartes, Bossuet, Spinoza et Leibniz, qu'elle est le fondement de la réalité.

Reconnaissons deux sens du mot *perfection*, l'un que nous venons d'indiquer, l'autre qui s'en distingue et qui n'est pas moins fréquent. Dans ce second sens, le terme de perfection ne représente pas un objet idéal, mais ce qui donne du prix, de la valeur à la réalité. Par exemple, la beauté chez une femme est une perfection, même lorsque cette beauté n'est pas parfaite, selon le premier sens du mot. L'esprit est une perfection chez l'homme, le courage en est une autre. Dans le langage musqué de la galanterie, on disait qu'une femme était pétrie de perfections, pour dire de qualités. Les qualités ou perfections sont donc quelque chose de réel, et en même temps elles ont un certain prix, une certaine excellence ou dignité. Il est certain que la pensée a une valeur que n'a pas la matière brute (c'est le *roseau pensant* de Pascal), qu'un bon cœur vaut mieux qu'un bon estomac. Les pessimistes eux-mêmes ne nient pas la valeur de ces sortes de choses : c'est, au contraire, parce qu'ils leur attribuent une grande valeur qu'ils maudissent le monde, où ils ne voient pas ces qualités, mais seulement leur image mensongère, et surtout parce qu'ils croient que le mal l'emporte sur le bien ; mais ils n'en reconnaissent pas moins que le bien, même incomplet, même limité et mêlé, est une qualité, une perfection, une chose qui a son prix.

Ce qui prouve bien que la perfection, dans ce second sens, est quelque chose de réel, c'est que nous graduons, nous classons les divers genres d'être selon leurs qualités ou perfections. C'est ainsi que l'on a cru que la nature montait d'étage en étage et allait toujours grandissant depuis la matière brute jusqu'à l'homme, en passant par les intermédiaires, les végétaux et les animaux. Les qualités par lesquelles on mesure ainsi la réalité des choses étaient ce que l'on appelait, au moyen âge, les *degrés métaphysiques,* à savoir : *existentia, vegetabilitas, animalitas, humanitas* : ou encore : étendue et solidité, vie, sensibilité, intelligence. Ne demandons pas si ces différents degrés constituent des essences absolument séparées les unes des autres, ou les différents degrés d'une même essence. Dans les deux cas, il y a à chaque étage quelque chose de plus qu'au précédent : ce quelque chose de plus est un degré de plus dans la perfection. Donc la perfection, dans le sens que nous venons d'indiquer, représente un aspect, un point de vue de la réalité, et non un idéal.

On a essayé de ramener ce que nous appelons l'échelle de la perfection dans les choses à de simples changements de degré dans la complexité des êtres; mais la complexité, c'est-à-dire la multiplicité, ne peut à elle seule produire des systèmes : or tout ce qui est complexe ne peut avoir quelque perfection qu'à la condition d'être un système. Le pur complexe ne représente qu'un imbroglio, ou même un chaos sans aucune valeur. Or, pour produire un système il faut un principe d'unité. S'il y a des systèmes de plus en plus développés, il faut des principes d'unité distincts, dont chacun individuellement est plus fort, plus habile, meilleur que le précédent, ou bien un principe d'unité universel, qui, à chaque degré, déploie plus de force, plus d'habileté, plus de bonté, en un mot plus de perfection.

Ainsi, la perfection ainsi entendue est dans la réalité et en fait partie intégrante. Bien plus, on peut se demander si elle n'est pas l'essence même de la réalité, si elle n'est pas la réalité même, comme l'a pensé Spinoza. « Réalité et perfection sont une seule et même chose. » Une chose, en effet, n'est réelle qu'en tant qu'elle a un certain contenu et que ce contenu a une certaine valeur. Le fait seul de l'existence sans aucun contenu est un pur *caput mortuum* comme l'a montré Hégel, identique au néant. Sortir du néant, c'est donc être ceci ou cela, et, si peu que ce soit, ce quelque chose n'a d'existence qu'en tant qu'il a une détermination concrète ; or cela même c'est une perfection. Plus le réel augmente, plus la perfection augmente ; et si l'on admet, avec Kant, un tout de réalité, *omnitudo realitatum*, c'est qu'il y a un tout de qualités, *omnitudo qualitatum*, et l'être le plus réel, *ens realissimum*, est l'être le plus parfait, en un mot l'être parfait de Leibniz et de Descartes.

Maintenant peut-il y avoir un tout de qualités, un tout de réalité ? On peut répondre que, si le fini suppose l'infini, si le relatif suppose l'absolu, de même la perfection relative du monde suppose la perfection absolue de Dieu. Il y a plus : ce que nous appelions plus haut l'infini et l'absolu n'est que la perfection même, l'être même ; de quelque manière qu'on se représente le principe des choses, soit comme une substance dont les êtres finis sont des modes, soit comme une cause dont les êtres finis sont les créations ou les émanations, dans les deux cas la source des choses, le fond dernier de la réalité, ce que les Allemands appellent *Urgrund*, doit être supérieur en dignité et en excellence, par conséquent en perfection, à ce qui sort de lui : car rien ne vient de rien. Si le principe initial donnait naissance à quelque être qui lui fût supérieur en quelque chose, d'où viendrait ce surplus de réalité d'essence ? Le rien ne peut pas être le commencement de tout. Mais si ce principe n'est pas un rien, je dis qu'il doit être tout ; non pas un tout d'addition qui ne serait que la somme des choses finies, mais un tout de concentration qui contiendrait en soi en puissance, mais avec une infinie supériorité, tout ce qui est produit. C'est ce que signifie le mot *omnitudo* opposé au mot *totum*. C'est une unité de perfection qui condense en soi dans sa plénitude toute réalité, toute perfection. En un mot, le principe des choses n'est pas le *vide*, mais le *plein*, j'entends le plein métaphysique, c'est-à-dire l'être.

Quant à dire que le principe supérieur n'est ni le Rien ni

le Tout, mais le moindre être s'élevant progressivement jusqu'au tout, on pourrait demander à quel degré il commence ; il faudra donc toujours remonter du moindre être au moindre être ; et par conséquent on pourra toujours considérer les choses comme venant de 0, puisqu'on pourrait toujours et à l'infini s'en rapprocher. Par quelle force, par quel ressort le moindre être sera-t-il porté vers un plus grand être ? On dit aujourd'hui que c'est par la *finalité*. Mais quelle finalité ? Est-ce une finalité réelle, existant en acte, comme dans Aristote ? Mais alors c'est précisément la perfection absolue dont nous soutenons l'existence. Est-ce un simple idéal ? Mais comment un idéal peut-il agir sur une matière aveugle, sur un germe indistinct ? On comprend que l'idéal agisse sur l'homme qui est capable de le concevoir ; mais comment agirait-il sur la nature qui ne le connaît pas ? Comment, par exemple, la végétalité serait-elle stimulée à se développer par l'idée de l'animalité qui n'existe pas encore ? Comment l'animalité aspirerait-elle à l'homme qui lui est postérieur ? D'ailleurs, lorsqu'on parle de développement, il faut bien distinguer entre l'être manifesté et l'être qui se manifeste. Sans doute l'être manifesté, à savoir le monde, ce que Spinoza appelle la *natura naturata*, va du moins au plus suivant un ordre historique ; mais en est-il de même de l'Être lui-même, de l'Être en soi, à savoir de Celui qui se manifeste par le monde, en un mot de la *natura naturans?* C'est cet Être-là qui doit être considéré non comme le vide, mais comme le plein, non comme le Rien, mais comme le Tout, en d'autres termes comme perfection absolue. Le principe suprême n'est pas seulement le principe matériel des choses ; il en est aussi le principe formel. Il n'est pas la dernière puissance ; il est le dernier acte. A ce titre, il est légitime de lui donner le nom de Dieu, quand même nous ne saurions rien de plus sur ses attributs : car qu'y a-t-il de plus auguste, pour constituer le concept de la Divinité, que la perfection absolue ? Nous disons donc, avec Spinoza et Descartes, que Dieu est l'être infiniment parfait, et cela non seulement en idée, mais dans la réalité elle-même.

LEÇON IV

LA PERSONNALITÉ DIVINE

Messieurs,

Dans nos études précédentes, nous avons essayé de déterminer l'essence de Dieu. J'appelle *essence* d'un être l'idée ou l'ensemble d'idées sans lesquelles on ne peut concevoir cet être. Si l'on parle de Dieu, il faut bien que l'on sache de quoi l'on parle; autrement ce n'est qu'un mot. Cette essence se confond-elle avec ce qu'on appelle les attributs de Dieu? Non; car on peut discuter, et en fait l'on discute pour savoir si tel ou tel attribut appartient à Dieu. Mais comment pourrait-on le faire si on ne savait rien de Dieu? Comment pourrait-on lui imputer ou lui refuser tel ou tel attribut, si l'on n'avait quelque criterium qui nous permette de distinguer ce qui convient ou ce qui ne convient pas à la nature de Dieu? Si Dieu n'était qu'un mot vide de sens, il n'y aurait point lieu de rechercher si ce mot est ou n'est point compatible avec les attributs contestés. Par exemple, lorsqu'on demande si Dieu est libre à la manière de l'homme, s'il est créateur, s'il a la prescience, s'il a une providence particulière, on examine ces attributs en les comparant à un certain type qui est l'idée même de la Divinité. C'est ce type qui est l'essence de Dieu, essence qui implique déjà quelque notion de Dieu, ou plutôt qui est la notion de Dieu elle-même et qui doit servir ensuite à fixer et à déterminer ses attributs.

Nous distinguerons donc l'essence de Dieu de ses attributs. C'est, du reste, une distinction que nous trouvons dans Spinoza, par exemple lorsqu'il dit qu'il ne comptera pas la puissance parmi les attributs de Dieu, parce que ce n'est pas un attribut, mais son essence même[1].

En conséquence, nous définissons Dieu par trois caractères : l'infini, l'absolu et le parfait. Or, le terme de perfection absorbant les deux autres, nous l'appellerons, avec les Cartésiens, l'être infiniment parfait.

Si nous passons maintenant à des déterminations plus précises, nous rencontrons la question des attributs de Dieu. Nous n'entrerons point dans le détail de cette question, que l'on peut trouver dans toutes les théodicées. Nous nous contenterons de discuter l'attribut fondamental qui enveloppe tous les autres, à savoir l'attribut de la personnalité.

La question de la personnalité divine est une question toute moderne, née dans notre siècle. Jusque-là, en philosophie, je n'ai pas connaissance du mot de personne ou personnalité appliqué à Dieu. La théologie seule avait employé ce mot et se l'était approprié; seule elle parlait de personnes divines; mais l'idée de personne était si peu adéquate à celle de la Divinité, qu'il y avait trois personnes pour un seul Dieu. Quant aux métaphysiciens du xviie siècle, ni Descartes, ni Malebranche, ni Bossuet, ni Fénelon, ni Leibniz, quelque chrétiens, quelque dogmatiques qu'ils fussent, n'ont jamais, à ma connaissance, employé le mot de personnalité divine. Probablement on n'eût pas osé employer cette expression, qui eût paru un empiétement sur la théologie, et peut-être eût été en opposition avec la théologie; car la personnalité au point de vue philosophique implique essentiellement l'unité et exclut la multiplicité. On pouvait donc être conduit par là, soit à supprimer l'idée de la pluralité des personnes et par conséquent à nier la Trinité, soit à confondre l'idée de personne avec l'idée de Dieu, et par conséquent à admettre autant de dieux que de personnes : ce qui est l'hérésie que l'on appelle le trithéisme. Ce n'est donc pas au xviie siècle qu'est née la doctrine de la personnalité divine ; pas davantage au xviiie siècle,

---

1. *Éthique*, I, 34 : « La puissance de Dieu est l'essence même de Dieu. »

où la question était de défendre l'idée de Dieu en général contre l'athéisme, et cela d'une manière toute populaire ; la difficulté de la personnalité divine n'était pas même posée.

Nous croyons que la doctrine et l'expression de personnalité divine a été introduite par opposition avec celle du Dieu impersonnel, doctrine qui elle-même est née en Allemagne à la fin du xviii° siècle, par suite de l'influence de Spinoza, et par opposition avec le théisme populaire du philosophe anglais Paley et de ses nombreux imitateurs. Je crois bien que Herder est un des premiers qui, dans son livre de *Gott* (1798), ait parlé d'un Dieu impersonnel, *unpersœnliches Wesen*. Cette expression avait surtout pour but de s'opposer à l'anthropomorphisme. On insistait sur les attributs métaphysiques, l'Infini, l'Absolu, et l'on donnait à entendre que c'était restreindre Dieu dans les limites du fini, que de lui attribuer la personnalité. D'un autre côté cependant, on ne voyait pas bien comment, dans la doctrine de l'impersonnalité divine, on arriverait à distinguer Dieu de la matière ; et, par opposition à la doctrine de l'impersonnalité, on fit de la personnalité l'attribut essentiel de la Divinité. On se divisa en deux camps : d'un côté les panthéistes ou impersonnalistes, de l'autre les théistes ou spiritualistes, les uns ayant de la peine à se distinguer des athées, les autres ne se préoccupant pas assez de l'écueil de l'anthropomorphisme.

Cependant c'est une erreur, selon nous, de dire que la doctrine du Dieu impersonnel conduit directement à l'athéisme, et que cette idée est destructive de l'idée de Dieu. Rappelons, avec les panthéistes, combien l'idée de personnalité, telle qu'elle nous est donnée par l'expérience, contient de conditions restrictives qui ne peuvent convenir à l'essence divine. Nous verrons, par conséquent, comment on peut dire en un sens que Dieu est impersonnel, et en même temps, en prenant les choses par un autre côté, comment l'idée de personnalité peut s'introduire dans la notion de la Divinité, et comment on peut dire que Dieu est personnel.

La personnalité, telle qu'elle est donnée dans l'expérience, a pour trait principal la connaissance réfléchie, par laquelle un être se connaît soi-même et se distingue d'autres êtres semblables à lui. On y ajoute encore d'autres caractères, la raison et la liberté; mais, pour ne pas toucher à la fois à toutes les difficultés, bornons-nous au fait de la conscience.

Or, dans l'être fini, la conscience n'est jamais séparée, non seulement de certaines conditions organiques et physiologiques, mais encore de la notion d'un non-moi extérieur auquel le moi s'oppose, et encore de la notion d'autres « moi », semblables à lui-même. « Sans non-moi, point de moi, » disait Fichte : *Kein nicht Ich, Kein Ich.* — *Sans le Toi, point de Moi*, disait Jacobi. En un mot, l'idée de personnalité enveloppe toujours deux termes, et l'opposition de ces deux termes l'un à l'autre. Comment appliquer cette notion à l'être infini, qui par hypothèse est seul et qui ne s'oppose à rien? En admettant que la personnalité humaine suppose en Dieu une personnalité semblable à la nôtre, ne faudrait-il pas supprimer de la conscience ces conditions restrictives? Or, la personnalité, la conscience, ainsi conservées en dehors des conditions réelles, nous présenteront-elles encore quelque chose d'intelligible? Et dans ce cas, ne sera-t-il pas juste de l'appeler une supraconscience, une suprapersonnalité, plutôt qu'une personnalité dans le sens propre du mot?

En outre, c'est une remarque profonde de Platon qu'un être ne peut être dit posséder une qualité qu'en tant qu'il participe à quelque chose de supérieur à lui-même. Par exemple, dire d'une loi qu'elle est juste, c'est dire qu'elle participe à la justice; un homme n'est sage qu'en tant qu'il participe à la sagesse; un corps est carré ou triangulaire selon qu'il participe à l'essence du carré ou du triangle. En un mot, dans toute doctrine idéaliste, tout être, tout phénomène particulier se rattache à une essence intelligible qui lui est supérieure et qui lui communique son être et sa vérité. D'après cette doctrine (sinon en s'exprimant d'une manière anthropomorphique), on ne dira donc pas que Dieu est bon, qu'il est juste, miséricordieux, mais on dira qu'il est la Bonté, la Justice, la Miséricorde elle-même. Autrement il participerait à quelque chose autre que lui; il obéirait à une sorte de modèle idéal qui serait Dieu par rapport à lui. La théologie même la plus pure s'exprime de la même manière. *Ego sum veritas et vita*, « je suis la vérité et la vie, » est-il dit dans l'Écriture. Jésus-Christ ne dit pas qu'il participe à la vérité et à la vie, mais qu'il est la vie, la vérité même. D'après cela, on dira avec Platon que Dieu est le bien, et, avec tous les métaphysiciens, non pas que Dieu est un être, mais qu'il est l'être.

Dire avec Platon que Dieu est l'idée de Dieu, avec Aristote qu'il est l'Acte pur, avec Malebranche et Fénelon qu'il est l'Être, c'est parler de Dieu comme d'un Impersonnel : ce n'est pas une personne fermée et circonscrite dans un moi individuel et particulier; c'est l'essence même de toutes choses, la condensation de toute réalité et de tout être. On voit par là que l'impersonnalité n'est pas nécessairement la matérialité. Il y a une impersonnalité inférieure à la personne, et peut-être y en a-t-il une autre supérieure à la personne? C'est ce qui fait qu'un philosophe moderne qui a intitulé son livre *Philosophie de l'inconscient,* et qui tout le temps parle de son Inconscient à un point de vue purement négatif, comme d'un être sourd et aveugle, finit cependant par dire lui-même que cet inconscient est peut-être un « supraconscient ». M. Herbert Spencer dit de même que Dieu n'est ni personnel ni impersonnel, mais peut-être « suprapersonnel ».

Ce qui constitue la nature divine, ce n'est donc pas la personnalité, mais la perfection. Peut-être la personnalité entre-t-elle comme élément dans la perfection; mais c'est l'idée de perfection qui domine. Quand même nous ne saurions rien des attributs de cette perfection infinie, par cela seul que nous savons que cette essence insondable contient sous forme condensée et dans une plénitude absolue tout ce qu'il y a de beau, de vrai et de bon dans le monde, cela suffit, ce semble, au point de vue philosophique, pour satisfaire à l'idée de Dieu, c'est-à-dire d'un principe suprême vers lequel tout doit être orienté dans la conduite de la vie. Sans sortir de cette haute notion, on pourra très bien dire : « Soyez parfaits comme votre Père qui est dans les cieux, » c'est-à-dire soyez parfaits comme la perfection même.

L'idée d'une essence insondable des choses supérieure à toute compréhensibilité, et par conséquent à l'idée d'une personnalité précise, telle que nous la rencontrons dans notre propre conscience, cette idée n'a rien de contraire à la plus haute métaphysique et à la plus haute théologie. D'innombrables textes prouvent que la métaphysique a toujours reconnu en Dieu un fond caché, mystérieux, incompréhensible, et c'est cela même qui est Dieu.

> Oui, c'est un Dieu caché que le Dieu qu'il faut croire.

Ce que nous saisissons ou croyons saisir en Dieu n'est pas Dieu lui-même ; ce n'en est que la manifestation, l'apparence, le vêtement externe ; c'est son essence aperçue, réfractée par notre intelligence. « Les attributs de Dieu, dit Fénelon, ne sont que les noms divers que nous donnons à Dieu lorsque nous le considérons dans les divers aspects de ses rapports avec les choses. » Voyant un nombre infini de créatures, nous disons qu'il est puissant ; voyant des rapports de moyens à fin, nous disons qu'il est intelligent ou sage ; voyant que l'être s'échappe de lui comme d'une source avec abondance et magnificence, nous disons qu'il est bienfaisant. Mais Dieu en lui-même nous est absolument caché.

Le philosophe Hamilton a rassemblé un grand nombre de passages où est exprimée cette doctrine du *Deus abditus, Deus absconditus,* Θεός ἄγνωστος. Mais tous ces textes supposent que cette essence cachée, mystérieuse, inaccessible, est supérieure non seulement à tout ce que nous voyons, mais encore à tout ce que nous croyons pouvoir penser[1].

---

1. « Nous devons donc tenir pour vraies les déclarations d'un pieux philosophe : « Un Dieu compris ne serait plus Dieu ». Penser que Dieu est tel que nous pouvons penser qu'il est, est un blasphème. En un sens Dieu est révélé ; en un autre sens il est caché. Il est à la fois connu et inconnu. La dernière et la plus haute consécration de toute vraie religion doit être un autel au Dieu inconnu,

Nous admettrons donc sans hésiter, au moins dans un certain sens, que Dieu est une essence, non pas inférieure, mais supérieure à notre compréhension; qu'elle est, non point le moindre être, mais au contraire le plus grand, et, comme dans l'absolu il ne peut y avoir de plus ou de moins, absolument grand, absolument saint, absolument adorable.

Nous venons de voir dans quel sens il peut être vrai de dire que Dieu est impersonnel; recherchons maintenant dans quel sens on peut dire qu'il est personnel.

L'inconnaissable, tel que nous l'avons défini, est-il un absolu inconnaissable? Non, puisque nous en parlons; d'un absolu inconnaissable nous ne saurions absolument rien, pas même qu'il existe. « Nous ne savons de Dieu, dit Pascal, ni ce qu'il est, ni s'il est. » Voilà l'inconnaissable absolu. Dans cette conception, le domaine du connaissable serait le seul domaine pour nous. Au delà il y aurait un vaste espace indéfini dans lequel nous ne savons même pas s'il y a quelque chose ou s'il n'y a rien. L'inconnaissable ainsi entendu serait aussi bien le *Rien* que le *Quelque chose*, le Néant que l'Être. Or ce n'est pas ainsi que nous avons entendu la notion d'Inconnaissable; ce n'est pas ainsi que l'entend le défenseur en titre de l'Inconnaissable, Herbert Spencer. Il entend par là, nous l'avons vu, l'absolu lui-même; et, tout en affirmant que

---

Θεῷ ἀγνώστῳ. » (HAMILTON, *Discussions*, texte anglais, p. 15, 2ᵉ édition, et Appendice, I.)

Inscription sur la statue d'Isis à Saïs :
Ἐγώ εἰμι πᾶν τὸ γέγονος, καὶ ὄν, καὶ ἐσόμενον, καὶ τὸν ἐμὸν πέπλον οὐδείς πω θνητὸς ἀπεκάλυψε.

Saint Augustin :
« Si enim comprehendis, non est Deus... Attingere aliquanto mente Deum magna beatitudo est; comprehendere autem omnino, impossibile. » (*Sermo* 165.)

Saint Cyprien :
« Nous ne pouvons concevoir Dieu qu'en reconnaissant qu'il est inconcevable. »

Cardinal de Cusa, *De Sancta Ignorantia* :
« Denys l'Aréopagite a dit que la conception que nous nous faisons de Dieu se rapproche plus du rien que du quelque chose. La sainte ignorance m'instruit que ce qui paraît à l'intelligence n'être rien, est le suprême compréhensible.

« Dieu, dit l'apôtre, habite une lumière inaccessible que nul homme ne voit ni ne peut voir. »

l'essence de l'absolu est inconnaissable, il affirme en même temps que son existence est certaine; il soutient contre le philosophe Hamilton que cette notion n'est pas négative, mais positive; enfin que ce n'est pas l'objet de la croyance, mais de l'intelligence et de la raison. Enfin, suivant lui, l'inconnaissable est, de toutes nos idées, celle qui a le plus de valeur et qui occupe la plus grande place dans notre connaissance : c'est la substance même de la pensée. L'Inconnaissable, en un mot, c'est le réel moins ses limites.

S'il en est ainsi, et c'est dans ces termes mêmes que nous admettons la doctrine de l'Inconnaissable, nous dirons que cette notion ainsi entendue contient beaucoup plus d'éléments connaissables qu'il ne semblait au premier abord; car peut-on affirmer quelque chose de ce dont on ne sait absolument rien? Or, de cet inconnaissable, n'affirmons-nous pas au moins ceci, à savoir qu'il existe, qu'il est identique à l'absolu, que la notion en est positive, non négative, etc.? Nous savons encore qu'il a un contenu réel, qu'il est plein et non pas vide; et, puisqu'il est absolu, il doit être absolument plein, c'est-à-dire qu'il contient tout l'être. Or, savoir tout cela, ce n'est pas ne rien savoir : c'est savoir certainement ce que les animaux ne savent pas du tout, c'est penser ce qu'ils ne pensent pas. Un tel inconnaissable est en réalité un connaissable.

Il reste cependant toujours cette question : nous pouvons sans doute affirmer l'existence d'un tel être; mais nous ne pouvons en connaître l'essence, nous ne pouvons pas le déterminer.

C'est cette seconde question que nous avons à examiner.

Admettons, si l'on veut, la séparation que l'on prétend établir entre le connaissable et l'Inconnaissable, le connaissable soumis à la loi de la relativité et qui peut toujours être ramené à la loi d'association, et l'Inconnaissable qui est l'absolu et qui est connu par un acte simple et à priori de l'esprit. Nous demanderons si cette séparation signifie que ces deux termes sont sans aucun rapport l'un avec l'autre, s'ils sont absolument en dehors l'un de l'autre. En aucune façon;

car nous ne pouvons nous élever à l'inconnaissable que par l'intermédiaire du connaissable. C'est l'insuffisance du relatif qui nous conduit à l'absolu. Le relatif n'est même tel qu'en tant qu'il est suspendu à l'absolu. S'il en est ainsi, le connaissable a sa raison d'être dans l'inconnaissable. Réciproquement, l'inconnaissable contient en soi quelque chose qui correspond au connaissable, puisqu'il le contient en substance et qu'il en est la raison. Le connaissable est la manifestation de l'Inconnaissable : c'est ainsi que M. Herbert Spencer l'entend lui-même. Dans nombre de passages il nous montre l'Inconnaissable se manifestant sous les formes du connaissable ; et s'il combat le déisme, c'est parce qu'il croit que son principe à lui est d'un ordre infiniment supérieur.

Maintenant peut-on dire d'un être qu'on n'en sait absolument rien, lorsqu'on ne le connaît que par ses manifestations? Personne, à coup sûr, ne peut dire qu'il connaît en soi l'âme d'un autre homme en tant que substance ; on ne la connaîtrait pas plus quand on la confondrait avec la substance matérielle, car cette substance matérielle elle-même n'est connue que par des phénomènes. Et cependant faut-il dire que nous ne connaissons pas du tout l'âme des autres hommes? Nous la connaissons dans une certaine mesure, à l'aide des signes qui la manifestent. Nous disons qu'elle est bonne ou qu'elle est méchante, qu'elle a une certaine valeur, et nous classons les âmes d'après leur valeur. Par analogie, nous pouvons dire aussi que l'essence de Dieu est en soi incompréhensible; mais, puisqu'il se manifeste à nous par la nature, nous pouvons affirmer qu'il contient la nature en puissance, et qu'il est au moins ceci, à savoir une cause capable de faire apparaître la nature ; et comme la nature se compose de deux choses, l'étendue et la pensée, comme disait Spinoza, ou la sensation et le mouvement, comme dit Herbert Spencer, l'inconnaissable, en tant qu'il se manifeste par la nature, doit contenir quelque chose qui correspond à l'étendue et à la pensée, à la sensation et au mouvement.

L'étendue a-t-elle une existence objective? Existe-t-elle au même titre que la pensée? C'est une question. Toujours est-il que si l'on admet l'étendue comme quelque chose de réel, il faut qu'il y ait dans l'absolu divin quelque chose qui corresponde à l'étendue. Soit donc que l'on admette avec Newton que l'espace est un attribut de Dieu, en tant que Dieu possède l'ubiquité; soit que l'on admette avec Malebranche que ce qui est en Dieu ce n'est pas l'étendue elle-même, mais l'idée de l'étendue, ou l'étendue intelligible, comme il l'appelle, qui n'est pas l'étendue locale, mais l'essence idéale de l'étendue, la raison métaphysique de l'étendue, dans les deux cas on admettra qu'il y a dans l'inconnaissable quelque chose qui correspond à l'étendue.

De même, puisqu'il y a de la pensée dans la nature, il faut qu'il y ait dans l'inconnaissable quelque chose qui corresponde au fait de la pensée. L'homme pense, dit Spinoza; donc il y a de la pensée en Dieu. Que la pensée divine soit différente de la pensée humaine, cela est possible, cela même est vrai; qu'elle soit inconnaissable et incompréhensible comme l'essence divine elle-même, je le veux bien; toujours est-il que ce qui correspond en Dieu comme cause à la pensée comme effet, est au moins de la pensée, sinon quelque chose de plus; en un mot, selon la formule de Descartes, Dieu contient en soi formellement ou éminemment le principe de la pensée. Donc, en tant qu'il y a en Dieu quelque chose qui correspond à la pensée, il faudra dire que Dieu pense.

Mais serrons la question de plus près en nous renfermant dans le problème de la conscience. Nous avons dit dans quel sens on peut soutenir que la conscience ne semble pas s'accorder sur l'idée d'un être infini et absolu. Voyons par où ces deux idées peuvent tomber d'accord.

Il y a deux choses dans l'idée de conscience. Il y a, comme nous l'avons vu, l'idée de quelque chose de limité, de circonscrit, qui est en opposition avec autre chose. C'est là ce que l'on peut appeler l'élément négatif de la conscience. Mais il y a autre chose : il y a l'idée d'intériorité, l'idée d'une identité de l'être avec lui-même; en un mot, à l'idée d'un dehors il se joint l'idée d'un dedans, avec l'idée du non-moi l'idée du moi. Or, si nous nous plaçons au point de vue de l'infini et de l'absolu, l'idée du non-moi disparaît ; car on ne peut supposer que Dieu puisse considérer le monde comme un non-moi, comme quelque chose d'extérieur à lui, comme quelque chose qui limiterait son être ; mais si le non-moi s'évanouit avec l'idée d'extériorité, en est-il de même de l'idée d'intériorité ? Un être, même absolu, n'est-il pas intérieur à lui-même, inné à lui-même, selon l'expression de Leibniz ? Appliquons ici le raisonnement de Herbert Spencer. Ce qui est donné par l'expérience, c'est l'existence de quelque être limité : supprimez la limite, il reste la notion d'être. De même pour la conscience. Nous percevons un moi limité, un intérieur circonscrit de toutes parts par l'extérieur. Retranchez la limite, retranchez l'extérieur, il reste cependant quelque chose, à savoir l'être présent à lui-même, se redoublant par la connaissance qu'il a de lui-même. A la vérité, une telle conscience, un tel moi sans non-moi, est quelque chose d'incompréhensible pour nous, et c'est pourquoi nous consentons à appeler Dieu l'Inconnaissable ; c'est même en cela qu'il est Dieu, autrement il ne serait plus qu'un d'entre nous. Mais dans cette incompréhensibilité même subsiste, sous une forme plus haute, ce qui est le fond et la substance de notre propre conscience. Une telle conscience peut être appelée, si l'on veut, une supraconscience, suivant la terminologie alexandrine qui fait précéder du mot ὑπέρ toutes les dénominations divines. Mais cette supraconscience ne sera point un Inconscient.

Si le fond et le trait essentiel d'une personnalité est la conscience, par cela seul que nous concevons en Dieu la forme suprême de la conscience, nous y concevrons également la forme suprême de la personnalité. On pourra donc dire que Dieu, sans être ce que l'on appelle une personne dans le sens où une personne s'oppose à d'autres personnes on entre en rapport avec elles, en un mot sans être un individu, que Dieu, dis-je, contient en soi l'essence, l'idée de la personnalité, la personnalité en soi. Il est ce qui fait qu'il y a des personnes, ce qui fait que les êtres finis, en participant à lui, sont et deviennent des personnes. C'est en ce sens que nous affirmons la personnalité divine. Nous excluons surtout le terme d'impersonnalité, en tant qu'il signifierait que Dieu n'est qu'une chose, c'est-à-dire qu'il est la matière. Au contraire, il est essentiellement spirituel. Seulement nous ne dirons pas de Dieu qu'il est un esprit, si parfait qu'il soit, comme serait, par exemple, le premier des anges ; mais nous dirons, avec Hégel, qu'il est l'*Esprit*.

En un mot, pour nous résumer, Dieu peut être considéré soit en lui-même, soit dans son rapport avec les choses. En lui-même il est inconnaissable, incompréhensible ; dans son rapport avec le monde nous devons le considérer, selon la maxime de Descartes, comme ayant en lui-même tout ce que nous considérons comme excellent et parfait. Ainsi la conscience, étant ce que nous connaissons de plus excellent, doit se retrouver en Dieu sous forme éminente. Sans doute ces qualités transportées à l'infini cessent de ressembler à celles que nous avons sous les yeux. Mais comme ce qui disparaît ce sont les limites et les imperfections, et que ce qui demeure c'en est le solide et l'essentiel, nous ne courons pas risque de nous tromper en lui attribuant ces qualités ; car, si elles ne sont pas en lui telles que nous pourrions nous les représenter par analogie avec nous-mêmes, elles y sont d'une manière encore plus haute ; et si notre esprit s'abîme dans cette contemplation qui nous dépasse, c'est la contemplation de ce qu'il y a de plus excellent et de plus divin.

En un mot, Dieu est pour nous le Saint des Saints, la condensation suprême de tout ce que nous concevons de vrai et de bon. C'est le Bien en soi, mais le Bien se connaissant lui-même et jouissant de lui-même dans une conscience infinie.

LEÇON V

DES RAPPORTS DE DIEU ET DU MONDE

Messieurs,

Étant donné qu'il y a un Être suprême appelé Dieu, caractérisé par la perfection souveraine et doué de personnalité dans le sens que nous avons dit ; étant donné, d'un autre côté, qu'il y a un monde phénoménal (d'où nous sommes partis), et qui se compose au moins des créatures spirituelles, nous avons à nous demander maintenant quels sont les rapports du Dieu et du monde. C'est la question du théisme et du panthéisme ; mais il faut la traiter en elle-même, sans se préoccuper de ces différents systèmes.

Nous trouvons dans l'Écriture sainte, dans le Nouveau Testament, la formule que nous concevons sur ce sujet comme la plus compréhensive et la plus profonde. Nous l'emprunterons à deux textes distincts, mais qui se complètent l'un l'autre, l'un de saint Jean, l'autre de saint Paul. Le texte de saint Jean est celui-ci : πάντα δι' αὐτὸν ἐγένετο, καὶ χωρὶς αὐτοῦ ἐγένετο οὐδὲν ὃ γέγονε (I, 3). Le texte de saint Paul est celui-ci : ἐξ αὐτοῦ καὶ δι' αὐτὸν καὶ εἰς αὐτὸν τὰ πάντα.

Ces textes expriment toutes les sortes de rapports que Dieu peut soutenir avec le monde. Le δι' αὐτὸν exprime la cause *efficiente*, l'ἐξ αὐτοῦ la cause *matérielle*, l'εἰς αὐτὸν la cause *finale*. Enfin un autre mot de saint Paul si célèbre : *In Deo vivimus, movemur et sumus*, exprime ce que l'on peut appeler la cause *immanente*.

Le δι' αὐτὸν, dirons-nous, représente la cause efficiente. Nous avons à nous demander ici si la notion de cause peut convenir à l'idée d'absolu. Schelling a dit que ce serait

« s'éloigner jusqu'au pôle de la notion d'absolu, que de songer à en définir la nature par la notion d'activité ». Hamilton a développé la pensée de Schelling en disant que faire de l'absolu une cause, c'est faire de l'absolu une chose relative; car la cause a un rapport avec son effet; elle n'est cause qu'en tant qu'elle a un effet; elle est donc relative. De plus, toute cause suppose un passage de la puissance à l'acte; elle suppose donc le mouvement, le devenir, toutes notions contradictoires avec celle d'absolu. Mais on peut se demander si le terme d'absolu suppose en réalité l'exclusion de toute espèce de rapport, s'il n'exclut pas seulement le rapport de dépendance : car ce n'est pas d'être en rapport avec quelque chose qui constitue le relatif; c'est d'être dans un rapport de dépendance, c'est-à-dire d'avoir une condition antérieure. Autre chose est *subir une condition*, autre chose *être la condition* de quelque chose. L'inconditionné (selon l'expression d'Hamilton) est ce qui n'a pas de condition, mais non pas ce qui n'est pas une condition; il peut être un *conditionnant* sans être un *conditionné*. De ce que l'Inconditionné est la condition du conditionné, il ne devient pas par lui-même conditionné. De même la causalité, en tant que production du relatif et du fini, n'implique pas nécessairement un changement d'état dans l'absolu. Il peut rester tout entier ce qu'il est, après comme avant. C'est une doctrine que les Alexandrins ont solidement établie. Le caractère propre de la cause n'est pas d'être augmentée ou diminuée par la production de l'effet : la notion en est satisfaite pourvu que l'effet ne puisse être que par l'action de la cause. Ainsi le changement est du côté de l'effet sans être du côté de la cause. Elle n'a donc rien de contradictoire avec l'absolu.

Examinons de plus près l'hypothèse d'un Absolu qui ne serait pas cause et qui serait absolument immobile. D'où viendrait le relatif dans cette hypothèse. Il ne faut pas oublier que c'est le relatif qui est donné, et dont l'existence est hors de doute. De deux choses l'une : ou le relatif vient de lui-même, et alors il est absolu, et vous avez deux absolus en présence;

ou il vient de l'absolu par un acte quelconque : or c'est précisément cet acte que nous appelons un rapport de causalité. Car ce par quoi une chose est, de quel nom l'appeler, sinon du nom de cause? Enfin, on pourrait soutenir qu'il n'y a point de relatifs, que le relatif n'est pas un véritable relatif, que c'est l'absolu lui-même vu à travers les formes de l'imagination, qu'il est une illusion, une *maia,* comme disent les Indiens. Toujours est-il qu'en tant qu'illusion il est quelque chose de relatif, que l'illusion elle-même est un relatif, que dans cette hypothèse c'est encore l'absolu qui s'apparaît à lui-même comme relatif; c'est donc l'absolu qui est cause de l'apparition du relatif. Enfin, qu'entend-on par cette expression : « Le monde est une illusion? » Veut-on dire qu'il n'est rien du tout? C'est ce qui est impossible. Veut-on dire qu'il n'a pas la même réalité que l'absolu? Mais c'est ce qui résulte de la définition même. Veut-on dire qu'il n'y a pas de monde extérieur? Mais c'est une question réservée et, à mon sens, de peu d'importance. Cela empêcherait-il qu'il y eût des esprits? Plus on creuse la prétendue profondeur de cette fallacieuse doctrine, plus on voit qu'elle ne signifie rien autre chose que ceci, à savoir que le monde est le monde et qu'il n'est pas Dieu : ce que nous n'hésitons pas à accorder.

Dira-t-on que le rapport de Dieu et du monde n'est pas le rapport de la cause à l'effet, mais le rapport du mode à la substance? Je réponds que, bien loin de diminuer par là la relativité de l'absolu, on ne ferait au contraire que l'augmenter. En effet, le mode est bien plus intime à la substance que l'effet à la cause. On ne peut séparer la substance de ses modes, tandis qu'on peut séparer la cause de ses effets. La substance n'est rien sans les modes; la cause peut être conçue comme existant tout entière avant et après l'apparition de l'effet. Que Dieu soit la substance du monde, c'est une question; mais ce n'est pas de l'idée d'absolu considérée dans son intégrité que l'on conclura que Dieu est substance et non pas cause; il serait au contraire, à ce titre, beaucoup moins absolu.

Ce que nous devons retenir de la thèse de Schelling, c'est que si nous appliquons à l'absolu la notion de causalité (et cela est nécessaire), nous devons en retrancher tout ce qui marque la dépendance, et non seulement la dépendance à l'égard de quelque chose d'antérieur, mais la dépendance à l'égard de son effet. Il est d'abord de toute évidence que l'absolu ne dépend de rien d'antérieur et n'est soumis à aucune condition ; car il ne serait pas l'absolu. Il est donc, selon l'expression de Descartes et de Spinoza, cause de soi, *causa sui*. Mais plus important encore à considérer est le rapport d'indépendance de la cause à l'égard de son effet. Examinons de plus près ce rapport. Dire que la cause est indépendante de son effet, c'est dire que l'effet ne lui est pas essentiel, qu'il ne fait pas partie de la compréhension de sa cause, en un mot qu'il n'est pas nécessaire. Dire que l'effet est nécessaire à la cause, c'est dire que la cause n'est entière qu'à la condition de produire son effet. Le chêne n'est chêne qu'en tant qu'il produit des glands. L'homme n'est homme qu'en tant qu'il parle. Dans cette hypothèse, le relatif faisant partie de l'absolu, c'est l'absolu qui devient relatif, qui non seulement se manifeste, mais encore se complète par le relatif. Si donc l'absolu doit être absolument absolu ; si Dieu, pour l'appeler de son vrai nom, doit être vraiment Dieu, c'est à la condition d'être indépendant de son effet, de pouvoir exister sans son effet, à la condition d'être une cause libre. Car une cause libre est précisément une cause indépendante de son effet, et qui n'est pas prédéterminée par l'effet. Tel est le caractère de la cause suprême. Elle n'est telle qu'à la condition d'être libre, non seulement libre de cette indépendance que Spinoza attribue à Dieu à l'égard de ce qui précède, mais de cette indépendance que nous avons dite à l'égard de ce qui suit ; à cette condition seule le relatif est véritablement relatif, et l'absolu véritablement absolu.

Mais, dira-t-on, vous partez de la supposition que le relatif est vraiment relatif ; c'est ce qui est en question. La distinction de l'absolu et du relatif n'est vraie que par rapport à nous ;

elle n'est point vraie en soi. Il n'y a point de relatif; en soi le relatif est absolu, le contingent est nécessaire, le multiple est un. C'est ainsi que, dans la sophistique contemporaine, on commence par dire que tout est relatif, pour finir par dire que tout est absolu. Mais l'un n'est pas plus vrai que l'autre. Si tout est relatif, comment pensons-nous l'absolu? Si tout est absolu, comment pensons-nous le relatif? En fait, le monde nous est donné comme un ensemble d'existences qui commencent et qui finissent, et qui sont limitées et conditionnées les unes par les autres. Chacune d'elles a donc une existence relative. Maintenant, si nous prolongeons l'univers dans tous les sens de l'espace et du temps, nous ne pouvons concevoir que des existences semblables à celles que nous connaissons, et par conséquent relatives. Or, une somme, une addition de choses relatives ne peuvent constituer un absolu. Pour pouvoir concevoir le monde comme absolu, il faut distinguer le monde tel qu'il nous paraît et le monde tel qu'il est en soi, *mundus phenomenon* et *mundus noumenon;* mais l'un reste distinct de l'autre. Spinoza lui-même distingue la *natura naturans* de la *natura naturata,* et Hegel distingue également l'idée en soi et l'idée hors de soi, ou nature. Par son passage hors de soi, l'absolu devient relatif et se manifeste par un ensemble de relativités. Or comment concevoir ce passage dans l'absolu, si ce n'est à titre d'acte libre, c'est-à-dire d'acte produisant le relatif sans devenir lui-même relatif? C'est cet acte libre ou absolu que l'on appelle la création, pour le distinguer de toute action causale des êtres finis. Sans doute le relatif ou le créé ne peut continuer à subsister en dehors de la cause créatrice; mais la cause créatrice peut subsister indépendamment de la chose créée; elle reste tout entière ce qu'elle est après comme avant cette manifestation. C'est ce qui est exprimé par le dogme de la création.

Mais ce dogme n'est-il pas mis en péril par le second texte cité, à savoir par le ἐξ αὐτοῦ, qui semble exprimer la cause matérielle comme le δι' αὐτὸν la cause efficiente?

La préposition ἐξ, en effet, semble exprimer cette pensée

qu'une chose sort d'une autre comme le fruit sort de l'arbre. Jamais ἐξ n'a exprimé l'action. En outre, ἐξ signifie la matière dont une chose est faite, ἄγαλμα ἐξ ἐλέφαντος, une statue d'ivoire, πλοῖα ἐξ ξύλων, vaisseaux de bois. Mais si c'est là le vrai sens du mot ἐξ, que devient la création *ex nihilo?* Ce terme ne signifie rien, ou il signifie création sans matière préexistante. En effet, Dieu étant le seul être, il ne peut y avoir d'autres êtres que lui, avec lesquels, comme matière, il aurait fait le monde. Mais l'expression *ex nihilo* exclut-elle nécessairement l'idée que Dieu ait fait le monde de sa propre substance? Ne peut-on pas supposer que Dieu, étant l'être infini, ait pu, sans se diminuer lui-même, sans amoindrir son essence incorruptible, sacrifier une partie de son être pour lui donner une existence distincte? Lamennais, dans son *Esquisse d'une philosophie,* a proposé cette solution, renouvelée des gnostiques, et un autre philosophe de nos jours, M. Ravaisson, a adopté cette solution. Il nous semble, quant à nous, qu'il est inutile de se représenter ainsi sous forme matérielle l'acte suprême par lequel Dieu ou l'absolu fait apparaître une existence nouvelle distincte de la sienne propre. Sans doute, par cela seul que Dieu crée, c'est-à-dire donne l'être, comme il est le seul être, il est évident que c'est bien dans l'infini, c'est-à-dire en lui-même, qu'il puise la force par laquelle il donne l'être; et, par rapport à la nature et au monde, commencer à exister d'une manière distincte, au lieu de rester à jamais enveloppés dans une sphère purement idéale, c'est bien là sans doute venir de Dieu, ἐξ αὐτοῦ, participer à son être; et la préposition ἐξ représente bien ce rapport. Mais faut-il aller plus loin? Faut-il se représenter Dieu comme taillant dans sa propre étoffe le fond matériel qui deviendra le monde? C'est là une conception quelque peu matérialiste et qui n'ajoute aucune clarté au dogme de la création *ex nihilo.* Sans doute Dieu est dans le monde; il est le fond, le soutien du monde; il l'est tout entier, et non par un petit morceau de son être; on peut même dire, si l'on veut, que Dieu en est la substance, le monde ne pouvant se soutenir sans lui; mais c'est une substance qui peut se passer du monde, et qui reste profondément distincte et indépendante de son phénomène.

Inutile d'insister sur le εἰς αὐτόν, qui pour tout le monde signifie évidemment la cause finale. Dieu (s'il existe quelque être qui mérite ce nom) n'est pas seulement la cause, et même, si l'on veut, la substance du monde; il en est en même temps la fin. Il est l'*alpha* et l'*oméga*. Cela est vrai pour le panthéisme aussi bien que pour le théisme, pour Spinoza et pour Hégel aussi bien que pour Descartes et Leibniz.

Reste une dernière considération. Le δι' αὐτὸν, nous l'avons vu, signifie évidemment la cause efficiente; mais on pourrait y voir aussi la cause immanente; δι' αὐτὸν πάντα signifierait : tout est en Dieu. Au reste, un autre texte bien connu, le texte de saint Paul souvent cité, *in Deo vivimus*, a certainement cette signification. De même que le fini ne peut exister que *par* l'infini, il ne peut exister aussi que *dans* l'infini. Comment concevoir le fini en dehors de l'infini sans en faire l'indéfini? Comment pourrait-il se soutenir lui-même? Aussi Descartes et Leibniz affirmaient-ils que la conservation du monde n'était qu'une création continuée. En d'autres termes, l'acte créateur et l'acte conservateur sont une seule et même chose. Comment cela se pourrait-il si Dieu n'était pas présent dans l'univers? On craint la doctrine de l'immanence divine comme suspecte de panthéisme; mais on ne réfléchit pas que, plus l'on s'éloigne du panthéisme, plus l'on se rapproche du dualisme, qui n'est pas moins éloigné de la véritable idée de Dieu, s'il ne l'est pas plus. En réalité, l'opposition de la transcendance et de l'immanence est une opposition exagérée. Même le théisme, quand il soutient la thèse de l'ubiquité divine, de la création continuée, du *concursus divinus*, fait de fortes concessions à la thèse de l'immanence. Ce n'est pas la présence plus ou moins intime de Dieu dans les choses qui constitue ce que l'on appelle le panthéisme; c'est l'inséparabilité de Dieu et du monde. M. Cousin a donné la formule la plus précise et la plus profonde du panthéisme, lorsqu'il a dit : « Un Dieu sans monde est aussi incompréhensible qu'un monde sans Dieu. »

On peut donc faire pénétrer Dieu dans le monde aussi loin qu'on le voudra; on pourra déclarer le monde absolument incompréhensible sans la présence de Dieu; on pourra dire avec Bossuet : « Oh! que nous ne sommes rien! » Rien de tout cela ne contredit le théisme. Le panthéisme ne commence que lorsqu'on déclare, non pas que le monde ne peut se passer de Dieu, mais que Dieu ne peut se passer du monde. Lors même qu'on dirait : « Le monde n'est qu'un phénomène ; le monde n'est qu'une apparence ; le monde est un rien, » on ne ferait qu'exprimer par là la disproportion incommensurable du fini et de l'infini. Il est certain qu'à côté de l'absolu et de l'infini le relatif et le fini ne sont rien. Mais la chose change de jour lorsque ce rien, ce phénomène, cette apparence nous est donnée comme coessentielle, coéternelle, consubstantielle avec Dieu, comme le vêtement nécessaire de la Divinité. On raconte que Michel Servet, devant Calvin, s'était écrié : « Ce pavé lui-même est Dieu ; » je le veux bien ; mais il n'aurait pas osé dire : « Dieu est un pavé, » ni même aucune des autres choses finies, de la même nature que ce pavé.

En poussant aussi loin qu'on voudra l'immanence divine, toujours est-il qu'il faudra laisser au monde une certaine indépendance pour qu'il soit quelque chose que l'on puisse appeler un monde, de même qu'il faut que l'indépendance absolue soit affirmée de Dieu pour qu'il soit un véritable Dieu. Ainsi voici le dilemme où est placé le panthéisme : ou bien Dieu est tout entier dans le monde, et c'est l'athéisme ; ou tout le monde est tout entier en Dieu, et c'est le mysticisme, ou l'acosmisme. Le milieu est le vrai théisme.

N'oublions pas que le panthéisme doit partir de l'idée de Dieu aussi bien que le théisme. Qui dit panthéisme dit théisme ; autrement il faudrait supposer que l'expression de panthéisme est une expression hypocrite sous laquelle se dissimule la négation de Dieu, supposition injurieuse que nous ne pouvons pas appliquer à des penseurs aussi sincères et aussi élevés que Plotin, Spinoza et Hegel. Nous avons donc le droit de nous demander ce que devient la notion de Dieu dans la conception panthéiste. Eh bien, je dis : de deux choses l'une : ou Dieu, considéré en lui-même, dans sa substance, n'est autre chose que l'être indéterminé, l'être qui n'est ni ceci ni cela, mais qui peut devenir toutes choses, l'être qui est non-être aussi bien qu'être. Cet être indéterminé est donc le moindre être, presque identique à 0. Pour qu'il soit quelque chose, il faut qu'il se détermine ; or il ne peut se déterminer que par ses modes, qui sont les choses finies ; il ne devient donc un être réel et déterminé que dans le monde : c'est donc le monde qui est la vraie réalité ; Dieu n'est plus que la substance brute, la première condition de l'existence de tout le reste, mais n'ayant en lui-même aucune valeur. On peut se demander si un tel Dieu peut conserver le nom de Dieu, s'il ne s'appellera pas plus justement la nature ou la matière, et si le système que ce terme représente ne mérite pas plus le nom de naturalisme ou de matérialisme que de panthéisme. C'est, du reste, ce que nous montre l'histoire de la philosophie : c'est ainsi que la philosophie de Hegel, qui s'était tenue dans les hauteurs du panthéisme, a passé, avec Feuerbach et Schopenhauer, au naturalisme et même à l'athéisme. Des trois termes de la philosophie de Hegel, l'*Idée*, la *Nature*, l'*Esprit*, Feuerbach a fait disparaître le premier, et s'est borné à la nature. Schopenhauer l'a remplacé par la volonté, c'est-à-dire par un principe aveugle qui n'est habile que pour faire le mal.

Supposons au contraire maintenant une philosophie panthéistique, qui prenne au sérieux l'idée et le nom de la Divinité, qui l'entende à la manière de Platon et de Descartes, comme le Bien, la Perfection, l'Être des êtres, le Saint des saints ; comment, devant cette perfection souveraine, le monde pourrait-il conserver quelque réalité? Il ne sera plus qu'un phénomène, une ombre, le rêve d'un rêve et, à proprement parler, un rien. Sans doute, nous l'avons dit, même dans la philosophie théiste le monde peut être appelé aussi un phénomène et une ombre, si on le compare à l'infini ; mais en lui-même il est quelque chose ; il a une certaine valeur ; la vie vaut la peine de vivre. Il n'en est pas de même dans le panthéisme mystique; le fini ne sera rien, non seulement par rapport à l'infini, mais en lui-même et absolument. Mais si le fini n'est rien, s'il n'est que le rêve d'une ombre, σκιᾶς ὄναρ, cela sera vrai de tous les modes de l'existence finie. Tout ce qui donne au fini l'apparence de la réalité et de la vie, tout ce qui tend à détacher le fini de l'infini est une illusion, et une illusion coupable. Ainsi la vie humaine dans son ensemble est mauvaise en tant que vie humaine. Elle doit tendre constamment au renoncement, à l'abnégation, à la destruction de la personnalité. La famille est mauvaise, car elle tend à perpétuer la vie. L'art est une impiété, car il détourne vers les choses finies l'admiration et l'amour qui doivent être réservés à Dieu. La science encore est une illusion coupable, car elle paraît prendre pour une véritable réalité ce qui n'est que le vêtement passager de l'Éternel, et pour des lois objectives ce qui n'est que les formes vides de l'entendement fini. Enfin tous les sentiments de ce monde, même les plus nobles, l'amour de la patrie, l'amour de la liberté, l'amour des proches, tout cela est idolâtrie et sacrilège.

> Et je verrais mourir frère, enfants, mère et femme,
> Que je m'en soucierais autant que de cela.
> — Les sentiments humains, mon frère, que voilà!

Ces sentiments inhumains que Molière attribue à la fausse dévotion, et qui ne sont pas le moins du monde contenus dans la doctrine chrétienne, sont la maxime suprême de la morale dans le mysticisme. « Aimez-vous les uns les autres, » dit le christianisme. Au contraire, ces maximes barbares sont la conséquence logique du panthéisme mystique et acosmique.

Le panthéisme est donc un moyen terme inconsistant et vague qui flotte sans cesse entre l'athéisme et l'acosmisme, et qui se détruit par l'un ou par l'autre. Dira-t-on qu'il peut y avoir un milieu entre ces deux termes? Oui, sans doute; mais ce milieu est précisément ce qu'on appelle le théisme, et non le panthéisme : car par cela seul que l'on accorde à l'un et à l'autre de ces deux termes, fini et infini, une certaine indépendance, une certaine valeur, par cela même on s'éloigne d'autant de la doctrine panthéistique. Le panthéisme consiste essentiellement à n'admettre qu'une seule existence, mais alors ou cette existence est le monde, et il n'y a pas de Dieu, ou elle est Dieu, et il n'y a pas de monde. Cette double impossibilité dans un système qui détruit à la fois le monde et Dieu est la réfutation du panthéisme. Le vrai panthéisme n'est autre chose que le théisme bien compris.

LEÇON VI

LE DEVOIR ET DIEU. — LA MORALE INDÉPENDANTE

Messieurs,

La doctrine dite de la morale indépendante n'est qu'une partie d'une doctrine plus générale, à laquelle on pourrait donner le nom d'*Indifférentisme*. Cette doctrine consiste à dire que les théories spéculatives sont sans influence sur la pratique. Autre chose est la doctrine, autre chose est l'action. L'action est indépendante de la pensée. Le système de la morale indépendante n'est qu'une partie de cette doctrine plus générale, et elle l'implique dans une certaine mesure, car elle implique au moins ceci, à savoir l'indifférentisme en métaphysique. Cependant ces deux thèses ne se confondent pas; car si la morale indépendante est indifférente en métaphysique, elle ne l'est pas en morale, et même elle exclut expressément l'indifférence en morale. Ainsi elle exclut d'abord les fausses doctrines morales, ou du moins celles qui semblent fausser la morale, par exemple l'utilitarisme, l'hédonisme (la doctrine du plaisir), l'ascétisme. Elle maintient la morale du devoir, la morale de Kant, et même en général c'est l'école de Kant qui a soutenu cette manière de voir.

Sans doute il y a, ou il peut y avoir, en tout cas on peut concevoir une morale tellement indépendante qu'elle accepterait toute opinion, même en morale; mais alors elle ne serait plus une morale. Une telle opinion ne serait que l'extrémité de la thèse précédente; elle ne serait plus une opinion particulière; elle irait se perdre dans l'indifférentisme en général, en d'autres termes dans le positivisme. Au contraire, si l'on prend la doctrine de la morale indépendante comme une doctrine originale, et surtout si on la prend en fait telle qu'elle s'est montrée et développée de nos jours, cette doctrine signifie seulement et exclusivement ceci : la morale est indépendante de la métaphysique. Comme on disait autrefois : « O physique, préserve-toi de la métaphysique! » on dirait également aujourd'hui : « O morale, garde-toi de la métaphysique! » C'est cette thèse particulière que nous avons à examiner.

Cette doctrine peut se soutenir et se soutient en réalité par des raisons qui semblent plausibles. On peut dire, par exemple, que les doctrines métaphysiques sont trop diverses, trop nombreuses, trop contestées; que la métaphysique est un terrain trop mouvant, trop peu solide, pour essayer d'y appuyer une morale quelconque. Il faut s'occuper du nécessaire avant de penser au superflu. Or, le nécessaire c'est la morale, c'est la pratique de la vie. Le superflu, c'est un système spéculatif sur l'origine des choses. Il y a mille métaphysiques; il n'y a qu'une morale. Laissons donc la métaphysique en paix. Laissons les philosophes s'entendre entre eux comme ils le pourront sur les atomes, sur le vide, sur l'éternité du monde. Tenons-nous sur le sol assuré de la morale, et de la morale pratique.

Cette manière de voir est très plausible, mais elle n'a pas attendu, pour se montrer en philosophie, l'apparition de la morale indépendante ni du criticisme de Kant. Au fond, c'est la pensée de Descartes dans sa morale par provision. En effet, aussitôt qu'on a formé le projet de se rendre compte spéculativement de toutes ses opinions, et « de les ajuster au niveau de la raison », comme il faut du temps pour mener à bien une telle entreprise, et qu'on ne peut pas pendant tout ce temps rester désarmé dans la vie pratique, il faut se faire une morale qui ne peut être qu'une morale empirique et provisoire. On peut y employer tels éléments qu'on voudra; et si l'on voulait reprendre sur ce point l'œuvre de Descartes, on pourrait l'entendre autrement. Mais, de quelque manière qu'on l'entende, elle aura toujours pour caractère essentiel de n'être pas scientifique. Mais, en dehors de cette morale provisoire et toute pratique, il y aura toujours lieu de chercher une morale scientifique ou philosophique : or, c'est de celle-là et non de l'autre que nous avons à nous demander si elle est ou si elle n'est pas indépendante de la métaphysique.

Sans doute, en fait, la pratique est plus ou moins indépendante de la théorie. On peut être honnête homme sans philosophie, ou même, comme Helvétius, avec une mauvaise philosophie; mais il ne s'ensuit pas que, même pratiquement, la théorie soit indifférente ; à plus forte raison cela ne prouve pas qu'au point de vue philosophique la morale soit indépendante de toute philosophie.

J'accorde que l'argument tiré de la diversité des systèmes philosophiques aurait sa valeur s'il était prouvé que la morale échappe aux controverses et aux conflits d'opinion. Mais il n'en est pas ainsi. Il y a autant de systèmes de morale que de systèmes de métaphysique. Varron soutenait qu'il y avait de son temps trois cent quatre-vingt-trois opinions sur le souverain bien; et même le nombre en a beaucoup augmenté depuis lui. Sans prendre au sérieux cette boutade, on peut voir encore de nos jours, par la *Critique des systèmes de morales* de M. Fouillée, combien il y a de systèmes de ce genre soit en France, soit en Allemagne [1].

La doctrine de la morale indépendante peut se ramener à deux propositions différentes, et être entendue dans deux sens : 1° la morale peut se passer de toute métaphysique; 2° la morale peut se concilier avec n'importe quelle métaphysique.

Cette seconde opinion étant plus extrême que l'autre, nous commencerons par la discuter.

Cette opinion serait celle-ci : il n'y a aucun lien entre la métaphysique et la morale. La morale repose sur elle-même : elle a ses fondements propres. On peut superposer à la mo-

---

[1]. Voir aussi la *Phénoménologie de la conscience morale*, par M. de Hartmann.

rale telle métaphysique qu'on voudra, comme on peut superposer à la physique scientifique telle ou telle métaphysique : ce sont des choses d'un autre ordre.

Il nous semble que la doctrine ainsi entendue est en contradiction, d'une part avec l'esprit de la philosophie en général, de l'autre avec l'histoire de la philosophie.

1° Elle est contraire à l'esprit de la philosophie en général, car elle nie l'unité de la philosophie. Elle suppose, en effet, que la philosophie ne forme pas un tout, qu'elle se compose de deux groupes distincts et séparés : d'une part les sciences qui concernent l'univers et Dieu, de l'autre celles qui concernent l'homme et la conduite humaine. Mais d'abord comment concevoir que la destinée de l'homme soit indépendante de sa nature, et par conséquent que la morale soit d'abord indépendante de la psychologie? D'autre part, comment admettre que la nature de l'homme soit indépendante de la nature des choses et de l'univers? enfin que la nature des choses soit indépendante du principe des choses? Ainsi la psychologie se lie à la cosmologie, et celle-ci à la théologie.

Admettons, par exemple, pour un instant, par hypothèse, que la nature des choses soit toute matérielle, que les lois primordiales soient les lois physico-chimiques : comment s'expliquer qu'à un moment donné viennent apparaître des lois morales d'un caractère absolument différent des lois primordiales? Comment de la fatalité et du règne de la force faire sortir la liberté et l'idée du droit? Comment, dans les phénomènes de l'ordre physique, découvrir les sources de la justice et de la charité?

2° L'histoire de la philosophie vient confirmer cette considération générale. En fait, toute métaphysique a toujours engendré une morale analogue à elle-même; et l'on n'a jamais vu toute morale cadrer avec toute métaphysique. Au scepticisme des sophistes a correspondu une morale sophistique; à l'atomisme de Démocrite et d'Épicure correspond la morale hédonique, ou morale du plaisir. Au panthéisme de

Spinoza correspond la morale fataliste. Au panthéisme oriental correspond la morale ascétique. Le pessimisme est à la fois une métaphysique et une morale. Il n'y a pas exemple, je crois, d'une morale saine et forte, d'une morale vraiment morale, d'une morale en tout cas telle que l'entendent les partisans de la morale indépendante, à savoir une morale du devoir, qui se soit accolée à une métaphysique sceptique ou matérialiste.

Mais, dira-t-on, cela vient de ce que vous déclarez à priori qu'il n'y a qu'une morale vraie, la morale du devoir. Mais qui vous dit que cette morale vraie n'est pas celle de l'utilité et du plaisir?

Je le répète, cette objection déplace la question. La question, en effet, n'est pas de savoir quelle est la morale vraie, mais si telle morale supposée vraie, et pour les partisans de la morale indépendante c'est la morale de Kant, la morale du devoir, si telle morale, dis-je, peut subsister dans une métaphysique quelconque. Sans doute le débat peut porter sur la morale aussi bien que sur la métaphysique; mais c'est précisément ce que nous soutenons, et il suit précisément de là que la morale n'est pas indépendante de la métaphysique; la question de savoir si le plaisir est le seul but de la vie, est la même que celle de savoir si la matière est le principe des choses. La diversité des systèmes de morale étant la même que celle des systèmes de métaphysique, il n'y a aucun avantage à écarter ceux-ci. D'ailleurs la métaphysique, même écartée, reste toujours présente, et c'est toujours une certaine métaphysique qui est cachée derrière une certaine morale.

Ces deux considérations suffisent pour montrer que l'indifférentisme en métaphysique entraîne l'indifférentisme en morale.

La seconde doctrine est celle-ci : toute morale ne se concilie pas sans doute avec toute métaphysique; mais la morale en général peut se passer de métaphysique. La morale fournit des données au métaphysicien, mais il n'est pas tenu d'être lui-même un métaphysicien, de même que le physicien fournit des exemples de finalité au théologien, sans s'occuper lui-même de finalité.

Voici les raisons en faveur de cette doctrine :

La morale, comme la physique, est une science de faits. On constatera les faits moraux et l'on construira la morale à l'aide de ces faits, sans avoir besoin de sonder l'origine des choses. Ou bien l'on partira de l'idée à priori du devoir, comme les géomètres de l'idée d'espace, et l'on reconstruira la morale sur cette idée. Ainsi deux systèmes de morale sont possibles sans métaphysique : 1° la morale écossaise; 2° la morale kantienne.

Nous admettons en effet, pour notre part, au point de vue de la méthode, que la morale peut être étudiée en elle-même avant la métaphysique. La science moderne, en effet, a ce caractère de partir de ce qui est donné pour s'élever ensuite aux principes du donné. Elle doit toujours passer du connu à l'inconnu. Or, la morale est le connu, la métaphysique est l'inconnu.

Sans doute il est toujours permis à un philosophe de s'arrêter à un point plutôt qu'à un autre. Le philosophe et le moraliste peuvent dire, aussi bien que le physicien : « Je n'irai pas plus loin. » Mais autre chose est la méthode, autre chose est le fond des choses. Quand vous aurez posé le principe de la morale, il y aura toujours lieu de se demander comment les principes de la morale sont possibles. Dire avec Kant que ces principes ne sont possibles que dans l'hypothèse de l'idéalité du monde, ce n'est pas séparer la morale de la métaphysique; c'est faire reposer la morale sur une métaphysique.

Ainsi, même dans la thèse de Kant, il n'est pas vrai que la morale soit indépendante de la métaphysique. On représente sans cesse sa doctrine comme indifférente entre le matérialisme et le spiritualisme; nous avons déjà vu plus haut que cette apparente neutralité n'existe pas. Le spiritualisme n'est jamais écarté par Kant que comme non prouvé, mais non pas comme faux en soi. Au contraire, le matérialisme est nié absolument, car l'idéalisme transcendantal est surtout dirigé contre l'idée de matière et contre l'existence d'un monde matériel. Parmi les quatre groupes d'antinomies, deux seulement sont exclues absolument : ce sont celles qui portent sur l'existence du monde. Les deux autres ne sont antinomies que relativement, et elles laissent subsister comme possibles les réalités transcendantes, à savoir Dieu et la liberté. Enfin, il est inutile de rappeler que Kant introduit, à titre de postulats, ce que d'autres philosophes appelleraient des principes : ce n'est là, il est vrai, qu'un minimum de métaphysique; mais c'est de la métaphysique.

Laissons donc de côté cette question préliminaire de l'indifférentisme, et abordons la question en elle-même et directement, à savoir les rapports de l'idée de devoir et de l'idée de Dieu.

C'est encore Kant qui nous fournit le point de départ de cette recherche. Dans la *Critique de la raison pratique*, il s'écrie, dans une apostrophe célèbre qui a été avec raison très admirée :

« Devoir! mot grand et sublime, toi qui n'as rien d'agréable ni de flatteur, et qui commandes la soumission, sans pourtant employer, pour ébranler la volonté, des menaces propres à exciter naturellement l'aversion et la terreur, mais en te bornant à proposer une loi qui d'elle-même s'introduit dans l'âme et la force au respect, sinon toujours à l'obéissance, et devant laquelle se taisent tous les penchants, quoiqu'ils travaillent sourdement contre elle, *quelle origine est digne de toi? Où trouver la racine de ta noble tige?* »

D'après ce passage, on voit que Kant croyait que le devoir avait une *racine*, et qu'il se demandait *quelle origine* était digne de lui. C'est la question même que nous avons à résoudre.

On dit généralement que le devoir est une loi, et que toute loi suppose un législateur; ce législateur est Dieu. C'est même là une des preuves que l'on donne de l'existence de Dieu. C'est la preuve morale, ou du moins l'une des formes de la preuve morale.

Cette preuve est solide au fond, mais elle a besoin d'être interprétée.

D'après la forme donnée à cet argument, il semblerait que la loi morale soit une loi complètement étrangère à la nature de l'être dont elle est la loi, et qui lui serait imposée du dehors par une volonté plus ou moins arbitraire qui donne des ordres, et à laquelle il faut obéir parce qu'elle est supérieure à la volonté des créatures. Or une telle conception, nous allons le voir, est essentiellement contraire à l'idée même d'une loi morale.

On donne à cette preuve une forme encore moins admissible lorsqu'on dit que Dieu a créé l'homme pour sa gloire, et lui a donné en quelque sorte pour consigne de l'honorer et de le servir, comme si Dieu avait besoin des hommages de la créature, comme s'il n'avait créé les êtres finis que pour lui-même.

Il n'en est pas ainsi. Que l'on considère même les lois positives, on verra qu'elles ne sont pas étrangères aux sujets qu'elles régissent, et qu'elles n'ont pas été faites dans l'intérêt des souverains. Au contraire, la loi positive a un rapport étroit avec la nature du sujet qui leur obéit. Sans doute il y a des lois arbitraires; mais à ce titre ce ne sont pas de vraies lois; et d'ailleurs elles sont l'exception. En général, elles ont pour but le bonheur et la dignité des sujets, de telle sorte que, quand celui-ci est désintéressé, il reconnaît lui-même que ces lois répondent à son intérêt, concernent son bien-être physique et moral. Cela étant, quoiqu'il puisse arriver que l'individu, au nom de son intérêt propre, se révolte contre ces lois, en même temps cependant il y a quelque chose en lui qui reconnaît ces lois pour bonnes et qui les accepte. En ce sens ces lois sont pour lui-même un acte de volonté; il les constitue en quelque sorte *lois* par sa volonté propre, qui coopère avec celle du législateur. Seulement c'est en lui la raison désintéressée et impersonnelle qui s'oppose à la raison individuelle et intéressée. Cette volonté est ce que J.-J. Rousseau appelle, dans le *Contrat social*, « la volonté générale ». Dans tout citoyen, selon lui, il y a deux volontés : l'une particulière, qui veut son propre bien; l'autre générale, qui veut le bien commun. La première s'annule par le conflit contradictoire des intérêts individuels ; il reste la volonté commune, qui tend toujours au plus grand bien de la communauté. Il en est de même dans l'ordre moral. A côté de la volonté individuelle, qui ne recherche que le bien propre, il y a une volonté pure et toute rationnelle, qui veut le bien commun, le bien en soi. C'est cette volonté qui reconnaît les lois civiles comme bonnes, même quand elles froissent l'individu. C'est la même volonté qui accepte l'ordre moral comme son ordre propre, et la loi morale comme sa vraie loi. C'est pourquoi Kant l'appelle la *volonté autonome*. Elle est autonome en tant qu'elle porte elle-même la loi à laquelle elle obéit.

On dira peut-être : accepter la loi, ce n'est pas la porter. Mais au fond c'est la même chose. Accepter une loi, la reconnaître comme bonne, c'est dire qu'on la porterait soi-même si on était chargé de la faire; c'est dire qu'elle est implicitement contenue dans la nature de l'être qui la subit, mais qui la subit volontairement. C'est donc obéir à ses propres lois que de lui obéir.

En ce sens, l'être qui est soumis à la loi morale, en tant que sujet, est en même temps législateur et souverain en tant qu'il commande et s'impose à lui-même la loi.

Il y a donc dans le sujet deux volontés : la volonté individuelle, qui tend vers le bien sensible et personnel, et la volonté générale, qui tend vers le bien commun, vers le bien en soi. Ces deux volontés correspondent aux deux lois dont parle saint Paul : « Il y a une loi qui est dans mes membres et une loi qui est dans mon esprit. Je ne fais pas le bien que j'aime, et je fais le mal que je hais. »

Si maintenant nous revenons sur l'analyse précédente, qui est celle de Kant, il semble qu'elle soit absolument opposée au principe posé plus haut, à savoir que toute loi suppose un législateur, et que le législateur est Dieu ; car si l'homme se donne à lui-même la loi, il n'a pas besoin d'un législateur.

Mais rappelons-nous que cette loi posée par une volonté autonome n'est pas une loi arbitraire et contingente, une loi individuelle. Elle n'a pas pour but l'intérêt propre, le plaisir de l'agent. Elle est l'acte et l'œuvre d'une pensée désintéressée. Cette pensée générale, qui engendre une volonté générale, est dans l'homme, mais elle n'est pas l'homme ; elle vient d'ailleurs, ἔξωθεν, οὐραθεν, disait Aristote. Elle est dans l'homme ce qui dépasse l'homme, ce qui s'impose à l'homme, ce qui émane d'une source supérieure.

La volonté individuelle, qui est en chacun de nous, suit les lois de la nature, c'est-à-dire la loi du plaisir, et le plaisir entraîne l'agent comme une force naturelle. Dans l'individu, c'est le plaisir le plus fort qui l'emporte ; dans le conflit des individus, c'est la loi du plus fort.

Tant qu'il n'y a que cette loi dans l'homme, il n'y a pas à chercher d'autre principe que la nature en général et les lois de la physique.

Mais comment une loi qui impose un frein aux volontés individuelles, une loi qui subordonne le plaisir à la raison et l'individu au tout, et qui s'en rapporte cependant pour cela à la volonté seule de l'agent, comment une telle loi viendrait-elle de la nature ? Dans la nature aussi, sans doute, la partie est subordonnée au tout ; mais ce n'est pas elle-même qui se subordonne à l'univers : c'est l'univers qui l'écrase. Là, au contraire, c'est la partie qui elle-même se subordonne au tout et qui s'identifie avec l'ordre universel. Les lois de l'une sont aveugles et fatales ; la loi morale est une loi de raison et de liberté.

Cette volonté raisonnable qui est en chacun de nous, et qui se donne à elle-même la loi, ne venant pas de la nature, doit venir d'ailleurs. Elle doit être en nous la messagère d'un autre monde.

Dira-t-on qu'elle existe par elle-même, que l'homme est à lui-même son propre souverain ? Ni Dieu ni maître, comme on l'a dit.

Dans notre siècle, où tout a pris une forme politique, on

introduit jusque dans la métaphysique et dans la morale les principes et le point de vue de la politique. De même que dans la politique on ne voulait plus de maître, qu'on ne voulait plus qu'un homme commandât aux autres par un droit privilégié, de même aussi on voulait qu'en métaphysique il n'y eût pas de volonté, ni de raison supérieure à la volonté ou à la raison de l'homme ; et comme on associait nettement la démocratie et l'idée d'athéisme, on associa aussi l'idée de Dieu et la monarchie. C'étaient deux fausses associations d'idées.

En effet, de ce que dans la société humaine, où tous les sujets sont des hommes, il n'y a pas (théoriquement parlant) d'homme individuel qui puisse être désigné d'avance pour être le chef des autres, comment s'ensuivrait-il que dans l'univers, dont l'homme n'est qu'une partie, il n'y eût rien au-dessus de l'homme? Comment une raison apparaîtrait-t-elle tout à coup qui deviendrait immédiatement souveraine et infaillible? Il faut que cette raison et cette volonté qui sont dans l'homme, et qui sont les mêmes chez tous les hommes, qui commandent à tous les mêmes choses dans les mêmes circonstances, il faut que cette raison ait un principe, comme les lois physiques ont leur principe ; et comme on ne peut s'arrêter qu'à l'unité, il faut donc qu'il y ait un principe en qui l'ordre physique et l'ordre moral, le point de vue de la nature et celui de la liberté, aient leur centre commun.

En tant que Dieu est, pour ainsi dire, la source où vient s'alimenter la volonté raisonnable qui donne des lois à la nature, il est lui-même législateur et souverain. Il n'impose pas des lois aux créatures par des volontés arbitraires ; mais il leur donne les lois qui résultent de leur nature même et de leur participation à la raison et à la liberté infinie. Il est, en quelque sorte, lui-même la loi, et cette loi est aussi la loi des créatures, en raison de leur conformité aux lois.

Nous venons de voir la loi morale dans sa source. Considérons-la maintenant dans sa fin et dans son but.

La loi morale, en effet, propose à l'homme un certain but à

atteindre et un certain modèle à imiter. C'est ce qu'on appelle le bien.

Qu'est-ce que le bien?

Nous avons vu plus haut qu'il y a dans la nature des qualités plus ou moins intenses que l'on appelle des perfections; c'est en ce sens que nous avons donné au mot de perfection une signification expérimentale. Ainsi la vie est une perfection par rapport à l'inertie de la matière brute, la sensibilité par rapport à la vie, l'intelligence par rapport à la sensibilité. Ces diverses facultés sont des biens. Voilà le fondement réel à l'idée du bien. Ces derniers biens peuvent être accompagnés de plaisir; mais ils ne sont pas nécessairement des plaisirs, et ils seraient encore des biens même quand ils seraient sans plaisir. Ils ont donc en soi une valeur absolue.

En tant que l'homme participe à ces biens, il y a en lui des biens qu'il doit garantir et conserver d'abord et ensuite perfectionner. Le bien est pour lui dans la conservation et dans le développement de sa perfection personnelle.

De plus, l'homme vit en société, et la société est aussi un bien. L'homme, dit Spinoza, est ce qu'il y a de plus utile à l'homme, *homo homini Deus*. Ce second ordre de biens, les biens sociaux, rentre donc aussi dans l'idée de perfection, car la société perfectionne l'homme.

Maintenant nous retrouvons la question que nous avons posée plus haut sur l'idée de perfection. Si le bien est conçu comme un modèle, est-il nécessaire que ce modèle s'incarne et se substantifie dans un être réel? N'est-il pas, ne peut-il pas être un simple idéal? Nous ne pouvons que reproduire ce que nous avons dit déjà : comment une simple conception de notre esprit pourrait-elle s'imposer à l'homme d'une manière obligatoire? d'où cette conception prendrait-elle son autorité? et où prendrions-nous nous-mêmes l'étoffe dont elle a besoin pour se former?

De deux choses l'une : ou la nature est tout, et il n'y a plus que des faits : aucune chose n'a plus de valeur qu'une autre chose; ou bien il y a dans la nature autre chose que des faits : il y a la *valeur* des faits, et la valeur des faits n'est pas un fait. Il y a donc une autre échelle que celle des faits et des propriétés physiques. Il y a une échelle morale qui suppose un terme de l'ordre moral, comme l'échelle physique suppose un terme de l'ordre physique.

En un mot, au-dessus des modèles réels et humains que nous pouvons trouver dans les sages et dans les héros, il y a un modèle supérieur à l'homme : car où ces héros, où ces saints auraient-ils pris leur propre modèle? D'un autre côté, on ne peut concevoir et aimer ces perfections relatives, si l'on n'admet pas une perfection absolue, s'il n'y a pas un type suprême auquel ces perfections se rapportent et dont on peut faire dériver le modèle humain que nous admirons et cherchons à imiter dans nos actions. Peut-on admettre des différences de valeur et d'excellence entre les choses, s'il n'y a pas en soi une excellence absolue? Cette preuve de l'existence de Dieu est ce que les écoles scolastiques désignaient sous le nom de *via eminentiæ*. On peut y arriver plus directement en disant que s'il y a un absolu (ce que nous supposons et avons d'ailleurs établi plus haut), cet absolu doit l'être non seulement en existence, mais encore en contenu et en qualité; or, c'est cela même que nous appelons Dieu. Donc l'idée du devoir, dans sa source comme dans son objet, dans sa cause comme dans son but, n'a de raison, n'a de fondement que dans l'idée de Dieu. Au fond, la morale et la métaphysique ne sont qu'une seule et même chose.

LIVRE CINQUIÈME

LE MONDE EXTÉRIEUR

LIVRE CINQUIÈME
LE MONDE EXTÉRIEUR

LEÇON PREMIÈRE

DE LA SUBJECTIVITÉ DES SENSATIONS

Messieurs,

De l'existence de l'âme et de l'existence de Dieu nous passons à l'existence des choses extérieures ou du monde sensible. Ici la question est bien moins importante. On pourrait même soutenir qu'elle ne l'est pas du tout : car il est très vrai que les choses se passeront exactement de même, soit qu'il y ait un monde extérieur, soit qu'il n'y en ait pas ; dans les deux cas, nous n'avons jamais affaire qu'avec nos sensations. La vie morale n'en a pas moins de valeur parce qu'elle n'a pour matière que nos passions, qui sont toutes subjectives : il en est de même de la vie pratique, qui ne se rapporte qu'à nos sensations. Ce n'est donc pas un intérêt quelconque qui nous porte à soutenir la réalité du monde extérieur, c'est simplement l'intérêt de la vérité. Les arguments employés contre cette réalité nous paraissent peu probants ; la part de vérité que peut contenir la thèse idéaliste, comme on l'appelle, peut être parfaitement accordée sans aller jusqu'à la négation des choses extérieures. Il y a beaucoup de malentendus à démêler dans cette question. C'est à démêler ces malentendus que nous allons nous appliquer.

La doctrine idéaliste, dans son sens propre, est celle qui nie l'existence des corps. C'est l'objet de la philosophie de

Berkeley. Berkeley a en quelque sorte détaché de la philosophie sceptique en général les doutes qui portent particulièrement sur l'existence de la matière. Sur tout le reste il est dogmatique. Il croit à l'existence de Dieu; il croit à l'existence de l'âme, et même sa doctrine est tellement spiritualiste qu'on l'a appelée un immatérialisme, et elle est plus près du mysticisme que du scepticisme.

La thèse de Berkeley est surtout exposée dans son célèbre ouvrage intitulé *Dialogues d'Hylas et de Philonoüs*. Nous y trouverons les principaux arguments contre l'existence de la matière; nous les reproduirons tout à l'heure.

De nos jours, M. St. Mill, dans son *Examen d'Hamilton*, a repris la thèse de Berkeley avec une grande habileté dialectique, et en s'appuyant surtout sur le principe de l'association des idées. Il tombe d'accord, avec Berkeley, qu'il n'y a point d'objets extérieurs, c'est-à-dire de corps; mais il les explique différemment. Pour Berkeley, le monde matériel n'était qu'une représentation donnée par Dieu aux esprits. Au lieu d'imaginer des choses créées par Dieu qui nous donnent certaines sensations, pourquoi ne pas supprimer ces agents intermédiaires et inutiles, et ne pas recourir directement à la cause première qui suffit à tout expliquer? C'est là pour Mill une doctrine trop mystique. Pour lui, la croyance à l'existence de la matière s'explique suffisamment par les propositions suivantes : 1° l'esprit est capable d'expectation, c'est-à-dire qu'ayant éprouvé certaines sensations, nous pouvons les attendre de nouveau au moment où nous ne les éprouvons pas; 2° à ce principe général on peut ajouter les lois de l'association des idées : loi de ressemblance, loi de contiguïté; celle-ci se décompose en deux autres : la loi de simultanéité et la loi de succession. En vertu de ces lois, les sensations s'enchaînent d'une manière inséparable, et les choses inséparables dans notre esprit nous paraissent inséparables dans la réalité.

Cela posé, Mill explique ainsi qu'il suit la croyance à l'existence des corps. Au fond, ce qu'il y a d'essentiel dans cette croyance est ceci : c'est qu'il y a quelque chose de permanent avant, pendant et après nos sensations. Or ce permanent, c'est tout simplement, selon Mill, l'attente nécessaire d'une sensation à la suite d'une autre sensation à laquelle elle a toujours été jointe, et dont elle est devenue inséparable. Ainsi, je sais par expérience que, toutes les fois que je suis venu sur la place de la Sorbonne, j'ai vu une église ; je sais donc d'avance que cette église m'apparaîtra aussitôt que j'aurai tourné le coin qui sépare la place du boulevard. Cette attente nécessaire d'une sensation est ce qui constitue l'extériorité. La matière, les corps, ne sont autre chose que des possibilités de sensations.

Cela dit, revenons aux arguments de Berkeley. Ces arguments de Berkeley se ramènent à quatre : 1° la subjectivité des sensations ; 2° la relativité des sensations ; 3° les qualités premières ne sont perçues qu'à travers les qualités secondes ; 4° l'idée de substance matérielle est obscure, confuse, incompréhensible. Examinons ces quatre arguments, et surtout les deux premiers.

1° Le plaisir et la douleur n'existent certainement qu'en nous. Or toutes nos sensations, au moins celles qui correspondent à ce qu'on appelle les qualités secondes, ne sont que des plaisirs et des douleurs. La chaleur est un plaisir quand elle n'est pas portée à l'extrême ; le froid est une douleur. Il en est de même des goûts et des saveurs. Ces sensations ne sont donc qu'en nous, aussi bien que les plaisirs et les douleurs.

2° Cette analyse s'applique difficilement aux sensations de la vue. Dans la couleur, il semble bien qu'il y a autre chose que du plaisir et de la douleur. La différence du bleu et du rouge est autre chose que la différence de deux plaisirs. Aussi Berkeley renonce-t-il à son premier argument quand il passe à la couleur. De la question de *subjectivité* il passe à celle de *relativité*. Il montre que la sensation de couleur est toute relative, et qu'elle dépend de la sensibilité de chacun.

3° Les objections précédentes portent surtout sur ce qu'on

appelle les qualités secondes de la matière, parce qu'elles nous paraissent plus subjectives qu'objectives et qu'elles sont moins essentielles que les autres. Restent les qualités que l'on appelle premières, par exemple l'étendue, la figure, le mouvement, etc. Berkeley ne prouve pas directement la subjectivité de ces qualités; il se contente d'en constater la relativité, comme pour la couleur; mais il insiste surtout sur cet argument, à savoir que les qualités premières ne sont jamais perçues en elles-mêmes, mais seulement par l'intermédiaire des qualités secondes. Or celles-ci sont subjectives, donc les autres le sont également.

4° L'idée de substance matérielle est inintelligible.

Tels sont les arguments de Berkeley; nous avons à en examiner la valeur. Commençons par revenir sur la doctrine fondamentale de la subjectivité des sensations.

L'idéalisme, nous l'avons dit déjà, s'appuie sur la subjectivité des sensations. Cette subjectivité est incontestable; mais faisons à l'avance une distinction importante entre le *subjectivisme relatif* et le *subjectivisme absolu.*

Autre chose est dire, par exemple : « Les choses ne m'apparaissent qu'en rapport avec mes manières de sentir; » autre chose est dire : « Les choses ne sont que ma manière de sentir. » Tel est le nœud de la question. Commençons par établir la subjectivité des sensations.

On a souvent dit que les sensations ne sont autre chose que les modes ou manières d'être du sujet sentant, et non les propriétés des choses. Les Cartésiens disaient que la chaleur n'est pas dans le feu, ni la blancheur dans la neige, pas plus que la douleur n'est dans l'épingle qui nous pique. S'il n'y avait pas de vision, il n'y aurait pas de couleur dans l'univers; s'il n'y avait pas d'audition, il n'y aurait pas de son. Les choses en elles-mêmes ne sont ni douces ni amères. L'amer et le doux ne sont que dans le goût, et non dans les choses. Démocrite disait déjà dans l'antiquité : « L'amer et le doux existent non selon la nature, mais selon la loi, οὐ κατὰ φύσιν, ἀλλὰ κατὰ νόμον. Il n'est pas facile de savoir ce que signifie κατὰ νόμον; cela veut dire sans doute que l'amer et le doux n'existent que relativement : l'essentiel est que Démocrite entendait que ces sensations n'existent pas dans la nature et en soi.

La subjectivité est encore de deux sortes : elle est ou *physiologique* ou *psychologique*. La subjectivité physiologique a été établie de la manière la plus précise et la plus complète par le savant physiologiste Muller. Il a résumé sa doctrine sur ce point dans les propositions suivantes :

I. Nous ne pouvons avoir par l'effet des causes extérieures aucune manière de sentir que nous ne puissions avoir sans ces causes et par la sensation des états de notre corps.

Cela est évident d'abord pour le toucher. Nous pouvons sentir le froid et le chaud intérieurement, sans qu'il y ait au dehors aucun changement de température (par exemple le frisson, la chaleur de la fièvre). La sensation d'amer existe dans la bouche sans aucune cause d'amertume; de même pour les sensations de l'odorat. L'œil aussi est capable de lumière interne, surtout au lever. Il n'y a point d'aveugles absolus, du moins à l'origine. Nous entendons des bruits, des bourdonnements internes; nous sentons le poids de nos membres sans objet pesant. Ainsi toutes les sensations externes peuvent se produire subjectivement en l'absence de tout objet.

II. Une même cause interne produit des sensations différentes dans les divers sens, en raison de la nature propre de chacun d'eux.

Par exemple, l'accumulation du sang dans les vaisseaux capillaires des nerfs sensoriels en cas de congestion et d'inflammation, détermine des phénomènes de lumière et de scintillation dans les nerfs optiques, de bourdonnement et de tintement dans les nerfs acoustiques, de la douleur dans les nerfs tactiles, etc. De même un narcotique mêlé au sang détermine de la même manière des bourdonnements, du flamboiement, des fourmillements.

III. Une même cause externe peut produire des sensations différentes dans les différents sens, en raison de la nature propre de chacun d'eux.

Dans le sens de la vue, une action mécanique, un coup, un choc, une pression, déterminent la sensation de lumière et de couleur. En pressant l'œil, on fait apparaître la sensation d'un globe de feu ; à l'aide d'une pression plus forte, on détermine la sensation de couleur, et ces sensations peuvent se transformer les unes dans les autres. Dans l'ouïe la même cause (coup, choc) déterminera des impressions auditives : une impulsion violente fait l'effet d'une détonation. L'électricité produit également des sensations différentes selon les différents sens. Deux métaux hétérogènes mis en contact avec l'œil donnent la sensation d'une lueur fulgurante. L'irritation galvanique de l'oreille produit les sensations de l'ouïe. L'électricité par frottement provoque la sensation d'odeur sur le nerf olfactif, et sur la langue des sensations piquantes et salées ; sur le toucher, des picotements, des frémissements, etc.

IV. Les sensations propres à chaque nerf sensoriel peuvent être provoquées à la fois par plusieurs influences internes et externes.

C'est le résumé de tout ce qui précède.

Ainsi la sensation lumineuse peut être provoquée dans l'œil : *a.* par des vibrations externes appelées lumière ; *b.* par des causes mécaniques (choc, coup, pression) ; *c.* par l'électricité ; *d.* par des influences chimiques, des narcotiques ; *e.* par l'irritation du sang.

Il en est de même pour les sensations de son, de saveur, d'odeur, pour les impressions tactiles, etc.

De tous ces faits Muller tire la conclusion suivante :

« La sensation est la transmission à la conscience, non pas d'une qualité ou d'un état des corps extérieurs, mais d'une qualité du nerf sensoriel ; et ces qualités varient suivant les différents nerfs. »

Quant à la subjectivité psychologique, nous en avons parlé suffisamment plus haut. Elle consiste à dire que les sensations ne sont ni dans les choses externes ni dans nos organes, mais dans le moi lui-même. La blancheur n'est pas dans la neige ;

la chaleur n'est pas dans le feu. Ce ne sont que des modifications de nous-mêmes.

De la subjectivité passons à la relativité, qui n'est d'ailleurs qu'une des conséquences de la subjectivité. Les deux propriétés n'en sont qu'une, considérée à deux points de vue différents. La première exprime simplement que la sensation est dans le sujet, et non dans l'objet ; et cela serait encore vrai quand même la sensation serait identique dans tous les sujets. Mais tous les sujets, étant individuels, ont par là même leur caractère propre et individuel, et la sensation, étant propre au sujet, doit varier avec tous les sujets et, dans le même sujet, avec ses différentes conditions d'existence. Par exemple, quand j'ai chaud, ma chambre me paraît froide ; quand j'ai froid, ma chambre me paraît chaude. La sensation est donc relative au sujet.

La relativité des sensations est une des lois les plus anciennement connues de la philosophie. C'était le grand argument des Sceptiques dans l'antiquité. Les δέκα τρόποι de l'école pyrrhonienne se ramènent tous à la relativité. Suivant les Sceptiques, la sensation était relative : 1° à l'animal qui perçoit ; 2° au sens qui est l'instrument de la perception ; 3° à la disposition du sujet percevant ; 4° à la situation de l'objet ; 5° aux circonstances dans lesquelles on le perçoit ; 6° à la qualité ou à la constitution de l'objet perçu ; 7° à la rareté ou à la fréquence. Quant aux trois derniers τρόποι, ils avaient plutôt rapport à l'opinion qu'à la sensation.

Voilà la doctrine de l'antiquité, qui, comme on le voit, avait étudié de très près le fait de la relativité des sensations. Nous retrouvons la même doctrine de nos jours étudiée avec le plus grand soin, et résumée d'une manière très précise dans la philosophie anglaise contemporaine. Voici les diverses propositions établies par M. Herbert Spencer dans sa *Psychologie*.

I. Les sensations sont relatives à l'organisation. C'est le premier argument des Pyrrhoniens.

« Un crustacé, dit Spencer, enclos dans un squelette dur, ne peut avoir les mêmes sensations que les animaux à peau.

Il doit sentir comme nous sentons par le moyen d'un bâton. Les animaux sans ouïe reconnaissent les sons comme impressions tactiles. La qualité de la sensation varie avec la structure des organes chez les différents animaux : par exemple la vision chez les animaux nocturnes, l'odorat chez les différentes espèces de chiens. »

II. Les sensations varient chez les différents hommes d'après leur structure individuelle. C'est le troisième argument des Pyrrhoniens.

Par exemple, le daltonisme. C'est là, comme l'appellerait Bacon, un fait prérogatif, c'est-à-dire dans lequel se manifeste d'une manière éclatante le fait à prouver, à savoir ici la relativité de la sensation : *a.* aux yeux des daltoniens, le spectre solaire n'a que trois couleurs, le jaune, le bleu et le pourpre : les deux premières couleurs contrastent absolument; les deux dernières diffèrent surtout en degré; *b.* à la lumière du jour, le rose leur paraît un bleu de ciel un peu affaibli; à la lumière artificielle, cette couleur prend une teinte orangée; *c.* le cramoisi du jour paraît bleu couleur de boue; le drap cramoisi et le drap bleu se confondent; *d.* le rouge et l'écarlate, vus à la lumière, prennent une apparence plus vive et plus enflammée qu'au jour; *e.* au jour, il n'y a pas de différence entre la couleur d'un bâton de cire à cacheter et la couleur de l'herbe; *f.* un drap vert sombre semble un rouge boueux plus sombre que l'herbe et d'une couleur très différente; *g.* la couleur d'un teint fleuri est un bleu brouillé; *h.* les robes et les habits paraissent mal assortis tandis que les autres hommes en jugent autrement; *i.* en général, la différence entre les yeux des daltoniens et ceux des autres hommes est moindre à la lumière qu'au jour.

III. Variation suivant la constitution générale du sujet.

Dans certaines conditions d'irritabilité nerveuse, des sons ordinaires paraissent d'une force intolérable, la lumière devient insupportable, la peau elle-même devient extraordinairement sensible. C'est ce qu'on appelle *hyperesthésie*. Au contraire, dans d'autres conditions il y a des états morbides caractérisés par l'*anesthésie*. Dans la vieillesse, la vue, l'ouïe, s'affaiblissent, ainsi que l'odorat; le sens du goût devient plus obtus.

IV. L'espèce et le degré de l'effet que produit un même stimulus dépend de la partie de l'organisme sur lequel il agit.

Une bouffée d'ammoniaque en contact avec les yeux produit une douleur cuisante, dans les narines une odeur intolérable, sur la langue un goût âcre (ce sont les faits cités par Muller).

Les rayons du soleil reçus sur la main produisent une sensation de chaleur, non de lumière ; reçus sur la rétine, c'est une sensation de lumière, non de chaleur. Tyndall a prouvé par des expériences faites sur lui-même que la rétine est insensible aux rayons caloriques les plus intenses. La plante des pieds éprouve au moindre contact une sensation de chatouillement qui ne se produit pas ailleurs. Inversement, le talon est insensible. Un liquide dont la chaleur est tolérable pour la partie supérieure de la lèvre brûlera la partie inférieure.

V. L'état de la partie affectée modifie également la sensation.

Les organes des sens fatigués par des excitations antérieures demandent de plus fortes excitations pour la même sensation. Par exemple, la température actuelle du corps modifie le sentiment de la température externe. Quand on entre dans un bain, la chaleur ou le froid semble d'abord plus grand qu'après un petit intervalle durant lequel l'état thermal de la peau s'est approché de celui de l'eau.

VI. Les mouvements relatifs du sujet ou de l'objet modifient en quantité et en qualité les rapports entre les forces agissantes et les sensations provoquées.

Quand un train express traverse une station, si le sifflet de la machine se fait entendre, ce son, entendu par chaque personne, varie du plus haut au plus bas au moment où la machine passe près d'elle. Il y a un changement encore plus marqué pour l'auditeur lorsque le train qui l'entraîne dans une direction est rencontré par un train qui marche dans une autre direction. « J'ai observé, dit Spencer, que, dans ces conditions, la note s'abaisse d'une tierce ou même d'une quarte. M. Huggins a montré que le spectre de Sirius diffère du type qu'il aurait s'il restait stationnaire. Dans un bain, l'eau semble plus chaude ou plus froide au membre qui se meut qu'au membre immobile.

Il ne faudrait pas croire qu'il n'y ait que les qualités secondes qui se présentent à nous comme subjectives et relatives.

Sans doute l'étendue a l'apparence de quelque chose d'objectif, et elle peut être représentée à l'esprit comme existant en dehors du sujet sentant. On ne sait ce que serait une sensation de chaud et de froid en l'absence d'un sujet; mais on conçoit très bien qu'une chose soit ronde et carrée en elle-même, quand même il n'y aurait là aucun sujet pour la voir ou pour la toucher. En second lieu, l'étendue peut être considérée comme éternelle, immobile, absolue ; et à ce titre elle n'aurait rien de relatif. Mais on sait combien de difficultés métaphysiques s'attachent à la notion d'étendue. En tous cas, si l'étendue en elle-même paraît quelque chose d'absolu, il n'en est pas de même de ses propriétés, de ses modes, des différents aspects sous lesquels nous l'apercevons. La grandeur, la figure, le mouvement, sont donc essentiellement des idées relatives.

En effet, la grandeur est un rapport entre un objet et un autre, et entre les objets et nous. Si Dieu changeait à la fois la grandeur de tous les objets de l'univers, en changeant dans les mêmes proportions le volume de notre propre corps, nous ne nous en apercevrions pas. S'il lui plaisait, comme a dit Leibniz, de faire tenir la nature entière dans une coque de noix ou dans une tête d'épingle, rien ne serait changé, et, les rapports restant les mêmes, les perceptions resteraient les mêmes qu'auparavant. Donc, à moins de soutenir que l'homme est la mesure de toutes choses, il faut admettre que nous ne connaissons pas la vraie grandeur des objets, mais seulement leur grandeur relative. Y a-t-il même une vraie grandeur, une grandeur déterminée et absolue? Quelle est la grandeur de l'univers? Si l'on dit qu'il mesure cent milliards de kilomètres carrés, cela n'a de sens que si l'on prend le mètre comme unité de mesure ; mais le mètre lui-même n'a qu'une valeur relative, car il est la quarante-millionième partie de la circonférence terrestre ; ce n'est donc qu'un rapport, et vous aurez beau essayer de ramener ce rapport à quelque chose de fixe, ce fixe sera encore un rapport. Et cependant comment concevoir une chose étendue sans une certaine grandeur déterminée? Cette double impossibilité, et de fixer une grandeur et de concevoir une étendue sans grandeur, ne tend-elle pas à prouver qu'il n'y a là qu'une relation à nous-mêmes et que l'étendue n'est autre chose qu'une représentation de notre esprit?

On peut en dire autant de la figure du corps. Cela est d'abord évident de la figure visuelle. Cette figure est ce qu'elle est en raison de la structure de nos yeux. Si le cristallin était un prisme, au lieu d'être une lentille, les objets nous apparaîtraient tout autrement ; la figure des corps nous paraîtrait autre à travers un verre convexe qu'à travers un verre concave. Il en est de même de la figure tangible. Si l'organe du toucher était réduit, comme l'imaginait Maine de Biran, à un angle aigu, aurions-nous la perception du relief, de la sphère, du cube? Le sabot du cheval ne peut lui donner d'autre impression que celle de superficie. Reste le mouvement ; or on sait les illusions produites sur le sens de la vue quand nous sommes immobiles et que nous voyons se mouvoir les objets externes, ou réciproquement. En quoi d'ailleurs consiste la perception du mouvement? Y a-t-il même quelque chose de ce genre?

Ainsi rien n'est mieux prouvé en psychologie que la subjectivité et la relativité des sensations. S'il y a une loi psychologique qui égale en certitude et en vérité les lois de la nature physique, c'est celle-là. Quelles sont les conséquences que nous devons tirer de cette loi, et entraîne-t-elle nécessairement l'idéalité du monde extérieur? C'est ce que nous avons maintenant à examiner.

LEÇON II

DE L'OBJECTIVITÉ DES SENSATIONS

I

Messieurs,

Nous avons longuement exposé la subjectivité de nos sensations. Il y a là une vérité incontestable. Nos sensations sont subjectives; soit. Mais ne sont-elles que subjectives, et ne peuvent-elles être à la fois objectives et subjectives?

Il y a, avons-nous dit, deux sortes de subjectivité : la subjectivité physiologique et la subjectivité psychologique.

La première est la plus positive et la plus certaine. Elle repose sur des faits d'une évidente autorité, tandis que la subjectivité psychologique n'est elle-même qu'une interprétation des faits.

Prenons donc surtout pour base de notre discussion la subjectivité physiologique.

M. Herbert Spencer a résumé toute la théorie dans cette formule :

« La conscience subjective est la mesure de l'existence objective. »

Cela est vrai en un sens; mais, sans nier que la conscience subjective soit la mesure de l'existence objective, ne pourrait-on pas cependant soutenir qu'elle correspond en même temps à quelque chose d'objectif? Qu'est-ce que cette conscience subjective? C'est une conscience de nos états nerveux; c'est une conscience liée à l'état de nos organes. La physiologie prouve que la sensation dépend de l'organisation, et est relative aux différents organes des sens, et non à telle ou telle qualité extérieure : soit; mais cette conscience n'est pas moins liée à des organes, c'est-à-dire à des corps. Or, peu importe en ce moment qu'il y ait ou qu'il n'y ait pas d'autres corps en dehors du nôtre. Toujours est-il qu'il y en a au moins un qui est le nôtre propre, et cela suffit pour que l'idéalisme ne soit plus entier. Car s'il est conséquent, il doit nier le corps propre aussi bien que les autres corps. Or c'est là une conséquence à laquelle ne conduit pas, et même que dément la subjectivité physiologique. Celle-ci implique le corps comme condition même de la subjectivité. Il y a donc au moins un corps, et c'est le nôtre. Or, la même conséquence s'impose pour les autres hommes, si on admet leur existence, et nous verrons qu'on ne peut pas la nier : sachant par leur témoignage que chacun éprouve dans son corps ce que nous éprouvons dans le nôtre, nous sommes conduits à admettre ainsi l'existence du corps chez les autres hommes. Et enfin, s'il y a un corps, il peut bien y en avoir plusieurs.

Ce serait d'ailleurs une hypothèse bien étrange que d'admettre l'existence de notre corps et de nier celle des corps environnants; car on voit que notre corps ne se conserve qu'à l'aide des corps étrangers. Par exemple, nous nous conservons à l'aide d'aliments qui viennent du dehors; et il serait souverainement absurde d'admettre que mon corps est réel, et que la côtelette dont il se nourrit est idéale, ou qu'elle ne devient réelle que lorsqu'elle commence à faire partie de mon propre corps. Un cheval réel se nourrirait de foin idéal.

D'ailleurs la difficulté d'admettre les corps vient surtout de l'incompréhensibilité de la notion de matière; mais du moment que cette objection ne nous empêche pas d'en admettre un seul, il n'est pas plus difficile d'en admettre plusieurs.

Cependant, on peut pousser la difficulté plus loin et se demander si la subjectivité psychologique ne peut pas se ramener à la subjectivité psychologique. En effet, c'est une question en physiologie de savoir où réside dans l'organisation le principe de la spécificité des sensations. Est-ce dans les nerfs? Mais les nerfs sont absolument homogènes. Est-ce dans le cerveau? Mais toutes les parties du cerveau sont homogènes. M. Wundt assure que c'est dans le *processus* cérébral, c'est-à-dire dans le mode de vibration des cellules cérébrales, dans la forme du mouvement, et non dans sa matière, que cette spécificité a son origine. Mais alors ne pourrait-on pas aller plus loin encore et soutenir que ce n'est pas même dans la forme du mouvement cérébral, que c'est dans le moi lui-même que se produit la spécificité des sensations? Dès lors la subjectivité, de physiologique, deviendrait psychologique.

Mais cette réduction nous paraît impossible sans perdre le fil conducteur qui nous conduisait jusqu'ici. L'avantage de ce premier ordre de considérations était de s'appuyer sur des données positives, concrètes, tout à fait scientifiques. Le fait que deux ou trois agents différents (impulsion, lumière externe, action électrique ou chimique) peuvent produire la même sensation sur le même sens, ou qu'un seul agent produit des sensations différentes sur différents sens, ce fait était un fait du même ordre que tous les autres faits physiologiques ou physiques; mais il supposait l'organisation et les organes des sens. Si vous supprimez l'organisation, que reste-t-il du fait? Quelque loin qu'il faille aller chercher la cause physiologique de la spécificité des sensations, aucun physiologiste n'accordera qu'il faille sortir de l'organisation pour expliquer ce fait. Sans doute la sensation, comme telle, sera toujours dans le moi, et non dans l'organisation; mais l'organisation contiendra toujours quelque chose qui conditionnera la sensation, et par conséquent la subjectivité physiologique impliquera toujours l'existence de quelque chose de corporel.

Quoi qu'il en soit de ce premier point, passons à la subjectivité psychologique.

Ici nous n'avons plus l'avantage d'être en présence d'un fait absolument positif, comme précédemment, mais en présence de l'interprétation d'un fait. Lorsque l'on admet, avec Descartes, avec Locke, avec tous les modernes, que les sensations des qualités secondes sont subjectives, est-on sur un terrain aussi solide que tout à l'heure? Non, car précisément c'est la question même ; il ne s'agit plus d'un fait évident, mais de l'interprétation d'un fait. Que la sensation soit subjective en tant que nous la sentons, c'est ce qui est incontestable ; c'est ce qui résulte de l'idée même de sensation ; mais que cette sensation, parce qu'elle est subjective, ne contienne rien d'objectif, c'est ce qui est loin d'être évident ; je le répète, c'est ce qui est en question ; c'est là une interprétation de fait, ce n'est pas un fait. Aussi lorsque les Cartésiens, et Berkeley après eux, pour prouver leur thèse, se servent de l'exemple du plaisir et de la douleur, ils montrent par là même que leur thèse a besoin d'être prouvée, et n'est pas seulement la simple expression d'un fait. Or, leur conclusion ne me paraît être dans ce cas qu'une pétition de principe. Vous accordez, disent-ils, que la douleur n'est point dans l'épingle ; nous devons accorder de même que la chaleur n'est pas dans le feu. Mais ceux qui soutiennent que la couleur et même la chaleur contiennent quelque chose d'objectif n'accordent point que ces deux sensations ne soient que des plaisirs et des douleurs ; ils n'accorderont donc pas la comparaison. Ils soutiendront qu'il y a des sensations que l'on appelle affectives, et qui ne se rapportent qu'au moi ; et des sensations que l'on appelle représentatives, et qui se rapportent à un objet que nous distinguons du moi, que nous opposons au moi ; et quand même on admettrait qu'il n'y a point de sensations affectives qui ne soient en même temps représentatives, et réciproquement, toujours est-il que les unes sont plus représentatives qu'affectives, et les autres plus affectives que représentatives, et que dans toutes ces sensations l'affectif se rapporte au moi, et le représentatif au non-moi.

Examinons donc de plus près cette théorie des qualités secondes, où il nous semble que l'on accorde trop aisément en général la subjectivité totale, tandis qu'il ne faut admettre, selon nous, qu'une subjectivité partielle. Les idéalistes croient trop facilement que lorsqu'on a accordé que nos sensations sont subjectives, tout est fini, et que leur thèse est prouvée. Il n'en est rien ; il reste à prouver que nos sensations, subjectives sans doute (cela est accordé), ne sont que subjectives et ne sont pas en même temps objectives ; qu'étant le point de jonction des deux mondes, le moi et le non-moi, elles ne retiennent pas quelque chose de l'un et de l'autre. Je ne parle pas de leurs causes externes ; je ne parle pas non plus des qualités premières, où l'objectivité est plus évidente ; mais, me bornant aux sensations proprement dites, je me demande si ces sensations, prises en elles-mêmes, et en tant que sensations, sont uniquement des modes du moi. Mais pourquoi les appellerait-on sensations externes, tandis que le plaisir et la douleur ne nous paraissent jamais comme externes? Mme de Sévigné, comme on sait, n'a jamais pu digérer cette doctrine ; elle plaisantait sa fille sur ce paradoxe, et ne voulait pas admettre que son âme fût *verte*. Cette plaisanterie n'est pas aussi frivole qu'elle en a l'air ; elle touche, au contraire, le point vif de la question, que l'on élude en général. Ce qui est, en effet, dans l'âme, c'est la sensation du vert ; mais le vert, en tant que vert, n'est pas aperçu par l'âme comme une de ses propres modifications ; autrement il faudrait dire que l'âme est verte, ce qui est absurde. Le vert est aperçu par l'âme comme quelque chose dont elle se distingue, en un mot comme un objet. Je peux avoir conscience de moi-même comme souffrant, mais je n'ai pas conscience de moi-même comme vert. Il ne sert de rien de dire, comme on le répète sans cesse, que, si le moi n'existait pas, ce que nous appelons couleur n'existerait pas dans la nature. Cela est vrai ; mais on oublie d'ajouter que la couleur n'existerait pas davantage s'il n'y avait pas d'objet coloré. Le vert, en tant que sensation, dépend de l'âme ; mais en tant que couleur, il exprime quelque chose qui n'est pas nous. L'erreur ici est de confondre une apparence avec un phénomène purement subjectif. Le plaisir et la douleur ne sont pas des apparences, mais des modes positifs qui appartiennent au moi au même titre que la figure et l'étendue appartiennent au corps ; mais la couleur est une apparence qui ne suppose pas seulement un sujet auquel elle apparaît, mais en outre quelque chose qui apparaît; et l'apparence est modifiée par le changement de l'un de ces deux termes aussi bien que de l'autre. Un objet subit toutes sortes de transformations suivant le milieu à travers lequel nous l'apercevons; mais ce sont toujours les déformations de tel objet et non pas de tel autre : substituez un cube à une pyramide, les apparences de l'un, quel que soit le milieu, ne seront jamais les apparences de l'autre. Que je regarde mon visage à travers certains miroirs, il s'allongera, s'élargira, grossira ou diminuera, suivant les miroirs; mais ce sera toujours mon visage. Ainsi la couleur est une apparence; mais c'est l'apparence de quelque chose. Toute subjective qu'elle est en tant qu'apparence sentie, elle est objective en tant qu'apparence produite. J'aurai beau fermer les yeux et ouvrir mes oreilles devant un tableau, il ne m'apparaîtra pas comme sonore, et réciproquement. Ces apparences, toutes subjectives qu'elles sont, sont donc liées à des conditions indépendantes de nous, et à ce titre elles sont autre chose que moi-même.

A la vérité, on peut dire que ce que nous affirmons ici de la couleur tient à ce que la couleur est toujours liée à l'étendue, et que c'est le propre de l'étendue de nous apparaître comme objective. Essayons donc de montrer qu'il en est de même de toutes nos sensations.

Prenons pour exemple la sensation de son. J'entends une note de musique, un *la*. Sans doute, en tant qu'audition, cette sensation est subjective; mais le son *la*, en tant qu'il est différent du *sol* ou de l'*ut*, n'est-il pas distinct de l'audition elle-même? Ne contient-il pas quelque chose d'objectif? Ce n'est pas le moi qui donne le *la*; c'est lui qui le reçoit et le subit. Je ne puis m'identifier à une gamme. Suivant le mot très juste d'Adolphe Garnier, on dit : « Je *souffre*; » on ne dit pas : « Je *sonne*; » et cela non parce que nous plaçons plus ou moins le son dans l'espace; mais c'est le son, comme son, qui est le terme auquel mon âme est unie, et qui par là précisément n'est pas la même chose qu'elle. J'accorde que le son est une apparence, que c'est la manière dont une chose inconnue (par exemple un choc vibratoire) apparaît à mon oreille, et que s'il n'y avait point un sujet sentant, un silence universel régnerait sur toute la nature. Mais si la cause objective faisait défaut, le silence ne serait pas moindre. Même ce qu'on appelle les sons subjectifs, les bourdonnements, les tintements, sont encore le résultat de certaines actions mécaniques (le cours du sang par exemple). Enfin l'oreille elle-même entrât-elle spontanément en action, toujours est-il que les vibrations du tympan sont quelque chose d'objectif relativement au moi; et quoiqu'il soit vrai de dire que l'oreille ne connaît pas ces causes objectives en tant qu'objectives, néanmoins, comme nous voyons que le son est toujours produit par quelque chose de semblable, il n'est pas étonnant qu'il nous apparaisse comme distinct de nous, puisqu'il est la manifestation de ce quelque chose qui n'est pas nous.

Les mêmes observations peuvent être faites sur les autres sens, quoique l'élément subjectif y soit de plus en plus prédominant. Toutes sont l'expression de quelque chose d'externe, ou tout au moins l'expression de notre propre corps, qui est un objet externe par rapport au moi. La saveur exprime une modification de notre palais, l'odeur une modification des narines, la chaleur une modification de la peau. Elles sont donc toutes l'expression de quelque chose qui n'est pas exclusivement subjectif.

Si déjà dans la plus simple sensation nous avons pu démêler un caractère objectif, à plus forte raison cet élément deviendra-t-il visible et frappant lorsqu'à la sensation proprement dite nous aurons ajouté une condition nouvelle qui se joint nécessairement à deux au moins de nos sensations, sinon à toutes, à savoir l'étendue. C'est, en effet, le caractère propre et distinctif de l'étendue de nous apparaître comme quelque chose d'externe; et, réciproquement, c'est le caractère propre et distinctif du moi de ne pouvoir s'apparaître sous forme de l'étendue. Sans doute le moi se sent lié intimement à une portion d'étendue qui est inséparable de son être et qu'il appelle son corps; mais il ne suit pas de là que le moi, pris en lui-même comme moi, se sente étendu : le moi qui pense, qui sent et qui veut, ne sent pas en lui-même une droite et une gauche, un haut et un bas; il ne peut se représenter comme rond ou carré, ou ayant une figure quelconque. Ainsi le moi, excluant de lui-même l'étendue, la projette au dehors. Ce sont surtout les sensations de la vue qui ont pour privilège de se joindre à la notion d'étendue et de la porter avec elle. Ce seront donc elles qui nous paraîtront les plus objectives. Nous sommes même obligés d'éloigner les objets de nous pour les voir ; et, quoi qu'on en ait dit, la profondeur nous paraît aussi essentielle à la vision que les autres dimensions. Mais la vue cependant n'est pas la seule à juxtaposer les sensations dans l'espace. Le tact, soit passif, soit actif, le fait également, et nous ne sommes pas éloignés de penser, avec quelques philosophes, que les autres sens externes, et même le sens vital, ne sont pas absolument dépourvus de la notion d'étendue. De là pour tous les sens une raison nouvelle d'objectivité.

A l'analyse précédente on pourrait répondre qu'il faut distinguer entre l'*objectivité* et l'*extériorité*. Les choses peuvent nous paraître objectives, sans être pour cela extérieures. Ce serait le propre de l'imagination, dirait-on, de projeter au dehors nos propres états et de les disposer dans un espace externe, où elles paraissent se séparer les unes des autres et se distinguer de nous. Il ne s'ensuit pas qu'elles soient nécessairement extérieures à nous. Nous répondons au contraire que les choses ne nous paraissent objectives que parce qu'elles sont extérieures, et nous entendons par là indépendantes de nous, car l'espace pouvant bien être lui-même quelque chose de subjectif, la disposition dans l'espace ne serait encore qu'une apparence; mais cette apparence elle-même serait inexplicable si elle n'avait d'autre fondement que nous-mêmes. Aussi pas un seul idéaliste, sauf Stuart Mill, n'a-t-il sérieusement soutenu la gageure que suppose son système, à savoir de s'en tenir au seul moi comme cause unique de nos sensations. Pour Malebranche et Berkeley, il n'y a pas de corps; mais c'est Dieu lui-même qui produit nos sensations; soit : mais que cette cause inconnue qui produit nos sensations s'appelle matière ou Dieu, peu importe ici : toujours est-il que cette cause n'est pas nous. On peut contester la *corporéité*, mais non l'*objectivité*. C'est d'ailleurs une chose bien contraire aux règles de la bonne philosophie que d'avoir recours à la cause première sans nécessité; et peut-être serait-il plus sage de faire appel aux causes secondes : mais en tout cas il n'y a pas là idéalité absolue ni subjectivité pure, puisque Dieu n'est pas nous-mêmes et ne se confond pas avec nos sensations. Pour Kant, nous verrons plus tard quelle est la nature de son idéalisme; mais il s'en faut de beaucoup qu'il réduise tout aux phénomènes du moi. Il fait venir la matière de nos sensations du dehors, et la forme du dedans : « La matière est donnée, la forme est apportée par l'esprit. » Il y a donc un dehors et un dedans. Il faut arriver jusqu'à Fichte pour trouver une philosophie qui ait le courage de tout sacrifier au moi; et encore est-ce beaucoup plus en apparence qu'en réalité. Lorsque Fichte nous fait l'histoire du moi et en raconte les étapes successives, de quel moi veut-il parler? Est-ce du moi individuel, du moi de nos sensations, de celui-là précisément dont il s'agit dans la question qui nous occupe? Non; ce moi individuel est relégué au second plan sous le nom du *moi fini*. Bien loin de créer le non-moi, ce moi fini n'en est que la conséquence. C'est le moi infini, absolu, qui est la cause unique; c'est la substance de Spinoza retournée, et vue du point de vue subjectif; il ne s'agit donc plus d'idéalisme, mais de panthéisme. Mais la réalité objective reparaît toujours par quelque côté. Ce n'est que par équivoque que l'on réduit l'objet au sujet; c'est en enflant l'idée de sujet d'une manière si vague qu'il peut signifier l'objet aussi bien que le sujet; et l'on ne croit avoir supprimé l'objet que parce qu'on a appelé de ce nom deux choses très différentes, à savoir le moi infini et le moi fini, celui-ci renonçant à toute prétention d'absorber celui-là, et par conséquent s'en distinguant encore comme un sujet se distingue d'un objet.

LEÇON III

DE LA PERCEPTION VISUELLE DE LA DISTANCE

Messieurs,

Il y a un demi-idéalisme qui consiste à soutenir que dans la perception de l'étendue par la vue, deux dimensions seulement sont réellement données à l'œil, et que la troisième est construite par l'esprit à l'aide des deux autres. Cette doctrine, qui vient de Berkeley (*Théorie de la vision*), a été presque universellement adoptée. Elle mérite cependant un examen plus sévère qu'on ne l'a fait d'ordinaire.

Deux écoles, suivant M. Helmholtz, se partagent la théorie de la vision. L'une, qu'il appelle l'école *nativistique*, tend à expliquer autant que possible les phénomènes visuels par l'innéité ; l'autre, qu'il appelle *empiristique*, tend au contraire à les expliquer par l'expérience et l'habitude. L'une des questions où cette dernière école a eu jusqu'ici le plus d'avantages, c'est la question de la perception visuelle de la distance.

La vue réduite à elle-même n'apercevrait, dit-on, que des surfaces ; et ce sont les diverses nuances de dégradation de lumière qui, associées avec le souvenir de la distance tactile, deviennent les signes de cette distance et finissent par produire l'illusion d'une perception directe de la distance elle-même. Il en est de même du relief du corps, qui n'est autre chose que le rapport des différentes distances de ses parties à notre œil. En un mot, et pour parler rigoureusement, il n'y a pas de troisième dimension pour la vue. Cette opinion, émise théoriquement par Berkeley, vérifiée par la célèbre expérience de Cheselden, à conquis presque tout le xviii° siècle, Voltaire, Condillac, Diderot, Reid, et la plupart des philosophes classiques jusqu'à nos jours l'ont adoptée et enseignée :

elle règne dans les classes de philosophie. On peut la considérer comme la doctrine dominante. Cependant elle n'a jamais été sans quelques protestations. Haller au xviii° siècle; Muller, le célèbre physiologiste, au commencement de notre siècle; de nos jours, Héring en Allemagne, le principal représentant de l'école nativistique; en France, M. Giraud-Toulon, ont opposé de sérieuses difficultés à l'opinion reçue[1]. On voit que d'assez grandes autorités inclinent vers l'opinion de l'innéité, et nous espérons ne pas paraître trop téméraire en apportant quelques raisons nouvelles en sa faveur. Notre prétention n'est pas d'opposer affirmation à affirmation, mais seulement de présenter quelques doutes dont l'éclaircissement pourrait faire faire quelques progrès à l'étude des perceptions visuelles. Il ne faut pas toujours considérer les questions d'un seul côté. Il est souvent utile de supposer qu'une chose est fausse, pour s'assurer qu'elle est vraie. Inutile de dire que, pour les précisions physiologiques, nous renvoyons aux auteurs compétents, notamment à Helmholtz pour l'une des deux opinions, à M. Giraud-Toulon pour l'autre. Nous nous bornerons aux considérations psychologiques.

Les raisons que l'on fait valoir généralement en faveur de l'opinion précédente se réduisent, si je ne me trompe, aux trois suivantes :

1° Les expériences faites sur les aveugles-nés, opérés de la cataracte, expériences d'où il résulterait qu'au premier moment les opérés voient tous les objets sur le même plan.

2° Les erreurs commises par les petits enfants dans leurs premières appréciations de la distance : l'enfant tend les bras vers une personne éloignée comme si elle était près de lui.

3° Les illusions de la peinture, qui nous fait voir des profondeurs et des distances là où il n'y en a pas, comme dans les

---

1. Haller est cité par Gratiolet comme ayant combattu la théorie berkeléienne (*Anatomie comparée du système nerveux*, t. II, p. 437). Müller et Héring et beaucoup d'autres, par exemple Valkmann, sont mentionnés par Helmholtz (*Optique physiologique*, trad. franç., p. 57). M. Giraud-Toulon a exposé son opinion sur cette question dans la *Revue scientifique*, 1re série, tome V, p. 222-239, *la Vision binoculaire*.

décors de théâtre : n'y a-t-il pas lieu de supposer réciproquement que nous n'en voyons pas réellement là même où l'expérience nous apprend qu'il y en a?

A ces trois considérations tirées de l'expérience, il faut en ajouter une autre plus profonde et plus philosophique, donnée par Berkeley, le vrai auteur de la théorie dont il s'agit. Cette raison, que nous développerons plus loin, et que nous nous contenterons ici d'indiquer, c'est qu'on ne peut pas *voir* la distance, parce qu'une distance n'est qu'un rapport, un intervalle, et qu'un rapport, un intervalle, ne peut pas être l'objet d'une perception.

Avant de discuter ces diverses raisons, faisons d'abord remarquer, en faveur de l'opinion adverse, une raison capitale tirée aussi de l'expérience et à laquelle il n'a jamais été fait de réponse. On se contente de la passer sous silence. C'est l'objection que Haller avait déjà fait valoir, à savoir que les petits chevreaux, les petits poulets, à peine nés, vont aux objets par la voie la plus courte ou la plus facile avec une étonnante précision. L'expérience a été faite au Muséum par Fr. Cuvier, et M. Chevreul, qui en a été témoin, nous la rapporte en ces termes : « Une poule couveuse fut mise avec des œufs dans un panier couvert d'un drap noir, au centre d'une enceinte circulaire d'un mètre environ de diamètre, limitée par une triple rangée de pieux disposés en quinconce, de manière que les petits poulets éclos ne pouvaient sortir de l'enceinte limitée directement sans se frapper contre les pieux du milieu. Qu'arriva-t-il? C'est que chacun d'eux évita le pieu en faisant un léger détour, et, une fois hors du cercle, il allait becqueter directement des grains qu'on avait répandus à quelques mètres du panier, de manière qu'à la sortie de l'œuf le petit poulet savait éviter les obstacles opposés à sa marche directe, et sans hésitation se précipitait directement pour se nourrir des grains que ses yeux voyaient pour la première fois[1]. » Que répondre à un fait aussi décisif? L'œil

---

1. *Mémoires de l'Académie des sciences*, 1878 (tome XXXIX). Le même argu-

de l'homme est-il fait autrement que celui des autres vertébrés ? Y a-t-il un mode de vision différent suivant les espèces ? En quoi consisterait cette différence et sur quoi serait-elle fondée ? On peut dire que ce qui est instinctif chez l'animal peut être le résultat de l'éducation chez l'homme, par exemple la marche. Mais personne ne contestera que l'œil n'ait plus ou moins besoin d'éducation. La question est de savoir s'il ne se suffirait pas à lui-même pour obtenir par l'exercice la notion de distance, ou s'il ne la doit qu'au concours d'un autre sens. Or l'exemple des petits poulets prouve que l'œil se suffit à lui-même pour avoir cette notion. Que l'œil de l'homme ait besoin d'un peu plus d'exercice, cela est possible ; mais on doit supposer, par analogie, que, même en s'instruisant, il ne tire des notions sur ce point que de lui-même.

C'est ici le lieu d'examiner de près les expériences physiologiques qui ont donné lieu à l'opinion reçue et, avant tout, la célèbre expérience de Cheselden qui a fait tant de bruit au xviiie siècle, et qui est encore aujourd'hui la base fondamentale de la théorie en question[1].

Quand on va jusqu'à la source elle-même, c'est-à-dire jusqu'au mémoire de Cheselden, qui n'est pas difficile à trouver ni à lire, puisqu'il ne se compose que de quatre pages

---

ment a été employé contre la théorie empiristique de la distance par M. Giraud-Toulon (*Revue scientifique*).

1. M. Ernest Naville, dans un très intéressant article de la *Revue scientifique* (31 mars 1877), nous donne l'énumération des opérations de ce genre qui ont été publiées : 1728, Cheselden (*Philosophical Transactions*, 1728, p. 447) ; — 1801, Ware (*id.*, p. 382) ; — 1806, Home (*id.*, 1807, p. 83) ; — le même (*id.*, *id.*) ; — 1826, Wardrop (*id.*, 1826, p. 529) ; — 1840, Franz (*id.*, 1841, p. 59) ; — Trinchinetti (*Archives des sciences physiques et naturelles* de la *Bibliothèque universelle*, 1847, p. 336) ; — 1852, Recordon (*Bulletin de la Société médicale de la Suisse romande*, 1876) ; — 1874, Hirschberg (*Archives de Græfe*, XXI, 1) ; — 1874, Hippel (*Archives de Græfe*, XXI, 2) ; — 1875, Dufour (*Bulletin de la Société médicale de la Suisse romande*, 1876) ; — Hirschberg (*Archives de Græfe*, XXII, 4). — Ajoutez à ces cas signalés par M. Naville une autre observation de Wardrop sur un enfant aveugle et sourd à la fois, rapportée par Dugald Stewart avec grands détails et pièces à l'appui (*Philosophie de l'esprit humain*, t. III, Appendice). On verra encore dans le cours de cet article la mention de quelques opérations de ce genre faites en France au xviiie siècle, et dont nous n'avons pas pu retrouver la date ni l'historique original.

dans les *Philosophical Transactions*[1], et qu'il a d'ailleurs été traduit et inséré en outre dans l'*Optique physiologique* de Helmholtz[2], lorsqu'on se rapporte, dis-je, au témoignage primitif de Cheselden lui-même, on est étonné de voir sur quelle courte et vague déposition on a édifié une théorie si savante. Il ne s'agit, en effet, que d'une seule ligne, dont l'auteur semble avoir à peine aperçu l'importance, et à laquelle il ne donne aucun développement : « Dans les premiers temps, dit-il, loin d'être en état d'apprécier les distances, il s'imaginait que tous les objets qu'il voyait touchaient ses yeux, de même que les objets sentis sont au contact de la peau. » On voit que tout repose sur ces mots : « que les objets lui *touchaient* les yeux. » Quel sens cela pouvait-il avoir? Cheselden ne s'est pas donné la peine de le dire et de le chercher. Il n'a pas interrogé l'aveugle pour le faire expliquer; il ne nous a pas rapporté ses réponses textuelles. Il n'a pas institué d'expériences particulières pour vérifier et interpréter cette remarquable assertion. Tout repose sur ces mots : on conviendra qu'il est difficile d'établir une théorie sur un fondement plus léger. Examinons cependant ce mot et cherchons-en la valeur.

Tout le monde conviendra qu'un aveugle qui voit pour la première fois doit éprouver des sensations tellement nouvelles qu'il doit lui être extrêmement difficile d'en rendre compte. Que s'il l'essaye cependant, n'est-il pas certain qu'il cherchera à exprimer ses sensations nouvelles en se servant des mots empruntés aux sens qui lui sont les plus familiers? Or, on sait que chez l'aveugle le sens le plus développé, parce qu'il lui est le plus utile, c'est le sens du toucher : c'est donc au toucher qu'il empruntera les images dont il a besoin. Il dira que les objets lui semblent toucher ses yeux, parce que c'est l'expression la plus vive qu'il puisse employer pour faire entendre l'impression immédiate ressentie dans un nouveau sens.

---

1. Année 1728, tome XXXVII, p. 447-450.
2. Trad. franç., p. 749.

Le mot *toucher* n'est ici qu'une métaphore qui veut dire que la lumière agit sur le sens de l'œil comme la chaleur sur la main. En un mot, on confond ici la perception et le langage. L'aveugle-né doit voir la même chose que nous, mais il n'a pas la même langue ; il traduit les sensations de la vue dans la langue du toucher ; ce n'est que peu à peu qu'il apprendra à les exprimer, comme nous, dans la langue qui leur est propre.

On comprendra encore mieux la valeur de cette expression si l'on compare l'idée de distance tactile à l'idée de distance visuelle. A proprement parler, nous ne percevons pas plus la distance par le toucher que par la vue : quand nous touchons un objet, c'est que nous sommes en contact avec lui, et par conséquent qu'il n'y a pas de distance entre lui et nous. La distance n'est donc pas pour le tact l'objet d'une perception directe ; c'est la conclusion d'un raisonnement ; c'est l'idée d'un certain intervalle à franchir pour arriver à toucher l'objet. Le contact s'oppose à la distance ; la distance exclut le contact. La distance tactile est une possibilité de contact séparé de l'acte par un certain temps. Elle est l'idée, la seule idée que l'aveugle-né ait de la distance avant toute opération : il ne peut se la représenter que comme la possibilité d'une sensation future, non actuelle, ou le passage possible de la sensation actuelle à une sensation future.

Qu'est-ce maintenant que la distance visuelle ? Illusion en réalité, toujours est-il que nous ne pouvons nous la représenter que comme une perception immédiate de l'objet distant. Nous voyons les objets éloignés (jusqu'à une certaine limite), aussi bien que les objets proches, d'une manière immédiate : car voir signifie cela. Ainsi la distance visuelle est immédiate ; la distance tactile ne l'est pas. Le tact, pour percevoir un objet éloigné, a besoin du mouvement vers cet objet : mais la vue, pour percevoir le même objet, n'a pas besoin de mouvement, ou du moins n'a pas besoin de cette sorte de mouvement qui va vers l'objet. Pour le tact, l'idée de distance s'associe à l'idée d'un mouvement possible et même nécessaire. Pour la vue, l'idée de distance ne s'associe à aucun mouvement[1].

Maintenant, quel est, pour l'aveugle, le type de la perception immédiate? C'est le contact. Comment exprimera-t-il donc ce nouveau fait d'une perception immédiate des objets éloignés? Par une image empruntée au contact : il dira que les objets lui touchent les yeux : car toucher, pour lui, c'est ressentir une impression actuelle, sans avoir besoin d'un déplacement pour la provoquer. Or tel est le caractère propre de la perception visuelle ; elle sera donc pour lui un toucher.

Cela donné, devons-nous dire que l'aveugle opéré perçoit ou ne perçoit pas la distance par la vue? Nous répondons que l'aveugle doit percevoir tout d'abord (avec plus ou moins de précision) la même chose que nous : il perçoit ce que nous percevons et comme nous le percevons, seulement moins bien ; mais ce qu'il perçoit ne peut pas réveiller en lui la notion de distance, puisque la seule idée de distance qu'il ait encore est celle d'une séparation de l'objet, tandis que la vision, au contraire, lui fournit le fait tout nouveau d'une vision immédiate de l'objet éloigné. Il ne retrouvera pas dans sa perception nouvelle les éléments de la notion de distance telle que le toucher la lui a fournie; il ne se servira d'aucune des expressions relatives à cette notion, puisqu'il s'agit maintenant d'une notion toute différente. Bien loin ici que la vue ait besoin de s'instruire par le toucher, on peut dire, au contraire, qu'il faut que la vue oublie peu à peu les notions du toucher pour reconnaître les siennes propres. Tant que le souvenir de la distance tactile prédominera, il n'y aura pas pour l'aveugle de distance visuelle. Tant que l'idée de distance représentera pour lui une possibilité de contact, par conséquent la séparation d'avec son objet, comme la vue ne lui présente rien de semblable, il ne percevra rien qu'il puisse appeler distance, et tout son langage, emprunté au tact,

[1]. Je ne parle pas, bien entendu, des mouvements de l'œil en haut, en bas, à droite et à gauche : je parle du déplacement du corps ou des membres. Or le tact a besoin de ce déplacement : la vue n'en a pas besoin.

interprété dans la notion qui vient de la vue, nous fera croire qu'il perçoit autrement que nous, tandis qu'il ne s'agit, au contraire, que de deux langages différents. Mais peu à peu la servitude à l'égard du toucher diminuera; l'aveugle oubliera le type exclusif qu'il devait à ce sens; il remarquera et dictera les notions propres de la vue; et c'est seulement lorsque la vue aura été complètement affranchie du toucher qu'on pourra dire qu'il perçoit la distance visuelle.

Dans toutes les expériences du genre de celle que nous discutons, il semble que l'on soit parti d'une certaine confusion d'idées. On ne se demande pas si la vue a des perceptions propres, si, par exemple, il y a une perception propre de la distance visuelle : on se demande si la vue peut reconnaître immédiatement la correspondance de ces perceptions avec celles du toucher, ce qui est évidemment impossible, puisque ces deux genres de perception n'ont aucune ressemblance entre elles.

Prenons pour exemple le célèbre problème de Molyneux. L'aveugle opéré, mis en présence d'un globe et d'un cube, distinguera-t-il du premier coup quel est le globe, quel est le cube? Dans ce problème on ne se borne pas à demander ce qui devrait être la seule question, à savoir : l'aveugle percevra-t-il deux formes différentes, ou les confondra-t-il l'une avec l'autre? Non; on veut que par la vue il reconnaisse immédiatement quelle apparence visible correspond à telle perception tactile : ce qui est beaucoup trop demander, car, puisqu'il n'y a aucune ressemblance entre les perceptions d'un sens et celles d'un autre, il n'y a aucune raison pour que l'aveugle reconnaisse à la vue ce qu'il n'a encore perçu que par le toucher. Il voit bien qu'un cube n'est pas une sphère; mais comment pourrait-il savoir laquelle de ces deux formes correspond à ce qu'il a appelé jusqu'ici cube, laquelle à ce qu'il a appelé sphère? Comment le pourrait-il, puisque ce sont deux notions absolument hétérogènes? Le jeune aveugle de Cheselden ne sut pas distinguer d'abord son chien et son chat; mais, ayant attrapé le chat, il le tâta attentivement et dit, en le relâchant : « Va, minet, je te reconnaîtrai à l'avenir. » Mais ce serait le contraire qui serait prodigieux ; car quel rapport y a-t-il entre la forme visible d'un chat et sa forme tactile? Cela ne veut certainement pas dire que l'enfant, mis en présence du chien et du chat, ne les distinguât pas l'un de l'autre ; seulement il ne savait pas leur donner leur nom tactile. Ainsi l'aveugle opéré perçoit bien les formes : mais, ce qui doit être, il ne les peut pas rapporter immédiatement aux formes antérieurement perçues. C'est ainsi, par exemple, qu'un sourd de naissance qui acquerrait l'ouïe, distinguerait bien le son du tambour du son de la trompette, mais ne pourrait dire tout de suite quelle est la trompette, quel est le tambour. On ne voit pas trop ce que l'on peut conclure de là.

La même confusion a lieu dans la question qui nous occupe. En tant que la distance signifie la possibilité d'un certain mouvement pour aller du point où nous sommes au point éloigné, la vue ne nous suggère rien de semblable, puisque, pour la vue, ce point éloigné est donné en même temps que le point proche. Les deux notions ne peuvent donc pas coïncider ; mais cela prouve seulement que la vue n'est pas le tact, et non que la vue n'a pas sa perception de la distance, qui s'éclaircira avec l'expérience, mais qui n'en est pas moins pour elle, selon l'expression d'Aristote, un *sensible propre*.

Dans la plupart des observations rapportées, c'est toujours la même difficulté qui est constatée, à savoir la difficulté de rapporter la notion de la vue à celle du toucher. Dans l'observation de Wardrop, qui est rapportée tout au long par Helmholtz, la dame qui avait été le sujet de l'opération (à quarante-six ans) « paraissait stupéfaite de ne pas pouvoir combiner les perceptions du toucher avec celles de la vue, et se trouvait désappointée de ne pouvoir pas distinguer immédiatement par la vue des objets qu'elle distinguait si facilement par le toucher... Elle vit une orange sur sa cheminée ; mais elle ne put pas se figurer ce que c'était avant de l'avoir touchée. » Ces faits s'expliquent naturellement d'après les observations précédentes; mais qu'on relise avec soin, et tout entière, l'observation de Wardrop, on n'y trouvera pas la moindre preuve que la malade opérée ait jamais vu les objets sur un plan.

Dans l'observation de Ware rapportée par Dugald Stewart, l'enfant opéré (il avait sept ans) apprit très vite et très facilement les distances ; et même, ce qui est plus remarquable, il distinguait la nature et la couleur des objets ; mais, comme le fait observer D. Stewart, cela prouverait simplement que l'enfant n'était pas complètement aveugle, ce qui était vrai ; et, en effet, il est rare, en cas de cataracte congénitale, que la cécité soit absolue. Le malade connaît au moins la plupart du temps la différence de la lumière et de la nuit, et par conséquent il doit avoir déjà une certaine notion de distance, même par la vue, ce qui prouve combien ces expériences sont peu significatives. Il en était de même d'un autre enfant, sourd et aveugle, opéré encore par Wardrop, dont nous avons parlé plus haut, et dont D. Stewart nous rapporte l'histoire dans le plus grand détail, en avouant que « ce cas ne pouvait servir en aucune façon à vérifier les conclusions de Cheselden[1] ».

Diderot a dit avec raison : « Préparer et interroger un aveugle-né n'eût point été une occupation indigne des talents réunis de Newton, Descartes, Locke et Leibniz. » En effet, pour comprendre les réponses de l'aveugle, il faut savoir ce qu'on veut lui demander. Quand on lit les récits d'observation, on y voit tant de questions diverses, n'ayant pas de rapport entre elles, si peu de suite dans les expériences, si peu de méthode en un mot, qu'on ne s'étonne pas que la question reste si obscure et si enveloppée.

Nous avons signalé quelques-unes des confusions commises dans ces expériences. En voici une autre : c'est celle qui consiste à confondre la *perception* d'une qualité avec l'*appré-*

---

1. Dugald Stewart, *Éléments de la philosophie de l'esprit humain*, Appendice. Cet appendice, qui contient toutes les pièces de l'histoire de James Mitchell, est le mémoire le plus développé que nous ayons sur une observation de ce genre.

ciation claire et distincte de cette qualité. Ainsi on nous dit sans cesse que les aveugles opérés n'apprécient pas les distances, ce qui est accordé d'avance ; mais qu'ils ne les perçoivent pas du tout, c'est une tout autre question. Que l'œil, ainsi que tous nos organes, ait besoin d'éducation et d'habitude pour exercer ses fonctions, et par conséquent pour apprendre à discerner les sensations, c'est ce qui ne fait pas question ; mais cela est tout aussi vrai des sensations qui lui appartiennent en propre sans contestation, que de celles qui lui viendraient de l'éducation par le moyen du toucher. Nul doute que l'œil n'apprenne à discerner plus exactement les couleurs par l'habitude. Dira-t-on que l'œil a besoin du toucher pour apprendre à percevoir les couleurs ? L'ouïe a également besoin d'éducation pour discerner les sons. Il y a beaucoup d'oreilles qui ne distinguent pas les demi-tons, et la plupart sont incapables de discerner les quarts de ton. Dirons-nous que le son n'est pas l'objet propre des perceptions de l'ouïe ? Il y a donc deux sortes d'éducation des sens : 1° l'éducation d'un sens par l'exercice propre à ce sens ; 2° l'éducation de ce sens par son association avec les autres, et en particulier avec le toucher. Or, de ce qu'un organe a besoin d'éducation dans le premier sens, il ne s'ensuit pas qu'il en ait besoin dans le second. De ce qu'il apprend à apprécier, il ne s'ensuit pas qu'il apprenne à percevoir ; et si l'on dit d'une manière vague qu'il apprend à percevoir, cela veut dire qu'il apprend à apprécier. Ainsi le discernement sera le résultat de l'éducation, mais non la perception du son en tant que son. Pour en revenir à la notion des distances, l'œil peut être obligé d'apprendre à la perfectionner, sans qu'on puisse en conclure qu'elle ne l'a pas naturellement. Il ne suffit pas de prouver qu'il la perçoit mal ; il faut prouver qu'il ne la perçoit pas du tout.

Or, c'est cette distinction que l'on ne fait pas généralement dans les récits auxquels nous faisons allusion. Cheselden nous dit : « Loin d'être en état d'*apprécier* les distances ; » il ne s'agit donc que d'appréciation, non de perception. Wardrop dit de même : « Elle était loin d'avoir *aucune connaissance exacte* des formes et des distances. » Mais entre une connaissance exacte et une non-connaissance il y a un milieu. M. Ernest Naville, résumant, dans un article déjà cité, une des dernières expériences de ce genre qui aient été faites, nous dit : « L'aveugle opéré par M. Recordon, en 1852, jugeait également distantes deux maisons fort éloignées l'une de l'autre. » Mais tous les jours nous voyons que celui qui n'a pas d'oreille confond deux sons qui sont très différents. M. Ernest Naville fait, du reste, lui-même, avec beaucoup de sagacité, la distinction que nous faisons ici, et il l'applique à la perception des formes planes. Il reconnaît que l'œil ne les perçoit pas tout d'abord telles qu'elles sont, et qu'il apprend à les percevoir, mais cela par son propre exercice, et sans avoir besoin du toucher. Pour nous, nous sommes tentés d'aller plus loin et d'affirmer la même chose aussi bien de la troisième dimension que des deux autres.

Il ne paraît pas non plus que tous les observateurs aient été d'accord sur les premières perceptions des aveugles opérés. Je trouve, par exemple, dans un livre peu connu du XVIIIe siècle[1], la mention de plusieurs expériences qui déposeraient en sens inverse de celle de Cheselden. L'auteur cite les observations de M. Janin sur l'œil, qui confirment, dit-il, sa propre opinion, laquelle était contraire à l'opinion reçue : « Cette aveugle-née à qui M. Janin ouvrit les yeux ne voyait les objets ni doubles, ni renversés, *ni touchant ses yeux...* Cette même fille, ainsi que d'autres malades semblables observés par M. Daviel, portait les mains en avant vers les objets pour les atteindre : elle avait donc quelque idée de la distance, de l'étendue. » Qu'étaient-ce que ces expériences de Janin et de Daviel? Nous ne le savons pas. Elles ne sont pas mentionnées parmi celles de ce genre dont le souvenir a été conservé. L'auteur du livre que nous mentionnons n'indique pas la source : peut-être la retrouverait-on dans les mémoi-

---

1. *Histoire naturelle de l'âme,* par Rey Régis (1789), ouvrage cité plusieurs fois par Maine de Biran.

res scientifiques du xviii° siècle : le temps nous manque pour faire cette recherche. Toujours est-il que, d'après Rey Régis, ces expériences contredisaient les assertions de Cheselden[1].

Les observations précédentes peuvent s'appliquer également au fait souvent invoqué des petits enfants, qui étendent, dit-on, les mains pour atteindre les objets éloignés, comme s'ils étaient proches, fait qui a bien peu de valeur en cette question ; car, si l'enfant étend la main pour saisir un objet, même en se trompant il a déjà depuis longtemps la notion de distance. Il ne se trompe que sur l'appréciation, mais il n'a pas à acquérir la perception ; or nous avons vu que chaque sens est obligé de s'instruire même de ce qui le concerne exclusivement. Il est évident d'ailleurs qu'il n'y a rien à tirer de l'observation des petits enfants sur cette question, car à l'âge où ils commencent à étendre les mains pour saisir un objet, ils doivent avoir depuis longtemps la notion de distance, même dans la théorie empiristique ; et avant cet âge nous n'avons aucun signe qui puisse nous apprendre s'ils ont ou s'ils n'ont pas cette notion.

Quant à l'argument qui se tire des illusions de la perspective et du dessin, la solution de la difficulté est de renvoyer à nos adversaires leurs propres explications ; car ce qu'il faut ramener à l'association et à l'habitude, ce n'est pas la perception normale, mais la perception erronée.

Dans la théorie nativistique aussi bien que dans la théorie empiristique, la surface se joint à la profondeur, et les degrés de lumière mesurent la distance. Les deux perceptions se lieront donc d'une manière inséparable. On comprend alors que l'une de ces perceptions puisse rappeler l'autre. C'est ce qui a lieu en effet ; et si la coïncidence est parfaite, le souvenir

1. On voit que tous les philosophes du xviii° siècle n'ont pas été d'accord avec Voltaire, Condillac, Diderot, sur la théorie berkeléienne de la vision. Dans un autre ouvrage de ce temps, qui porte le même titre que le précédent, *Histoire naturelle de l'âme*, par le docteur Charp (Lamettrie), Oxford, 1747, l'auteur combat aussi la conclusion de Cheselden : « De deux choses l'une, dit-il : ou on n'a pas donné le temps à l'organe ébranlé de se remettre dans son assiette naturelle, ou, à force de tourmenter le nouveau voyant, on lui a fait dire ce qu'on était bien aise qu'il dît. » (P. 304.)

peut être assez vif pour devenir presque une perception. Il ne s'agit ici que de provoquer par une perception nouvelle le souvenir d'une perception antérieure; tandis que, dans l'autre hypothèse, il faudrait que la vue contractât, par son alliance avec d'autres sens, une perception qui lui serait complètement étrangère.

L'argument le plus fort en faveur de l'opinion reçue est celui de Berkeley. La distance est une ligne qui va de l'œil à l'objet distant. Elle est perpendiculaire à la surface de l'œil, et ne le touche que par un point. Or comment l'œil qui n'est touché qu'en un point pourrait-il percevoir la ligne qui est la continuation de ce point dans la même direction? Cela est vrai de chacun des points de l'objet distant. Chacun d'eux envoie des rayons qui ne touchent notre œil qu'à leur extrémité. L'œil ne reçoit donc en réalité qu'un ensemble de points continus qui reproduisent en surface l'objet distant, mais sans aucune indication sur la distance elle-même. Les accommodations qui se font dans l'œil, suivant les distances, sont inconscientes et ne portent point du tout l'idée de distance avec elles. On ne voit donc pas pourquoi l'œil percevrait autre chose que ce qui lui est intimement uni, c'est-à-dire une surface; car les profondeurs de l'espace se reproduisent sur la plaque de la chambre noire en surface. En un mot, on ne peut pas *voir* la distance, car elle n'est qu'un intervalle, un rapport, une succession de plans; elle ne peut pas être vue en tant que distance. La distance comme telle, c'est-à-dire le vide, n'envoie pas de rayons lumineux. Elle est objet de construction, de conception, d'inférence, non de perception.

Tel est le vrai fondement philosophique de l'opinion que nous examinons. Avant de répondre à cet argument, reprenons l'opinion elle-même par la base pour en déterminer le sens.

S'est-on bien demandé ce que l'on voulait dire en affirmant que par la vue nous voyons tous les objets sur un plan? Voir sur un plan, c'est voir en surface ce qu'on croit voir en profondeur : c'est ce qui arrive pour les décors de théâtre. Fort bien ; mais on oublie que, dans ce cas-là, le plan lui-même est vu à distance. Peut-on voir un mur sans le supposer séparé de nous par un certain intervalle? Le décor lui-même n'est-il pas éloigné de nous? Pouvons-nous nous faire quelque idée d'un mode de perception qui consisterait à voir un objet sur nos yeux, comme l'aveugle de Cheselden? Lorsque l'objet visible vient à toucher notre œil, nous ne voyons plus rien du tout. Nous comprenons très bien ce que serait de voir la nature comme un tableau peint, puisque le tableau peint quelquefois nous fait l'illusion de la nature ; mais nous ne pouvons aller plus loin. Un état de perception où nous verrions un tableau sans aucune distance entre lui et nous est un état en dehors de toute expérience : il est irreprésentable à l'imagination. Voir, c'est projeter en dehors les images qui sont en nous : c'est là ce qu'on appelle voir, ou ce n'est rien. Pour la vue, il ne peut y avoir d'autre dehors que la distance. A moins de réduire la couleur à être une modification de notre âme, comme la chaleur et la saveur, et de faire de l'espace *tout entier* (avec ses trois dimensions) une construction ultérieure de l'esprit, comme M. Bain et St. Mill, à moins, dis-je, de subjectiver entièrement les couleurs, l'opinion discutée est incompréhensible. On ne sait ce que peuvent être des plans colorés appliqués immédiatement à un moi sentant, ce que c'est qu'un moi touchant des plans par la vue. C'est transporter d'une manière tout à fait inintelligible les propriétés du toucher à celles de la vue. Pour la vue, la distance est la forme de l'objectivité. Voir, c'est éloigner l'objet de nous, le projeter à distance, ou ce n'est plus voir ; voir sans distance est un mode de perception dont nous n'avons aucune idée et dont nous ne pouvons pas parler.

Mais, dit-on, nous ne pouvons pas voir la distance. Nous l'accordons ; mais, *sans voir la distance,* nous prétendons qu'on *ne peut voir qu'à distance.* La distance n'est pas l'objet, c'est la condition de la vision. Après tout, on ne voit pas plus l'étendue de surface que l'étendue de profondeur ; nous ne voyons que des couleurs disposées d'une certaine manière ; or la disposition n'est pas un objet de sensation.

Quant à l'opinion qui, renonçant à cette distinction de la surface et de la profondeur, ferait de l'espace entier, à trois dimensions, une construction de l'esprit, resterait encore à savoir si c'est une construction à priori, comme le veut Kant, ou une construction à posteriori, fondée uniquement sur la sensation musculaire, comme l'entendent les Anglais. Dans le premier cas, ce serait toujours l'espace à trois dimensions, et non pas seulement l'espace en surface, qui serait la condition de la perception.

Bien plus, la perception d'une surface plane sans aucune distance à notre œil nous paraît contradictoire. Car dans la perception d'un plan en tant que plan, il y a des points centraux qui envoient des rayons directs dans le sens de l'axe de l'œil, et des points extrêmes qui envoient des rayons obliques dans le sens latéral ; or, d'après la géométrie, la perpendiculaire étant plus courte que l'oblique, les rayons extrêmes doivent être plus longs que les rayons centraux ; et non seulement ils doivent être plus longs dans la réalité, mais je dois avoir conscience de cette inégalité de longueur. En effet, pour que je perçoive un plan comme plan, il faut que je voie les points extérieurs à une plus grande distance que les points centraux ; car, si je les vois tous à la même distance, ou plutôt à une distance nulle, c'est que les points extérieurs se confondraient avec les points centraux ; tout se réunirait en un point unique, et le plan disparaîtrait.

M. Helmholtz semble répondre d'avance à cette objection, ne faisant remarquer que, dans l'exemple de l'opérée de Wardrop, « la malade était incapable de porter le regard sur un objet vu, indirectement », et il en tire cette conséquence qu'elle ne percevait pas la différence de distance entre les points centraux et les points extrêmes du tableau. Mais, même en supposant l'œil immobile et fixé sur un objet vu de face, il y a toujours un champ de vision d'une certaine étendue, et par conséquent des extrémités plus éloignées que le centre, et il nous semble que notre argument subsiste. D'ailleurs, la difficulté de mouvoir l'œil venait sans doute d'un défaut d'habitude, et non d'un défaut de perception ; car Wardrop nous dit que, pour voir un objet indirect, « elle tournait sa tête tout entière ». On ne doit donc pas conclure qu'elle ne voyait pas indirectement, puisqu'elle tournait la tête vers l'objet, mais seulement que les mouvements de l'œil étaient encore incertains et inexpérimentés, comme ils devaient l'être.

Ceci nous conduit à une dernière difficulté que nous devons examiner en terminant. Nous n'avons parlé de la vue que dans son rapport avec le toucher ; nous nous sommes demandé seulement si le toucher était indispensable pour que la vue pût acquérir la notion de distance. C'est le point seul que nous avons examiné. Est-ce à dire maintenant que la vision ne soit pas quelque chose de très complexe et ne contienne pas des éléments hétérogènes qui entrent comme facteurs dans la perception visuelle de la distance? Non, sans doute ; par exemple, on fait remarquer que les perceptions de la vue sont dues en grande partie aux mouvements de l'œil[1], et que le mouvement de l'œil est un phénomène musculaire qui n'appartient pas en propre au sens de la vue, considéré en tant que sens. Je ne le nie pas ; cependant je ferai remarquer qu'il a été démontré depuis longtemps par Maine de Biran que nos sens ne deviennent proprement des agents de perception qu'en tant qu'ils passent de l'état passif à l'état actif ; et cela n'est pas seulement vrai pour la vue, mais pour tous les autres sens, et pour le toucher lui-même ; et, quelque effort que l'on puisse faire pour se représenter un état purement passif de cha-

1. Je tiens à faire remarquer que cette théorie, à laquelle on attache aujourd'hui avec raison tant d'importance en Angleterre et en Allemagne, appartient en propre à Maine de Biran, dans son *Mémoire sur l'habitude*. Voici ses propres termes : « Il est difficile de dire dans quelles bornes étroites les fonctions de la vue seraient circonscrites, si nous faisions abstraction de la mobilité particulière de cet organe... L'impression visuelle dépend de l'activité motrice ; c'est par une action proprement musculaire et avec un effort très perceptible, que l'œil se fixe, se dirige, s'ouvre plus ou moins, raccourcit ou allonge son diamètre... » (*Œuvres*, p. 34.) Au reste, Condillac lui-même n'avait pas méconnu ce fait, sans en saisir cependant l'importance : « Comment les mains pourraient-elles dire aux yeux : *Voyez comme nous*, si les yeux étaient immobiles? »

cun de nos sens, il est impossible d'y supprimer complètement toute activité, sans supprimer le sens lui-même. Il y a dans chacun de nos sens et dans l'usage de leurs organes un certain état de tension, de tonicité, d'activité, qui fait partie du sens lui-même et qui en est en quelque sorte la vitalité. L'oreille elle-même, quoiqu'elle obéisse très peu à notre volonté, peut être en quelque sorte tendue; il en est de même de l'acte d'ouvrir ou de tendre les narines, de presser fortement par la main. Chacun de nos sens, si l'on fait abstraction de cet effort, de cette tension, apparaîtrait à peine à la conscience. Sans doute, lorsque l'œil opère de véritables déplacements, de haut en bas, de droite à gauche, ce sont là des mouvements qui n'appartiennent pas à la vision en tant que telle, de même que mouvoir sa main n'est pas un phénomène de tact; mais si l'on entend parler de cette tension minimum sans laquelle l'œil ne serait pas même un organe vivant, il est clair que c'est là un élément intégrant de la vision; or c'est en tenant compte de cet élément, comme essentiel à la vision, que nous disons que la vue toute seule pourrait suffire à la construction du monde extérieur, au moins au point de vue de l'espace. Il n'y a pas lieu ici de pousser l'analyse trop loin et de séparer du sens lui-même ce sans quoi le sens n'existerait pas; car, pour réduire la vision à elle seule, on la supprimerait totalement.

En résumé, il nous semble que dans le débat engagé entre l'école nativistique et l'école empiristique il n'y a pas nécessité de choisir entre les deux écoles, et d'adopter systématiquement un seul mode d'explication, car l'un et l'autre sont légitimes. Si empiristique que l'on soit, il faut bien reconnaître qu'il y a quelque chose de natif dans la perception des sens; et si nativistique que l'on soit, il faut avouer qu'il y a des perceptions complexes qui viennent de l'expérience et de l'habitude. Il n'y a donc aucune raison à priori de prendre parti pour l'une ou l'autre explication, et, dans chaque cas en particulier, il faut toujours se décider selon les données propres de la question.

Ainsi l'école empiristique n'est pas encore allée jusqu'à soutenir que la perception du son et de la couleur ne sont pas des perceptions naturelles de l'ouïe et de la vue; personne n'a dit que l'ouïe ne perçoit le son, et la vue la couleur, que par leur association avec le toucher. Même en supposant que certaines sensations qui nous paraissent simples soient des sensations complexes associées par l'habitude, il faut toujours reconnaître que les éléments sont de même nature que le tout, que les éléments simples de la sensation du son sont des sons, et les éléments de la sensation de couleur sont des couleurs, ou tout au moins de la lumière. Il est impossible d'aller au delà de la lumière et de la couleur pour la vue, et du son pour l'ouïe. Dire que ces sensations elles-mêmes ne seraient que les conclusions et les résultantes d'autres sensations plus profondes et plus anciennes dont nous aurions perdu la conscience et le souvenir, c'est dépasser le domaine de l'expérience, c'est faire appel à des états de conscience absolument inconnus : c'est de la métaphysique, non de la psychologie. Il faut donc admettre comme innés le sens de la couleur, celui de l'odeur, celui du son, et, dès lors, où est l'inconvénient d'admettre un sens inné de l'espace? Et surtout, si on admettait comme innée la perception de surface, quelle difficulté y a-t-il à attribuer la même innéité à la troisième dimension? Sans doute ce n'est pas là une raison suffisante pour admettre cette hypothèse, mais c'est une raison suffisante pour ne pas se croire obligé de la rejeter. Maine de Biran a dit : « L'innéité est la mort de l'analyse. » Cela est vrai, mais qu'y faire? Si l'on vient se heurter à quelque chose d'inné, il faut bien en prendre son parti, et ne pas sacrifier la vérité à nos commodités intellectuelles. Il nous est agréable d'expliquer un phénomène en le ramenant à des phénomènes déjà connus; et quand nous arrivons aux phénomènes premiers, nous sommes déconcertés, et nous voulons à toute force les réduire : mais il n'est nullement évident à priori que la nature devra toujours se prêter à nos besoins d'analyse. Il peut y avoir antinomie entre la science et la vérité. La vérité peut exiger que nous reconnaissions des phénomènes irréductibles; la science voudrait que tous les phénomènes fussent réduits. Qui doit avoir raison, de la science ou de la vérité? Il nous semble que c'est la vérité. Tout ce qu'on peut exiger du philosophe, c'est de pousser l'analyse à ses dernières limites possibles et de ne pas se fermer à la science par un appel paresseux aux faits premiers et à l'intuition immédiate; mais ce n'est nullement un devoir philosophique de supprimer toujours et partout l'intuition immédiate. Ces observations s'étendent bien au delà de la question actuelle, mais elles peuvent s'y appliquer. Il ne nous a pas paru suffisamment prouvé qu'il n'y ait pas quelque chose d'inné dans la perception visuelle de la distance : que cette innéité puisse être elle-même, comme on l'a supposé, le résultat d'une longue expérience héréditaire, c'est une autre question, que nous n'avons pas abordée; mais, dans les termes où la question a été posée jusqu'ici, il nous semble bien difficile de s'en tenir à l'opinion reçue.

LEÇON IV

UN ESSAI DE DÉMONSTRATION DE L'EXISTENCE DU MONDE EXTÉRIEUR

Messieurs,

Nous avons longuement insisté sur l'idée de subjectivité, parce que c'est là qu'est le nœud de la question. La discussion des autres arguments de Berkeley ne sera que le corollaire de ce qui précède. Il est certain que la relativité dérive de la subjectivité. Si une chose est reçue dans un sujet, elle doit varier avec le sujet, suivant l'axiome scolastique : *Quidquid recipitur, secundum naturam recipientis recipitur*. Mais il ne s'ensuit nullement que cette chose n'existe pas. Une même chose peut produire des effets différents sur des sujets différents; il serait étonnant qu'il en fût autrement. Un même orateur peut enflammer les uns, irriter les autres, ennuyer ou toucher d'autres encore, et cependant on ne conclura pas de là qu'il n'y a pas d'orateur.

Au fond, le fait de la sensation s'explique aussi bien dans l'hypothèse de deux facteurs que d'un seul, et, selon nous, beaucoup mieux, puisqu'elle donne l'explication de ce sentiment invincible d'extériorité que l'hypothèse opposée n'explique point ou n'explique que d'une manière toute gratuite. Supposons qu'il y ait des choses extérieures. Supposons aussi qu'il y ait des intelligences, des esprits, qui soient en rapport avec ces choses. Imaginons que les uns et les autres aient été créés par Dieu : je me demande quel autre moyen il aurait pu employer pour mettre en rapport ces deux genres de substances, pour faire que les choses extérieures nous avertissent de leur existence, si ce n'est en faisant en sorte que ces choses agissent en nous? Et comment pourraient-elles agir sur nous autrement qu'en nous affectant, c'est-à-dire en produisant en nous des impressions? Or ces impressions reçues par les sujets seraient nécessairement subjectives, comme elles le sont en effet ; et cependant, dans l'hypothèse, elles viendraient bien du dehors. Donc, dans tous les cas, dans toutes les hypothèses, les choses se passeraient comme elles se passent; et la subjectivité, étant la même dans les deux cas, ne prouverait pas plus en faveur de l'hypothèse idéaliste que de l'hypothèse contraire. Mais pourquoi, avec cette modification subjective, ou plutôt dans cette modification même, n'y aurait-il pas, je ne dis pas la croyance, mais le sentiment immédiat de quelque chose d'autre que nous? Pourquoi n'y aurait-il pas en nous un sens de l'extérieur, un sens du dehors, comme il y a un sens du dedans? ou même pourquoi ne serait-il pas, comme l'a dit Maine de Biran, le même sens qui nous donnerait en même temps, dans un acte indivisible, le dedans et le dehors, le moi et le non-moi? Et même ne conçoit-on pas que le dedans, le moi, ne peut se manifester à lui-même que dans sa rencontre et son conflit avec ce qui n'est pas moi?

Il ne s'agit pas de dire ce que les choses sont en elles-mêmes, mais ce qu'elles nous paraissent. Nous admettons volontiers que nous ne connaissons des choses que leur apparence, au moins dans la perception directe; mais apparent ne veut pas dire nul et non existant. On pourra donc dire avec Kant que nous ne connaissons pas les choses en soi; au moins est-ce une question réservée; mais quand même ce quelque chose d'extérieur serait ce que M. H. Spencer appelle l'Inconnaissable, il ne s'ensuivrait pas que ce quelque chose ne fût rien. Autre chose est l'existence, autre chose est l'essence. Nous pouvons savoir qu'une chose existe sans savoir ce qu'elle est. Pendant des siècles on a cru à l'existence de la lumière, sans savoir qu'elle était un mouvement vibratoire. Je fais des réserves sur cette doctrine de la non-connaissance des choses en soi; mais, l'admît-on, il n'en résulterait nullement la non-existence de ces choses. Or l'idéalisme porte sur l'existence, et non sur l'essence.

La relativité des sensations ne dépose donc pas plus que la subjectivité contre l'existence des choses sensibles ; car, lors même qu'il y aurait de telles choses, la relativité et la subjectivité seraient précisément telles qu'elles sont.

Passons au troisième argument de Berkeley.

Le troisième argument de Berkeley, avons-nous dit, est celui-ci : « Les qualités premières, malgré leur apparence objective (l'étendue, la figure, la résistance), ne nous sont connues que par l'intermédiaire des qualités secondes qui sont subjectives. Elles sont donc subjectives comme celles-ci. » Mais, de ce fait que les qualités premières ne nous seraient connues que par le moyen des qualités secondes, il ne s'ensuivrait nullement qu'elles se confondent avec les qualités secondes. En effet, la chose exprimée ne se confond nullement avec les signes qui l'expriment. La pensée ne peut s'exprimer que par les signes de la voix ; il ne s'ensuit pas qu'elle se confonde avec ces signes, et qu'en elle-même elle ne soit pas quelque chose. Donc, quelle que soit la nature intrinsèque de l'étendue, il ne s'ensuivrait pas qu'elle ne fût que subjective, par ce fait seul qu'elle est liée à des manifestations subjectives.

Le dernier argument de Berkeley se tire de l'obscurité et de l'incompréhensibilité de la notion de matière. Quel est ce substratum mort, sourd et aveugle, que l'on imagine derrière ces manifestations subjectives de nos sensations ? C'est l'idée d'une *chose* absolument hétérogène avec notre esprit. Nous n'avons qu'à rappeler ici ce que nous avons dit plus haut. De ce que l'idée de tel objet nous paraît incompréhensible, s'ensuit-il qu'un tel objet n'existe pas ? Répétons-le : autre chose est l'essence, autre chose est l'existence. Quand même je ne saurais rien de l'essence de la matière, il ne s'ensuivrait pas qu'elle n'existe pas. Autre chose est la *matérialité*, autre chose l'*objectivité*. Il me suffit de savoir qu'en dehors du moi sentant il y a *quelque chose*, τί, pour que la subjectivité absolue soit condamnée, quelle que soit la nature de ce quelque chose. Quant à dire, avec Berkeley, que ce sont les philosophes qui ont inventé l'idée de matière, c'est un jeu d'esprit. Sans doute le sens commun ne fait pas de métaphysique ; il n'entend pas par corps une essence métaphysique ; il ne voit dans le corps que l'ensemble des sensations ; mais il rattache ces sensations à quelque chose qui n'est pas nous, et qui est antérieur et postérieur à nous-mêmes. C'est cela dont nous soutenons l'existence, sans nous engager dans la discussion de ce quelque chose : que ce soient des atomes, des monades, l'étendue absolue de Descartes, ou même Dieu se jouant en nous, et nous donnant le spectacle de la lanterne magique, comme l'a dit un spirituel philosophe[1], tout cela c'est de l'objectif ; et Berkeley lui-même, en tant qu'il fait intervenir Dieu à la place de la matière, est un objectiviste, non un idéaliste.

D'après toutes les analyses qui précèdent, on voit que nous souscrivons à l'opinion philosophique de Maine de Biran et d'Hamilton, qui soutient que nous sommes en rapport direct avec des choses extérieures (quelle que soit d'ailleurs la nature de ces choses), qu'elles nous sont données en même temps que le moi lui-même, dans un acte indivisible. Pas de non-moi sans moi ; pas de moi sans non-moi, aussi réels l'un que l'autre. Il y a là un acte primordial dont on ne sépare les deux termes que par abstraction. L'absence de la conscience dans l'univers ne ferait pas disparaître les choses elles-mêmes ; et même, historiquement, il semble bien que l'univers, ou du moins le globe terrestre, a existé comme matière avant l'apparition de la conscience. L'objet peut donc exister sans le sujet ; mais cet objet n'aurait rien de commun avec ce que nous appelons de ce nom, et que nous connaissons par nos sensations, si ce n'est la qualité de pouvoir produire ces sensations lorsque le sujet pensant sera présent ; mais, tout en existant en soi, il n'est pour nous que ce que nos sensations nous apportent, et l'on peut dire, avec Schopenhauer : « L'univers n'est que ma *représentation*. » Ce qui n'empêche point qu'il n'y ait un univers, même en l'absence de mes représentations. Est-ce là

---

[1]. Notre jeune collègue de la Sorbonne M. G. Séailles, dans une discussion du doctorat.

du réalisme? est-ce de l'idéalisme? est-ce du réal-idéalisme, comme disent les Allemands? Nous laissons au lecteur le soin de donner un nom à cette manière de voir; mais nous croyons que c'est là qu'est la vérité.

Maintenant, tout en défendant ce point de vue, à savoir celui d'une union directe du moi et du non-moi, tout en croyant que l'affirmation du non-moi est un acte primordial et irrésistible, un instinct, cependant nous croyons pouvoir arriver au même résultat par voie discursive. Nous voudrions établir que, lors même que le monde extérieur ne nous serait pas donné dans la perception, on pourrait encore y arriver par l'induction. St. Mill, par la théorie de l'association des idées, est arrivé à un idéalisme plus rigoureux encore que celui de Berkeley. Essayons à notre tour si, sans nous servir d'autres données que lui-même, nous ne pourrons pas parvenir à une conclusion différente.

Il y a un fait intermédiaire dont il nous semble que l'on n'a pas tiré assez parti en philosophie et qui pourrait jeter quelque lumière sur la question qui nous occupe.

C'est le fait de la croyance à l'existence des autres hommes, au moins à titre d'esprits intelligents. Il est très curieux que le scepticisme aussi bien que le dogmatisme ne se soient jamais expliqués sur cette question. Le pyrrhonisme antique, qui mettait tout en question, ne paraît pas avoir jamais expressément nié l'existence des autres hommes; et même l'un de ses arguments favoris, les contradictions des opinions humaines, implique évidemment l'existence d'autres esprits que le mien. Descartes également, lorsque, par son doute méthodique, il ôtait de son esprit toutes les opinions, ne dit pas que cette proscription s'applique à l'existence des autres hommes; enfin, lorsqu'il rétablit la certitude sur la base de son fameux : *Je pense, donc je suis,* il semble nous autoriser tous à prononcer le même axiome et à affirmer notre propre existence, au même titre qu'il affirme la sienne; et même, par induction, à affirmer réciproquement notre existence respective. En tout cas, il ne fait pas porter expressément le doute sur ce point. Kant, dans sa *Critique*, soutient la subjectivité de la raison humaine; mais il entend par là la raison en général; il admet donc par là même l'existence des autres hommes, c'est-à-dire une certaine objectivité; car l'intelligence des autres hommes est en dehors de ma conscience, et elle est par conséquent pour moi quelque chose d'objectif.

Ainsi aucun philosophe n'a jamais poussé l'idéalisme jusqu'au point de considérer la pensée des autres hommes comme les modes de son propre esprit. Stuart Mill, par exemple, au lieu de prêter les mains à une extension aussi hyperbolique de ses principes, la repousse expressément et déclare qu'elle n'y est nullement contenue. Il explique même comment nous arrivons à croire à l'intelligence des autres hommes. Ce n'est pas par un instinct, comme le croyait Reid : c'est par une inférence qui se conclut rigoureusement et certainement d'un ensemble de signes ou de phénomènes, lesquels, étant les mêmes que ceux par lesquels nous exprimons nos propres pensées, nous autorisent et même nous contraignent à les rapporter à des faits semblables à ceux qui les accompagnent toujours en nous, à savoir des pensées. Mais, ajoute St. Mill, rien de semblable n'est possible pour l'existence de la matière, que nous ne pouvons ramener à des états de conscience semblables aux nôtres.

Pour nous, au contraire, il nous semble que l'on peut arriver à l'existence des corps par une sorte d'induction analogue à celle qui précède; et nous n'avons qu'à emprunter à M. Mill lui-même les prémisses de nos raisonnements. Nous avons conscience, dit-il, du mouvement de nos organes; bien entendu, cela n'implique pas l'existence d'organes matériels, parce que c'est cela même qui est en question; mais nous avons une sensation qui accompagne le mouvement. C'est la sensation musculaire. Or il y a deux sortes de mouvement : le mouvement libre et le mouvement empêché. Supposons qu'un mouvement que nous avons jusque-là exécuté librement soit subitement empêché; supposons que cette double sensation du mouvement libre et du mouvement empêché ait été faite assez souvent pour qu'on en ait bien senti la différence. On pourrait déjà, avec Destutt de Tracy, trouver dans le mouvement arrêté une raison suffisante d'admettre la réalité externe : car pour que ce mouvement, libre tout à l'heure, soit maintenant arrêté, il faut une raison. Or, comme nous n'avons nullement conscience d'être la cause qui arrête le mouvement, cette raison nous apparaît par là même comme distincte de nous. Ainsi la distinction du moi et du non-moi serait immédiatement donnée, sinon dans une perception directe, du moins dans une induction immédiate très simple, qui ressemble à une suggestion immédiate.

Évidemment c'est là une induction qui suffirait amplement pour nous donner la croyance à l'existence des choses extérieures ; mais nous voudrions la rendre plus précise encore, en la rapprochant de plus en plus de l'induction qui nous a permis tout à l'heure de croire à l'existence de nos semblables.

Lorsqu'un mouvement jusqu'alors libre est subitement empêché, nous savons que la volonté est déterminée par cet obstacle à réagir contre lui. Elle rassemble toutes ses forces ; elle se tend en quelque sorte ; et c'est ce que l'on appelle *effort*. C'est là, suivant tous les philosophes et les physiciens, que nous puisons l'idée de la force. Je n'examine pas en ce moment si le sentiment de l'effort volontaire doit être plus ou moins confondu avec la sensation musculaire. Stuart Mill et d'autres le croient ; Maine de Biran et Ampère soutiennent le contraire. Il nous suffit ici qu'il y ait là un phénomène interne, spécial et caractérisé, correspondant au mouvement empêché. Ainsi, tandis que du dehors, ou de ce que nous appelons de ce nom, nous recevons la sensation de résistance, nous éprouvons conjointement et inséparablement le sentiment intérieur qui est la notion d'effort.

Voici maintenant le nœud de notre argumentation. Supposons que l'obstacle qui arrête notre mouvement soit tel ou tel de nos semblables, ou, pour parler avec St. Mill, que la sensation de résistance soit liée à cet ensemble de nos sensations que nous appelons le corps d'un de nos semblables, le sentiment de l'effort s'éveille en nous et se manifeste extérieurement dans notre propre corps, ou ce que nous appelons ainsi, par des signes sensibles, tels que contraction des muscles, coloration du visage, mouvements brusques et rapides. C'est ainsi que se traduit de notre part cet effort interne par lequel nous essayons de vaincre l'obstacle opposé. Or nous voyons les mêmes phénomènes s'accomplir chez notre adversaire; nous voyons ses membres se contracter, ses muscles se gonfler, ses yeux lancer des éclairs; et remarquons que, plus ces signes sont énergiques, plus la résistance est forte, plus nous avons de peine à vaincre l'obstacle au mouvement. De ces signes extérieurs si semblables aux nôtres propres ne devons-nous pas conclure à l'identité d'un certain état psychologique? De même que de la parole nous concluons à l'existence d'une pensée, de même de ces signes extérieurs ne devons-nous pas conclure aussi légitimement à l'existence d'un effort, d'une activité, d'une force?

Signalons ici une circonstance importante. Pour conclure avec certitude à l'existence d'un certain effort chez nos semblables, il nous faut d'abord ces signes visibles et saillants que nous avons signalés; mais l'expérience nous apprend bientôt que ce sont là seulement les signes précurseurs de la lutte. Lorsque les deux lutteurs, si nous les supposons de la même force, sont arrivés à l'équilibre, tout devient immobile; les membres se joignent et s'opposent sans qu'aucun mouvement apparent vienne trahir l'intensité de l'activité déployée. Cependant chacun d'eux a conscience de son état intérieur, et, se voyant empêché dans son mouvement, continue à supposer chez l'autre un état interne semblable au sien, quoique cet état ne se manifeste plus par aucun signe particulier. Il en est de même, à plus forte raison, si l'adversaire est trop fort pour nous; nous sentons que son corps ne s'oppose plus à notre corps que par sa masse immobile, sans avoir besoin en apparence d'aucun effort. Cependant, comme on ne passe pas sans transition de l'état de résistance active à celui de résistance passive, on doit considérer ce dernier état, non comme la suspension de tout effort, mais comme un minimum d'énergie qui, étant très supérieure à celle de l'adversaire plus faible, est suffisante pour arrêter le mouvement. Cette inertie n'est qu'apparente. Comme les autres hommes arrêtent nos mouvements, nous arrêtons les leurs; comme ils nous résistent, nous leur résistons. Si une induction est légitime, c'est celle qui nous autorise à leur prêter le même état interne qu'à nous-mêmes, à savoir le sentiment de l'effort; et si on appelle force ce qui fait effort, il y a donc hors de nous d'autres forces que les nôtres, à savoir celles des autres hommes; et nous pouvons appliquer le même raisonnement aux animaux, par exemple à un animal qui nous fait obstacle ou qui nous renverse. Voilà au moins toute une partie du monde extérieur dont l'existence est mise hors de doute. N'y eût-il pas de corps proprement dit, il y aurait au moins des forces se faisant obstacle ou équilibre les unes aux autres.

Voici maintenant le point essentiel de notre déduction. C'est que les objets extérieurs exercent sur nous la même action que les êtres animés considérés comme forces. Par exemple, nous savons très bien que si nous soulevons un poids très lourd pour nous, ce poids nous entraîne comme ferait une main d'homme qui nous tirerait en bas. Si une masse trop lourde tombe sur nous, elle nous frappe comme ferait un coup de poing. Si nous essayons de franchir un mur, nous sommes arrêtés comme devant une ligne de soldats, qui forment véritablement un mur devant l'ennemi. En un mot, nous trouvons dans la nature matérielle tous les modes d'action que nous trouvons chez les autres hommes ou en nous-mêmes, et qui correspondent à l'effort musculaire : tension, traction, pression, choc. Ne devons-nous pas conclure par analogie qu'il y a dans les corps quelque chose de semblable à ce que nous attribuons à l'homme? Un homme lutte avec nous dans l'obscurité; il se dérobe et substitue à sa place un mannequin avec lequel, sans le savoir, nous continuons à lutter, et qui nous oppose la même résistance que l'homme lui-même. Le même effet ne prouve-t-il pas une même cause? Une lutte commencée avec un agent réel peut-elle se poursuivre avec une ombre ? Voici un geôlier qui m'empêche de passer : c'est un être réel. Il ferme la porte : s'ensuit-il qu'il n'y ait plus là qu'un obstacle idéal, et que je ne sois plus prisonnier que de mes propres sensations ?

On nous imputera peut-être ici un cercle vicieux. Sans doute, dira-t-on, si vous supposez l'existence du corps chez les autres hommes, vous devez admettre la possibilité d'autres corps purement matériels ; mais la question porte aussi bien sur le corps des autres hommes que sur les autres corps. Je réponds : Il n'est nullement question du corps des autres hommes en tant que corps ; nous ne faisons pas un cercle aussi grossier. Il est question d'un état subjectif appelé effort, que nous transportons par analogie en dehors de nous, comme nous transportons l'intelligence. Nous disons : Il y a chez les autres hommes un effort qui s'oppose au nôtre. Donc, si cet effort peut être remplacé par un objet purement matériel, il y a dans cet objet quelque chose d'analogue à l'effort, par conséquent quelque chose d'objectif. Les corps sont des efforts qui s'opposent au nôtre ; à ce titre, ils sont aussi réels que les hommes ou les animaux. Mais, dira-t-on, n'est-ce pas constituer le corps avec des états purement subjectifs ? N'est-ce pas en faire des esprits ? Nous répondons d'abord qu'à priori nous ne ferions pas de difficulté à admettre l'hypothèse leibnizienne qui fait du monde « quelque chose d'analogue à nos âmes ». Mais nous n'avons pas besoin de cette hypothèse. Même en admettant la distinction du corps et de l'esprit, on peut très bien soutenir qu'ils ont quelque chose de commun, ne fût-ce que l'être ; mais l'être, c'est l'activité : *esse est agere*. Or l'activité se manifeste par l'effort : quoi d'étonnant qu'il y ait dans la nature un effort aussi bien qu'en nous-mêmes ? D'ailleurs, quoique l'effort pour nous soit un état subjectif, parce qu'il est accompagné de conscience, il ne s'ensuivrait pas qu'il ne peut pas y avoir d'effort sans conscience, et même l'intensité de l'effort n'est pas toujours en rapport avec l'intensité de la conscience ; et il semble même, au contraire, que plus l'effort est grand, plus la conscience est faible, de sorte qu'à la limite on peut concevoir un effort sans conscience, c'est-à-dire une activité pure qui ne serait qu'activité. Un corps ne serait donc autre chose qu'une telle activité, sans qu'il soit nécessaire de lui supposer d'autre état subjectif que celui-là. Mais cela suffirait pour qu'il fût quelque chose, et quelque chose en dehors de nous.

LEÇON V

PERCEPTION ET IMAGINATION

Messieurs,

Nous pourrions croire la question du monde extérieur épuisée par les analyses qui précèdent. Mais il y a encore beaucoup de difficultés à expliquer, et nous reprendrons le problème par un autre côté et à un autre point de vue.

Si le monde extérieur n'existait pas en dehors de nous, s'il consistait exclusivement dans nos sensations, il n'y aurait plus de différence entre les images fournies par les sens (et que nous considérons à tort comme correspondant à des objets), et que nous appelons *perceptions,* et les images fournies en l'absence des objets, et que nous appelons proprement *images,* les attribuant à une faculté différente appelée *imagination.* Il n'y aura pas de différence entre le monde idéal et le monde réel. En un mot, et c'est la formule de Fichte, « toute réalité est le produit de l'imagination ». Seulement il y a deux sortes d'imagination : l'imagination *productive,* qui crée spontanément les premières images et qui est la *perception,* et l'imagination *reproductive,* qui les réveille et les produit une seconde fois dans les phénomènes de mémoire ou dans la *fantaisie* (φαντασία), comme l'appelaient les anciens. En un mot, il n'y a pas de différence essentielle entre la perception et l'imagination. Il n'y a que l'imagination qui est susceptible de deux degrés : production et reproduction. Nous laissons de côté une troisième espèce d'imagination, l'imagination créatrice ou poétique, qui se manifeste particulièrement dans l'esthétique, et qui est la faculté de sentir et de reproduire le beau.

Nous sommes donc amenés à une question de psychologie : quelle différence y a-t-il, s'il y en a une, entre la perception et l'imagination ?

Si nous nous plaçons au point de vue du sens commun et de l'expérience ordinaire de la vie, il n'est pas difficile de distinguer la perception de l'imagination. La première a pour objet le réel, la seconde l'idéal; la première a lieu en présence d'un objet, la seconde en l'absence de cet objet. Elles peuvent coexister, et on les distinguera nettement l'une de l'autre. En ce moment même, où je vois la Sorbonne et les personnes qui y sont avec moi, je puis évoquer l'idée du Louvre et je le verrai aussi, mais non de la même manière ; je le vois en dedans de moi-même, et je distingue clairement l'objet qui est dans mon esprit et l'objet qui est devant mes yeux. J'ai parfaitement conscience que l'objet *Louvre* ne peut pas se trouver dans cette salle; à plus forte raison si je pense à Paris, à toute la terre, au monde entier. Je ne puis faire tenir toutes ces choses dans l'enceinte de ma perception actuelle, mais je peux les embrasser par l'esprit. Elles sont donc exclues de l'existence réelle par les choses que je perçois actuellement.

Un des meilleurs philosophes de ce siècle, M. Adolphe Garnier, distinguait ainsi qu'il suit la perception de l'imagination ou conception : « Les perceptions sont dans l'âme en présence de réalités distinctes de la pensée; la conception n'a pas d'objet distinct d'elle-même. » Cette définition n'est pas très satisfaisante, car la conception a un objet aussi bien que la perception. Quand je pense à un cheval, ma conception a pour objet le cheval, soit tel cheval en particulier, soit le cheval en général, c'est-à-dire quelque chose de distinct de moi, car je ne suis pas un cheval; mais c'est un objet absent; tandis que ma perception a pour objet le cheval présent. Nous en revenons donc toujours à distinguer les deux facultés par la différence du présent et du non-présent, le non-présent étant caractérisé par l'exclusion de l'existence actuelle.

L'école anglaise moderne, partant de l'idée que l'image conservée par l'imagination et la mémoire, représente l'objet primitivement perçu par les sens, réserve pour les images le mot de *représentatives*, et, pour les distinguer des perceptions, appelle celles-ci *présentatives*. Ces termes expriment bien, en effet, la différence des deux choses, puisque dans le second cas l'objet est *présent*, et dans l'autre cas il n'est que représenté. Néanmoins l'expression de *présentative* n'est guère heureuse. On demande par qui l'objet est présenté, et si c'est par lui-même, cette idée d'un objet qui se présente lui-même n'est pas contenue dans l'expression. Enfin, jusqu'ici cette dénomination n'a pas passé dans notre langue, et il n'est pas à désirer qu'elle s'y acclimate.

En attendant, le plus simple est de s'en tenir à la distinction si claire que chacun de nous a dans l'esprit entre un lion présent qui inspire la terreur, et un lion représenté qui ne fait peur à personne.

Mais les distinctions les plus claires aux yeux du sens commun n'ont pas toujours la même valeur aux yeux de la philosophie. En voici la raison. Le sens commun, placé surtout au point de vue pratique, prend les idées à l'état extrême, c'est-à-dire là où elles sont le plus opposées entre elles; mais il ne remarque pas entre ces idées extrêmes les intermédiaires qui font que ces idées tendent à se fondre l'une dans l'autre; c'est la philosophie qui remarque ces intermédiaires; et la question s'élève partout la même en philosophie : peut-on concevoir la distinction en présence de faits qui semblent attester l'identité?

Considérons donc ici la perception et l'imagination dans leur rapport, et signalons les passages de l'une à l'autre. Nous les ramènerons à trois points principaux.

1° Les deux phénomènes ne sont jamais complètement séparés. Ils s'unissent l'un à l'autre, se pénètrent l'un l'autre au point qu'il est très difficile de faire, dans un même fait, la part de l'imagination et la part de la perception.

2° Il semble qu'il n'y ait entre les deux facultés qu'une

différence de degré. On les distingue, dans la psychologie anglaise, en états forts et en états faibles. La perception est un état fort, l'imagination un état faible. Mais un même état, d'abord faible, peut devenir plus fort, et il passe alors de l'état de conception ou imagination à l'état de perception.

3° A prendre le fait élémentaire de la conception en lui-même, on voit qu'il est, comme la perception, accompagné de la croyance à l'existence de l'objet, ce qui paraissait le caractère propre de la perception.

I. Si nous considérons la perception actuelle que nous avons d'un objet, il nous semble que c'est là un fait absolument simple dans lequel il n'y a rien d'autre chose que la perception elle-même. Si nous y regardons de plus près, nous verrons qu'il n'en est pas ainsi.

En effet, la perception a lieu dans le temps; elle se compose donc d'une suite de sensations dont les unes sont présentes et les autres passées, ou d'une sensation prolongée et continuée; or ces sensations passées, ou la partie passée de la sensation prolongée, ne sont plus objet de sensation, mais de mémoire ou d'imagination; car mémoire, en un sens, est imagination. C'est l'imagination qui conserve la sensation passée, de manière à la rendre contemporaine de la sensation présente; grâce à elle, ce qui est successif nous paraît simultané. En outre, nous percevons bien plus distinctement ce que nous avons déjà perçu, ce qui prouve encore que le souvenir et l'image font partie intégrante de la sensation actuelle.

Voici les faits qui viennent à l'appui de cette vérité.

Un psychologue allemand, Weber, a observé qu'avec la plus grande attention il pouvait distinguer le poids de vingt-neuf demi-onces du poids de trente demi-onces, différence extrêmement légère, mais à la condition qu'il ne se soit pas écoulé plus de dix secondes entre les deux expériences. Lorsque l'intervalle devient plus long, les estimations deviennent moins sûres, et il faut que les différences soient plus grandes pour être perçues. Ainsi, après une demi-minute, il ne pouvait plus discerner que la différence de vingt-quatre à trente demi-onces. Il est évident que, dans ce cas, la mémoire et l'imagination ont leur part dans la perception ; car la sensation première cesse lorsque le poids est enlevé, mais l'impression subsiste encore pour quelque temps ; et lorsqu'une nouvelle sensation succède rapidement à la première, nous sommes plus aptes à comparer exactement les deux impressions : donc la netteté de la seconde perception est due à un souvenir de la première.

Mais la part de la mémoire et de l'imagination est bien plus visible encore lorsque, au lieu de comparer une sensation à une autre qui subsiste plus ou moins, nous comparons cette sensation à elle-même, intérieurement perçue, en d'autres termes lorsque nous reconnaissons en nous la sensation comme n'étant pas nouvelle. Or, ce fait, la reconnaissance (*recognitio*), est le fait essentiel de la mémoire ; et il est certain qu'une perception est d'autant plus nette et plus distincte que nous la reconnaissons mieux. C'est pourquoi, par exemple, il nous faut entendre souvent une langue étrangère, je ne dis pas pour comprendre, mais même pour entendre les sons dont elle se compose. Écoutez pour la première fois les sons d'une langue étrangère, prononcés avec la rapidité de la langue usuelle, vous ne distinguerez aucun son déterminé ; l'anglais vous paraîtra une suite de sifflements, l'italien une suite de gazouillements, l'allemand une suite de roulements ; en un mot, les sons articulés vous paraîtront inarticulés. Maintenant, étudiez cette langue étrangère, écoutez les mêmes sons plusieurs fois, faites-les répéter lentement, alors vous entendrez distinctement ces mots, parce que vous les aurez reconnus. C'est pour cette raison qu'il arrive souvent qu'à l'Opéra, où le chant gêne pour distinguer les paroles, on entend après coup un vers qui vous a d'abord échappé, parce que le dernier mot réveille la perception de la phrase entière, le dernier son réveille tous les autres. Dans les téléphones on entend très bien les mots qui vous sont connus ; vous n'entendrez rien si l'on vous parle dans une langue étrangère.

Comme l'a dit Bossuet, qui a fait le premier cette remarque, « l'acte d'imaginer accompagne toujours l'acte des sens externes. Toutes les fois que je vois, j'imagine en même temps, et il est difficile de distinguer ces deux actes dans le temps que la vue agit. » (*Conn. de Dieu*, I, x.)

Pour mettre en relief cette image mêlée à la perception, il faut, dit Maine de Biran, choisir le cas où cette image a changé, et où il y a un certain intervalle de temps entre la perception antérieure et la perception présente : on voit alors nettement les deux éléments, à savoir l'image passée, conservée par le souvenir, et l'image présente, donnée par les sens :

« Qu'après un long temps d'absence je revoie une figure dont les traits, qui me furent jadis familiers, ont éprouvé par le temps une grande altération : ce que cette figure conserve encore de semblable à elle-même peut servir de signe à l'imagination et y retracer l'image ancienne. A l'instant où cette reproduction a lieu, il s'établit une comparaison détaillée et trait pour trait entre le modèle et l'image. « C'est bien lui, m'écrié-je ; mais *quantum mutatus ab illo?* » Lorsque l'objet n'a pas cessé d'être familier, et qu'il n'offre aucune trace d'altération, son identité ne peut être également reconnue que par comparaison. Mais ici l'objet et son image, l'accessoire et les circonstances, tendent à se confondre par leur ressemblance. La comparaison sera donc insensible[1]. »

La physiologie moderne vient confirmer sur ce point les vues de Maine de Biran : « Les images que l'expérience a laissées dans notre souvenir se combinent avec les sensations actuelles, pour nous donner une notion de l'objet qui s'impose d'une manière irrésistible à notre perception actuelle, sans que notre conscience fasse une distinction entre les données du souvenir et celles de la perception[2]. »

On voit que l'imagination intervient dans la perception en associant l'idée du passé à l'idée du présent ; elle intervient

---

1. Maine de Biran, *OEuvres posthumes*, édition V. Cousin, t. Ier, p. 139.
2. Helmholtz, *Optique philosophique*, trad. fr., p. 571. Voir le développement du morceau.

encore à titre de faculté synthétique, qui rassemble et lie de plus en plus rapidement les différentes parties de la perception et en fait un seul tout, un seul objet. A ce titre, c'est elle qui remplit les fonctions que l'école attribuait autrefois au *sensus communis*.

Un ingénieux philosophe hollandais, Hemsterhuys, cite un fait qui prouve bien cette propriété synthétique de l'imagination et l'intervention inconsciente de cette faculté dans la perception. Il donna un jour un cheval à dessiner à un enfant qui ne savait pas les éléments du dessin. Cet enfant copiait avec exactitude toutes les parties du cheval, mais pas une de ces parties n'était à sa place. Il avait pourtant le modèle sous les yeux. Mais, obligé de copier, il ne pouvait pas tout voir à la fois, tandis que, dans la perception visuelle, nos yeux vont assez vite d'une extrémité à l'autre de l'objet, pour que toutes les images se lient les unes aux autres dans notre esprit telles qu'elles sont dans l'objet même. Tel est le rôle de l'imagination, qui accomplit ainsi la synthèse de l'objet.

II. Le second point que nous avons signalé, c'est que, dans certains cas, l'image et la réalité sensible tendent à se confondre l'une avec l'autre, de telle manière qu'on ne puisse les distinguer. De là cette conséquence que ces deux phénomènes diffèrent en degré plutôt qu'en nature. De là aussi cette qualification donnée par les Anglais, qui appellent les perceptions des *états forts*, et les images des *états faibles*. Par exemple, quand je vois un cheval, j'en ai une image très vive, et quand je ne fais qu'y penser, j'en ai une image vague et faible. Ce qui le prouve, c'est que le peintre qui a la mémoire la plus vraie et la plus fidèle est toujours obligé de travailler sur un modèle. Cependant, et par cela même, il suffit que l'image devienne plus vive pour se changer en perception[1].

Enfin il y a des cas extrêmes ou maladifs où le phénomène de l'image arrive à se confondre absolument avec la perception de la réalité. Tels sont les phénomènes que l'on appelle

---

1. Voir Taine, *De l'Intelligence*.

en médecine *illusions* ou *hallucinations*. Dans ce cas, il n'y a plus aucune différence entre les deux faits. Il en est de même dans un autre cas qui n'est pas maladif, et qui fait même partie de l'état normal : c'est l'état du *rêve*. Dans ces différents cas nous sommes en présence d'une telle assimilation entre le réel et l'idéal, que M. Taine n'a pas cru trouver une meilleure définition de la perception que de l'appeler une *hallucination vraie*. Ici donc la difficulté se présente dans toute son acuité. Il nous faut l'examiner de près.

LEÇON VI

PERCEPTION ET IMAGINATION (SUITE)

Messieurs,

Nous avons signalé trois difficultés.

1° Il y a de la perception dans l'imagination, et de l'imagination dans la perception.

2° Il semble qu'il n'y ait entre les deux facultés qu'une différence de degré. La conception est un état faible ; la perception est un état fort.

3° Mais il faut aller plus loin et arriver à la difficulté fondamentale. C'est celle-ci que nous avons maintenant à développer.

Cette difficulté est celle-ci : c'est qu'en substance et dans le fond les deux facultés n'en sont qu'une.

En effet, quelle est la distinction établie communément entre la perception et la conception? C'est que, dans le cas de la perception, il y a nécessairement croyance à l'existence de l'objet, tandis que dans la conception cette croyance n'existe pas. C'est la distinction établie par Reid et par Ad. Garnier ; c'est celle qui est conforme au sens commun.

Mais si cette distinction existe, comment expliquer que dans certains cas (rêve, hallucination) la croyance à la présence et à la réalité de l'objet soit aussi intense, aussi invincible que dans la perception elle-même?

Certains philosophes, par exemple Dugald Stewart, vont jusqu'à penser que la croyance à la réalité actuelle de l'objet n'est point du tout le caractère propre et exclusif de la perception, mais que c'est le caractère commun des deux phénomènes. La conception toute seule, dit-il, quand elle n'est pas mise en présence d'une perception qui la contredit, contient implicitement l'affirmation de l'existence de son objet.

Voici ses principaux arguments.

1° Si l'essence de la conception était la non-croyance à l'existence de son objet, il semble que ce caractère devrait être de plus en plus marqué à mesure que la conception deviendrait plus vive, car on sait précisément que lorsqu'une de nos facultés agit seule et sans mélange, les lois qui la dirigent ne peuvent manquer de se faire mieux sentir. Or, c'est le contraire que nous voyons. C'est une chose connue que lorsque l'imagination agit seule, ou, ce qui est la même chose, quand elle acquiert une grande vivacité, au point de prédominer sur la sensation, c'est alors surtout que nous sommes disposés à attribuer aux objets une existence réelle. Dans ce cas au moins l'acte d'imagination est accompagné de croyance, et nous agissons comme si nous étions persuadés de la réalité de l'objet; et c'est la seule preuve que nous puissions avoir de la croyance dans la perception elle-même.

Si donc, lorsque l'imagination existe seule, ou qu'elle prédomine, elle est accompagnée de croyance à l'existence actuelle de l'objet, n'a-t-on pas le droit de supposer que cette même croyance existe encore, quoique à un moindre degré, dans tous les autres cas? Et, si nous ne nous en apercevons pas, n'est-ce pas parce que le témoignage de la conception est alors combattu par celui de nos sens, de sorte que dans le silence des sens la conception reprend son véritable caractère? C'est ce qui a lieu dans les rêves. Mais si c'était le caractère propre de la conception ou de l'imagination de ne pas affirmer la réalité de l'objet, on ne voit pas pourquoi elle affirmerait cette existence en l'absence des autres sens, car la présence ou l'absence d'une autre faculté ne peut pas changer la nature de celle que nous exerçons.

D. Stewart emprunte encore un autre exemple à ce qu'on appelle les perceptions acquises. C'est une opinion reçue, dit-il, que par la vue nous ne percevons que des surfaces planes. Cependant nous voyons ou nous croyons voir les objets disposés sur des plans différents et à distance les uns des autres. Ce n'est là qu'une conception, non une perception; cette conception n'en est pas moins accompagnée de croyance, aussi bien que la perception elle-même.

La conviction spéculative de la non-existence de l'objet ne détruit pas la croyance intuitive à son existence présente. Reid parle de l'un de ses amis qui ne pouvait coucher seul dans l'obscurité, malgré toutes les résistances de la philosophie et de la raison. Mais, dit Dugald Stewart, dire qu'un homme se croit en danger quand il est seul, par crainte des fantômes, n'est-ce pas dire qu'il croit en ce moment que les objets de son imagination sont réels? Reid cite encore le cas de vertige. Il y a peu d'hommes qui puissent regarder de haut en bas d'une haute tour ou d'une haute montagne, sans éprouver un sentiment de crainte, quoiqu'on n'y coure pas plus de danger que si l'on était à terre. Mais d'où vient ce sentiment, si ce n'est de la croyance où l'on est que l'on va tomber, croyance liée nécessairement à la représentation de l'espace vide?

Dans une discussion très approfondie sur la nature de l'hallucination qui a eu lieu à la *Société médico-psychologique*, en 1855, entre philosophes et médecins, M. Louis Peisse a soutenu la même théorie que D. Stewart, à savoir qu'il n'y a pas de différence essentielle entre la conception et la perception, au moins quant à la croyance à la réalité objective de l'objet. Selon M. Peisse, la représentation mentale d'un objet, quelle qu'en soit la cause, est une perception, un acte sensoriel, analogue en essence avec la sensation dite externe. Lorsque, fermant les yeux, j'évoque un objet visible, ce que je perçois est-il autre chose qu'un ensemble de lignes ou de couleurs disposées dans un ordre déterminé, en un mot une image? Sans doute, cette image est moins nette; mais ce dont j'ai conscience les yeux fermés, est la même chose que ce dont j'avais conscience une minute auparavant. Il m'est impossible, dit M. Peisse, d'apercevoir entre les deux apparitions une différence essentielle. On signale deux différences : l'une, que dans la sensation externe sa représentation est forcée, tandis qu'elle est libre dans la représentation interne. En second lieu, la perception serait accompagnée de croyance, et la conception ne le serait pas. Mais ces deux caractères s'effacent dans le fait de l'hallucination, qui est à la fois forcée comme la perception, et accompagnée de croyance comme elle. Les différences signalées disparaissent donc lorsque les phénomènes s'accentuent davantage.

Des trois difficultés que nous avons signalées, on peut dire que les deux premières se ramènent à la troisième, et que celle-ci seule doit être discutée. En effet, de ce que la perception et l'imagination se mêlent sans cesse l'une avec l'autre, il ne s'ensuit pas que l'une soit l'autre, et avec un peu d'attention on peut toujours les démêler; enfin, quand on ne le peut pas, c'est que la première difficulté vient se confondre avec la troisième.

De même pour la différence de degré : elle ne suffit pas à expliquer la différence essentielle des deux facultés; par exemple, un coup sur la tête peut être plus ou moins fort, sans cesser pour cela d'être une sensation, et sans devenir pour cela une image ou un souvenir. Réciproquement, il y a en nous des images très vives qui ne deviennent pas pour cela des sensations. On peut dire même que souvent c'est le propre de l'image d'être plus vive que la réalité; et cependant ce n'est encore qu'une image. Enfin, dans le cas où l'image vient à se confondre avec le réel, c'est encore de la troisième difficulté qu'il s'agit. C'est donc celle-ci qu'il faut discuter à fond.

Dans la comparaison que l'on a faite entre les deux facultés de la conception et de la perception, on oublie toujours un caractère fondamental et des plus décisifs, c'est que la perception est le fait primitif, le fait type, tandis que la conception, même à l'état de rêve et d'hallucination, est un fait consécutif et secondaire qui dépend du premier. Non seulement les conceptions ordinaires de la veille sont des souvenirs mais il en est de même du rêve et des hallucinations. On ne rêve que de ce que l'on connaît; on n'a d'hallucination que sur les objets des sens que l'on est capable de percevoir. Il n'y a point d'hallucination spontanée. Jamais un aveugle de naissance n'a eu d'hallucination de la vue ; jamais un sourd-muet de naissance n'a eu d'hallucination de l'ouïe. L'hallucination n'est donc, comme le rêve, qu'une répercussion, une réplication, et non pas le phénomène primitif.

On a dit, il est vrai, que des aveugles peuvent avoir des hallucinations de la vue ; mais alors, ou ils avaient vu avant d'être aveugles, et c'étaient encore des souvenirs ; ou ils n'ont jamais vu, et alors, malgré l'occlusion des yeux, il restait encore une portion de nerf optique susceptible d'être excitée, et dans ce cas-là ils ne peuvent avoir que des sensations subjectives de lumière, des rayonnements, des fulgurations, des couronnes de feu, mais non de véritables images : ce sont des perceptions ou sensations, non des conceptions.

On dira encore que, suivant l'analyse que nous avons donnée précédemment, l'acte appelé perception n'est, en grande partie, qu'un acte de mémoire et d'imagination. Cela est vrai ; mais il y a un fond premier, qui est l'acte de perception proprement dit. Sans doute, lorsque je vois du bleu, ma sensation actuelle se compose en partie du souvenir de toutes les sensations du bleu que j'ai eues précédemment. Mais il y a un résidu qui est le bleu lui-même, qui a été perçu une première fois ; et lors même qu'il serait vrai que nous ne pouvons retrouver la sensation primitive, toujours est-il qu'elle a dû exister, et que c'est elle seule qui est la véritable perception.

On peut dire du rêve ce que nous avons dit de l'hallucination. Leibniz disait que nos perceptions étaient « des rêves bien liés ». La seule différence de la veille et du sommeil serait donc, suivant lui, l'incohérence dans le sommeil et la liaison dans la veille. Mais cette différence est insuffisante : car il y a ou il peut y avoir des rêves cohérents. Pascal disait que si un homme faisait toutes les nuits le même rêve et continuait chaque nuit le rêve de la veille, il lui serait impossible de distinguer le rêve de la réalité. Dans ce cas, le criterium donné par Leibniz disparaîtrait. Mais il y a un autre caractère : c'est celui que nous avons signalé, à savoir que les rêves, comme les hallucinations, ne sont que des souvenirs ; ils proviennent tous, ou du moins leurs éléments proviennent de la veille. Qui n'aurait pas veillé ne saurait rêver. L'enfant ne rêve que des choses d'enfant ; l'homme, que des choses qui se rapportent plus ou moins à son expérience d'homme. J'ai rêvé quelquefois de discussions philosophiques ; cela ne m'arrivait pas quand j'étais jeune. M. Alfred Maury dit qu'il voyait en rêve des caractères sanscrits : c'est ce qui est impossible à ceux qui ne savent pas lire ces caractères. On dit que le chien rêve : les aboiements pendant le sommeil en sont la preuve. Il rêve donc de chasse.

Les rêves supposent toujours une veille. Si nos perceptions étaient des rêves, elles devraient, d'après la définition, supposer une veille antérieure et par conséquent une vie antérieure ; mais, outre que cette vie antérieure serait une hypothèse gratuite, cette hypothèse même ne servirait à rien, puisqu'il faudrait toujours arriver à des perceptions primitives qui ne seraient pas des rêves. Autant supposer que ce sont des perceptions de ce genre que nous éprouvons. Ainsi nos perceptions actuelles ne sont pas seulement des rêves bien liés, ce sont des rêves, si l'on veut les appeler ainsi, mais qui n'ont point été précédés de veilles ; ce ne sont pas des reproductions, des copies, mais des originaux. En d'autres termes, ce ne sont pas des rêves.

Cette distinction fondamentale établie (et elle doit subsister dans toutes les hypothèses), examinons les diverses raisons invoquées contre la distinction des deux sortes de phénomènes. Quelques-unes ont bien peu de solidité. Suivant Dugald Stewart, si le caractère essentiel de la conception était d'être subjective et sans croyance à une existence externe, plus cette faculté serait intacte, plus ce caractère se manifesterait, et ce serait à l'image la plus vive que devrait correspondre la plus faible tendance : l'affirmation de l'existence objective. Or c'est le contraire que nous observons.

Dugald Stewart oublie un principe d'explication que lui-même invoque très souvent, aussi bien que Reid. C'est celui qui se tire de l'association des idées. La perception directe et immédiate de l'objet étant toujours accompagnée de la croyance à l'existence de l'objet, la simple représentation doit contracter, par simple association, la tendance à une affirmation semblable. Or, plus l'image est semblable à la perception par la netteté et la vivacité, plus cette tendance devra être forte, et même, si elle n'est pas combattue, devenir égale à celle qui a lieu dans l'état habituel. Mais la distinction se fera comme dans toutes les erreurs des sens, qui s'expliquent par le même principe.

Pour prouver que l'image est par elle-même accompagnée de la croyance à la réalité externe, il faudrait pouvoir les rencontrer à l'état spontané, c'est-à-dire avant toute perception; mais cela est impossible, puisque toute image est un souvenir. Que dans un état consécutif et secondaire on retrouve, par association, la même affirmation qui a été liée à l'état primitif, cela n'a rien d'étonnant. Que si, par impossible, une image absolument spontanée avec croyance se présentait à l'esprit, on pourrait encore supposer qu'il y a là un état héréditaire, et ce serait toujours par association que la croyance s'expliquerait.

Il y a d'ailleurs ici une confusion d'idées à signaler. Sans doute, quand je me représente un objet, je me le représente comme existant; je ne peux pas me le représenter comme n'étant pas au moment où je me le représente; car alors ce serait un non-être, un rien. Mais l'existence dont il est question est, comme l'objet lui-même, une existence subjective. Or cette existence subjective, en supposant que je n'en connusse pas d'autre, serait sans doute équivalente pour moi à une existence objective. C'est ainsi que nos sens eux-mêmes peuvent nous donner une existence phénoménale, si nous les comparons à l'existence des choses en soi; et quand nous parlons de la réalité comme d'une chose absolue, c'est en tant que nous comparons la perception extérieure à l'imagination, mais non en tant que nous la comparons à la raison pure, ou à la foi, ou à tout autre mode de connaissance qui transfigurerait les choses et nous les ferait voir comme Dieu les voit. Ainsi, par exemple, il est certain que Dieu ne sent ni le chaud ni le froid, qu'il ne peut recevoir de choc, qu'il ne peut être ni piqué ni brûlé, qu'il n'entend pas de sons. Il est donc évident que ces choses n'expriment pas les choses en soi, mais les rapports de nous-mêmes avec ces choses. Mais ces sensations n'en constituent pas moins pour nous la réalité, par rapport aux images qui ne sont pour nous que les reflets de cette réalité.

On conçoit donc que, dans l'absence des perceptions de la veille, l'imagination prenne l'existence subjective des images pour une vraie existence objective, de même que nos sens, en l'absence de l'intuition pure, nous donnent l'existence phénoménale comme la vraie existence. Mais, de même que nous pouvons corriger cette dernière erreur, dans une certaine mesure, à l'aide des facultés supérieures, de même nous pouvons corriger les erreurs de l'imagination à l'aide de nos sens. C'est ainsi que nous distinguons l'existence représentée de l'existence perçue. Mais si l'on suppose une image très vive, et peu d'attention donnée aux perceptions externes, cette existence subjective, jointe à la tendance, contractée par association, de croire à la réalité extérieure, peut nous conduire, en l'absence de tout correctif, à une affirmation illégitime de la réalité externe dans des cas de pure imagination. Voilà comme nous croyons pouvoir expliquer le fait dont s'étonne Dugald Stewart, à savoir que la croyance à la réalité objective de l'image croît avec la vivacité de cette image.

Après avoir essayé d'écarter les diverses tentatives qui tendent à confondre l'imagination et la perception, il reste encore cependant la possibilité de soutenir que ce qu'on appelle perception, tout en étant, comme nous l'avons dit, le fait premier dont l'imagination dérive, n'est cependant pas différent en essence, de ce que nous appelons imagination. Pourquoi, dira-t-on, n'y aurait-il pas une faculté de créer spontanément des images, comme il y a une faculté de les reproduire? Je puis ressusciter en moi le tableau d'un monde qui n'existe plus : pourquoi n'aurais-je pas pu susciter en moi une première fois le tableau d'un monde qui n'existe pas? Il arrive souvent que j'ai des réminiscences inconscientes; pourquoi n'y aurait-il pas en moi des créations inconscientes? En un mot, pourquoi ne pas admettre, avec Kant et avec Fichte, deux sortes d'imaginations : l'imagination productrice *(die productive Einbildungskraft)* et une imagination reproductrice *(die reproductive Einbildungskraft)*? Sans doute on peut faire cette hypothèse, et Descartes en avait eu l'idée avant Fichte; mais il l'avait rejetée. Et pourquoi la faire, cette hypothèse? Qu'est-ce qui nous y force? Elle est toute gratuite. Il est tout aussi simple d'admettre une cause externe à nos représentations, que de les attribuer à une faculté inconnue dont nous n'avons aucune preuve et que nous ne pouvons constater dans aucune expérience. De quel droit attribuer au moi une faculté dont il n'a aucune conscience? Pourquoi appeler *moi* ce principe inconnu qui ne sait rien de lui-même? N'est-ce pas pour lui, à proprement parler, un non-moi?

Pour résumer notre doctrine sur la perception extérieure, nous dirons qu'il faut accorder beaucoup au subjectivisme, mais qu'il ne faut pas lui accorder tout. Nous accorderons, si l'on veut, que le monde n'est qu'une *apparence,* mais nous n'accorderons pas à un philosophe récent, qui ne paraît pas cependant trop pencher vers l'idéalisme, que le monde n'est qu'une *illusion*[1]. Nous distinguons ces deux termes.

Une apparence est, si l'on veut, une sorte d'illusion; mais c'est une illusion *relative* qui suppose un fond de vérité. Le paysan voit le soleil à l'horizon; il le croit à la place où il le voit : c'est une illusion, car le soleil a réellement disparu; mais c'est une illusion relative, car il ne verrait pas le soleil à cet endroit si le soleil n'était pas quelque part. L'astronomie nous démontre que les mouvements du ciel sont apparents, et que nous sommes dupes quand nous les croyons réels : c'est une

---

1. Voir le *Cours de Philosophie* de M. Rabier, liv. 1er, p. 419.

illusion; mais c'est une illusion relative, car ces mouvements apparents sont le signe de mouvements réels; ils sont liés à ceux-ci de la manière la plus logique; et c'est de l'apparence que nous concluons à la réalité, ce qui serait impossible si l'apparence était absolument une illusion. Nous voyons dans le désert une nappe d'eau limpide qui n'y est en aucune manière : c'est une illusion, mais relative, car cette eau est ailleurs. Même nos sensations subjectives ne sont pas entièrement des illusions. Si je vois un cercle de feu en pressant l'orbite de l'œil, je vois ce qui n'existe pas en dehors de moi ; mais il y a un nerf optique qui, excité d'une certaine manière, donne naissance à cette apparence. Vous voyez jaune un objet qui ne l'est pas : vous vous trompez ; il n'est pas moins vrai qu'il y a une cause réelle et extérieure de l'illusion : c'est la bile dont la couleur est répandue dans votre œil. Ce n'est encore qu'une illusion relative, et non absolue, et elle implique un fond de réalité.

Or, si la perception ne nous donnait rien autre chose que nos états de conscience, la croyance à l'extériorité serait, non pas une illusion relative, mais une illusion absolue, une illusion sans cause. Pourquoi cette illusion? Pourquoi l'esprit débuterait-il par une illusion? L'illusion absolue peut se trouver dans des notions factices rapprochées par hasard ou par jeu (comme dans la folie ou le rêve); mais comment se trouverait-elle au début de la conscience avant toute combinaison d'idées? Le même philosophe qui affirme que le monde extérieur est une illusion, enseigne cependant que le moi est toujours accompagné d'un corps, et que primitivement il ne se distingue pas de ce corps : « Pour l'animal, dit-il, pour l'enfant, pour tout homme qui n'a pas fait de métaphysique, et pour le métaphysicien lui-même, lorsqu'il cesse de faire de la métaphysique, son être propre, son moi, n'est pas quelque chose de spirituel et d'inétendu, mais « ce tout naturel », comme dit Bossuet, ce « tout essentiel », comme dit Descartes, qui est à la fois âme et corps, esprit et matière, étendue vivante et sentante. » D'après ce passage, il semblerait bien que ce qui est une illusion, ce ne serait pas l'idée d'un corps, mais l'idée d'un moi distinct du corps. Or dans la perception extérieure, ce dont il s'agit c'est précisément l'existence des corps, y compris le mien, le vôtre, celui des autres hommes; mais, puisque l'auteur soutient ailleurs qu'il n'y a pas de conscience du corps propre, c'est donc par la perception externe, par les sens externes, que nous connaissons notre corps, aussi bien que celui des autres hommes. Si cette perception est une illusion et que le moi en soit une autre, il n'y a donc qu'illusion; il n'y a plus rien. Une doctrine aussi nihiliste ne peut pas être celle de l'auteur, qui montre partout le plus solide bon sens et craint toutes les extrémités métaphysiques.

A l'illusion nous substituons ce que nous appelons l'apparence, car les sensations changent suivant les conditions de l'organe et du milieu. Mais qui dit *apparence* dit quelque chose qui apparaît. « Comment y aurait-il des apparences, dit Kant (*Erscheinungen*), s'il n'y avait quelque chose qui apparaisse (*wenn nicht Etwas erscheine*)? » L'apparence ou, pour parler plus exactement, l'apparition, bien loin d'exclure l'objectivité, la suppose, et non pas une objectivité idéale, mais une objectivité réelle. Ce que je perçois n'est pas l'objet tel qu'il est en soi; mais il en est la manifestation, et par conséquent il en retient quelque chose; il en est le signe; il porte en soi le cachet de son extériorité. L'objet en lui-même n'est peut-être ni lumineux ni sonore; mais la lumière et le son se rattachent, comme l'effet à la cause, à quelque chose qui n'est pas moi, par exemple à des vibrations; et même si l'on suppose, avec Leibniz et avec Kant, que l'étendue elle-même n'est encore qu'une apparence, encore faut-il que, pour s'éveiller en moi, cette apparence soit excitée par quelque agent. Si loin que l'on pousse le raisonnement subjectiviste, rien ne peut nous donner l'idée d'une sensation qui n'est que sensation (état de conscience), et qui cependant nous apparaîtrait comme objective : car pourquoi le plaisir et la douleur ne s'objectiveraient-ils pas aussi bien que la lumière et le son?

Si l'objectivité idéale du rêve ou de l'hallucination n'est qu'une répercussion, un redoublement de l'objectivité réelle, elle s'explique donc par l'objectivité réelle; mais si cette objectivité réelle qui sert de base à l'autre n'est elle-même qu'une objectivité idéale, comment l'explique-t-on? Pourquoi nos états de conscience se détachent-ils du moi et s'opposent-ils à lui comme un objet à sa cause? On ne peut le dire. Supposez, au contraire, une cause externe, de quelque nature qu'elle soit, agissant sur un sujet sentant : l'impression devra être relative à la réceptivité du sujet, et ce sujet ne percevra sans doute pas l'objet tel qu'il est en lui-même; mais dans l'impression qu'il recevra sera compris néanmoins quelque chose d'objectif qui lui révélera l'extériorité.

LEÇON VII

LES ILLUSIONS ET LES HALLUCINATIONS

Messieurs,

Considérons en lui-même le fait de l'hallucination, et cherchons si ce fait bien compris ne déposerait pas plutôt en faveur de l'objectivité que de la thèse contraire.

N'oublions pas que les anciens aliénistes distinguaient deux sortes d'erreurs dans les perceptions maladives et perversives des sens : l'*illusion* et l'*hallucination*. Voici quelles étaient les différences de ces deux faits.

L'illusion.

« L'illusion, dit M. Michéa[1], diffère de l'hallucination par un point tranché, puisque dans l'une l'objet de l'erreur tombe actuellement sous les sens, tandis que dans l'autre, ou cet objet est purement fantastique, ou, s'il est réel, il n'est pas à la portée de nos surfaces sensorielles; il est donc pour elles comme s'il n'existait pas. Dans l'un la trame de la fausse perception est déjà formée en quelque sorte et préexiste dans le monde ambiant, tandis que dans l'autre la fausse perception est engendrée de toutes pièces et créée de rien au sein de l'âme. »

Esquirol et, après lui, Michéa ont étudié avec beaucoup de soin ce genre d'illusions. Ce dernier auteur en donne l'énumération suivante :

1° Illusions relatives à la *configuration* : par exemple une femme prend des nuages pour des ballons; une autre prend

---

[1]. *Délire des sensations*, p. 120.

des ombres pour des rats. On prétend que l'empereur Théodoric prit un jour une tête de poisson servie sur la table pour celle du sénateur Symmaque.

A ce genre d'illusions se rapporte celle de Don Quichotte prenant des moulins à vent pour des géants.

2° Illusions relatives à la *nature chimique*. Un aliéné prend des cailloux pour des pierres précieuses. Sainte Thérèse prenait les grains de son chapelet pour des diamants.

3° Illusions relatives à la *couleur*. Un malade atteint de névrose voyait tous les objets en vert. Neuf personnes empoisonnées voyaient tous les corps en rouge.

4° Illusions relatives à la *distance*. Une personne de soixante ans, dans les prodromes d'une attaque d'hémiplégie, voyait tous les objets présents tour à tour se rapprocher et s'éloigner, comme si elle les eût vus au travers d'une lorgnette. Une autre personne, après une maladie grave, avait perdu la faculté d'apprécier la distance, et ne pouvait plus s'en rendre compte que par le toucher.

5° Illusions relatives à la *situation*. Un malade voyait tous les objets renversés. Un autre les voyait courbes, tortueux, prêts à tomber. Il était toujours prêt à vous soutenir[1].

6° Illusions relatives au *nombre*. De ce genre sont la *vision double*, ou *amblyopie*, et aussi ce que les médecins allemands appellent la *deutéroscopie*, qui consiste à se voir soi-même en double. Il y a des cas où la vision est encore plus multipliée. Un malade voyait sa mère avec trois têtes, et, chose étrange, ne commettait pas la même erreur pour les autres personnes.

7° Illusions relatives à la *dimension*. Les uns voient les objets plus petits, les autres plus grands qu'ils ne sont réellement; quelquefois, à très peu d'instants, le même malade voit son médecin comme un géant, et ensuite comme un nain.

8° Illusions relatives à la *température*. Un malade qui n'avait pas perdu le sens du toucher (c'était un médecin, qui pouvait

---

1. Je ferai remarquer ici que tous ces faits, aussi bien ceux qui précèdent que ceux qui suivent, sont accompagnés, dans l'ouvrage de M. Michéa, des témoignages qui les attestent.

très bien tâter le pouls), trouvait tous les objets chauds ou tièdes de la main droite, tandis que la main gauche avait conservé le discernement exact de la température.

9° Illusions relatives au *mouvement*. Un malade cité par Cabanis sentait son lit se dérober sous lui. D'autres prétendaient sentir leur nez s'allonger. La célèbre Bettina se sentait planer dans l'air.

10° Illusions relatives à la *pesanteur*. Un hypocondriaque se sentait la tête tantôt légère comme une plume, tantôt lourde comme du plomb. D'autres malades se croient si légers qu'ils craignent d'être emportés par le moindre vent.

11° Illusions de l'ouïe.

a. Erreurs sur le *timbre*. Une malade prenait la voix du docteur pour celle de son mari, une autre pour celle de son fils. En chantant le *Miserere*, Ravaillac prenait le son de sa voix pour celui d'une trompette de guerre.

b. Erreurs sur la *direction*. Un malade entendait à droite les paroles proférées à gauche, et *vice versa*.

c. Erreurs sur le *nombre*. Un malade entend deux personnes quand il n'y en a qu'une qui passe.

d. Erreurs sur l'*articulation*. Un malade traduit les bruits indistincts de la nature ou les chants des oiseaux en paroles distinctes et articulées.

12° Illusions de l'odorat et du goût.

Quelques malades ont le goût tellement perverti qu'ils refusent de prendre des aliments.

De même que la principale cause des erreurs des sens est dans la part d'induction qui se mêle à toutes nos perceptions, de même la cause des illusions sensorielles est dans la part d'imagination qui se mêle également à nos sensations.

Nous avons vu, en effet, plus haut que l'imagination se mêle pour une part notable à toutes nos perceptions : la plupart des objets avec lesquels nous sommes en rapport par les sens nous sont familiers. Nous les avons vus mille fois : c'est ainsi que nous connaissons notre ville, notre rue, notre maison, notre chambre, nos meubles, nos livres, nos papiers. Nous avons donc le souvenir de ces objets ; nous en avons l'image dans l'esprit. Cette image se renouvelle en nous par l'association des idées, lorsque nous sommes en présence de l'objet lui-même. De là, comme l'a dit Maine de Biran, deux tableaux : l'un qui est sous nos yeux, l'autre qui est dans notre pensée et qui coïncide avec le premier : ce qui prouve bien l'existence de ce tableau intérieur, c'est la surprise que nous éprouvons lorsqu'il y a quelque chose de changé dans le tableau extérieur, comme lorsque nous comparons le visage d'un homme avec son portrait d'autrefois.

La perception réelle se compose donc de ces deux images réunies, l'une complétant, vivifiant l'autre. Lorsque l'objet est immédiatement sous nos yeux et à la portée de nos mains, en un mot dans les conditions les plus favorables de perception, l'image intérieure va se perdre dans l'image extérieure : la perception l'emporte sur l'imagination. Mais s'il s'agit d'objets éloignés, ou plus ou moins indistincts, ou de sons mal perçus, ou de perceptions tactiles incomplètes, c'est l'imagination alors qui complète la perception. Les sensations incomplètes que nous éprouvons réveillent en nous le tableau intérieur complet, et à l'aide de ce tableau intérieur nous reconstruisons l'objet réel, comme avec une traduction on reconstruit le sens d'une langue étrangère qu'on ne sait pas bien. A l'aide de ce travail, nous voyons ce que nous ne pouvions pas voir, nous entendons ce que nous n'entendions pas. C'est ainsi, comme nous l'avons déjà fait remarquer, que lorsque nous entendons parler une langue étrangère qui nous est inconnue, non seulement nous ne comprenons pas, mais nous ne distinguons même pas les sons les uns des autres, et nous n'en saurions répéter un seul ; tandis que, pour les sons qui nous sont familiers, nous les entendons tout de suite, parce que nous les reconnaissons.

Grâce à cette loi, le domaine de la perception s'enrichit et s'augmente considérablement. Mais aussi il perd en sûreté ce qu'il gagne en étendue. La perception sera nécessairement d'autant moins sûre qu'elle sera plus mêlée d'imagination.

Nous voyons à distance quelques traits d'un visage qui nous en rappelle un qui nous est connu, et, ne distinguant pas bien l'un de l'autre, nous croyons voir un visage de notre connaissance; mais en approchant l'illusion disparaît; nous reconnaissons nous être trompés. C'est l'imagination qui avait pris la place de la perception. La nuit, dans la solitude, dans les bois, nous voyons des signes vagues et indistincts : si notre imagination a été instruite à croire aux revenants, ces images réveilleront en nous l'idée de quelque figure de ce genre, et nous aurons vu un revenant. Souvent les accidents les plus insignifiants réveillent en nous des ressemblances de figure ou de voix, que personne autre que nous ne remarque. De là des méprises que nous avons peine à comprendre nous-mêmes.

Ces méprises sont des faits normaux, je veux dire qui sont conformes aux lois générales de la nature humaine : elles n'ont rien de pathologique; il suffit toujours de ramener l'objet aux conditions de la perception nette et distincte, pour nous apercevoir de l'erreur. Mais supposons une imagination très vive, avec peu d'attention aux données des sens, il pourra y avoir persistance, sinon dans une erreur trop évidente, au moins dans certaines illusions : comme, par exemple, persister à soutenir la ressemblance d'un tel avec Napoléon, quand il n'y a pas ombre d'analogie pour tout le monde; voir dans les caprices d'un feu flamboyant toutes sortes de paysages mobiles que nul n'aperçoit. Ces sortes de perceptions ne contredisent pas tout à fait la perception réelle; mais elles peuvent s'y incorporer de manière à la troubler et à l'altérer. On en trouve de nombreux exemples dans les *Contes fantastiques* d'Hoffmann.

Il suffira maintenant, pour comprendre les illusions des sens à l'état morbide, de donner à l'imagination un degré de vivacité de plus, et moins de force à l'attention : ce sera quelque chose d'analogue au somnambulisme. L'imagination aura complètement absorbé la perception, quoique celle-ci lui donne le premier branle. L'image intérieure recouvrira entièrement l'image extérieure et en prendra la place. Les moulins à vent de Don Quichotte ont des bras qui se meuvent. C'est assez pour réveiller dans l'imagination du brave chevalier l'image de grands bras appartenant à de grands corps, en un mot à des géants. Cette image, réveillée et devenue assez vive pour être toute présente, se combinera avec les données de la perception présente. Tout ce qui, dans cette perception, sera d'accord avec l'image, sera conservé; tout le reste sera métamorphosé. Le toit du moulin deviendra une tête; le corps du moulin sera le corps du géant. Leurs bras tourneront comme les ailes et feront le tourniquet; et le bruit qu'elles font en tournant sera le bruit des armes. C'est ainsi que le somnambule ne voit dans les objets extérieurs que ce qui est d'accord ou peut se concilier avec son rêve. Le reste lui est indifférent.

On voit par ce qui précède que le phénomène de l'illusion morbide n'est autre chose que l'exagération d'un phénomène normal que nous avons décrit, à savoir la part de l'imagination dans la perception. Il reste cependant une différence caractéristique entre le phénomène normal et le phénomène morbide : c'est que, dans le premier cas, la perception et l'expérience corrigent l'illusion; le tableau intérieur se retire devant le tableau extérieur. Au contraire, l'illusion morbide subsiste malgré le domaine de la perception. Ainsi celui qui sentait son nez s'allonger ou se raccourcir alternativement n'avait qu'à y porter la main pour s'apercevoir qu'il se trompait; mais il ne corrigeait pas par là sa conception erronée. Dans le cas du rêve, et même du somnambulisme, on explique l'erreur par l'occlusion ou l'inaction des sens externes et par le défaut de comparaison entre les deux images. Mais ici les deux images sont en présence. Les sens sont ouverts : le réel est devant nous. Comment est-ce l'image fictive qui prédomine? Comment l'imagination s'objective-t-elle au point d'annuler la perception? Et, s'il en est ainsi, comment distinguer l'une de l'autre? La cause de cette erreur invincible est dans la disparition de la faculté d'attention. C'est l'attention qui, dans l'état normal, distingue le réel de l'idéal.

C'est l'absence d'attention qui produit les illusions invincibles, et en général toutes les erreurs mentales viennent de la part de l'attention.

L'hallucination.

L'hallucination, comme l'illusion, est un état morbide de l'esprit qui donne une réalité objective à des images purement internes, et qui persiste malgré les dépositions de la perception extérieure.

Elle se distingue cependant de l'illusion en ce que celle-ci a son origine au dehors dans quelque objet extérieur, qu'elle altère et qu'elle transforme, tandis que l'hallucination ne correspond, dit-on, à rien d'extérieur.

1° On peut se donner artificiellement des hallucinations par des agents narcotiques (l'opium, le haschisch), dont l'action sur les centres nerveux est indubitable. 2° Il peut y avoir hallucination de la vue ou de l'ouïe chez ceux qui sont privés de ces deux sens, bien entendu après en avoir joui, car il n'y a pas d'exemple d'hallucinations de ce genre chez les aveugles ou sourds-muets de naissance. 3° Comment expliquer les hallucinations composées, c'est-à-dire coexistant à la fois dans plusieurs sens, dans lesquels il n'y a pas toujours, et même il n'y a que rarement lésions simultanées? N'est-il pas plus vraisemblable que la lésion est dans l'organe central?

On distingue, en effet, deux sortes d'hallucinations : les hallucinations *simples* ou *isolées,* et les hallucinations *composées.* Les premières sont celles qui se renferment dans un seul sens ; les secondes se forment à l'aide de plusieurs sens réunis : ainsi on verra par la vue un personnage qui n'existe pas, et par l'ouïe on entendra ses paroles. Les hallucinations simples sont les plus rares ; ordinairement elles se réunissent[1].

Outre cette division générale, la plus simple est celle qui

---

[1]. B. de Boismont, ch. iv.

consiste à rapporter les hallucinations à chaque espèce de sens. Il y aura par conséquent hallucination de l'ouïe, de la vue, etc.

Hallucinations de l'ouïe. — Ce sont, paraît-il, de beaucoup les plus fréquentes. Elles représentent à peu près les deux tiers du nombre total des cas. Ce sont, en général, des *voix* que l'on entend[1]. Ces voix peuvent être multiples à la fois[2]. Il peut y avoir opposition entre elles. Un ancien préfet se croit accusé de trahison par des voix qui lui reprochent sans cesse qu'il a trahi son devoir. Mais entre ces voix il en distingue une qui lui dit de prendre courage et d'avoir confiance. Ces voix peuvent être dans différentes langues, pourvu qu'elles soient sues du malade. Le même préfet, qui parlait beaucoup de langues, était halluciné dans ces diverses langues : « Une seule de ces voix, nous dit-on, est entendue moins distinctement, parce qu'elle emprunte l'idiome russe, que M. N. ne parle pas aussi facilement que les autres. » La privation de l'ouïe n'est pas un obstacle aux hallucinations de ce genre. Mme M..., vieille dame presque complètement sourde, entendait la voix de son mari, mort depuis longtemps, et conversait avec lui.

« Les voix invisibles peuvent être *externes* ou *internes*. Elles partent du ciel, des maisons voisines, de la terre, des coins d'un appartement, de la cheminée, des armoires, du matelas. » Voilà pour les voix externes : « Elles peuvent aussi venir de la tête, du ventre, d'un organe important. « Monsieur, nous « dit un jour un aliéné, il se passe là (montrant son estomac) « de singulières choses : j'entends continuellement une voix « qui me parle, m'adresse des menaces, des injures. » Et toute la journée il inclinait la tête pour écouter[3]. »

Hallucinations de la vue. — Les hallucinations de la vue sont ce que l'on a appelé de tout temps des *visions :* de là le nom de visionnaires à ceux qui en sont affectés. Ce genre

---

[1]. B. de Boismont, p. 82.
[2]. *Ibid.*, p. 82.
[3]. *Ibid.*, p. 85.

d'illusions est le plus fréquent et le plus nombreux après celles de l'ouïe. On en trouve de nombreux exemples dans les auteurs[1]. Les hallucinations de la vue, comme celles de l'ouïe, peuvent avoir lieu en l'absence du sens en question : la cécité n'est donc pas un obstacle, pourvu, bien entendu, qu'il s'agisse d'une cécité acquise, et non d'une cécité congénitale. « Une dame de quatre-vingts ans, dit B. de Boismont, aveugle depuis de longues années, faisait ouvrir tous les matins la porte et la croisée de sa chambre, pour en faciliter la sortie aux nombreuses personnes qui la remplissaient et dont elle distinguait les vêtements et les allures. »

Un genre d'hallucination non moins étrange est celui qui consiste à voir ou à croire voir ce qui se passe dans l'intérieur de son propre corps. « Certains aliénés assurent qu'ils voient dans leur cerveau, dans leur estomac, dans leurs intestins ; mais on n'obtient d'eux sur ces parties que des explications confuses et bizarres, à moins qu'elles ne leur soient déjà connues. »

Quelques hallucinés peuvent dessiner l'objet de leurs visions. On ne nous dit pas si le fait est fréquent, s'il a été étudié, si l'on en a tiré parti pour l'étude des hallucinations. Il est difficile de confondre avec les hallucinations de la vue les phénomènes morbides des yeux qui altèrent les sensations de ces organes. Ces phénomènes, nous l'avons vu, rentreraient plutôt dans la catégorie des illusions.

Hallucinations du toucher. — C'est dans ce sens surtout que la limite entre les illusions et les hallucinations est difficile à fixer. On sait, en effet, que les névralgies donnent lieu à un grand nombre d'illusions tactiles. Cependant il y a des exemples notables où le caractère de l'hallucination, c'est-à-dire l'extériorisation objective sans occasion externe ni même sensorielle peut avoir lieu. De ce genre sont les illusions dont l'halluciné Berbiguier nous a fait le long récit : « Il sentait les *farfadets*, comme il les appelle, aller et venir continuel-

---

[1]. B. de Boismont, p. 86; Michéa, p. 8; et Lesage, *Gil Blas*, livre XII, ch. XI, *épisode du comte Olivarez*.

lement sur son corps, s'appuyer sur lui pour le fatiguer et l'obliger à s'asseoir. Leur pesanteur était telle qu'il craignait d'étouffer. Pour se défendre contre leur puissance, il imagina de les saisir sous son doigt avec dextérité, et de les fixer à ses matelas avec des milliers d'épingles, ou bien il les mettait en bouteilles[1].

Hallucinations de l'odorat et du goût. — Elles sont beaucoup plus rares que les précédentes : cependant il y en a des exemples, surtout dans la première période de la folie.

Nous avons vu que, dans les illusions morbides, l'erreur s'explique comme dans les illusions naturelles, par l'intervention de l'imagination dans la perception externe, c'est-à-dire par la fusion de deux images, l'une externe, l'autre interne, superposées l'une sur l'autre, et qui composent l'état complexe que l'on appelle vulgairement la perception. Dans l'état normal nous pouvons toujours démêler l'illusion par le moyen de l'attention et de la comparaison. Dans l'état morbide, la faculté d'attention fait défaut : c'est elle qui est la plus directement atteinte ; il en résulte que l'image l'emporte sur la perception proprement dite, et l'illusion est invincible.

En est-il autrement dans l'hallucination ?

Jusqu'ici on admettait, nous l'avons dit, comme différence essentielle entre l'illusion et l'hallucination, que l'illusion avait un point de départ objectif et n'était, par conséquent, qu'une altération de la réalité, tandis que l'hallucination était entièrement subjective et créée de toutes pièces par l'imagination. Mais cette théorie doit être abandonnée devant les découvertes les plus récentes de la science. Il semble bien aujourd'hui que l'hallucination, aussi bien que l'illusion, a également son point d'appui dans la réalité extérieure. S'il en est ainsi, l'hallucination, comme l'illusion, comme la perception elle-même, a une cause objective ; elle ne serait pas si elle n'était provoquée du dehors, et par conséquent elle n'est pas une pure création de l'esprit ; elle s'explique, comme l'illusion

---

1. *Les Farfadets*, t. 1er, p. 126.

et comme l'erreur normale, par la superposition de l'image intérieure sur l'image extérieure, en un mot par l'intervention de l'imagination dans la perception. Au fond, c'est une perception recouverte par une image, ce qui arrive souvent même dans l'état normal, et ce qui n'a rien de contraire à l'hypothèse d'une réalité externe. Quant au caractère irrésistible de l'erreur hallucinatoire, il s'explique par la disparition de la faculté d'attention, faculté nécessaire pour constituer la perception exacte et la dégager des illusions qui peuvent l'altérer.

C'est M. A. Binet qui, par des expériences ingénieuses sur les hypnotiques, a mis en lumière de la façon la plus nette le caractère objectif de l'hallucination.

Il a fait remarquer d'abord que, dans ces derniers temps, on a attaché une grande importance aux conditions physiques des sens chez les hallucinés. Toute altération maladive, ou même tout état anormal des organes de la vue et de l'ouïe peut produire des hallucinations.

« L'influence des sensations subjectives, dit-il, sur les hallucinations n'est pas douteuse ; des bruits, par exemple, précèdent l'éclosion de l'hallucination ; et quand le phénomène est unilatéral, c'est du côté où le malade entend ses voix que ces bruits fatiguent son oreille. On a même reconnu chez beaucoup d'hallucinés une altération directe de l'appareil auditif. Le traitement local de la maladie auriculaire, la simple évacuation d'un bouchon de cérumen, un bourdonnet de charpie laudanisé (Foville), ont réussi quelquefois à triompher de l'hallucination persistante. Jolly a reconnu chez la plupart des hallucinés de l'ouïe une véritable hyperesthésie du nerf acoustique ; de plus, en faisant passer un courant continu à travers les oreilles de ses malades, il a réussi à provoquer des hallucinations de l'ouïe comparables à celles qui se manifestent spontanément. Sous l'influence de la stimulation électrique, ces individus n'éprouvent pas seulement des sensations objectives ; ils entendaient des sons de cloches, des paroles brèves, comme celles-ci : *Ein Riss,* — *Ein Stich,* —

Der Heilige Geist, ou même des phrases plus longues : *Der Tag geht ietzt zu Ende,* ou même des vers. Enfin les recherches de Maury (Alfred), qui ont le caractère de véritables expérimentations, ont montré que les hallucinations qui se manifestent dans le passage de la veille au sommeil (hallucinations hypnagogiques) peuvent être provoquées par une action externe sur les sens. »

En outre, toutes les expériences tendent à prouver que l'hallucination suit exactement les mêmes lois que la perception externe.

La première expérience de ce genre est celle de Brewster, au commencement de ce siècle.

On sait que, lorsque l'on presse son œil d'une certaine manière, on obtient une image double de l'objet que l'on a sous les yeux. Brewster a eu l'idée de faire la même expérience sur un halluciné : lui ayant pressé l'œil comme nous venons de le dire, l'image hallucinatoire devint double comme l'image normale.

Cette expérience a été l'origine de toutes celles qui ont été faites à la Salpêtrière par le docteur Féré, et surtout par M. Alfred Binet[1].

On sait que, par le moyen de la suggestion, on peut susciter dans un sujet favorable des hallucinations artificielles, qui se comportent exactement de la même manière que les hallucinations spontanées : par exemple, elles obéissent à toutes les lois de l'optique. C'est ce qui résulte des expériences suivantes.

1° *Expérience du prisme.* — Cette expérience, due au docteur Féré, n'est qu'une simple variante de celle de Brewster. Le prisme, en effet, dédouble et fait dévier l'image hallucinatoire, tout comme la pression oculaire ; la seule différence c'est que le prisme produit la diplopsie en agissant sur le faisceau lumineux avant qu'il arrive à l'œil, tandis que la pression latérale arrive au même résultat en déplaçant légèrement l'axe

---

1. *Revue philosophique,* mai 1884.

optique, parce que, dans les deux cas, les deux images ne se font pas sur des points identiques de la rétine.

Les expériences suivantes ne sont que les variantes de celle du prisme.

2° *La lorgnette*. — En se servant d'une jumelle ordinaire, on voit les objets se rapprocher ou s'éloigner selon qu'on place devant l'œil l'oculaire ou l'objectif de la jumelle. « Nous avons réussi à produire ce phénomène, dit M. Binet, sur nos trois hypnotiques. On suggère au sujet la présence d'un chat ou d'une souris sur une table voisine ou sur un mur ; si ensuite on lui fait contempler l'objet de son hallucination avec une lorgnette, le sujet voit ces animaux se rapprocher ou s'éloigner, suivant le sens dans lequel il regarde à travers la lorgnette. »

3° *Le miroir*. — Un objet réel se réfléchit dans un miroir quand certaines conditions sont remplies relativement à la position de l'objet, du miroir et de l'observateur. Dans les mêmes conditions, l'objet imaginaire se réfléchit également.

On suggère à l'hypnotique la présence d'un objet quelconque, pigeon, rat, livre, sur un point de la table que l'on indique avec le doigt ; en faisant réfléchir ce point de repère dans le miroir, on fait apparaître au malade un second pigeon, un second rat, un second livre : l'expérience réussit toujours[1].

De toutes les expériences précédentes et de beaucoup d'autres semblables, l'auteur, M. A. Binet, tire les conclusions suivantes, dans lesquelles il résume ce qu'il a appelé la théorie des *points de repère* :

« L'œil de l'hypnotique ne cesse pas d'être sensible aux rayons lumineux qui partent des objets extérieurs ; il en résulte qu'au moment où la suggestion verbale fait naître l'hallucination, l'image qui se construit dans l'esprit du sujet s'associe, par une action inconsciente, à l'impression lumineuse qu'il ressent simultanément. Par exemple, si le malade a les yeux

---

[1]. Voir le détail de ces expériences et d'autres semblables, trop longues pour être résumées ici (par exemple l'expérience des portraits), dans le travail de M. Binet (*Revue philosophique*, mai 1884, p. 392).

fixés sur une table, c'est la vue de ce point qui entrera en connexion avec l'image hallucinatoire. Mais l'expérimentateur est le maître d'assigner à l'hallucination tel siège qui lui plaît, en attirant l'attention du sujet sur le point qu'il a choisi. Quelle que soit la manière de procéder, le résultat est toujours le même ; l'image provoquée ne reste pas à l'état de phénomène subjectif ; elle s'organise avec une sensation visuelle ; elle est extériorisée sur une partie quelconque d'un objet extérieur qui sert désormais au sujet de point de repère. Or c'est en agissant sur ce point de repère matériel qu'on imprime des modifications à l'image hallucinatoire. »

On le voit, l'hallucination n'est pas un phénomène exclusivement subjectif ; elle se compose, pour une part, d'une donnée extérieure et objective, et pour une autre part d'une construction imaginative de l'esprit ; mais c'est toujours sur une base matérielle et réelle que l'esprit travaille et construit son image. Le réel précède l'imaginaire. Rien de plus illogique, par conséquent, que de prendre pour type de la perception ce qui n'est que consécutif et surajouté. Il n'est donc pas vrai que la perception soit une hallucination vraie, puisque, par définition, l'hallucination est une perception fausse.

LIVRE SIXIÈME

DE L'IDÉALISME

LIVRE SIXIÈME
DE L'IDÉALISME

LEÇON PREMIÈRE

DE L'IDÉALISME EN GÉNÉRAL ET DE SES DIFFÉRENTES FORMES

Messieurs,

Nous avons déjà, dans le livre précédent, parlé de l'idéalisme en traitant de la perception extérieure, et de la réalité du monde matériel. Nous voudrions maintenant traiter de l'idéalisme en général et de ses différentes formes.

Qu'est-ce que l'idéalisme en général? Nous l'avons dit, c'est la doctrine qui prétend que l'homme ne peut pas sortir de sa propre conscience et qu'il n'y a rien pour lui au delà du fait immédiat de la pensée. L'idéalisme peut prendre pour devise cette proposition de Condillac, par laquelle commence l'*Essai sur l'origine des connaissances humaines*:

« Soit que nous nous élevions dans les airs, soit que nous descendions dans les abîmes, nous ne sortons point de nous-mêmes, et ce n'est jamais que notre propre pensée que nous apercevons. »

L'idéalisme est donc la doctrine qui réduit à la pensée et au moi toute réalité.

Mais qu'entend-on par *moi*? Il y a trois sortes de *moi*: 1° le moi individuel, le moi de celui qui parle et qui pense; 2° le moi humain en général, qui n'est ni celui de Paul ni celui de Pierre, mais qui est commun à tous les hommes, puisque tous les hommes disent *moi;* en un mot, la raison humaine en tant que raison humaine ne dépassant pas les limites de l'esprit humain; 3° enfin le moi absolu, la pensée absolue, c'est-à-dire la pensée en soi, la pensée en général, embrassant tous les modes et toutes les formes de la pensée.

De là trois espèces ou degrés d'idéalisme :

1° Celui de David Hume : rien au delà de la sensation individuelle ;

2° L'idéalisme transcendantal, celui de Kant, qui admet la raison au-dessus de la sensation, mais une raison renfermée en elle-même, la raison humaine ;

3° Enfin l'idéalisme absolu, celui de Schelling et de Hegel.

Les deux premiers ont été réunis sous le même nom d'idéalisme subjectif : le subjectif pur, celui du moi individuel (Hume); et le subjectif relatif, celui de la raison humaine en général.

Le troisième, celui de la pensée en soi, ramenant absolument l'être à la pensée et confondant l'absolu avec la pensée elle-même, c'est l'idéalisme absolu.

Le passage des deux premières formes à la troisième s'est fait par l'idéalisme de Fichte, qui part du moi et ramène tout au moi, mais à un moi absolu.

Considérons d'abord la première forme de l'idéalisme, la seule qui à la rigueur puisse s'appeler idéalisme subjectif, c'est-à-dire celle qui n'admet absolument rien que ce dont nous avons actuellement conscience, à savoir la conscience individuelle au moment même où elle se produit.

Cette sorte d'idéalisme est l'idéalisme anglais.

Il se produit sous deux formes : 1° le demi-idéalisme de Berkeley, qui nie l'existence des choses extérieures, la réalité des corps, mais qui admet la réalité des esprits, celle de l'âme et celle de Dieu; 2° l'idéalisme complet, qui rejette à la fois l'existence des corps, celle de l'âme et celle de Dieu, et qui n'admet rigoureusement que l'existence de la sensation et la connaissance des sensations. C'est, à la rigueur, le seul système qui mérite le nom d'idéalisme. Les autres ne sont appelés de ce nom que par extension et par analogie.

Considérons d'abord cette première forme de l'idéalisme. Il n'y a que des sensations, et même il n'y a pour moi que mes sensations. Qu'est-ce alors que le monde objectif, le monde du corps, l'univers? C'est l'ensemble des possibilités de sensations. Qu'est-ce que le moi? C'est la succession déterminée et liée des sensations elles-mêmes.

En tant que nous sentons et que nous éprouvons des sensations, nous sommes *moi*, et le moi n'est que la somme et la série de ces sensations.

En tant que nous attendons des sensations que nous ne produisons pas nous-mêmes, nous sommes liés à un non-moi; et le non-moi n'est que l'éventualité attendue et prévue, dans de certaines circonstances, de certaines sensations antérieurement éprouvées.

Sur quoi repose cette prévision? Sur l'habitude que nous avons de voir telle sensation succéder à telle autre, et sur l'attente nécessaire déterminée par cette habitude.

Quant à la cause commune du moi et du non-moi, il n'y a point à la rechercher; car aucune *loi* de notre pensée ne nous autorise à nous élever au-dessus de la sensation et des liaisons de sensations. Nous pouvons poursuivre ces liaisons indéfiniment, mais sans jamais sortir de la série.

Entre toutes les difficultés que peut soulever ce système, signalons d'abord l'objection fondamentale de Kant, à savoir l'impossibilité, dans cette hypothèse, de garantir la certitude de la science.

En effet, de ce que nos sensations se sont bien liées jusqu'ici dans un certain ordre, de quel droit affirmerions-nous qu'elles continueront à se lier toujours ainsi? Car nos habitudes ne peuvent faire la loi aux choses. De ce que l'habitude me porte à me rendre chaque jour dans un endroit où il y a un palais, il ne s'ensuit pas que ce palais ne sera pas démoli; de ce que l'habitude me porte à croire à un univers, il ne s'ensuit pas qu'il y ait un univers. La science ne repose donc, dans cette hypothèse, que sur les fondements les plus fragiles.

En second lieu, dans ce système on prend pour certain qu'il

y a eu jusqu'ici des corrélations constantes dans la nature. Mais pourquoi y a-t-il de telles corrélations? Pourquoi nos sensations se suivent-elles selon un ordre déterminé? On a beau dire que nous ne pouvons pas poser cette question, puisque, le principe de causalité n'étant lui-même que le résultat de l'habitude, née précisément de la répétition constante, nous n'avons pas le droit d'appliquer ce principe au fait même dont il dérive : nous répondrons que cette impossibilité n'existe que pour ceux qui admettent ce système, tandis qu'en fait l'esprit humain ne peut échapper à cette question, et se demande nécessairement d'où vient cette corrélation constante. Et cela même nous prouve que l'idée de causalité n'a pas son origine dans cette succession constante, puisqu'elle s'y applique et s'élève au-dessus. Il doit donc y avoir quelque chose qui explique les associations constantes de notre esprit, ou du moins autre chose que la sensation, puisque c'est cela même qui lie les sensations.

Cela est si vrai que, dans un progrès ultérieur de la philosophie anglaise, on a expliqué la corrélation des sensations par la corrélation des mouvements externes, et en particulier des mouvements cérébraux. Tel est le système de M. Spencer; mais, de son propre aveu, les mouvements sont autre chose que des sensations et ne peuvent se réduire en sensations. Aussi M. Spencer combat-il très énergiquement le système de l'idéalisme, et il soutient décidément le système réaliste. En effet, on ne peut se représenter de mouvement sans admettre en même temps quelque chose qui se meut; et l'on admet par là même quelque réalité externe.

Voilà pour les sensations considérées du côté externe; considérons-les maintenant du côté interne. Toute sensation suppose une conscience de sensation, c'est-à-dire un moi conscient. S'il n'y avait que des sensations isolées, on pourrait dire que le moi se confond avec la sensation elle-même; mais les sensations forment une chaîne continue : c'est le même moi qui passe du froid au chaud, du plaisir à la douleur; ce ne sont pas les grains d'un chapelet attachés extérieurement l'un à l'autre, c'est un lien interne et continu. Le moi n'est donc pas une simple succession, une somme de sensations. Peut-être est-il ce qu'il y a de commun entre toutes nos sensations, un abstrait de sensations, une résultante? Non; car il faut un esprit pour faire une abstraction, pour penser une résultante. Une abstraction qui se fait elle-même, une collection ou addition qui se fait elle-même, comme le disait Royer-Collard, est quelque chose d'incompréhensible.

Nous ne donnons ici que des indications préliminaires. Notre but, en ce moment, est d'esquisser l'idée d'une évolution de l'idéalisme, ainsi que des raisons qui ont fait passer la philosophie moderne d'une forme à l'autre. Ce sont à peu près les raisons que nous venons d'indiquer qui ont conduit la philosophie moderne de l'idéalisme de Hume à celui de Kant.

Cette seconde forme de l'idéalisme consiste à expliquer la science et la nature par le moi, comme la précédente : non par le moi individuel, mais par le moi humain en général et par ses lois nécessaires.

Les lois nécessaires de la raison humaine communes à tous les hommes s'appliquent dans chacun de nous à des sensations subjectives et individuelles : voilà l'hypothèse de Kant. Sans doute l'homme ne sait rien en dehors de sa raison; mais dans les limites de la raison il sait d'une manière certaine.

Ainsi, tant que l'homme sera homme, les sensations devant obéir aux lois de la raison seront toujours soumises aux lois de la cause, de la substance, de la qualité, de la quantité, aux lois de l'espace et du temps. Il n'en était pas de même dans la doctrine de Hume. La certitude ne s'étendait pas au delà de la sensation présente. Dans Kant, elle s'étend à la raison tout entière, et elle durera autant que la raison elle-même. Voilà donc pour l'homme (dans les limites de sa condition) la certitude scientifique assurée.

De même aussi la réalité objective est assurée dans un certain sens : car les lois de la raison sont supérieures à l'individu, et constituent pour lui une nécessité qui lui est objective.

Un objet n'est qu'un ensemble de sensations, mais liées par des lois nécessaires et d'une manière indissoluble. Il y a donc une nature.

De même il y a un moi : car la pensée est impossible sans une conscience fondamentale antérieure à toute conscience subjective et empirique.

Le *cogito* accompagne (*begleitet,* selon l'expression de Kant) toutes les catégories, et celles-ci ne sont, à proprement parler, que les diverses formes de l'unité de conscience.

Le système de Kant offre donc de grands avantages relativement au système de Hume ; mais il donne prise aux objections suivantes, que nous développerons ultérieurement.

1° D'où vient la sensation? Comment pouvons-nous lui appliquer le principe de causalité, celui-ci, dans l'hypothèse, n'ayant qu'une valeur expérimentale et ne pouvant s'appliquer que dans les limites de l'expérience, et non au delà? Et cependant il faut une cause à nos sensations : puisque Kant nous dit qu'elles viennent *du dehors,* nous ne pouvons nous les attribuer directement à nous-mêmes, n'ayant aucune conscience de les produire directement, spontanément. Il faut donc une cause objective à nos sensations; et par conséquent le principe de causalité s'applique en dehors de l'expérience et doit avoir une valeur absolue.

2° D'où vient l'ordre de nos sensations? Comment se produisent-elles et se reproduisent-elles dans l'ordre et dans les conditions exigées par l'esprit? En d'autres termes, comment la sensibilité obéit-elle à l'entendement? Sur ce point, nous renvoyons à notre discussion ultérieure sur le système de Kant.

3° Si le moi humain est tout (ce que d'ailleurs Kant n'a jamais dit), qu'était la nature avant le moi? Comment expliquer sa place historique dans l'ordre des choses, dans la série des êtres? Ou le moi a commencé, et il est donc sorti spontanément du néant, contrairement à tous les principes de la raison; ou il n'a pas commencé, et il est en dehors du temps dans l'absolu : et alors ce n'est plus le moi humain, et de l'idéalisme subjectif nous passons à l'idéalisme absolu.

Nous sommes ainsi conduits à la troisième supposition, celle de l'idéalisme absolu.

Nous venons de voir que le moi humain, entendu dans le sens strict, ne peut expliquer ni la nature ni lui-même. Pour que le moi produise la nature, il faut qu'il y ait en lui des puissances dont il n'a pas conscience. Pour qu'il la produise éternellement, avant même que ce que nous appelons l'humanité ait paru sur la terre, il lui faut une extension d'être dans le passé dont il n'a non plus nulle conscience. Il grandira donc ainsi indéfiniment, et devient avec Fichte le moi illimité, le moi absolu. Mais alors de quel droit s'appelle-t-il encore le moi? Ce moi prétendu, en tant qu'il n'a pas conscience de lui-même, n'est-il pas la même chose que ce que l'on appelait la Substance, l'Être? Il y aurait donc alors un moi substantiel, un moi objectif s'opposant au moi conscient. Est-ce autre chose que la chose en soi, s'apparaissant à elle-même sous forme de nature, en même temps qu'elle se manifeste à elle-même sous forme de moi conscient, ou, comme dit Fichte, de moi fini? Mais alors que devient la prétention de tout expliquer par le moi, par la conscience et par la pensée?

Poursuivons cependant les vicissitudes de l'idéalisme. Le moi infini et illimité, produisant à la fois la nature et l'esprit et contenant l'un et l'autre dans son unité, devient l'absolu, le sujet-objet, source commune de toutes les sensations, et nous voilà dans la philosophie de Schelling, qui continuera à s'appeler idéalisme dans la philosophie allemande. Mais c'est là un abus de langage; et de quel droit continuerait-on à appeler idéalisme une doctrine où le principe n'est pas plus sujet qu'objet, où il est l'identité des deux termes? On essaye de distinguer Schelling de Spinoza, en écartant soigneusement l'idée de substance comme trop matérielle, comme étant une *chose*, un pur *objet*, lequel ne peut devenir sujet. Mais en réalité la substance de Spinoza ne se distingue guère de l'absolu de Schelling, si ce n'est qu'il attribue, comme Descartes, une réalité objective à l'étendue, tandis que, pour Schelling comme pour Leibniz, l'étendue n'est qu'une phase dans l'évolution de la pensée. Mais, d'un autre côté, Schelling accorde à la nature une réalité égale à celle du moi ; il met les deux termes sur la même ligne, et il déclare que l'on peut indifféremment commencer la philosophie dans les deux sens, soit en partant du sujet, soit en partant de l'objet. Il confond le moi et le non-moi dans l'absolu ; et l'on peut dire qu'une telle philosophie, sans la juger en elle-même, est aussi bien réalisme qu'idéalisme ; elle est aussi bien objective que subjective. Elle est objective dans la *Philosophie de la nature,* elle est subjective dans l'*Idéalisme transcendantal.* Ce n'est plus d'idéalisme qu'il est question, c'est de panthéisme.

Le principe de l'idéalisme paraît renaître et se manifester plus nettement dans la philosophie de Hegel ; en effet :

1° Le terme qui sert de point de départ n'est pas un absolu indéterminé, indifférent entre le sujet et l'objet : c'est l'*idée,* laquelle, quelque vague qu'en soit la notion dans le système de Hegel, n'en conserve pas moins quelque chose d'intellectuel.

2° La nature n'est pas autre chose qu'une logique, une dialectique se développant sous forme spontanée, selon les lois internes de l'esprit.

3° Le terme extrême du mouvement dialectique est le retour de l'idée à elle-même dans l'esprit ; et le développement de l'esprit se fait également par une loi de retour analogue, dont la fin est dans l'esprit absolu, embrassant, comme le principe de Schelling, le sujet et l'objet, mais toujours avec prédominance du sujet. Son mot caractéristique est celui-ci : « Dieu, c'est l'esprit. »

Sans vouloir nous prononcer ici sur un système qui a été, selon nous, trop déprécié et trop méprisé, surtout en Allemagne, — car c'est un Allemand[1] qui a dit que la période de la philosophie de la nature (Schelling-Hegel) a été « une honte pour l'esprit humain », — sans nous prononcer, dis-je, sur le fond du système, nous nous contenterons de faire observer que cette

---

1. Dubois-Raymond.

logique primordiale, qui constitue l'évolution de l'idée prise en soi ; que cette logique objective, qui constitue l'essence de la nature, sont au delà et en dehors de notre conscience, ou du moins ne se présentent à notre conscience qu'à titre d'objets, et par conséquent sont encore, par rapport au moi individuel et au moi humain, quelque chose d'objectif. Sans doute ces objets sont dans notre conscience en tant que nous les pensons, mais nous les pensons en même temps comme dépassant les limites de notre conscience. Il nous semble que nous voilà bien loin du principe posé d'abord, à savoir que nous ne pouvons pas sortir de nous-mêmes.

Et au fond, cet idéalisme logique de Hegel est-il donc bien différent du réalisme ontologique du moyen âge, et même de la philosophie spiritualiste la plus élevée ? Lorsque saint Augustin nous dit que Dieu est la vérité, *ego sum veritas;* lorsque Platon fait de Dieu le lieu des idées ; lorsque Leibniz considère Dieu ou l'entendement divin comme la région des possibles ; lorsque Bossuet fait de Dieu la substance des vérités éternelles ; lorsque Fénelon, plus hardi, dit que les universaux, les modèles idéaux des choses sont les degrés de l'être divin, toutes ces manières de penser ne reviennent-elles pas à dire que Dieu est une logique ? Et encore, quand Leibniz nous dit que dans la nature tout doit s'expliquer mécaniquement, n'est-ce pas dire encore que la nature est une logique objective ?

A la vérité, les écoles spiritualistes se représentent Dieu comme une substance transcendante, tandis que, dans l'idéalisme de Hegel, Dieu est considéré comme intérieur et immanent. Mais il ne faut pas confondre la question de l'immanence et celle de l'objectivité de la connaissance, en d'autres termes la question du panthéisme et celle de l'idéalisme. Spinoza, par exemple, quoique panthéiste, est aussi objectiviste que Descartes. Il en est de même dans la philosophie de Schelling et de Hegel. Un absolu qui me dépasse de toutes parts, quand même j'accorderais qu'il est dans ma conscience, qu'il est en moi et que je suis en lui ; quand même il serait l'essence et tout le réel de mon être, par cela seul qu'il est en même temps l'essence et le réel des autres hommes et de tous les êtres finis et contingents, qu'il les dépasse comme il me dépasse moi-même, il est plus que moi, il est plus qu'eux, et par conséquent il est objet par rapport à moi comme par rapport à eux ; et si, par surplus, vous lui refusez la conscience, par une singulière contradiction de l'idéalisme, plus vous vous éloignez du type dont vous êtes parti, à savoir du moi, et plus vous vous rapprochez de ce que j'ai appelé le réalisme ontologique. Ajoutez enfin que, dans le système de Hegel, le sujet absolu, l'esprit absolu n'est jamais complètement réalisé ; il n'est jamais qu'en voie d'enfantement et de devenir. Jamais ce système ne deviendra donc ce qu'il prétend être, un système d'idéalisme absolu.

Il semble donc que si l'idéalisme logique de Hegel eût dû se développer selon la loi de génération des systèmes antérieurs, le vrai idéalisme absolu, celui qui aurait dû succéder à celui de Hegel, aurait été celui qui aurait admis un sujet absolu complètement réalisé, une conscience absolue, une identité absolue de l'intelligence et de l'intelligible.

D'où il suivrait que la plus haute expression de l'idéalisme, tel qu'il a été poursuivi pendant près d'un siècle par la philosophie allemande, devrait être précisément la doctrine de la personnalité divine ; l'idéalisme absolu devrait se transformer en spiritualisme absolu[1].

Mais ce serait dépasser les limites de ce premier aperçu que de pousser même l'idéalisme à ses dernières conséquences. Bornons-nous à cette première esquisse, que nous développerons dans les chapitres suivants.

---

1. C'est ce qui est arrivé en effet. La dernière philosophie de Schelling a été ce qu'on a appelé en Allemagne le Panthéisme de la personnalité (*Persönlichkeits Pantheismus*).

LEÇON II

L'IDÉALISME ANGLAIS. — LE RELATIVISME DE M. GROTE

Messieurs,

Nous avons distingué plusieurs sortes d'idéalisme, suivant que l'on prend pour point de départ : 1° le sujet individuel, le moi dans son sens le plus limité; 2° le sujet humain en général, l'esprit humain, la raison humaine; 3° le sujet absolu, la raison en soi, la pensée en soi. Il y a donc trois sortes d'idéalismes : 1° l'idéalisme subjectif et phénoméniste; 2° l'idéalisme critique ou transcendantal; 3° l'idéalisme absolu.

La thèse de l'idéalisme subjectif porte sur deux points : 1° l'existence ou la négation du monde extérieur, à parler exactement du monde corporel; 2° la nature de la connaissance. Pour le premier point, nous l'avons discuté amplement dans le livre précédent; nous n'y reviendrons pas; pour le second point, il se rapporte surtout au principe soutenu par toutes les écoles empiristes, à savoir le principe de la relativité de la connaissance. C'est ce point que nous voulons discuter maintenant.

A la vérité, le principe de la relativité de connaissance peut être entendu de bien des manières. Nous nous bornons ici à le considérer dans son sens le plus étroit, tel qu'il a été énoncé par un sophiste de l'antiquité, Protagoras, qui disait que « l'homme est la mesure de toutes choses ». Ce principe a été repris par un critique anglais des plus subtils, M. Grote, qui, dans son livre sur *Platon*, a défendu pour son compte, contre les arguments de Platon, la doctrine de Protagoras, et l'a défendue en la modernisant en quelque sorte et en la mettant au niveau et au ton de la philosophie de notre temps. Dans le chapitre sur le *Théétète*, M. Grote a dépassé son rôle ordinaire d'érudit et d'historien pour prendre le rôle de philosophe. C'est l'expression la plus précise et la plus savante du relativisme contemporain.

Il ne faut pas oublier, comme nous l'avons dit à l'instant, que la théorie du subjectivisme (ou idéalisme) peut être prise à deux points de vue différents, soit au point de vue des existences, soit au point de vue de la connaissance : par exemple : existe-t-il en dehors de nous quelque chose de semblable à ce que nous appelons des corps ou des esprits? Existe-t-il un esprit qui est un moi absolu, un esprit suprême, Dieu? Le problème ainsi posé est surtout métaphysique : il porte sur l'être. Ou bien on peut se placer au point de vue de la connaissance et se demander : Qu'est-ce que la vérité? Ainsi posé, le problème est un problème logique plus que métaphysique. C'est ce second point de vue que M. Grote a choisi. Sa doctrine est relativiste plus qu'idéaliste; M. Stuart Mill est plutôt encore idéaliste que relativiste.

Ces explications préliminaires une fois posées, résumons l'argumentation subtile, renouvelée de Protagoras, que M. Grote nous présente en faveur du subjectivisme et du relativisme.

Il commence par distinguer les trois doctrines que Platon a liées ensemble dans sa réfutation de Protagoras : 1° la doctrine héraclitéenne du devenir universel; 2° la doctrine propre à Protagoras de l'homme mesure de toutes choses; 3° la doctrine sensualiste, qui ramène toute science à la sensation. Il n'est pas impossible, dit M. Grote, que ces trois doctrines aient été soutenues à la fois par le même philosophe; mais il n'est nullement certain qu'elles aient été admises et soutenues par Protagoras, et en tout cas on peut les séparer. M. Grote, pour son compte, ne s'engage à défendre que la seconde de ces propositions, et laissera de côté les deux autres.

Dans cette proposition de Protagoras, M. Grote ne veut voir que l'expression sous forme abstraite et rigoureuse d'un fait incontestable plus ou moins masqué dans la phraséologie vulgaire. Ce fait est celui-ci : le vrai et le faux ont toujours rapport à quelque sujet et n'ont de signification que dans cette relation même. Protagoras ne fait autre chose qu'exprimer le côté subjectif de ce fait complexe de la connaissance dont ce qu'on appelle le vrai et le faux expriment le côté objectif. Ce que Protagoras refuse d'admettre, et en cela il a raison, c'est un objet absolu, une chose en soi, une vérité en soi sans un esprit qui juge. Il ne veut dire que ceci : c'est qu'il y a toujours un enveloppement de l'esprit dans tout acte de l'intelligence ; c'est l'esprit percevant dans la perception, l'esprit concevant dans la conception, l'esprit connaissant dans la chose connue. Protagoras admet qu'il y a plusieurs esprits différents, et que tout objet est relatif à un sujet, est mesuré par le sujet, suivant son expression. Chaque *cognitivum* suppose un *cognoscens;* chaque *cognoscibile* suppose un *cognitionis capax*. Tout les mots de la langue de la connaissance n'ont de valeur que dans cette supposition. Les deux termes *objet* et *sujet* représentent les deux pôles, les deux aspects opposés, mais inséparables, d'un seul et même fait de conscience, et non deux facteurs séparés l'un de l'autre, ayant une existence absolue l'un sans l'autre et qui viendraient à s'unir pour former un produit commun. L'homme ne peut, dans aucun cas, écarter ou supprimer son propre esprit en tant que sujet. Le moi est aussi présent, mêlé à tous les moments de la conscience et également dans tous, quoique plus ou moins distinctement perçu dans les uns que dans les autres. Le *je* ou *moi* est ce qu'il y a de commun entre tous les moments de la conscience. L'objet est ce en quoi ils diffèrent ou peuvent différer. L'aphorisme de Descartes, *cogito ergo sum*, pourrait tout aussi bien se rédiger ainsi : *Ergo est cogitatum aliquid*. Le *cogitans* et le *cogitatum* sont les deux aspects d'un seul et même fait indivisible. Dans certains cas, l'aspect objectif absorbe entièrement notre attention, éclipsant le subjectif ; dans d'autres cas, c'est le subjectif qui attire notre attention ; mais dans tous les cas et dans chaque acte de conscience, les deux points de vue sont à la fois enveloppés et corrélatifs : cela seul existe pour chaque homme qui se trouve ou est jugé par lui capable d'entrer dans quelque mode de conscience comme un objet corrélatif avec lui-même considéré comme sujet. S'il croit à sa propre existence, à son esprit, à son moi, c'est une partie ou parcelle de ce fait de conscience; s'il n'y croit pas, son esprit incrédule y est encore mêlé. Ces deux points de vue, objet et sujet, sont aussi inséparables l'un de l'autre que le nord et le sud, le concave et le convexe. Tel est le principe général dont la discussion suivante est le développement.

De ces deux aspects, c'est tantôt l'un, tantôt l'autre qui est clair et obscur. Tantôt la conscience est le côté obscur, et c'est la connaissance qui est le côté clair. De là la distinction entre la sensation et la perception : par exemple, dans le cas de la substance tangible et étendue, c'est l'objet qui est le côté clair, paraissant apte à se présenter le même pour tous les hommes; on pense alors à la chose du dehors, et on ne fait pas attention au côté du dedans, c'est-à-dire à l'effort qui nous révèle cette existence extérieure. Au contraire, quand nous parlons d'un plaisir ou d'une peine, c'est le sujet qui est le côté clair, ou nous paraît être le seul; cependant, dans les deux cas, il y a sujet et objet.

Platon identifiait la doctrine de la relativité avec celle de la sensation; mais ces deux doctrines ne sont pas liées entre elles. Lors même que l'on écarterait l'opinion que la sensation est toute la science, ou que toutes nos facultés ne sont que la sensation transformée, même, dis-je, en écartant la doctrine sensualiste, on n'écarterait pas la doctrine relativiste; lors même qu'on admettrait que l'esprit renferme des éléments intellectuels distincts de la sensation, le principe de la relativité n'en serait pas moins vrai. Mon activité intellectuelle, mon pouvoir de souvenir, d'imagination, de raisonnement et de combinaison, sont des parties de ma nature mentale. Nos cognitions et nos croyances sont déterminées par leur relation à cette nature mentale, au tour et au développement que ces différents pouvoirs ont pris dans ma constitution individuelle. Supposons même, avec Platon, que le Νοῦς ou l'esprit saisisse des êtres intelligibles, ou des idées en soi, distinctes du monde sensible; accordons que Reid et Kant au xviiie siècle, que M. Cousin au xixe, aient renversé la philosophie de Locke et qu'ils aient établi la doctrine des principes à priori, il sera encore vrai de dire que tous ces principes sont pensés par l'esprit humain, et que par conséquent c'est toujours cet esprit qui est la mesure de toutes choses. Les êtres de raison sont relatifs à la raison, les êtres sensibles aux sens. Même en produisant des faits d'innéité, nous ne pouvons pas éliminer l'esprit lui-même. Comment Platon prouve-t-il la valeur objective des idées? Il l'infère de certains faits subjectifs de notre propre esprit, par exemple de la différence et de l'opposition de la δόξα et de la νόησις. Il doit y avoir un νοητὸν correspondant à la νόησις, un δοξαστὸν correspondant à la δόξα. Réciproquement, dans le *Phédon*, Platon prouve la préexistence de l'âme par le fait qu'il y a des idées : s'il y a un objet connaissable, il doit y avoir un sujet connaissant, et réciproquement; les deux inductions de Platon reposent sur l'entrelacement inévitable du sujet et de l'objet.

Bien plus, en réalité, la formule de Protagoras est encore plus complètement applicable aux intuitions et opérations intellectuelles qu'à l'expérience sensible. La différence entre un théoricien et un autre théoricien est au moins aussi grande qu'entre un percevant et un autre percevant, même dans les régions les plus controversées de l'expérience sensible. Dans l'ordre des sens on s'approche plus de l'universalité que dans les théories où chacun arrange les faits à son gré. Les adversaires de Protagoras, au lieu d'en appeler aux idées, auraient dû tirer leurs arguments des faits indiscutés des sens. Ils auraient dû en appeler à la matière, à ce que l'on a appelé les qualités premières, pour réfuter cette doctrine; car, dans les opérations mentales, il est impossible de faire abstraction de l'esprit, tandis que, pour ce qui concerne le monde extérieur, le côté objectif est tellement mis en lumière, et le côté subjectif tellement obscur, que l'objet nous apparaît tout à fait indépendant.

Sans doute nous pouvons concevoir des objets absents comme ayant une existence absolue, indépendante de la nôtre ; mais cela ne vaut pas contre la doctrine de Protagoras, car, même alors, on ne peut exclure le sujet concevant ; c'est bien en tant que sujet qu'il conçoit les objets ; ce qui veut dire que s'il était en présence des objets, il éprouverait les sensations que ces objets lui donnent d'ordinaire lorsqu'ils sont présents. Quoiqu'il s'élimine comme percevant, il ne peut pas s'éliminer comme concevant.

Ainsi la doctrine de Protagoras ou de l'*homme mesure* ne se réduit pas nécessairement à celle de la sensation ; même si l'on soutenait, comme Platon, l'existence des êtres intelligibles ou des idées, ce serait toujours en corrélation avec le sujet intelligent. Le γνωστὸν correspond au γνωστικόν, comme l'αἰσθητὸν à l'αἰσθητικόν, et même, dans le dialogue du *Sophiste*, c'est en posant l'intelligence que Platon pose l'intelligible. Ainsi, même Platon reconnaît la vérité de cette doctrine, à savoir que l'objet est enveloppé, limité, mesuré par le sujet, doctrine qui proclame la relativité de tous les objets perçus, conçus, connus, sentis, et l'enveloppement omniprésent du sujet percevant, concevant, connaissant et sentant. Cette doctrine se formule ainsi : « Telles les choses m'apparaissent, telles elles sont pour moi ; telles elles vous apparaissent, telles elles sont pour vous. »

C'est là le point que Platon paraît avoir négligé. Il semble, selon lui, que Protagoras ait dit que « chaque opinion de chaque homme est vraie en soi », ce qui paraît absurde ; tandis que la vraie opinion de Protagoras, et celle que M. Grote soutient en son propre nom, c'est que « chaque opinion de chaque homme est vraie pour cet homme lui-même ». Mais Platon néglige toujours ce correctif. Protagoras n'a pas dit qu'il y ait aucune opinion absolument vraie ou absolument fausse. La vérité absolue n'existe pas. Toute vérité est relative à une ou plusieurs personnes l'acceptant ou l'affirmant actuellement, ou conçue comme de virtuels approbateurs dans telle ou telle circonstance. Bien plus, ces approbateurs étant une multitude d'individus dont chacun a ses particularités, la vérité, même commune, ne peut être admise que sous la particulière mesure de l'esprit individuel de chacun ; et cette limite même varie avec les variations de chaque individu. Vous ne pouvez déterminer un cheval ou un chien, ni même un enfant, à donner son adhésion à l'astronomie newtonienne, ni forcer l'auteur des *Principes*, en 1687, à approuver ce que Newton approuvait en 1647. Dire qu'une chose qui est vraie pour l'un est fausse pour l'autre, dire que ce qui est vrai pour un enfant est faux pour un homme, n'est pas une contradiction, quoique Platon, en supprimant la réserve mentionnée, la présente comme telle.

Ce fait, que toute exposition d'opinion n'est qu'un assemblage de jugements individuels, est dissimulé et déguisé par les formes elliptiques du langage. Par exemple, moi qui écris ce livre, je ne puis rien vous présenter de plus que ma propre opinion, ou ma propre constatation de faits connus par moi ou par des autorités reconnues ou appréciées par moi, ma propre conviction sur la vraie interprétation de ces témoignages. Je produis les raisons qui justifient mon opinion, je réponds aux raisons proposées par d'autres, et le lecteur décide selon que ces raisons paraissent satisfaisantes à son esprit. Si je m'exprimais correctement, je devrais dire à chaque instant : cela est vrai *pour moi*, faux *pour moi* ; mais répéter cela à tout propos serait d'un fastidieux égoïsme ; et en général cette formule est sous-entendue une fois pour toutes. Si quelqu'un me demande de lui donner la vérité absolue et un criterium absolu, je ne puis lui donner que mon propre jugement sur ce qu'est la vérité, et lui dire quel est le criterium le plus certain ; et chaque lecteur décidera pour lui-même s'il admet ou n'admet pas le criterium. J'aurais beau prendre un langage d'oracle, j'aurais beau me donner moi-même comme représentant l'idéal platonique, l'homme typique, ou comme inspiré par un démon, comme Socrate ; je puis dénoncer mes adversaires comme des hommes indignes, dépourvus de tous les sentiments qui distinguent l'homme de la brute et méritant le châtiment et le mépris; en réalité, je ne proclamerai rien de plus que mon sentiment personnel, et la somme d'émotion qui s'est associée dans mon esprit à cette conviction. Dans tous les cas, je ne puis échapper à la limite fixée par Protagoras.

Platon oppose que cette doctrine identifie l'homme et l'animal; car pourquoi ne dirait-on pas aussi : « Le chien ou le pourceau est la mesure de toutes choses? » Sans doute, répond Grote, la maxime s'applique à tous, et le chien est certainement la mesure de la vérité pour ce qui concerne les chiens. Mais il ne s'ensuit pas que chaque être soit la mesure de la vérité pour d'autres que pour lui. Le degré d'après lequel chaque être est la mesure de la vérité pour les autres dépend du degré d'estime dans lequel les autres le tiennent, et de l'opinion qu'ils ont de son caractère et de sa compétence. Il y a là un élément dont Platon n'a pas tenu compte, par exemple lorsqu'il reproche à Protagoras de vouloir enseigner les autres, tandis que, d'après sa formule, il ne leur est en rien supérieur. Il n'y a rien là de contradictoire. Le principe de Protagoras peut se concilier avec les diversités de science, d'émotion et de caractère, entre un homme et un autre : de telles diversités sont reconnues par les individus et sont vraies par rapport à eux ; cela rentre dans la doctrine. Protagoras ne nie pas que les hommes ne soient enseignables. Les opinions de l'un peuvent passer à l'autre et devenir vraies pour lui. Protagoras déclare qu'il en sait plus que les autres, et, ceux qui l'écoutent le reconnaissant, cela est vrai pour lui et pour eux. Parmi les opinions que l'élève déclare vraies et qui sont vraies pour lui, se trouve l'opinion que son maître en sait plus que lui. En accourant se faire instruire, il agit donc selon sa propre opinion. Platon remarque avec raison que chacun estime d'autres êtres plus sages que lui-même. En d'autres termes, ce qu'on appelle *autorité* ou disposition à approuver les opinions d'autres personnes est une des causes les plus actives pour déterminer les opinions des hommes; mais cela ne contredit pas la doctrine, car la croyance en l'autorité est vraie pour le croyant au même titre que les autres croyances. En prenant pour guide A et en refusant B, le croyant est encore une mesure pour lui-même. Protagoras n'a pas voulu dire, quoique Platon l'insinue, qu'il n'y a pas des hommes plus sages les uns que les autres, mais ceci seulement, c'est que, soit que nous soyons sages ou non sages, c'est toujours d'après notre opinion que nous jugeons qu'il en est ainsi. Protagoras peut bien admettre que les opinions des autres hommes sont vraies pour eux, et cependant chercher à les modifier en les rapprochant des siennes propres.

Une autre objection de Platon, c'est que, dans l'hypothèse de Protagoras, la dialectique devient inutile, car si tout le monde a raison, pourquoi changer d'opinion? Platon oublie toujours les restrictions, à savoir que chacun n'a raison que pour lui-même; mais, cette restriction une fois admise, c'est le contraire de l'assertion de Platon qui est le vrai. Socrate, dans sa méthode dialectique, c'est-à-dire interrogative, ne fait que suivre l'opinion du répondant. Il se place à son point de vue, fait sans cesse appel à son approbation, et par là il suppose que l'esprit du répondant est la mesure de la vérité pour lui-même. Il a donc pour but de faire jaillir de l'esprit même du disciple ce qui y est contenu. Socrate se garde bien de se donner lui-même comme un maître; il ne fait que proclamer sa propre ignorance et répudie tout appel à l'autorité autre que celle du disciple lui-même.

D'ailleurs, si vous niez la formule de Protagoras, vous devez proposer une autre autorité. Si je ne suis pas juge pour moi du vrai et du faux, qui est-ce qui le sera à ma place? Si vous refusez ce droit à un autre, de quel droit vous l'attribuez-vous à vous-même? Lorsqu'un homme est déclaré fou, vous faites gérer ses affaires par un autre; on ne peut que changer d'individu. Ce sera le roi, le pape, le prêtre, le censeur, le maître, l'auteur de tel ou tel livre, etc.; ce sera toujours un individu. Ce que l'on a appelé la raison impersonnelle est une pure fiction. L'universalité de la raison passe toujours par un interprète particulier ; ce que les Allemands appellent la pensée, *das Denken,* revient toujours à se considérer soi-même comme juge.

C'est là le fond de l'intolérance. Elle dérive toujours du besoin de prendre sa propre opinion comme mesure absolue pour juger des opinions des autres.

En définitive, Grote identifie la doctrine de Protagoras avec celle du libre examen. Il condamne à l'intolérance toute doctrine qui conclut à une vérité objective et absolue. Il confond le libre examen avec le subjectivisme et le relativisme, c'est-à-dire avec le scepticisme.

LEÇON III

DISCUSSION DU RELATIVISME

Messieurs,

M. Grote dit avec raison que toute connaissance suppose un sujet et un objet indivisiblement unis ; que pour connaître il faut quelqu'un qui connaisse, et qui connaisse quelque chose ; mais ce quelque chose, en tant que connu, fait partie par là même de la conscience. Comme l'a dit Hamilton, je n'ai pas seulement conscience de connaître en général, mais j'ai conscience de connaître tel objet ; j'ai donc conscience de cet objet : il entre par là dans ma conscience, il devient objet de conscience. L'objet fait donc partie intégrante de l'acte de connaître ; il est représenté subjectivement dans le sujet.

De là une question très difficile :

Comment un objet, une chose qui n'est pas une pensée, peut-il prendre une forme subjective? Comment l'être peut-il devenir pensée? Il semble que l'objet ne puisse être qu'objet, et que le sujet ne puisse être que sujet : leur fusion semble, à priori, incompréhensible.

Les anciens avaient, ce semble, pressenti cette difficulté lorsqu'ils posaient en axiome que le semblable est connu par le semblable, chaque élément par l'élément qui lui correspond en nous. « Nous connaissons, disait Empédocle, la terre par la terre, l'eau par l'eau, l'éther par l'éther, le feu par le feu, l'amour par l'amour, la discorde par la discorde homicide. » C'était là une solution grossière et enfantine. Cependant, il semble que le subjectivisme moderne ait repris cet axiome et proposé une solution du même genre, car il ne peut comprendre que le sujet puisse penser un objet sans que cet objet devienne sujet. Mais l'acte même de la connaissance implique, au contraire, que le sujet saisisse l'objet comme distinct de lui-même : c'est cela même précisément qu'on appelle connaissance. C'est un fait premier, élémentaire, irréductible, comme il y en a à l'origine de toutes les sciences. Toute la mécanique repose sur le fait du choc; mais comment, parce qu'une bille en touche une autre, lui communique-t-elle une partie de son mouvement? Cela est aussi incompréhensible que peut l'être l'acte de connaître.

Sans doute l'acte de connaître peut être analysé : c'est l'objet même de la philosophie ; il peut être analysé dans ses formes et dans son développement ; mais pour comprendre l'acte de connaître pris en soi, il faudrait pouvoir sortir de cet acte même et le considérer comme objet ; mais cela est impossible, puisque dans cet effort même nous serions encore sujet, c'est-à-dire que nous ne sortirions pas de l'acte connaissant. Ce serait une tentative semblable à celle de celui qui voudrait sauter par-dessus ses épaules.

Cela étant, si l'acte de connaître est un fait primitif et irréductible, de la difficulté de comprendre cet acte, et comment un objet peut être représenté dans un sujet, il ne faut pas conclure que cet objet ne puisse exister que dans et par le sujet. M. Grote soutient que c'est par abstraction que nous supposons que le sujet et l'objet existent hors l'un de l'autre, comme deux facteurs séparés, et qu'ils se réunissent dans l'acte de la connaissance. Il soutient que l'être en soi et le sujet en soi sont deux êtres de raison, mais qu'ils n'existent jamais que dans leur rapport.

Mais il nous semble que l'hypothèse des deux facteurs est aussi facile à admettre que l'hypothèse contraire, et que les faits s'expliquent aussi bien dans cette hypothèse que dans l'autre. Supposons, en effet, que cette hypothèse soit la vraie, à savoir que les deux facteurs préexistent et qu'ils viennent à se rencontrer dans la connaissance : je dis que la connaissance, dans ce cas, sera exactement ce qu'elle est, à savoir une union incompréhensible du sujet et de l'objet. Il faut toujours que l'objet, pour être connu, devienne subjectif dans une certaine mesure ; mais il ne s'ensuit pas qu'il ne soit que subjectif. Par conséquent, le fait tel qu'il se présente est aussi conforme à l'hypothèse des deux facteurs préexistants qu'il peut l'être à l'hypothèse subjectiviste de M. Grote.

Au contraire, l'hypothèse subjectiviste n'explique pas le fait tel qu'il se présente. En effet, la connaissance implique un objet que le sujet perçoit ou conçoit comme distinct de lui, hors de lui, quoique uni à lui. D'où vient cet élément d'indépendance, d'extériorité à l'égard du sujet, ce caractère d'absolu, car dès que nous objectivons quelque chose, nous lui imprimons une sorte d'existence absolue, par exemple une certaine permanence indépendante de nos propres modifications actuelles? D'où vient, dis-je, l'élément que nous appelons objectif? M. Grote dit avec raison que *ego* suppose *aliquid*. Mais comment peut-il y avoir un rapport, s'il n'y a pas deux termes, deux facteurs? L'attraction suppose deux molécules qui s'attirent et qui doivent préexister. Supposons même, si on le veut, que les deux termes seront toujours et indivisiblement unis, que toute chose connaissable est actuellement connue par un sujet connaissant, et que tout sujet capable de connaître connaisse toujours en acte quelque chose : cela n'empêcherait pas qu'il n'y eût dans ce composé une part relevant de l'objet en soi et une autre relevant du sujet en soi ; et quand même cette part serait très difficile à déterminer en fait, elle n'en existerait pas moins pour l'esprit ; et la connaissance ou la science consisterait précisément à dégager la part d'objectif du subjectif qui y est mêlé ; et l'homme, bien loin de se prendre comme mesure de toutes choses, doit toujours chercher, s'il ne veut pas se tromper sans cesse, à se dégager de lui-même.

Aussi le vrai criterium pour distinguer le subjectif de l'objectif n'est-il pas celui qui a été donné par Kant, à savoir l'unité venant de l'esprit et la multiplicité venant des choses : car l'un et le multiple sont aussi objectifs et aussi subjectifs l'un que l'autre. Le criterium est celui-ci : est objectif tout ce que nous pouvons concevoir en l'absence du sujet sentant. Par exemple la chaleur que j'éprouve actuellement ne peut exister qu'à la condition qu'il y ait un sujet qui l'éprouve ; elle est donc subjective. Mais si je dis : dans un champ de terre de forme rectangulaire, la surface de ce champ est égale au produit de la base par la hauteur, il est clair que cette vérité subsistera, que je sois là ou que je n'y sois point. Par la même raison, je dirai qu'un homme de cinquante ans ne cessera pas d'être plus âgé qu'un homme de trente parce que je ne serai pas là pour l'affirmer, tandis que tous les objets ne sont jaunes que pour celui qui a la jaunisse et pendant le temps qu'il l'a.

Non seulement les rapports mathématiques peuvent être conçus comme subsistant en dehors de nous (ou plutôt en dehors de moi et sans moi), mais il en est de même de l'existence des choses, quel que soit d'ailleurs le changement que puissent subir leurs apparences. Ainsi, j'accorde bien que je n'ai aucune idée de ce que serait une nature en soi, puisque cette nature je la colore et je l'anime par des sons, des couleurs, des sensations de température qui ne sont qu'en moi ; mais je puis comprendre cependant que ces choses, quelles qu'elles soient, qui sont l'origine de ces sentiments, ont été avant moi, et continuent d'être, moi absent. Je me représente une nature non seulement antérieure et postérieure à moi-même, mais encore à l'humanité.

Cela n'est pas seulement vrai de la matière proprement dite, comme le dit M. Grote, mais de l'esprit. Je conçois l'intelligence de mes semblables comme continuant à subsister en dehors de moi et comme distincte de la mienne ; et comment pourrais-je être la mesure de ce que je ne comprends même pas ? La science de Newton, par exemple, est évidemment quelque chose d'objectif pour moi, car je ne la possède point. Comment la *Mécanique céleste* de Laplace serait-elle le produit de mon esprit, puisque je n'en comprends pas un traître mot ? Dira-t-on que la science n'est autre chose que la possibilité de la science, comme les corps ne sont que des possibilités de sensations? Mais je crois que la science existe en acte quelque part, et non pas seulement en puissance; or elle n'existe en acte que dans d'autres esprits que le mien. Enfin, s'il y a des âmes intelligentes et libres, je conçois très bien qu'elles puissent exister en dehors de moi, et qu'elles continuent à faire de bonnes ou de mauvaises actions, en mon absence comme en ma présence. En un mot, le monde va son train, que je sois là ou que je n'y sois pas pour y assister.

Fort bien, dit M. Grote; mais si vous pouvez vous abstraire comme sujet percevant, vous ne pouvez pas vous abstraire comme sujet concevant. L'objet conçu est relatif à la conception, comme l'objet perçu est relatif à la perception. J'ai quelque peine, je l'avoue, à saisir le sens de cette difficulté.

Lorsque je conçois une chose, il est très vrai que je la conçois; et je reconnais que, la concevant, je ne puis pas supprimer ma propre conception : cela même est une tautologie. En un mot, une fois qu'une chose est conçue, je ne puis pas faire que je ne l'aie point conçue. Mais aussi, une fois qu'elle est conçue, je puis me la représenter telle qu'elle aurait existé si je ne l'avais pas conçue; par exemple, je puis me représenter la terre sans être vivant, et par conséquent sans être sentant et parlant. Sans doute je ne puis la concevoir sans la concevoir; si on demande cela, on demande l'impossible; mais une fois que j'ai pensé cette existence, je conçois qu'elle eût été telle que je la pense lors même que je n'eusse jamais existé, et qu'elle eût encore été telle lors même que l'humanité n'eût pas paru sur la terre.

M. Grote répondra que lorsque nous supposons un monde indépendant de tout sujet, nous ne pouvons nous représenter ce monde qu'en tant que susceptible d'être connu par une intelligence. Mais faudrait-il donc, pour reconnaître l'existence des choses en soi, que ces choses fussent telles que l'on ne pût pas les représenter comme susceptibles d'être connues, en d'autres termes qu'elles fussent inintelligibles, ce qui est contradictoire? Présentons ce raisonnement sous une autre forme. Je ne puis comprendre que ce qui est intelligible. Si je comprends la possibilité d'une chose en soi, d'un rapport en soi, d'un phénomène objectif, enfin de quelque chose d'extérieur à moi, c'est à la condition que tout cela soit intelligible pour moi, sans quoi je ne le comprendrais pas. Dès lors il est certain que je ne puis me représenter un tel objet que comme susceptible d'être compris par quelque pensée semblable à la mienne. Pour que ce fût là un signe de subjectivité, il faudrait dire que le signe d'une existence en soi, c'est la non-intelligibilité; or, ce serait justement dans ce cas-là que nous ne pourrions connaître les choses en soi.

Affirmer que nous connaissons des choses en soi, c'est affirmer qu'il y a harmonie, conformité entre ces choses et notre pensée; c'est affirmer qu'elles sont pensables et intelligibles. Il est donc tout naturel que nous nous les représentions comme susceptibles d'être représentées à une conscience quelconque. Il n'y a donc pas là un argument contre l'existence de la chose en soi.

Au reste, par chose en soi nous n'entendons pas seulement la substance et la cause, mais substance, propriétés, rapports, phénomènes, tout ce qui peut exister en dehors de la conscience du moi. Les idées de Platon sont des choses en soi, parce qu'elles ne sont pas mes idées.

Au reste, si, généralisant l'idée de M. Grote, on disait seulement que tout ce qui est intelligible suppose une intelligence, un acte de pensée, non seulement je ne nierais pas cette assertion, mais au contraire je la soutiendrais moi-même de toutes mes forces, parce que, dans ce cas-là, il ne s'agit pas de mon intelligence individuelle, mais d'une intelligence en général, adéquate aux choses elles-mêmes, de telle sorte que l'on peut dire qu'il y a dans le monde autant d'être que d'intelligence et autant d'intelligence que d'être, et que, s'il y a un être absolu, il y a par là même une pensée absolue; ce qui nous conduit à la formule d'Aristote, l'identité de l'intelligence et de l'intelligible; mais quant à identifier l'être avec *mon* intelligence, c'est ce qui ne résulte nullement de ce qui précède.

Après avoir établi l'indépendance du sujet et de l'objet, il est moins difficile de combattre les arguments de M. Grote en faveur du principe de Protagoras. Reconnaissons d'abord la vérité de ce principe dans une certaine mesure.

M. Grote a sans doute raison de dire que je ne puis connaître, penser, opiner, affirmer qu'avec mes propres facultés. Je ne peux pas penser avec la pensée d'autrui : comme homme, je n'ai à ma disposition que la raison humaine ; comme individu, que ma raison individuelle. En ce sens, il est vrai de dire que la raison de chacun est pour lui-même la mesure de toutes choses. L'enfant ne peut parler qu'avec sa raison d'enfant, l'Esquimau avec sa raison d'Esquimau, le fou avec sa raison de fou. C'est là un point incontestable ; mais la difficulté est dans l'interprétation de ce fait ; c'est là la question philosophique, et il me semble que M. Grote tire de ce fait des conséquences qui n'y sont pas contenues.

Pour ce qui est de la raison humaine en général, je fais remarquer que, supposé qu'il y ait une vérité en soi et que je fusse capable de la connaître, cette raison par laquelle je la connaîtrais n'en serait pas moins la raison humaine. Que l'arithmétique soit vraie en soi, au lieu de ne l'être que par rapport à la raison humaine comme on le prétend, ce sera toujours la même arithmétique. A quel signe reconnaîtrez-vous donc que cette arithmétique n'est vraie que par rapport à nous ? et au contraire, si elle est vraie en soi, à quel autre autre signe pourrons-nous le reconnaître, si ce n'est à son évidence même? Si donc vous affirmez qu'elle n'est que relative à vous, vous faites une hypothèse qui n'est pas justifiée, les faits se conciliant tout aussi bien avec l'hypothèse opposée.

J'ajoute que vous faites une hypothèse gratuite : car je comprends que l'on doute de la raison humaine, en vertu de telles ou telles contradictions qu'on peut lui imputer ; mais quand de telles contradictions n'existent pas, le doute sur la raison est une pure supposition qui n'est fondée sur rien que sur une simple possibilité. Suffit-il donc qu'une chose soit possible pour l'admettre comme vraie ? Tout au plus serait-il convenable de réformer la formule de Protagoras et de dire : « Il est possible que l'homme soit la mesure de toute chose ; » ce qui laisserait également possible la formule opposée. Mais je n'irai pas même jusque-là. Comme l'a dit M. Hamilton, *neganti incumbit probatio ;* jusqu'à preuve du contraire, l'affirmation est en faveur de nos croyances naturelles ; et jusqu'à ce que vous ayez démontré qu'une chose n'est vraie que relativement à moi, j'ai le droit d'affirmer qu'elle est vraie d'une manière absolue.

M. Grote fait observer qu'en supposant des principes innés, des principes à priori, des intuitions pures, bien loin de diminuer la part du relatif dans la connaissance, on l'augmenterait au contraire : car c'est précisément l'esprit qui apporte avec lui ces formes, ces innéités ; rien ne lui garantit leur réalité objective, tandis que les perceptions de l'expérience se présentent avec un caractère plus indépendant de nous-mêmes.

M. Grote fait ici allusion évidemment à la doctrine de Kant ; mais il oublie que, dans cette doctrine, la loi de la raison, les principes à priori, sont des lois de la raison humaine en général, et par conséquent s'imposent à tous les individus d'une manière nécessaire et universelle. Dans cette doctrine, ce n'est pas l'homme individuel, c'est l'homme en général qui est la mesure de toutes choses : c'est un champ beaucoup plus vaste ouvert à la vérité ; la subjectivité est bien plus restreinte. Au lieu d'un scepticisme universel, vous n'avez plus qu'un scepticisme limité. Il y a là une grande différence.

D'ailleurs la thèse qui peut s'appliquer à la sensation ne peut s'appliquer à la raison, si on la distingue de la sensation. En effet, la sensation ne se détruit pas elle-même lorsqu'elle n'affirme que sa propre existence ; mais l'affirmation de la raison se détruit lorsqu'elle n'affirme qu'elle-même. Dire qu'une chose est douce pour moi et amère pour vous, ce n'est point contradictoire. Mais si je dis que César a été tué par Brutus, je ne puis admettre en même temps qu'il a été tué et qu'il n'a pas été tué. Dire que cela n'est vrai que pour moi, c'est dire que cela n'est pas vrai du tout. N'affirmer que son affirmation, c'est la nier. Il ne serait pas même vrai de dire que, dans cette circonstance, ma raison est la mesure des choses ; car la mesure disparaît avec la chose mesurée.

En partant de ce principe, on voit que les objections de Platon contre Protagoras sont parfaitement fondées. Ainsi l'animal devient la mesure de toutes choses, dit Platon. — Oui, mais pour lui-même, répond M. Grote, non pour les autres. Sans doute, mais il l'est au même titre que l'homme; le fou est mesure des choses au même titre que l'homme raisonnable. Tout cela revient évidemment à dire que tout le monde a raison et que tout le monde a tort, et qu'il n'y a pas de vérité du tout. Pour les sensations, rien de plus vrai : chacun est juge pour soi-même. L'animal et le fou ont le même droit que moi. Le fou qui souffre affirme sa souffrance au même titre que moi la mienne. Il n'en est pas de même pour l'intelligence. Ici il y a une mesure qui est extérieure et supérieure à chaque intelligence. C'est la nature des choses. En histoire, par exemple, ce sont les événements qui se sont passés en dehors de nous et qui restent ce qu'ils sont, soit que nous les connaissions, soit que nous ne les connaissions pas. Il en est de même en physique des lois de la nature, qui ne dépendent en aucune manière de la disposition d'esprit de chacun.

M. Grote a parfaitement raison de dire que, même quand je me soumets à l'autorité, c'est en vertu de ma raison propre. Mais si cette raison était une mesure dernière et unique, je ne vois pas pourquoi je me soumettrais à l'autorité d'autrui ; et le fait seul qu'il y a des hommes qui savent ce que les autres ignorent prouve très bien, comme l'a dit Platon, qu'il y a des connaissances indépendantes de l'individu et dont il n'est pas la mesure.

M. Grote dit que Platon a altéré la maxime de Protagoras, qui est que tout homme est mesure de chacun pour lui-même, tandis que Platon lui impute d'avoir dit qu'il est la mesure des choses d'une manière absolue et en soi. Mais l'une de ces formules entraîne l'autre. Si, en effet, il n'y a pas de vérité en soi, s'il n'y a d'autre réalité que celle qui apparaît à l'esprit de chacun, si enfin ce qui paraît vrai à l'un est vrai pour lui, et ce qui paraît vrai à l'autre vrai aussi pour cet autre, il s'ensuit que ces deux vérités sont égales. Il est aussi vrai que le soleil tourne autour de la terre qu'il est vrai qu'il ne tourne pas. Le premier est vrai pour Ptolémée, le second pour Copernic. Et, supposé que je n'aie point d'opinion et qu'il faille m'en faire une, je trouverai que cela est parfaitement indifférent et inutile, puisque, quoi que je fasse, cela sera également vrai pour moi ; et même il m'est indifférent de devenir fou, d'être savant et ignorant ; car, quoi qu'il arrive, ce sera toujours la même chose, et la chose pensée, quelle qu'elle soit, sera toujours vraie ; et vous ne pouvez échapper à cette conséquence ; car, s'il n'y a pas de vrai en soi, il est impossible de trouver une raison pour préférer une opinion à une autre.

Si, au contraire, comme M. Grote, vous accordez que l'homme est supérieur à l'animal et tel homme à tel autre, le savant à l'ignorant, le maître au disciple, cela ne peut être que pour cette raison que les uns sont plus près que les autres de connaître les choses telles qu'elles sont en soi. Ainsi le meilleur historien est celui qui connaît le mieux les faits tels qu'ils se sont passés ; le meilleur physicien est celui qui connaît le mieux les faits tels qu'ils se passent réellement en dehors de nous ; le meilleur astronome, celui qui prédit les faits futurs.

Et ici je dis que Platon a encore raison contre Protagoras, et a choisi un très bon exemple en invoquant la science du futur ; en effet, pour le présent, je puis encore admettre que les choses sont telles qu'elles me paraissent. Mais il n'en est pas de même de l'avenir. Ici l'un juge mieux que l'autre, parce qu'il connaît l'ordre naturel des choses que l'autre ne connaît pas. Sans doute je ne puis prévoir l'avenir que par une faculté de prévision ; c'est une tautologie. Mais cette faculté n'a pas le même droit ni le même titre, de quelque façon qu'elle s'exerce. Elle s'exerce bien chez le savant, et mal chez l'ignorant. Et d'où vient cette différence? Du plus ou moins de conformité à l'ordre des choses.

La science est si peu une chose subjective, que la méthode scientifique a précisément pour objet d'écarter le subjectif pour atteindre à l'universel et à l'objectif. Ainsi le savant fait tous ses efforts pour éliminer la sensation actuelle et découvrir ce qui doit rester, qu'il y ait ou qu'il n'y ait pas actuellement de sujet sentant.

Platon a encore raison lorsqu'il oppose à Protagoras la dialectique, c'est-à-dire la discussion. Si votre opinion est vraie pour vous, comme la mienne pour moi, je ne vois pas pourquoi je changerais mon opinion pour la vôtre. J'en changerai, si je puis supposer que votre opinion se rapproche plus de la nature des choses; sinon, en quoi telle opinion subjective peut-elle être supérieure à telle autre opinion subjective? Que chacun reste dans son opinion, voilà le vrai. Bien plus, que personnne n'ait d'opinion. Avoir le moins d'opinions possibles, voilà la sagesse; se réduire le plus possible à l'état de chose sentante, voilà la vraie conséquence.

De plus, discuter, c'est donner des raisons ou preuves de son opinion; mais donner des raisons, c'est en appeler à quelque chose d'impersonnel et qui doit frapper toute intelligence aussi bien que la mienne. Donner des raisons ce n'est pas la même chose que toucher la sensibilité et exciter les passions, ce qui, en effet, est un moyen de communiquer aux autres mon état subjectif : c'est faire appel à la nature des choses, c'est mettre les esprits en présence de cette nature, et les mettre en demeure de se prononcer.

M. Grote dit que, si l'on discute, c'est une preuve que l'on ne possède pas la vérité absolue : cela est vrai, car là où la vérité est découverte d'une manière définitive, on ne discute plus. Mais si la discussion prouve que personne ne possède toute la vérité, cela prouve en même temps que chacun en peut apercevoir une partie. Discuter, c'est présenter, chacun de son côté, les points de vue que l'on découvre dans la vérité. S'il en était autrement, il n'y aurait point à discuter ; chacun affirmerait de son côté, mais ce ne serait plus discuter.

M. Grote semble croire qu'il n'y aurait plus de liberté de penser s'il y avait une vérité objective. Mais d'abord là où une telle vérité existe, au moins relativement, par exemple en mathématiques, c'est là précisément que l'intolérance est le moins à craindre. Mais dire qu'il y a une vérité en soi, ce n'est pas dire qu'elle soit le privilège d'un seul homme ou de quelques-uns qui posséderaient cette vérité sans réserve, comme Dieu. Pour qu'une telle vérité soit trouvée, il faut la chercher. Or, si on interdit de la chercher, on empêche par là même de la trouver. Par exemple, si la vérité historique est dans certaines archives, comment pourrai-je les découvrir si vous m'interdisez l'entrée de ces archives? Dans l'ordre des sciences physiques, la vérité est dépendante de certaines expériences : comment la trouverai-je si vous me défendez ces expériences? La vérité est dans de certains livres : comment la démêler, si vous me fermez ces livres et m'en proscrivez l'usage? Il en est de même, quoique la chose soit plus délicate, quand il s'agit des vérités morales et religieuses. Comment un bouddhiste apprendra-t-il que la religion catholique est la meilleure, si on ne lui permet pas l'examen et de sa propre religion et de celle des autres? On voit que la thèse d'une vérité absolue n'a rien de contraire à la liberté. Bien plus, elle en est la condition *sine quâ non*. Car s'il n'y a pas de vérité, pourquoi se donner la peine de la chercher? La recherche et l'examen ne sont plus qu'un jeu, et le devoir de l'État doit être, non de favoriser ce jeu, mais de garantir la paix parmi les hommes. Aussi les plus libres penseurs ont-ils été d'avis de soumettre les opinions au joug de l'État, par exemple Hobbes. L'un des plus hardis penseurs du xviiie siècle, l'abbé Galiani, disait : « Je suis pour le despotisme tout cru. »

LEÇON IV

L'IDÉALISME DE KANT. — LA PERCEPTION EXTÉRIEURE

Messieurs,

Le point de vue nouveau et vrai que Kant a introduit en philosophie est celui-ci. L'esprit apporte quelque chose de lui-même dans la connaissance.

Plaçons-nous d'abord au point de vue de l'empirisme vulgaire. Il consiste à dire que l'esprit n'apporte rien dans la connaissance que la faculté de connaître. Je vois une maison : d'après la croyance vulgaire, il y a là devant moi une maison telle que je la vois, à savoir blanche, carrée, solide, et l'acte de mon esprit consiste simplement à voir cette maison telle qu'elle est, sans rien y ajouter, sans en rien retrancher.

Dans l'empirisme philosophique, celui de Locke et de Condillac, on admet, il est vrai, que nous ne connaissons que nos propres modifications; et c'est un point de vue plus profond que celui de l'empirisme vulgaire; mais néanmoins l'esprit n'est encore qu'une table rase, une statue; il n'apporte rien de soi dans la connaissance; il la subit passivement et semble n'être qu'un miroir de la réalité.

Dans la doctrine des idées innées, l'esprit apporte quelque chose avec lui; mais ce quelque chose n'est qu'une connaissance anticipée qui se trouve d'avance, sans qu'on sache comment, d'accord avec la réalité. C'est donc le même accord que dans l'empirisme vulgaire, avec une difficulté de plus.

L'erreur signalée par Kant dans l'empirisme vulgaire aussi bien que dans l'innéisme, est de croire qu'il y a un acte de connaître d'un côté et de l'autre un objet, cet acte de connaître étant la reproduction fidèle et exacte de la chose connue; ce qui impliquerait :

1° Que l'objet n'interviendrait pas dans la connaissance, qu'il n'en serait que le terme extrême, ou, pour employer l'expression scolastique, qu'il n'aurait que la *dénomination extérieure* d'être connu, comme on le disait à Descartes. Il n'arrive rien au soleil quand il est connu, de même qu'il ne m'arrive rien de particulier et de nouveau quand un autre homme apprend à connaître mon nom. Mais c'est là une grave erreur, et nul objet ne peut être connu sans agir sur le sujet connaissant.

2° Que l'esprit à son tour n'interviendrait en rien dans la connaissance. Il suffit que les portes de nos sens soient ouvertes, comme quand on ouvre la porte d'une chambre noire, pour que le sujet voie l'objet. Mais au contraire, de même que l'action de l'objet est nécessaire, l'action du sujet l'est également. Autrement, quelle différence y aurait-il entre la statue de Condillac et un être vraiment sentant? quelle différence entre une table rase au sens propre du mot, et un sujet connaissant? Il faut bien, puisque, en définitive, il n'est pas une table, qu'il y ait en lui quelque chose qui le différencie, qui le détermine, qui en fasse un sujet sentant et pensant; et par là même il apporte quelque chose dans la connaissance, à savoir lui-même. Ce sujet, quel qu'il soit, a une nature, une essence, une forme. Il a au moins la faculté de sentir; or cela c'est quelque chose de propre et d'original.

Ainsi, tandis que l'empirisme ou le réalisme vulgaire se représente la connaissance comme l'acte d'un sujet immobile en face d'un objet immobile, et comme la simple reproduction du dehors par le dedans, on se représentera, au contraire, avec Kant la connaissance ou tout au moins la sensibilité comme le résultat d'une action commune de l'objet et du sujet. Il n'y a pas d'un côté l'objet, de l'autre le sujet; mais il y a à la fois objet et sujet confondus dans un acte indivisible.

Maintenant que nous avons fait la part que nous croyons

légitime au subjectivisme de Kant, nous devons dire dans quel sens nous l'entendons. Ce subjectivisme implique-t-il qu'il faille renoncer à tout objectivisme? L'idéalisme est-il exclusif de tout réalisme?

Dans tout acte de perception il doit y avoir, avons-nous dit, une part faite à l'objet et une part au sujet.

Dans l'école de Descartes, et même dans l'école de Locke, cette part était faite de la manière suivante : les qualités secondes sont subjectives, les qualités premières sont objectives; et c'est à peu près la théorie reçue aujourd'hui dans la physique moderne. Selon Kant, au contraire, il semble que ce soient les qualités premières qui sont subjectives, et les qualités secondes qui sont objectives; ou du moins, car ces deux mots sont équivoques, les qualités premières sont formées par l'esprit qui les apporte avec lui, les qualités secondes sont reçues par l'esprit en tant qu'il en est affecté.

Ces deux solutions ont leurs inconvénients : 1° à la première Berkeley oppose que les qualités premières sont perçues dans et par les qualités secondes et participent par là à leur subjectivité; 2° à la seconde on peut opposer que les qualités secondes, quoique données du dehors, sont, de l'avis de tous, et en particulier de l'aveu de Kant, subjectives en tant qu'elles ne font qu'exprimer l'état de conscience du sujet. Dans les deux hypothèses, tout se ramènerait au sujet, rien ne viendrait de l'objet.

Reprenons la question à notre point de vue.

Kant, au lieu de distinguer les qualités premières et les qualités secondes, a distingué la matière et la forme.

Or, si nous prenons la matière seule, nous y trouverons les deux éléments réunis : sujet et objet.

En effet, pour le sujet, d'abord, tout le monde est d'accord : couleur, chaleur, son, saveur, odeur, ne sont que des modifications de nous-mêmes ou de nos organes. Jusqu'ici point de débat; mais ce qui est moins accepté, c'est la part d'objectif qui se trouve ici mêlée à la sensation. Nous n'avons ici qu'à rappeler l'analyse faite plus haut[1]. Quand je dis : « Je vois une couleur, j'entends un son, » il y a deux choses : la vision et la couleur, l'audition et le son. La couleur n'est pas l'acte de la vision, c'est son objet; autrement il faudrait dire : « Je vois une vision; j'entends une audition. » Dans la sensation même il faut distinguer l'acte de sentir et le terme de cet acte, sa matière, que nous distinguons de nous-mêmes; car, après tout, nous ne sommes pas le spectre solaire, nous ne sommes pas la gamme. C'est le sentiment de cette vérité qui avait conduit l'école écossaise, trop dédaignée, à distinguer profondément la sensation de la perception; mais elle avait eu tort de voir là deux faits essentiellement distincts, tandis que nous n'y voyons que les deux aspects d'un seul et même fait. Il y a bien de pures sensations, telles que le plaisir et la douleur, et encore cela n'est pas certain; car même le plaisir et la douleur sont toujours localisés dans quelque organe, et représentent par là quelque chose d'objectif. Mais il n'y a pas de pures perceptions, et toute perception est accompagnée de sensation. Ce qui est plus exact, c'est de dire que dans la sensation il y a une part affective et une part représentative, et qu'elles sont en raison inverse l'une de l'autre, ce que le philosophe Hamilton a résumé en ces termes : « La sensation est en raison inverse de la perception. »

A la vérité, Maine de Biran nous apprend que c'est par le déploiement de notre activité que se mesure la part de la perception dans chacune de nos sensations. D'où il suivrait qu'encore ici ce serait le sujet qui mesurerait l'objet; mais ce ne serait pas là une conclusion exacte, car il va de soi que la connaissance de l'objet est en raison directe de la connaissance du sujet, puisque plus le sujet se connaît lui-même, plus il se distingue de ce qui n'est pas lui. L'idée de l'objet lui vient précisément de ce qu'il s'aperçoit qu'il y a quelque chose qui ne dépend point de lui; cela ne prouve nullement que l'objet soit le sujet.

---

1. Livre V, leçon II.

Ainsi, même pour les qualités secondes, il y a, selon nous, une partie objective en même temps que subjective.

Mais comment concilier cette doctrine avec le principe accordé par tous, à savoir que les qualités secondes ne sont que des modifications du moi? En tenant compte d'une distinction.

La théorie en question signifie simplement que s'il n'y avait point d'organe sentant, ou de moi sentant, il n'y aurait ni lumière ni chaleur sentie : cela est évident. Mais cette théorie ne va pas jusqu'à dire que la lumière et la chaleur sont le produit de notre spontanéité. Au contraire, puisque ces qualités nous affectent, c'est que nous les subissons; elles sont l'action de quelque chose sur nous; elles sont ce quelque chose même. Si je n'étais pas là, il n'y aurait point de lumière subjective; mais s'il n'y avait point de lumière objective, il n'y aurait pas non plus de lumière subjective. Cette lumière subjective est le point de contact, le trait d'union, le point de coïncidence des deux termes; et c'est pour cela que je me l'oppose à moi-même.

Mais, dira-t-on, vous appliquez ici l'idée de cause, qui n'est peut-être elle-même qu'une forme subjective de l'esprit. Je l'applique comme tous les savants, comme tous les hommes, sans en discuter la validité métaphysique. Kant lui-même en fait usage de la même manière; autrement il ne pourrait faire deux pas.

D'ailleurs, lors même que l'on soutiendrait qu'il n'y a ni cause ni substance, mais rien que des phénomènes, ces phénomènes eux-mêmes, en tant qu'ils sont donnés, et que je les subis du dehors, sont pour moi ce que j'appelle objet.

Telle est la matière de la connaissance, à la fois subjective et objective. Passons à la forme. Ici nous abordons plus particulièrement et plus directement l'hypothèse kantienne.

C'est déjà une inexactitude de nous représenter la matière de la sensibilité comme une pure matière. Suivant Kant, la sensibilité n'est qu'une « réceptivité »; comme les sensualistes, il fait de la sensibilité une table rase. Mais il n'en est pas ainsi. Même au point de vue de la pure sensibilité, l'âme a déjà une forme, ne fût-ce que la forme de ses organes. Ainsi l'organe vivant imprime sa forme à tout ce qui l'affecte. On peut affirmer que tout ce qui affectera l'organe de la vue prendra la forme de la lumière; tout ce qui affectera l'ouïe prendra la forme du son. La lumière est donc la forme de la vision, le son la forme de l'ouïe, etc.

Ainsi chaque sens a sa sensibilité spécifique, qui peut être considérée comme sa forme; ce qui ne détruit pas ce que nous avons dit plus haut, que la sensibilité correspond à un objet. Seulement l'apparition du même objet se diversifie suivant les formes des différents sens; mais si dans la matière même il y a déjà une forme, on peut dire réciproquement que dans ce que Kant appelle la forme, il y a peut-être encore une matière.

Commençons par étudier la forme au point de vue subjectif.

Nous venons de voir que tous les objets, en passant par les différents sens, prennent la forme de chaque sens; mais, au delà de ces formes spécifiques de chaque sens, n'y a-t-il pas une forme générale qui s'applique à tous les objets corporels sans exception? C'est l'étendue. Cette forme générale ne peut appartenir à aucun sens en particulier, car elle se confondrait avec la forme spécifique des sens. Mais pourquoi cette forme générale ne serait-elle pas la forme de l'organe central, du centre nerveux, où viennent converger tous les rameaux de la sensibilité? Il n'y a pas de raison pour ne pas supposer pour les qualités premières ce que l'on sait certainement pour les qualités secondes, à savoir qu'elles nous affectent selon la forme de notre sensibilité. Seulement ce n'est plus la sensibilité spéciale de chaque sens dont il s'agit, c'est la sensibilité générale qui porterait cette forme en elle-même. Ce serait ce qu'Aristote appelait le *sensus communis* ou le *sensorium commune*.

Acceptons un instant et provisoirement cette hypothèse, et les caractères de l'espace signalés par Kant se comprendront très bien. Tous les corps sont dans l'espace, c'est-à-dire tout ce qui affectera nos sens prendra la forme de notre cerveau. L'espace est nécessaire, les corps ne le sont pas; c'est-à-dire les sens peuvent nous manquer, le cerveau non pas. Nous ne pouvons rien nous représenter sans l'espace, car le cerveau est l'organe de l'imagination. Il n'y a qu'un espace, c'est-à-dire il n'y a qu'une forme de cerveau. Cette forme est indivisible. Enfin, la géométrie est possible, puisque cette forme serait à priori, c'est-à-dire préexistant à toutes les données des autres sens.

Cette hypothèse est une représentation commode de l'hypothèse de Kant; mais elle n'est nullement nécessaire, et on peut supposer, si l'on veut, que l'espace est une forme immatérielle du sens externe.

Je le demande maintenant. Cette théorie exclut-elle tout fondement objectif à la notion d'étendue? Nullement; car, de même que la sensibilité spécifique de l'œil n'exclut pas l'existence de la lumière externe, de même la forme subjective de l'étendue n'exclut pas une raison objective correspondant à cette forme. Quelle contradiction y a-t-il à ce que l'objet ait par lui-même une forme aussi bien qu'un sujet? Un objet est perçu dans un miroir ou à travers un prisme, et il prend la forme de ce miroir et de ce prisme. Cela empêche-t-il qu'en lui-même il ait déjà une forme qui le distingue de tout autre objet? Nous ne voulons pas dire qu'en lui-même l'objet soit étendu, mais qu'il a telle propriété qui nous apparaît sous la forme de l'étendue.

Il n'y a nulle contradiction, quoi qu'en ait dit Euler[1], à ce qu'un objet inétendu nous apparaisse sous la forme de l'étendue. Nous voyons, par exemple, que la lumière est une apparition de mouvement, et les couleurs des différences de réfraction. D'où il suit que des rapports objectifs de quantité se traduisent subjectivement en qualités. Réciproquement, pourquoi certains rapports dynamiques ou certains rapports

---

1. *Lettres à une princesse d'Allemagne.*

numériques, venant à nous affecter, ne se présenteraient-ils pas sous l'apparence de l'étendue?

Mais, dira-t-on, c'est là l'hypothèse de Leibniz : ce n'est plus celle de Kant. Je réponds : L'hypothèse de Leibniz est insuffisante. Elle n'explique pas pourquoi certains rapports de coexistence, comme il s'exprime, prendraient la forme de l'étendue, si cette forme ne préexistait pas dans l'esprit. Il faut donc qu'il y ait déjà en nous quelque schème de l'étendue, pour que les objets nous paraissent étendus. La préexistence de l'étendue dans l'esprit, tel est l'essentiel de la conception de Kant, et nous l'admettons dans ce sens.

Mais, d'un autre côté, Kant n'explique pas davantage les points suivants :

1° Pourquoi l'étendue nous paraît-elle elle-même comme donnée, aussi bien que les autres qualités?

2° Pourquoi chaque corps a-t-il une forme propre, autrement dit une figure? Dans un espace continu, infini et homogène, rien ne détermine une figure plutôt qu'une autre; il n'y a pas de raison pour qu'un objet soit rond plutôt que carré. Il faut que cette raison soit objective.

3° Pourquoi y a-t-il entre les corps tels rapports de distance et de mouvement? La forme de l'espace vide et homogène rend possible le mouvement et la distance en général, mais ne peut déterminer ni l'un ni l'autre. Il faut encore ici des raisons objectives.

Que l'hypothèse idéaliste de l'espace n'exclue pas une raison métaphysique et objective de l'espace, même dans la pensée de Kant, c'est ce qui résulte d'une scolie remarquable de la dissertation de 1770, où Kant a exposé pour la première fois sa théorie sur la nature de l'espace et du temps. Cette théorie y est absolument la même que dans l'Esthétique transcendantale. Par conséquent, l'espace y est déjà donné comme forme subjective ; et cependant Kant ajoute ce qui suit :

« S'il était permis de sortir quelque peu des limites de la certitude apodictique qui convient à la métaphysique, je ferais quelques recherches non seulement sur la loi de l'intuition sensitive, mais encore sur les causes de cette intuition qui ne peuvent être connues que de l'entendement. Car l'esprit humain n'est affecté par les choses extérieures, et le monde ne lui offre un spectacle infini qu'autant qu'il est lui-même conservé avec tout le reste par la même force infinie d'un seul. Il ne sent donc les choses du dehors que par la présence d'une même cause conservatrice commune ; aussi l'espace, qui est la condition universelle et nécessaire connue de la présence simultanée de toutes choses, peut s'appeler l'*omniprésence phénoménale* ; car si la cause de l'univers est présente à toutes choses, ce n'est pas parce qu'elle est dans les lieux qu'elles occupent, mais les lieux, au contraire, ne sont possibles que parce qu'elle est intimement présente aux choses.

« Mais il paraît plus prudent de côtoyer le rivage des connaissances qui nous viennent de la médiocrité de notre entendement, que de nous laisser emporter dans la pleine mer de ces connaissances mystiques, comme le fait Malebranche, dont la doctrine que « nous voyons tout en Dieu » diffère peu de ce que nous venons d'exposer. »

A la vérité, dans ce passage Kant recherche plutôt l'origine transcendante de la notion d'espace que l'origine positive de la notion. Toujours est-il qu'il admet que la forme subjective de l'espace pourrait correspondre objectivement à certains rapports réels ; et cela suffit pour la thèse que nous avons soutenue, à savoir que l'idéalité de la notion d'espace en tant que forme de l'esprit n'exclut pas l'existence d'une cause réelle et métaphysique qui n'est pas l'espace, et qui se manifeste sous la forme de l'étendue sans être elle-même étendue.

Ainsi, pour ce qui concerne la perception extérieure, l'idéalisme n'exclurait pas un certain réalisme.

LEÇON V

LA THÉORIE DE LA CONSCIENCE DANS LA PHILOSOPHIE DE KANT

Messieurs,

Après la théorie de la perception extérieure, étudions dans Kant la théorie de la conscience :

Quelle est pour Kant la signification des mots *conscience* ou *aperception,* qu'il emploie indifféremment?

Quel est aussi le sens des deux espèces de *conscience* qu'il distingue l'une de l'autre, la conscience *empirique* et la conscience *transcendantale?*

Pour bien comprendre cette théorie, partons de la théorie vulgaire de la conscience, telle qu'on l'enseigne d'ordinaire.

Dans cette théorie, la conscience nous atteste l'existence d'un sujet un et identique appelé moi et diversement modifié.

Par la conscience nous distinguons d'une part nos diverses modifications : plaisir, douleur, souvenirs, images, etc. ; de l'autre, l'existence d'un sujet permanent, qui se reconnaît le même dans toutes ses modifications.

Il y a donc dans la conscience unité et diversité, identité et changement. La conscience de la diversité sera la conscience *empirique* de Kant; la conscience de l'unité sera la conscience *transcendantale*.

Il sera même facile de faire cadrer de plus près encore la théorie de Kant avec la théorie classique, car il nous dit que la conscience empirique doit se rattacher à une conscience transcendantale. C'est comme s'il disait que la diversité suppose l'unité, que la conscience de la diversité implique la conscience de l'unité; ce qui reviendrait à dire qu'il n'y a qu'une conscience qui saisit l'un dans le divers et le divers dans l'un.

On pourrait même rapprocher encore davantage les deux théories. Kant, en effet, nous dit que la conscience transcendantale est nécessaire, et la conscience empirique contingente; or, dans le sens où il le dit, il n'y a pas de psychologie qui ne puisse l'accepter. En effet, il est tout à fait contingent que je perçoive telle sensation, par exemple la sensation de rouge ou de bleu, et par conséquent que j'en aie conscience. Au contraire, la conscience de moi-même, de mon unité et de mon identité, est la condition nécessaire de toutes mes représentations; elle est supposée par toutes, et par conséquent, par rapport à ces représentations, elle est à priori. De même l'unité de conscience est la condition nécessaire de tout jugement, d'où l'on peut dire que le jugement implique à priori l'unité de conscience. En ce sens, je le répète, il n'est pas de philosophie qui se refuse à dire qu'elle est à priori et qu'elle est nécessaire.

Jusqu'ici il semble donc qu'il y ait parité absolue entre la théorie de Kant et la théorie classique, et qu'elles ne diffèrent que par l'expression.

Mais, si analogues qu'elles paraissent, elles sont cependant, en elles-mêmes, profondément différentes; et des deux sens que l'on peut donner à cette même théorie résultent deux métaphysiques différentes et même opposées.

Dans la théorie classique, telle que l'ont entendue nos maîtres français Jouffroy et Maine de Biran, la conscience est une faculté qui atteint le moi tel qu'il est. La conscience est une perception, une intuition. J'ai conscience d'exister, donc j'existe; j'ai conscience de mon activité, donc je suis une force active; j'ai conscience de mon unité et de mon identité, donc cette force active est une et identique; j'ai conscience de ma durée, donc je dure; j'ai conscience d'être libre, donc je suis libre.

Maintenant, en même temps que ma conscience me manifeste mon être (et avec l'être l'activité, la liberté, la durée, l'unité, l'identité, etc.), en même temps elle me manifeste mes phénomènes, lesquels sont réellement tels que je les perçois ; car il est indubitable que je souffre quand je me sens souffrir, que je jouis quand je me sens jouir, etc.

La conscience, à la fois une et diverse, correspond donc à un être à la fois un et divers. Elle est la manifestation de cet être à lui-même. Tel il est, tel il se voit.

Pour Dieu lui-même, je suis aussi ce que je suis pour moi, à savoir un être, un être actif, un, identique, diversement modifié.

Telle est la théorie classique de la conscience, et elle répond certainement au sentiment naturel de tous les hommes.

Si, en lisant Kant, nous avons cette théorie dans l'esprit ; si nous voulons l'y retrouver ; si nous entendons ces formules dans ce sens qu'elles doivent avoir, cette doctrine étant admise, quelque analogie extérieure que nous ayons pu surprendre entre l'une et l'autre de ces théories, nous pouvons être assurés cependant que nous n'avons absolument rien compris à la pensée de Kant.

En effet, selon Kant, nous ne pouvons connaître aucune chose telle qu'elle est en soi, pas plus le moi que tout le reste. La conscience, soit empirique, soit transcendantale, ne peut nous faire connaître ce moi en lui-même. Quelle sera donc, en ce cas, la pensée de Kant?

Dans la théorie précédente, il n'y a en réalité qu'un seul acte, l'acte de se percevoir soi-même, lequel est à la fois un et divers ; il n'y a pas deux facultés, l'une pour la sensation, l'autre pour les attributs.

Mais pour Kant il y a réellement deux facultés : il y a une conscience de la sensibilité et une conscience de l'entendement. Or, pour le même philosophe, la sensibilité et l'entendement sont absolument séparés. L'une est une *réceptivité*, l'autre une *spontanéité;* l'entendement tire ses formes de lui-même ; la sensibilité doit sa matière à une cause inconnue. Celle-ci nous présente les choses telles qu'elles nous apparaissent ; celui-là nous apporte les lois ou conditions à l'aide desquelles nous transformons les intuitions en pensées.

Cela étant, qu'est-ce que la conscience transcendantale, qu'est-ce que la conscience empirique? L'une et l'autre nous font connaître le moi; mais le moi de la sensibilité n'est pas le même que le moi de l'entendement : c'est le moi tel qu'il s'affecte lui-même, c'est-à-dire en tant qu'il affecte la sensibilité, en tant qu'il tombe sous la forme de la sensibilité, c'est-à-dire sous la forme du temps.

Il est étrange, dit Kant, de dire que le moi est affecté par lui-même : c'est cependant ce qui résulte du fait que le moi se connaît lui-même. Car comment connaissons-nous un objet? C'est en tant que cet objet agit sur nous, c'est-à-dire nous affecte. Il doit donc en être de même du moi; pour que le moi soit connu par le moi, il faut qu'il agisse sur lui, par conséquent qu'il s'affecte, et par conséquent aussi qu'il soit aperçu par le moi selon le mode de la réceptivité du moi. Donc il n'est connu qu'en tant qu'il apparaît, et non pas en tant qu'il est.

Que le moi ne soit connu que tel qu'il apparaît et non tel qu'il est, c'est ce qui est accepté implicitement par toutes les théories de la conscience. En effet, toutes admettent que l'âme est immobile; et cependant elle se perçoit comme mobile, puisqu'elle se déplace dans l'espace, et elle s'aperçoit comme diffuse dans le corps, quoiqu'elle ne soit pas étendue. Ainsi, même quand on admettrait la réalité du temps, le mode de mon aperception serait encore subjectif.

Ainsi la conscience empirique ne nous fait pas connaître le moi en lui-même, mais seulement le moi manifesté. En elle-même l'âme n'est pas dans le temps, quoique les phénomènes nous apparaissent sous la forme du temps. On peut même pousser plus loin encore l'hypothèse de Kant, et dire qu'on ne sait pas si l'âme jouit ou souffre véritablement, mais seulement elle se sent jouir et souffrir, ces modes de notre sensibilité correspondant dans l'âme à des états inconnus.

Voilà pour la conscience empirique. Qu'est-ce maintenant que la conscience transcendantale ?

La conscience pure ou transcendantale est un acte de l'entendement. C'est la condition première de tous les actes de l'entendement. Le *je pense,* dit Kant, n'est pas un concept, ou une catégorie : c'est la condition, le *véhicule* des catégories. Il les accompagne nécessairement (*begleitet*). L'unité de conscience exigée par toute synthèse intellectuelle ne doit pas être confondue avec la catégorie de l'unité ; cette unité quantitative suppose une unité qualitative fondamentale dont toutes les catégories ne sont que les diverses applications.

Ainsi le *je pense* est l'acte primordial de l'entendement. C'est l'entendement lui-même.

Ce n'est pas une intuition, car l'entendement n'a pas d'intuition ; ce n'est pas une connaissance, car aucun concept ne peut connaître à lui seul ; il faut toujours qu'il lui soit *subsumé* des intuitions. Le *je pense* est une pensée. Or, penser, c'est réunir des représentations diverses sous une représentation commune. Le *je pense* n'a donc d'autre fonction que de réunir les représentations diverses et multiples de la sensibilité ; mais par lui-même il n'a pas d'objet propre.

Comment donc connaissons-nous le sujet dans la doctrine de Kant ?

Absolument, à ce qu'il semble, de la même manière que nous connaissons l'objet. Un objet externe, c'est pour nous un ensemble d'intuitions externes soumises aux catégories et ramenées à l'unité de conscience. De même le sujet est l'ensemble des intuitions internes soumises aux catégories et ramenées à l'unité de conscience. Ainsi le sujet nous est tout aussi inconnu que l'objet. Je ne puis rien dire sur leur différence ni sur leur identité. Peut-être n'y a-t-il qu'un seul substratum commun au sujet et à l'objet. Peut-être mon esprit est-il tout autre chose que je ne me le représente à moi-même ; et, pour indiquer l'une de ces possibilités, mon esprit m'apparaît comme soumis à la loi de la causalité, c'est-à-dire au déterminisme ; peut-être en lui-même n'est-il pas soumis à cette loi. C'est ainsi que la liberté, impossible dans le monde phénoménal, serait possible dans le monde des choses en soi.

Et cependant, malgré toutes ces analogies, ce serait une grande erreur de dire que, selon Kant, le sujet se connaît lui-même de la même manière qu'il connaît l'objet; et, creusant la question plus avant, nous allons voir la doctrine de Kant prendre encore un nouvel aspect.

Kant nous dit que c'est, en apparence, un paradoxe étrange que de dire qu'un être est affecté par lui-même (ce qui cependant est impliqué, selon lui, dans le cas de la connaissance de soi-même); mais il cherche à expliquer comment cela peut être.

Rappelons-nous que l'entendement est la faculté de la liaison; mais, outre la liaison qui lui est propre, il y a encore une autre liaison opérée par l'imagination et que Kant appelle la *synthèse figurée,* c'est-à-dire la synthèse des phénomènes dans l'espace et dans le temps.

Or, qu'est-ce maintenant que l'imagination? Elle est de deux sortes : productrice et reproductrice. Comme reproductrice, elle appartient à la sensibilité; comme productrice, elle est une action de l'entendement sur la sensibilité.

L'imagination étant ce que nous venons de dire, c'est-à-dire l'action de l'entendement sur la sensibilité, qu'est-ce à dire sinon que le sujet, en tant qu'il possède l'entendement, affecte le même sujet en tant qu'il possède la sensibilité, en d'autres termes que le sujet s'affecte lui-même? Le sujet intelligible agit sur le sujet sensible comme le noumène extérieur agit sur ce même sujet sensible; et de même que le noumène extérieur agissant sur le sujet sensible est perçu par ce sujet sous la forme de la sensibilité externe (l'espace), de même l'entendement qui affecte ce sujet est perçu par lui, c'est-à-dire par lui-même, sous la forme de la sensibilité interne, c'est-à-dire du temps.

En d'autres termes, l'entendement s'apparaît à lui-même comme phénomène.

Par conséquent, dire que le sujet s'affecte lui-même, c'est dire que l'entendement prend conscience de lui-même dans les conditions de la sensibilité. Or, quelle est la condition fondamentale de la sensibilité interne? C'est le temps. L'entendement ne peut agir sur la sensibilité que conformément aux lois de la sensibilité ; il *produit* ainsi le *concept de succession*. Non pas que le concept de succession appartienne à l'entendement, car il n'est qu'un dérivé du temps ; mais la succession implique une certaine liaison à priori, et par conséquent ne peut être produite que par l'entendement ou faculté de liaison ; mais cette action de liaison, une en soi, devient double en tombant dans le domaine de la sensibilité.

Là est la solution de l'objection faite dans l'Esthétique transcendantale. On disait (et c'était l'objection de Mendelsohn) : la succession est réelle, donc le temps est réel. Mais la succession n'est qu'un produit, une résultante, l'effet de l'action de l'entendement sur la sensibilité.

La conscience du moi est donc la conscience d'un entendement qui s'apparaît à lui-même sous la forme de la sensibilité, et qui se voit non tel qu'il est en soi, mais seulement à titre de phénomène.

Cependant il faut ici remarquer deux choses :

1° La première, c'est que le *je pense,* sans représenter le sujet en soi, représente cependant quelque chose de plus que le phénomène ; le *je pense* implique l'existence, non tel ou tel mode, telle ou telle détermination d'existence, mais cependant l'existence réelle, car il est certain que nous existons à titre d'entendement, et que l'entendement n'est pas un phénomène. Kant dirait, aussi bien que Descartes : *Cogito, ergo sum.*

2° L'essence de l'entendement est d'être actif : c'est une spontanéité, une productivité de concepts. Nous existons donc à titre de spontanéité, d'activité ; nous conaissons donc de l'entendement quelque chose de plus que sa simple existence ; nous savons qu'il est doué d'activité.

On voit par là qu'il y a une différence radicale entre la

connaissance de l'objet externe et celle du sujet interne. Pour l'objet externe, nous ne pouvons dire qu'une chose, à savoir que c'est un objet, un x qui affecte notre sensibilité. Pour le sujet interne, au contraire, le substratum est aussi un x; mais cependant ce n'est plus une chose absolument inconnue; car nous en savons au moins ceci, à savoir que c'est un entendement. Sans doute cet entendement ne se perçoit pas tel qu'il est en soi, puisqu'il est obligé de passer par la forme de la sensibilité pour se connaître; mais il se connaît cependant dans une certaine mesure, puisqu'il sait qu'il est une spontanéité, tandis que de l'objet externe il ne sait rien, absolument rien.

Quelle différence y aurait-il entre un entendement qui se connaîtrait tel qu'il est en lui-même, et l'entendement que nous possédons; entre un entendement intuitif et l'entendement discursif qui est le nôtre? L'entendement intuitif serait celui dans lequel la diversité serait produite en même temps que l'unité, c'est-à-dire qui apercevrait le divers dans l'unité. Cet entendement serait intuitif comme celui de Dieu; c'est un entendement qui produirait les objets quant à l'existence, et non pas seulement quant à la connaissance. Un tel entendement n'aurait pas besoin de catégories et, ne subissant pas l'influence de la sensibilité, se percevrait tel qu'il serait en soi.

Au contraire, l'entendement humain ne produit pas le divers; il le suppose; il n'est qu'une liaison du divers; il suppose donc une faculté d'être affecté, par conséquent une sensibilité; il ne produit l'objet que quant à la connaissance, et non pas quant à l'existence; il ne peut déterminer la connaissance que par la liaison du divers donné dans la sensibilité; il ne s'aperçoit que dans et par la sensibilité.

Quoi qu'il en soit de cette condition restrictive, toujours est-il que Kant sait de lui-même au moins ceci, à savoir qu'il pense et qu'il existe en tant qu'il pense; il est donc une chose pensante, comme disait Descartes, qui lui-même distinguait, dans la chose pensante, l'existence et l'essence. Voyons cependant si, du seul fait de l'existence de la chose pensante, nous ne pouvons pas conclure quelque chose sur l'essence.

Kant accuse de paralogisme l'argument classique de la spiritualité de l'âme fondé sur l'unité et l'identité du moi. Il prétend que l'on confond l'unité logique avec l'unité substantielle, et qu'en affirmant cette dernière unité on ne fait qu'appliquer la notion de substance, laquelle n'est qu'un concept de l'entendement, qui n'a d'autre fonction que de s'appliquer à l'expérience. Mais, sans faire appel à la catégorie de substance, sans nous demander s'il y a ou s'il n'y a pas des substances et ce qu'il faut entendre par ce mot, ne suffit-il pas du simple principe de contradiction pour avoir le droit d'affirmer que le divers ne peut pas produire l'unité d'action? Si le divers pouvait produire l'unité, qu'aurions-nous besoin d'unité, même d'unité logique, pour enchaîner la diversité phénoménale? Le phénoménisme alors aurait gain de cause; et l'à-priorisme serait renversé dans ses fondements essentiels. Personne n'a plus que Kant insisté sur l'unité d'action de l'entendement; personne n'a plus fortement établi que la pensée suppose une synthèse, qu'elle est une synthèse. Cela étant, comment pourrait-on recourir à l'hypothèse d'une pluralité produisant l'unité? Si donc l'unité ne peut pas être produite par la diversité, c'est qu'elle est essentielle. Un entendement dont l'essence est l'unité est-il autre chose que l'esprit? Peut-être est-il même quelque chose de plus, Dieu par exemple, mais il est au moins cela.

Si la catégorie de substance n'est pas applicable à l'âme, c'est que l'entendement n'a pas besoin de substratum; il est à lui-même son propre substratum. Mais cela prouve suffisamment qu'il n'est pas un produit de la matière.

Sans doute on accorde à Kant que je ne sais pas de l'entendement ce qu'il est dans son dernier fond. Je ne sais pas s'il est ou s'il n'est pas dans le temps, s'il est ou s'il n'est pas substance; mais je sais qu'il est, et qu'il est une spontanéité et par conséquent une activité; enfin qu'il est un, puisqu'il apporte l'unité avec lui. Ces trois attributs sont les attributs essentiels de l'esprit. L'entendement est donc identique à l'esprit.

J'appelle spiritualisme dogmatique celui qui considère l'âme comme une substance ; spiritualisme idéaliste, celui qui la considère comme l'acte même de la pensée ; matérialisme dogmatique, celui qui la considère comme un agrégat de substances ; matérialisme idéaliste, celui qui la considère comme un agrégat ou une résultante de sensations.

Cela posé, je dis qu'il résulte de la théorie de Kant :

1° Que le matérialisme idéaliste est impossible, puisqu'il faut une synthèse pour réunir les sensations en un tout, et que cette synthèse suppose une unité réelle et effective, car si elle n'était pas effective il faudrait une nouvelle synthèse pour la former, et cela à l'infini.

2° Que le matérialisme dogmatique est impossible ; car, étant donnée, par hypothèse, l'application de la loi de substance au sujet de la pensée, il est contradictoire qu'une unité d'action résulte d'une pluralité : car ce serait revenir à l'hypothèse précédente ; la pluralité de substances ne donnerait qu'une pluralité de sensations ; et il faut une unité effective pour les réunir en synthèse.

3° Si donc la loi de substance est applicable au sujet pensant, l'unité de conscience et de pensée ne peut avoir lieu que dans une substance simple, et non dans un composé.

4° Si, au contraire, la loi de substance n'est pas applicable, à tout le moins est-il vrai que je suis une pensée, c'est-à-dire une unité d'action ; et cela même sera l'âme.

D'où il suit que la doctrine de Kant, bien entendue, aboutit, non pas, comme on le croit, à une neutralité vague et indifférente entre le spiritualisme et le matérialisme, mais à un spiritualisme idéaliste, qui exclut formellement toute espèce de matérialisme.

LEÇON VI

L'IDÉALISME DE KANT EN LUI-MÊME

Messieurs,

On ne cesse de répéter que Kant en a fini avec la métaphysique. Rien de plus douteux que cet axiome ; jamais on n'a fait plus de métaphysique et de plus hardie que depuis Kant. Fichte, Schelling, Hegel, Schopenhauer, Herbart, tous issus de Kant, sont des métaphysiciens aussi subtils, aussi aigus, aussi transcendants qu'aucun des métaphysiciens du passé. La vérité c'est que, bien loin de détruire la métaphysique, il lui a plutôt ouvert une voie nouvelle. Lui-même n'a fait que substituer une hypothèse métaphysique à toutes les hypothèses du passé. Voyons quelle est cette hypothèse.

« Jusqu'ici, dit-il, on a cru que toute notre connaissance devait se régler d'après les objets. Mais tous nos efforts pour décider quelque chose à priori sur ces objets au moyen de concepts, afin d'accroître par là notre connaissance, sont restés sans succès dans cette supposition. *Essayons* donc si l'on ne réussirait pas mieux dans les problèmes métaphysiques, *en supposant* que les objets doivent se régler sur nos connaissances. » On voit que Kant ne dissimule en aucune façon le caractère hypothétique de son système : c'est un essai, c'est une tentative nouvelle, c'est une *supposition*. Sans doute, si cette supposition réussit à expliquer les choses, l'hypothèse deviendra une théorie comme dans les sciences ; c'est ainsi que l'attraction universelle de Newton a été d'abord une hypothèse avant de devenir une théorie. Mais c'est là une prétention qu'ont eue toutes les hypothèses métaphysiques. Spinoza a cru sans doute, aussi bien que Kant, que son hypothèse expliquerait tous les faits et résoudrait toutes les difficultés. Malebranche en a cru autant de la vision en Dieu, et Leibniz de la monadologie. L'hypothèse de Kant peut, sans doute, être la bonne; mais c'est ce qui reste à discuter. En attendant, elle se présente au même titre que les autres. Ce n'est donc pas la suppression de la métaphysique : c'est tout simplement une hypothèse de plus en métaphysique.

Si nous considérons cette hypothèse dans son ensemble, nous verrons qu'elle est une conception grandiose et originale, mais qui relève de l'imagination créatrice tout autant qu'aucune autre hypothèse métaphysique, par exemple la théorie des idées de Platon, les hypostases de Plotin, l'acte pur d'Aristote, etc. Selon Kant, en effet, le monde qui nous entoure n'est qu'une apparence, une illusion : c'est la combinaison entre des sensations dont l'origine nous est inconnue, et des concepts que l'esprit porte avec lui. En appliquant ces concepts aux sensations, l'esprit donne naissance à ce que nous appelons la nature, dont l'essence est le déterminisme; mais le déterminisme est enfermé dans les limites du monde sensible, monde dont nous sommes les législateurs, sinon les créateurs. Mais au delà, au-dessus de ce monde visible, il y a, ou du moins il peut y avoir un autre monde, le monde intelligible, où les choses en soi seraient affranchies de la loi de causalité physique, c'est-à-dire du déterminisme, et deviendraient elles-mêmes de véritables causes. Là est le règne des fins, c'est-à-dire de la morale, tandis que la nature est le règne de la nécessité. Cette conception kantienne, que l'on a accusée de scepticisme, est tout aussi près et plus près peut-être encore du mysticisme. Nous ne voyons pas en quoi elle diffère en essence des autres grandes hypothèses métaphysiques.

Rien n'est donc moins fondé que la proposition devenue banale que Kant en a fini avec la métaphysique. C'est le contraire qu'il faut dire. Il faut dire qu'il a renouvelé la métaphysique, qu'il lui a ouvert une voie nouvelle, qu'il lui a fourni des aliments nouveaux, et, bien loin de dire qu'il a détruit le dogmatisme antique, on peut dire qu'il a fourni les moyens d'y revenir par des chemins nouveaux.

Je crois pouvoir ajouter que cette manière de considérer Kant le grandit beaucoup plus que si on le considère comme en rupture absolue avec le passé et en le séparant également de l'avenir, comme si le développement de la philosophie en Allemagne, après lui, n'eût été que l'aberration et la déviation de l'esprit philosophique. Je ne méconnais sans doute pas les excès et les erreurs de la métaphysique allemande après Kant : l'abus de l'hypothèse, l'abus du jargon métaphysique, l'abus des formes abstraites, l'oubli de l'expérience concrète, ce sont là les causes qui ont discrédité cette philosophie même dans son pays. Il n'en est pas moins vrai que cette philosophie s'est formée par un mouvement logique très légitime et très rigoureux et qu'elle sort directement de la philosophie kantienne. Kant, en introduisant son principe de l'idéalisme transcendantal, est resté en route; il a maintenu un dualisme inconséquent en contradiction avec ce principe; sa philosophie ne pouvait se maintenir que par le retour à un principe unique, celui du moi; c'est donc très conséquemment que la philosophie est passée à l'idéalisme pur de Fichte, de Schelling et de Hegel. Mais il nous semble que c'est un plus grand honneur pour Kant d'avoir suscité un tel développement de pensée, que d'avoir, comme on le dit, fixé les colonnes d'Hercule de la pensée humaine dans les limites dans lesquelles il s'était lui-même renfermé. Le néocriticisme moderne croit faire honneur à Kant en le séparant absolument et de ce qui le précède et de ce qui le suit, et en ramenant sa philosophie à la négation de la métaphysique. Au contraire, si on considère la philosophie allemande comme le développement de la pensée kantienne, et si l'on s'assure que cette philosophie allemande est revenue par mille côtés à la philosophie antérieure, au platonisme, au néoplatonisme, au péripatétisme, au leibnizianisme, au spinozisme, on retrouve la filière; Kant rentre dans le grand courant de la philosophie en général, de la *philosophia perennis,* comme l'appelait Leibniz. La philosophie est reconstituée dans son unité, dans sa tradition, dans sa suite. Kant n'est plus tout seul, mais il est au premier rang parmi ceux qui forment cette grande chaîne. Voir en lui non un destructeur, mais un rénovateur de la métaphysique, c'est lui faire encore une fois plus d'honneur que de réduire sa philosophie à un demi-positivisme, à un positivisme abstrait et logique, qui ne se distinguerait de l'autre que par la complication et l'enchevêtrement de la pensée.

Après ces vues générales sur la philosophie de Kant, nous avons à entrer dans la critique de cette philosophie. Au point où nous sommes, et n'ayant devant nous que si peu de temps, nous ne pouvons avoir la prétention d'instituer une controverse détaillée et suivie sur tous les points de la critique de Kant. Nous nous bornerons à quelques points très généraux, et tout d'abord à la lacune qui nous paraît la plus importante dans ce vaste système.

Vous vous rappelez que la principale objection que nous ayons dirigée contre l'idéalisme subjectif des Anglais, contre Hume et contre Mill, c'est que ce système n'explique pas les liaisons nécessaires dont se compose l'expérience. Selon ces philosophes, les principes dits rationnels ne sont que des liaisons d'habitude, déterminées en nous par la reproduction constante de certaines suites de sensations. Il n'y aurait donc dans la connaissance que la sensation et l'habitude que nous avons de recevoir ces sensations dans un certain ordre, et toujours le même ordre. Soit; mais pourquoi ces sensations se reproduisent-elles dans un ordre toujours le même? C'est ce que l'idéalisme anglais n'a pas expliqué. Le principe de causalité se réduit à des consécutions constantes : soit; mais pourquoi y a-t-il des consécutions constantes? Pourquoi y a-t-il une nature? Les phénomènes seront, si l'on veut, subjectifs; mais la liaison des phénomènes ne l'est pas. Il y a quelque cause cachée qui régit la chaîne tout entière; et cela au moins est quelque chose d'objectif.

Dans le système kantien, cet enchaînement de la nature

s'expliquera-t-il davantage? Ici, à la vérité, les lois qui fondent la science ne sont pas des lois exclusivement empiriques; elles sont nécessaires et universelles; elles sont inhérentes à l'esprit humain; elles en expriment l'essence. Ce ne sont pas de simples habitudes acquises; ce sont de véritables nécessités; il y a là, on doit le reconnaître, un fondement solide pour la légitimité de la science : mais pour ce qui est de l'accord de la nature et de la pensée, de l'objet et du sujet, le problème reste le même qu'auparavant. Qu'importe, en effet, qu'une loi de l'esprit soit une habitude acquise ou une nécessité innée? Qu'importe d'où vient cette loi? Si elle n'est qu'une loi du sujet, comment l'objet se produit-il conformément à cette loi? Comment la nature se soumet-elle à nos ordres et obéit-elle, en soldat docile, aux besoins de notre esprit? Qu'est-ce que la nature, suivant les idéalistes? C'est l'ensemble de nos sensations dirigé par les lois de notre esprit. Mais comment et pourquoi notre sensibilité obéit-elle à notre entendement? Comment et pourquoi l'ordre de nos sensations est-il la reproduction fidèle du plan logique prédéterminé par l'esprit? Qu'on n'oublie pas que nos sensations sont passives, involontaires, qu'elles ont leur origine dans des causes qui nous échappent et dont la direction est hors de nos pouvoirs. Quel est le pouvoir mystérieux qui fait naître les sensations au fur et à mesure que notre esprit l'exige, d'après ses propres lois? Pour donner à cette difficulté fondamentale une forme précise, les lois rationnelles de notre esprit exigent que telle étoile soit dans le ciel à telle place à tel moment du temps : eh bien! par quel mystère la sensibilité fait-elle surgir en nous la sensation d'une étoile précisément au moment fixé a priori par l'entendement?

Kant lui-même n'a pas ignoré cette difficulté, car il l'a exprimée dans les termes les plus forts. Il explique la différence qui existe entre les formes de la sensibilité et les lois de l'entendement :

« Il est clair, en effet, dit-il, que des objets de l'intuition sensible doivent être conformes à certaines conditions formelles de la sensibilité résidant à priori dans l'esprit, puisque autrement ils ne seraient pas pour nous des objets ; mais on n'aperçoit pas aussi aisément pourquoi ils doivent en outre être conformes aux conditions dont l'entendement a besoin pour l'intelligence synthétique de la pensée. Il se pourrait, à la rigueur, que les phénomènes fussent de telle nature que l'esprit ne les trouvât pas du tout conformes aux conditions de son unité, et que tout fût dans une telle confusion que, par exemple, dans la série des phénomènes, il n'y eût rien qui correspondît au concept de la cause et de l'effet, si bien que ce concept serait tout à fait vide, nul et sans signification. Dans ce cas, les phénomènes n'en présenteraient pas moins des objets à notre intuition, puisque l'intuition n'a nullement besoin des fonctions de la pensée[1]. » Kant reconnaît donc lui-même qu'il n'y a à priori nulle nécessité pour que l'ordre des phénomènes se produise conformément aux lois de notre esprit. D'où vient donc une telle conformité, et comment la cause inconnue qui produit nos sensations se met-elle au service de notre entendement pour les susciter du néant et les faire apparaître selon les besoins de notre esprit ?

On pourrait essayer de résoudre le problème en disant qu'au fond l'entendement et la sensibilité, quoique différant l'un de l'autre en tant que facultés, appartiennent au même sujet, le moi ; que l'accord de l'entendement et de la sensibilité n'est que l'accord du moi avec lui-même, et qu'il n'y a rien d'étonnant à ce qu'une faculté d'un sujet s'accorde avec une autre faculté du même sujet. Mais Kant n'a rien dit de semblable. Il a dit même le contraire. Kant établit une distinction fondamentale entre la sensibilité et l'entendement. Il se fait même de cette distinction un titre de gloire, à l'opposé de Leibniz, qui avait identifié ces deux sensibilités. « Locke, disait-il, avait sensibilisé les concepts ; Leibniz a intellectualisé la sensation. » Ce serait donc

---

[1]. *Critique de la raison pure*, traduction française de Barni, t. 1ᵉʳ, p. 152.

dépasser les limites du Kantisme que d'essayer de résoudre la difficulté posée par l'assimilation de la sensibilité et de l'entendement dans un sujet unique. Cette identification est tout à fait contraire aux principes de Kant, et il l'a expressément écartée. En effet, il dit en termes explicites : « Un entendement à qui la conscience fournirait (en même temps que l'unité) les éléments divers de l'intuition, ou dont la représentation donnerait du même coup l'existence des objets, un tel entendement n'aurait pas besoin d'un acte particulier qui synthétisât le divers dans l'unité de la conscience, comme celui qu'exige l'entendement humain, qui n'a pas la faculté intuitive, mais seulement la faculté de penser [1]. » Et ailleurs : « Un entendement dans lequel toute diversité serait en même temps donnée par la conscience serait intuitif. Le nôtre ne peut que penser, et c'est dans les sens qu'il doit chercher l'intuition [2]. » Voici enfin un texte absolument décisif : « Il y a une chose dont je ne pouvais faire abstraction, c'est que les éléments divers de l'intuition doivent être donnés *antérieurement* à la synthèse de l'entendement et indépendamment de cette synthèse, quoique le comment reste ici indéterminé. En effet, si je supposais en moi un entendement qui fût lui-même intuitif (une sorte d'entendement divin qui ne me représenterait pas des objets donnés, mais dont la représentation donnerait ou produirait les objets mêmes) relativement à ma connaissance de ce genre, les catégories n'auraient plus de sens. Elles ne sont que des règles pour un entendement dont toute la faculté consiste dans la pensée, c'est-à-dire la faculté de lier et coordonner la matière de la connaissance, l'intuition qui doit lui être donnée par l'objet [3]. »

Tous ces textes nous montrent qu'il est impossible, dans le système de Kant, d'attribuer à l'entendement la faculté de produire le divers en même temps que l'unité, et par consé-

---

1. *Critique de la raison pure*, traduction française de Barni, p. 167.
2. *Ibid.*, p. 163.
3. *Ibid.*, p. 172.

quent de fondre les fonctions de la sensibilité avec celles de l'entendement. La sensibilité reste essentiellement une faculté passive, une réceptivité, qui reçoit tout du dehors, tandis que l'entendement est une activité qui tire d'elle-même ses catégories, pour les appliquer aux phénomènes de la sensibilité. L'entendement ne peut pas produire les objets, comme le ferait un entendement divin[1]; il les construit, mais à l'aide des données de la sensibilité. De là le problème revient toujours : comment la sensibilité s'accorde-t-elle avec l'entendement et en subit-elle les lois? Peu importe que les deux facultés soient ou ne soient pas les facultés d'un même sujet, si elles ont une fonction essentiellement différente : l'une apporte la règle et la loi, l'autre le donné, le réel, la matière de la connaissance. Et comment cette matière se laisse-t-elle dominer par les lois du sujet? C'est le problème qui subsiste toujours et qui ne trouve pas sa solution dans la philosophie kantienne.

Il ne faut donc pas se représenter le kantisme comme une sorte de fichtéisme anticipé, où le moi produirait les objets en les pensant : ce serait l'hypothèse d'un entendement intuitif, que Kant écarte de la manière la plus explicite. Au reste, toute tentative de ramener Kant à Fichte doit céder devant ce fait que Kant a lui-même eu connaissance du système de Fichte, et qu'il l'a rejeté en lui appliquant cet antique adage : « Délivrez-moi de mes amis; je me charge de mes ennemis[2]. » N'était-ce pas dire qu'il préférait encore ses adversaires à un disciple infidèle qui compromettait ses idées en les exagérant?

Cherchons donc dans Kant lui-même, et non dans une interprétation arbitraire, la solution du problème posé.

La seule raison de cet accord que nous donne Kant est celle-ci : c'est que, les phénomènes étant essentiellement subjectifs, les lois qui les régissent ne peuvent être que subjectives, car « les phénomènes en eux-mêmes n'ont pas de lois :

---

[1]. Voir la lettre au docteur Marcus Herz.
[2]. Voir correspondance.

ces lois n'existent que par rapport au sujet auquel les phénomènes se rattachent en tant qu'intelligence, comme les phénomènes n'existent qu'en tant qu'ils se rapportent à un être sensible. Sans doute les choses seraient encore par elles-mêmes susceptibles de lois quand il n'y aurait pas d'entendement qui les connût. Mais, les phénomènes n'étant que des représentations de choses inconnues en soi, ils ne sont soumis à aucune loi d'union que celle imposée par la faculté synthétique. » (I, p. 171.)

Dans ce passage Kant admet deux choses importantes : la première, c'est que les phénomènes sont des représentations de choses inconnues ; la seconde, c'est que ces choses inconnues peuvent très bien avoir des lois en elles-mêmes indépendantes de l'entendement qui les connaît. Mais les phénomènes n'étant qu'une représentation, c'est-à-dire une apparition à une sensibilité dirigée par un entendement, ces phénomènes ne peuvent avoir d'autre cause d'union que l'unité de l'esprit ou de l'entendement. Mais n'est-ce pas là une affirmation tout à fait gratuite? Sans doute le phénomène n'est qu'une apparition ; mais il est l'apparition de quelque chose, puisqu'il est la représentation de choses inconnues. Pourquoi donc ne manifesterait-il pas la chose dont il procède aussi bien que le sujet auquel il apparaît? Le phénomène a deux faces : l'une par laquelle il se rapporte au sujet percevant, l'autre par laquelle il se rattache à un substratum inconnu. Pourquoi n'exprimerait-il qu'une seule de ces faces? Comment pourrait-il s'affranchir tellement des lois objectives des choses en soi, qu'il ne serait plus soumis qu'à des lois subjectives? Il n'y a nulle contradiction à ce qu'un phénomène exprime à la fois le sujet et l'objet et soit le moyen terme entre les deux. Un objet vu à travers un instrument optique se déforme en passant par cet instrument, mais il reste le même objet. Une mouche ne devient pas un papillon. L'image est donc une résultante des deux facteurs et se rattache à l'objet aussi bien qu'au sujet. On connaît l'axiome scolastique qui résume bien la doctrine de Kant : *Quidquid reci-*

pitur, secundum naturam recipientis recipitur. Cet axiome est très vrai, mais il faut le corriger par cet autre axiome : *Quidquid recipitur ab agente, secundum naturam agentis recipitur.* Il faut donc faire la part de l'objet dans le phénomène aussi bien que celle du sujet. Mais alors il n'y a plus d'idéalisme.

Kant ne nous paraît donc pas avoir démontré que le phénomène, par cela seul qu'il apparaît à ma conscience, devient absolument subjectif et perd tout caractère objectif. Du moment qu'on admet que tout phénomène vient du dehors et est produit par l'objet, on se demande pourquoi il ne retiendrait rien de l'objet, et pourquoi l'ordre des phénomènes, par exemple le lien de causalité, ne serait pas objectif aussi bien que subjectif, n'exprimerait pas l'ordre des choses aussi bien que les exigences de notre esprit. On dit que nous ne connaissons pas les choses en soi; mais ce ne serait pas connaître les choses en soi que de constater un rapport constant de phénomènes et d'imputer ce rapport constant à la chose inconnue.

En outre, quand même on admettrait que le phénomène ne retient rien de l'objet, rien de la chose en soi, pourquoi suppose-t-on qu'il doit prendre ses lois dans le sujet? Pourquoi ne resterait-il pas sans lois? Pourquoi ne serait-il pas un chaos, comme Kant le supposait dans l'objection citée plus haut? Sans doute, dans cette hypothèse, il n'y aurait point d'intelligence; mais pourquoi faut-il qu'il y ait une intelligence? Les formes de l'entendement et les lois de la sensibilité resteraient séparées les unes des autres par un abîme, et la pensée serait impossible. Et, encore une fois, pourquoi n'en est-il pas ainsi?

On conteste la possibilité d'une harmonie primordiale entre les lois de l'esprit et les lois des choses, entre l'esprit et la nature. Mais quelle difficulté peut-on voir à admettre que l'intelligence est en harmonie avec l'univers, lorsqu'on voit que dans l'univers même tous les êtres sont en harmonie les uns avec les autres? Est-ce que l'accommodation au milieu n'est pas la loi fondamentale de l'être organisé? Est-ce que l'œil n'est pas construit en prévision, ou du moins en conformité des lois de la lumière, l'oreille en conformité des lois du son, et ainsi des autres organes? Si tous les organes sont appropriés et accommodés au milieu, pourquoi n'en serait-il pas de même du cerveau? Et si le cerveau est approprié à sa fonction, c'est-à-dire à la concentration des sensations dans l'ordre même imposé par la nature extérieure, pourquoi la cause créatrice, quelle qu'elle soit, qui a approprié l'œil à la lumière et le cerveau aux conditions extérieures de l'univers, n'aurait-il pas pu lier à ce cerveau une intelligence dont les lois essentielles seraient précisément conformes aux lois mêmes de la réalité? Que si l'on demande maintenant comment je puis savoir si les choses sont conformes à mon esprit, je dis que je l'apprends par l'expérience. Car d'une part mon esprit m'affirme le principe de causalité et la loi nécessaire de l'enchaînement des phénomènes; et de l'autre la nature me montre dans le fait un enchaînement effectif de phénomènes. D'une part mon esprit m'apprend le principe de la permanence des forces et substances; et de l'autre l'expérience m'apprend que ce principe se vérifie dans la physique et dans la chimie. La nature se trouve donc être en fait d'accord avec mon esprit. Mais comme je n'ai aucune raison de croire que la cause inconnue de ces phénomènes puisse se plaire à me présenter tel spectacle plutôt que tel autre, uniquement pour satisfaire aux besoins de mon entendement, et que j'ai lieu de croire qu'elle obéit plutôt à ses propres lois qu'aux miennes, je dois supposer que l'accord de la nature et de l'esprit vient bien plutôt d'une harmonie préétablie de l'un et de l'autre, que de la subordination inexplicable de l'une à l'autre.

Ce que nous accordons, dans l'hypothèse de Kant, c'est que nous ne connaissons pas les choses en soi, dans leur essence même. Ces choses, en effet, ne nous sont connues que par les effets qu'elles produisent sur nous, c'est-à-dire par nos affections, par nos sensations, lesquelles sont éminemment et inévitablement subjectives : car une sensation ne peut être que le mode d'un sujet sentant. Nous savons d'ailleurs, par la physique et par la physiologie, que les sensations ne sont que les affections produites sur chaque espèce de sens par les mouvements. Admettons même, si l'on veut, que les mouvements ne sont encore que des phénomènes subjectifs, que l'espace lui-même et le temps ne sont encore que des formes de notre esprit ; poussons aussi loin qu'on voudra l'idéalisme : il restera toujours quelque chose que l'on ne pourra réduire au moi. C'est d'abord le réel de la sensation, c'est-à-dire son existence même ; car, ainsi que nous l'avons dit, aucune loi de notre esprit ne peut faire qu'une sensation surgisse par cela seul que nous en avons besoin ; c'est, en second lieu, l'ordre de nos sensations, j'entends les relations nécessaires qui existent entre elles et dont peut-être les relations de temps ne sont que les expressions symboliques, mais qui doivent avoir une raison intrinsèque et objective ; car, ainsi que nous l'avons dit également, nos sensations pourraient très bien ne former qu'un chaos ; et le besoin que notre esprit a de l'ordre et de l'unité ne suffirait pas pour assujettir à cet ordre une nature indisciplinée, si elle-même, dans les profondeurs de son essence, ne contenait quelque chose qui répondît à cette loi d'unité. En un mot, le monde où nous vivons peut bien n'être qu'un monde phénoménal dont le fond essentiel nous est inconnu, mais qui cependant se rattache à ce fond essentiel d'une manière rigoureuse, ainsi que le ciel phénoménal ou apparent qui tombe sous les sens est rigoureusement le symbole du ciel astronomique, que la pensée conçoit et démontre, et dont il est cependant profondément différent. Ainsi peut se concilier le subjectivisme et l'objectivisme : plus nous approfondissons l'ordre des choses, plus nous approchons de la réalité fondamentale, sans cependant y atteindre jamais.

Mais pourquoi, dira-t-on, cette cause inconnue de nos sensations que nous appelons l'objet ne serait-elle pas le moi lui-même, l'esprit lui-même, le sujet pensant? et pourquoi la faculté productrice de l'univers ne serait-elle pas l'imagination? On passe ainsi de l'hypothèse de Kant à celle de Fichte. Nous ne sommes pas tenus à discuter cette nouvelle hypothèse, qui nous éloigne de la doctrine de Kant; mais si nous suivions cette doctrine sous cette forme nouvelle et sur ce terrain nouveau, nous dirions que nous ne voyons, après tout, dans cette nouvelle phase de l'idéalisme, qu'une question de mots, mais non une lumière nouvelle sur les choses. Si le moi pose l'univers, ou le crée, c'est évidemment sans en avoir conscience; car nul de nous n'a jamais eu conscience d'être le créateur de l'univers. Or un moi dont je n'ai pas conscience, c'est ce que j'appelle un non-moi; tout ce qui sort du domaine de la conscience sort du domaine du sujet et, rigoureusement parlant, doit s'appeler un objet. Ce que la philosophie appelle l'être, en opposition à la pensée, c'est précisément ce quelque chose d'inconscient, sinon pour lui-même, du moins par rapport à nous, qui est la cause de l'ordre et de l'existence de l'univers. Quelle que soit l'identité essentielle et objective qui puisse exister entre le sujet et l'objet, entre l'infini et le fini, l'opposition du sujet et de l'objet, de la pensée et de l'être, subsiste, à moins de confondre toutes les idées par un langage arbitraire. La question du panthéisme n'est pas la même que celle de l'idéalisme; on peut bien dire, avec Lessing, ἓν καὶ πᾶν, sans être obligé d'admettre que c'est le moi qui crée l'univers.

Il faut d'ailleurs distinguer différents degrés dans l'idéalisme, et bien expliquer ce que l'on appelle l'intelligence ou la pensée : s'agit-il de la pensée humaine, ou d'une pensée absolue, de la pensée en soi, équivalant à ce que, dans d'autres systèmes, on appellera l'être absolu, l'être en soi? Dans Kant, c'est évidemment le premier sens qu'il faut entendre, et c'est ce sens surtout que nous avons examiné. Dans Fichte, le moi n'est pas le moi conscient, le moi humain; il est le moi infini, le moi absolu. Enfin dans Schelling et dans Hegel, c'est bien la pensée absolue, l'idée absolue qui est le fond de la réalité. Dans un tel système, il est évident que l'esprit humain, en tant qu'il est limité et circonscrit par la conscience, a parfaitement le droit de s'opposer l'univers comme un non-moi, comme un objet, et l'Idée ou l'Absolu est précisément ce fondement objectif que nous supposions tout à l'heure à nos sensations : c'est la loi rationnelle universelle, absolument vraie et éternellement subsistante, quoiqu'elle se manifeste à nous sous des apparences subjectives. Dans cette hypothèse, non seulement l'objet est affirmé comme réellement existant, mais encore il peut être connu en soi et dans son essence par la méthode absolue, puisqu'il est lui-même cette méthode. La réalité objective de l'univers non seulement n'est pas mise en question, mais elle semble même mieux garantie que dans aucun autre système, puisque les lois rationnelles auxquelles la science ramène les phénomènes cosmiques ne sont pas seulement de purs rapports entre des causes et des substances inconnues; elles sont elles-mêmes les causes et les substances; elles sont la chose même. Reste à savoir maintenant pourquoi on appellerait du nom de pensée des lois objectives qui n'ont pas conscience d'elles-mêmes, et si le caractère essentiel de la pensée n'est pas la conscience. Si l'on nous dit que, dans la pensée, on peut distinguer le fond et la forme, la chose pensée, *le* pensé, et la conscience que nous en avons; que la conscience n'est qu'un accident, un supplément qui vient s'ajouter ultérieurement à ce fond de pensée, qui en est la vraie substance, nous dirons que cette distinction du *pensé* et du *pensant* (*cogitatum* et *cogitans*) revient à la distinction classique de l'intelligible et de l'intelligence. Dire que tout est pensée revient donc à dire que tout est intelligible, que le fond des choses c'est l'intelligible; mais n'est-ce pas là précisément ce qu'ont dit tous les grands métaphysiciens? Et lorsqu'ils opposaient l'être à la pensée, croit-on qu'ils opposaient l'inintelligible à l'intelligence? Croit-on qu'ils voulussent dire que le fond des choses n'a aucune signification, qu'il n'est qu'un substratum mort et brute? Sans doute la notion de substance a joué un grand rôle dans la philosophie; et c'est peut-être un débat digne de la critique philosophique de chercher si l'on peut conserver cette notion en philosophie; mais l'objectivité des choses est en dehors de ce débat; et ce qui reste accepté d'un commun accord, c'est que l'Être est essentiellement vérité : *Ego sum veritas.* N'est-il que vérité? N'est-il pas autre chose que vérité? plus que vérité? C'est une autre question.

Mais ce sont là des considérations qui dépassent de beaucoup le champ de notre étude actuelle. Tirons-en seulement cette conséquence, c'est que le kantisme n'a pas paru suffisant aux philosophes qui sont venus après lui, qu'ils ont compris la nécessité de rendre à l'objectif la part que Kant lui avait enlevée. A côté de l'élément subjectif exagéré par Kant, il y a à faire la part de l'objectif; en dehors de la pensée, il y a l'être; et en supposant que ces deux facteurs s'identifient dans le dernier fond des choses, ils n'en sont pas moins distincts au point de vue de la conscience, au point de vue de la connaissance finie. Au delà commence un autre domaine.

LEÇON VII

L'IDÉE DE DIEU DANS LA PHILOSOPHIE DE KANT.
L'ARGUMENT ONTOLOGIQUE

Messieurs,

La raison n'a pas achevé toutes ses démarches tant qu'elle ne s'est pas élevée jusqu'à l'Être des êtres, l'Être suprême, Dieu, que Kant appelle l'*Idéal de la raison pure*.

Comment Kant définit-il et explique-t-il la notion de l'idéal ?

Pascal a dit que, tout ayant rapport à tout, pour bien connaître une chose en particulier, il faudrait les connaître toutes.

Kant part d'une pensée analogue et nous dit que, pour déterminer la notion d'une chose, il faut la comparer avec la totalité des attributs possibles, soit pour les affirmer, soit pour les nier. La détermination particulière d'une chose est donc relative à la détermination universelle, c'est-à-dire à la totalité des attributs possibles.

La détermination universelle ou la totalité du possible est donc un concept sous-entendu dans toute détermination particulière, quoique nous ne puissions donner aucun exemple concret de cette détermination universelle.

La détermination d'une chose étant ce qui la rend possible, et étant relative à la détermination universelle, laquelle est l'ensemble du possible, on peut dire que la possibilité propre de chaque chose est une dérivation de la possibilité totale de l'univers en général.

Ainsi l'idéal de la raison pure se présente d'abord à nous

comme possibilité totale ou ensemble de tous les attributs possibles.

Mais cette notion vague et indistincte va se déterminer par les considérations suivantes :

1° Parmi les attributs possibles, il y en a un certain nombre de dérivés qui se ramènent à d'autres (par exemple rond et carré à l'étendue, souvenir et jugement à la pensée). On pourra donc simplifier l'idée de la possibilité totale en ne concevant que les attributs primitifs, sans tenir compte des dérivés.

2° Dans la possibilité totale se trouvent compris les attributs affirmatifs et les attributs négatifs. Mais la pure négation, c'est la suppression de tout. Si donc on supposait que tous les attributs primitifs sont négatifs, on détruirait par là même l'idée de possibilité totale, et en général de toute possibilité.

De plus, la négation ne porte aucune idée en elle-même et ne contient aucune détermination, si ce n'est par opposition à quelque chose d'affirmatif (ténèbres, lumière; ignorance, science; pauvreté, richesse, etc.). Les négatifs sont donc les dérivés des affirmatifs. Donc la possibilité totale peut ne comprendre que des attributs affirmatifs, donc elle est un *tout de la réalité;* et les négations ne sont que des bornes. La possibilité totale, ou la source de toute possibilité, devient donc l'*Ens realissimum* des Scolastiques, dont toutes les choses particulières ne sont que négation et limite.

3° Jusqu'ici nous n'avons représenté l'Être suprême que comme un agrégat. Mais d'abord il ne peut pas être un agrégat d'êtres *dérivés,* puisqu'il en est le fondement. Resterait qu'il fût un agrégat d'êtres primitifs, hypothèse que Kant ne discute pas, mais qui est exclue par cet argument si souvent reproduit dans les écoles que chaque être primitif est un absolu, et qu'il ne peut y avoir plusieurs absolus.

4° Enfin, par un dernier pas de la raison qui va toujours à l'unité, l'être réalissime est non seulement objectivé et hypostasié (substantifié), mais encore personnifié. La seule unité qui nous soit parfaitement connue étant l'unité de l'entendement, nous faisons de l'Être suprême une intelligence.

C'est alors que l'on peut donner le nom de Dieu à cet Être suprême considéré d'abord comme un simple agrégat de possibilités en général, puis des possibilités primitives, c'est-à-dire des attributs absolus; puis des attributs affirmatifs, c'est-à-dire comme étant le tout de la réalité; puis comme n'étant plus un agrégat, mais une unité; puis enfin substantifié et personnifié dans une intelligence suprême.

Nous n'avons fait jusqu'ici que décrire l'idée de Dieu d'après Kant; mais, quoique la tendance de la raison soit naturellement d'objectiver cette idée comme toutes les autres, elle cherche en même temps à légitimer cette croyance par le raisonnement, ce qu'elle fait de trois manières différentes : 1° conclure de l'idée de l'Être suprême à l'existence de cet être; 2° conclure de l'existence de quelque chose en général à l'existence de l'être nécessaire; 3° conclure d'une expérience déterminée (par exemple l'ordre du monde) à l'existence d'une cause intelligente du monde.

De ces trois arguments, les deux derniers sont trop connus et ont été trop souvent exposés pour qu'il soit nécessaire de les reproduire ici, cet ouvrage n'étant pas un traité spécial de théodicée. Mais le premier a une portée métaphysique des plus hautes et peut être considéré comme le point culminant de la métaphysique; c'est pourquoi nous devons nous y arrêter.

L'argument ontologique ou à priori, inventé par saint Anselme et renouvelé par Descartes, est une des idées les plus originales et les plus profondes. Il s'agit de prouver l'existence de Dieu en partant de sa définition. C'est le seul argument véritablement à priori; car tous les autres auxquels on donne ce titre contiennent tous quelque chose d'expérimental. Ici, on ne part que d'une idée, et l'on cherche à en tirer l'existence. Aussi ne doit-on pas confondre cet argument vraiment à priori avec l'autre argument donné par Descartes et qui part aussi de l'idée de l'infini, non pas de cette idée considérée en elle-même comme idée, mais de l'idée considérée comme fait de conscience, comme mode de l'esprit.

Voici la preuve à priori, telle qu'elle est donnée par Descartes :

Tout ce qui est compris dans l'idée d'une chose appartient à cette chose. Or l'existence est comprise dans l'idée de Dieu. Donc l'existence appartient à Dieu.

Le *nervus probandi* est dans la mineure, à savoir que l'existence est comprise dans l'idée ou définition de Dieu : ce que Descartes prouve de deux manières :

1° Dans l'idée de Dieu est comprise l'idée d'existence nécessaire (car Dieu, étant un infini, est un être nécessaire). Donc Dieu existe nécessairement.

2° Dans l'idée de Dieu (à savoir l'être qui contient toutes les perfections) est comprise l'idée d'existence, qui est une perfection.

Mais ces deux arguments peuvent être réfutés.

1° Le premier confond la modalité de l'attribut avec la modalité du verbe; exemple :

Dieu — est — existant nécessairement.

Dieu — est nécessairement — existant.

Sans doute dans l'idée de Dieu est contenue celle d'existence nécessaire. Cela veut dire que, s'il existe, il existera d'une manière nécessaire et non contingente : ce que tout le monde accordera. Mais il peut ne pas exister du tout; dans ce cas, il ne sera ni nécessaire ni contingent; il ne sera rien.

2° Le second argument suppose à tort que l'existence est une perfection.

Ces deux arguments deviendront plus clairs et plus intelligibles par l'exposé de la critique de Kant.

Kant accorde que l'idée d'existence est contenue dans l'idée de Dieu; mais il nie que de la nécessité logique on puisse conclure à la nécessité réelle. Autre chose est la *nécessité d'un jugement*, autre chose la *nécessité d'une chose*. La nécessité logique n'est jamais qu'une nécessité conditionnelle, comme l'a dit Leibniz. Cette nécessité signifie simplement que, tant qu'on retient le sujet, on ne peut supprimer l'attribut, car alors il y aurait contradiction ; mais si on supprime à la fois le sujet et l'attribut, il n'y a plus de contradiction. Si vous dites : « Dieu est tout-puissant, » vous ne pouvez supprimer l'attribut sans supprimer le sujet ; car un Dieu qui n'est pas tout-puissant n'est pas un Dieu. Mais si vous dites : « Dieu n'est pas, » vous supprimez à la fois le sujet et l'attribut ; il n'y a là nulle contradiction, ni interne ni externe.

A la vérité, on pourrait dire qu'il y a des sujets qui ne peuvent pas être supprimés ; mais c'est ce qui est en question. Il y a un cas, dit-on, où le sujet ne peut être supprimé : c'est le cas de l'être nécessaire ou de l'être parfait, car celui-ci contient l'existence. Vous ne pouvez supprimer l'existence sans contradiction.

A cette instance, Kant répond de la manière suivante. Ou bien cette proposition : Dieu existe, est *analytique,* ou elle est *synthétique.* Si synthétique, l'attribut peut être supprimé sans contradiction ; si analytique, vous ne pouvez affirmer la réalité dans l'attribut que si vous l'avez affirmé déjà dans le sujet. Vous avez donc posé un être réel ; c'est-à-dire que vous êtes parti de ce qui est en question.

Mais Kant presse encore plus l'argument et va jusqu'au cœur de la difficulté, en disant que l'existence ne peut pas faire partie de la compréhension d'un sujet quelconque ; en d'autres termes, que l'attribut peut être un attribut logique, mais non un attribut réel. C'est ce que Gassendi avait déjà vu dans sa polémique contre Descartes, lorsqu'il avait dit que l'existence n'est pas une perfection. Kant développe cette pensée sous une autre forme en disant que l'existence n'est pas un attribut. Il ne peut pas y avoir, dit-il, un attribut de plus dans la chose existant que dans la chose pensée, autrement la pensée ne serait plus adéquate à son objet, puisque celui-ci aurait quelque chose de plus. Cent thalers réels ne contiennent rien de plus que cent thalers pensés ; autrement ce ne seraient plus seulement cent thalers, mais cent thalers plus quelque chose : l'idée ne serait donc pas l'exacte représentation de l'objet.

Qu'est-ce donc que l'existence? C'est *la position* de la chose avec tous ses attributs; mais ce n'est pas un attribut. Il faut donc sortir du concept pour affirmer l'existence. Pour les objets des sens, nous avons l'expérience; mais pour les concepts purs, nous n'avons aucun moyen de distinguer le réel du possible. En un mot, la réalité n'est jamais qu'un fait.

Cette argumentation de Kant est très saisissante; cependant elle nous semble échouer sur un point. Elle ne nous explique pas ce que c'est que l'existence; car dire que c'est la position de la chose, c'est ne rien dire; position veut dire existence, et rien d'autre. Gassendi disait une *forme;* mais une forme est un ensemble d'attributs; ce serait accorder précisément ce que l'on veut nier.

Kant, qui a si bien démêlé les fautes logiques de ses adversaires, en commet lui-même une très grave : c'est de confondre la copule logique *est* avec l'existence réelle. Il s'exprime ainsi : « Quand je dis : Dieu *est* tout-puissant, le mot *est* n'ajoute aucun attribut au sujet; de même quand je dis : Dieu *est*, je n'ajoute aucun attribut nouveau. » Mais dans ces deux propositions le mot *est* n'a pas le même sens. S'il avait le même sens, il faudrait dire que le second jugement est un jugement sans attribut, ce qui est absurde, ou bien que, dans le premier cas, je pose en fait la toute-puissance et que je dis : Dieu *existe* tout-puissant, ce qui est faux; car un athée peut accorder la toute-puissance à Dieu sans accorder l'existence; et d'ailleurs *est*, comme copule logique, ne veut pas dire exister. Autrement quand je dis : Pégase est un cheval ailé, ce serait dire que Pégase existe, ce qui est faux.

J'accorde que l'existence n'est pas un attribut; mais ce n'est pas non plus une copule logique. Que l'existence d'ailleurs soit ce qu'elle voudra, elle n'en est pas moins pour celui qui la possède un grand avantage. Pour moi, par exemple, ce n'est pas une petite affaire que d'exister ou ne pas exister; et Kant reconnaît que cent écus dans ma caisse est une tout autre valeur que cent écus dans ma pensée. Lorsque Arioste disait que la jument de Roland était la plus belle des juments, mais qu'elle était morte, pourquoi le trait est-il comique? C'est que le plus beau cheval n'est plus un cheval quand il est mort.

Dire que l'existence n'est qu'une position, c'est dire qu'elle n'est qu'un fait; c'est dire qu'une chose existe parce qu'elle existe. Cela peut être vrai des êtres contingents; mais cela est-il vrai de l'être en soi? L'existence dans le dernier fond des choses ne doit-elle pas être conditionnée et déterminée par la nature des choses, en un mot avoir une raison et n'être pas seulement une *position,* c'est-à-dire un fait brut? Dès lors, si l'on admet que l'existence n'est pas seulement un fait brut, mais un fait de raison ; que, de l'autre côté, elle n'est pas seulement une copule logique, mais un avantage très réel, ne pourrait-on pas dire : 1° que la toute réalité est la raison qui conditionne l'existence; 2° que la toute réalité ne peut pas être privée de cet avantage parfaitement réel que l'on appelle l'existence? On dirait donc que l'existence réelle est contenue analytiquement dans l'idée de la toute réalité, et que la conclusion ne fait que dégager dans le sujet ce qui y est contenu ; mais il n'y a pas là plus de cercle vicieux que dans tout autre syllogisme, puisque, dans tout syllogisme, la conclusion doit être contenue dans les prémisses.

Et cependant, il faut le reconnaître, quelque effort que l'on fasse, un doute s'élève toujours dans notre esprit. Serait-il donc possible de conclure de la pensée à la réalité, du concept à l'existence? C'est l'un de ces cas où les adversaires se tiennent réciproquement et nécessairement en échec. Tout esprit philosophique qui a médité sur ce grand problème a toujours passé de la foi au doute et du doute à la foi. De toutes les pensées qui ont traversé l'esprit de l'homme, il n'y en a pas peut-être où il ait été plus près de surprendre l'essence absolue des choses et d'atteindre dans l'abîme de ses derniers mystères le saint des saints. Trouver pourquoi Dieu existe, et de ce pourquoi déduire rigoureusement son existence actuelle, est la plus sublime des tentations offertes à notre esprit. Un instinct irrésistible nous porte à croire que nous avons enfin saisi l'Être des êtres, non par une foi aveugle, non par le chemin détourné de la nature, mais par les inflexibles prises de la logique absolue, reine des mortels et des immortels; nous en approchons, nous y sommes; un mot de plus, et tout est dévoilé; mais ce mot, nous ne pouvons pas le dire. Descartes perfectionne saint Anselme, Leibniz perfectionne Descartes, Hegel perfectionne Leibniz, mais nous n'atteignons jamais le but; le fantôme est toujours là. Quelque chose nous dit, avec une autorité invincible, que ce fantôme cache une réalité, que l'idée enveloppe l'être; mais comment le prouver? Nous élevons une tour, dit Pascal, qui s'élève jusqu'à l'infini; mais les fondements craquent, et tout s'écroule dans les abîmes. Et cependant cette tentative indomptable et toujours renouvelée ne serait-elle pas quelque chose comme une preuve? L'impossibilité de réfuter d'une manière définitive l'argument à priori ne serait-elle pas, à elle seule, un argument suffisant? Voir directement et en pleine lumière le rapport de l'idée à l'être, ne serait-ce pas être Dieu lui-même? et peut-on demander tant à une créature? Entrevoir ce rapport et le saisir d'une manière fugitive, comme dans une délicate expérience de lumière, où il faut être à l'affût d'un atome de temps, se souvenir de cette lumière qui ne dure qu'un instant, mais qui pendant cet instant semble éclairer la profondeur de l'infini, c'est assez, comme dit le poète, « c'est assez pour qui doit mourir ».

LEÇON VIII

RÉALISME ET IDÉALISME

Messieurs,

Reprenons encore une fois le problème du réalisme et de l'idéalisme, en essayant d'embrasser le plus de cas possible.

On peut dire que, depuis Kant, tout l'effort de la philosophie s'est concentré sur le problème de l'objectivité de la connaissance. C'est lui qui a donné à ce problème la formule la plus exacte et la plus claire, en l'exprimant en ces termes : comment expliquer l'accord de la nature et de la pensée, du sujet et de l'objet? Tout le monde reconnaît qu'il y a deux choses en face l'une de l'autre : d'une part un sujet, un esprit qui connaît; de l'autre un objet, un monde qui est connu. Comment le moi pense-t-il l'objet tel qu'il est? Comment l'objet est-il précisément tel que nous le pensons? La vérité, dit la logique, est la conformité de la connaissance avec son objet. Comment une telle conformité est-elle possible? Tel est le problème qui, depuis David Hume jusqu'à Hegel, et depuis Hegel jusqu'à nos jours, a occupé tous les philosophes et qui a partagé la philosophie en deux grandes écoles : les réalistes et les idéalistes. En quoi consistent ces deux solutions? C'est ce que nous allons examiner; mais d'abord comprenons bien le problème.

L'accord de la réalité et de la pensée est une vérité dont personne ne doute, quoiqu'il ait fallu bien des siècles pour la remarquer. Le sens commun, la science, la philosophie, tout repose sur cet accord.

Considérons d'abord le sens commun : la vie pratique n'est possible que si l'on suppose l'accord de la réalité avec la raison, c'est-à-dire si l'on suppose que la nature est raisonnable, qu'elle se comporte conformément aux lois de notre raison, qu'elle ne se contredit pas, qu'elle n'est pas absurde, qu'elle n'est pas folle. Comment pourrions-nous habiter nos maisons avec sécurité, comment marcher sur le sol sans craindre qu'il ne s'enfonce sous nos pas? Comment nous servirions-nous de l'eau, du feu, des agents les plus dangereux, si nous ne savions d'avance qu'ils se comportent toujours de la même manière et conformément aux lois découvertes par l'expérience et la raison? Ainsi dans la nature, à chaque heure du jour, le passé nous garantit l'avenir, et les choses se montrent d'accord avec nos inductions. Que s'il y a parfois des déceptions et des surprises, ces surprises font partie des événements que nous aurions pu prévoir, mais qui, étant accidentels et rares, nous paraissent négligeables; car « que de choses, dit Pascal, ne faisons-nous pas pour l'incertain, comme d'aller en mer? » Quelquefois aussi, même en les prévoyant, nous bravons ces dangers avec imprudence; mais ce n'est pas la faute de la nature : c'est la faute de notre légèreté, qui se met en révolte avec les avertissements de l'expérience et de la raison. Il arrive aussi très souvent que la raison se trompe, et qu'elle suppose dans la nature des choses qui n'y sont pas; mais ici encore ce n'est pas qu'il y ait désaccord entre la raison et la nature : c'est que nous nous mettons en désaccord avec les lois de notre propre raison, qui, bien consultée, ne doit pas nous tromper, si nous savons nous en servir.

La science, à son tour, puise dans la même conviction sa certitude et son infaillibilité. Même dans l'ordre purement phénoménal, nous avons toujours affaire à quelque chose de rationnel. On parle sans cesse de la fugacité, de la mobilité, de l'inconsistance des phénomènes, et cependant même un phénomène n'est ce qu'il est qu'à la condition d'être déjà quelque chose d'organisé et de raisonnable; car si, au moment précis où nous l'observons, il était déjà autre qu'il n'est, il n'y aurait pas d'observation ni même de phénomène possible. Ce que nous appelons un phénomène, ce que nous saisissons par nos sens est déjà un groupe rationnel et systématique de phénomènes plus simples. L'arc-en-ciel est une résultante complexe, mais mathématiquement déterminable, de phénomènes élémentaires. Une onde lumineuse est le résultat lié et enchaîné d'un nombre infini de petites vibrations : ainsi partout il y a de la raison, et à l'infini, jusque dans les derniers éléments, s'il y en a, du tissu de l'univers.

Ce n'est pas tout : nous n'observons pas au hasard. L'observateur choisit le sujet de ses observations. S'il considère un liquide dans un tube, il fixera son attention sur un seul phénomène, par exemple la capillarité, et écartera les autres. Les phénomènes de la nature forment donc en quelque sorte des séries séparables les unes des autres, pour se conformer aux analyses de notre esprit; et il y a déjà, avant nos classifications, des classes distinctes de phénomènes distribués dans un certain ordre; et cela est particulièrement visible dans la classification des êtres organisés.

L'expérience rend encore plus sensible cette vérité, que la nature est raisonnable ou, si l'on veut, rationnelle, intellectuelle, logique. Qu'est-ce, par exemple, que le procédé que l'on appelle expérimentation? C'est, comme l'a montré Cl. Bernard, la vérification d'une hypothèse : c'est une conséquence déduite à l'avance de cette hypothèse comme d'un principe; c'est donc la conclusion d'un raisonnement. En expérimentant, nous amenons la nature à tirer elle-même cette conséquence. Il y a donc en elle, en quelque sorte, un syllogisme immanent.

Cette rationalité de la nature, s'il est permis de dire, est bien plus frappante encore par l'application des mathématiques à la nature, soit en astronomie, soit en physique. En astronomie, le calcul découvre à priori la place où l'on doit découvrir une planète; et cette planète vient à point nommé éclore, en quelque sorte, à la place où elle est appelée. On prévoit quelques années d'avance l'heure, la minute, la seconde où Vénus passera devant le soleil ; et tous les gouvernements de l'univers votent des fonds pour des expéditions scientifiques compliquées et dispendieuses, sans douter un seul instant que la prédiction de la science s'accomplisse à l'heure voulue. En physique, dans les parties des sciences qui sont devenues mathématiques, on n'a presque plus besoin de regarder les phénomènes. Les complications les plus éloignées possible des principes peuvent être calculées d'avance, et l'expérience donne raison à la prévision. Ainsi la physique devient une géométrie, et l'on peut se représenter une science absolue de la nature qui n'aurait plus besoin de la nature pour être construite. C'est bien là ce qu'avaient rêvé les idéalistes allemands ; mais ce n'est pas par le chemin qu'ils ont pris qu'on peut y arriver.

Non seulement il y a rencontre et accord entre la nature et l'esprit, mais il y a entre ces deux termes analogie, ressemblance, affinité. Non seulement la nature obéit aux lois de notre esprit, confirme nos inductions, nos calculs (ce qui explique qu'il y a en elle quelque chose de logique et de rationnel ; mais de plus la nature paraît semblable à nous par l'intelligence ; elle semble agir avec l'art qu'emploierait l'intelligence elle-même, si elle voulait créer le produit de la nature. La nature est un artiste qui agit intérieurement, disait Aristote, au lieu d'agir du dehors. « Si l'art des constructions navales, dit-il, était dans le vaisseau, l'art agirait comme agit la nature. » Il y a donc de l'art dans la nature. Réciproquement, il y a du mécanisme dans l'esprit. L'esprit ne sait pas plus comment il pense, que la nature ne sait comment elle agit ; l'esprit a ses instincts et ses habitudes, qui lui donnent l'air d'agir à l'aveugle, de même que la nature ; il y a de la nature dans l'esprit, il y a de l'esprit dans la nature. Enfin, le sentiment esthétique peut encore servir à prouver l'affinité, la parenté de la nature et de l'âme. La nature, pour celui qui sait la sentir, lui parle véritablement : elle a une âme, elle a une vie ; elle le captive, elle l'enivre, elle se fait aimer, et il semble qu'elle aime elle-même. Ainsi, entre la nature et l'esprit, il n'y a pas seulement conformité, mais encore confraternité.

Cette union de la nature et de l'esprit est donc un fait incontestable. Le problème est de l'expliquer.

Deux solutions se présentent : ou l'on expliquera la pensée par la nature, ou la nature par la pensée. La première de ces deux solutions est ce qu'on appelle le *réalisme;* la seconde est l'*idéalisme*. Chacun de ces deux systèmes peut faire valoir en sa faveur de fortes raisons.

Prenons, en effet, le premier. Nous avons jusqu'ici posé la pensée et la nature en face l'une de l'autre comme deux mondes équivalents et opposés; dans la réalité il n'en est pas ainsi. La pensée fait elle-même partie de la nature. La seule pensée que nous connaissions directement, c'est la nôtre, c'est l'intelligence humaine. Or l'intelligence est liée à l'organisation et paraît en suivre toutes les vicissitudes. Point de pensée sans cerveau, point de cerveau sans pensée; point d'altération ou de modification du cerveau qui ne soit suivie d'une altération ou d'une modification de la pensée. Ainsi les trois tables de Bacon, les tables d'absence, de présence, de comparaison, déposent en faveur de l'hypothèse qui fait naître la pensée de l'organisation. De plus, l'humanité, qui est la seule espèce de créature raisonnable que nous connaissions, a son histoire; et si loin qu'on fasse remonter son origine, on rencontre toujours une nature avant elle; elle n'a pu paraître que dans une nature déjà formée. Il est donc rationnel, naturel, de la considérer comme le prolongement et le résultat d'une nature préexistante.

Là est le fondement du réalisme; celui de l'idéalisme n'est pas moins solide.

Si nous nous demandons, en effet, quelle est la première vérité, la vérité la plus certaine, la seule même dont il soit impossible de douter, Descartes a répondu, et toute la philosophie moderne lui a donné raison, que c'est cette vérité première, qu'il a formulée ainsi : « Je pense, je suis. » Celle-là, en effet, précède toutes les autres, et elle en est la condition.

Je ne puis rien penser sans me penser moi-même, sans penser que je pense, et par conséquent que je suis. Il semble que nous n'apercevions toutes les autres vérités qu'à travers celle-là. Les choses extérieures elles-mêmes n'existent pour nous qu'à condition de passer par notre conscience. Dire qu'il y a des choses extérieures, cela revient à dire : « Je suis modifié par telles perceptions auxquelles je suis contraint de supposer une cause extérieure. » De plus, l'analyse psychologique et physiologique des sensations est arrivée à les ramener toutes à n'être que des états du moi. S'il n'y avait pas de vision, il n'y aurait ni lumière ni couleur; s'il n'y avait pas d'audition, il n'y aurait pas de sons; s'il n'y avait point de tact, il n'y aurait ni chaud ni froid. Tout cela, dit-on, se ramène au mouvement. Soit; mais le mouvement lui-même ne nous est connu que par la vue ou le tact; il se ramène donc, comme le reste, à nos sensations. Ainsi l'on peut dire en toute rigueur, avec le philosophe allemand : « Le monde est ma représentation. »

Tels sont les deux points de vue qui, comme on le voit, se tiennent l'un l'autre en échec. Car d'une part l'humanité n'existe que parce qu'il y a d'abord une nature; donc c'est la nature qui est la cause, et c'est l'esprit qui est l'effet. De l'autre, le monde n'est que ma représentation, l'apparition de mon propre esprit; je ne sais rien de lui que ce que j'y mets. Donc c'est l'esprit qui est la cause; c'est le monde qui est l'effet.

Mais, malgré la force de ces raisons respectives, l'une et l'autre hypothèse succombent à leur tour devant les plus graves objections.

Considérons le système réaliste. Il est susceptible de prendre deux formes. Si l'on considère l'origine des idées, il explique la pensée par la sensation, et il devient ce qu'on appelle l'empirisme. Si l'on considère le substratum de la pensée, il explique cette pensée par l'organisation, et il devient ce que l'on appelle le matérialisme. Empirisme et matérialisme, voilà donc les deux formes du système réaliste.

Or, contre l'empirisme Kant a fait valoir cette raison, qui

a paru décisive à toute la philosophie allemande, et en général à toute la philosophie de la première moitié du xix° siècle, à savoir que la sensation n'explique point l'à priori de la connaissance, c'est-à-dire la nécessité et l'universalité des jugements scientifiques. La science, dans le système de l'empirisme, paraît donc atteinte dans sa certitude absolue. La plus haute certitude, même celle des mathématiques, n'est encore qu'une certitude provisoire.

Contre le matérialisme, le successeur de Kant, Fichte, a fait valoir cette autre raison, qui a paru également décisive à tous ses successeurs : c'est qu'une chose qui n'est que chose ne pourra jamais parvenir à la pensée. Les choses, en effet, n'ont d'autre propriété que d'exister, sans être représentées dans un esprit. Elles constituent ce que Fichte appelle une série simple, où chaque terme suit du précédent, par exemple dans la production du mouvement, dans un enchaînement indéfini, tandis que la pensée représente une série double; car pour penser quelque chose il faut se penser soi-même, il faut donc revenir sur soi-même, il faut le réfléchir. Il y a donc là dualité, opposition et identité de sujet et d'objet, tandis que dans la chose, dans l'être pur et simple, dans la matière, il n'y a qu'un terme unique, à savoir l'objet. Comment donc, dans cette chose absolument simple et qui n'est qu'objet, se produirait-il, à un moment donné, ce dédoublement qui constitue la pensée? Comment la série reviendrait-elle sur elle-même pour se penser? Comment enfin le conscient peut-il naître de l'inconscient?

Ainsi l'expérience est battue en brèche par l'impossibilité d'expliquer la science, le matérialisme par l'impossibilité d'expliquer la pensée.

A la vérité, depuis Kant et depuis Fichte de nouveaux systèmes plus compliqués et plus savants ont essayé de relever la cause de l'empirisme et du réalisme. Nous ne pouvons les suivre dans les replis tortueux de leurs déductions et de leurs explications; tenons-nous-en aux idées fondamentales.

Pour répondre à l'objection de Kant et pour expliquer l'apparence de l'à priori, les nouveaux empiristes ont invoqué : 1° le principe des associations inséparables ; 2° le principe des associations héréditaires. Ils ont donc dit que deux idées qui se présentent constamment unies ensemble dans l'expérience deviennent inséparables, et par conséquent contractent l'apparence de la nécessité, qui est le caractère propre de toutes les habitudes ; en second lieu que cette nécessité s'accroît encore par l'hérédité, chacun de nous recevant par la génération ces principes tout formés et en quelque sorte incrustés dans l'organisation. Ainsi la nécessité des principes à priori n'est qu'une nécessité d'habitude, qui n'exclut nullement une origine empirique. D'un autre côté, les nouveaux défenseurs du matérialisme, pour expliquer la transformation du mouvement en pensée, ont invoqué le grand principe de la corrélation et de la transformation des forces dans la nature. Si le mouvement, comme il est prouvé, peut se transformer en lumière et en chaleur, pourquoi ne se transformerait-il pas en pensée ?

Nous ne pouvons introduire ici une discussion approfondie de ces différentes questions. Contentons-nous de faire les remarques suivantes.

1° Pour ce qui concerne les associations inséparables, elles nous donnent plutôt une nécessité de fait qu'une nécessité de droit. Or ce que la science réclame et ce qu'elle affirme, c'est la nécessité absolue, et non relative. 2° Quant au principe des associations héréditaires, la réponse est la même : quoique par l'hérédité on prolonge la chaîne des expériences, et qu'on ait plus de facilité à expliquer par là l'apparence de l'à priori dans la connaissance, cependant il ne s'agira encore que d'une nécessité relative. On peut toujours revenir sur une habitude par une habitude contraire. Tous les préjugés nés de la tradition ont pu disparaître les uns après les autres. Il devrait en être de même pour les principes de la connaissance, s'ils n'étaient que le résultat de l'habitude ; or c'est ce que l'expérience ne justifie pas.

- Ce n'est pas tout : on explique toutes choses par l'association, mais on n'explique pas l'association elle-même. La répétition constante, dit-on, engendre l'habitude, et l'habitude engendre la nécessité. Soit; mais d'où vient la répétition constante? pourquoi nos sensations se reproduisent-elles toujours dans le même ordre? Il doit y avoir une cause, dans la nature des choses, pour qu'il en soit ainsi. Mais si nous cherchons une cause à l'association elle-même, n'est-ce pas là une preuve que l'association ne rend pas raison du principe de causalité, puisqu'elle lui est soumise?

Quant au principe de la transformation des forces, à l'aide duquel on essaye d'expliquer le passage du mouvement à la pensée, de la chose à l'esprit, on ne peut le faire qu'en supposant cela même qui est en question. En effet, on parle de la transformation du mouvement en lumière et en chaleur. Mais de quelle lumière, de quelle chaleur entendez-vous parler? Est-ce de la lumière objective, de la chaleur objective, c'est-à-dire de la cause objective, physique, de nos sensations de lumière et de chaleur? Quoi d'étonnant alors que ces deux qualités se transforment en mouvement, ou que le mouvement se transforme en elles, puisque, selon les conjectures les plus vraisemblables de la science, elles ne sont déjà elles-mêmes que des mouvements, mouvements invisibles et infiniment petits, qui se traduisent en nous par des sensations, mais qui peuvent très bien se transformer en mouvements visibles, accessibles aux sens, c'est-à-dire en mouvements proprement dits, et réciproquement? Il n'y a dans tout cela que du mouvement, et rien autre chose. Que si, au contraire, par lumière et par chaleur vous entendez la sensation de lumière, la sensation de chaleur; dire que ces deux sensations ne sont que des mouvements transformés, c'est affirmer précisément ce qui est en question : car la sensation, c'est déjà de la conscience, et par conséquent de la pensée dans la langue de Descartes; or, ce dont il s'agit, c'est précisément ce passage du mouvement à la sensation. On ne peut donc invoquer comme principe d'explication le fait même à expliquer.

Ainsi le réalisme est tenu en échec, et par le caractère à priori de la connaissance, et par l'irréductibilité de la conscience et de la pensée à quelque chose d'antérieur.

A la vérité, il peut y avoir une autre forme de réalisme que celui qui se réduit à l'empirisme et au matérialisme. Il y a un réalisme spiritualiste et à-prioriste, et ce genre de réalisme est celui auquel nous adhérons nous-mêmes ; mais à cette hauteur le réalisme ne se distingue plus guère de l'idéalisme considéré sous les formes les plus hautes, comme on le verra bientôt dans les conclusions qui vont suivre. Quant à présent, ne compliquons pas les points de vue, et tenons-nous-en à l'antithèse posée d'abord entre la nature et la pensée. Nous venons de voir qu'il est impossible de faire sortir la pensée de la nature. Voyons s'il est plus facile de faire naître la nature de la pensée.

Contre l'idéalisme nous trouvons des objections non moins sérieuses et aussi décisives que contre le réalisme. La principale est celle-ci : si l'esprit produit la nature, si c'est dans ses propres lois qu'il lit les lois de la nature, pourquoi ne devine-t-il pas la nature à priori ? Or c'est ce qui n'a pas lieu.

Tous les raisonnements que nous faisons sur la nature ne sont fondés qu'à la condition de prendre dans la nature notre point d'appui. On ne peut deviner un seul fait, à moins qu'il ne soit lié logiquement à d'autres faits que l'expérience nous a fait connaître.

D'ailleurs l'esprit ne peut s'inscrire en faux contre le fait déjà signalé, à savoir qu'il fait partie lui-même de la nature et qu'il a apparu à un moment donné dans la nature ; comment pourrait-il l'avoir créée ? Si donc l'esprit a produit la nature, il faut qu'il s'agisse d'un autre esprit que celui que nous connaissons : car celui-ci est lié à un corps, et ce corps à tous les autres, et cet ensemble de corps, ou nature, préexistent à l'apparition de notre esprit.

Nous arrivons donc à cette double conclusion. Ni la nature n'a produit la pensée, ni la pensée n'a produit la nature.

Mais jusqu'ici qu'avons-nous entendu par nature? Qu'avons-nous entendu par pensée?

Par nature, nous entendons l'ensemble des êtres finis qui tombent sous l'expérience. C'est, en effet, cette nature qui s'offre à nous et dont nous avons constaté l'accord avec la pensée.

Quant à la pensée, la seule pensée que nous connaissions directement c'est la nôtre, c'est l'intelligence humaine; toute autre intelligence est objet d'induction, non d'intuition.

Donc, tant que nous ne sortons pas des choses finies et du monde de l'expérience, ni le moi n'est identique à la nature, ni la nature n'est identique au moi; et, tout en reconnaissant d'une part que le moi est dans la nature, de l'autre que la nature est une représentation du moi, en un mot tout en admettant leur pénétration réciproque, nous sommes obligés en même temps de reconnaître leur mutuelle indépendance.

Il y a donc harmonie, il n'y a pas identité.

Mais ce qui n'a pas lieu dans le domaine du relatif et du fini ne peut-il pas être vrai dans le domaine de l'infini et de l'absolu? Si l'expérience nous montre d'une part la nature, de l'autre l'intelligence, ne devons-nous pas conclure, avec les Cartésiens, qu'il y a quelque être en qui coexiste et le réel de la nature et le réel de la pensée, qui soit à la fois la source de l'une et de l'autre et qui, comme il ne peut y avoir deux absolus, soit à la fois l'absolu de la pensée et l'absolu de la réalité, l'absolu sujet et l'absolu objet, et, comme ce serait encore là une dualité, l'absolu sujet-objet?

Nous ne voyons aucune raison de ne pas accepter cette formule de Schelling; mais cet absolu, une fois posé avec sa définition de sujet-objet, comment devons-nous l'entendre? Est-ce d'une manière purement négative, en ce sens que ce prétendu sujet-objet ne serait en réalité ni sujet ni objet, c'est-à-dire ne serait qu'un pur indéterminé, ne serait absolument rien? Mais alors pourquoi l'appelons-nous sujet? pourquoi pas x? pourquoi pas le Rien? et en quoi se distinguerait-il, en effet, du néant, du 0 auquel quelques philosophes allemands ont ramené l'origine des choses? Que devient alors l'idéalisme? et la prétention de tout expliquer par le sujet, par la pensée? Ce fond obscur et inconnu ne serait-il pas aussi bien et beaucoup mieux appelé *matière* qu'esprit? Ne reviendrait-on pas par là à la notion de *chose* que Fichte avait anathématisée dans son *Introduction à la Doctrine de la science?* Ou plutôt n'est-ce pas un concept encore inférieur à celui de chose, puisqu'il ne contient rien, absolument rien?

La notion de sujet-objet ne peut donc se conserver que si on l'entend d'une manière positive, c'est-à-dire comme contenant à la fois tout le réel de la pensée et tout le réel de la nature ou de l'être, l'essence de l'une et de l'autre. Mais où prendre le type de cette identité essentielle de la pensée et de l'être, dans laquelle ni l'être ne précède la pensée, ni la pensée l'être; où le prendre, dis-je, si ce n'est dans la conscience qui nous fournit le seul type réel et effectif d'un être qui est à la fois sujet et objet? La conscience finie ne peut avoir sans doute la prétention de produire la nature, qui lui est extérieure, et dans laquelle elle-même est apparue un jour. Mais il n'en est pas de même de la conscience infinie, de la conscience absolue. C'est de la conscience qu'est parti l'idéalisme allemand pour parvenir à la notion de sujet-objet; mais, arrivé là, il supprime la conscience comme un état inférieur. Mais alors que reste-t-il que l'on puisse appeler pensée dans le terme supérieur où l'on est arrivé, et n'est-ce pas encore une fois revenir de l'esprit à la chose? L'idéalisme, s'il est conséquent, doit donc aller jusqu'à la conscience absolue, jusqu'à l'identité de l'intelligible et de l'intelligence, jusqu'à la pensée de la pensée, c'est-à-dire à l'union de la pensée subjective et de la pensée objective. Or, c'est là la définition même de l'esprit. Le terme suprême où se consomme l'identité des deux termes inférieurs est donc l'esprit absolu.

Dans ces termes nous ne voyons rien qui nous empêche

d'accepter la thèse de l'idéalisme, qui se confondra, selon nous, avec le spiritualisme. Tout sera le produit de l'esprit absolu, qui, sans rien perdre de son essence, trouvera dans la nature et dans l'esprit une double expression de lui-même et sera par conséquent le lien des deux mondes. Rien n'empêche alors d'entendre la nature, avec Schelling, comme l'esprit endormi, éteint, aspirant à se réveiller, et le moi, au contraire, comme une nature qui s'éveille. La nature ne sera pas une matière morte, abstraite, ne disant rien à l'âme; elle sera l'enfance de l'âme, l'âme à l'état naïf et innocent, souverainement aimable; de plus, elle sera raisonnable sans le savoir, étant une image de la raison; elle nous garantira toute sécurité et toute certitude, parce qu'elle est une logique en même temps qu'une poésie. L'esprit, à son tour, ne s'écartera pas de la nature, ne cherchera pas à la nier, à en douter, à en gémir, à la mépriser; car il semble qu'il est lui-même nature et que la vie de la nature est en lui. Il cherchera donc dans la nature un point d'appui pour s'élever plus haut.

Il nous semble donc que l'on peut conserver toutes les belles conséquences, toutes les belles pensées, toutes les grandes vérités de l'idéalisme allemand, tout en éclaircissant les équivoques dans lesquelles il s'est sans cesse enveloppé, parlant tantôt comme David Hume, tantôt comme d'Holbach, tantôt comme Plotin, tantôt comme Spinoza, tantôt comme Jacques Bœhm. Défini et limité avec précision, il peut être considéré comme le développement légitime et enrichi de la philosophie de Platon et d'Aristote, de Descartes et de Leibniz. Il n'a rien de contraire à un théisme vraiment philosophique, celui de tous les grands métaphysiciens et de tous les grands théologiens. Notre thèse est donc qu'à leur terme le plus élevé l'idéalisme et le spiritualisme ne font qu'un. Hegel va rejoindre Malebranche et Platon.

FIN DES PRINCIPES DE MÉTAPHYSIQUE ET DE PSYCHOLOGIE

APPENDICE

ÉTUDES CRITIQUES

APPENDICE

ÉTUDES CRITIQUES[1]

I

LEÇON D'OUVERTURE D'UN COURS DE THÉODICÉE[2] (1862)

Messieurs,

Appelé par la bienveillance de M. le ministre de l'instruction publique à la suppléance de la chaire de philosophie dans cette faculté, je n'ose cependant, quelle que soit la vivacité de mes sentiments, le remercier de cette marque de confiance et d'estime, lorsque je viens à penser qu'elle vous prive pour quelque temps d'un professeur aimé, dont l'affabilité, la simplicité et la grâce ajoutaient tant de charme aux leçons d'une philosophie ingénieuse et exacte, inventive et sensée. Disciple et successeur de Jouffroy, M. Garnier représente ici depuis vingt ans la psychologie française. Peu curieux des grandes aventures métaphysiques, il a recherché et s'est assuré le solide et durable honneur d'enrichir la science de faits bien observés, bien démêlés, bien classés, et il a élevé à la philosophie de l'esprit humain un monument complet où l'historique des opinions et la critique des systèmes s'unissent

---

1. Les études qui suivent sont des morceaux qui n'ont pas trouvé place dans la série des cours précédents, mais qui se rattachent aux mêmes matières et qui pourront servir de compléments et d'éclaircissements.
2. Cette leçon a été ma première leçon à la Sorbonne, où j'ai débuté en 1862 comme le suppléant de M. Adolphe Garnier. On peut voir si elle est d'accord avec l'enseignement contenu dans cet ouvrage.

heureusement à une théorie originale et toute personnelle. Dans l'exposition qu'il faisait ici de ses doctrines, vous aimiez à entendre une parole naturelle et juste, ennemie des faux ornements, mais non pas des agréments tempérés que la philosophie ne s'est jamais interdits, une voix convaincue sans emphase, retenue sans froideur, organe sincère d'une âme toujours sereine et courageuse malgré les plus cruelles épreuves. Tel est le maître dont l'amitié a bien voulu manifester le désir que j'occupasse momentanément sa place, et dont le souvenir toujours présent me soutient et m'inquiète à la fois dans la tâche nouvelle et redoutable que j'entreprends aujourd'hui.

M. Garnier devait vous entretenir, cette année, Messieurs, des principales vérités de la Théodicée, et j'ai cru ne devoir rien changer au choix de son sujet. Ce sujet, d'ailleurs, est un des plus intéressants que l'on puisse traiter aujourd'hui. Quoique les chaires de la Sorbonne nouvelle, héritières des traditions de l'ancienne, doivent rester étrangères aux bruits du monde et au tumulte des passions contemporaines, il ne nous est pas interdit cependant d'être attentifs aux mouvements et aux révolutions des idées; et, tout en restant dans les hauteurs sereines de la science désintéressée, de diriger nos recherches et nos méditations du côté où la pensée de tous se tourne elle-même avec le plus d'ardeur. Or, comment méconnaître qu'aujourd'hui les problèmes relatifs à la nature divine, à l'origine des choses, aux rapports du Créateur et de la créature, sont en possession d'exciter vivement l'inquiétude et la curiosité? Il y avait donc, dans le choix du sujet que me transmettait le titulaire de cette chaire, l'avantage d'une opportunité évidente, qui se conciliait d'ailleurs parfaitement avec les convenances austères de l'enseignement scientifique.

C'est donc des principes de la Théodicée, c'est-à-dire de l'existence et de la nature de Dieu, que nous vous entretiendrons cette année, et dans cette première leçon nous nous proposons de vous faire connaître avec quelque précision le principal débat qui s'agite aujourd'hui dans cette science et le rôle que nous prendrons dans ce débat.

Il est une objection, Messieurs, que l'on n'a épargnée à aucune partie de la philosophie, mais que l'on a principalement dirigée contre la Théodicée. Cette science, a-t-on dit, est une science immobile, à laquelle manque le signe le plus décisif de la vérité dans les sciences, le progrès ; toujours partagée entre les mêmes systèmes, les mêmes objections, les mêmes réponses, elle peut amuser la curiosité des rêveurs, mais non satisfaire les rigoureuses exigences d'un esprit vraiment scientifique. Je ne méconnais pas la portée d'une telle objection ; mais je ferai observer qu'il peut y avoir dans une science deux sortes de progrès, l'un qui consiste à augmenter le nombre des vérités, l'autre à diminuer le nombre des erreurs. Je ne chercherai pas si la Théodicée a fait des progrès dans le premier sens, mais je crois pouvoir affirmer qu'elle en a fait dans le second. Or, diminuer les chances d'erreur, n'est-ce pas approcher de la vérité même ?

Je citerai quelques-unes des erreurs principales qui ont disparu ou qui ont perdu beaucoup de leur force avec le temps en Théodicée.

L'une des solutions les plus antiques et les plus vénérables du problème de l'origine des choses est celle que, dans les montagnes de l'Iran, ce personnage mystérieux dont la tradition nous a conservé le nom de Zoroastre proposait aux populations paisibles et agricoles de la Perse. C'est la doctrine des deux principes, du principe bon et du principe mauvais, d'Ormuz et d'Ahriman. Cette doctrine, que nous pouvons étudier aujourd'hui dans les débris du livre religieux des Perses, le *Zend-Avesta,* était, pour le temps où elle a paru, une haute et profonde généralisation des phénomènes. La vue du mal et du bien, de l'ordre et du désordre, du beau et du laid, partout mêlés dans l'univers, devait conduire un esprit méditatif à l'idée d'une lutte originaire dans le principe même des choses. Cette conception, d'ailleurs, avait une haute portée morale, car c'est par elle que l'homme a compris pour la première fois que la vie est un combat ; et de là est venue cette grande pensée de l'homme double, *homo duplex,* qui a été exprimée depuis d'une manière si énergique et si profonde par le plus grand apôtre du christianisme.

La doctrine mythologique des deux principes est devenue en Grèce, par une suite de transformations et par des communications souterraines dont nous n'avons pas le secret, la doctrine philosophique que l'on appelle le dualisme. Cette doctrine, commune à Platon et à Aristote, a été surtout exposée par ce dernier de la manière la plus précise. Suivant lui, Dieu et la nature sont deux existences absolument séparées, également éternelles, également nécessaires. Dieu ignore la nature, la nature ignore Dieu, et cependant elle tend éternellement vers lui par un mouvement secret et inconscient. Tel est le dualisme philosophique sous sa forme la plus rigoureuse et, si j'ose dire, la plus violente.

Eh bien, Messieurs, consultons l'histoire de la philosophie depuis Aristote ; consultons surtout la philosophie moderne, et demandons-nous ce qu'est devenue la doctrine des deux principes. Elle a jeté encore quelque éclat dans cette hérésie que saint Augustin a rendue si célèbre, le manichéisme ; elle a reparu une dernière fois dans la secte des albigeois et des vaudois, derniers héritiers des manichéens ; mais dans la science, dans la philosophie, elle a complètement disparu. Pas un métaphysicien, pas un philosophe de quelque nom, depuis Aristote, n'a eu la pensée de soutenir qu'il peut y avoir deux principes premiers ; pas un n'a cru que le mal pût avoir un principe originel, existant par soi ; pas un n'a cru que, si Dieu existait, la nature fût un être nécessaire, ou que, si la nature était un être nécessaire, Dieu existât. — Enfin, parmi les innombrables combinaisons systématiques que l'esprit compliqué des philosophes allemands a pu inventer, je n'en connais pas une qui ait renouvelé la doctrine des deux principes, et qui ait mis en présence l'un de l'autre, à l'origine des choses, le bien et le mal, la nature et Dieu.

Je voudrais pouvoir en dire autant d'une doctrine également célèbre et d'une antiquité imposante, la doctrine des atomes. Mais, s'il n'est pas permis d'affirmer que cette doctrine a disparu dans les temps modernes, on peut soutenir sans témérité qu'elle s'est fort affaiblie et s'est de plus en plus discréditée. Suivant cette hypothèse, trop connue pour y insister, la matière est le principe unique et éternel de toutes choses; mais la matière se décompose en un certain nombre de parties infiniment petites et indivisibles que l'on appelle les atomes : ce sont les rencontres de ces atomes et leurs innombrables combinaisons, diversifiées à l'infini par les différences de forme et de situation, qui produisent l'univers et toutes ses merveilles. Cette doctrine, inventée en Grèce par Leucippe et Démocrite, renouvelée par Épicure, a eu la gloire, malgré sa sécheresse et son aridité, d'inspirer le plus beau poème philosophique qu'il y ait au monde, le poème de Lucrèce. Mais, dans les temps modernes, cherchez le nom de quelque grand métaphysicien qui se rattache à la doctrine des atomes, vous n'en trouverez pas. Gassendi, qui l'a défendue au XVIIIe siècle, n'est qu'un érudit, et encore Gassendi, qui était chrétien, ne voyait dans la doctrine des atomes qu'une physique, et non pas une théodicée. Au XVIIIe siècle, ce sont les philosophes les plus grossiers qui présentent cette hypothèse, plutôt comme une arme contre le christianisme que pour ses propres mérites. Diderot lui-même s'élève au-dessus et la transforme. La philosophie allemande moderne, dans ses représentants de premier et même de second ordre, n'a jamais invoqué la doctrine des atomes. Ni en Écosse ni en France, elle ne paraît avoir eu un plus grand succès; et elle semble n'avoir plus d'autre destinée que d'être la métaphysique inavouée de ceux qui ne veulent pas de métaphysique. Je dois dire cependant qu'un retour de fortune était réservé dans notre siècle à la doctrine des atomes, et qu'abandonnée par la métaphysique, elle a obtenu la faveur des sciences expérimentales : ce n'est pas, je l'avoue, un médiocre honneur pour cette vieille hypothèse d'avoir paru aux savants de notre siècle la plus commode explication des phénomènes curieux des combinaisons chimiques. Mais, sans parler des objections qui s'élèvent dans la science elle-même contre la théorie atomique, qui ne voit la différence qu'il y a entre une hypothèse physique et une hypothèse métaphysique? La première n'est qu'une explication secondaire et toute relative; la seconde est une explication définitive et absolue. Il suffit au physicien que l'hypothèse explique immédiatement les faits qui tombent sous les sens : peu lui importe d'ailleurs que cette hypothèse se suffise ou ne se suffise pas à elle-même. Il n'a pas la prétention de décider si les atomes existent éternellement, nécessairement, s'ils sont ou ne sont pas créés, si le mouvement leur est essentiel, si les lois qui les régissent sont les conséquences de leur nature ou les décrets d'une volonté sage : il ne se prononce pas sur ces questions, qui sont du ressort de la métaphysique, et non de la chimie. Or, nous avons vu qu'en métaphysique cette doctrine avait eu peu de représentants dans les temps modernes, et pas un de premier ordre. On peut donc la considérer comme étant en décadence et comme hors d'état de répondre aux nouveaux besoins de la pensée spéculative.

Ainsi la dualité et la pluralité indéfinie des principes premiers sont des conceptions que la science a tout à fait abandonnées ou qu'elle dédaigne chaque jour davantage; au contraire, il est une idée d'abord obscure, et plus ou moins confusément aperçue par la mythologie et les philosophies primitives, mais qui avec le temps a été de plus en plus acceptée, de mieux en mieux comprise et par le peuple et par les philosophes : c'est l'idée de l'unité de principe.

J'en dirai autant d'une autre idée étroitement liée avec celle-là, mais qui a son histoire distincte, l'idée de l'ordre dans l'univers.

Lorsque les hommes commencèrent à jeter les yeux avec quelque réflexion sur les phénomènes de la nature, un grand nombre d'entre eux leur parurent si éloignés les uns des autres, si peu liés, si fugitifs, si arbitraires, si bizarres, qu'ils furent tentés de croire que ces phénomènes se produisaient au hasard et sans causes déterminées. D'un autre côté, d'autres phénomènes se présentaient comme étranges, effroyables, funestes : la foudre, les volcans, les tempêtes, les tremblements de terre; ces phénomènes durent leur paraître les éclats d'une nature en courroux livrée à tous les désordres d'une violence aveugle et implacable. Ainsi, d'une part, des phénomènes isolés et sans lien; de l'autre, des phénomènes redoutables et déréglés, firent naître dans l'esprit des hommes deux idées qui ont laissé des traces profondes dans la science et la philosophie des anciens et même des modernes : d'une part l'idée du hasard, de l'autre l'idée du désordre.

Qu'il y ait dans la nature du hasard et du désordre, c'est ce que les philosophes de l'antiquité, même les plus grands, ne sont pas éloignés d'admettre. Platon, par exemple, par le dédain qu'il manifeste pour les sciences de la nature, semble bien indiquer que, dans sa pensée, les phénomènes physiques sont trop désordonnés, trop peu constants, trop contradictoires, pour être soumis à des lois. Il admettait même, on peut le dire, le hasard comme l'un des principes des choses; car ce qu'il appelle la matière, principe absolument indéterminé, indifférent à toute spécification, n'est guère autre chose que la contingence absolue, c'est-à-dire le hasard. Aristote, qui avait, bien plus que Platon, le sentiment de la nature, et qui possédait déjà par anticipation l'esprit scientifique des temps modernes, Aristote cependant admettait des jeux et des erreurs de la nature et attribuait à la matière à peu près le même rôle que Platon. Mais c'est surtout dans la philosophie épicurienne que l'idée du hasard règne en souveraine maîtresse. Là, tout est hasard : c'est par hasard que les atomes se meuvent; c'est par hasard qu'ils se rencontrent et forment des combinaisons de toute espèce; c'est par hasard que, parmi ces combinaisons, se trouvent précisément les êtres organisés; c'est par hasard que ces êtres se multiplient sans fin, conformément au type de la première combinaison; c'est par hasard que les animaux ayant des yeux s'en sont servis pour voir; des jambes, s'en sont servis pour marcher. L'ordre, dans cette philosophie, n'est qu'un accident heureux; et, par un renversement étrange, c'est de lui qu'on peut dire qu'il est un jeu, une erreur de la nature. Mais l'ordre est partout mêlé de désordre, et le grand poète de l'athéisme trouve la nature si mal faite, si mal ordonnée, qu'il s'écrie : « Comment croire que cette nature soit l'œuvre de la Divinité, lorsqu'on la voit si remplie de fautes et d'erreurs? »

> Nequaquam nobis divinitus esse creatam
> Naturam mundi, quæ tanta est prædita culpa.

Eh bien, Messieurs, ces deux idées, l'idée du hasard et l'idée du désordre, sont au nombre des erreurs que la métaphysique, aidée, je le reconnais, par le progrès des sciences de la nature, a écartées peu à peu, et à la fin presque entièrement repoussées de son sein.

Lorsque Pythagore disait : « Les nombres sont les principes des choses; » lorsque Anaxagore disait : « Au commencement tout était confondu, mais l'intelligence a tout démêlé; » lorsque Platon, dans sa genèse poétique du *Timée*, racontait que le monde avait été formé par Dieu sur le plan d'un monde idéal conçu par son éternelle intelligence; lorsque Aristote montrait la nature animée d'un inextinguible désir de perfection, et s'élevant sans cesse de forme en forme, de beauté en beauté, sans jamais atteindre à cette beauté souveraine dont elle est, sans le savoir, éternellement éprise; lorsque les Stoïciens enfin expliquaient le monde comme une sorte d'animal organisé et vivant, où tout conspire à une fin commune et dont Dieu est l'âme partout présente, partout agissante, partout attentive, ces grandes conceptions, si supérieures aux hypothèses frivoles des Épicuriens, ne devaient-elles pas peu à peu déshabituer les hommes de croire au hasard et au désordre, et même les conduire à chercher par la science les conditions de cet ordre universel?

Il est si vrai que la métaphysique a précédé la science dans la conception de l'ordre de la nature, que l'une des plus grandes découvertes scientifiques des temps modernes, celle-là même, on peut le dire, qui a amené après elle toutes les autres, la découverte de Copernic, est d'abord née d'une conception métaphysique : car Laplace nous apprend que ce qui a conduit Copernic à son système, c'est l'idée de la simplicité des voies de la nature. Il trouva qu'il était plus simple de concevoir la terre tournant autour du soleil que le soleil autour de la terre. Parti de cette idée, il examina si les faits lui étaient conformes, et il vit que son hypothèse les expliquait mieux que l'hypothèse contraire. Puis vint Képler, qui découvrit les lois de la révolution des planètes. A la vérité, il montra que l'on s'était trompé en croyant que, le cercle étant la plus belle et la plus simple des courbes, les astres devaient décrire des orbites circulaires, et il substitua l'ellipse au cercle. Mais d'abord on ne s'était pas trompé en affirmant que l'orbite des planètes était une courbe régulière; et d'ailleurs les lois de Képler, reliées d'une part au système de Copernic, et de l'autre à celui de Newton, nous révélaient un monde bien autrement simple et régulier que celui de Ptolémée. Puis vint Galilée, qui découvrit les lois de la chute des corps et détruisit la distinction péripatéticienne entre le mouvement *naturel* et le mouvement *violent,* comme s'il pouvait y avoir quelque mouvement qui ne fût pas naturel, et comme si le mouvement du haut en bas était plus naturel que le mouvement de bas en haut; puis Torricelli et Pascal, qui démontrèrent la pesanteur de l'air et ridiculisèrent à jamais l'*horreur du vide,* qui n'était encore que l'invocation du hasard; puis Descartes, qui, par un système erroné, mais plein de grandeur et de clarté, chassa de la science les *qualités occultes,* autre déguisement de la puissance aveugle et fortuite que la scolastique faisait concourir avec la volonté divine à l'explication des choses : Descartes, qui, malgré ses erreurs, a eu la gloire, dit d'Alembert, de voir le premier que le problème du monde est un problème de mécanique;

puis Newton, qui résolut ce problème et, généralisant les lois de Képler et de Galilée, fit voir que les innombrables mouvements des corps célestes peuvent se ramener aux mêmes lois que la chute d'une pomme; puis Euler, Lagrange et Laplace, qui portèrent jusqu'à la dernière précision la démonstration de la théorie de Newton, et firent voir qu'elle se justifie et se confirme par les apparentes perturbations que l'on invoquait contre elle; puis enfin les astronomes de nos jours, qui, par leurs beaux travaux sur les étoiles doubles, nous apprirent que la loi de la gravitation ne s'applique pas seulement à notre système planétaire, mais au système céleste tout entier.

Dans l'ordre des sciences naturelles, mêmes progrès, mêmes résultats : partout loi, règle, mesure, proportion, gradation, harmonie. D'innombrables observations sont d'abord accumulées, sur lesquelles doivent s'établir les théories modernes. Cuvier est le Newton du monde organisé. L'anatomie comparée lui révèle les admirables lois de la corrélation et de la subordination des organes. A l'aide de ces lois, il distribue tous les animaux dans un plan régulier et gradué; et, sans consentir à la conception hardie de son rival Geoffroy Saint-Hilaire, à savoir l'unité de type des êtres vivants, il accepte cependant et démontre scientifiquement la grande idée pressentie par Aristote, annoncée par Leibniz, d'une échelle de la nature. L'anatomie comparée le conduit encore à de plus étonnants résultats. Les coquillages retrouvés sur le haut des montagnes, et que la vieille physique scolastique considérait encore comme des jeux de la nature, dernier vestige de la théorie du hasard, avaient déjà révélé à la science moderne les révolutions antéhistoriques de notre globe. Cuvier détermina l'ordre de ces révolutions par la présence des différentes classes d'animaux englouties par chacune d'elles. Mais ce chaos de débris, ces catacombes d'ossements entassés pêle-mêle par des déluges immenses, par des éruptions volcaniques effroyables, par des soulèvements tantôt lents, tantôt subits, ce Tartare d'espèces à jamais détruites et qui n'ont pas eu de nom, comment y pénétrer, comment y apporter la lumière, l'ordre et la loi? Toujours par le grand principe de la corrélation des organes; un seul organe donnant tous les autres par ses relations nécessaires, les organes à leur tour donnant le genre de la vie, les mœurs, les instincts. L'idée d'une conformité éternelle de la nature avec elle-même lui permettait ainsi de remonter la série des siècles, qui dépassent en antiquité tout ce qu'a jamais pu rêver l'orgueil chinois et indien, et même tout ce que notre imagination peut concevoir en s'enflant outre mesure. Ce monde, dont l'homme était absent, nous le voyons cependant tel qu'il a pu être, grâce au génie d'un homme dominé par la pensée de l'ordre universel. Je ne puis, Messieurs, sans tomber dans des détails disproportionnés avec l'objet de cette leçon, effleurer le tableau de toutes les découvertes de la science inspirée par l'idée de l'ordre et de la raison dans l'univers, et servant à leur tour à confirmer cette idée; je ne puis que vous indiquer les merveilles que présente le monde des animaux microscopiques, les lois curieuses des métamorphoses, les lois de la génération suivies depuis les plantes les plus élémentaires jusqu'aux animaux les plus élevés; et enfin, ce qui est le plus merveilleux, les monstres, ce scandale de la raison, ce triomphe de l'athéisme antique, les monstres ramenés à des lois, et le désordre lui-même forcé d'obéir à l'ordre.

Mais je n'aurais pas tout dit sur le progrès de l'idée de l'ordre et de la loi, si je ne vous la montrais jusque dans les sciences de l'humanité, dans les sciences morales et politiques. Montesquieu, le premier, aperçut cette vérité, que le profond génie de Pascal n'avait pas même soupçonnée : c'est que les lois elles-mêmes ont leurs lois. « J'ai cru, nous dit-il, que, dans cette infinie diversité de lois et de coutumes, les hommes n'étaient pas seulement conduits par leurs fantaisies. » Ainsi ces lois contradictoires, ces coutumes absurdes et bizarres, ces institutions étranges dont triomphaient les sceptiques, nous apprenons par Montesquieu qu'elles ont leur raison, et découvrir cette raison, c'est faire l'*Esprit des lois*. Vers le même temps, la science appliquait cette idée de l'ordre et de la loi à des faits qui paraissaient encore bien plus variables et capricieux, les faits économiques. La richesse, que la morale représentait presque toujours comme le produit du hasard, et dont la distribution semblait particulièrement l'œuvre du destin, la richesse, cet objet de mépris pour les sages antiques, et dont ils dédaignaient d'étudier la nature; cet objet d'idolâtrie pour les hommes sensuels et grossiers, qui la détruisent en la poursuivant par de faux moyens, comme les Espagnols dans le nouveau monde, la richesse fut ramenée à des lois précises par Quesnay et par Adam Smith. Enfin, des faits d'une nature plus générale et plus incertaine, des faits où la sagesse morale et politique n'avait jamais vu que des accidents irréguliers, nés du caprice des hommes, de l'intrigue, du hasard, les révolutions des États, étaient à leur tour considérés comme les phases d'un ordre graduel qui, semblable à l'ordre de la nature, s'accomplit par des convulsions douloureuses. La loi de la perfectibilité et du progrès, loi entrevue par quelques sages, mais qui devait être la grande conquête du xviiie siècle, était en quelque sorte découverte aux lueurs d'une révolution sanglante; et Condorcet, qui mourait victime de cette révolution même, nous léguait comme sa vengeance ce grand espoir d'un progrès continu et d'un affranchissement chaque jour plus complet de l'espèce humaine.

Ainsi, deux idées fondamentales ont peu à peu triomphé des préjugés populaires et des préjugés philosophiques : c'est, d'une part, l'idée d'un principe unique du monde; de l'autre, l'idée d'un ordre universel, d'un plan toujours et partout fidèlement suivi. La dualité et la pluralité dans le principe des choses, le hasard ou le désordre dans leur développement, sont des erreurs qui ont entièrement disparu ou qui se dissipent chaque jour davantage. Mais, s'il en est ainsi, en quoi consiste donc le problème philosophique de notre temps?

Il se présente, Messieurs, sous deux aspects, et se ramène à deux questions. Et d'abord, la question n'est plus de savoir si ce principe est un ou multiple, mais si ce principe est tout. La tendance qui entraîne les esprits vers l'unité est si forte aujourd'hui qu'elle n'a plus besoin d'être encouragée, mais plutôt d'être contredite et retenue.

Les sciences physiques, de plus en plus enivrées de leurs conquêtes, aspirent à l'unité de loi, à l'unité de cause, à l'unité de matière, au risque de rendre inexplicable la diversité des phénomènes. Les sciences naturelles sont partagées comme les sciences philosophiques; mais ceux qui s'y donnent comme les représentants du progrès affirment l'unité de type entre tous les êtres vivants et organisés, au risque de détruire l'originalité des espèces et la dignité propre de chacune d'elles. Les sciences morales et politiques, dans leurs représentants les plus avancés ou qui se croient tels, rêvent une société universelle où périrait la personnalité des nations, et dans l'État une unité souveraine non moins menaçante pour l'indépendance des individus. Enfin, la métaphysique, enveloppant toutes ces unités secondaires dans une unité absolue, absorbe en une même substance la nature et l'humanité, immolant sans scrupule, par cette conception renouvelée de l'antique Orient, et le libre arbitre, et la responsabilité morale, et l'immortalité de l'âme. Le problème est donc celui-ci : en dehors de ce principe primitif des choses, cause et substance absolue, y a-t-il place pour des existences individuelles, pour des substances subordonnées et pour des causes secondes? La distinction des êtres, des espèces, des individus, n'est-elle qu'une apparence phénoménale et toute passagère, une suite de métamorphoses d'une substance unique livrée à un éternel devenir? Ou bien cette distinction est-elle réelle et profonde, et correspond-elle dans la nature des choses à une distinction véritable? Devons-nous enfin prendre pour devise le mot célèbre de Lessing : Ἓν καὶ πᾶν, *un et tout;* ou devons-nous, au contraire, distinguer le tout, c'est-à-dire le monde, de l'unité, c'est-à-dire de Dieu? Voilà le premier aspect sous lequel se présente le problème philosophique de notre temps. Voici le second.

Nous avons vu que pour tous, peuple, métaphysiciens et savants, la raison éclate à chaque pas dans l'univers. Elle éclate aux yeux du vulgaire dans la beauté et l'harmonie de ses spectacles; aux yeux des philosophes et des savants, dans la simplicité et la fixité de ses lois. Mais maintenant cette raison qui est dans les choses est-elle inhérente à leur nature, ou leur est-elle communiquée? Cette raison est-elle une raison aveugle et inconsciente, semblable à l'instinct de l'abeille, se développant logiquement, fatalement, dans le temps et dans l'espace, sans se connaître elle-même, si ce n'est lorsqu'elle arrive à la conscience dans l'humanité : et encore quelle connaissance obscure et incomplète! Ou bien est-elle une raison éternelle et parfaite, se sachant et se possédant elle-même, connaissant ses œuvres et les conduisant avec prévoyance vers la fin qu'elle leur a fixée? L'ordre des choses est-il un ordre de nécessité ou un ordre de sagesse, un ordre mathématique ou un ordre moral, un ordre existant par soi-même ou un ordre voulu et préparé d'avance par une cause supérieure à lui? Telle est, Messieurs, la seconde question, qui, au fond, se ramène à la première, car l'une et l'autre peuvent se résumer en une question unique : le monde est-il tout? le monde est-il Dieu?

Tel est le débat, Messieurs, dont je veux vous entretenir cette année, et je n'ai pas besoin de vous en faire remarquer la gravité. Ce n'est pas le lieu d'entrer aujourd'hui dans la discussion de ce débat. Qu'il nous suffise de dire que nous n'hésitons pas à y prendre parti, et que nous soutiendrons de toutes nos forces la distinction de Dieu et du monde.

Mais, sans vouloir aborder une discussion prématurée, peut-être est-il opportun d'examiner et, s'il est possible, d'écarter dès aujourd'hui quelques objections préliminaires qui, sans toucher au fond des choses, gênent et embarrassent les questions, et jettent dans les esprits mal préparés des préventions défavorables à la cause que nous soutenons.

Voici, par exemple, l'une de ces objections : la théodicée spiritualiste, dit-on, celle qui sépare Dieu et la nature, est une vieille théodicée; elle est usée, surannée : c'est une théodicée d'ancien régime.

Cette objection, peu philosophique en elle-même, est cependant redoutable dans un pays où nul n'aime à passer pour vieux, et dans un temps où la vieillesse des idées est devenue un travers comique que l'on traduit sur la scène. Mais, je le demande, une doctrine est-elle nécessairement fausse parce qu'elle est ancienne, nécessairement vraie parce qu'elle est nouvelle? Nous avons, il faut l'avouer, retourné ici complètement le préjugé de nos pères. Autrefois, c'était une grave objection contre une doctrine que d'être nouvelle, et tous les novateurs s'efforçaient d'établir qu'ils n'inventaient rien. Aujourd'hui, ceux-là mêmes qui n'inventent rien s'efforcent de faire croire qu'ils sont novateurs, et, grâce à l'ignorance du public, ils y réussissent; de telle sorte que nous sommes obligés de combattre comme nouvelles des idées que nous trouvions surannées il y a vingt ans. Autrefois, c'étaient l'antiquité, l'autorité, qui paraissaient les signes infaillibles de la vérité; on a fait voir que c'était un excès. Mais faut-il se précipiter dans l'excès contraire, et rejeter une opinion par cette seule raison qu'elle date de loin et remonte très haut dans la suite des âges? Faut-il rejeter sans examen ce que l'on admettait autrefois sans examen, et par la même raison? A la folie de la tradition devons-nous substituer la folie de l'innovation? Ayant secoué le joug du passé, devons-nous nous livrer au joug de l'avenir, ne considérant jamais les idées en elles-mêmes, mais seulement par leur date, rejetant avec mépris celles d'hier, adoptant avec enthousiasme celles d'aujourd'hui, mais déjà impatients de deviner celles de demain, de crainte de rester attachés une seconde de trop à la vérité qui va passer? Cette accélération de mouvement que nous voyons autour de nous dans la vie matérielle, devons-nous la transporter dans l'ordre de la pensée, toujours haletants après une doctrine nouvelle, et la méprisant aussitôt qu'elle a paru? Je ne puis, pour ma part, m'associer à cet emportement, et il me semble que le nouveau n'a de prix qu'à la condition de s'ajouter à un fonds déjà formé et qui, par cela même, a nécessairement quelque antiquité.

Mais pour ramener la question au point précis qui nous occupe, est-il vrai que la doctrine qui distingue Dieu et la nature soit beaucoup plus vieille que celle qui les confond? Vous dites que nos doctrines sont celles de Leibniz; nous répondons que les vôtres ressemblent fort à celles de Spinoza : elles ne sont donc pas d'invention plus récente. Et même, à dire la vérité, le Dieu-nature est plus ancien que le Dieu-esprit, et voilà bien des siècles qu'il s'appelle Brahma. Vous dites, à la vérité, que vous avez fait de grands progrès depuis Spinoza : nous disons aussi que nous en avons fait depuis Leibniz. Qu'avez-vous ajouté aux principes de Spinoza? Une seule idée, l'idée du progrès. Vous avez soumis Dieu lui-même au progrès. Voilà la grande nouveauté de la philosophie allemande : Dieu se développe; lui aussi aspire sans cesse au nouveau; il se fait à lui-même des révolutions. Mais l'idée du progrès, nous l'admettons comme vous; elle n'a rien d'incompatible avec les principes du spiritualisme; et peut-être même se concilie-t-elle mieux avec lui : seulement, le progrès n'est pour nous qu'un attribut de la nature et de l'humanité, et non pas de Dieu lui-même. Mais il est une autre idée, que vous effacez autant que possible, à laquelle nous nous attachons de toutes nos forces, et qui est le trait distinctif du spiritualisme contemporain : c'est l'idée de la personnalité humaine; cette idée, dont le germe est dans Leibniz, mais que la philosophie morale et politique du xviiie siècle a tant contribué à développer et à éclaircir, cette idée, qui est le principe du droit et de la liberté dans l'ordre social, du devoir dans l'ordre moral, nous est ici même, dans l'ordre métaphysique et religieux, le plus sûr garant de la distinction de l'homme et de Dieu, de Dieu et de la nature. Vous apprécierez plus tard, Messieurs, la portée de cette idée; qu'il nous suffise de l'indiquer ici comme une preuve que le spiritualisme de nos jours n'est pas la répétition immobile et surannée des opinions d'un autre siècle.

On nous dit encore : « La théodicée spiritualiste est une théodicée populaire, une théodicée de sens commun; elle n'est pas scientifique. »

Cette objection paraîtra sans doute étrange aux personnes qui n'ont pas l'habitude des combats philosophiques. Ces personnes seraient sans doute disposées à croire que c'est un mérite pour une doctrine de ne pas être en désaccord avec le sens commun; mais il faut qu'elles apprennent que c'est là, au contraire, un très mauvais signe, et que la plus grande injure que l'on puisse faire à un philosophe de nos jours, c'est de lui dire qu'il a le sens commun; car c'est lui dire qu'il manque de profondeur, d'originalité, d'indépendance, d'esprit scientifique. Aussi ceux qui aspirent à ces grandes facultés n'ont-ils rien de plus à cœur que de décliner toute connivence avec le sens commun; ils le tiennent à distance et professent que la première qualité du philosophe est de le mépriser. J'avoue ne pas très bien comprendre les raisons de ces fastueux anathèmes. J'accorde que la philosophie ne doit pas être l'esclave du sens commun, qu'elle ne doit pas s'y soumettre à l'aveugle comme à une autorité infaillible et irréfragable ; mais je ne vois pas pourquoi elle s'imposerait l'obligation de le mépriser. Après tout, le sens commun se compose des mêmes facultés que la philosophie. Il n'y a pas deux sortes de facultés humaines, les unes pour le vulgaire, les autres pour le philosophe : c'est au fond toujours la même intelligence s'exerçant par des procédés analogues. Lorsque le sens commun a besoin de savoir la vérité sur quelque objet, il sait bien employer les moyens nécessaires pour arriver à son but. Or, les questions morales et religieuses étant d'un intérêt permanent pour l'humanité, et étant mêlées aux actions de chaque jour, qu'y aurait-il d'étonnant à ce que le sens commun, par une suite nombreuse d'observations et d'expériences, par les réflexions, les inductions, les conclusions que les faits lui auraient suggérées, fût arrivé à quelques principes qui ne seraient pas très éloignés de la vérité? Pourquoi n'y aurait-il pas une sorte de philosophie spontanée, moins précise, moins rigoureuse, moins profonde que la philosophie scientifique, mais en revanche ne connaissant pas les entêtements d'école, les subtilités artificielles de cabinet et les recherches affectées d'une pensée originale? Pourquoi le philosophe mépriserait-il cette philosophie populaire et naïve qui serait la voix de l'humanité, et pourquoi tiendrait-il tant à la contredire? Pourquoi, étant homme, serait-il fier de ne pas penser comme les hommes? Ajoutez à cela que le sens commun ne doit pas tout à lui-même, mais qu'il a été en partie institué et formé par les philosophies et les religions, lesquelles sont aussi de grandes philosophies, et qu'il est à la fois le résumé de la sagesse populaire, de la sagesse religieuse et de la sagesse philosophique; et qu'ainsi la philosophie, en le respectant, se respecte elle-même et se contemple dans ses propres œuvres. Enfin, nous ne pensons pas que la voix du peuple soit toujours la voix de Dieu; mais, sans diviniser l'humanité, nous l'honorons; et nous sommes heureux, dans notre faiblesse, de nous rencontrer avec les croyances naturelles des hommes.

La troisième objection est du même genre que la précédente : « Votre théodicée, nous dit-on, est la théodicée du cœur, la théodicée du sentiment; ce n'est pas la théodicée de la raison. »

Cette objection est encore une de celles qui peuvent être les plus redoutables aujourd'hui. Telles sont les révolutions des mœurs et des habitudes. Il y a trente ans, on affectait dans tous les écrits l'enthousiasme, la passion, la sensibilité; c'eût été alors pour une philosophie la plus mauvaise note que de n'avoir à son service que la froide logique; et les écrits de ce temps dirigés contre la philosophie spiritualiste lui reprochaient précisément de manquer de sensibilité, et de vouloir froidement imiter les procédés des sciences physiques et naturelles. On disait alors, en philosophie : « Eh quoi! ne sentez-vous rien sous la mamelle gauche[1]? » Tel était l'état des esprits il y a une trentaine d'années. Aujourd'hui, nous assistons à un spectacle contraire; nous affectons la froideur, la sécheresse, le mépris des sentiments du cœur, et les héros de romans sont eux-mêmes des hommes positifs. Je crois, Messieurs, qu'il faut éviter toutes les modes et toutes les affectations, aussi bien la mode de la sécheresse et du froid que celle de la sensibilité inutile et du faux enthousiasme. Il est certain, et personne ne le nie, que l'on ne fait la philosophie qu'avec la raison, et non avec le cœur; que le vrai est l'objet de l'entendement, non de la sensibilité. Mais, cela accordé, dois-je détruire en moi la nature au profit de la science? Pour être philosophe, suis-je donc forcé de ne plus être un homme? Et faut-il que la vérité me soit indifférente pour qu'elle soit la vérité? Pour qu'une philosophie soit vraie, faut-il absolument qu'elle soit en contradiction avec les besoins de notre cœur, et suffit-il donc qu'elle les satisfasse, pour être par là même suspecte et mise en défiance? Je vais plus loin : les raisons du cœur, comme on les appelle, ne sont certainement pas les premières que le philosophe doive employer; mais elles sont, si j'ose le dire, des *appoints* considérables, et à tous égards respectables. La plus médiocre expérience de la vie philosophique nous a bientôt appris que la prétention de tout prouver et de tout expliquer est au-dessus des forces de notre nature. Quoi que l'on fasse, il y a des solutions de continuité. Là où la philosophie ne sait plus et ne voit plus, l'homme prend sa place; le cri du cœur est un argument extra-philosophique sans lequel il n'y a pas de philosophie complète. Qui osera dire que Pascal n'ajoute rien à la philosophie de Descartes? Je ne parle pas de sa théologie, mais de cette science profonde de l'âme humaine, qu'il doit à un cœur aussi vaste qu'ardent, et de cette expérience de la vie, cent fois plus féconde à mes yeux que la fastidieuse algèbre du *Traité des sensations*.

---

1. P. Leroux, *Réfutation de l'éclectisme*, p. 104.

Voici enfin la dernière objection que j'examinerai. Si votre doctrine était la vérité même, nous dit-on, elle s'imposerait comme toute vérité démontrée aux plus récalcitrants. Quelqu'un s'oppose-t-il à une théorie d'astronomie ou de chimie? Oui, sans doute, pendant quelque temps, et tant que la théorie n'est pas démontrée; mais il vient un moment où le vrai l'emporte, et le faux disparaît pour toujours. Mais vous, depuis que la philosophie existe, vous n'avez jamais pu faire prédominer votre doctrine sur les autres, ni les écarter définitivement. Le combat recommence sans cesse, et ce combat, dont on ne voit pas la fin, dépose contre vous. Sans doute quelques erreurs ont pu disparaître, et vos adversaires ont peut-être contribué autant que vous à les écarter. Mais le grand débat entre Dieu et la nature, sous une forme ou sous une autre, est toujours là, aussi ardent, aussi stérile que le premier jour.

Voilà, Messieurs, une grave difficulté; et si je connaissais quelque moyen d'y échapper, je vous dirais : « Prenez-le à tout prix; mais je n'en connais pas un seul. » Cette difficulté pèse sur tout le monde sans exception; elle est le lot de la race humaine, elle est le prix amer auquel s'achètent les joies de la pensée. Non, je ne connais pas un seul moyen de l'éviter, cette difficulté redoutable. Je me bornerai aux faits, dit l'un; je ne ferai pas de système. Mais cela même est un système. — Je me renferme dans la pratique, dit l'autre; je renoncerai à toute théorie. Mais cela même est une théorie. — Je renie la raison et je n'écoute plus que la foi. Mais ne voyez-vous pas que c'est là encore se servir de la raison contre la raison? — Je concilierai tous les systèmes dans un système unique. Vous en ferez un de plus, et voilà tout. — Je n'étudierai que les sciences positives et exactes, et je dirai qu'il n'y a pas de philosophie. Mais c'est là une philosophie. — Je me réduis au sens commun. Mais le sens commun pense, c'est-à-dire qu'il dispute. Est-ce donc seulement dans les écoles de philosophie que les hommes ne sont pas d'accord? Les voyez-vous donc si près de s'entendre dans les tribunaux, dans les assemblées, dans les salons? Et pourquoi? c'est que partout les mêmes questions s'agitent sous des formes différentes, et que les hommes ne peuvent se désintéresser dans ces questions. Vous-mêmes qui parlez, sceptiques, critiques, positivistes, croyants, vous qui reprochez à la philosophie ses combats, vous-mêmes, vous n'êtes pas en dehors et au-dessus de la mêlée, vous y êtes comme nous, avec nous. Vous n'êtes pas des juges impartiaux et désintéressés; vous êtes des plaideurs passionnés comme nous-mêmes, car c'est de votre cause aussi bien que de la nôtre qu'il s'agit.

Sachons donc reconnaître le caractère propre des sciences morales, des sciences où l'homme est en jeu. Dans ces sortes de sciences, la démonstration n'est pas tout; la volonté y a sa part[1]. Après avoir examiné, pesé et comparé les raisons, c'est à nous qu'il appartient de choisir. Le choix, voilà le caractère original des sciences philosophiques et morales : voilà ce qui n'a pas lieu dans les sciences positives, excepté dans celles qui touchent à la philosophie, c'est-à-dire qui touchent à l'homme. Nous choisissons en morale; nous choisissons en politique, en littérature, en jurisprudence, en histoire et, il faut le dire aussi, nous choisissons en théodicée; de là vient que, dans ces sortes de sciences, on a une cause, des opinions, des convictions, toutes choses qui supposent un choix et le concours de l'âme avec la raison. Oui, en philosophie, la raison n'est pas tout : l'âme et le caractère y ont leur part : c'est la faiblesse de cette science, si vous le voulez, mais c'en est aussi la grandeur; car le choix suppose la responsabilité. C'est par là qu'elle s'attache si fortement ceux qui s'y livrent et qu'elle saisit leur cœur en même temps que leur pensée. Ils disent avec Aristote : « La philosophie ne donne pas des résultats aussi certains que les sciences de la nature, mais son objet est si relevé qu'il compense par sa

---

1. On voit que, dès cette époque, nous n'avions pas négligé de voir le rôle que joue la volonté dans le choix des opinions philosophiques; mais nous n'aurions pas consenti à lui sacrifier tout, comme on le fait aujourd'hui. Voir plus loin : *la Philosophie de la croyance*.

grandeur ce qui lui manque en clarté. Les moindres perfections, à peine entrevues, de la personne aimée, ont plus de prix que les avantages les plus éclatants des autres objets. »

Ainsi, Messieurs, dans le débat qui s'agite autour de nous, et que tous les siècles ont plus ou moins connu, nous avons examiné le pour et le contre, nous avons vu et cru voir le fort et le faible de nos adversaires comme de nous-mêmes; nous n'ignorons aucune des difficultés que l'on peut nous opposer; nous n'en méprisons aucune; mais, enfin, nous avons choisi, et nous vous appellerons à choisir. C'est l'honneur des temps modernes que ce choix n'est plus contraint par la force, mais qu'il dépend uniquement de la raison. Mais de là aussi naissent pour nous de bien plus grandes obligations. Aujourd'hui, Messieurs, l'examen n'est plus seulement un droit, il est devenu un devoir. Il ne faudrait pas que le droit d'examen ne fût autre chose que le droit de décider sans examen. La liberté ne nous affranchit pas des devoirs; elle nous en impose, au contraire, de plus grands et de plus difficiles. Le temps est passé où c'était assez se servir de sa raison que de douter et de nier : il faut aujourd'hui nous en servir pour affirmer. Si je puis contribuer à retenir chez les uns, à relever chez les autres, à fortifier chez tous quelques-unes de ces affirmations si nécessaires à la dignité et au bonheur de la vie, je n'aurai pas travaillé en vain.

II

LA PHILOSOPHIE DE LA LIBERTÉ

SCHELLING ET SECRÉTAN

Après la domination toute-puissante exercée par Hegel pendant un quart de siècle, après le règne de la philosophie de l'idée, un autre principe, une autre formule a commencé à prévaloir en Allemagne et a obtenu à son tour, sinon un empire aussi généralement accepté, au moins une certaine influence et une certaine faveur : c'est le principe de la volonté. La pensée, que la philosophie de Hegel avait mise au premier rang, est descendue au second. La priorité de la volonté sur l'idée est la formule commune des deux écoles de philosophie, peu d'accord d'ailleurs sur bien d'autres points : d'un côté, l'école de Schelling, redevenu le successeur de Hegel après avoir été son prédécesseur ; de l'autre, l'école de Schopenhauer. Ces deux philosophes ont trouvé des disciples, mieux que des disciples, qui ont exposé et développé leur pensée en y mêlant leurs vues personnelles, et qui peuvent être à leur tour considérés comme des philosophes originaux. Cette philosophie de la volonté, comme on l'appelle, a commencé à pénétrer parmi nous. L'ensemble de ces vues est aujourd'hui assez complètement développé pour qu'il soit possible de s'en faire une idée assez nette. Nous étudierons donc la philosophie de la volonté sous les deux formes qu'elle a prises, l'une à la suite de Schelling, l'autre à la suite de Schopenhauer : la première, expliquée et développée dans la *Philosophie de la liberté* de M. Secrétan, de Lausanne ;

la seconde corrigée et remarquablement enrichie par M. de Hartmann dans sa *Philosophie de l'inconscient*. Ce sont, en effet, ces deux philosophes surtout que nous voulons faire connaître, et nous n'emprunterons à leurs deux illustres prédécesseurs que ce qui sera nécessaire à l'intelligence de leurs idées. Schelling et Secrétan seront l'objet de cette première étude.

I

Lorsque Schelling, après avoir passé de la philosophie du moi, qui lui était commune avec Fichte, à la philosophie de la nature, et après avoir réconcilié l'une et l'autre dans la philosophie de l'identité, transformée elle-même bientôt en une sorte de théosophisme alexandrin, sous l'influence de Jacques Bœhm et de Giordano Bruno, se retira dans le silence vers 1815, le gouvernement incontesté de la philosophie en Allemagne demeura entre les mains de Hegel. Ce fut le règne de la logique. Dans ce système, en effet, tout est logique, tout est pensée, tout est rationnel. Ce que nous appelons substance, cause, force, activité, ne sont que des modes de la pensée. Tout ce qui est rationnel est réel; tout ce qui est réel est rationnel. Ce n'est plus seulement le panthéisme, c'est le *panlogisme (das Panlogismus)*. Le Hégélianisme s'était introduit dans tous les domaines de la science, dans l'esthétique, dans l'histoire, dans le droit, dans la religion. Partout on racontait les évolutions de l'idée. Tout était idée. Un peuple était une idée, une étoile était une idée ou un moment de l'idée. Hegel lui-même était l'idée absolue. Le rayonnement de ces pensées pénétrait jusqu'en France; et l'on sait quel succès elles eurent à la Sorbonne en 1828.

Pendant ce triomphe de l'hégélianisme, à peine tempéré par la résistance honorable, mais passagère, de la philosophie de Herbart, que devenait Schelling, qui depuis 1815 semblait avoir renoncé à la publicité, mais qui était encore dans toute la force de l'âge et qui devait même survivre à Hegel de vingt années? On savait qu'il avait dirigé ses études du côté de la mythologie; mais il n'était pas vraisemblable que ce génie essentiellement métaphysique et poétique s'occupât de la mythologie seulement en érudit. Selon toute apparence, c'était une forme nouvelle, un cadre nouveau pour sa philosophie. Plusieurs fois il avait entrepris et annoncé quelque publication; puis il s'était arrêté, et cet écrivain, si fécond jusqu'alors, paraissait s'être imposé un religieux silence. En 1813 il avait commencé l'impression d'un ouvrage qui devait être intitulé *les Ages du monde* (*die Weltælter*); mais il en interrompit subitement l'impression, et de ce travail il ne resta qu'une dissertation sur les *Divinités de Samothrace* (1815). Toute son activité cependant continua d'être appliquée à l'enseignement. En 1820, il alla s'établir à Erlangen et y fit des cours jusqu'en 1826. A cette époque, l'université de Landshut ayant été transportée à Munich, Schelling demanda et obtint la chaire de philosophie dans cette ville, qui, sous l'influence du roi Louis, était devenue un centre esthétique, archéologique et littéraire. Ce fut dans cette dernière chaire que Schelling enseigna sa philosophie de la mythologie, devenue plus tard philosophie de la révélation. Les *Leçons mythologiques* furent annoncées dès 1830 par les catalogues de librairie comme devant paraître prochainement; l'impression même en était arrivée à la seizième feuille, lorsque Schelling, encore une fois, l'arrêta pour des raisons qu'on ignore. Bientôt, dans le nord de l'Allemagne, après la mort de Hegel, on commença à devenir attentif à l'action que Schelling exerçait à Munich. De jeunes disciples commencèrent à donner la nouvelle d'une transformation de la philosophie. En 1833, il sortit de son silence par une déclaration de guerre à l'école hégélienne. Ce fut dans une préface à la traduction allemande des *Fragments philosophiques* de Victor Cousin, préface remplie d'amertume contre Hegel et ses disciples, et annonçant un retour offensif contre les fausses conséquences qu'on avait retirées de ses doctrines. Ce fut quelque temps après qu'un célèbre Hégélien, le spirituel

Rosenkranz, voulant se rendre compte par lui-même du mystérieux enseignement de Munich, dont on parlait beaucoup sans en rien savoir de précis, s'y rendit incognito pour entendre le grand maître : il nous en donne, dans un de ses livres[1], le tableau curieux et piquant :

« En l'été de 1838, dit-il, j'étais à Munich, et je brûlais du désir de voir Schelling. « Mais, me disais-je à moi-même :
« si je vais visiter Schelling, de deux choses l'une : ou il ne
« me recevra pas, et alors je lui en voudrai d'une circonstance
« qui serait peut-être accidentelle, et je croirai qu'il m'aura
« repoussé à titre de Hégélien ; ou bien il me recevra : car il est
« bienveillant et aimable, et je me sentirai lié à lui. Il vaut
« mieux me priver de tout rapport personnel, afin d'être libre
« de ne porter qu'un jugement objectif et désintéressé. » En conséquence, je triomphai de mon désir, et je ne vis pas Schelling. En revanche, je cherchai le moyen d'assister à ses leçons. On m'avait parlé, à l'hôtel, des grandes difficultés que j'aurais à surmonter, ne lui ayant pas été présenté et n'ayant pas reçu de lui une carte d'invitation, qu'un laquais en livrée devait, me disait-on, recevoir à l'entrée. Ce n'étaient que de vains propos. J'arrivai dans l'auditoire sans avoir vu un seul domestique et sans que personne m'eût rien demandé. C'était la même salle où j'avais entendu Schubert parler d'histoire naturelle. Les bancs s'y élèvent en amphithéâtre. Il pouvait bien y avoir de 300 à 400 auditeurs. Un tiers d'entre eux avait un air tout idéaliste : boucles tombantes, blancs cols de chemise, cou nu, redingotes allemandes, quelque chose comme nos peintres de Dusseldorf, ou plus anciennement nos compagnies d'étudiants raffinés. Je m'assis dans un coin. Derrière moi, comme je l'appris par hasard, se tenait le fils de Schelling. L'auditoire avait deux portes : l'une conduit à

---

1. *Schelling's Vorlesungen im Sommer 1842*, von Rosenkranz (Danzig, 1843). Ce livre est une des représailles de la jeune école hégélienne de 1830 contre la réaction de Schelling à Berlin. Il faut donc le lire avec précaution ; cependant il donne une idée vive et juste des variations et des métamorphoses constantes de la philosophie de Schelling, qui, semblable à l'idée de Hegel, a été soumise, il faut le dire, à un perpétuel devenir.

un escalier de dégagement; l'autre dans un grand corridor. Je fixai mes yeux sur celle-ci dans une grande attente. J'étais rempli de ce sentiment indescriptible qui nous pénètre lorsque le génie, que nous ne nous étions représenté que par l'imagination, va nous apparaître dans sa réalité sensible et sa présence immédiate. Les moments où j'avais vu pour la première fois Schleiermacher, Stoffens, Hegel, Tieck, Karl Ritter, Daub et autres, qui sont devenus depuis mes amis, me revenaient à la mémoire. Les descriptions que Schweggler et Leo m'avaient faites de Schelling flottaient devant mon esprit. Cependant il ne venait pas : nous attendions déjà depuis plus d'une heure. Tout à coup tous les auditeurs se levèrent à la fois : naturellement je fis comme eux. Mais je ne vis pas celui que tous saluaient respectueusement, car j'avais toujours les yeux fixés sur la porte du corridor. Cependant Schelling était entré derrière moi et venait précisément de monter à sa chaire. Un extérieur un peu trapu, un front élevé, une chevelure blanche, de la douceur dans la bouche, le regard plus pénétrant que chaud, plutôt sanguin et mobile que mélancolique et profond, voilà Schelling[1]; toilette élégante, mais digne sans recherche; courte redingote brune, cravate noire, pantalon gris attaché serré par des sous-pieds, tel était son extérieur. Une tabatière d'argent que Schelling portait à la main gauche, et qu'il posait ou reprenait constamment, était la seule décoration symbolique de son discours. Je m'étais représenté d'avance sa parole, semblable à celle de Steffens, comme un libre torrent. Il n'en était rien. Debout, dans une attitude ferme, il tira de sa poche un mince cahier, et le lut de façon cependant à y mêler la pleine liberté de l'exposition; de temps en temps il le posait, et donnait des explications sous forme de paraphrases, dans lesquelles se faisait sentir cet éclat poétique que Schelling sait unir avec tant de charme aux conceptions les plus abstraites. Au reste, dans les cours auxquels j'assistai, l'exposi-

---

[1]. *Mehr sanguinisch unruhig, als melancholisch tief.*

tion était plutôt érudite que spéculative ; ou du moins du spéculatif je ne compris absolument rien, parce que la liaison avec ce qui précédait m'échappait. Je ne dirai donc rien du contenu de son enseignement, qui maintenant m'est devenu beaucoup plus clair; mais la forme me frappa beaucoup. La tranquillité, la fermeté, la simplicité, l'originalité, faisaient passer sur l'excès du sentiment personnel qui perçait un peu trop souvent ; et même l'idiome souabe communiquait, pour moi du moins, un attrait tout particulier à sa voix. »

Rosenkranz raconte ensuite qu'ayant continué d'assister au cours de Schelling, il était présent à sa dernière leçon, remplie d'allusions amères et de traits mordants contre Hegel. Il en était tout ému, lorsqu'un dernier incident vint à changer le cours de ses idées. Schelling ayant achevé, tous se levèrent ; et, comme c'était l'usage à Munich, un étudiant vint présenter à Schelling, au nom de ses camarades, un adieu reconnaissant. « Je fus pris, nous dit-il, au dépourvu ; je sentis s'évanouir en moi tout ce que j'avais amassé de tristesse et d'emportement ; et je me joignis avec le sentiment le plus sincère aux acclamations de la salle. Schelling s'inclina, à droite et à gauche, avec un court remerciement ; et il s'éloigna d'un pas mesuré. Je ne le revis plus. »

Ce tableau intéressant nous apprend que dans le temps où l'Europe avait cessé de s'occuper de Schelling, croyant sa carrière philosophique depuis longtemps terminée, il continuait à avoir autour de lui une école et presque une Église. Sa pensée, remontant le courant philosophique du siècle, était revenue peu à peu de sa philosophie de la nature, toute inspirée de l'esprit du xviiie siècle, à une philosophie religieuse et à une sorte de néo-christianisme. Sans doute c'était un christianisme libre et singulièrement hétérodoxe, comme il l'est en Allemagne ; mais c'était assez cependant pour choquer l'esprit nouveau entraîné dans une voie toute différente. Ce conflit du nouveau Schelling avec l'esprit du siècle eut lieu vers 1840 ; ce fut un grand événement, et nous

nous souvenons encore nous-même du retentissement qu'il eut jusque parmi nous[1]. Le 15 novembre 1841, il inaugura ses leçons sur la philosophie de la révélation devant un immense public d'étudiants. La réapparition de Schelling sur un aussi grand théâtre excitait une attente universelle. Malheureusement la fortune n'aime pas les vieillards, disait Charles-Quint. Schelling en fit l'épreuve. Il fut suspect de réaction. Il voulait ramener la philosophie en arrière, tandis qu'en ce moment même la jeune gauche, comme on l'appelait, traduisait l'hégélianisme dans un sens tout opposé et préludait à la prochaine renaissance du naturalisme. Les leçons de Schelling s'éteignirent dans le silence et la solitude. Plus tard ces leçons furent publiées dans ses œuvres complètes, mais encore au milieu de l'indifférence du public. Le mouvement des esprits était ailleurs. La plupart même des historiens de la philosophie allemande rapportent cet épisode sans y attacher beaucoup d'importance. Cependant M. de Hartmann, le célèbre auteur de la *Philosophie de l'inconscient*, place assez haut la philosophie « positive » de Schelling, et il y voit la synthèse de Hegel et de Schopenhauer[2], c'est-à-dire une œuvre analogue à celle qu'il a tentée lui-même. Mais c'est surtout en Suisse, dans M. Secrétan et dans sa *Philosophie de la liberté,* que cette doctrine a trouvé un commentaire original et personnel. Avant d'étudier le commentaire, résumons d'abord le texte, et signalons les traits les plus saillants de ce que l'on peut appeler « la dernière pensée de Schelling ».

En reprenant la parole devant le grand public, après un si long silence, Schelling prétendait, non pas rétracter et

---

1. Nous étions à cette époque à l'École normale, et, mal informés comme on l'est à cet âge, nous en étions encore à la proposition que M. Cousin, pendant son ministère de 1840, avait faite à Schelling de venir enseigner au Collège de France ; nous eûmes donc un instant l'illusion de voir Schelling en France ; mais déjà il enseignait à Berlin.
2. Voyez l'écrit très bien fait intitulé *Schelling's positive, als einheit von Hegel und Schopenhauer* (Berlin, 1869). La plupart des textes cités ici sont empruntés à cette intéressante dissertation.

abandonner sa philosophie antérieure, mais au contraire la compléter et lui donner un couronnement définitif. Il maintenait le principe de l'idéalisme absolu, mais il combattait surtout l'interprétation que Hegel en avait donnée. Cette interprétation aboutissait à un panlogisme absolu. C'est cette conception que Schelling voulait dépasser, sans revenir cependant à l'ancienne ontologie ; car c'est la prétention un peu puérile des Allemands de vouloir toujours trouver un nouveau principe supérieur au précédent, sans revenir aux idées antérieures : comme si la métaphysique pouvait avoir indéfiniment à sa disposition des principes à superposer les uns aux autres. Quoi qu'il en soit, que ce fût un retour ou un progrès, Schelling soutenait contre le panlogisme une controverse très digne d'attention.

Il faisait remarquer d'abord que ce principe : « Tout est logique, tout est rationnel, » est une pure hypothèse, un postulat non démontré. Pourquoi, disait-il, est-ce la raison qui existe, et pourquoi pas la non-raison (*die Unvernunft*)? Sans doute, il est commode de placer la raison à l'origine des choses comme la substance universelle, l'être nécessaire ; mais, absolument parlant, le contraire est aussi possible. Ce n'est nullement une nécessité à priori ; c'est un pur dogme. Il ne sert de rien de dire que si on ne commençait par poser ce postulat, il n'y aurait plus de science ; car pourquoi y aurait-il une science? En second lieu, dans l'étude de tout être, après que l'on a fait abstraction de l'intelligence et du rationnel, il y a toujours un reste, un résidu qui n'est pas résoluble en éléments rationnels, et qui par conséquent est irrationnel. Sans doute, toutes choses dans le monde nous apparaissent avec le caractère de la règle, de l'ordre et de la forme ; mais au fond on aperçoit toujours le sans-règle (*das Regelslose*), et il semble même qu'à l'origine c'est le sans-règle qui devient ordre, c'est le non rationnel qui devient rationnel. C'est là la base incompréhensible de la réalité, le fond irréductible qui ne se laisse pas ramener à l'intelligible. Il y a donc une nature extra-logique de l'existence, une base irrationnelle de la réalité. L'intelligible, c'est l'*essence*. Le non intelligible est l'*existence*[1]. Nous exprimons le premier de ces éléments en disant d'une chose ce qu'elle est ; le second, en disant qu'elle est. Or cet élément, qui fait et constitue l'existence, n'est plus la raison ; c'est la volonté : « Pas d'être réel sans un vouloir réel. L'être d'une chose se reconnaît en ce que cette chose s'affirme, se sépare d'autre chose, fait effort pour résister à tout ce qui cherche à la pénétrer ou à l'opprimer ; mais toute résistance, tout effort, réside exclusivement dans la volonté, car la volonté est, à proprement parler, le résistant, le principe de toute résistance, l'insurmontable. Dieu lui-même ne peut vaincre la volonté que par la volonté. » La volonté est encore le libre, le non logique, le non rationnel ; car tout ce qui est soumis à la nécessité logique n'est pas volonté. La volonté ne peut se déduire du rationnel ; elle est donc quelque chose au delà. Enfin, si la raison ne suffit pas pour comprendre la réalité, encore moins est-elle capable de la créer. Jamais de la nécessité logique on ne passera à un être réel. « Il n'y a pas d'autre ressource, disait Schelling en pensant à Hegel, que de supposer que la raison, devenue infidèle à elle-même, a fait une chute ; l'idée, que l'on se représente comme ce qu'il y a de plus parfait, s'avise, sans aucun motif, *sans rime ni raison* (comme disent les Français), de se briser et se morceler dans ce monde des choses accidentelles, irrationnelles, rebelles à toute conception. On peut lui appliquer le mot de Térence : *cum ratione insanire...* » On ne peut comprendre, dit encore Schelling, ce qui pourrait déterminer l'idée, une fois arrivée à l'état de sujet absolu, à s'objectiver de nouveau, à perdre toute subjectivité et à se laisser tomber dans la pire des extériorités : celle de l'espace, du temps ; car la raison, dans laquelle tout se développe avec une absolue nécessité, ne peut rien connaître de ce que nous appelons une résolution, une action, un fait. »

---

[1]. L'intelligible est ce que les Allemands appellent *was* (le *ce que*) ; le non intelligible est le *das* (le *que*).

En conséquence, le panlogisme ne peut se donner comme la philosophie absolue. Il n'en exprime qu'une partie, celle qui concerne les rapports logiques des choses ; mais le réel, le positif, l'existence, lui échappent. Le panlogisme n'est qu'une philosophie « négative » ; il faut le compléter par une philosophie « positive ». L'une est la philosophie de l'entendement, l'autre la philosophie de la volonté. L'une n'a affaire qu'à l'essence logique : elle est tout hypothétique ; car jamais la logique ne pose l'existence des choses, elle la suppose. Elle signifie toujours que *si* quelque chose existe, ce quelque chose se conformera à telles lois ; mais telle chose existe-t-elle? Aucune déduction à priori ne peut nous l'apprendre. Ce n'est que l'induction[1] qui donne l'existence. Schelling va si loin dans cette nouvelle voie, si opposée à ses premières conceptions, qu'il en vient à rejeter absolument le célèbre argument à priori, la preuve de saint Anselme si chère jusque-là au panthéisme allemand. Cette preuve, comme on sait, consiste à prouver l'existence de Dieu en partant de son idée. Schelling affirme, au contraire, que, même pour Dieu, l'essence n'enveloppe pas l'existence. L'existence est un fait premier qui ne peut se déduire de quoi que ce soit. L'absolument premier ne peut être prouvé. Il est au-dessus de toute preuve, parce qu'il est l'absolu et le

---

1. Il ne faut cependant pas se faire illusion sur la portée de cette expression. Il ne s'agit ici ni de la méthode expérimentale des Anglais, ni de la méthode psychologique des Français. C'est une induction, dit Schelling, qui prend son point d'appui dans la pure pensée. Au fond, c'est toujours la déduction, seulement sous forme d'analyse plutôt que de synthèse, comme on le voit lorsque Schelling cherche à établir ce qu'il appelle le commencement de la philosophie. Voici comment il procède et comment il pose le concept de la pure volonté : « Il faut partir, dit-il, de ce qui est avant l'être (*was vor dem sein ist*). Ce qui est avant l'être, c'est ce qui n'est pas encore, mais ce qui sera (*das noch nicht seiende, aber das sein wird*) ; c'est le futur absolu (*das absolute Zukünftige*). Or le futur, ou ce qui sera, c'est ce qui peut être (*das unmittelbar sein kœnnende*). Ce qui peut être, c'est ce qui veut être, c'est le pur vouloir (*das blosse wollen*). L'être consiste donc dans la volonté. » On voit par cet exemple que nous avons toujours affaire à la méthode déductive, j'ajoute à une déduction artificielle et aussi creuse que celle de Hegel. L'idée de découvrir la volonté autre part que dans la conscience du sujet voulant est une idée absolument vaine. L'école de Schopenhauer n'est pas tombée dans cette faute.

commencement du tout. Qu'est-il donc en soi? Il est cause de soi, *causa sui* : ce qui implique qu'il est en quelque sorte antérieur à lui-même. C'est l'*aséité* des Scolastiques ; mais qu'est-ce qu'exister par soi-même, être cause de soi-même? Quelle est la réalité qui correspond exactement à cette notion? C'est la volonté, la liberté. Dieu est donc volonté absolue, liberté absolue, en conséquence personnalité absolue.

Ainsi Schelling, sans renoncer à ce qu'on appelle en Allemagne « le monisme », devenu en quelque sorte un dogme pour tout philosophe allemand, retournait, après un long détour, à la doctrine de la personnalité divine, qui paraissait avoir sombré à tout jamais dans l'océan du panthéisme. M. de Hartmann affirme que Schelling n'est pas devenu pour cela infidèle au panthéisme : sa doctrine nouvelle, dit-il, est le panthéisme de la personnalité (*Persœnlichkeits Pantheismus*). « Dieu est l'être, et tout être n'est que l'être de Dieu. » Ce principe subsiste dans la nouvelle philosophie de Schelling. Ce que Schelling combat dans le panthéisme, c'est le Dieu mort de Spinoza, le Dieu logique de Hegel ; ce qu'il lui substitue, c'est un panthéisme monothéiste ; mais en même temps il continue à rejeter le vieux théisme, le théisme populaire, celui qui croit que Dieu est un être extérieur au monde ; Dieu est intérieur aux choses. Réduit à ces termes, le débat entre le panthéisme et le théisme ne signifie plus grand'chose, car où a-t-on vu un théisme qui soutient l'extériorité absolue de Dieu? Non seulement toute philosophie théiste implique la présence de Dieu dans les choses, mais il n'y a de religion qu'à ce prix. Pour nous, un panthéisme qui soutient la personnalité divine, si l'on ne joue pas sur les mots, est précisément ce que nous appelons le théisme.

Il est impossible de méconnaître la valeur et l'importance de ce retour offensif de l'idée monothéiste et personnaliste contre l'idéalisme logique. Tout est-il original dans cette conception? L'opposition de l'existence et du pur rationnel n'était-elle pas en partie au fond du réalisme de Herbart? Celui-ci n'avait-il pas dit également que l'existence ne peut pas être déduite, qu'elle est une « position absolue »? La définition de l'absolu par la liberté est-elle bien différente, au fond, de celle de Fichte dans sa première philosophie? Le moi « qui se pose lui-même » n'est-il pas aussi « cause de soi »? Peu nous importe le degré de nouveauté et d'originalité de la dernière philosophie de Schelling; cette critique de la logique à outrance de l'école hégélienne est du plus vif intérêt. Nous n'étions donc pas si mal éclairés en France lorsque nous soutenions que le système de Hegel était un panthéisme abstrait, auquel manquait tout fondement effectif et réel, que ce système passait du domaine de la logique au domaine de la nature par un saut brusque et sans aucune raison, enfin que le principe des choses ne doit pas être seulement idée, mais encore volonté et personnalité. Ainsi la philosophie allemande, mieux instruite, finissait par se dire à elle-même ce que les spectateurs désintéressés lui avaient dit depuis longtemps.

Il ne faut pas croire que les vues précédentes, exprimées par Schelling dans ses ouvrages posthumes, la *Philosophie de la mythologie* et la *Philosophie de la révélation*[1], fussent pour lui-même entièrement nouvelles : et, comme le dit avec raison M. Erdmann, elles n'ont excité un si grand étonnement que parce que l'on avait oublié ou trop peu remarqué les derniers écrits de sa première période. Déjà, par ces écrits, il était entré dans une nouvelle phase, que ses disciples désignaient sous le nom de doctrine de la liberté (*Freiheitslehre*). Était-ce sous le coup des critiques de Fichte, avec lequel il avait eu de vives controverses et auquel il aurait emprunté la doctrine de la liberté, tandis que Fichte, par une sorte de réciprocité, lui empruntait à son tour la doctrine de l'absolu[2]? ou ne serait-ce pas plutôt sous l'influence de Jacques Bœhm, avec les écrits duquel il s'était assez familiarisé? M. Erdmann

---

1. *Schellings sæmmtliche Werke* (II Abtheilung, t. I-IV, 1857-1858).
2. Fichte, en effet, a eu deux philosophies comme Schelling, et il a fini en quelque sorte par la philosophie de Schelling, tandis que celui-ci finissait par la philosophie de Fichte.

soulève ces deux hypothèses sans se décider pour aucune[1]. Toujours est-il que, dans ces différents écrits, il avait déjà essayé de dépasser le système panthéistique de l'identité, et, tandis que bien longtemps encore les esprits se laissaient séduire par le prestige de ce système, Schelling l'avait abandonné. Déjà, en effet, dans son écrit sur la liberté humaine[2], il enseignait « qu'il n'y a pas d'autre être que le vouloir », que le vouloir est « l'être primitif, *das Urseyn* ». Il distinguait l'être en tant qu'il est « le fondement de l'existence » et « l'être en tant qu'il existe ». Il appliquait cette distinction à Dieu lui-même, et il soutenait qu'en Dieu ce qui est l'existence « n'est pas Dieu ». Dieu, c'est « le Dieu existant ». L'absolu et Dieu sont l'un et l'autre la volonté : mais l'un, le fondement, est la volonté sourde, obscure, sans conscience ; l'autre est le « moi de cette volonté ». Toute personnalité repose sur un fond obscur ; cela est vrai même dans la personnalité divine. Dieu devient personne. Dans un autre écrit du même temps[3], il poussait si loin la doctrine de la personnalité divine, qu'il l'assimilait presque à la personnalité humaine. Si nous désirons, disait-il, un vrai Dieu, un Dieu vivant et personnel, nous devons supposer que sa vie a la plus grande analogie avec la vie humaine, et qu'il a tout en commun avec l'homme, excepté la dépendance. Tout ce que Dieu est, il l'est par lui-même. *Dieu se fait lui-même* : c'est pourquoi il ne peut pas être dès l'origine quelque chose d'achevé. En Dieu comme en l'homme, il y a un principe obscur et un principe conscient, une lutte entre ces deux principes, une victoire de l'un sur l'autre. Le premier représente l'égoïsme divin, le second l'amour divin. La victoire de l'amour sur l'égoïsme est la création. Cette ressemblance de Dieu avec l'homme, disait-il encore, est un scandale pour les philosophes de métier. Ils disent : « Dieu doit être surhumain. » Mais

---

1. Erdmann, *Grundriss der Geschichte der Philosophie*, t. II, p. 554.
2. *Ueber das Wesen der Menschlichen freiheit* (Landshut, 1809).
3. *Stuttgarter privat Vorlesungen* (*Werke*, t. VII, p. 418-484). Ces leçons n'ont été publiées qu'après la mort de Schelling et dans la seconde partie de ses œuvres.

s'il plaisait à Dieu de se faire homme, s'il lui plaisait de s'abaisser, pourquoi n'en aurait-il pas la liberté? On voit ici clairement les tendances de cette dernière phase de Schelling : ce n'est pas seulement un retour au théisme, mais au christianisme. Dans sa réponse à Jacobi[1], il insistait encore sur l'idée d'un Dieu qui se crée lui-même. Il voulait qu'on entendît à la lettre le *causa sui* de Spinoza : ce qui veut dire que Dieu est antérieur à lui-même. Il disait que Dieu est à la fois « le premier » et « le dernier ». En tant que premier, il n'est pas Dieu : c'est l'absolu, objet de la philosophie de la nature : ce n'est que le *Deus implicitus,* et la philosophie de l'identité n'était aussi que la connaissance implicite de Dieu. C'est seulement le principe dernier, l'*omega,* qui est Dieu dans le sens éminent, *Deus explicitus.*

Toutes ces idées, on le voit, étaient bien antérieures à 1840, puisque Schelling les avait émises de 1809 à 1813. Elles avaient été peu remarquées et comme noyées dans le grand courant de l'idéalisme logique dont Hegel était alors l'interprète heureux et puissant. Ce que Schelling appela plus tard la philosophie positive n'était que le développement de ces mêmes idées appliquées à la théorie de la mythologie et à la théorie de la révélation. On a caractérisé justement cette philosophie en l'appelant un néo-gnosticisme, et elle a en effet d'assez grandes analogies avec la mystérieuse et confuse philosophie de ces premières hérésies chrétiennes ; mais notre objet n'est pas d'insister sur ce côté de sa philosophie. Nous n'avons voulu qu'en résumer les traits et la pensée fondamentale. Nous en demanderons à M. Ed. Secrétan, l'auteur de la *Philosophie de la liberté,* le développement systématique.

II

Le mérite de M. Secrétan est d'avoir creusé la notion d'absolu et d'en avoir fait sortir l'idée de la liberté absolue. Toute

---

[1]. *Denkmal der Schrift von den gœttlichen Dingen,* Tubingue, 1812.

la force de son argumentation consiste à avoir analysé cette fameuse définition de Dieu donnée par Descartes aussi bien que par Spinoza : Dieu est « cause de soi ». Il soutient énergiquement que c'est là une expression qu'il faut entendre à la lettre, que seule elle est adéquate à l'idée de l'absolu; que si l'on n'admet pas à la rigueur un être se posant lui-même, se créant lui-même, se donnant l'être à lui-même, on n'a plus, pour le définir, que des caractères qui peuvent appartenir aussi bien à l'être fini qu'à l'être infini ; car l'intelligence est un attribut des êtres finis et de l'être infini : la bonté, la sagesse, la puissance, la causalité, sont aussi des attributs communs à l'un et à l'autre. Le seul caractère incomparable, incommensurable, incommunicable, est d'être sa propre cause : cela seul est adéquat à l'absolu. Que ce soit une notion incompréhensible, il n'y a rien là qui doive nous arrêter, car il va de soi que l'absolu soit incompréhensible ; mais, tout incompréhensible qu'il est, il faut l'admettre, et admettre en même temps tout ce qui est contenu dans sa notion. Expliquons cette déduction, qui est loin d'être facile à saisir, et où M. Secrétan fait preuve d'une rare et habile subtilité.

S'il y a une vérité évidente, c'est que quelque chose existe. Appelons être le principe qui fait que les choses existent. Le problème est de savoir quelles sont les propriétés essentielles de l'être et comment on le définira. M. Secrétan pose d'abord en principe l'unité de l'être. Il n'y a qu'un seul être, et l'être est tout ce qui est. M. Secrétan se fonde sur cette raison que la science exige l'unité, et que l'unité de la connaissance implique l'unité de l'être. Il faut donc commencer par accepter le principe du panthéisme, sauf à y renoncer plus tard. Sans vouloir mêler ici la critique à l'analyse, nous ne pouvons cependant nous empêcher de faire observer que c'est aller un peu vite en besogne : rien n'est moins évident que le principe posé ; il nous semble qu'au point de départ il ne faut être ni panthéiste ni antipanthéiste, parce que les données du problème ne sont pas connues; mais laissons à l'auteur la responsabilité de sa démonstration, en faisant observer que, s'il part du panthéisme, ce n'est point pour s'y arrêter ; c'est pour aller au delà et, comme il le dit, le réfuter en le dépassant.

Allons plus avant. L'être est un, soit ; qu'est-il encore ? Si nous considérons les êtres de la nature, nous voyons que leur existence se manifeste pour nous, d'une part, par la perception que nous en avons, de l'autre par les actions physiques et mécaniques qu'ils exercent les uns sur les autres. Or, être perçu, exercer une action, ce n'est que la manifestation de l'être, ce n'est pas l'être lui-même. Pour que l'être soit véritablement, il faut qu'il y ait en lui quelque chose « d'intérieur », un « en soi, *an sich,* » qui soit autre que ses effets extérieurs. S'il n'y avait rien dans l'être, comment aurait-il quelque chose d'extérieur ? Comment ce qui ne serait rien en soi pourrait-il être perçu ? Cet élément intérieur de l'être, qui lui est essentiel pour être, et qui en est en quelque sorte la base, est ce qu'on appelle « la substance ». La substance se distingue, suivant M. Secrétan, de « l'existence ». L'existence est l'apparition de la substance ; c'est l'être hors de soi, tandis que la substance est l'être en soi. La substance est la « cause de l'existence ». Elle est donc essentiellement active ; elle est en activité. Toute substance est cause ; toute cause est substance : ce sont deux notions du même degré.

N'oublions pas que nous ne cherchons pas seulement les conditions de l'être en général, mais de l'être absolu, de l'être premier. Ici encore on peut trouver que notre métaphysicien va bien vite, en posant tout d'abord la notion de l'absolu, sans le soumettre à aucune critique, comme une notion universellement acceptée. N'oublions pas que nous avons affaire à l'un des derniers représentants de la philosophie allemande, que cette philosophie, depuis un demi-siècle, posait cette notion comme un axiome, que cet axiome n'était contesté par personne. Le point de vue critique de Kant avait été complètement effacé et submergé par l'idéalisme dogmatique et théorique de ses successeurs. Acceptons donc le problème tel qu'il est posé, et demandons-nous ce que c'est que l'absolu.

Nous avons vu que la substance est la cause de l'existence; mais on peut se demander quelle est la cause de la substance. Si cette cause est en dehors de l'absolu, il n'est plus l'absolu : il faut donc qu'elle soit en lui, et que l'absolu soit non seulement cause de son existence, mais encore de sa substance, qu'il se produise lui-même, en un mot qu'il soit cause et effet de lui-même. Une telle conception n'est-elle pas contradictoire? Un être peut-il, à l'égard de lui-même, être à la fois cause et effet? Une telle conception est si peu contradictoire que nous en trouvons le type dans l'expérience. C'est ce qui arrive, en effet, dans les êtres organisés. La vie est à la fois la cause de l'existence des organes et l'effet des fonctions des organes; chaque fonction est cause et effet de toutes les autres. Or ce qui est à la fois cause et effet est ce que l'on appelle un *but*. La vie est son but à elle-même. La cause finale est le vrai commencement, la vraie cause; la cause efficiente n'est que le milieu ou le moyen, ou plutôt ces deux causes se confondent. L'idée de but nous représente un cercle fermé; c'est ce qui manquait à la conception de Spinoza. Il faut que le rapport des modes à la substance soit aussi positif que le rapport de la substance aux modes. L'être n'est donc pas seulement substance et cause efficiente; il est un but substantiel, un organisme, une vie. Ici encore, si nous voulions mêler la critique à l'exposition, nous demanderions s'il n'y a pas quelque abus métaphorique à transporter la notion d'être vivant de l'organisme, qui est composé de parties matérielles, à la simplicité de l'être absolu; s'il est intelligible de dire que les modes sont à la substance ce que les organes sont au corps vivant; si, même dans l'être vivant lui-même, il n'y a pas quelque équivoque à dire qu'il est cause et effet de lui-même; si la vie, considérée comme force vitale, comme cause organisatrice, est la même chose que la vie considérée comme la résultante de toutes les opérations fonctionnelles. En un mot, dans ces conceptions sublimes et transcendantes, nous craignons que l'on n'oublie un peu trop les vieilles règles de la logique sur la précision des termes et la clarté des définitions.

Nous sommes arrivés à concevoir l'absolu comme un être vivant ; n'est-il pas quelque chose de plus ? L'être, avons-nous dit, est cause de son existence et cause de sa substance ; mais cette substance se manifeste dans l'existence d'une manière réglée, déterminée, conforme à des lois. Si l'être produit sa substance et son existence, il faut aussi qu'il produise sa loi. Il ne pourrait la recevoir d'un autre être sans devenir relatif. Il est donc cause de sa propre loi. Or un être qui se donne à lui-même la loi, qu'est-ce autre chose qu'un esprit ou une volonté ? En effet, déterminer soi-même la nature de son activité, c'est être esprit. Être esprit, c'est se donner à soi-même sa loi, c'est-à-dire son propre caractère. « Êtes-vous savant ? c'est que vous avez étudié. Êtes-vous généreux ? c'est que vous avez dompté votre égoïsme. En un mot, nous sommes libres. Esprit, volonté, liberté, c'est une seule et même chose. »

Chacun des degrés de cette déduction correspond à une phase particulière de la philosophie moderne. La substance cause de son existence, c'est la *substance* de Spinoza : la substance identique à la cause, c'est la *force* de Leibniz. L'être cause de lui-même, l'être vivant qui est son but à lui-même, c'est l'*idée* de Hegel. L'être qui se donne à lui-même la loi, c'est la *volonté autonome* de Kant. La dernière phase, celle qui reste à traverser, la *liberté absolue,* est celle du second Schelling.

En effet, nous ne sommes pas au bout : nous n'avons pas encore atteint le terme final et décisif. L'être est libre : il se donne à lui-même sa loi. Mais d'où lui vient cette liberté ? L'a-t-il reçue d'ailleurs ? Il ne serait plus absolu : ce serait une liberté semblable à celle des hommes. En outre, l'esprit tel que nous l'avons défini implique encore une autre contradiction. Il se donne la loi; mais c'est en vertu de sa nature. D'une part il se détermine, de l'autre il est déterminé.

Il est à la fois esprit et nature. Pour résoudre cette contradiction, il faut aller plus loin qu'une liberté possédée par nature, ou que l'esprit aurait reçue d'un autre, ou qu'il tiendrait de son essence. Il faut que l'esprit se fasse lui-même esprit, qu'il se donne à lui-même la liberté. En un mot, la définition de Dieu « cause de lui-même » implique les degrés suivants : « Substance, il se donne l'existence; vivant, il se donne la substance; esprit, il se donne la vie; absolu, il se donne la liberté. » Il est « absolue liberté ». Impossible d'aller au delà; mais il faut aller jusque-là. La vraie formule de l'absolu est celle-ci : « Je suis ce que je veux. »

Rendons-nous bien compte de toute la portée des propositions précédentes. On pourrait n'y voir d'abord que des expressions paradoxales et excessives pour rendre plus sensibles des vérités abstraites d'une haute portée : on pourrait croire que l'auteur a seulement voulu dire ce que tout le monde pense, à savoir que, Dieu étant l'être souverainement parfait, il doit être absolument libre, parce que la liberté est une perfection. Nullement : c'est la doctrine elle-même qui est paradoxale, et non pas seulement l'expression. Ce n'est pas parce que Dieu est parfait qu'il est libre : c'est parce qu'il est libre qu'il est parfait. Un être parfait par nature, dit l'auteur, le serait moins que celui qui se donnerait toutes les perfections. Un être parfait par nature serait imparfait. « L'absolu n'a pas de nature. — Toute nature est née dérivée, secondaire. » A quoi reconnaît-on le vrai caractère de l'absolu? C'est qu'il ne puisse pas être pensé autrement qu'à titre d'absolu. Or un être qui se donne à lui-même la liberté ne peut être qu'absolu, et pas autre chose. Une telle notion n'a de sens que dans l'absolu. Toute « nature », au contraire (intelligence, bonté, vérité, etc.), peut être conçue comme relative aussi bien que comme absolue. Il n'y a que cette formule : « Je suis ce que je veux, » qui ne puisse s'appliquer rigoureusement qu'à l'absolu lui-même : appliquée au fini, cette formule n'a aucun sens. Elle est donc la seule qui puisse caractériser et définir ce qui est essentiellement sans comparaison et sans analogie.

Ne nous hâtons pas de condamner une si étrange doctrine. N'oublions pas que Descartes l'a exprimée quelquefois en termes presque semblables ; que Bossuet et Fénelon, dans leur réfutation de l'optimisme de Malebranche, s'en sont singulièrement rapprochés. On est placé, en théodicée, entre ces deux abîmes : ou imposer à Dieu une sorte de *fatum*, en lui supposant une nature nécessaire à laquelle il doit obéir, ou lui prêter un bon plaisir absolu qui est aussi près de la tyrannie que de la liberté. Les plus grands métaphysiciens ont flotté de l'un à l'autre. La liberté absolue est une réaction contre « l'idée absolue » : c'est la revendication extrême de la liberté contre la logique, et nous devons savoir gré à tout métaphysicien qui, poussant une idée à l'extrême, nous en fait mieux comprendre le sens et la portée.

Après avoir pris cette définition de l'absolu, M. Secrétan reconnaît sans peine qu'elle est incompréhensible : « Nous constatons la place de l'absolu, dit-il, nous n'en avons pas l'idée : car nous n'avons pas d'intuition correspondante. » La liberté absolue est au delà de l'intuition ; nous ne la connaissons que dans ses manifestations. La volonté est l'essence universelle. Les différents ordres d'êtres sont les degrés de la volonté. « Exister, c'est être voulu ; être substance, c'est vouloir ; vivre, c'est vouloir ; être esprit, c'est vouloir son vouloir. » On remarquera ces vigoureuses et brillantes formules. Tout étranges qu'elles sont, elles n'ont rien qui puisse choquer les disciples de Maine de Biran, qui depuis longtemps sont habitués à considérer la volonté comme l'essence de l'être. Jusqu'où faut-il pousser cette conception ? C'est une autre question.

Sans vouloir exposer toutes les conséquences que l'auteur tire de son principe, il y en a une cependant qui est trop importante et trop curieuse pour ne pas être mentionnée.

Ce premier principe, cet absolu, qui n'a d'autre essence que de n'en pas avoir, qui est volonté absolue, liberté absolue, est-il ce que les hommes reconnaissent et adorent sous le nom de Dieu? Doit-il être reconnu Dieu? Non, dit résolument M. Secrétan. L'absolu est au delà de Dieu; il est avant Dieu, il est la source de Dieu. Il faut distinguer deux absolus : l'absolu en essence, en puissance, qui est la liberté absolue, liberté pure, notion essentiellement négative, incompréhensible, et qui n'exprime que l'opposition à ce qui n'est pas lui; — et en second lieu l'absolu en acte, absolu existant. Le premier est « l'abîme insondable de la pure liberté ». C'est l'absolu négatif. Le second, l'absolu positif, est « un fait ». C'est à lui que convient seulement le nom de Dieu, et l'expérience seule peut nous le faire connaître. Sans doute, il y a une nécessité des choses, mais non une nécessité voulue. Il y a d'immuables statuts ; mais ils ont été posés. Toute nécessité est dérivée : toute nécessité est un fait. C'est cette nécessité voulue qu'on appelle ordre, providence, et dont le principe est Dieu. « Le principe immobile, transcendant, supérieur au monde, par conséquent à la pensée, dont il forme la limite, c'est l'absolu en essence; mais le principe fixe, immanent, immuable, nécessaire, c'est le Dieu réel, tel qu'il est en fait pour nous : c'est notre Dieu, ou, plus simplement, c'est Dieu. Dieu n'est pas une substance, c'est un fait. L'absolu est la nuée; Dieu est l'éclair ». Ainsi l'absolu devient Dieu en créant le monde, en créant le vrai, le juste, le bien, l'ordre, car ce n'est que par rapport au monde que toutes ces choses existent. Dieu veut être Dieu. « Il se fait et se proclame Dieu ; il est Dieu, parce qu'il le veut. »

En se créant lui-même, Dieu a créé le monde. Pourquoi? Dans quel but? Dieu a-t-il besoin du monde? Non, sans doute; quelle peut donc être la raison suprême de la création? Constatons d'abord que le monde existe : c'est un fait. Nous ne pourrions deviner l'existence de ce fait à priori. Mais, étant donnés d'une part l'existence du monde, de l'autre le principe de la liberté absolue, nous pouvons conclure de là le motif de la création. Ce motif, c'est l'amour.

Comment de la liberté absolue passe-t-on à la doctrine de

la création par amour? Ce passage est une des déductions les plus subtiles de la théorie : mais elle a eu assez de succès dans quelques écrits récents de la philosophie française, pour que nous nous attachions à la faire connaître, quelque artificielle qu'elle nous paraisse. Dieu est la liberté absolue. L'acte de la création doit donc être un acte de liberté absolue. Si le motif de la création était puisé dans l'essence même de Dieu, il ne serait pas libre. L'amour ne peut donc pas être antérieur à la liberté; il doit en être l'effet. Mais si Dieu, en créant, obéissait à un motif égoïste ou intéressé, par exemple sa gloire, son plaisir, etc., il ne serait pas non plus libre; car c'est être l'esclave d'une loi extérieure et supérieure à sa propre volonté que de rechercher exclusivement son bien-être. Tout autre acte qui n'aurait point pour terme le bien de la créature ne pourrait avoir pour terme que le Créateur lui-même. Or tout retour d'un sujet sur lui-même implique besoin, intérêt, asservissement à soi-même. L'absolu affranchissement est donc identique à l'absolu désintéressement. Donc le motif de la création doit être puisé dans un être autre que Dieu, et doit avoir pour objet la créature elle-même : or Dieu ne doit rien à cette créature qui n'existe pas encore. Il la crée donc pour elle-même et sans y être obligé. Or, qu'est cela, si ce n'est un acte de grâce, de faveur, de libéralité, en un mot d'amour ou de charité? Ne croyons pas pour cela que l'amour soit l'essence de Dieu : c'est le miracle éternel de sa volonté. L'amour n'est point une essence. L'être parfait est celui qui se donne à lui-même la perfection. Le véritable amour est celui qui se crée lui-même par la libre résolution de sa volonté. « L'amour, c'est la liberté faisant acte de liberté. » Cela revient à dire que la création est une œuvre purement gratuite. Le monde n'existe que par grâce. La grâce est le fond de son être; la grâce est sa substance : créer, c'est aimer.

Qu'est-ce maintenant que la créature? Est-elle quelque chose ou n'est-elle rien? Si la créature n'est rien, il n'y a pas de création. Si, au contraire, il y a eu création et création par amour, il faut que la créature soit quelque chose. Nous échappons par là au panthéisme. Mais qu'est-elle enfin? Elle est, comme Dieu lui-même, un être libre : car l'être libre est le seul véritable. La création n'est donc autre chose que « la liberté posant la liberté. L'amour créateur et la liberté créée sont les deux facteurs du monde. »

Voilà le principe et la loi de la création : quelle est maintenant la loi de la créature? La créature doit être libre comme Dieu lui-même. Être libre, c'est poser sa personnalité, c'est se poser soi-même : mais comment se poser soi-même sans se distinguer par là même de Dieu, sans chercher à exister hors de Dieu? Il semble donc que la loi de la création soit la séparation d'avec Dieu; mais, d'un autre côté, qu'est-ce que la création dans le fond, sinon la volonté créatrice elle-même? N'est-ce pas l'un qui est la substance de l'autre? Lorsque la créature se veut elle-même, elle veut donc en même temps la volonté créatrice qui est son essence. Elle veut s'unir à Dieu en s'en distinguant. Or, s'unir à un être, qu'est-ce autre chose que l'aimer? Ainsi l'amour de Dieu est donc la loi de la créature, comme l'amour de la créature est le motif de la création.

III

Tel est le système de la liberté absolue dont M. Secrétan doit évidemment l'idée à Schelling, mais qu'il s'est rendu propre par la vigueur et la netteté de sa construction systématique. On remarquera surtout dans son œuvre la force et l'éclat du style métaphysique. C'est le don du métaphysicien d'exprimer ses idées dans une langue concrète, accentuée, colorée, et de faire ressortir l'idée par le relief de l'expression. Les Allemands ont quelquefois ce don; mais ils le gâtent par le jargon et se noient dans la diffusion des mots. Descartes, Malebranche, Leibniz et Spinoza l'ont eu au plus haut degré et restent les maîtres en ce genre. Chez les anciens, Platon et Aristote sont hors de pair. En ce sens, on peut dire que la langue métaphysique fait partie du génie métaphysique : exprimer une idée, c'est l'inventer. M. Secrétan a emprunté quelque chose de ce don aux grands maîtres de la philosophie. Il a le talent d'écrire en métaphysique, et l'originalité de ses tours et de ses formules saisit vivement l'esprit. On peut trouver même que la suite des idées et la conséquence sévère des déductions sont quelquefois remplacées par une brillante métamorphose d'images métaphysiques, et que la force et la plénitude des formules fait illusion sur le peu de solidité des idées ; mais, cette critique à part (nous y reviendrons), il reste un ouvrage remarquable, trop peu connu, riche de pensées et qui provoque à penser, d'une méthode savante et d'un vol élevé.

Si nous passons maintenant à l'examen de la doctrine en elle-même, nous chercherons à lui faire sa part la plus large possible, ayant pour principe qu'il faut chercher d'abord par où les philosophes ont raison, avant de chercher par où ils ont tort : ajoutons que, cette part faite, il reste un terrain sur lequel nous ne pouvons suivre la philosophie de la liberté, et que, dans son principe même, elle nous paraît essentiellement contradictoire.

Le système que nous venons d'exposer se propose un double but : sauver la liberté divine en l'élevant à l'absolu ; supprimer le panthéisme en le dépassant. Selon les philosophes de cette école, le panthéisme aura facilement raison du théisme dogmatique. On ne peut le vaincre que par un théisme supérieur.

Selon nous, il y a beaucoup d'illusion dans cette supposition des Allemands, que chaque système doit en quelque sorte monter sur les épaules du précédent et atteindre au degré supérieur de ce mât de cocagne que l'on appelle la philosophie. Ce serait supposer que, dans l'ordre des premiers principes, il y a une échelle de degrés à l'infini, et qu'on pourrait toujours, de progrès en progrès, trouver un principe plus élevé que le précédent. Une telle hypothèse est contraire à la notion de l'absolu, qui ne serait plus ce qu'il doit être, s'il se surpassait perpétuellement lui-même. Et où trouverait-on une série sans limites de formules de l'absolu? Supposer qu'on veuille appliquer à la philosophie de la liberté le même criterium et la même mesure qu'elle applique elle-même aux philosophies précédentes, et que l'on n'y voie qu'un degré et un échelon de l'absolu, je demande ce qu'on pourrait concevoir, supposer, imaginer au delà d'une liberté qui se crée elle-même? On avouera donc qu'il y a un terme, une limite que l'on ne peut dépasser : ce serait le système même de l'auteur; mais alors lorsqu'on reproche à telle philosophie d'être immobile, stagnante, dépassée, qui ne voit que ce reproche pourra s'appliquer à la philosophie de la liberté lorsqu'elle aura triomphé? Que faire de mieux, en effet, quand on a découvert la vérité, que de s'y tenir? Il peut donc y avoir une philosophie immobile, j'entends immobile dans son principe : ce serait celle qui aurait trouvé la vérité : ce ne sera pas une objection contre une philosophie d'être immobile, de ne pas se dépasser elle-même : elle ne le devrait que si elle était fausse : et la question est de savoir si elle l'est. Or pourquoi serait-ce telle philosophie plutôt que telle autre? Et le fait de se dépasser l'une l'autre ne prouve en faveur d'aucune d'elles, car dépasser la vérité, c'est tomber dans l'erreur. Toute la question est de savoir si l'on a tort ou raison; le fait d'aller plus loin dans un sens ou dans un autre ne préjuge en rien la solution, puisqu'on peut aller plus loin dans le faux aussi bien que dans le vrai. On ne peut donc admettre le criterium suivant lequel la dernière venue, entre les philosophies diverses, aurait toujours raison. Souvent la vérité consiste à reprendre un principe trop sacrifié, et c'est précisément ce qui est arrivé à la philosophie de la liberté. Cette philosophie a une certaine valeur comme un mouvement de retour, comme un essai de réacquisition de vérités oubliées, comme expression vive, frappante et paradoxale de ces vérités; mais on doute qu'elle ait le droit de se donner elle-même comme une philosophie supérieure dépassant et absorbant les précédentes : elle supprime certaines conditions de la vérité, qui ne sont pas moins nécessaires que son propre principe, et sans lesquelles ce principe devient lui-même absolument inintelligible.

Nous sommes très loin de soutenir que la philosophie ne soit pas susceptible de faire des progrès et ne s'enrichisse pas continuellement. Nous croyons au contraire très fermement à la perfectibilité de la science philosophique; nous allons si loin dans cette pensée que, selon nous, cette science acquiert et s'enrichit perpétuellement non seulement par les grands philosophes, mais encore par les petits. Au lieu de croire que les philosophes se répètent sans cesse, nous sommes, au contraire, frappé de ce que l'on peut trouver de nouveau dans chacun d'eux. Pascal a dit avec profondeur : « A mesure que l'on a plus d'esprit, on trouve qu'il y a plus d'esprits originaux. » De même, à mesure que l'on a plus d'expérience de l'histoire de la philosophie, on trouve qu'il y a plus de penseurs originaux. Chacun apporte sa pierre, et cela est aussi vrai du dernier venu que des précédents. Mais autre chose est dire qu'il y a des idées nouvelles et acquises à la science dans Kant, dans Fichte, dans Schelling et dans Hegel, autre chose est dire que le principe de Fichte est supérieur à celui de Kant, celui de Schelling à celui de Fichte, et celui de Hegel à celui de Schelling, — enfin celui du second Schelling à celui de Hegel lui-même; car on ne peut aller ainsi à l'infini. Nous admettons le progrès de ces systèmes, à la condition que chacun d'eux consentira à n'être qu'un appoint dans le développement de la philosophie universelle, et non un centre où tout aboutit. En un mot, la philosophie de la liberté nous fournira des données qui pourraient être utilisées dans la construction d'une philosophie universelle (laquelle n'existera jamais qu'à l'état d'*idée*), mais non pas comme étant elle-même, comme elle le prétend, le dernier mot. C'est ce qui s'éclaircira mieux par les observations qui vont suivre.

Dans la philosophie de la liberté, nous distinguerons deux

points de vue : la liberté absolue par rapport au monde, et la liberté absolue par rapport à l'absolu lui-même. Nous accorderons que, dans un certain théisme, celui de Platon et de Leibniz par exemple, on n'a peut-être pas placé assez haut le concept de la liberté divine. Lorsqu'on admet avec Platon que l'enseignement divin contient toutes les idées des choses créées à titre de modèles éternels et nécessaires comme Dieu lui-même; lorsqu'on admet avec Leibniz que dans l'entendement divin résident de toute éternité tous les mondes possibles, c'est l'entendement, et non la liberté de Dieu, que l'on considère comme la source des possibilités. Or on peut entendre par là deux choses très différentes : ou bien Dieu prend ses modèles et ses possibles comme nous les prenons nous-mêmes, c'est-à-dire à titre d'objets, et il se distingue de ces objets; n'est-ce pas comme si l'on disait qu'il y a quelque chose qui n'est pas Dieu, qui même, par hypothèse, est inférieur à Dieu, et que cependant Dieu est obligé de penser pour être intelligent? N'est-ce pas, selon le mot de Spinoza, soumettre Dieu à un fatum? N'est-ce pas dire que Dieu ne serait rien sans le monde, ou tout au moins sans la pensée du monde? Faudrait-il un grand effort de logique pour conclure de là qu'il ne serait rien sans l'existence du monde? Et n'est-ce pas une sorte de panthéisme idéal que de faire cohabiter Dieu éternel avec l'idée d'un autre être que lui-même, comme s'il devait s'ennuyer s'il était seul? Soutiendra-t-on, au contraire, que l'entendement divin est la source des possibilités, en ce sens qu'il en est la cause, qu'il les rend possibles en les pensant, que ces possibles ne seraient rien que la pensée de Dieu? Admettra-t-on, avec Spinoza, que l'intelligence divine est « antérieure » aux choses, tandis que l'intelligence humaine leur est « postérieure »? Ce que Bossuet a exprimé admirablement en disant : « Nous voyons les choses parce qu'elles sont; mais elles sont parce que Dieu les voit. » Si l'on admet cette seconde hypothèse, si l'on entend par intelligence non seulement la faculté de contempler, mais la faculté de créer, on introduit par là même la notion de la volonté et de la liberté dans l'entendement divin ; ou plutôt les idées divines, les types absolus, étant l'effet de la puissance créatrice et ne préexistant pas à son action, on peut dire que dans cet acte la volonté intervient plus encore que l'intelligence. En un mot, si l'on convient d'appeler liberté l'acte par lequel Dieu fait que quelque chose existe, comme les possibles n'existent, même à titre de possibles, que par l'acte de Dieu, on dira justement, en ce sens, qu'ils résultent de sa liberté. Nous admettrions donc que le monde, à aucun degré, pas plus le monde idéal que le monde réel, ne s'impose à Dieu d'une manière nécessaire, et qu'il en est la cause absolument libre[1].

Nous ne serions pas même éloigné d'admettre cette expression paradoxale de Schelling et de M. Secrétan, que Dieu « se fait lui-même, qu'il veut être Dieu ». Nous y voyons une manière vive et extraordinaire, mais jusqu'à un certain point admissible, de traduire une grande vérité. Qu'appelle-t-on Dieu dans l'usage commun des hommes? Est-ce ce que les philosophes désignent sous le nom de l'absolu, l'infini, l'inconditionnel, l'être des êtres, l'idée des idées? Non, car de tels noms dépassent de beaucoup l'intelligence de la plupart des hommes et ne répondent qu'imparfaitement à la notion qu'ils se font de la nature divine. Pour eux, du moins dans l'état des croyances religieuses chez les nations les plus civilisées, c'est un être infiniment sage, infiniment juste, infiniment bon, qui les a créés et qui les soutient et les dirige par sa providence. Telle est la vraie notion de Dieu ; c'est ce qu'on appelle le « bon Dieu ». Or, si nous demandons la signification de ces attributs, sagesse, justice et bonté, nous verrons que chacun d'eux a rapport à la créature et à la création. Qu'est-ce qu'être sage, si ce n'est approprier les moyens aux fins dans une œuvre de ses mains? être bon, sinon répandre ses dons avec munificence sur d'autres êtres que soi-même? être juste, si ce n'est récompenser ou punir, selon leurs méri-

---

[1]. Qu'on veuille bien nous permettre de renvoyer, pour le développement de ces idées, à notre livre des *Causes finales* (dernier chapitre).

tes, des agents moraux? Supposez que Dieu n'ait pas créé le monde, comment pourrait-on l'appeler sage? Supposez qu'il n'ait pas créé d'êtres sensibles, comment pourrait-on l'appeler bon? Enfin s'il n'avait pas créé d'agents moraux, comment pourrait-on l'appeler juste? La justice, la sagesse et la bonté, c'est-à-dire les attributs moraux de Dieu, ceux qui le rendent aimable, respectable, redoutable, ceux qui sont l'objet des religions, n'existeraient donc pas (tels du moins que nous les concevons) si Dieu ne s'était fait créateur; c'est donc le créateur que nous appelons Dieu, ce sont ses attributs moraux qui le constituent tel par rapport à nous. Au delà de ces attributs est une essence absolument incompréhensible[1], objet d'adoration, mais non d'amour. On peut donc dire qu'en se faisant créateur l'absolu s'est fait Dieu. Avant la création, nous pourrons l'appeler, avec Schelling, *Deus implicitus;* après la création, *Deus explicitus;* celui-ci sera le vrai Dieu, le premier nous étant inaccessible par l'infinité de son essence. Voilà jusqu'où nous pouvons aller dans la théorie de Schelling et de Secrétan. Devons-nous aller plus loin? Non, car nous rencontrons alors devant nous le principe de contradiction, seule barrière qui puisse défendre la raison humaine des attaques du scepticisme.

Nous ne chicanerons pas l'auteur sur cette assertion que la notion de l'absolu doit être essentiellement paradoxale, parce que l'absolu en soi est incompréhensible : au moins faudrait-il s'expliquer sur cette notion d'incompréhensibilité : car l'incompréhensibilité absolue est une chose dont on ne peut rien dire, et qu'on ne peut pas même penser : à plus forte raison ne pouvons-nous pas en parler. Puisque nous parlons de l'absolu, que nous l'affirmons, que nous le définissons, il faut que nous le pensions d'une certaine manière, et nous ne pouvons le penser que conformément aux lois de la logique.

---

1. Cette doctrine ne serait pas aussi hétérodoxe qu'on pourrait le croire. Le P. Gratry soutient quelque chose d'analogue, lorsqu'il développe, dans son livre de la *Connaissance de Dieu*, sa belle théorie des deux degrés d'intelligibles dans la nature divine. (Voyez *Connaissance de Dieu*.)

De ce que nous ne savons pas tout ce qu'il est, il ne s'ensuit pas que, pour le penser, nous devions renoncer aux lois de la pensée. On ne doit pas dire en métaphysique plus qu'en théologie : *Credo quia absurdum.* Or, l'idée d'une liberté absolue, sans essence, sans nature, sans aucune détermination, est une idée qui implique contradiction. Au lieu d'être l'acte pur d'Aristote, c'est la puissance pure, l'aptitude à tout devenir, l'indéterminé absolu : c'est le rien. Que l'on analyse, en effet, la notion de liberté absolue (à la condition de n'y rien ajouter subrepticement), on verra qu'une telle puissance, qui n'est ni finie, ni infinie, ni parfaite, ni imparfaite, ni quoi que ce soit (car autrement elle aurait une nature), n'est autre chose que le premier terme de la dialectique hégélienne, c'est-à-dire l'être, dont Hegel lui-même a démontré l'identité avec le non-être. On ne peut pas même dire que la nature de ce principe soit d'être liberté, puisqu'il se donne à lui-même la liberté. On ne peut pas dire non plus qu'il est une puissance, une force, une activité; car alors il aurait une nature et ne serait pas liberté absolue.

Admettons cependant que cette liberté absolue soit une puissance : car enfin, pour en parler, il faut bien lui appliquer une attribution quelconque. Qu'est-ce donc qu'une puissance absolue qui peut tout ce qu'elle veut? Et même peut-on dire qu'elle veuille quelque chose? Que serait une telle puissance, sinon le *destin* des anciens, ou ce que l'on nomme dans les écoles le *fatum mahometanum?* Telle est l'objection fondamentale de Leibniz à la doctrine du *décret absolu,* soutenue par les théologiens de son temps : et en quoi le décret absolu se distingue-t-il de la liberté absolue de Schelling et de Secrétan? Et ne devrait-on pas au moins expliquer la différence? Et s'il n'y en a pas, comment passer devant une telle objection sans y répondre, comme s'il n'y avait pas lieu de parler de Leibniz en philosophie? Lorsqu'on rétrograde (sous prétexte de progrès) jusqu'au principe du supra-lapsarisme, comment peut-on se croire dispensé d'examiner les difficultés d'un Leibniz? Pour celui-ci, la liberté absolue n'était autre chose que l'absolue tyrannie. C'était la doctrine de Hobbes, qui disait brutalement que l'attribut fondamental de la Divinité est la toute-puissance : les âmes religieuses disaient la même chose; seulement elles y mêlaient un sentiment de piété qui masquait à leurs propres yeux le matérialisme de la doctrine; mais leur principe n'était pas très différent. De même aujourd'hui M. Secrétan parle de la liberté absolue avec un sentiment de vénération que sa nature élevée et toute religieuse éprouve d'avance pour le principe suprême, quelle qu'en soit la définition; mais, si nous faisons abstraction de ces sentiments personnels, qui n'ont rien à voir avec la philosophie, il ne reste que le concept brut d'une toute-puissance sans attribut, aussi indifférente au bien qu'au mal, et qui fera même plutôt le mal que le bien, peut-être parce qu'il est plus facile. Ce sont ces conséquences que l'école de Schopenhauer tirera de la doctrine de la volonté absolue et qui en réfutent le principe, en tant du moins qu'on a cru poser par là un théisme supérieur à celui du passé.

M. Secrétan semble avoir entrevu ces conséquences et s'être efforcé de les détourner en nous disant quelque part, et tout à fait en passant, comme un détail secondaire, que la volonté absolue doit être une volonté intelligente, car « la liberté sans intelligence ne serait que le caprice et le hasard[1] ». N'est-il pas étrange que, dans un système métaphysique un peu rigoureux, on fasse ainsi intervenir l'intelligence d'une manière aussi accidentelle et sans qu'il soit besoin d'aucune démonstration? « Il est inutile d'y insister, » dit l'auteur. Pourquoi donc? Est-il donc si évident que l'intelligence soit à l'origine des choses? Que devient la volonté sourde de Schelling? Et une liberté intelligente est-elle une liberté absolue dans le sens de l'auteur? A coup sûr, pour ce qui nous concerne, nous lui accorderons sans hésiter son postulat; nous accorderons qu'une volonté sans intelligence n'est certainement pas une volonté : comment vouloir quel-

---

1. *Philosophie de la liberté*, leçon XVII.

que chose sans le penser? comment l'absolu dirait-il : « Je suis ce que je veux, » s'il était incapable de savoir ce qu'il veut être? Seulement nous demandons si, ce postulat accordé, il reste quelque chose du système ; si cette parenthèse, à peine indiquée et qui ne sera remarquée que par ceux qui savent d'avance le faible de la doctrine, ne la ruine pas par la base, quelque modestement qu'elle soit présentée.

En effet, si l'on accorde que l'absolu est une liberté intelligente, comment persister à soutenir que l'absolu n'a pas de nature, qu'il est tout ce qu'il veut, qu'il se crée lui-même, qu'il se donne même la liberté? comment enfin maintenir au sens propre tous les paradoxes précédents? Être intelligent, n'est-ce donc pas avoir une nature, une essence? L'intelligence n'est-elle donc pas un attribut déterminé? Si vous prétendez que votre liberté intelligente n'a pas d'essence, que faudrait-il donc pour qu'elle en ait une dans le sens que vous constatez? Définissez-nous cet absolu dont vous ne voulez pas et qui aurait une essence autre que l'intelligence et la volonté. Tous les philosophes ont eu beau enfler leurs conceptions depuis l'origine du monde, ils n'ont jamais pu réussir à concevoir que trois attributs possibles de la Divinité sur le modèle de nos propres facultés, à savoir : vouloir, penser et aimer. De ces trois attributs, vous en conservez deux : la volonté et la pensée ; vous ne réservez que l'amour comme corollaire de votre déduction ; mais, ce point réservé, qu'a donc votre doctrine de si différent du théisme proprement dit, puisque des trois attributs qu'il admet, vous en conservez deux?

La doctrine d'une liberté absolue et celle d'une liberté intelligente se contredisent l'une l'autre : « Je suis ce que je veux, » dit l'absolu. Il y a cependant une chose que l'absolu ne peut pas vouloir : c'est de ne pas être intelligent, et il n'a pas davantage le pouvoir de vouloir l'être; car si l'intelligence était un résultat de la volonté, il y aurait eu un moment (au moins logique) où il y aurait eu volonté sans intelligence, ce que M. Secrétan déclare lui-même impossible, puisque ce serait, dit-il, le caprice et le hasard; et puis, comment vouloir être intelligent, si l'on ne sait ce que c'est que l'intelligence, c'est-à-dire si on ne la possède pas déjà? La volonté est donc intelligente par nature et non par choix. Maintenant, étant telle, ne pourrait-elle pas vouloir ne plus être intelligente? C'est là d'abord une hypothèse assez oiseuse, car pourquoi le voudrait-elle? Et d'ailleurs cela est impossible, car vouloir ne plus être intelligent, ce serait vouloir n'être plus volonté, c'est-à-dire liberté; et comme la liberté est identique à l'absolu, ce serait vouloir ne plus être absolu, en d'autres termes ne plus être. La liberté absolue peut-elle aller jusque-là? Dans la doctrine de Schopenhauer, si semblable par le principe à celle de Schelling et de Secrétan, la volonté, nous le verrons, peut cesser de vouloir s'objectiver; elle peut vouloir anéantir le monde et la vie; mais elle ne peut se détruire elle-même, et M. Secrétan, pas plus que Schelling, ne s'est engagé à aller jusque-là.

On nous dit que l'absolu peut vouloir être fini ou infini, parfait ou imparfait, que les perfections qu'on se donne à soi-même sont supérieures à celles qu'on tient de son essence. Qu'entend-on par là? Qu'est-ce le fini ou l'infini? Entendez-vous ces mots dans le sens de la quantité, c'est-à-dire de l'espace et du temps? Voulez-vous dire que Dieu pourrait, s'il le voulait, se resserrer, se circonscrire en un point de l'espace, passer par le trou d'une aiguille, tenir dans une coque de noix? ou encore qu'il pourrait commencer ou finir, avoir une jeunesse et une vieillesse? La philosophie allemande s'est trop appliquée à démontrer l'idéalité de l'espace et du temps pour que de telles imaginations, dignes d'ailleurs des *Mille et une nuits,* puissent s'appliquer à l'absolu. Aurait-on par là une sorte d'idée préconçue de justifier d'avance quelque doctrine d'incarnation? Ce serait confondre deux domaines profondément différents, le domaine de la manifestation de Dieu et celui de son essence. Que Dieu puisse se manifester comme homme, qu'il puisse revêtir la forme humaine, c'est là un mystère dont nous n'avons pas ici à sonder la profondeur et à discuter la valeur; mais ce mystère laisse parfaitement intacte la nature divine en elle-même. Ce n'est pas en soi, et dans son essence absolue, que Dieu s'est fait homme, qu'il a pris un corps, qu'il est mort sur la croix; c'est par un acte spécial de sa volonté, qui n'est possible que parce que lui-même et dans son fond il est absolu. On ne peut conclure de là que Dieu pourrait se changer en Jupiter s'il le voulait, et même se donner tous les plaisirs de Jupiter. Une telle conception changerait le christianisme en paganisme, et ce ne peut être là la pensée de M. Secrétan. Ainsi Dieu ne peut se rendre fini dans son essence même. Il ne peut pas, étant absolu, ne pas avoir une volonté absolue et une intelligence absolue : or c'est là ce que l'on appelle, à tort ou à raison, dans l'école de Descartes, l'infini. Il ne peut donc pas vouloir être fini. Il en est de même de la perfection, qui, dans le sens cartésien, n'est autre chose que l'absolu. Étant déjà par son essence liberté absolue et intelligence absolue, quelle autre perfection lui resterait-il à se donner, si ce n'est la bonté? Être bon ou méchant, voilà tout le domaine qui puisse rester à la volonté. En examinant de près cette doctrine, on voit donc qu'elle se réduit à ceci : c'est que Dieu, au lieu d'être bon par nature, a été bon par choix. Ne nous parlez donc plus de la liberté absolue comme d'une nouvelle doctrine de l'absolu; parlez-nous d'une doctrine particulière sur la bonté divine. Cette doctrine est très soutenable; elle n'est pas très éloignée de celle qu'ont soutenue Bossuet et Fénelon contre l'optimisme de Malebranche. Elle est donc très peu hétérodoxe, assez peu nouvelle; elle ne constitue en aucune façon un étage nouveau de l'échafaudage métaphysique, et se réduit, en définitive, à une question délicate de théodicée. Nous craindrions de fatiguer le lecteur en poursuivant la discussion jusqu'à ce terrain circonscrit où il ne s'agit plus d'ailleurs du principe premier, mais d'une question restreinte. Contentons-nous de dire qu'il nous semble voir dans la déduction de l'auteur beaucoup de raisons purement verbales. Par exemple, lorsqu'il nous dit qu'un acte absolu de liberté, la création, doit être gratuit, que ce qui est gratuit vient de la grâce, et que la grâce c'est l'amour, il nous semble jouer sur les mots : ce raisonnement, par substitution de termes, laisse beaucoup à désirer, et si nous n'avions d'autre raison de croire à la bonté divine, nous nous croirions médiocrement armés contre le pessimisme de Hartmann et de Schopenhauer.

Que l'on nous permette un mot en terminant. Ce n'est pas avec plaisir que nous nous permettons de jeter quelque eau froide sur une des conceptions les plus brillantes de la métaphysique contemporaine. Nous aimons les idées, nous sommes aussi sensibles que qui que ce soit à de belles conceptions ; nous ne nous défendons pas contre elles, nous y entrons volontiers, nous les suivons jusqu'au bout ; nous aimons même à leur prêter ce qu'elles n'ont pas toujours, la rigueur et la clarté. En un mot, nous craindrions de trahir la cause de la vérité en prenant d'avance nos avantages et en leur disputant toutes les chances de persuasion qu'elles peuvent avoir ; mais, avouons-le, il y a en nous un démon plus puissant que le démon métaphysique : c'est le démon cartésien, qui nous interdit d'admettre comme vrai ce qui n'est pas évident, de prendre des mots pour des choses, et des images pour des raisons. En un mot, quelque séduisante qu'elle puisse être, il est impossible à notre esprit de se reposer dans une idée fausse. Au contraire, il semble que le génie métaphysique soit la puissance d'enfanter et de soutenir les idées fausses. Les systèmes de philosophie font à peu près ce que fait l'expérimentation en physique : celle-ci isole et sépare les phénomènes pour les mieux connaître, ceux-là isolent les idées pour mieux s'en rendre compte ; mais, de même que la nature est plus vaste que nos laboratoires, elle l'est plus aussi que les écoles de philosophie. Le concept de la liberté absolue est une de ces conceptions artificielles qui ont pu servir à faire regarder de plus près à l'idée de la liberté divine, à lui faire un champ plus vaste, à resserrer le champ de l'élément logique, en y introduisant l'élément moral.

Peut-être n'aurions-nous pas bien vu cela, si les partisans de ce système n'eussent pas forcé leur principe, comme un physiologiste qui gonfle un vaisseau pour le mieux étudier. Il n'en est pas moins vrai que le principe pris à la lettre nous paraît le renversement de la logique et de la raison. Il ne peut se soutenir ni même se comprendre qu'en se démentant et en se détruisant lui-même, et « il porte, comme dit Platon, l'ennemi avec soi. »

A M. Paul Janet, de l'Institut de France[1].

Lausanne, 26 avril 1877.

Monsieur le professeur,

Permettez-moi de vous remercier sincèrement pour l'article que vous avez bien voulu me consacrer dans la *Revue des Deux Mondes* du 15 avril. En voyage au moment de sa publication, ce n'est qu'aujourd'hui que j'ai pu le lire.

Cet article m'honore et me réjouit à plusieurs titres : d'abord, parce qu'il est absolument spontané ; ensuite votre critique incisive et la sévérité de vos conclusions ne vous ont pas empêché de présenter fidèlement, clairement, textuellement, le point de ma métaphysique où vous vous attachez, et c'est pour moi l'essentiel.

Quant à vos critiques, je ne vous surprendrai pas trop, Monsieur, en vous disant que j'en admets une grande partie et que les autres me semblent provenir surtout de malentendus auxquels j'ai vraisemblablement donné lieu.

Vous présentez ma philosophie comme un commentaire du nouveau Schelling. Vous en avez le droit ; historiquement elle procède incontestablement de Schelling, auquel, par un effet naturel de la perspective, j'attribuais plus d'importance il y a quarante ans qu'aujourd'hui. Mais elle est essentiellement une réfutation de Schelling.

---

[1]. Au travail précédent M. Secrétan a bien voulu répondre par une lettre intéressante que nous croyons devoir reproduire.

Ce qui domine, ou du moins ce qui s'étale chez celui-ci, ce qui fait la substance de sa *Philosophie de la mythologie* et de sa *Philosophie de la révélation,* c'est la théorie des puissances divines. La liberté de Dieu, chez lui, c'est la liberté de déployer ou de ne pas déployer la première de ces puissances, déploiement d'où résulte un *processus* déterminé, toujours identique.

C'est à cette conception d'une liberté limitée par une nature, d'une liberté conditionnelle, constitutionnelle et de pure alternative, que j'ai opposé, à tort ou à droit, la doctrine de l'absolue liberté. Le vice de la conception de Schelling m'a frappé dès les premières leçons de lui que j'entendis à Munich durant l'hiver 1835. Je l'ai combattue, non pour le plaisir de renchérir, mais parce que cette liberté conditionnelle de l'inconditionnel me paraissait et me paraît encore contradictoire. Vous m'avez exposé dans mes propres termes, Monsieur, mais il me semble que vous avez, involontairement sans doute, accommodé votre exposition si fragmentaire de Schelling au désir de me présenter comme un simple commentateur de sa pensée, suivant l'indication donnée en 1850 par feu Saisset dans les deux lignes de la *Revue* qu'il m'a consacrées alors, au lieu de la moitié d'article qu'il avait bien voulu me promettre[1].

Ce que vous dites sur la prétention des systèmes à se surpasser constamment les uns les autres est bien joli, bien sensé même, sans trouver peut-être une application directe à mon cas. Pour mon compte, je trouve beaucoup plus de vraie philosophie dans Duns Scot et Kant que dans Hegel ou dans Schopenhauer, dans Descartes que dans Spinoza. Cependant il est conforme à la nature des choses qu'un système nouveau prenne origine dans la nécessité de surmonter les contradictions inhérentes au système antécédent, ou d'expliquer des faits dont celui-ci ne rendait pas compte. Sans exagérer le

---

1. « Dans un ouvrage riche en brillants aperçus, un philosophe de Lausanne, M. ***, nous fait connaître la nouvelle philosophie de Schelling. » Telle était à peu près cette phrase, qu'on cite de mémoire.

droit de l'évolution dans ce domaine, il ne faudrait pas non plus le méconnaître entièrement.

Le reproche que j'adressais tout à l'heure à Schelling, vous me le faites à moi-même en sens inverse. Vous me dites que ma liberté absolue, étant intelligente, possède une nature, de sorte que mon programme : *Je suis ce que je veux,* n'est pas fidèlement exécuté. Je n'ai pas le lieu présent à l'esprit ; il me faudrait, pour me défendre, entrer dans des discussions fort épineuses sur l'antécédent et le conséquent logique dans l'intemporel, dans l'éternel ; et je ne sais si je réussirais à vous convaincre ou même à me satisfaire moi-même entièrement. Tout cela est en réalité assez loin de moi. Je n'attribue point à l'absolue liberté un sens dogmatique, mais uniquement un sens critique ; j'y vois moins une connaissance que la limite naturelle de nos connaissances, et je suis disposé à croire qu'en effet, lorsqu'on essayerait de préciser cette idée comme si on en possédait l'intuition, on éviterait malaisément de se contredire. Il me semble pourtant que votre critique aurait pris une forme différente si vous aviez tenu compte de ce que je dis leçon XVI, page 392 : « La réduplication par laquelle l'unité permanente se distingue de ses actes et de ses états successifs s'appelle l'intelligence... Ainsi l'esprit est intelligent parce qu'il est libre, c'est-à-dire parce qu'il se possède. »

Malgré les difficultés inhérentes à cette conception transcendante, l'absolue liberté se pose devant mon esprit comme la limite inévitable où tout se confond. Ce qu'elle possède de valeur positive à mes yeux se réduit aux deux propositions suivantes : — A. Nous ne pouvons rien *savoir* au delà de l'acte divin qui constitue le monde et notre raison même. — B. Néanmoins, nous avons le droit d'*affirmer* que cet acte est réellement un acte, une détermination volontaire, et non l'effet d'une nécessité inhérente à la notion de la cause première, de quelque manière que cette nécessité soit déduite ou représentée.

Nous y sommes autorisés par la nature religieuse et morale de notre esprit : — morale ; nous sommes responsables, partant libres, et cette liberté ne saurait tirer son origine d'aucune nécessité quelconque ; — religieuse : nous devons aimer Dieu et lui rendre grâces; nous devons donc lui attribuer des qualités morales, nous avons besoin de statuer qu'il est bon ; or cette bonté nécessaire, des qualités morales nécessaires, sont des mots qui répugnent.

Que la bonté de Dieu soit une détermination de la volonté divine, vous n'êtes pas loin d'y souscrire : par conséquent, nous ne sommes pas loin de nous entendre.

Oserais-je ajouter que vous me semblez vous en douter vous-même et que la rudesse du coup de poing final ne trouve pas une complète justification dans l'argumentation qui le précède ? « Le propre du génie métaphysique, dites-vous, est de soutenir des idées fausses. » La force de cette boutade est amortie par le fait que vous ne renoncez point à la métaphysique. Dans cet article même vous adoptez pour vos doctrines un nouveau nom singulièrement métaphysique. Les auteurs dont vous procédez manqueraient-ils donc de génie, et leur métaphysique aurait-elle reçu de ce défaut un privilège d'infaillibilité? Pensez-vous qu'il soit plus malaisé de dégager des contradictions de la personnalité infinie que de l'absolue liberté? Je croirais plutôt, pour mon compte, que l'absolue liberté, la personnalité infinie, sont des termes qui expriment imparfaitement l'effort de l'esprit pour approcher d'un ineffable identique.

Voilà donc, après vingt-huit ans d'antichambre, l'œuvre de ma jeunesse arrivée au bénéfice de la publicité. Permettez-moi, Monsieur, de vous en remercier encore et de tout oublier dans le remerciement. Ce bienfait tardif mériterait toute ma gratitude, ne dût-il servir qu'à détourner quelques jeunes gens de me paraphraser sans citer mon nom, et quelquefois de me travestir.

Mais votre article m'est précieux à bien des titres encore, malgré la condamnation qui le résume. Les éloges que vous accordez à mon style m'ont confondu et feront le bonheur de mon libraire. Il me semble d'ailleurs que vous êtes loin de trouver tout faux dans ma philosophie. Vous tenez à établir son accord avec d'anciennes vérités, et sur quelques points vous accordez qu'elle peut modifier utilement l'enseignement de l'école. M'abusé-je en soupçonnant que votre unique objet n'était pas de mettre la jeune université en garde contre une idée fausse?

Je ne saurais apporter ni calcul ni politique d'aucune sorte dans l'expression de ma pensée scientifique; mais, à consulter l'opportunité, il me semble qu'au moment où l'Église romaine remplace toute doctrine par une politique fondée sur le fétichisme, il siérait à la philosophie d'entrer à fond dans les questions religieuses et de rechercher les points qui pourraient la rattacher au christianisme spirituel. On ne vaincra la ligue ultramontaine qu'après l'avoir divisée. Il en faut retirer ce qui fait sa force, les esprits vraiment religieux que l'exploitation religieuse ne peut qu'écœurer. Le P. Hyacinthe peut faire une œuvre magnifique, s'il sait rester sur les hauteurs, ou plutôt s'il n'en descend que pour pénétrer dans les consciences. Les doctrines du genre de la mienne pourraient servir également à l'heure présente. On ne surmontera la religion de l'esclavage que par la religion de la liberté.

Encore une fois, Monsieur, veuillez agréer tous mes remerciements et croire à l'assurance de mes sentiments les plus distingués.

Ch. Secrétan.

III

LA PHILOSOPHIE DE LA VOLONTÉ

SCHOPENHAUER ET HARTMANN

Comment la philosophie de Schopenhauer est-elle restée si longtemps négligée et méconnue? et pourquoi a-t-elle tout à coup éclaté et entraîné l'opinion? C'est un problème curieux. L'hypothèse d'une conspiration du silence est inadmissible. Il doit y avoir d'autres raisons. On peut en donner quelques-unes.

La pensée humaine se laisse bien rarement détourner de la direction où elle est engagée avant qu'elle soit arrivée au terme. Le Cartésianisme n'a succombé que lorsque Malebranche et ses disciples en ont eu tiré toutes les conséquences idéalistes qu'il contenait. Le Condillacisme également n'a succombé qu'après avoir donné toutes ses conséquences. Ainsi de la philosophie allemande. Elle était engagée depuis Kant dans une entreprise dont elle voulait voir la fin. Elle a voulu épuiser jusqu'au bout l'hypothèse qui explique toutes choses par la pensée, par la pensée seule. Tout ce qui était un progrès nouveau dans cette direction la charmait et la captivait. Tout ce qui sortait de cette série de déductions ne l'intéressait pas. La philosophie de Schopenhauer, tout en acceptant en partie l'idéalisme de Kant, était surtout et dans le fond une réaction réaliste : c'était, sous le nom de volonté, le retour de la chose en soi, exorcisée par l'école de Fichte et de Hegel. Il fallait attendre un temps de retour pour la pensée réaliste, et ce temps de retour ne se manifesta que vers 1840.

Une autre raison, liée à la première, c'est qu'en 1819, époque où parut le grand ouvrage de Schopenhauer, l'esprit humain était dans une voie de confiance à la raison humaine et d'espérances sans bornes dans ses destinées. Les dispositions générales étaient religieuses ; sans doute d'une religiosité plus ou moins vague, mais cependant religieuses. On croyait à la puissance des idées. Le panthéisme humanitaire était aussi optimiste que l'orthodoxie. Dans cette disposition universelle, une philosophie athée, pessimiste, misanthropique, pleine de pitié et de mépris pour l'espèce humaine, une philosophie qui aboutissait en définitive à l'anéantissement de la volonté, et qui plaçait le bonheur suprême dans le nirvana, n'avait aucune chance de captiver les esprits.

Depuis 1848, au contraire, cette veine de confiance illimitée en la raison humaine était épuisée : le désenchantement était venu. C'était l'heure du scepticisme amer, du mépris quiétiste, de l'indifférence souveraine pour les choses humaines. Le pessimisme avait trouvé son moment. En même temps, le grand mouvement idéaliste avait dit son dernier mot : on revenait à la réalité. Schopenhauer, qui prétendait concilier les deux points de vue, répondait encore par là à un des besoins du temps nouveau. Enfin, le succès de Schopenhauer peut aussi être considéré comme la réaction de la philosophie mondaine contre la philosophie d'université, dont la dictature s'était imposée si longtemps. On se plut à penser et à dire que la philosophie ne s'enseigne pas, qu'elle est une œuvre tout individuelle, qu'elle s'inspire de la vie, non des livres. Par toutes ces raisons, et d'autres encore trop longues à énumérer, Schopenhauer s'empara tout à coup des imaginations et des esprits et conquit sa place et son rang parmi les étoiles de première grandeur en philosophie.

I

Schopenhauer avait admis sans réserve le principe de Kant et de Fichte, que le monde ne nous est connu que sous la condition des formes subjectives de notre pensée, formes qu'il ramenait à trois : le temps, l'espace, la causalité. Il a même heureusement résumé tout l'idéalisme allemand dans cette formule : « Le monde est ma représentation. » Tout ce côté de sa doctrine n'est que l'expression simplifiée de la doctrine de Kant; mais voici la différence. Tandis que Kant, au delà de ces formes toutes subjectives de la représentation, posait comme quelque chose d'inaccessible et d'incompréhensible ce qu'il appelait « la chose en soi, *das Ding in sich*, tandis que Fichte, plus logique, faisait disparaître complètement cette chose en soi, Schopenhauer, au contraire, la rétablissait, la restaurait, et prétendait ainsi concilier le réalisme et l'idéalisme; mais comment atteindre cette chose en soi, si tout ne nous est connu que subjectivement? Notre philosophe résolvait ce problème en distinguant le dehors et le dedans. Du dehors l'être ne nous est connu que tel qu'il nous apparaît; mais par le dedans il nous est connu tel qu'il est, et par là il échappe aux conditions de la subjectivité : « Nous voyons, dit-il, qu'il est impossible de pénétrer par le dehors dans l'essence des choses. De quelque manière qu'on s'y prenne, on n'atteint que des images et des mots. On ressemble à quelqu'un qui tourne autour d'un château, cherchant un accès, et qui en prendrait le croquis. C'est cependant le seul chemin que tous les philosophes ont suivi avant moi. » Même l'individu, quand il se considère du dehors, comme il considère les autres êtres, c'est-à-dire sous les conditions de l'espace, du temps, de la causalité, n'est encore, comme tout le reste, qu'une représentation; mais il est présent à lui-même d'une autre manière, à titre de volonté : « Le mot du problème est volonté. C'est ce mot, et ce mot seul, qui lui donne la clef de son propre phénomène et lui en fait voir la signification, qui lui montre les ressorts intérieurs de son être, de son action, de ses mouvements. Le sujet de la connaissance, qui, comme individu, se manifeste à lui-même par son identité avec le corps, connaît ce corps (c'est-à-dire lui-même) de deux manières différentes : d'une part, comme représentation dans une intuition, comme un objet entre les objets soumis aux lois de l'objectivité, et en second lieu d'une tout autre manière, comme quelque chose d'immédiatement connu de chacun : ce que désigne le mot volonté. Tout acte vrai de volonté est infailliblement un mouvement du corps; cette volonté ne peut vouloir l'acte sans le percevoir en même temps comme mouvement du corps. L'acte et l'action du corps ne sont pas deux états distincts, objectivement connus, unis par le lien de la causalité et dans le rapport de la cause à l'effet : ils ne sont qu'une seule et même chose, donnée de deux manières différentes : d'une part immédiatement, et de l'autre dans une intuition pour l'entendement. L'action du corps n'est autre chose que l'acte de la volonté objective[1]. »

Tel est le point de départ de Schopenhauer, tel est le principe originel de sa doctrine. Il se ramène à deux points : le premier, c'est que la chose en soi, le réel, ne peut être saisi par le dehors, mais se saisit lui-même intérieurement dans l'acte de volonté. Le second, c'est que l'acte et le mouvement corporel ne sont pas deux choses distinctes, l'une cause et l'autre effet : c'est un seul et même acte, qui intérieurement est volonté, et extérieurement nous apparaît sous la forme du mouvement de nos organes. Le corps n'est que la volonté objective. On comprendra mieux cette doctrine si nous la comparons à une autre doctrine qui nous est plus familière en France, celle de Maine de Biran, avec laquelle elle a des rapports[2]. Comme Schopenhauer, Biran pense que

1. *Die Welt als Wille,* II Buch, § 18, p. 119 (3ᵉ édit.; Leipzig, 1859).
2. Ce rapprochement est venu spontanément à la pensée d'un savant philosophe allemand, M. le professeur Überweg, de Königsberg, dont la science doit regretter la perte prématurée. A propos d'une très courte analyse de la doctrine de Biran, que nous lui avions adressée, il nous écrivit, en janvier 1868 : « Les profondes spéculations de Maine de Biran sont dignes de la plus haute estime. En quelle année sont parus ses *Rapports du physique et du moral?* Serait-ce entre 1812 et 1818? Il serait intéressant de savoir si Schopenhauer a emprunté quelque chose à ce livre. » La réponse est facile. L'ouvrage de Biran, quoique couronné en 1811 par l'Académie de Copenhague, n'a été publié qu'en 1834. Il est donc évident que Schopenhauer n'a rien pu lui emprunter. Il a cependant connu le livre de Biran, mais après coup ; et il ne le cite que pour le

ce n'est pas par le dehors, mais par le dedans, que l'être peut être connu, que c'est en tant que sujet et non en tant qu'objet que la chose en soi nous est accessible. Il pense encore, avec Schopenhauer, que le sujet se révèle à lui-même comme volonté. Il reproche aux anciens philosophes, même à Descartes, de n'avoir connu l'âme qu'à titre de substance, c'est-à-dire comme un objet qui nous serait quelque chose d'étranger, tout aussi bien que la substance matérielle, et qu'à ce titre nous n'en pouvons rien savoir; mais en tant qu'elle se manifeste dans un acte de volonté, elle se connaît du dedans comme activité vivante, et elle est le seul type que nous puissions nous former de la substance et de la cause. Il est vrai que Biran n'admet pas que la volonté et le corps soient une seule et même chose : mais c'est là une doctrine métaphysique qui n'est pas contenue nécessairement dans le fait intérieur du vouloir; or Biran se renferme dans le domaine de la psychologie; mais là même, et tout en distinguant, dans l'acte de volonté, la cause de l'effet, cependant sa doctrine se rapproche encore de celle de Schopenhauer, car il admet, sinon l'identité, au moins l'indissolubilité des deux éléments. Ce qu'il appelle le fait primitif est un fait indivisible, quoique composé de deux termes distincts : d'une part l'effort voulu ou acte de volonté, de l'autre une résistance organique qui se manifeste sous forme de sensation musculaire. Le corps, quel qu'il soit en lui-même, nous est donc donné d'abord comme le point d'application du vouloir, c'est-à-dire comme un objet qui nous est immédiatement uni et dont nous avons une connaissance subjective comme terme de l'effort volontaire, avant qu'il nous apparaisse comme quelque chose d'objectif à l'aide des sens extérieurs.

Une fois la volonté saisie en nous-mêmes par le sens intime, Schopenhauer, avec cette facilité d'hypothèse et de synthèse qui caractérise le génie allemand, pose que le même être qui

critiquer, dans le second volume de son ouvrage, paru très longtemps après le premier. Il lui reproche de n'avoir pas su que l'acte de la volonté et le mouvement du corps sont une seule et même chose.

est en moi sous forme de volonté consciente est en même temps celui qui réside au fond du monde extérieur sous forme de volonté inconsciente. Le monde, qui, vu du dehors, n'est autre chose que ma représentation, est en soi volonté. Il faut cependant une raison pour objectiver ainsi la volonté et pour donner ce nom à la chose en soi, au lieu de l'appeler la substance, la force, la matière. Cette raison décisive et capitale, sans laquelle le système de Schopenhauer n'aurait pas de sens, c'est la finalité dans la nature. A quoi se reconnaît, en effet, ce que nous appelons volonté? A la poursuite d'un but. Sans but, pas de volonté. Sans volonté, pas de but. La cause finale, qui peut être un accessoire dans d'autres doctrines, est ici une partie essentielle du système, et même sa base fondamentale. Aussi n'existe-t-il pas en philosophie un cause-finalier aussi décidé que Schopenhauer. Il l'est jusque dans le dernier détail. On croirait entendre un Bernardin de Saint-Pierre pessimiste. Il nous offre, à ce point de vue, une riche moisson de faits et d'exemples, et tombe même dans les exagérations auxquelles ce point de vue prête facilement.

Si la volonté, qui est la substance de la nature, est une volonté qui poursuit des buts, que lui manque-t-il pour que nous lui donnions le nom de Dieu? Schopenhauer serait-il donc un théiste, ou tout au moins un panthéiste? Il repousse ces deux dénominations; il a horreur du théisme, qu'il considère comme un produit du judaïsme, et il méprise le panthéisme comme une hypocrisie. Il semble animé par une sorte de sentiment d'impiété puisé dans la philosophie du xviiie siècle. Deux choses manquent à la volonté pour être ce que nous appelons Dieu : elle n'est pas intelligente; elle n'est pas bonne. Elle poursuit un but sans savoir ce qu'elle fait. Donc elle n'est pas intelligente. Agissant à l'aveugle, elle fait le mal comme le bien, et même plus que le bien, et le monde dont elle est la cause est le plus mauvais des mondes possibles : donc elle n'est pas bonne. Dans ses conversations avec Frauenstad, Schopenhauer parle sur le ton le plus méprisant de ce qu'il appelle *der liebe Gott*, le bon Dieu. Nous avons donc affaire en lui à un athée d'intention, sinon de fait, un athée qui croit aux causes finales et au néant du monde.

C'est une doctrine remarquable chez Schopenhauer que l'intelligence est d'ordre secondaire et dérivée (*secundæren Ursprungs*), et même tertiaire. La première place appartient à la volonté (*das Primat des Willens*), le second rang à l'organisme, le troisième à l'intelligence. La volonté est métaphysique, l'intelligence est physique. La volonté est chaleur, l'intelligence est lumière. L'intelligence va se dégradant à mesure que l'organisme devient moins parfait, mais la volonté est tout entière dans le dernier des insectes. L'intelligence se fatigue, la volonté est infatigable. Si la volonté dérivait de l'intelligence, elles devraient être en raison l'une de l'autre; mais les faits sont contraires à cette théorie. Le cœur est supérieur à la tête : c'est dans le cœur et non dans la tête qu'est l'individualité, l'immortalité. L'intelligence est intermittente; la volonté, le cœur, le *primum mobile,* ne s'arrête pas.

Cette théorie du *primat* de la volonté est incontestablement ce qu'il y a de plus nouveau et de plus original dans la philosophie de Schopenhauer. Il en exagère sans doute l'importance en se comparant à Lavoisier et en prétendant avoir fait pour la philosophie, par la séparation de ces deux éléments, volonté et intelligence, ce que Lavoisier avait fait pour la chimie, par la séparation des deux éléments de l'eau. Il est néanmoins certain qu'on trouverait peu d'exemples d'une théorie semblable dans l'histoire de la philosophie. Le seul prédécesseur que Shopenhauer se reconnaisse, c'est Bichat. La distinction de la vie organique et de la vie animale, la première engendrant les passions, la seconde les sensations, telle est la base commune de Bichat et de Schopenhauer, car les passions ne sont pour lui que la volonté.

Quel que soit le degré d'originalité de cette théorie du primat de la volonté, on ne peut nier qu'elle ne soit une sorte de rétractation de toute la philosophie allemande, dont

Fichte exprimait ainsi le principe en 1794 : « Il n'y a que deux points de départ possibles en philosophie : ou l'intelligence en soi, ou la chose en soi. De là deux systèmes : l'idéalisme ou le dogmatisme. » Or le dogmatisme, celui qui part de la chose en soi, est incapable, selon Fichte, d'expliquer l'intelligence. En effet, « l'intelligence, comme telle, *se voit elle-même*, et cette propriété de se voir soi-même est immédiatement unie en elle avec tout ce qui lui arrive ; c'est même dans cette union de l'être et du voir (*des Sehens*) que réside la nature de l'intelligence. Ce qui est en elle et ce qu'elle est en général, elle l'est *pour elle-même*, et c'est seulement en tant qu'elle est pour elle-même qu'elle est intelligence. — Une *chose*, au contraire, peut être de mille manières différentes ; mais si l'on demande : *Pour qui* est-elle de telle et telle manière ? » personne, comprenant la question, ne répondra : « Pour elle-même ; » mais il faut toujours supposer une intelligence pour qui elle est cela ; tandis qu'au contraire l'intelligence est nécessairement pour elle-même, et, en tant qu'on la pose, on la pose comme telle. Il y a donc dans l'intelligence, pour ainsi dire, une double série : celle de l'être et celle du voir (*des Zusehens*), de l'idéal et du réel, et c'est dans l'union inséparable de ces deux éléments que consiste son être ; au contraire, dans la chose il n'y a qu'une seule série, celle qui consiste simplement à être posée comme existant sans retour sur soi-même. L'intelligence et la chose sont donc absolument opposées l'une à l'autre : elles résident dans deux mondes différents entre lesquels il n'y a pas de pont. Vous n'obtiendrez jamais l'intelligence, si vous ne la supposez pas d'abord comme un premier, comme un absolu (*ein erstes, absolutes*). La série de l'être restera toujours simple, et jamais vous ne passerez de l'être à la représentation, car vous faites un saut monstrueux dans un monde entièrement étranger à votre principe[1]. » Ainsi, suivant Fichte, l'intelligence en la pensée est un principe

1. Fichte's, *Sæmmtliche Werke*, t. Ier, p. 437. *Ersté Einleitung in die Wissenschaftlehre.*

premier, qui ne peut être déduit d'aucun autre. Si on ne la pose pas en soi, on n'y arrivera jamais. Jamais la série simple ne deviendra une série double. Jamais l'être ne se repliera sur lui-même. Ainsi l'être ne fondera jamais la pensée, mais au contraire la pensée fondera l'être, car la pensée est un acte, et un acte conscient; or, en tant qu'acte, elle fonde l'être; en tant que conscience, elle fonde l'intelligence. Cette doctrine, selon nous, est la vraie. Il faut placer l'intelligence à l'origine des choses, ou se résigner à ne la rencontrer jamais. Schopenhauer, en élevant la volonté au-dessus de l'intelligence, revenait donc aux vieux errements du réalisme. Nous soutenons, au contraire, que les deux éléments sont inséparables et que la métaphysique de Schopenhauer est une métaphysique bâtarde, à mi-chemin du réalisme et de l'idéalisme; elle n'a été qu'un passage du grand idéalisme allemand au matérialisme restauré.

La volonté étant donc le fait initial, fondamental, la base de tous les phénomènes, le monde n'est autre chose que l'objectivation de la volonté. Mais pourquoi la volonté s'objective-t-elle? Pourquoi ne reste-t-elle pas éternellement en repos dans son unité immobile? Pourquoi produit-elle un monde qui est une illusion et qu'elle prend pour une réalité? Schopenhauer, comme tous les métaphysiciens et tous les théologiens, échoue devant ce problème. Il ne paraît pas même avoir cherché à le résoudre. Il se contente de constater par l'expérience que le monde est un mauvais rêve, sans se demander pourquoi la volonté absolue, qui est libre, s'est avisée de ce mauvais rêve, et qu'est-ce qui l'y a obligée. Toujours est-il que le monde est mauvais, et « le plus mauvais des mondes possibles »; que « l'optimisme est la plus plate niaiserie qui ait été inventée par les « professeurs de philosophie ». Ce n'est pas l'expérience seulement qui plaide en faveur du pessimisme, c'est le raisonnement. En effet, le fond de la volonté, c'est l'effort; or l'effort est une douleur : « Tout effort naît d'un besoin; tant qu'il n'est pas satisfait, c'est une douleur; et s'il est satisfait, cette satisfaction ne pouvant durer, il en résulte un nouveau besoin et une nouvelle douleur. Vouloir, c'est donc essentiellement souffrir, et toute vie est douleur. » Le vouloir, avec l'effort qui en est l'essence, ressemble à une soif inextinguible. La vie n'est qu'une lutte pour l'existence avec la certitude d'être vaincu. Vouloir sans motif, toujours souffrir, toujours lutter, puis mourir, et ainsi de suite pendant des siècles, jusqu'à ce que la croûte de notre planète s'écaille en petits morceaux. »

Le pessimisme, comme l'optimisme, ne peut se prouver par l'expérience. On énumère de part et d'autre les biens et les maux; mais comment prouver que la somme des uns l'emporte sur celle des autres? Ce qui est cependant la vraie question. Chacun en juge d'après son humeur; ceux qui ont l'âme gaie et joyeuse trouvent que tout est pour le mieux, surtout lorsque la fortune leur sourit. Ceux qui ont le caractère mal fait prennent tout au tragique et ne sont contents de rien. Qui jugera ce procès? C'est donc à des raisons à priori qu'il faut recourir. Celle que donne Schopenhauer nous paraît faible. La vie est un effort, dit-il; tout effort est douloureux; donc la vie est douleur. Mais est-il vrai que tout effort soit douloureux? C'est ce qui est en question. Nous soutenons, au contraire, que tout effort modéré est plus agréable que pénible. L'effort d'une ascension dans la montagne par un beau temps, quand on jouit d'une bonne santé, est un plaisir, et non une douleur. L'effort du travail intellectuel, quand il est heureux, est le plus grand des plaisirs; et, en général, le plaisir actif qui suit l'effort est plus vif et plus profond que le plaisir passif qui en est privé. Les petites douleurs (les demi-douleurs, comme dit Leibniz) qui se mêlent à l'effort en font ressortir le charme. Ce sont « des petites sollicitations qui nous tiennent toujours en haleine ». L'effort n'est douloureux que lorsqu'il est disproportionné. Ce qui prouve que, dans la plupart des cas, il n'est pas tel, c'est que l'humanité dure, ainsi que la vie dans le monde. Le mal, en effet, est essentiellement destructeur. S'il l'emportait réellement, il aurait son remède en lui-même ; car il aurait bien vite détruit la vie et, avec elle, la faculté de souffrir.

On sait que le pessimisme de Schopenhauer a été la principale cause de la vogue de ce philosophe en Allemagne. Le monde, juge assez incompétent en philosophie, ne s'intéresse aux doctrines qu'autant qu'elles flattent ses penchants, ses passions, ses inquiétudes. Telle philosophie réussit parce qu'elle encourage et défend les idées religieuses ; on ne la considère pas en elle-même : elle est bonne par cela seul qu'elle prend le parti de nos inclinations. Mais il y a dans le monde autant de révolte contre la Providence que de pieuse soumission à ses décrets : peut-être même la soumission est-elle plus apparente que réelle, et la révolte est-elle beaucoup plus profonde et plus répandue que la soumission. Ajoutons encore qu'en Allemagne le principe protestant est favorable au pessimisme, au moins relatif, de sorte que le préjugé religieux, aussi bien que le préjugé impie, se trouvaient d'accord pour admirer une doctrine que les grands philosophes ont toujours dédaignée ; car l'idée d'un principe absolument mauvais ou absolument fou est bien l'idée la plus antiphilosophique que l'on puisse imaginer.

Admettons cependant, avec Schopenhauer, que le pessimisme est le vrai, que le monde est le plus mauvais de smondes possibles : quel sera le remède ? Pour trouver le remède, il suffit de connaître l'origine du mal. Le mal est dans le vouloir-vivre, le remède sera dans la négation du vouloir-vivre. La volonté est indestructible en elle-même. Mais la vie et la volonté de vivre ne sont pas la même chose que la volonté en soi. La volonté s'est trompée en créant le monde, et dans l'homme, quand elle arrive à la conscience, elle reconnaît qu'elle s'est trompée. Une fois là, elle se pose la question : « Faut-il affirmer la vie et perpétuer la douleur ? Faut-il nier la vie et arriver au repos ? » Voici donc la connaissance, l'intelligence, qui n'était jusque-là qu'un phénomène secondaire ou tertiaire, et qui devient maintenant le juge, l'arbitre

tre de la volonté. C'est par elle qu'est venu le vouloir-vivre, et, avec ce vouloir, la douleur et la folie du monde. Comment donc vaincre la vie? Est-ce par le suicide? Non, car la volonté est indestructible; elle se réincarne dans d'autres êtres. Le suicide n'est qu'un affranchissement individuel, égoïste. Ce qu'il faut, c'est un affranchissement universel, désintéressé; c'est ce que fait l' « ascétisme ». Le vrai remède, c'est l'affranchissement du plaisir, le renoncement aux sens, et surtout au sens qui donne la vie. C'est la chasteté et le célibat, qui délivrent le monde en supprimant la génération et la postérité. Schopenhauer cite, à l'appui de sa doctrine, de nombreux textes mystiques empruntés soit aux hérésies chrétiennes, soit même aux docteurs orthodoxes, contre le mariage : *Utinam omnes hoc vellent!* dit saint Augustin. *Multo citius Dei civitas compleretur*. Ainsi, suivant Schopenhauer, la chasteté libre et absolue, voilà le premier pas dans la voie de l'ascétisme. « Avec la disparition de l'intelligence disparaîtrait le monde, car sans sujet pas d'objet ; et si les plus hauts degrés de la volonté (l'humanité) venaient à s'évanouir, il est permis de penser que les plus humbles (l'animalité) disparaîtraient également. » Ici encore il est facile de reconnaître l'influence de la doctrine protestante, car on sait que, dans cette Église, les défenseurs absolus du péché originel lui attribuent jusqu'à l'origine du mal dans les animaux. Le salut de l'homme est donc le salut de la création tout entière.

Voilà le célèbre *nirvana* dont on a tant parlé, et que Schopenhauer a emprunté au bouddhisme. Il consiste, en définitive, dans la suppression du mariage. Il serait oiseux de faire remarquer combien tel remède est impraticable, et par conséquent inutile ; mais, ce remède fût-il possible, on voit encore combien il est illusoire, arbitraire, fantastique, de supposer que la disparition de l'humanité entraînerait la disparition de l'animalité et de toutes les formes de la vie sur le globe. Lors même qu'on irait jusque-là, que fait-on du reste du monde, de l'univers tout entier? Est-il lié au sort de l'homme, de telle sorte qu'avec l'homme la vie et le mal apparaissent dans l'univers, et qu'avec lui ils disparaissent en même temps partout? N'est-ce pas revenir au vieux préjugé théologique qui fait de la terre le centre du monde, et de l'homme le terme de toute création? Enfin, puisque la volonté n'a pas attendu la permission de l'homme pour s'objectiver, comment croire qu'elle cessera de le faire parce qu'il nous plaira d'arrêter le cours des générations, et, puisqu'elle ne sait pas ce qu'elle fait, pourquoi la première cause inconnue qui l'a sollicitée une première fois à s'incarner, ne l'y pousserait-elle pas de nouveau dans un cercle sans fin? Ajoutez que si Schopenhauer donne des raisons en faveur du célibat, il n'en donne aucune en faveur de la chasteté, ce qui n'est pas la même chose. Pour supprimer le mal dans le monde, il suffit de supprimer la postérité, mais il est inutile de se priver du plaisir. Les ascètes et les mystiques dont Schopenhauer invoque l'autorité ont des raisons de renoncer aux plaisirs : ce n'est pas que le plaisir soit mauvais en soi, c'est que ce sont des plaisirs inférieurs qui nous éloignent des vrais et purs plaisirs de la piété et de la contemplation. Il n'en est pas de même dans Schopenhauer : la vie n'est mauvaise qu'en tant qu'elle est douloureuse. Évitons donc la douleur. Mais pourquoi se priver du plaisir, si l'on en use sagement, c'est-à-dire avec égoïsme? Au fond, un tel ascétisme pourrait bien aboutir à ne rejeter de la vie que les charges, et, en amour, à ne se priver que de ce qu'il a de noble et de généreux.

II

En passant de Schopenhauer à M. de Hartmann, nous avons affaire, sinon à un génie aussi original, du moins à une nature plus sympathique et plus élevée. Le pessimisme théorique paraît s'unir en lui à des mœurs plus douces. Il n'a point cette misanthropie brutale et cynique qui fait de Schopenhauer un personnage si amusant, mais si insupportable. Il répudie la manière grossière et basse dont Schopenhauer parle des femmes, et déclare que ceux qui ne savent pas respecter les femmes n'ont connu que celles qui ne méritent pas d'être respectées. Il ne paraît pas avoir voulu contribuer pour sa part à la fin du monde, car il s'est marié, il a des enfants, et il nous a donné, dans son autobiographie, un tableau aimable et piquant de son intérieur : « Dans notre ménage, dit-il, ma femme bien-aimée, la compagne intelligente de mes poursuites idéales, représente l'élément pessimiste. Tandis que je défends la cause de l'optimisme révolutionnaire, elle se déclare hostile au progrès. A nos pieds joue avec un chien, son fidèle ami, un bel et florissant enfant qui s'essaye à combiner les verbes et les substantifs. Il s'est déjà élevé à la conscience que Fichte prête à son moi, mais ne parle encore de ce moi, comme Fichte le fait souvent lui-même, qu'à la troisième personne. Mes parents et ceux de ma femme, ainsi qu'un cercle d'amis choisis, partagent et animent nos entretiens et nos plaisirs, et un ami philosophe disait dernièrement de nous : « Si l'on veut voir encore une fois des visages satisfaits, il faut aller chez les pessimistes. »

La *Philosophie de l'inconscient,* ouvrage capital de M. de Hartmann, est le livre philosophique qui a fait le plus de bruit en Allemagne depuis une dizaine d'années, et il mérite sa réputation par l'étendue des connaissances, l'intérêt de l'exposition, l'originalité des vues. Même le pessimisme exagéré de l'auteur, et qui, selon nous, est insoutenable philosophiquement, est un point de vue utile à développer et à rappeler. L'optimisme tombe trop facilement dans la banalité et dans l'indifférence ; on oublie trop les misères humaines. Paru pour la première fois en 1866, l'ouvrage a eu sept éditions. Un jeune professeur de l'université, M. Nolen, connu par un savant travail sur les rapports de Leibniz et de Kant, et très compétent en philosophie allemande, vient de nous donner de la septième et dernière édition une traduction française[1] facile, naturelle, fidèle, faite sous les yeux et avec

---

1. *La Philosophie de l'inconscient* (2 vol. in-8º). Dans la Bibliothèque de philosophie contemporaine, on a aussi traduit de M. de Hartmann deux écrits moins

la coopération de l'auteur, et précédée d'une savante introduction où seulement, selon le défaut commun à tout traducteur, il nous paraît un peu trop verser dans le sens de l'original. Enfin cette traduction est précédée d'une lettre de M. de Hartmann, spécialement écrite pour le lecteur français, et qui contient quelques observations intéressantes [1].

Demandons-nous maintenant en quoi consiste la philosophie de M. de Hartmann. En quoi se distingue-t-elle de la philosophie de Schelling et de Hegel? en quoi de la philosophie de Schopenhauer? Ce sont des nuances assez difficiles à démêler pour qui ne connaît pas les différentes phases de la philosophie allemande. Nous ne pouvons que nous borner à quelques traits essentiels. Le principe de l'inconscient paraît bien, au premier abord, n'avoir rien de nouveau et être le principe commun de toute la philosophie allemande, ou, tout au moins, celui de Schelling et de Hegel. Ces philosophes n'ont-ils pas considéré la conscience comme un phénomène secondaire né du conflit entre le sujet et l'objet? Le développement de l'absolu était donc inconscient; mais si ces philosophes avaient posé ce principe, ils ne s'étaient pas appliqués à le démontrer. Ils n'avaient pas établi la nécessité d'une inconscience primitive. Sans doute l'école de Schelling, précisément à titre de philosophie de la nature, avait dû insister sur le côté instinctif et spontané de la vie et de l'organisme. Je ne connais pas le livre de Schubert sur le « côté nocturne » de la nature (*die Nachtseite*); mais il me

---

importants, *la Religion de l'avenir* et le *Darwinisme*. Ce dernier ouvrage, très curieux, a été traduit par M. Georges Guéroult. — Voyez aussi, dans la *Revue des Deux Mondes* du 1ᵉʳ oct. 1874, l'étude de M. Albert Réville sur M. de Hartmann.

1. Par exemple, M. de Hartmann fait remarquer la grande difficulté qu'apporte la langue française à la création des mots nouveaux. Évidemment c'est un blâme indirect dans sa pensée. Je ne veux pas méconnaître les inconvénients de ce purisme, qui est peut-être exagéré; mais il faut en voir aussi les avantages. La nécessité de se servir des mots éprouvés auxquels un long usage a donné une signification très nette, est extrêmement utile à la netteté de la pensée. Au contraire, un mot nouveau que je ne connais pas, et qui correpond à une pensée nouvelle que je n'ai pas encore n'apporte à mon esprit qu'une notion vague. On peut s'expliquer sans doute; mais on si s'explique par des mots nouveaux, la même difficulté se produit, et la pensée reste vague. De là le vague de la philosophie allemande et la netteté de la philosophie française.

semble que cela doit être quelque chose d'analogue à Hartmann. La même école, à titre de philosophie esthétique, avait aussi beaucoup insisté sur le côté spontané, et par conséquent inconscient, du génie et de l'imagination. Néanmoins il est permis de dire que le problème n'avait pas été serré de près, sauf par Fichte, qui avait montré la nécessité de la conscience comme d'un fait premier, mais dont les idées sur ce point avaient été trop oubliées et trop négligées, même par lui-même. Le problème de la conscience et de l'inconscience avait été tellement recouvert, en quelque sorte, par tant d'autres problèmes, qu'on ne s'y était pas particulièrement attaché, et qu'on ne l'avait pas traité pour lui-même. A ce point de vue, le livre de M. de Hartmann constitue une œuvre vraiment nouvelle et surtout écrite dans une méthode toute différente; c'est un livre riche de faits, où la connaissance des sciences expérimentales est profonde et continue. Ce n'est plus la méthode algébrique, constructive, toute à priori, de la grande idéologie allemande; c'est la méthode inductive, analytique, expérimentale. Il faut distinguer dans ce livre deux parties : la phénoménologie de l'inconscient, et la métaphysique de l'inconscient. Or, quelque jugement que l'on porte sur ces deux parties, on ne peut méconnaître la richesse et l'utilité de la première. Toutes les écoles de philosophie peuvent y apprendre, et en particulier le spiritualisme n'a rien à en rejeter. Nous sommes depuis longtemps, en effet, habitués, depuis Leibniz, à admettre l'existence des perceptions obscures et des idées latentes, et une monographie aussi approfondie sur le rôle de l'inconscient dans tous les domaines de la nature est réellement une acquisition pour la science, quelque parti qu'on prenne d'ailleurs sur la nature du premier principe. Il est vrai que Hartmann ne se contente pas, comme Leibniz, de perceptions obscures, et qu'il soutient contre lui, et à la lettre, l'existence de perceptions inconscientes; ce n'est là qu'une différence dans l'interprétation des faits; mais les mêmes faits peuvent être reconnus de part et d'autre. On lira donc avec un vif intérêt et une véritable instruction tout ce que l'auteur nous apprend de l'inconscient dans la vie corporelle et dans la vie spirituelle, dans l'amour, dans la sensibilité, dans le caractère et la volonté, dans l'art, dans l'origine du langage, dans la pensée, dans la perception sensible, etc. C'est toute une psychologie de l'inconscient qui vient enrichir et compléter la psychologie du conscient. On ne diminuerait pas le mérite de l'auteur en disant que d'autres philosophes avaient eu la même idée; car autre chose est une doctrine théorique appuyée de quelques exemples, et toute une science, tout un système, où la série totale des faits, soit dans le domaine physiologique, soit dans le domaine psychologique, est développée. Cependant, malgré les mérites que nous venons de signaler, nous reprochons à l'auteur de n'avoir pas encore assez séparé la phénoménologie de la métaphysique. Il devait se contenter de dire, à notre sens : « Il y a de l'inconscient dans la nature, » et non pas, comme il le fait sans cesse : « L'inconscient se manifeste dans la nature, » comme s'il était accordé d'avance qu'il y a un principe appelé l'inconscient, et que l'absolu est ce principe même, tandis que ce sera précisément l'objet de la seconde partie d'établir cette doctrine.

Nous préférons donc de beaucoup la première partie du livre à la seconde. La première, comme analyse expérimentale de l'élément inconscient ou obscur dans les choses, est une véritable acquisition pour la science. La seconde, quoique pleine de talent, nous paraît une œuvre hybride et artificielle composée de pièces et de morceaux, et où le désir d'être original est plus frappant que l'originalité elle-même. Cependant la nature de notre étude, essentiellement métaphysique, nous oblige à faire ce tort à l'auteur d'insister plus sur la seconde partie que sur la première. Le lecteur voudra donc bien atténuer les critiques que notre sujet nous impose par les approbations qui portent précisément sur ce qu'il nous interdit.

La métaphysique de M. de Hartmann a pour objet d'établir non seulement, comme nous le disons, qu'il y a de l'inconscient dans la nature, mais que le principe des choses est inconscient. Il l'est par essence; il l'est d'une manière absolue : aussi peut-il être appelé l'Inconscient.

Cette dénomination n'aurait aucun sens si l'on admettait que le principe des choses est la matière. Si, en effet, le monde n'est qu'une agrégation de particules purement matérielles, c'est-à-dire étendues, figurées, mobiles, dures, impénétrables, etc., il n'y a pas lieu de se demander si de telles substances sont conscientes ou inconscientes. La question n'aurait pas même de sens. Elle ne se pose que lorsque l'on s'est élevé au-dessus du matérialisme, et qu'au delà de la matière on admet un principe suprasensible, la force. Hartmann non seulement superpose la force à la matière, mais il réduit absolument la matière à la force. Maintenant la force elle-même, si elle n'obéissait qu'à des lois physiques et mécaniques, n'aurait nul besoin de conscience; et il serait par conséquent inutile de la caractériser par l'attribut de l'inconscience. Jamais les physiciens n'ont appelé la force ni consciente ni inconsciente. On n'emploie cette expression que lorsqu'on rencontre des faits qui sembleraient devoir s'expliquer par la conscience, qui sont des apparences de conscience, à savoir des faits d'art, de combinaison et de science. Ici encore, comme dans Schopenhauer, les faits de finalité sont la base et la matière du système. Sans finalité, pas de volonté, et par conséquent nul lieu de se demander si le principe des choses est conscient ou inconscient. Une telle expression suppose donc au moins la volonté; mais ce n'est pas tout. Si l'on admet, avec Schopenhauer, que le principe absolu est une volonté, mais une volonté sans intelligence, que l'intelligence est un fait secondaire et surajouté, il serait encore sans signification de l'appeler inconscient; car il va de soi que ce qui n'est pas intelligent n'est pas conscient, et cela est inutile à dire. La question n'a donc un sens que si on admet que le principe des choses non seulement est une volonté, mais encore une intelligence. Alors il vaut la peine de dire que cette intelligence est inconsciente, précisément parce qu'on est habitué à penser et à affirmer le contraire. L'inconscience devient alors un attribut caractéristique et significatif. C'est ainsi que la philosophie de l'inconscient, qui est propre à M. de Hartmann, se distingue de la philosophie de la volonté, qui est celle de Schopenhauer.

Le principe de Hartmann, en effet, n'est pas seulement la volonté, mais la volonté unie à l'intelligence. Schopenhauer avait séparé la volonté et l'idée (la représentation, *die Vorstellung*)[1]; Hartmann les réconcilie, et il est beaucoup plus près de la vérité. La volonté, selon lui, suppose toujours deux idées : celle d'un état présent comme point de départ, celle d'un état futur comme point d'arrivée. Le vouloir n'a de réalité que par le rapport qu'il établit entre l'état présent et l'état futur. Il n'y a pas de volonté sans objet. Une volonté qui ne veut rien n'est rien. D'où cette conclusion : pas de volonté sans idée : ὀρεκτικὸν οὐκ ἄνευ φαντασίας. Le vouloir n'est que le pouvoir formel ou abstrait de réaliser quelque chose en général. Le contenu de cet acte ne peut être conçu que comme représentation ou idée. Nous devons admettre que le contenu de la représentation est toujours une idée : on ne peut parler de la volonté sans parler de l'idée. De là, dit Hartmann, l'étonnante lacune qui se rencontre dans le système de Schopenhauer. L'idée n'y est pas reconnue comme constituant exclusivement le contenu de la volonté. La volonté toute seule, quoique aveugle, se conduit néanmoins comme si l'idée lui fournissait son contenu. Ainsi d'une part les disciples de Schopenhauer se sont trompés en admettant une volonté sans idée. Mais les disciples de Hegel et de Herbart se sont également trompés en admettant que l'idée est la volonté. C'est faux : ni les uns ni les autres ne suppriment réellement l'élément qu'ils passent sous silence; ils le sous-entendent. Schopenhauer admet également un contenu de la volonté; et ce contenu ne peut être que l'idée; Hegel et

---

1. Le traducteur a partout rendu le mot *Vorstellung* par *idée*. C'est une traduction préférable, si l'on veut, pour l'élégance et la rapidité; mais le sens précis est *représentation*. C'est le mot commun.

Herbart admettent simplement que l'idée a le pouvoir de se réaliser elle-même, ce qui est au fond l'attribut de la volonté. La doctrine de Hartmann se présente donc comme une conciliation de Hegel et de Schopenhauer.

La vraie question n'est donc pas de savoir s'il y a une volonté sans idée (ce qui est impossible), mais s'il y a idée sans conscience. Cependant, si on se borne à ces termes, on n'atteindra pas encore le dernier problème, car on peut encore admettre des idées inconscientes et latentes ; et ceux qui croient aux idées innées et aux concepts à priori admettent bien quelque chose de semblable. La question est plus haute. Il s'agit de savoir, non pas s'il y a tel degré d'inconscience dans l'ordre des intelligences secondes, mais si l'intelligence première est inconsciente en soi, en un mot quel est le premier, de la conscience ou de l'inconscience. La conscience est-elle un absolu, un premier (*ein Absolutes, ein Erstes*)? ou n'est-elle qu'un phénomène consécutif, surajouté, extérieur à l'intelligence? Est-elle, au contraire, le fond, l'essence même de l'intelligence? Voilà la question posée avec une très grande netteté, et traitée avec une vaste connaissance du sujet par M. de Hartmann.

Cependant, tout en reconnaissant la valeur scientifique de son étude, nous dirons qu'il nous paraît plus préoccupé d'expliquer ce que serait la conscience dans l'hypothèse accordée d'une inconscience primitive, que de nous prouver que cette hypothèse est la vraie. Ainsi, il nous apprend que « la conscience exprime la stupéfaction que cause à la volonté l'exécution de l'idée qu'elle n'avait pas voulue. » Rien de plus obscur que cette explication. « Cet étonnement, dit l'auteur, n'est pas le fait de la volonté, absolument étrangère à la pensée, et trop aveugle pour éprouver de l'étonnement et de la surprise... L'idée seule, de son côté, ne peut pas non plus en ressentir : elle n'a aucune raison de s'étonner d'elle-même. L'étonnement doit donc venir des deux côtés de l'inconscient, de la volonté et de l'idée à la fois. » On avouera que c'est là une explication bien peu satisfaisante. Comment deux facteurs, incapables de s'étonner séparément, en deviendraient-ils capables par leur réunion? Et l'étonnement ne suppose-t-il pas déjà la conscience? Comment m'étonnerais-je de ce que j'ignore? Le plus grand étonnement sans doute que l'on puisse éprouver est celui du passage du non-être à l'être : or qui a jamais dit que le moment où l'homme est conçu est pour lui un moment d'étonnement? Mais avant de nous expliquer (fort obscurément d'ailleurs) l'origine et la genèse de la conscience, je voudrais que l'on s'attachât à me prouver qu'elle est un phénomène ultérieur et historique, et non le fond même du principe. Or, si je cherche à dégager sur ce point les raisons que donne l'auteur, voici celles qui sont éparses dans son livre et que je rassemble pour leur donner plus de force. Pour qu'il y ait conscience, dit Hartmann, il faut qu'il y ait idée. L'idée est donc logiquement antérieure à la conscience; elle en est le contenu. La conscience suppose l'idée; mais l'idée ne suppose pas la conscience. Celle-ci n'est qu'un attribut accidentel et surajouté. Si l'être universel était doué de conscience, cette conscience universelle ne permettrait pas aux consciences particulières de se former; car nous voyons que dans un tout organique la conscience du tout absorbe celle des parties. Mais ce qui paraît être l'argument principal de l'auteur, c'est ce principe fondamental qui est aussi vrai, dit-il, à priori qu'à posteriori, à savoir que la séparation des consciences répond à la séparation des parties matérielles, et que l'unité de conscience répond à la communication de ces parties. Tant que la fourmi d'Australie est entière, dit-il, les parties antérieures et postérieures du corps n'ont qu'une conscience unique. Coupez-la en deux, l'unité de conscience est détruite, et les deux parties s'élancent l'une contre l'autre pour se combattre[1]. Les jumeaux siamois s'interdisaient de jouer au tric-trac; ils trouvaient cela aussi peu naturel que si la main

---

1. M. de Hartmann ne nous dit pas sur quelle autorité il avance ce fait. Un savant compétent nous affirme que, jusqu'à preuve du contraire, le fait lui paraît impossible, étant donnée l'organisation de la fourmi.

droite eût voulu jouer avec la main gauche. Millie et Christine, que l'on a appelées la femme à deux têtes, avaient une conscience commune pour certaines espèces de sensations[1]. Si l'on pouvait unir le cerveau de deux personnes par des liens propres à en assurer la communication, elles n'auraient plus deux consciences distinctes, mais une seule. Tous ces faits semblent prouver que la conscience n'est qu'un phénomène corrélatif à certaines lois organiques, et en particulier à la séparation du système nerveux chez les individus distincts, en même temps qu'à leur unité dans chacun d'eux. En un mot, la conscience, suivant M. de Hartmann, n'appartient pas au fond essentiel de l'être, mais à ses manifestations, et la multiplicité des consciences n'est que la multiplicité des manifestations phénoménales d'un même être.

En même temps qu'il essaye d'établir ainsi la phénoménalité de la conscience, Hartmann s'attache à prouver l'unité de l'absolu, de l'inconscient, qu'il appelle l'un-tout. Il défend énergiquement le point de vue panthéistique ou monistique; en cela, il ne fait que suivre la tradition philosophique de son pays. Ce qui le caractérise, c'est toujours l'appel à l'expérience. Il invoque toutes les parties de l'histoire naturelle, et en particulier tous les faits relatifs à la génération, pour prouver que l'individualité n'est que phénoménale et non substantielle. L'impossibilité de trouver quelque part dans la nature l'individu absolu, l'individu métaphysique, tel est l'argument fondamental qu'il fait valoir en faveur du panthéisme. Tandis que jusqu'ici, dans Spinoza, dans Hegel et dans Schelling, le panthéisme avait toujours été défendu à priori et déductivement, et qu'on croyait pouvoir le combattre et le réfuter par l'expérience psychologique, c'est maintenant dans l'expérience zoologique que le panthéisme va chercher ses armes. On voit combien l'esprit de la philosophie allemande s'est modifié sous l'influence de l'esprit du temps.

---

1. Ce n'est pas ce qui paraît résulter de l'étude psychologique à laquelle s'est livré le docteur Fournet à cette occasion (*Problème de psychologie à propos de l'union physiologique de Millichristine;* Paris, 1874).

En refusant la conscience à l'Être suprême, en combattant sur ce point ce qu'il appelle le dieu du théisme, M. de Hartmann est loin d'apporter les mêmes sentiments d'animosité et d'impiété qui caractérisent la philosophie de Schopenhauer, et, dans la comparaison qu'institue notre auteur entre sa doctrine et la nôtre, sa pensée va se présenter sous un nouveau jour, qui la rendra plus acceptable qu'elle n'avait pu nous paraître au premier abord.

Il se demande pourquoi le théisme s'est tant préoccupé jusqu'à ce jour d'attribuer à Dieu une conscience propre dans la sphère de sa divinité, et il donne deux raisons, l'une et l'autre, dit-il, également respectables. D'une part l'homme frémissait à la pensée que si un Dieu conscient n'existait pas, il n'était plus lui-même que le produit des forces brutes de la nature, que l'effet d'une combinaison fortuite qu'une nécessité aveugle a produite sans cause et qu'elle détruira sans raison. En second lieu, on voulait honorer Dieu en lui prêtant toutes les perfections possibles, et l'on craignait de le dépouiller d'une perfection considérée par l'homme comme la plus haute de toutes, la conscience de la personnalité. Ces deux craintes doivent s'évanouir devant la vraie conception de l'inconscient : « Notre impuissance, dit-il, à nous faire une idée positive du mode de connaissance propre à l'intelligence absolue, nous condamne à la définir par opposition avec notre manière de connaître, à savoir la conscience, et par suite de ne lui prêter aucun attribut autre que l'inconscience. » Mais l'inconscience n'est pas adéquate à une activité aveugle. L'intelligence est si loin d'être aveugle, qu'elle est au contraire d'une absolue clairvoyance et absolument infaillible : elle n'est donc pas inférieure à la conscience, mais au contraire supérieure à la conscience. Elle est *supraconsciente*. L'on n'a donc pas à craindre de voir Dieu diminué par la perte de la conscience. Au contraire, ce serait plutôt ce prédicat qui l'amoindrirait. La seule vraie perfection, c'est une intelligence rationnelle. Or l'inconscient la possède au même titre que le Dieu théiste. La conscience suppose l'opposition du sujet et de l'objet : c'est une limite; or, suivant le criterium des théistes eux-mêmes, nous devons écarter du concept de Dieu toute limitation. Sans doute, pour nous autres hommes, la conscience et la personnalité sont des perfections, parce que nous vivons dans le monde de l'individuation et de ses limites; mais en soi et pour soi la conscience n'est pas une perfection.

Il est évident que la question posée en ces termes prend un tout autre aspect. Autre chose est l'inconscience, autre chose la *supraconscience*. L'inconscience, c'est la non-conscience; la *supraconscience* pourrait bien être une conscience supérieure. Si M. de Hartmann admet une intelligence dont il ne peut se faire une idée positive, pourquoi n'admettrait-on pas une conscience dont on ne pourrait se faire une idée positive? S'il a admis l'intelligence dans l'absolu par cette seule raison que la volonté sans intelligence est incompréhensible, pourquoi n'admettrions-nous pas la conscience dans l'intelligence par cette même raison? Les objections de Hartmann contre la conscience sont les mêmes que celles de Schopenhauer contre l'intelligence. Comme la conscience, l'intelligence paraît attachée au cerveau et au système nerveux. Si l'objection ne vaut pas contre l'intelligence, elle ne vaut pas plus contre la conscience. La *supraconscience* peut signifier simplement une conscience d'un ordre supérieur à la conscience humaine, ce que le théisme n'a jamais nié. Reste, à la vérité, à expliquer l'origine des consciences particulières; mais la difficulté ne subsiste que si l'on veut absolument un monisme rigoureux : mais un tel monisme, quoi qu'en dise Hartmann après Spinoza, nous paraît tout aussi opposé à la division phénoménale qu'à la division réelle. Il n'est pas plus facile de comprendre que dans l'un-tout il y ait discord et conflit entre deux facteurs, que de comprendre comment de l'un-*supraconscient* pourrait sortir, par un acte absolu, une pluralité de points conscients incommunicables les uns aux autres. Toute métaphysique oscille entre l'anthropomorphisme et l'idéalisme abstrait. Voulez-vous déterminer Dieu, introduire dans son idée un contenu réel, ce contenu ne peut être emprunté qu'aux êtres réels et finis et à celui qui paraît le plus parfait de tous, l'homme ; mais alors il est à craindre qu'on ne fasse de Dieu un homme idéal. Craignez-vous, au contraire, de rabaisser la nature divine à l'image de sa créature, retranchez-vous successivement tous les traits empruntés à la réalité, et en particulier à la psychologie, « vous n'élargissez Dieu », suivant l'expression de Diderot, qu'en le rendant de plus en plus indéterminé, en le confondant avec l'idée de l'être en général. Chacun fixe la limite suivant la tendance de son esprit. Le métaphysicien se fera une idée de Dieu plus abstraite, le moraliste et le psychologue plus concrète, et il arrive souvent que les uns et les autres veulent dire la même chose en parlant un langage différent. Celui qui prête à Dieu une conscience n'entend pas du tout par là que ce soit une conscience humaine, mais l'essentiel de la conscience ; et réciproquement celui qui attribue à Dieu la *supraconscience* ne nie en réalité que la conscience humaine telle qu'elle est renfermée dans l'individualité corporelle. Où donc est la différence ?

Nos objections porteraient plutôt sur le peu de réalité que l'auteur laisse à l'individualité finie que sur la théorie de l'inconscient en soi, entendu comme supraconscient. Mais elles porteraient bien plus encore sur la doctrine du pessimisme, que l'auteur emprunte à Schopenhauer et qu'il ajoute à son système d'une manière, selon nous, tout à fait artificielle et sans aucune nécessité logique. L'auteur, nous le reconnaissons, fait un tableau très pathétique et très émouvant des misères de la vie. Mais ce tableau, fût-il cent fois plus fort et plus terrible encore, n'ira jamais plus loin qu'à prouver cette proposition, qui n'a guère besoin de preuve : « Il y a du mal dans le monde ; » seulement, aucune description, aucune énumération ne peut prouver que le mal l'emporte sur le bien, si l'on ne commence par admettre ce qui est précisément en question, à savoir qu'il vaut mieux ne pas être que d'être. En effet, quelles que soient les douleurs dont on nous fait l'épouvantable tableau, on pourra toujours répondre que le seul fait d'exister et de vivre compense tout; et lors même que vous nous auriez prouvé que la vie future est une illusion, il n'est pas moins vrai que la vie pendant qu'elle dure vaut mieux que rien. Mais nous ne voulons pas entamer une discussion sur le pessimisme en général, qui nous mènerait trop loin. Contentons-nous de dire que cette doctrine nous paraît en contradiction avec le principe de l'auteur. Si le monde, en effet, est une erreur, si la création est, comme il le dit, « un acte de déraison », comment s'expliquer un tel acte de la part d'un principe auquel, tout inconscient qu'il est, l'auteur attribue une clairvoyance absolue et infaillible? Comment la volonté a-t-elle pu se tromper aussi grossièrement? comment a-t-elle été si absurde? Et, si elle s'est trompée, qu'est-ce qui l'empêchera de supprimer le monde par le même acte absolu qui l'a créé? Sans doute elle le fera un jour; c'est l'espoir de l'auteur. Mais elle n'a pas pour cela besoin du concours de l'humanité et de la philosophie pessimiste. Et ce qui rend la contradiction plus étrange, c'est que cette volonté, qui a débuté par un acte aussi déraisonnable que de vouloir créer le monde, recouvre tout à coup sa clairvoyance absolue dans l'exécution de son dessein. L'acte est absurde, et l'œuvre est admirable, de sorte que Hartmann, réconciliant à la fois Leibniz et Schopenhauer, l'optimisme et le pessimisme, déclare à la fois que le monde est détestable, et que cependant il est le meilleur des mondes possibles, « au demeurant le meilleur fils du monde ». A un autre point de vue encore, la doctrine nous paraît contradictoire. Si la création est un acte de déraison, c'est qu'il eût été plus raisonnable de ne pas créer. La volonté aurait donc pu se passer du monde, et elle s'en passera un jour, lorsque, grâce aux pessimistes, la fin du monde sera arrivée. Mais que devient alors le monisme, le panthéisme, la doctrine de l'un-tout? Un monde qui aurait pu ne pas être, et qui pourra ne plus être, ne peut se confondre avec l'Inconscient, lequel pourra se passer de lui. Lorsque deux choses peuvent être l'une sans l'autre, elles sont distinctes, et nous n'avons pas d'autre criterium de distinction. Il est évident pour nous que lorsqu'il passe à sa doctrine pessimiste, Hartmann oublie complètement son panthéisme, et qu'il raisonne au point de vue du théisme ordinaire. Au point de vue panthéistique, pris à la rigueur et philosophiquement, l'Inconscient n'est rien sans le monde. Comment appeler un acte de déraison ce qui est nécessaire, ce qui est un résultat inévitable de l'essence des choses? En quoi un arbre serait-il déraisonnable de produire des fruits? Il ne serait pas arbre sans cela. Et que fera l'Inconscient, lorsqu'il n'y aura plus de monde? et que faisait-il quand il n'y en avait pas? Qui ne voit que c'est là se représenter les choses au point de vue théiste? Dans le panthéisme, Dieu est inséparable de ses manifestations. Il n'y a qu'un seul être ; et les êtres individuels ne sont que cet être modifié. Donc le fond de mon être c'est l'Inconscient, l'Absolu, Dieu. Comment ce fond pourait-il être misérable? Comment la vie serait-elle mauvaise en soi? Car la vie n'est que l'un-tout manifesté dans des conditions finies. Que je souffre, moi un individu, de ces conditions finies, je le veux bien : mais en tant que je fais partie de l'un-tout, que je suis lui, et qu'il est moi, je participe par là même au type de toute perfection. Aussi tous les panthéistes ont-ils été optimistes; et le pessimisme n'est qu'un faux théisme.

En un mot, nous poserons à M. de Hartmann le dilemme suivant : ou votre Inconscient est un infraconscient, c'està-dire une nature vraiment brute et aveugle, qui ne sait ce qu'elle fait et qui produit au hasard le mal et le bien; et alors le monde n'est ni le meilleur des mondes possibles, ni le plus mauvais des mondes possibles; il est le seul monde possible : il est ce qu'il est. Il faut en prendre son parti et ne pas s'indigner contre une nature qui n'en peut mais : l'espoir même de mettre fin à la douleur par un prétendu *nirvana* est une illusion puérile. Vous ne pouvez pas plus anéantir le monde que vous n'avez pu le créer. Tant que la nature aura assez de force pour enfanter des êtres vivants, elle en enfantera malgré vous; la philosophie de Hartmann n'empêchera pas les animaux de s'accoupler et d'avoir des petits : elle n'en empêchera même pas l'humanité. La seule conséquence de ce système est celle que tous les esprits nets et pratiques en ont tirée dans tous les temps. Puisque la vie est un mélange de plaisir et de douleur, et que les hommes l'aiment invinciblement malgré qu'ils en aient, la sagesse consistera à se procurer le plus de plaisirs possible avec le moins de douleurs possible; et comme les plus vives douleurs naissent des affections que nous avons pour les autres, on s'efforcera de les éteindre autant qu'il est possible, sans se priver cependant des avantages de la société, de la famille et de l'amitié, accommodement que les égoïstes de tous les temps ont toujours su ménager. Enfin si, malgré tout cela, vous n'êtes pas contents, il vous reste la ressource de vous en aller « comme on sort d'une chambre remplie de fumée », selon l'expression des Stoïciens; mais si vous n'aimez pas la vie, ce n'est pas une raison pour en dégoûter les autres.

Ou bien votre Inconscient est un supraconscient, et vous ne lui refusez, dites-vous, l'attribut de la conscience que dans la crainte de le dégrader. A ce titre, vous lui imputez, comme les théistes, la plus haute perfection; vous lui supposez une absolue clairvoyance, une omniscience, une intelligence infaillible. Dès lors il est inadmissible que cet omniscient soit tombé dans ce que vous appelez un acte de déraison. Comment, étant infaillible, a-t-il pu commettre une si lourde erreur? d'où vient cette chute? Un principe qui s'est égaré à ce point ne mérite que d'être sifflé. Mais qui vous prouve que c'est bien lui qui s'est trompé, et non pas vous? De quel droit votre petite conscience, qui n'est qu'un phénomène dû aux commissures cérébrales, se permet-elle de juger les raisons et les desseins du grand tout? Ne peut-il pas avoir des vues que vous ignorez? Vous vous croyez un sage; vous n'êtes qu'un révolté, un démagogue dans la cité de Jupiter.

Dans les deux hypothèses, le pessimisme n'a aucune raison d'être. Si le monde est le résultat du hasard et de la nécessité, il est absurde de se plaindre. S'il est l'œuvre de la sagesse, cela est coupable et impie. Supposer un principe absolument sage uniquement pour lui faire commettre un acte de folie et avoir le droit de se plaindre de lui, est insensé. C'est cela, et non pas son œuvre, qui est un acte de déraison. Le pessimisme n'a rien de philosophique. C'est la philosophie du romantisme et des poètes, de Byron, de Schelley, de Lamartine, de Léopardi, traduite en langage d'école. C'est une philosophie faite pour les femmes, qui sont toujours dans les extrêmes. Si on ne leur donne pas une philosophie consolante, elles en veulent une désolante; et quand elles ne croient plus à Dieu, elles croient au diable. Ce sont elles qui ont fait en partie la vogue de Schopenhauer et de Hartmann. Chez ces deux philosophes, c'est la partie la plus faible et la moins sensée qui a eu le plus de succès, parce qu'elle ébranlait l'imagination. M. de Hartmann dit avec raison que la philosophie n'est pas faite pour consoler les gens; mais elle n'est pas faite davantage pour les désespérer. Elle est faite pour les instruire. Lorsque vous nous peignez « la sainte indignation, la colère virile qui fait grincer les dents, la rage froide qu'inspire le carnaval insensé de la vie, la fureur méphistophélique qui se répand en plaisanteries funèbres », vous parlez le langage d'un héros de mélodrame, et non celui d'un sage. Le pessimisme, c'est la religion à rebours, c'est la superstition. Au point de vue pratique, il n'y a que deux hypothèses sensées et conséquentes : l'athéisme avec l'égoïsme et la volupté; le théisme avec la confiance et la résignation. Le pessimisme n'est qu'un mélange bâtard et adultère de l'un et de l'autre.

IV

SCHOPENHAUER ET LA PHYSIOLOGIE FRANÇAISE

CABANIS ET BICHAT

Schopenhauer écrivait, en 1852, à son ami Frauenstædt : « Il y a un certain V... qui se permet de traiter de superficiels les immortels écrits de Bichat, et sur ce jugement on se croit dispensé de la lecture de Bichat et de Cabanis... Bichat n'a vécu que trente ans, et toute l'Europe lettrée honore son nom et lit ses écrits... Sans doute, depuis lui, la physiologie a fait des progrès, mais non de manière à faire oublier Cabanis et Bichat... Je vous en prie, n'écrivez rien sur la physiologie dans son rapport à la psychologie sans avoir pris le suc et le sang de Cabanis et de Bichat. »

On voit par ces mots quelle haute idée Schopenhauer se faisait des deux médecins philosophes qui ont illustré le commencement de notre siècle. Ce n'est pas seulement dans une lettre, et comme en passant, que Schopenhauer a porté un tel jugement : c'est aussi dans ses écrits philosophiques qu'il a non seulement rendu honneur à ces deux penseurs, mais encore expressément reconnu la part qu'ils ont eue à la formation de sa propre philosophie. Dans les *Éclaircissements* (plus intéressants peut-être que le livre lui-même), qui composent le second volume du *Monde comme représentation et volonté*, voici comment il s'exprime : « Il y a deux manières essentiellement différentes de considérer l'intelligence : l'une subjective, partant du dedans et prenant la conscience comme quelque chose de donné... Cette méthode, dont Locke est le créateur, a été portée par Kant à la plus haute perfection. Mais il est une autre méthode d'observation tout opposée à celle-ci : c'est la méthode objective, qui part du dehors et qui prend pour objet, non pas l'expérience interne, mais les êtres donnés dans l'expérience externe, et qui recherche quel rapport l'intelligence, dans ces êtres, peut avoir avec leurs autres propriétés... C'est la méthode empirique, qui accepte comme donnés le monde extérieur et les animaux qui y sont contenus. Cette méthode est zoologique, anatomique, physiologique... Nous en devons les premiers fondements aux zootomistes et aux physiologistes, notamment aux Français. Ici, surtout, il faut nommer Cabanis, dont l'excellent ouvrage sur les *Rapports du physique et du moral* a ouvert la voie (*bahnbrechend*) dans cette direction. Après lui, il faut nommer Bichat, dont le point de vue est encore plus étendu. Il ne faut pas même oublier Gall, quoique son objet principal ait été manqué. »

Ce passage caractéristique nous apprend que si Schopenhauer a dû à Kant et à Fichte toute la partie subjective de sa philosophie, c'est à Cabanis, à Bichat et, en général, aux physiologistes anglais et français (il cite souvent Lamarck, Bell et Magendie) qu'il en doit la partie objective. Si le premier livre de son ouvrage vient de Kant, il est permis de dire que le second lui vient, en grande partie, de Cabanis et de Bichat. Il est intéressant de voir ce curieux retour de fortune de notre philosophie du xviiie siècle en Allemagne, cette revanche du réalisme physiologique sur l'idéalisme métaphysique. D'ailleurs, indépendamment même de cet intérêt, Cabanis et Bichat sont par eux-mêmes des penseurs éminents trop oubliés, quoique à la portée de tout le monde, et dont aujourd'hui la valeur est singulièrement relevée par leur rencontre avec l'esprit de notre temps, et par le retour même des idées dont ils ont été les défenseurs.

I

Lorsque Cabanis écrivit ses premiers mémoires sur les *Rapports du physique et du moral*, l'Institut venait d'être fondé. Une *classe* nouvelle (on avait renoncé au mot d'Académie) avait été établie : la classe des sciences morales et politiques, laquelle, après avoir duré cinq ans, fut supprimée, comme composée d'idéologues, par le premier consul, et ne fut rétablie que plus tard, en 1832, par M. Guizot, sous la forme qu'elle a encore aujourd'hui. Les principaux de ces idéologues qui déplaisaient tant au général Bonaparte étaient Destutt de Tracy et Cabanis : l'un, membre libéral du conseil des Cinq-Cents sous le Directoire; l'autre, ami de Mirabeau, tous les deux consacrés à l'Analyse des sensations et des idées, comme on appelait alors la philosophie, mais l'un se servant surtout de la méthode subjective, l'autre de la méthode objective; l'un plutôt idéologue, ayant lui-même inventé le mot, l'autre plutôt physiologiste et médecin; tous deux élèves convaincus de Condillac, mais travaillant à la fois à le développer et à le réformer, le premier en restituant à l'esprit humain, avant Maine de Biran, un germe d'activité trop méconnu par Condillac, pour lequel le moi était tout passif; le second en rétablissant dans la statue du maître un élément inné et spontané, sacrifié par celui-ci à une extériorité toute mécanique. Destutt de Tracy mériterait sans doute une étude à part, mais qui nous éloignerait trop de notre objet : nous devons nous borner à Cabanis.

Cabanis est surtout connu dans l'histoire de la philosophie comme représentant du matérialisme, et il faut convenir qu'il a eu le malheur de fournir à cette doctrine une de ses formules les plus maladroites et les plus révoltantes. C'est lui qui a dit que le cerveau digère les pensées comme l'estomac digère les aliments, et qu'il opère, à proprement parler « la sécrétion de la pensée[1] ». C'est encore lui qui a dit

---

1. M. Ch. Vogt a eu l'idée heureuse de renchérir sur cette expression et de

que « le moral n'est que le physique considéré sous certains points de vue plus particuliers ». Cependant il ne faudrait peut-être pas exagérer la valeur de certaines expressions malsonnantes. Non seulement nous pouvons invoquer sa *Lettre sur les causes premières,* écrite plus tard à la vérité, mais à un point de vue de beaucoup supérieur à celui des matérialistes, mais encore nous devons rappeler que Cabanis lui-même, dans son plus célèbre ouvrage, proteste contre l'intention d'avoir écrit pour favoriser une certaine philosophie particulière : il se déclare incompétent pour tout ce qui regarde les causes premières, et prétend ne s'être placé qu'au point de vue de la seule expérience; la vérité est que les expressions signalées plus haut ne font point partie intégrante et essentielle de son ouvrage, qu'on pourrait les supprimer sans en altérer le caractère et que, sauf une part d'influence trop grande peut-être accordée au physique, ce qui est assez naturel chez un médecin, l'ouvrage en son ensemble peut être utilisé et même accepté par toutes les philosophies. Nous essayerons de faire voir que le fond de la philosophie de Cabanis, même dans les *Rapports du physique et du moral,* est une philosophie originale et neuve, et qu'elle doit être considérée surtout comme une réforme de la philosophie de Condillac. Déjà Destutt de Tracy avait commencé cette réforme, mais il s'était borné à un seul point; Cabanis a creusé jusqu'aux fondements du Condillacisme et a fait voir que par-dessous ces fondements il y en a d'autres que Condillac n'avait pas aperçus. Peut-être n'a-t-on pas assez remarqué cette critique de Condillac, qui, à la vérité, est disséminée dans différentes parties du livre et n'est nulle part condensée en un tout. Essayons de reconstruire cette polémique sans y rien ajouter, et en déplaçant seulement l'ordre des idées.

présenter la même pensée sous une forme encore plus agréable à l'esprit, en disant que le cerveau sécrète la pensée comme « les reins sécrètent l'urine », et il a fallu que M. Büchner lui-même fît voir combien cette pensée est fausse, non seulement en physiologie, mais même au point de vue matérialiste.

Cabanis, comme tous les philosophes français du xviiie siècle, considère l'entreprise de Condillac comme une œuvre de génie qui devait établir la philosophie sur des fondements inébranlables : « Ce fut, dit-il, une entreprise digne de la philosophie du xviiie siècle de décomposer l'esprit humain et d'en ramener les opérations à un petit nombre de chefs élémentaires; ce fut un véritable trait de génie de considérer séparément chacune des sources extérieures de nos idées ou de prendre chaque sens l'un après l'autre; de chercher à déterminer ce que des impressions simples ou multiples, analogues ou dissemblables, doivent produire sur l'organe pensant; enfin de voir comment les perceptions comparées et combinées engendrent les jugements et les désirs. »

Mais, tout en admirant l'entreprise de Condillac, Cabanis la déclare à la fois insuffisante et artificielle. Condillac et Ch. Bonnet (de Genève) avaient eu tous deux en même temps l'idée de se représenter l'homme comme une statue animée dont on ouvre successivement tous les sens pour en étudier les impressions, et en même temps les idées qui naissent de chacun d'eux. Cabanis fait sentir combien ce procédé, si l'on y voit autre chose qu'un procédé d'étude, est en soi faux et superficiel. « Rien ne ressemble moins à la réalité, dit-il, que ces statues qu'on suppose douées tout à coup de la faculté d'éprouver distinctement les impressions attribuées à chaque sens en particulier. » Comme médecin et philosophe, il s'étonne que ces opérations puissent s'exécuter « sans que les organes se soient développés par degrés et aient acquis cette espèce d'instruction progressive qui les met en état d'accomplir leurs fonctions propres et d'associer leurs efforts en les dirigeant vers le but commun ». Il est impossible dans la réalité de séparer les sens les uns des autres et de les priver de toute action vitale : « Rien ne ressemble moins encore à la manière dont les sensations se perçoivent, dont les idées et les désirs se forment réellement que ces opérations partielles d'un sens qu'on fait agir dans un isolement absolu du système et qu'on prive même de son influence vitale, sans laquelle il ne saurait y avoir de sensation. » L'idéologie de Condillac était absolument étrangère à toute physiologie : le sens était séparé de l'organe, et tous les sens séparés les uns des autres, quoique dans la réalité ils ne soient tous que les épanouissements divers d'une seule propriété liée à la vie elle-même, à savoir la puissance de sentir.

Descartes et Malebranche faisaient une part bien plus grande que nos idéologues aux fonctions corporelles. Ce furent surtout l'école de Locke et celle de Condillac qui firent de l'idéologie une science entièrement séparée. Lorsque Condillac nous parle d'une statue « animée », il ne nous dit pas ce qu'il faut entendre par animée. Il semble qu'il suffise d'ouvrir quelques portes, comme dans un automate, pour faire entrer du dehors des impressions et des idées. Mais pour sentir, il faut vivre, et dans la statue de Condillac rien ne vit, rien ne palpite, rien ne se meut. Rousseau, dans son *Pygmalion,* faisait vivre tout à coup sa statue, Galatée, et lui faisait dire, en se touchant elle-même : « C'est *moi.* » Mais c'était un prodige, une métamorphose opérée par les dieux. La statue de Condillac n'avait pas plus le droit que celle de Pygmalion de dire : « C'est moi ; » elle n'avait pas même le droit de se dire « odeur de rose » ; car, pour cela, il eût fallu d'abord vivre, et elle ne vivait pas plus que le canard de Vaucanson. Enfin, cette méthode abstraite qui sépare les sens les uns des autres n'est pas plus conforme à la réalité : car, quoiqu'on puisse concevoir un homme sans la vue, sans l'ouïe, sans l'odorat, on ne peut le concevoir au moins sans le toucher et sans une certaine sensibilité générale qui est peut-être le fond même de la vie. L'œil, le nez, l'oreille, jouissent d'une merveilleuse sensibilité de tact : c'est ce qui explique même que l'aveugle-né, auquel on fait l'opération de la cataracte, rapporte au tact de l'œil les nouvelles impressions qu'il reçoit. Les sons agissent également sur le toucher et peuvent même ébranler différentes parties du corps ; les impressions savoureuses, si elles ne sont pas par elles-mêmes, comme dit Cabanis[1], des impressions tactiles, sont certainement associées d'une manière indiscernable à des impressions tactiles. Mais, outre cette connexion générale du toucher avec tous les sens, il y a encore d'autres connexions plus particulières. Le goût et l'odorat, par exemple, ne font presque qu'un seul et même sens : l'odorat est la sentinelle du goût. Aucune sensation n'est perçue isolée : toutes au moins sont jointes à une sensation générale, qui est la sensation vitale. Peut-on enfin croire qu'il y ait eu un moment où la statue de Condillac n'ait pas eu un sentiment d'extériorité, et se soit crue purement et simplement odeur de rose ou odeur de jasmin? Et en supposant, comme le demandait Destutt de Tracy, que cette notion du dehors ne vînt que du mouvement empêché, n'est-ce pas encore une abstraction arbitraire de séparer l'usage des sens de la faculté du mouvement?

Non seulement les sens externes sont inséparables et se modifient plus ou moins les uns les autres, mais, ce qui est plus important encore, ils subissent l'influence des organes internes et de la vie végétative. Ainsi les rapports du goût et de l'odorat avec l'état du canal intestinal ne sont ignorés de personne. Certaines maladies du système nerveux et même de l'estomac et du diaphragme modifient le sens de l'ouïe. La vue également peut être altérée par des désordres intestinaux, et la marche de la circulation en général peut activer ou émousser les sensations. Les sens ne sont donc pas indépendants du reste de l'organisme, et en particulier du système nerveux, et enfin, avant tout, du système cérébral.

L'erreur fondamentale de Condillac, suivant Cabanis, est

---

[1]. Cabanis a modifié ou paru modifier son opinion sur l'extériorité, après la lecture des mémoires de Tracy, à l'Institut, sur *la Faculté de penser*. Celui-ci démontrait (ch. Ier) que « ce n'est pas au sens du toucher que nous devons la connaissance du corps ». (*Mémoires de l'Institut national, sciences morales et politiques*, t. Ier, p. 291; thermidor an VI.) Cabanis, dans son mémoire intitulé *Histoire physiologique des sensations*, § v, a substitué sur ce point, dans l'ouvrage imprimé, une phrase nouvelle à celle du mémoire primitif. (Voir les *Mémoires de l'Institut*, t. Ier, p. 124.)

donc de n'avoir connu et étudié que les sensations externes ; c'est d'avoir cru qu'il suffit de combiner ces sensations tout adventices, pour en former des pensées. Il n'a pas vu une autre source plus profonde, plus intime, permanente et continue, qui exerce une influence invisible, mais invincible, sur la formation de nos idées, en influant en même temps sur nos humeurs et notre caractère : c'est la sensibilité organique, celle qui est mêlée à tout le corps, attachée aux viscères, aux sécrétions, en un mot à la source de la vitalité elle-même.

Sans doute il n'y a pas lieu d'espérer que l'on puisse analyser, décomposer, classer ces impressions internes comme Condillac l'a fait pour les impressions externes : car chaque sens extérieur a ses sensations propres, tandis que nous ne savons pas quelles sont les impressions particulières attachées aux organes de la nutrition, par exemple au foie, à la rate, à l'estomac : et cela nous serait d'autant plus difficile que nous n'avons guère, hors le cas de maladie, qu'une conscience très confuse de ces impressions, ou même, pour la plupart du temps, nulle conscience. Mais ce qui nous autorise à supposer que ces impressions exercent à l'origine une certaine action sur les centres cérébraux, c'est que, même dans l'état actuel, nous voyons les organes internes, suivant leurs diverses dispositions, exercer leur influence sur l'organe cérébral, et par conséquent sur la pensée ; c'est ce que démontre la pathologie, et même l'observation vulgaire. On sait que la folie a très souvent son origine dans les troubles des organes intestinaux. Les troubles, et même les révolutions naturelles qui ont lieu dans les organes de la génération, ont également leur retentissement dans la pensée et surtout dans l'imagination ; on sait leur influence sur les rêves ; il en est de même de la nutrition : les phénomènes du cauchemar en sont un des effets les plus saillants. De même l'action des narcotiques, des liqueurs fortes sur l'esprit, est des moins contestables ; or, ces agents n'affectent directement que l'estomac et les intestins. Enfin l'état général de l'organisation donne naissance au sentiment fondamental de l'existence et à ces états de bien-être et de malaise vagues et diffus qui constituent notre humeur, qui interviennent dans le développement de notre intelligence, soit pour en faciliter, soit pour en contrarier le cours.

En conséquence, la philosophie de Condillac est insuffisante en ce qu'il a considéré seulement la sensibilité externe, les sens proprement dits. Il a complètement négligé, omis une autre partie de la sensibilité, non moins importante et supposée par l'autre, à savoir la sensibilité interne ou vitale, et toutes les impressions et déterminations qui en dérivent.

On voit quelle est l'importance de cette première modification introduite par Cabanis dans la doctrine condillacienne. Elle est beaucoup plus grave et plus profonde que celle de Destutt de Tracy, qui cependant avait aussi une sérieuse valeur. Celui-ci avait signalé l'importance du phénomène de mouvement dans la formation de nos perceptions. Il avait fait remarquer que, sans le mouvement, et surtout sans le mouvement voulu, et enfin sans le mouvement empêché, il n'y aurait pas de notion du monde extérieur. Cette part faite au mouvement dans la perception extérieure est une vue notable, et les psychologues anglais contemporains, par exemple M. Bain, lui attribuent avec raison une haute valeur. Ils ont seulement le tort d'ignorer, avec beaucoup d'autres choses, que cette vue appartient en propre à la psychologie française, et en particulier à Destutt de Tracy et à Maine de Biran. Ce fut là, évidemment, un progrès des plus sérieux dans la philosophie de Condillac. Néanmoins cette réforme ne portait que sur un point spécial. Au contraire, la réforme de Cabanis renouvelait et transformait le Condillacisme de tous points. Il creusait plus avant que les idéologues, et au-dessous de la sensibilité externe il dégageait la sensibilité interne, qui est la base de l'autre et qui cependant en est distincte. Locke, Condillac, Hume, enfin presque tous les philosophes du xviiie siècle, n'avaient considéré l'homme que du dehors. Ils avaient fait abstraction de l'homme interne, j'entends de l'organisation interne, comme ne comptant pas dans la vie morale. Ceux mêmes qui avaient essayé de faire la part du physique dans l'homme, comme Ch. Bonnet et Hartley, n'avaient vu dans le physique, comme Descartes lui-même, qu'un mécanisme d'automate, qu'ils démontaient artificiellement comme Condillac sa statue ; aucun d'eux n'avait signalé avec l'attention qu'il mérite le fait capital de la sensibilité vitale. Pour retrouver l'origine de cette vue, il faudrait consulter les médecins et les physiologistes du xviii° siècle, les Stahl, les Bordeu, les Haller, et parmi les philosophes Diderot et Maupertuis ; mais ce n'est pas ici le lieu de se livrer à cette recherche. Contentons-nous de dire que, d'après ce principe qu'une idée en philosophie appartient à celui qui en a le premier une conscience distincte et qui en a vu les conséquences, c'est Cabanis qu'il faut considérer comme ayant introduit en psychologie le principe des sensations internes ou organiques ; et ici encore, les psychologues anglais de nos jours qui, dans leur analyse des sensations, partent de la sensibilité interne, ignorent que c'est là aussi une vue de la psychologie française. Non seulement, dans cet ordre de recherches, les Anglais ne dépassent pas Cabanis, mais ils sont loin de l'avoir égalé pour la profondeur et la précision.

Si c'était ici le lieu, nous aimerions à montrer comment la psychologie profonde de Maine de Biran se rattache à cette double racine, d'une part à Destutt de Tracy et de l'autre à Cabanis. C'est à Tracy que Biran doit son grand principe de l'effort volontaire, d'où il a tiré des conséquences si importantes que Tracy n'avait pas pressenties ; c'est à Cabanis que Biran doit sa théorie de la « vie affective », comme il l'appelle, c'est-à-dire de cette sensibilité sourde et diffuse, contemporaine de la vie, antérieure et étrangère au moi, et dont le siège est dans les organes internes. Le développement simultané de ces deux vues l'a conduit à une théorie nouvelle de l'*homo duplex,* qui, venue du Condillacisme et du sensualisme, a été le renouvellement du spiritualisme dans la philosophie française, tant il est vrai que les contraires naissent des contraires, comme le disait Platon, et comme Hegel l'a dit après lui.

Non seulement Cabanis, en opposant à Condillac le principe de la sensibilité interne, modifiait d'une manière grave le système de ce philosophe, mais de ce principe il tirait des conséquences qui allaient jusqu'au renversement total du système. C'est ici que nous touchons le point où la philosophie de Cabanis va se rencontrer avec celle de Schopenhauer.

L'une de ces conséquences les plus importantes, c'est que l'enfant, au moment de ce qu'on appelle la naissance, n'est pas une « table rase ». Nous sommes ici en présence d'une forme toute nouvelle de la doctrine de l'innéité. Il ne s'agit point sans doute d'une innéité absolue, métaphysique en quelque sorte, plongeant dans les profondeurs de la substance; il s'agit d'une innéité toute relative, mais que l'on peut faire remonter aussi haut que l'on voudra. Lorsqu'on dit que toutes nos idées viennent de l'expérience, de quelle expérience veut-on parler et à quel moment prend-on cette expérience? Est-ce au moment de la naissance? Est-ce que l'enfant qui vient de naître est une table rase? N'a-t-il rien senti avant de recevoir l'impression du milieu externe? Était-il donc une statue jusque-là? Non, sans doute.; avant ce que nous appelons naissance, c'est-à-dire avant son apparition dans le milieu externe, il avait déjà senti. Mais jusqu'où remontera-t-on? A quel moment précis pourra-t-on soutenir que le fœtus, que l'embryon cesse d'être une table rase, mais qu'il l'était auparavant? On voit combien la théorie de la statue est incapable de répondre à de pareilles questions. Cabanis, par ses habitudes de médecin, devait être conduit à considérer l'homme d'une manière plus concrète et aborder des questions dont Condillac ne s'est pas douté. Il jetait ainsi les bases de ce que l'on peut appeler la psychologie intra-utérine [1].

---

[1]. On parle aujourd'hui de psychologie cellulaire (Hœkel): c'est remonter bien plus haut; mais l'une conduit à l'autre, car on ne sait où s'arrêter.

Le fœtus a-t-il des sensations externes ? C'est le premier point à décider. Cabanis incline à penser que, même avant la naissance, il doit y avoir déjà quelque impression des corps extérieurs : ce qui le prouve, selon lui, c'est le mouvement, qui est inséparable, dit-il, de la notion de résistance : tout au moins le fœtus doit-il sentir le poids et la résistance de ses propres membres, car aucun mouvement n'a lieu sans résistance des muscles et probablement sans quelque sensation correspondante. Il est probable aussi qu'il y a quelque sensation de température, ce dont on pourrait d'ailleurs s'assurer en appliquant un corps très froid sur le ventre de la mère. Mais s'il peut y avoir des doutes sur la sensibilité externe du fœtus, il n'y en a pas sur la sensibilité interne des organes vitaux, et de plus il y a sympathie avec la sensibilité maternelle. La sensibilité, en un mot, se confond, pour Cabanis, avec les origines mêmes de la vie : « Vivre, c'est sentir. » Le sentiment est essentiellement lié au mouvement, et peut-être même, dit-il, ces deux phénomènes n'en sont-ils au fond qu'un seul : « Sans doute, dit-il, les sensations et les impressions dépendent de causes situées hors des nerfs qui les reçoivent; il y a toujours un instant rapide comme l'éclair où leur cause agit sur les nerfs sans qu'aucune espèce de mouvement s'y passe encore ; on peut donc distinguer la faculté de sentir de la faculté de se mouvoir. Nous ne devons pourtant pas nous dissimuler que cette distinction pourrait bien disparaître dans une analyse plus sévère, et qu'ainsi la sensibilité se rattache peut-être par quelques points essentiels aux causes et aux lois du mouvement, source générale et féconde de tous les phénomènes de l'univers. » Ici encore nous avons à signaler dans Cabanis une des vues présentées par les écoles contemporaines comme une des plus avancées de la science philosophique, à savoir que le sentiment et le mouvement ne sont qu'un seul phénomène considéré sous deux points de vue différents.

Dans l'état actuel de nos connaissances, cette réduction est impossible. Néanmoins ces deux faits, distincts pour l'analyse, sont inséparables en réalité. Toute sensation détermine un mouvement; toute sensation continue doit amener des mouvements continus, qui deviennent de plus en plus faciles à force d'être répétés, et laissent après eux des tendances à les reproduire, en un mot des habitudes, des appétits et, pour dire le vrai mot, « des instincts ».

Condillac avait ramené tous les mouvements et toutes les actions de l'homme à l'expérience réfléchie. Cabanis fait, au contraire, la part de l'instinct. Il y a sans doute des mouvements combinés, réfléchis, calculés, fondés sur l'expérience et dont l'origine est dans les sens externes. Mais il y a aussi d'autres mouvements dont l'origine est dans les sens internes. Or, comme le caractère des sensations internes est d'être accompagnées d'une conscience obscure, confuse, incertaine, et bien souvent, nous le verrons tout à l'heure, d'être sans conscience, il s'ensuit que les déterminations attachées aux sensations internes sont elles-mêmes des « déterminations sans conscience »; les premières sont volontaires, les secondes sont dites « instinctives ».

De là deux principes d'action dont l'un avait été absolument méconnu par Condillac, l'instinct, qui est antérieur à l'autre, qui est la base de l'autre. Son origine se perd dans l'origine même de la vie. Cabanis abonde en exemples pour montrer que le fœtus, avant la naissance, a déjà contracté des habitudes, des instincts, des appétits, que ces habitudes ne peuvent s'expliquer par l'expérience puisqu'elles anticipent souvent sur ce qui sera plus tard, et que l'on voit les animaux chercher à se servir des organes qu'ils n'ont pas encore, travailler pour des petits qu'ils ne connaissent pas et qu'ils ne connaîtront peut-être jamais; enfin ils anticipent même sur l'expérience externe, puisque le petit poussin picote des grains à distance sans se tromper, au moment même où il sort de sa coque.

Cette restauration de l'élément instinctif dans la doctrine de Condillac est un fait de la plus haute importance : c'est une sorte de retour à l'innéité, car il n'y a pas proportion ici entre la cause et l'effet, entre une sensation vague et obscure et un mouvement approprié. On pourrait pousser plus loin la question et se demander s'il n'y a pas là une véritable spontanéité, si la sensation ne serait pas seulement la cause occasionnelle et excitatrice, au lieu d'être la cause totale du mouvement, et enfin même si le mouvement, au lieu d'être déterminé par la sensation, n'en serait pas seulement suivi ou accompagné ; enfin si ces deux phénomènes ne seraient pas deux signes corrélatifs, mais indépendants de l'activité vitale. Telle serait la doctrine que pourraient autoriser les principes de Cabanis ; mais celui-ci, toujours fidèle au fond, même en la combattant, à la doctrine de Condillac, persiste à voir dans la sensibilité l'antécédent nécessaire du mouvement.

Mais qu'entend-il par sensibilité ? Nous voyons paraître ici une doctrine très chère aux physiologistes contemporains et aux derniers philosophes allemands : c'est la doctrine d'une sensibilité non sentie ou, comme nous dirions aujourd'hui, « inconsciente ». Plusieurs philosophes et surtout plusieurs physiologistes, dit Cabanis, ne reconnaissent de sensibilité que là où se manifeste nettement la conscience des impressions : cette conscience est, à leurs yeux, le caractère exclusif et distinctif de la sensibilité. Cependant, ajoute-t-il, rien n'est plus contraire aux faits physiologiques bien appréciés. » A l'appui de cette thèse, Cabanis cite les faits suivants : la possibilité d'exciter encore les nerfs et les muscles après leur séparation d'avec le centre nerveux, soit par la ligature, soit par l'amputation, soit par la mort ; l'action continue et incontestable de la circulation, de la digestion, de l'absorption sur notre humeur, nos idées et nos affections. Ne serait-ce pas là, dira-t-on, une question de mots? Ce que vous appelez ici sensibilité ne serait-il pas simplement ce que d'autres appellent excitabilité, *irritabilité?* « Non, répond Cabanis, et voici la différence. L'irritabilité est la faculté de contraction qui paraît inhérente à la fibre musculaire [1]. Mais dans

---

[1]. Ici Cabanis confond l'*irritabilité* avec la *contractilité*, qui est une propriété particulière au système musculaire. Mais nous ne voyons pas pourquoi on ne

les mouvements organiques coordonnés, il y a plus que cela. » Or, il en est plusieurs de ce genre qui sont déterminés par des impressions dont l'individu n'a nullement conscience, et qui le plus souvent se dérobent eux-mêmes à son observation; et cependant, comme les mouvements volontaires et conscients, « ils cessent avec la vie; ils cessent quand l'organe n'a plus de communication avec les centres; ils cessent, en un mot, avec la sensibilité. » Ainsi le caractère propre de la sensibilité, c'est de donner naissance non pas à des réactions mécaniques, mais à des mouvements « coordonnés et appropriés ». C'est là ce qui peut avoir lieu sans conscience. Maintenant s'il peut y avoir sensibilité sans conscience dans le système général rattaché au centre principal, c'est-à-dire à l'encéphale, pourquoi n'y en aurait-il pas également dans les systèmes subordonnés se rattachant aux centres inférieurs? Pourquoi un animal que nous considérons comme une unité, parce que nous ne voyons que le moi central, ne serait-il pas un ensemble de systèmes coordonnés et subordonnés, ayant chacun sa sensibilité propre? Par conséquent, au-dessous de la sensibilité générale qui anime l'organisme entier, on peut admettre qu'il y a une sensibilité locale inférieure qui anime les différentes régions de l'organisme. On le voit, la doctrine, de plus en plus répandue dans la physiologie contemporaine, de la féodalité organique, soit qu'on y voie, avec Hartmann, la série des degrés de l'inconscient, soit qu'avec d'autres on admette une hiérarchie de sous-consciences, un emboîtement de petits moi, enveloppés les uns dans les autres à l'infini, une telle doctrine, qui avait déjà sa source dans Leibniz et qui, bien loin d'être l'introduction du matérialisme dans la psychologie, est au contraire la revanche du spiritualisme sur la physiologie, nous la trouvons en termes explicites dans Cabanis,

donnerait pas le nom d'irritabilité à la faculté, soit générale, soit locale, de réagir contre les impressions externes, et pourquoi on ne réserverait pas le nom de sensibilité à la faculté de jouir et de souffrir avec conscience; car autrement, comment appellera-t-on cette dernière faculté? (Voir plus haut, tome 1er, livre II, leçon 1re.)

et c'est là que Schopenhauer a pu trouver l'une des origines de son système. Voyez, en effet, l'analogie, non seulement dans la pensée, mais dans les termes, que présentent les passages suivants avec la doctrine du philosophe allemand. « Il faut considérer le système nerveux comme susceptible de se diviser en plusieurs systèmes partiels inférieurs qui ont tous leur centre de gravité... Peut-être, comme l'imaginait Van Helmont, se forme-t-il dans chaque système et dans chaque sens une *espèce de moi partiel,* relatif aux impressions dont ce centre est le rendez-vous... Nous ne pouvons nous faire une idée nette et précise de ces *volontés partielles...* Nous sommes donc portés à considérer *chaque centre* comme *une espèce de moi véritable.* »

Cabanis ne s'arrête pas encore à cette supposition des moi partiels, des volontés partielles ; il s'élève jusqu'à la conception de la cause générale des phénomènes vitaux, et il la cherche dans un principe qui embrasserait à la fois tous les phénomènes de la nature. Il soupçonne qu'il y a « quelque analogie entre la sensibilité animale, l'instinct des plantes, les affinités électives et la simple attraction gravitante » ; et dans tous ces phénomènes il voit un fait commun, « la tendance des corps les uns vers les autres ». Mais quelle est la source à laquelle on doit rapporter l'origine de cette tendance? Cabanis, entraîné par les idées favorites de son siècle, et séduit par les merveilles alors tout récemment dévoilées par Volta et Galvani, est porté à croire que l'agent universel dont les phénomènes de l'univers seraient la manifestation, est l'électricité. Mais ce n'est encore là que l'apparence ; c'est langage de physicien ; le métaphysicien et le philosophe s'élèvent plus haut. Lui, le prétendu apôtre du matérialisme, c'est à l'esprit, c'est à ce qu'il y a de plus élevé dans la nature qu'il demande le secret du véritable fond des choses : « Est-il permis, dit-il, de pousser plus loin les conséquences? Les affinités végétales, les attractions chimiques, cette tendance elle-même de toute matière vers le centre, tous ces actes divers ont-ils lieu par une sorte d'*ins-*

tinct universel inhérent à toutes les parties de la matière?... Et cet instinct lui-même, en se développant de plus en plus, ne peut-il pas s'élever jusqu'aux merveilles les plus admirées de l'intelligence et du sentiment? *Est-ce par la sensibilité qu'on expliquera les autres attractions, ou par la gravitation qu'on expliquera la sensibilité* et les tendances intermédiaires? Voici ce que, dans l'état actuel des connaissances, il est impossible de prévoir. Mais si l'on est un jour en état de réduire le système entier à une cause commune, il est vraisemblable qu'on y sera conduit plutôt *par l'étude des résultats les plus complets, les plus frappants, que par celle des plus bornés et des plus obscurs :* car ce n'est pas ici le lieu de commencer par le simple pour aller au composé. Et n'est-il pas d'ailleurs naturel de penser que les *opérations dont nous pouvons observer en nous-mêmes le caractère et l'enchaînement sont plus propres à jeter du jour* sur celles qui s'exécutent loin de nous, que ces dernières à nous faire mieux analyser ce que nous faisons et sentons à chaque instant? »

Cette page capitale contient en germe toute la philosophie de Schopenhauer, avec cette seule différence que Cabanis appelle sensibilité ce que celui-ci appelle volonté : encore ce terme même ne fait-il pas défaut, puisque nous avons vu plus haut qu'il parlait de « volontés partielles » attachées aux centres inférieurs; et, comme il dit lui-même ailleurs « que le moi réside surtout dans la volonté », il ne se fût pas sans doute refusé à appeler volonté le principe d'action qui anime les moi partiels résidant dans les organes subordonnés.

Lorsqu'on réfléchit sur cette doctrine par laquelle se termine le livre sur les *Rapports du physique et du moral,* on est moins étonné de la prétendue contradiction que l'on a cru voir entre cet ouvrage et la *Lettre à Fauriel sur les causes premières;* de même que, dans les *Rapports,* Cabanis a fini par s'élever au-dessus du matérialisme, de même, dans la lettre à Fauriel, il s'élève au-dessus de l'athéisme de Lalande et de Naigeon; il prend décidément parti pour la finalité dans la nature, et par là encore sa philosophie a pu avoir quelque influence sur celle de Schopenhauer.

II

Bichat appartient surtout à l'histoire des sciences comme fondateur de l'anatomie générale : c'est le titre que lui donne Claude Bernard. C'est lui qui a eu l'idée de pénétrer, dans l'étude du corps vivant, au delà de ces composés apparents que l'on appelle les organes, pour rechercher les propriétés de l'étoffe même dont ces organes sont formés et qui porte le nom de *membranes* ou de *tissus*. « Ce qui caractérise l'œuvre scientifique de Bichat, dit Claude Bernard, c'est d'avoir étudié avec soin les propriétés de chacun de ces tissus et d'y avoir localisé un phénomène vital élémentaire. Chaque tissu élémentaire représentait une fonction particulière. Toutes les propriétés vitales étaient ramenées à des tissus, et c'était une révolution analogue à celle que Lavoisier venait d'opérer quelques années auparavant dans l'étude des corps inorganiques. »

Ce n'est pas à ce point de vue que nous avons à considérer Bichat. Ce qui nous intéresse et ce qui lui confère un rang distingué dans l'histoire de la philosophie, c'est son célèbre ouvrage sur *la Vie et la Mort*, si plein de vues originales et profondes et écrit avec une méthode et une clarté supérieures. Le besoin de précision que son esprit éprouvait au plus haut degré le porte quelquefois à des distinctions trop accusées, qui ne laissent point assez de place aux phénomènes intermédiaires. Mais, dans des matières si délicates et si complexes, on jouit tellement d'être conduit comme par la main, en suivant un génie si lumineux et si méthodique, qu'on se reprocherait de signaler l'excès d'une qualité qui est le trait caractéristique de l'esprit français.

On connaît la définition célèbre que Bichat a donnée de la vie : c'est, dit-il, « l'ensemble des fonctions qui résistent à la mort ». Cette définition semble, au premier abord, une tautologie, car elle ne paraît dire autre chose que ceci : c'est que la vie est le contraire de la mort, tandis que la mort à son tour ne nous est connue que comme le contraire de la vie. Mais ce serait se méprendre que de réduire la pensée de Bichat à des termes si frivoles. Claude Bernard lui donnait un sens bien plus sérieux, qui était le véritable, en disant qu'elle pouvait se traduire en ces termes : « La vie est l'ensemble des propriétés *vitales* qui résistent aux propriétés *physiques*. » Ce que Bichat voulait exprimer, c'était l'antagonisme de la vie et du milieu inorganique. Tout ce qui entoure les corps vivants, disait-il, tend à les détruire, et ils succomberaient nécessairement s'ils n'avaient en eux « un principe de réaction »; ce principe, c'est la vie. Il y a constamment action et réaction alternative du corps environnant et du corps vivant, et les proportions de cette alternative varient avec l'âge. Dans l'enfance, c'est le principe de vie qui surabonde; dans l'adulte, l'équation s'établit; la faculté de réaction s'affaiblit sans cesse dans le vieillard; lorsqu'elle cesse tout à fait, la vie cesse avec elle, et c'est ce qu'on appelle la mort. « On dit que Prométhée, ayant formé quelques statues d'hommes, déroba le feu du ciel pour les animer. Ce feu est l'emblème des propriétés vitales : tant qu'il brûle, la vie se soutient; elle s'anéantit quand il s'éteint. »

On voit que Bichat défendait cet ordre d'idées que l'on appelle le *vitalisme*. Il ne définissait pas sans doute le principe de la vie; il n'en faisait pas, comme Barthez ou comme Stahl, un principe immatériel; il semblait plutôt l'attacher aux tissus organiques comme une propriété ou un attribut; enfin il soutenait cette sorte de vitalisme qui a régné longtemps dans l'école de Paris sous le nom d'« organicisme »; néanmoins il établissait, comme on l'a vu, une opposition radicale entre les propriétés vitales et les propriétés physiques; il paraissait croire à des forces spéciales suspendant l'action des forces inorganiques. Claude Bernard, qui lui-même oscille assez souvent sur ces questions de principe, a combattu l'antagonisme de Bichat. La vie, disait-il, est une combustion ; et la combustion n'est au fond qu'un phénomène chimique. Les propriétés vitales, bien loin de faire équilibre aux propriétés physiques et chimiques et d'en suspendre l'action, sont, au contraire, d'autant plus actives que celles-ci le sont plus elles-mêmes. Cependant, lorsqu'à son tour Claude Bernard définissait la vie « une création », ne signalait-il pas un trait bien nouveau et bien original qui manque à la matière brute? Le symbole de la vie, dit-il, c'est « un flambeau qui se rallume lui-même ». Mais cela même, n'est-ce rien? et où trouver quelque chose de semblable dans la matière inerte? N'y a-t-il pas là quelque chose qui résiste à la mort, et qui serait le *quid proprium* de la vie, selon l'expression même de Claude Bernard? Quoi qu'il en soit, nous en avons dit assez pour faire comprendre que la définition de Bichat est loin d'être une tautologie, et qu'elle touche aux points les plus profonds de la philosophie physiologique.

Au reste, ce n'est pas par sa théorie générale de la nature de la vie que Bichat a marqué sa trace, car il ne fait que suivre en ce point les traces de Bordeu et de Barthez ; c'est surtout par sa théorie de deux vies : la vie *organique* et la vie *animale,* celle-ci commune au végétal et à l'animal, celle-là propre à l'animal seul; l'une tout intérieure, l'autre extérieure; l'une bornée aux fonctions de nutrition et de reproduction, l'autre résidant surtout dans les fonctions de relation. Le végétal, dit-il, est comme « l'ébauche et le canevas » de l'animal. Il suffit, pour le transformer en animal, de le revêtir d'appareils extérieurs propres à établir des relations avec le dehors. En acquérant une vie supérieure, l'animal ne renonce pas à la vie du végétal; il réunit en lui-même les deux vies. De là un dualisme que Maine de Biran a souvent invoqué et dont il est parti pour pousser plus loin, en distinguant également deux vies en psychologie : la vie *animale* et la vie *humaine.*

Les deux vies, selon Bichat, se décomposent à leur tour

chacune en deux ordres de fonctions. Dans la vie animale, par exemple, il y a celles qui vont de l'extérieur au cerveau, et celles qui vont du cerveau à l'extérieur, c'est-à-dire aux organes de la locomotion et de la voix. Dans le premier cas l'animal est passif, dans le second il est actif. Une proportion exacte règle ces deux ordres de fonctions : la vivacité du sentiment entraîne la vivacité du mouvement; la lenteur et l'engourdissement des sensations ont pour conséquence la suspension du mouvement : c'est ce qu'on voit dans le sommeil et chez les animaux hibernants. Il en est de même de la vie organique; là aussi deux sortes de fonctions et deux mouvements en sens inverse : « l'un compose, l'autre décompose, » assimilation et désassimilation; d'une part, l'animal s'agrège les matières externes nécessaires à la conservation de son être; de l'autre, il restitue au dehors les substances devenues hétérogènes à son organisation. Parmi les fonctions assimilatrices, les principales sont la nutrition et la respiration; les fonctions de désassimilation sont : l'absorption, l'exhalation et la sécrétion. La circulation sert de passage entre les deux; « le système sanguin est un système moyen, centre de la vie organique, comme le cerveau est le centre de la vie animale. » Mais il n'y a pas ici entre les deux ordres de fonctions la même proportion qu'entre les deux fonctions de la vie animale; l'affaiblissement dans les fonctions nutritives n'a pas pour effet seulement de suspendre le progrès de la fonction excrétive : au contraire, l'animal meurt s'il ne répare pas ses pertes.

Bichat compare ensuite les deux vies, soit par rapport aux organes, soit par rapport aux fonctions. Quant aux organes, le caractère essentiel de la vie animale, c'est la symétrie; et celui de la vie organique, l'irrégularité. Voyez en effet : les organes des sens sont doubles : deux yeux, deux oreilles, deux narines; l'organe du goût lui-même est divisé par une ligne médiane qui le sépare en deux parties semblables ou égales de part et d'autre; il en est de même du toucher. Le cerveau est également double : il est partagé en deux hémisphères qui se suppléent mutuellement. Les parties paires sont semblables de part et d'autre; les parties impaires sont symétriquement partagées par une ligne médiane, qui quelquefois même est visible, comme dans le corps calleux; même règle pour les nerfs moteurs; pour les muscles volontaires, pour les nerfs de la voix. Au contraire, dans la vie organique les organes et le système nerveux offrent le caractère de l'irrégularité : par exemple, l'estomac, les intestins, la rate, le cœur, les gros vaisseaux, et les organes de l'exhalation et de l'absorption. Il n'y a d'exception que pour les organes de la respiration, car il y a deux poumons et deux appareils respiratoires symétriques; cependant là même il y a encore de grandes différences entre les deux poumons pour leur diamètre et leur direction. L'un a trois lobes, l'autre n'en a que deux; de même, les deux branches de l'artère pulmonaire ne se ressemblent ni par leur trajet ni par leur diamètre. Ainsi la vie animale est double : il y a une vie droite et une vie gauche; elles peuvent se suppléer réciproquement; c'est ce qui a lieu dans les hémiplégies. Au contraire, la vie organique forme un système unique, où les fonctions ne peuvent s'interrompre d'un côté sans cesser de l'autre; si les organes de gauche cessent leurs fonctions, ceux de droite sont interrompus; il n'y a d'exception que pour les poumons et pour les reins, qui peuvent se suppléer réciproquement. De la loi précédente résulte cette conséquence qu'il y a bien plus souvent des écarts de conformation dans les organes de la vie organique que dans ceux de la vie animale; ces écarts peuvent aller jusqu'à un bouleversement général du système.

Si des organes nous passons aux fonctions, nous trouvons que le caractère des fonctions animales est l'harmonie, et celui des fonctions organiques la discordance. L'harmonie tient à la dualité et à la ressemblance des organes; plus les organes sont semblables, plus les fonctions sont harmoniques : lorsque les deux yeux ont une conformation différente, la vue est altérée; si l'un est fort et l'autre faible, l'un cesse de regarder : de là le strabisme. De même pour l'oreille ; le défaut de justesse vient de ce que les deux oreilles ne transmettent pas la même sensation. C'est ce que Buffon avait déjà remarqué. Bichat applique la même observation aux autres sens : l'inégalité d'action des deux narines donne des odeurs confuses ; c'est ce qui a lieu dans le coryza, lorsqu'il n'affecte qu'une narine. Il est probable qu'il en serait de même pour le goût si la langue était plus obtuse d'un côté que de l'autre. Un aveugle qui aurait une main immobile et une autre bien organisée aurait difficilement, à ce qu'il semble, des notions distinctes de grandeur, de situation et de formes : en effet, si une des deux mains lui donnait la sensation d'un corps sphérique, et l'autre d'un corps irrégulier, ces deux sensations se réduiraient à une sensation confuse. La voix est assujettie à la même loi. La voix fausse, qui peut se joindre à une oreille juste, tient au défaut d'harmonie des deux parties du larynx.

Même principe, selon Bichat, pour les sens internes. Si les deux hémisphères du cerveau ne sont pas parfaitement semblables, il doit y avoir confusion dans les idées ; ce sont, en effet, deux esprits différents qui pensent à la fois et se confondent en un seul. Si la mémoire nous rappelle une image dans un des deux hémisphères et que l'autre nous en représente une autre, le souvenir peut-il être exact ? La perfection de la fonction tient donc à la similitude des organes et à leur identité d'action. Ainsi ce que l'on appelle la justesse de l'esprit ne serait que l'harmonie d'action entre les deux cerveaux : « Que de nuances dans les opérations de l'entendement ? Ces nuances ne correspondent-elles pas à autant de variétés dans le rapport des forces des deux moitiés du cerveau ? Si nous pouvions loucher de cet organe comme des yeux, et n'employer qu'un seul côté du cerveau, nous serions maîtres alors de la justesse de nos opérations intellectuelles ; mais une semblable faculté n'existe pas. » C'est par la même hypothèse que Bichat explique ce fait, qu'il paraît considérer comme exact, à savoir qu'un coup porté sur une des régions latérales de la tête a rétabli l'équilibre des fonctions détruit par un autre coup dans la région opposée.

Il est cependant une objection à la théorie précédente : c'est la supériorité d'action dans les parties du côté droit sur celles du côté gauche du corps. Mais il faut distinguer la force et l'agilité : la première vient de l'organisation; la seconde, de l'exercice et de l'habitude. Or, c'est par l'agilité seulement que la droite l'emporte sur la gauche. On voit que Bichat explique par l'habitude cette singulière supériorité de la droite sur la gauche. Il paraît croire qu'il y a eu convention. On est convenu, dit-il, d'écrire de gauche à droite : on a dû prendre par là l'habitude de lire dans le même sens, et de là aussi l'habitude de considérer tous les objets de la même manière. La même règle s'est appliquée à tous les mouvements. Comment combattrait-on avec ensemble, comment marcherait-on avec mesure et harmonie, si une convention générale n'avait établi un certain ordre de mouvement? Ces considérations sont ingénieuses, mais elles n'expliquent pas comment il se fait que c'est le même ordre de mouvements qui a été convenu chez tous les peuples. Il doit donc y avoir là quelque chose de naturel.

Si l'harmonie est le caractère de la vie animale, la discordance est celui de la vie organique. Dans cet ordre de phénomènes, l'inégalité d'action des deux parties n'altère pas la fonction : elles se cumulent et ne se troublent pas. Qu'un poumon respire mieux que l'autre, les deux actions réunies n'en exécutent pas moins la fonction : il s'agit, bien entendu, non pas des cas de maladie, mais d'une simple inégalité normale : il s'établit entre les deux actions une résultante, qui est la même que si on ôtait à l'une des parties ce qu'elle a eu en plus pour la donner à l'autre. Cela tient à ce qu'il n'y a ici qu'une question de quantité, tandis que, dans les fonctions animales, il y a une question de qualité. Bichat signale encore d'autres différences, mais plus contestables, entre la vie organique et la vie animale. Par exemple, il soutient que les fonctions organiques sont continues, et les fonctions animales intermittentes. Il cite comme exemples, d'un côté la circulation, la respiration, l'absorption, la sécrétion; de l'autre, le sommeil. Mais ne peut-on pas opposer d'un côté la digestion, de l'autre les fonctions du cerveau, et même des sens (du toucher par exemple), de la fonction motrice? Bichat distingue, il est vrai, entre la rémittence et l'intermittence : l'une ne porte que sur l'intensité de la fonction, l'autre sur la fonction même; mais dans la digestion il y a plus que rémittence, il y a véritablement interruption et reprise de fonction, et par conséquent intermittence : réciproquement, on peut soutenir que les facultés sensitives et motrices ne sont jamais complètement interrompues. Il y a donc ici un certain excès dans la séparation des deux vies.

Une autre loi signalée par Bichat, c'est que l'habitude exerce son empire sur les fonctions animales, tandis que son influence est presque nulle sur les fonctions organiques. C'est Bichat qui a énoncé le premier cette loi que l'on attribue d'ordinaire à Maine de Biran[1] : « L'habitude émousse le sentiment et perfectionne le jugement; » loi qu'Hamilton a résumée depuis en ces termes : « La perception est en raison inverse de la sensation. » Dans ce chapitre sur l'habitude, Bichat fait preuve d'une grande finesse psychologique et fournit des données intéressantes à l'analyse des phénomènes internes. Par exemple, il remarque que le plaisir et la douleur naissent surtout de la comparaison de chaque état avec l'état qui précède : plus il y a de différence entre deux états consécutifs, plus le sentiment est vif. Il s'ensuit que plus les sensations se répètent en se prolongeant, moins elles font d'impression sur nous : « Il est donc de la nature du plaisir et de la peine de se détruire d'eux-mêmes, et de cesser d'être parce qu'ils ont été. » Faut-il conclure que la constance n'est qu'un rêve, et que le bonheur est dans l'inconstance? Bichat ne sait trop que répondre à l'objection, et

---

1. L'ouvrage de Bichat est de 1800. Le mémoire de Maine de Biran sur *l'Habitude* est de 1803; il a été couronné en 1802. Le sujet avait été mis au concours le 15 vendémiaire an VIII, c'est-à-dire en 1799.

il dit vaguement : « Gardons-nous d'employer les principes de la physique à renverser ceux de la morale. » C'est une réponse insuffisante, car il semble que la même loi doive régir le sentiment aussi bien que la sensation, et ce ne serait plus alors que par devoir que l'homme serait tenu à la constance ; la nature s'y opposerait. Mais Bichat n'a pas vu que si l'habitude émousse certains plaisirs, elle en provoque d'autres qui sont ceux de l'habitude elle-même. Le René de Chateaubriand, après avoir cherché le bonheur par toutes les voies, finit par dire qu'il n'est peut-être que dans l'habitude. Ainsi le principe qui dissout nos plaisirs porte avec lui son remède.

Une dernière différence plus profonde encore que les précédentes sépare les deux vies : celle-ci tient à ce que l'on appelle le moral ou l'âme. Or il y a dans l'âme deux parties : la partie intellectuelle et la partie passionnée. Suivant Bichat, la partie intellectuelle se rapporte à la vie animale, et la partie passionnée à la vie organique. C'est ici la théorie capitale de Bichat, et surtout c'est le lien par où sa doctrine se rattache à celle de Schopenhauer.

Sur le premier point, pas de contestation possible : nul doute que l'intelligence n'ait son *substratum* dans le système nerveux, c'est-à-dire dans ce que Bichat appelle la vie animale. Mais c'est le second point qui mérite surtout l'attention. Les passions, suivant Bichat, ont leur siège, non dans le système nerveux cérébral, mais dans le système viscéral, intestinal. C'est ainsi que Platon plaçait également dans les intestins ce qu'il appelait la troisième partie de l'âme, à savoir l'âme appétitive, source des désirs et des colères, τὸ ἐπιθυμητικόν. L'école de Descartes, au contraire, qui plaçait dans le cerveau le siège de l'âme, rattachait au même organe les passions et les pensées[1]. Bichat revient à la pensée de Platon, et place dans les viscères l'origine des passions ; le

---

1. C'est aussi la théorie de Bossuet : « De cette agitation du cerveau et des pensées qui l'accompagnent naissent les passions. » (*Connaissance de Dieu*, ch. III, 11.)

cerveau n'est affecté que sympathiquement. Il est sans doute étonnant, dit-il, que les passions, qui occupent une si grande place dans notre vie intellectuelle et morale, n'aient ni leur terme ni leur origine dans les organes supérieurs du corps humain, mais dans ceux qui sont affectés aux fonctions internes. Et cependant c'est ce que les faits démontrent. L'état des viscères modifie profondément le mode des passions; et réciproquement les passions, dans leurs effets organiques, affectent en particulier les viscères. D'une part, on remarque que l'individu dont l'appareil pulmonaire est très prononcé et dont le système circulatoire jouit de beaucoup d'énergie, en un mot que l'homme à tempérament sanguin, a dans les passions une impétuosité qui le porte à la colère; le tempérament bilieux prédisposerait à l'envie et à la haine, le tempérament lymphatique à la paresse et à la mollesse. De même, dans l'état de maladie, les affections du foie, de l'estomac, de la rate, des intestins et du cœur déterminent une foule de passions diverses.

Mêmes conséquences pour les effets des passions. Elles produisent toujours quelques changements dans la vie organique. La colère accélère la circulation; la joie également, mais avec plus de modération. La crainte agit en sens inverse. Ces affections peuvent produire des syncopes qui vont jusqu'à la mort ou qui laissent après elles des légions organiques; la respiration est également altérée : oppressions, étouffements, sanglots, paroles saccadées; de même encore pour la digestion : vomissements spasmodiques, interruption des fonctions; les sécrétions sont soumises à la même loi : la frayeur donne la jaunisse. Les fonctions assimilatrices ne sont pas moins troublées par les passions : le bonheur nourrit, le chagrin dévore. Ces locutions consacrées, *sécher d'envie, être rongé de remords, être consumé par la tristesse,* n'indiquent-elles pas combien les passions modifient le système nutritif? L'expression des passions est encore une preuve de la même loi : si nous voulons indiquer nos pensées, la main se porte involontairement à la tête; voulons-nous exprimer l'amour, la joie, la tristesse, la haine, c'est sur la région du cœur qu'elle se dirige. On dit une *tête forte,* et un *cœur sensible;* on dit que la fureur circule dans les veines, que la joie fait tressaillir les entrailles, que la jalousie distille son poison dans le cœur. Les passions violentes impriment au lait de la nourrice un caractère nuisible qui peut produire des maladies chez l'enfant.

Cependant, on ne peut nier l'action des passions sur les organes de la vie animale; mais elle ne s'exerce que par sympathie et par l'intermédiaire du cœur. Le cœur agit sur le cerveau, qui donne naissance à des spasmes et à des mouvements involontaires. Dans ce cas, le cerveau n'est que passif, au lieu qu'il est actif dans les mouvements volontaires. Mais le cerveau reprend bientôt son empire et remplace les mouvements spasmodiques par les mouvements habituels. Un homme reçoit une lettre qui l'émeut : son front se ride, il pâlit, ses traits s'animent; ce sont des phénomènes sympathiques nés de quelques troubles viscéraux, déterminés par cette passion. Il reprend possession de lui-même, son extérieur rentre dans l'état habituel; c'est le mouvement volontaire qui l'a emporté sur le sympathique, c'est le cerveau qui réagit contre le viscère.

Revenons maintenant à Schopenhauer et à ses rapports avec Bichat. Lui-même résume sa propre doctrine dans cette proposition fondamentale : « Ce qui, subjectivement et au point de vue de la conscience, est intellect, se manifeste objectivement comme cerveau; ce qui subjectivement et au point de vue de la conscience est volonté, se manifeste extérieurement comme organisme tout entier[1]. » C'est lui-même encore qui nous dit que cette doctrine n'est autre que celle de Bichat. Ces deux théories se soutiennent mutuellement l'une l'autre : c'est la même pensée exprimée d'une part au point de vue physiologique, et de l'autre au point de vue philosophique; elles sont « le commentaire » l'une de l'autre. Ce

---

1. Schopenhauer, *die Welt als Wille,* tome II (*Ergänzungen*), cap. 20.

que Bichat appelle opposition de la vie animale et de la vie organique, c'est, dit Schopenhauer, ce que j'appelle opposition de l'intellect et de la volonté. Il est vrai que Bichat lui-même rapporte la volonté à la vie animale, mais il faut considérer les choses et non les mots. Bichat prend le mot volonté dans le sens habituel de libre arbitre, d'arbitre conscient, et dans ce sens, en effet, la volonté dépend du cerveau; encore ne faut-il pas voir là une vraie volonté, mais seulement la comparaison et la pondération des motifs; mais ce que j'entends par volonté, poursuit notre auteur, c'est précisément ce que Bichat appelle la vie organique. Les oppositions sont les mêmes de part et d'autre, si ce n'est que l'un, l'anatomiste, part du point de vue objectif, l'autre, le philosophe, du point de vue subjectif : « Et c'est une vraie joie de nous voir tous les deux, comme deux voix dans un duo, marcher d'accord, tout en faisant entendre des paroles différentes. » Schopenhauer ajoute : « Que celui qui veut me comprendre le lise, et que celui qui veut le comprendre mieux qu'il ne se comprenait lui-même, me lise aussi[1]. » Ce que d'ailleurs il trouve de plus intéressant dans Bichat, c'est la théorie que nous venons de résumer et dont il résume lui-même les principaux traits : à savoir que la vie intellectuelle se rapporte à la vie animale, et au contraire la vie passionnée à la vie organique. Enfin, le passage capital que cite Schopenhauer comme étant l'expression même de sa propre philosophie, et que pour cette raison nous avons réservé jusqu'ici, est celui où Bichat trouve dans la vie organique le fondement du « caractère » et le représente par là même comme immuable et inaltérable. Or le caractère est précisément ce que Schopenhauer appelle la volonté. C'est ce fond absolu de l'homme qui échappe à toute action de l'habitude et de l'exercice, car l'habitude agit sur la vie animale et n'agit pas sur la vie organique. Voici le passage de Bichat : « Le caractère est, si je puis m'exprimer ainsi, la

---

1. « Lese, wer mich verstehen will, ihn : und wer ihn gründlicher verstehen will als er sich verstand, lese mich. »

physionomie des passions ; le tempérament est celle des fonctions internes ; or, les unes et les autres étant toujours les mêmes, il est évident que le tempérament et le caractère doivent être soustraits à l'empire de l'éducation. Vouloir dénaturer le caractère, adoucir ou exalter les passions, est une entreprise analogue à celle d'un médecin qui essayerait d'abaisser de quelques degrés et pour toute la vie la force de contraction du cœur, ou de précipiter ou de ralentir le mouvement naturel des artères... Nous dirions que la circulation, la respiration, ne sont point sous l'empire de la volonté. Faisons la même observation à ceux qui croient qu'on change le caractère et par là même les passions, puisque celles-ci sont le produit de l'action de tous les organes internes[1]. »

Après avoir ainsi élevé si haut la doctrine de Bichat, Schopenhauer réfute les objections que, beaucoup plus tard, Flourens a dirigées contre cette doctrine, dans son livre *de la Vie et de l'Intelligence* : « Tout cela, dit Flourens, est complètement faux. — *So? — Sic decrevit Florentius magnus!* » Flourens ne donne pas de raisons, mais il cite des autorités : Descartes et Gall. Descartes, suivant Flourens, est « le philosophe par excellence ». Sans doute ce fut un grand homme, un initiateur[2]. Mais se déclarer Cartésien au XIXe siècle, c'est comme si on se disait Ptoléméen en astronomie, Stahlien en chimie ! Flourens soutient, d'après Descartes, que les « volontés sont des pensées ». Mais que chacun rentre en soi-même, il verra que la volonté et la pensée sont aussi différentes que le blanc et le noir. Selon l'oracle du sieur Flourens, les passions peuvent affecter le cœur, mais elles ont leur siège au cerveau : ainsi elles agissent dans une place, mais elles habitent en une autre. Les choses corporelles ont

---

1. Après avoir cité ce dernier passage, Schopenhauer ajoute : « Que le lecteur familiarisé avec ma philosophie juge de ma joie lorsque les opinions acquises dans un tout autre champ d'étude par cet homme extraordinaire, enlevé trop tôt au monde, apportaient une telle preuve à l'appui des miennes. »
2. *Ein Bahnbrecher*, quelqu'un qui ouvre la voie, qui *brise* les obstacles devant lui. Schopenhauer affectionne cette expression ; il l'a déjà appliquée à Cabanis.

l'habitude de n'agir que là où elles sont; mais avec une âme immatérielle c'est une bien autre affaire! Flourens distingue entre la « place » des passions et leur « siège ». Qu'est-ce que cela peut vouloir dire? L'erreur de M. Flourens et de « son Descartes » est de confondre les motifs du vouloir, qui sont des représentations et qui reposent dans l'intellect, c'est-à-dire dans le cerveau, avec la volonté elle-même, qui n'est autre que les passions. Flourens loue ensuite Gall d'avoir renoué la tradition de Descartes et d'avoir ramené « le moral à l'intellectuel ». Toute ma philosophie, dit Schopenhauer, est la réfutation de cette erreur : « Sans doute, dit-il en terminant, M. Flourens est un homme d'un grand mérite et qui a rendu surtout des services dans la voie expérimentale. Mais les plus importantes vérités ne sont pas celles qui se trouvent par l'expérience, mais par la réflexion et la pénétration. Ainsi Bichat, par ses réflexions et son profond coup d'œil, a découvert une de ces vérités inaccessibles à toutes les expériences de M. Flourens, quand même il martyriserait jusqu'à la mort des centaines d'animaux. »

Quoi qu'en dise Schopenhauer, la doctrine de Bichat sur le siège des passions ne paraît pas avoir été confirmée par la physiologie moderne. Ce n'est pas seulement Flourens, c'est le grand physiologiste allemand Müller qui la contredit : « Aucune passion, dit-il, n'agit directement sur les viscères; chez l'homme bien portant, leurs effets se propagent en rayonnant du cerveau à la moelle épinière et de celle-ci au système nerveux, tant de la vie animale que de la vie organique. Les personnes douées d'une complexion hépatique sont les seules chez lesquelles une passion violente provoque l'ictère ou l'hépatite. En un mot, les effets des passions ne fournissent aucune preuve à l'appui de l'hypothèse que les passions auraient leur siège en dehors de l'encéphale. » On cite les cas où des affections purement organiques, comme la suppression d'une sécrétion, déterminent le délire et la folie; mais c'est prouver trop, puisque le délire porte sur les idées en même temps que sur les sentiments;

il faudrait donc en conclure que l'intelligence aussi bien que les passions ont leur siège dans les viscères. De plus, combien de fois de pareilles affections ne se produisent-elles pas sans amener la folie? Si elles ont cette conséquence, n'est-ce pas lorsque le cerveau est prédisposé aux affections mentales et lorsqu'un trouble organique s'est porté de proche en proche par sympathie jusqu'au centre nerveux? D'ailleurs la réciproque est vraie : c'est-à-dire qu'il arrive souvent que, sans aucun trouble organique, les passions soient altérées et modifiées par le seul état du cerveau. Sans doute Flourens a le tort de louer Gall d'avoir « ramené le moral à l'intellectuel », et Schopenhauer est dans le vrai quand il distingue l'intelligence de la volonté; mais cette distinction n'exige pas et n'implique pas deux sièges différents; il n'est nullement nécessaire de placer la source de la volonté dans la vie végétative, et de limiter la sphère de l'intelligence à la vie animale. La vie animale n'est que le développement de la vie organique; mais elle comprend aussi bien la volonté que l'intellect; ce qu'il y a d'inconscient en nous peut avoir son origine au-dessous, c'est-à-dire dans la vie viscérale et végétative; mais cela est aussi vrai de ce que nous appelons intelligence que de ce que nous appelons volonté.

Peu importe d'ailleurs ici la vérité intrinsèque de la doctrine; le seul point que nous ayons tenu à mettre en lumière, ce sont les origines françaises de la philosophie de Schopenhauer. Cette philosophie, dans sa partie objective, peut se ramener à deux propositions. La première, c'est que les différentes forces de la nature, gravitation, cohésion, affinité, instinct, sont, en essence, identiques à ce que nous avons appelé la volonté. Or nous avons retrouvé cette proposition fondamentale dans Cabanis. La seconde, c'est que la volonté est profondément séparée de l'intelligence et qu'elle est antérieure à l'intelligence; la volonté est la chose en soi, la substance qui s'apparaît à elle-même subjectivement sous forme d'intelligence. Or, cette seconde doctrine,

Schopenhauer la retrouve lui-même dans la distinction des deux vies, vie organique et vie animale, qui est le fond du livre de Bichat : c'est la traduction physiologique de son système. Ce système, au moins dans sa partie objective, a donc sa double raison dans la physiologie française. Quelle que soit la valeur de ces idées, c'est de chez nous qu'elles sont venues; c'est à nos propres philosophes qu'il faut en faire honneur : c'est ce qu'oublient trop souvent les admirateurs intempestifs de tout ce qui vient de l'Allemagne. Nous exaltons Schopenhauer, nous avons oublié Cabanis et Bichat. Schopenhauer lui-même a été plus juste que nous.

Si c'était ici le lieu, nous pourrions faire voir que, dans l'engouement excité parmi nous par la psychologie anglaise contemporaine, il y a la même ingratitude envers nos propres penseurs. Quiconque voudra étudier avec soin l'école idéologique et physiologique française du commencement de ce siècle, Destutt de Tracy, Gérando, Maine de Biran, Ampère, et encore Cabanis et Bichat, et même Cardaillac et Garnier, y trouvera, comme on l'a vu plus haut, maintes propositions qui nous reviennent aujourd'hui d'Angleterre. Nos historiens de psychologie anglaise et de psychologie allemande devraient bien un jour découvrir qu'il y a eu une psychologie française. Est-ce trop que leur demander, lorsqu'ils auront fait le tour du monde, de vouloir bien s'intéresser quelque peu à leur propre pays?

V

LA PHILOSOPHIE DE LA CONTINGENCE

M. ÉMILE BOUTROUX

A la philosophie de la liberté de M. Secrétan se rattache la doctrine d'un de nos philosophes français les plus distingués, qui professe aujourd'hui avec éclat l'histoire de la philosophie à la faculté des lettres de Paris. Sa doctrine peut être résumée sous ce titre : *Philosophie de la contingence.*

Le point de vue où ce philosophe s'est placé est des plus ingénieux. Tandis que, d'ordinaire, tout le poids de la critique porte sur l'idée de liberté, comme si la nécessité était une chose très claire et très évidente, M. Émile Boutroux, par une manœuvre habile et une sorte de mouvement tournant, s'est placé au point de vue opposé et a pris directement à partie l'idée de nécessité.

Il s'est efforcé de démontrer qu'à tous les degrés de l'échelle de l'être, depuis les rapports purement logiques qui portent sur le possible jusqu'à l'homme et aux parties les plus élevées et les plus complexes de la nature humaine, nulle part on ne trouve de nécessité réelle ; que cette idée n'a aucun type, aucune confirmation dans l'expérience. Sans doute l'auteur ne conclut pas de là immédiatement à la liberté ; car autre chose est la liberté, autre chose est la contingence. Mais ce qui résulte cependant de sa déduction, c'est que la liberté, si elle existe, n'apparaît plus à l'état de miracle et de contresens au milieu d'un monde voué à la fatalité, mais qu'elle peut avoir sa place sans contradiction dans un monde contingent. Ainsi, tandis que Kant, par exemple, considérant la nature comme toute dominée par le mécanisme, et le mécanisme comme la condition *sine quâ non* de la science, était obligé de couper la nature des choses en deux, abandonnant à la science le monde des phénomènes, comme une pure apparence de notre esprit, et reléguant dans un autre monde inaccessible le prodige de la liberté, notre auteur, au contraire, restitue à la liberté sa place dans le monde réel, et par le même coup restitue à ce monde la réalité objective. Le dualisme de Kant se trouve donc écarté, et l'antinomie de la science et de la morale est conjurée. On ne peut nier la valeur de ce point de vue. Suivons-en maintenant le développement.

L'auteur emploie une méthode que l'on peut appeler synthétique ou descendante. Il va de l'abstrait au concret, du possible au réel, puis traverse les différents degrés de la réalité en passant toujours du simple au composé et du plus abstrait au moins abstrait. Par exemple, il part de la nécessité logique, il essaye de prouver que cette nécessité, même celle du syllogisme par exemple, n'est encore qu'une nécessité relative. De la nécessité logique il passe à l'idée de l'être, non pas à l'idée d'être en soi, d'être absolu, de principe des choses, mais à l'existence réelle, concrète, à l'existence donnée dans la nature. Pour prouver qu'une telle existence est nécessaire, il faudrait pouvoir la déduire à priori du possible; mais nous n'avons aucun moyen de conclure le réel du possible. De l'idée de l'être en général, il passe à l'idée des différents êtres, c'est-à-dire aux genres et aux espèces ; et il montre, comme précédemment, que l'on ne peut pas plus conclure de l'être en général aux différents genres de l'être, ni à leurs divisions ou à leurs subdivisions. Jusqu'ici nous sommes toujours dans l'être indéterminé : passons à l'être déterminé. Le premier mode d'existence de ce genre d'être, c'est la matière : c'est sous cette forme que l'existence nous apparaît tout d'abord. La matière nous conduit aux corps. La matière est la substance des corps, l'étoffe dont ils sont faits. Les corps sont les diverses spécifications de la matière, et c'est une question de savoir si, en passant de la matière aux corps, on va du même au même, et s'il ne s'y ajoute pas quelque chose de nouveau. Continuant toujours selon la même méthode, l'auteur passe des êtres inorganiques aux êtres organisés, et enfin à l'homme, et, dans l'homme, des facultés élémentaires jusqu'aux facultés les plus élevées. A tous ces degrés il montre que l'état nouveau ne peut se déduire du précédent, et qu'il n'y a nulle part de nécessité dans ce développement ascensionnel des choses.

A cette méthode générale, l'auteur ajoute, pour chaque question en particulier, un mode d'argumentation toujours le même. A chaque passage il se demande : 1° si cette liaison de l'antécédent au conséquent est une liaison analytique, le conséquent étant contenu logiquement dans l'antécédent ; 2° si c'est une liaison synthétique à priori dans le sens que Kant donne à cette expression ; 3° si c'est une expérience de fait. La liaison n'étant établie ni par la déduction analytique, ni par la synthèse à priori, ni par l'expérience, il s'ensuit qu'elle n'existe pas. Tel est le mode d'argumentation de l'auteur, aussi ingénieux que rigoureux. Insistons surtout sur le passage du possible au réel qui domine toute la question.

Sans doute, en un sens, il n'y a dans l'être réel rien de plus que dans le possible, et c'est le cas de rappeler cette réflexion de Kant que cent thalers pensés sont égaux à cent thalers réels ; car il n'y a rien de plus dans ceux-ci que dans ceux-là. Le possible est la matière dont la chose est faite. Mais l'être ainsi ramené au possible est purement idéal ; et pour arriver au réel, il faut y ajouter un élément nouveau, à savoir l'existence. En eux-mêmes tous les possibles prétendent également à être ; et à priori il n'y a pas de raison pour qu'un possible se réalise de préférence à un autre ; nul fait n'est possible sans que le contraire le soit également. Si donc les possibles restent livrés à eux-mêmes, tout flottera également entre l'être et le non-être, rien ne passera de la puissance à l'acte. Aussi, bien loin que le possible contienne l'être, c'est l'être qui contient le possible et quelque chose de plus, à savoir la réalisation d'un contraire de préférence à l'autre, l'acte proprement dit. L'être est la synthèse de ces deux termes (puissance et acte), et cette synthèse est irréductible.

Mais ce qui ne peut être l'objet d'une déduction analytique peut être donné à l'esprit dans une synthèse à priori. Peut-être l'esprit affirme-t-il à priori, en vertu d'une loi nécessaire, que le possible doit passer à l'acte, que quelque chose doit se réaliser. En effet, les deux termes de cette synthèse, à savoir le possible et le réel, sont deux termes à priori; car le possible n'est pas donné dans l'expérience : toute expérience porte sur le réel; le possible n'est que dans l'esprit; de l'autre côté, l'idée du réel n'est pas, il est vrai, absente de l'expérience, car c'est sur le réel qu'elle porte; mais le réel ici signifie *tout* le réel, la *totalité* du réel ; or l'expérience ne peut donner aucune totalité.

Mais ce n'est là qu'une apparence, et l'auteur s'efforce de démontrer que ni l'idée du possible, ni celle même de totalité ne sont incapables de nous être données expérimentalement. En effet, pour ce qui est du possible, l'idée même du changement des choses, leur perpétuelle variété et mobilité, la contradiction des sens dans le même individu et la diversité des impressions dans des individus différents, tout nous amène à concevoir le phénomène comme relatif, et par conséquent comme pouvant être autrement qu'il n'est. En généralisant et multipliant les observations, l'idée du possible en général se forme dans notre esprit et se dépouille de plus en plus de tout contenu particulier. Quant à l'idée de totalité, il ne peut pas être question d'un tout actuel, d'une somme complète actuellement donnée. Kant, dans sa thèse des antinomies, nous a démontré qu'on ne peut concevoir le monde ni comme un tout fini ni comme un tout infini. Il reste que l'idée de totalité du réel n'est que le fait en général, l'idée générale du fait, c'est-à-dire un terme d'une extension indéfinie; et sous cette forme il n'y a aucune impossibilité à ce que cette idée soit donnée dans l'expérience. Ainsi, les deux termes n'étant ni l'un ni l'autre à priori, le rapport des deux termes ne l'est pas davantage.

Quant à l'expérience, elle ne peut nous découvrir une véritable nécessité, pas même une nécessité de fait, puisque beaucoup de choses qui ont existé, et qui sont par conséquent possibles et susceptibles de passer à l'acte, peuvent rester à l'état de possibles, sans que rien ne nous autorise à supposer qu'elles se réaliseront de nouveau.

Ainsi l'actuel n'est pas la conséquence nécessaire du possible. Mais si son « existence » n'est pas nécessaire, en est-il de même de sa « nature »? Le monde n'est-il pas soumis à une loi d'inflexible nécessité, loi que l'on formule de diverses manières : par exemple, rien n'arrive sans cause; ou bien, tout est un effet, et un effet proportionné à la cause; ou encore, rien ne se perd, rien ne se crée; la quantité d'être reste immuable? C'est la loi de causalité. L'auteur ne craint pas de soumettre cette loi à la critique; et il essaye de démontrer qu'elle n'a pas le caractère de nécessité inflexible qu'on lui attribue.

Et d'abord, cette loi est-elle à priori? Sans doute, si par cause on entend l'idée de puissance, de pouvoir créateur, et si on établit entre la cause et l'effet un rapport de génération, de telle sorte que l'effet sorte en quelque sorte de la cause, sans doute alors la loi de causalité peut être à priori; car où l'expérience nous donne-t-elle un pouvoir créateur? où donne-t-elle l'exemple d'une véritable génération de la cause à l'effet? Mais la loi de causalité ainsi entendue n'est nullement celle qui est impliquée dans la connaissance du monde sensible : l'idée même d'une cause génératrice ne servirait à rien au savant. L'auteur adopte donc la signification du mot cause donnée par l'école empirique et telle qu'elle est entendue par les savants; cause ne signifie dans ce cas que « condition immédiate ». Le savant n'a affaire qu'à l'ordre des phénomènes, et non pas à une entité métaphysique étrangère à l'expérience.

Soit, dira-t-on; mais ce lien de la cause et de l'effet, même entendu comme une simple liaison et ordre, n'en est-il pas moins quelque chose de nécessaire? C'est ici Kant qui répond à Hume. La causalité n'est qu'une succession de phénomènes, mais une succession imposée par les lois de notre esprit.

Mais l'auteur fait observer qu'il y a là un élément que la science ne réclame pas : c'est l'idée de nécessité. Le savant a besoin d'un ordre, cela est vrai; mais il lui suffit d'un ordre invariable : qu'il soit nécessaire ou non, cela lui est indifférent. Or, le principe qu'un changement succède toujours à un autre changement (et c'est à cela que se réduit le principe de causalité entendu scientifiquement), c'est là une opinion qui s'est formée peu à peu et par l'expérience. Car, à l'origine, l'homme croyait à des commencements absolus, à des passages subits du néant à l'être. Ce n'est que l'expérience qui lui a appris qu'il n'en était pas ainsi. Donc, le principe de causalité n'est pas une loi absolue imposée par l'esprit aux choses.

Il n'en est pas moins vrai que ce rapport invariable entre les phénomènes établit, sinon une nécessité interne que l'on ne peut pas saisir, au moins une nécessité de fait : celle-ci n'est que le symbole de celle-là. Ne s'ensuit-il pas que le principe d'une liaison nécessaire mérite toute confiance au point de vue pratique, et que, même au point de vue théorique, il est plus vraisemblable que son contraire? L'auteur reconnaît que, pour contredire cette présomption, il faudrait établir que dans l'expérience il y a un désaccord quelconque entre ce qu'il appelle le *postulatum* de la science et la réalité : car serait-il vraisemblable que des êtres contingents dans leur essence ne se manifestassent que par des successions invariables? Si les ombres de Platon se suivent dans un ordre immuable, c'est que les personnages que ces ombres représentent se suivent dans le même ordre. Il faudrait donc, pour établir à la rigueur la thèse de la contingence, pouvoir montrer que l'ordre invariable des phénomènes n'est lui-même qu'une apparence. L'auteur reconnaît que l'expérience ne nous montre rien de semblable; mais il affirme qu'elle ne peut pas prouver le contraire. Il s'appuie sur ce qu'il appelle l'indétermination des phénomènes.

« Toute constatation expérimentale se réduit, en définitive, à resserrer la valeur de l'élément mesurable entre des limites aussi rapprochées que possible. Jamais on n'atteint le point précis où le phénomène commence et finit réellement. On ne peut affirmer d'ailleurs qu'il existe de pareils points, sinon peut-être dans des instants indivisibles, hypothèse vraiment contraire à la nature du temps. Ainsi nous ne voyons que les contenants des choses, non les choses elles-mêmes. Nous ne savons pas si les choses occupent dans leur contenant (l'espace et le temps) des places assignables. A supposer que les phénomènes fussent indéterminés dans une certaine mesure seulement, laquelle pourrait dépasser la portée de nos grossiers moyens d'information, les choses n'en seraient pas moins exactement telles que nous les voyons. On prête donc aux choses une détermination hypothétique quand on prend au pied de la lettre le principe que *tel* phénomène est lié à *tel* phénomène. Le terme de *tel* phénomène, dans son sens strict, n'exprime pas un concept expérimental et répugne peut-être aux conditions mêmes de l'expérience. »

Cette doctrine de la contingence se complète et s'achève par une doctrine de la liberté. La liberté est à l'origine des choses et elle est la source de la contingence. Dieu se crée lui-même. Cette doctrine, empruntée à un célèbre philosophe suisse, M. Secrétan, qui l'a empruntée lui-même à la dernière philosophie de Schelling, n'est ici qu'à l'état d'esquisse. Elle est le terme où l'on doit aboutir ; mais c'est là une philosophie nouvelle, au seuil de laquelle nous devons rester, et où l'auteur n'avait pas pour objet de nous faire pénétrer. C'est un étage supérieur. Elle n'est indiquée que pour nous faire entrevoir comment de la liberté résulte un monde essentiellement contingent. La conclusion finale, c'est qu'il n'y a pas de nécessité brute : un tel résultat donne au travail de M. Boutroux une valeur tout à fait exceptionnelle.

La doctrine de la contingence telle que nous venons de l'exposer nous jette dans une certaine perplexité. Par certains côtés, en effet, cette œuvre nous séduit et nous agrée ; par d'autres, au contraire, elle nous trouble et nous inquiète. Par certains côtés, en effet, elle semble venir à l'appui d'une philosophie conservatrice, dont nous avons tous besoin aujourd'hui ; par d'autres, au contraire, elle nous semble par trop favoriser le mouvement critique et dissolvant de la philosophie contemporaine.

Voici, par exemple, les avantages que présente la théorie de M. Boutroux sur la contingence de la nature :

1° Elle rend la liberté possible. En effet, la difficulté fondamentale contre la doctrine de la liberté est celle-ci : comment la liberté est-elle possible dans un monde voué à la nécessité ? Si, au contraire, le monde est contingent, non seulement dans son origine, mais dans sa nature et dans ses lois, il reste un jeu libre aux phénomènes, et la liberté peut s'y insérer, s'y faire une place sans contradiction.

2° Elle rend possible l'existence de l'esprit. En effet, elle nous montre qu'à tous les degrés de l'échelle de la nature il y a des hiatus, et qu'aucun des degrés de cette évolution ne peut sortir, par voie de développement nécessaire, des degrés inférieurs ; par exemple, que d'une matière sans conscience ne peut naître une conscience ; que de la rencontre des consciences diffuses ne peut pas naître l'unité du moi ; que l'action n'est pas la résultante des motifs, qu'il faut y ajouter le consentement aux motifs, etc. En un mot, l'auteur se prononce contre la loi de continuité entendue dans un sens littéral et matériel, et qui ramène tout à l'élément le plus indéterminé. Rien ne paraît plus contraire à la vie et à la diversité qu'il y a dans l'univers.

3° Cette doctrine est favorable à l'idée de progrès. Elle montre qu'à chaque instant il se produit quelque chose de nouveau dans l'univers. Si l'auteur a raison, le progrès se fait par addition successive, et non par complication d'éléments antérieurs. Ce n'est pas une évolution purement mécanique, soumise au principe de la conservation de la force et de la matière, et qui se résout en une action toujours la même sous des formes différentes : ce sera une évolution intelligente dirigée par la loi de la finalité et se développant toujours dans le sens du mieux. Appliquez ce principe à la société, vous rencontrez la doctrine de la perfectibilité, si réconfortante, pourvu qu'elle n'aboutisse pas à l'idée d'un progrès fatal et aveugle. Dès lors, on entrevoit un but, un avenir pour l'humanité ; et la morale n'est plus que le complément et l'achèvement conscient du mouvement général de la nature.

Tels sont les grands côtés de la philosophie de la contingence. Mais il semble que ces avantages soient achetés bien cher, et par un sacrifice qui nous créera peut-être autant d'embarras que nous en voulions éviter. C'est le sacrifice du principe de causalité. Peut-être, pour sauver la liberté, aura-t-on ébranlé la certitude. En relâchant le principe de causalité, en lui ôtant quelque chose de sa rigidité impérieuse, il semble que l'on nous introduise dans un monde d'à peu près où rien n'est absolument stable. C'est une sorte de doctrine du *clinamen* à l'imitation de la doctrine épicurienne ; et est-ce plus solide que la doctrine du *clinamen*? Une fois l'indéterminé posé comme principe, quelle garantie a-t-on de la fixité et de l'immutabilité des choses? Faut-il osciller sans cesse d'une extrémité à l'autre, et, pour écarter le fatalisme, risquer de tomber dans le scepticisme? Tel est l'état de trouble et d'anxiété où nous jette la thèse de la contingence. Regardons-y de plus près.

Deux sortes de difficultés peuvent être élevées à propos de cette doctrine. Les unes porteraient sur la thèse elle-même, sur le fond de la doctrine ; les autres porteraient plutôt sur l'interprétation de la doctrine, sur le sens qu'il faut lui donner.

Sur le premier point, on peut dire que cette doctrine repose sur une hypothèse, et une hypothèse gratuite que rien ne justifie dans l'expérience. Cette hypothèse, c'est que, dans le fond des choses, les phénomènes sont indéterminés ; c'est que là où il nous semble que *tel* phénomène succède à *tel* phénomène, ce n'est jamais un phénomène absolument identique, mais seulement à peu près semblable; que, lorsqu'il nous semble que *telle* quantité répond à *telle* quantité, ce n'est jamais la même quantité précise qui a lieu, mais une quantité différente, quoiqu'elle ne diffère que très peu; enfin, quand nous disons que tel mouvement doit se produire dans telle direction et avec telle vitesse, ce n'est jamais, à la rigueur, ni la même direction ni la même vitesse, mais une direction voisine et une vitesse très peu dissemblable, mais enfin dissemblable. C'est là ce que l'auteur appelle la contingence des lois de la nature, et il dit que l'expérience ne peut pas prouver qu'il n'en est pas ainsi. Mais elle ne peut pas prouver davantage qu'il en est ainsi. L'expérience, à la vérité, ne nous donne que des à peu près, des moyennes, mais il y a toujours quelque cause qui explique ces irrégularités apparentes. Une planète ne se meut pas rigoureusement dans l'orbite indiquée par la théorie; mais c'est qu'il y a une autre planète qui agit sur elle et qui la détourne; et la différence est précisément celle qu'exige la présence de cette planète; et ainsi l'exception confirme la règle. Il en est probablement de même dans tous les cas où la loi semble en défaut : les nombres trouvés par les expérimentateurs quand ils veulent mesurer une quantité, ne sont jamais les mêmes. Par exemple, pour l'équivalent mécanique de la chaleur, Joule trouve un nombre, et Meyer en trouve un autre; et depuis on paraît s'être rapproché davantage du vrai nombre, mais toujours avec des erreurs et des différences. Mais ces erreurs tiennent sans doute à l'entrelacement des causes et des lois dans la nature; et, comme l'a dit Rousseau, « l'absence de précision vient précisément de la précision : par exemple, de ce grain infinitésimal de plomb qui est caché sous l'un des deux poids. » On essaye d'isoler les causes les unes des autres, mais on ne peut arriver à un isolement complet; et c'est ce qui fait que, dans chaque cas particulier, il y a toujours quelque circonstance qui trouble le résultat.

Sans doute l'expérience ne peut atteindre les derniers phénomènes, et cette impossibilité laisse le champ libre aux deux théories ; mais si l'indéterminé était la règle et l'essence des phénomènes, il semble qu'à mesure qu'on avance vers l'infiniment petit, on devrait trouver plus d'indétermination. Il n'en est pas ainsi, et la science parvient à fixer des nombres à un degré de profondeur absolument inaccessible à l'expérience vulgaire ; l'analyse va à une précision de plus en plus grande, et elle nous ôte tout espoir de trouver jamais l'indéterminé par l'expérience.

Nous nous bornerons à ces observations sur la théorie considérée en elle-même ; car notre but n'est pas d'écarter cette théorie. Nous la considérons comme plausible et acceptable, quoique non démontrée ; mais le principal, à nos yeux, c'est l'interprétation qu'il faudra lui donner.

Tout le nœud de la doctrine de l'auteur est dans la théorie de la causalité. Il entend la causalité exclusivement dans le sens de David Hume et de Stuart Mill. « La cause, dit-il, c'est la condition des phénomènes. » C'est la seule dont il soit question dans les sciences, la seule dont il soit question ici. Que cette loi de causalité soit purement empirique, c'est ce que prétend l'auteur ; car, dit-il, très longtemps le genre humain a cru à des commencements absolus, à des phénomènes sans antécédents et par conséquent sans causes. Telle est la base de la théorie.

Mais n'y a-t-il pas une autre loi de causalité que celle que nous venons de rappeler ? L'auteur fait allusion à cette autre loi, à cet autre principe, mais c'est pour l'écarter immédiatement. « Si par cause, dit-il, on entend puissance créatrice, et si le rapport de cause à effet est un rapport de génération, un tel principe serait certainement à priori ; mais ce principe ainsi entendu n'est pas celui qui est impliqué dans la connaissance du monde. L'idée d'une cause génératrice ne servirait de rien dans l'explication de la nature. » Comment faut-il entendre ce passage ? Cette exclusion de la cause à priori est-elle une exclusion relative et provisoire, ou une exclusion absolue? L'auteur veut-il dire simplement qu'au point de vue scientifique, c'est-à-dire des sciences expérimentales, il n'y a pas d'autre cause que la cause empirique, à savoir l'antécédent immédiat, ce qui ne voudrait pas dire qu'à un autre point de vue, au point de vue métaphysique, la cause ne pourrait pas être entendue autrement? Ou bien, au contraire, veut-il dire, d'une manière absolue, que la cause entendue comme pouvoir générateur ou créateur est une notion vide, nulle, à exclure comme entité scolastique, comme chose en soi?

Suivant que l'on admettra l'une ou l'autre interprétation, la thèse de l'auteur prendra deux significations toutes différentes. Dans le second cas, en effet, dans le cas de l'exclusion absolue, nous sommes ramenés purement et simplement à l'empirisme proprement dit, à celui de Hume et de Mill; nous n'avons pas même la ressource de nous réfugier dans la thèse de Kant; car l'auteur a expressément écarté ce point de vue, comme inutile, selon lui, à la conception scientifique du monde. Donc, si, d'un autre côté, il n'admet pas la cause comme chose en soi, nous voilà réduits au phénoménisme, à moins d'un retour ultérieur par la morale, procédé imité de Kant, et qui nous paraît très contestable en philosophie.

On pourrait même pousser l'argument plus loin, et soutenir que l'auteur n'a absolument rien établi de nouveau : car, que les lois de la nature soient contingentes, c'est-à-dire non nécessaires, dans le sens où il le dit, c'est ce que les empiristes n'ont jamais nié; c'est ce qu'ils ont, au contraire, expressément affirmé. Pour eux, le terme de nécessité n'est pas un concept plus légitime et plus autorisé que le terme de liberté : il faut proscrire l'un et l'autre de la langue scientifique[1].

On n'a donc rien établi pour la liberté, en démontrant qu'il n'y a pas de nécessité dans les choses. Mais, en revanche, n'a-t-on pas ébranlé la certitude? N'est-ce pas porter

---

1. Voir Bain, *Émotions et Volonté*, p. 470 de la traduction française.

l'eau à la rivière et encourager le scepticisme, que de chercher à prouver que tout, même la nature, n'a qu'une certitude d'à peu près, et qu'il n'y a rien de fixe et d'absolu? N'est-ce pas le relativisme que l'on a substitué au déterminisme, et l'un vaut-il mieux que l'autre?

Telles sont les conséquences qu'il faudrait imputer à la thèse de l'auteur, si l'on devait se borner au seul sens de la loi de causalité que nous avons signalé d'abord, à savoir le sens empirique.

Mais en sera-t-il de même si l'on rétablit cet autre principe de causalité, qu'on a pu écarter provisoirement au point de vue de l'intérêt purement scientifique, mais qui pourrait être réservé à un autre domaine d'un ordre supérieur, le point de vue métaphysique? Dans cet ordre d'idées, le principe que « tout phénomène a une cause » ne signifie pas simplement que tout phénomène est précédé d'un autre phénomène, mais « tout phénomène est engendré par un pouvoir antérieur et supérieur au phénomène ». Ici nous n'avons plus affaire à un principe empirique, mais à un principe absolu, non à un à peu près de causalité, mais à une causalité nécessaire.

M. St. Mill, pour prouver que le principe de causalité n'est pas absolu et qu'il n'est pas invincible, dit que nous pouvons très bien nous représenter un monde où les phénomènes n'auraient aucun ordre, aucune suite, où nul phénomène ne serait lié d'une manière constante à un autre phénomène : ce serait le désordre, le chaos, mais non le néant, et cela ne répugne pas à notre esprit.

Je dis qu'un tel monde, en supposant que nous puissions véritablement le concevoir, ne serait pas un monde sans causalité : ce serait un monde sans finalité, ce que nous pouvons concevoir en effet; ou bien ce serait un monde sans lois, ce que nous pouvons concevoir également. Mais la loi n'est pas la cause : car les phénomènes, pour n'être pas liés les uns aux autres par une loi, ne sortiraient pas pour cela du néant. Nous ne pouvons nous les représenter comme apparaissant spontanément, sans quelque chose qui les détermine à l'existence, en un mot sans un pouvoir générateur : rien ne vient de rien. Supposez des forces et des substances hétérogènes mêlées ensemble, mais n'ayant entre elles qu'un rapport extérieur de coexistence : les actions qu'elles produiraient donneraient naissance à des phénomènes incohérents et désordonnés, et par conséquent à un chaos; mais le lien de la cause et de l'effet n'en subsisterait pas moins : car les phénomènes ne seraient pas venus du néant.

M. Mill donne encore d'autres exemples pour prouver que nous pouvons nous affranchir de la loi de causalité, et M. Boutroux semble tomber d'accord avec lui, en disant que le genre humain a toujours cru « à des commencements absolus, à des passages subits du néant à l'être ». De ce genre sont la croyance aux miracles et la croyance au libre arbitre.

Mais le miracle n'est pas du tout un phénomène sans cause; c'est un phénomène sans loi, ou plutôt au-dessus des lois; c'est la suspension des lois de la nature; mais il faut une cause capable de suspendre les lois et de produire directement un phénomène sans ses antécédents ordinaires. Cette cause, c'est la Providence, c'est Dieu. Un miracle ne se fait pas tout seul. Il lui faut un agent; on ne peut donc pas dire qu'il n'ait pas de cause. Il en est de même du libre arbitre. La liberté n'est pas du tout le contraire de la causalité; car elle-même est une puissance et une cause; et ceux qui prétendent qu'elle peut agir sans motifs, entendent par là qu'elle est une cause tellement puissante qu'elle trouve en elle-même tous les éléments nécessaires à l'action.

La question est donc celle-ci. Pouvons-nous concevoir un commencement absolu en ce sens qu'un phénomène sortirait absolument du néant? Supposez le vide absolu de toute existence : croit-on qu'un phénomène pourrait, à coup sûr, éclore et apparaître dans ce vide? Non; si rien ne préexiste, rien n'existera. « Si au commencement rien n'est, dit Bossuet, éternellement rien ne sera. » Pas de pouvoir créateur ou générateur, pas de phénomène. Il ne suffit pas de dire qu'il y aurait un phénomène antérieur; mais ce phénomène antérieur peut déterminer et conditionner un autre phénomène; il ne le produit pas. Dire, avec Hume, que nous ne saisissons nulle part le pouvoir générateur de la cause, que le lien de la cause et de l'effet nous échappe, cela, dis-je, ne prouve rien contre l'existence de la cause; car, de ce que nous ne pouvons pas saisir le comment de l'action, il ne s'ensuit pas que nous n'ayons pas l'idée de l'action.

Et d'ailleurs, si l'on ne pose pas tout d'abord l'idée de la cause entendue comme un pouvoir d'action, où prendra-t-on l'idée de liberté, qui est précisément l'idée pour laquelle on travaille? Car la liberté est un pouvoir. Admettons un instant qu'il ne soit pas vrai, d'une manière absolue, que tout ce qui se produit suppose un pouvoir capable de le produire, nous n'avons plus besoin de liberté; les actes psychologiques se suffisent à eux-mêmes aussi bien que les phénomènes de la nature. Sans doute ils sont contingents, aussi bien que ceux-ci; mais non nécessaire ne veut pas dire libre. Si je ne suis pas plus libre que la pierre qui tombe, je ne le suis pas du tout, quand même la chute de la pierre serait contingente. La contingence n'est qu'une liberté négative, passive, un *clinamen*. Pour qu'il y ait véritablement liberté, il faut une cause active; il faut que j'aie un pouvoir véritable sur mes actions, et la liberté, loin d'exclure la causalité, l'exige au contraire impérieusement.

Par la même raison, si l'on n'admet pas un pouvoir créateur ou générateur, je ne vois pas comment on s'élèverait à l'idée de Dieu. Si la causalité n'est qu'un lien de phénomènes à phénomènes, et encore un lien lâche et indéterminé, pourquoi ne pas admettre que les phénomènes sont parce qu'ils sont, qu'ils se suffisent à eux-mêmes, qu'ils n'ont pas besoin de cause pour exister, et par conséquent qu'ils n'ont pas besoin de Dieu? Cependant l'auteur semble bien admettre implicitement le principe de causalité dans le sens métaphysique, lorsqu'il dit : « Si la série des causes n'a pas de limite, il n'y a pas de cause véritable ; » mais avec la cause empirique toute seule, on ne peut aller jusque-là. Tout au plus admettrait-on un phénomène premier ; mais pourquoi s'arrêter? Pourquoi ce phénomène serait-il cause de tous les autres? Ce qu'il faut, c'est une cause en dehors des phénomènes; c'est là ce qui n'est pas donné, ce qui même est exclu par la causalité empirique.

En un mot, sans l'admission d'un principe de causalité métaphysique, la doctrine de la contingence risque d'incliner à la doctrine du hasard, au *fortuitisme*. Au contraire, en acceptant l'idée d'une causalité supérieure, la doctrine se présente avec un autre caractère. C'est l'idée de Providence qui domine, et qui intervient à tous les degrés. C'est par son action que s'expliquent et le progrès dans la nature et l'indépendance de l'esprit à l'égard de la matière ; enfin c'est grâce à elle que les phénomènes de la nature sont contingents sans être fortuits, affranchis d'un enchaînement fatal sans cesser d'être soumis à des lois. Ces lois sont des règles générales, et non des chaînes de fer. La liberté redevient possible dans un monde où le réseau phénoménal a été relâché sans être détruit. L'ordre subsiste ; la tyrannie des événements a seule disparu. Nous n'avons pas de répugnance à accepter cet ordre d'idées, qui nous ouvre une issue dans le labyrinthe de la liberté.

VI

LA PHILOSOPHIE DE LA CROYANCE

M. OLLÉ-LAPRUNE

(*De la Certitude morale*, par M. Ollé-Laprune, 1881.)

Il s'est fait depuis quelque temps un travail intéressant en philosophie : c'est la recherche de la part qu'il faut attribuer à la volonté dans la connaissance. Généralement, les traités de psychologie et de logique réservent à l'intelligence seule l'origine de la connaissance humaine ; et, en effet, le vouloir produit les actes ; mais comment produirait-il le vrai et le faux? La faculté de connaître est précisément ce qu'on appelle intelligence, et c'est presque une tautologie de dire que c'est par l'intelligence que l'on connaît. Fort bien ; mais le vrai n'est pas toujours objet de connaissance ; il est aussi objet de croyance. Je crois qu'il y a une ville appelée Rome ; je crois qu'il y a eu un homme appelé César. Je crois que le progrès a été la loi de l'humanité ; je crois que la forme républicaine ou la forme monarchique est la meilleure forme de gouvernement. Je crois que mes amis ne me trompent pas. Je crois qu'il y aura une autre vie ; je crois qu'il y a un Dieu. Voilà bien des cas où j'affirme des vérités, non par une connaissance directe, mais par un acte spécial et différent, que j'appelle croyance. Or la croyance n'est-elle qu'un acte d'intelligence? Dans cet acte, ne faut-il pas faire la part à d'autres faits de l'âme, par exemple à la volonté et au sentiment? Et, une fois cette part faite, ne peut-on pas aller plus loin? Ne peut-on pas dire que la croyance n'est pas seulement une partie de notre être intellectuel, mais qu'elle en est la source?

qu'elle est à l'origine de toutes nos connaissances, qu'elle domine la connaissance, enfin que la connaissance, dans son dernier fond, n'est encore qu'une croyance? Le rationalisme cédera la place au fidéisme : soit à un fidéisme mystique qui ira se rejoindre à la religion positive, soit à un fidéisme critique qui aura beaucoup de peine à se distinguer du scepticisme. Tel est l'ordre d'idées que viennent d'aborder presque en même temps, et dans un esprit profondément différent, deux professeurs distingués de l'Université française, M. Ollé-Laprune, maître de conférences à l'École normale supérieure, et M. Victor Brochard, professeur à la Faculté des lettres de Paris, l'un dans un travail intitulé : *De la Certitude morale*, l'autre dans un travail sur l'*Erreur*. Nous aurions aimé à embrasser ici dans une même étude les deux écrits que nous venons de citer, en en faisant voir à la fois les analogies et les différences. L'auteur du travail sur l'*Erreur* fait de la croyance le fond même de la connaissance humaine et ne voit dans toute connaissance qu'une hypothèse tantôt démentie et tantôt confirmée : son système est une sorte de probabilisme. Il ne distingue pas entre la croyance morale et religieuse et les autres actes de l'esprit. Toute affirmation est une croyance et laisse par là quelque part au doute. C'est pourquoi nous avons appelé sa doctrine un fidéisme critique. L'auteur développe ces vues avec une grande subtilité dialectique, une vive pénétration, et aussi, il faut le dire, une assez grande obscurité. Peut-être trouverons-nous une autre fois l'occasion d'insister sur ce travail distingué et original[1].

Notre pensée est surtout de faire connaître aujourd'hui une œuvre de tout autre nature, moins spéculative, moins métaphysique, mais d'une analyse délicate et fine, d'un esprit élevé, et qui touche de plus près aux questions les plus émouvantes de notre temps, aux croyances de l'âme, aux espérances religieuses. C'est le livre de M. Ollé-Laprune sur la *Certitude morale*. L'auteur, déjà connu par un ouvrage des plus

---

1. C'est ce que nous avons fait dans l'étude qui suit : *Théorie de l'Erreur*.

estimables sur la *Philosophie de Malebranche*, vient en outre, tout récemment, de publier encore un mémoire couronné par l'Académie des sciences morales et politiques sur la *Morale d'Aristote*. L'ouvrage de la *Certitude morale*, qui, malgré ses allures discrètes et une sage mesure, a pour effet cependant de mettre aux prises la foi et la philosophie, nous a paru mériter un examen particulier, attentif et vigilant. Il n'est pas inutile d'ajouter que les idées que nous avons à examiner ici se rattachent d'une manière plus ou moins directe, mais au moins par une sorte d'influence générale, à la philosophie de la volonté que nous avons étudiée plus haut.

I

M. Ollé-Laprune, dans une préface pleine d'intérêt et écrite avec une chaleur d'âme toute communicative, nous expose la pensée fondamentale de son œuvre. Cette pensée n'est nullement que la volonté soit le principe de l'affirmation dans tous les ordres de connaissances, ni même le principe exclusif qui domine dans la croyance, mais seulement que « la certitude des vérités morales est d'un ordre à part, d'une qualité spéciale, et qu'elle suppose des conditions personnelles subjectives, sans que la vérité elle-même soit réduite à une valeur purement subjective ». C'est donc seulement dans l'ordre moral que l'auteur défend la cause de la croyance et de la foi et qu'elles lui paraissent susceptibles de donner une certitude objective égale à celle de la connaissance scientifique. Il ne s'agit, bien entendu, que de la foi naturelle, puisque nous sommes en pure philosophie. Tout en se restreignant dans ce domaine, l'auteur demande que l'autre ne soit pas exclu, et il croit de son honneur de déclarer qu'il appartient à la foi chrétienne, à la foi catholique. Mais il prétend aussi se borner au point de vue purement philosophique et démontrer sa doctrine par l'analyse et le raisonnement. Cette doctrine, c'est qu'il y a quatre vérités fondamentales qui ne relèvent pas seulement de l'intelligence, mais aussi de la volonté, qui doivent être des actes de foi en même temps que des affirmations rationnelles; quatre vérités pour lesquelles l'assentiment est un « devoir ». Ce sont : la loi morale, la liberté morale, l'existence de Dieu, et la vie future. Tels sont les quatre articles de foi de la religion naturelle.

Malgré cette part faite à la croyance et à la volonté, l'auteur paraît très préoccupé de la crainte de rendre la vérité arbitraire. Il fait de l'intelligence et de la croyance une analyse qui nous paraît très correcte, tellement correcte même, qu'on se demande sur quoi repose, en définitive, la thèse propre de l'auteur, et s'il n'y a pas disproportion entre les prémisses et les conséquences : « On ne déclare pas une chose vraie parce qu'on le veut, dit-il; l'acte de volonté n'est pas dans la décision par laquelle on prononce sur le vrai et sur le faux... La décision en soi n'est pas un acte libre... C'est la lumière qui détermine l'assentiment... On n'est pas libre de voir ou non. On est seulement libre de regarder, ce qui est autre chose. » Plus loin, l'auteur s'exprime encore en termes plus caractéristiques : « A vrai dire, ce n'est pas la volonté qui juge... Dans aucun cas, le jugement n'est tellement remis à la volonté que la vérité devienne arbitraire. » Quelle est donc la part de la volonté? Quelle est la part de la croyance? La voici : l'auteur distingue l'assentiment et le consentement. L'assentiment est forcé; le consentement est libre. Il peut y avoir telle vérité désagréable qui force notre assentiment sans que nous lui donnions notre consentement; nous nous en écartons pour ne pas la voir, et nous cherchons des raisons pour l'esquiver et la désavouer. Au contraire, quand la vérité nous plaît, le consentement s'ajoute à l'assentiment. En outre, c'est bien la volonté qui suspend l'affirmation, pour que l'esprit ait le temps d'examiner : c'est encore elle qui, lorsque les raisons sont insuffisantes, et qu'il y a nécessité de juger, prend le parti de la décision; c'est elle alors qui est responsable de l'erreur, si elle affirme trop vite et sans informations suffisantes, ou sans chercher toutes les informations qui sont à notre portée. Tel est le rôle de la volonté dans la connaissance en général, et cette analyse est irréprochable : on voit que la volonté n'intervient jamais que pour préparer l'affirmation ; si elle y consent, ce n'est qu'en cas de nécessité impérieuse et en laissant toujours une chance de retour : jamais la volonté n'a pour objet le vrai en tant que tel. Le vrai reste le domaine propre de l'intelligence. Voilà du moins, selon M. Ollé-Laprune, comment les choses se passent dans le domaine de la connaissance spéculative. En sera-t-il de même dans l'ordre moral?

Ici, suivant l'auteur, la volonté intervient d'abord comme dans tous les cas précédents ; mais elle y intervient encore d'une manière plus intime et plus profonde ; elle ne sert plus seulement à préparer la vérité, elle contribue véritablement à la faire. Les conditions purement spéculatives se changent en « conditions morales ». En effet, pour la distinction du bien et du mal, pour l'établissement de la loi du devoir et de toutes les vérités qui s'y rattachent, il ne suffit plus d'être attentif et consciencieux : « L'attention devient consentement au bien, amour du bien, fidélité au bien. » Est-ce, en effet, accepter véritablement une vérité morale que de l'accepter sans l'aimer, de l'accepter par l'esprit sans y donner son cœur? « La vérité morale n'est pas seulement un spectacle ; » si l'action ne suit ou ne précède, « la délicatesse de la perception morale s'affaiblit », et « les défections de l'intelligence troublent l'intelligence ». En un mot, dans l'ordre moral il faut percevoir la vérité non seulement par l'intelligence seule, mais avec l'âme tout entière, σὺν ὅλῃ τῇ ψυχῇ, dit Platon.

Cependant, même dans l'ordre moral, l'auteur se refuse à une doctrine absolue et ne veut pas faire dépendre la vérité de la volonté. « C'est bien la chose elle-même qui s'impose à l'esprit, » dit-il. Les quatre grandes vérités morales du devoir, de la liberté, de Dieu, de la vie future, ne sont pas seulement des croyances ; ce sont des « vérités ». A ce titre, elles s'imposent comme toutes les vérités. Mais, comme vérités, elles sont froides, inactives, et même, l'auteur le reconnaît, obscures et voilées. C'est la volonté qui doit intervenir et s'ajouter à l'intelligence pour la compléter. C'est là ce que l'auteur appelle « la foi morale », qui apporte à l'esprit une certitude d'un autre ordre que celle de l'intelligence, mais égale. C'est ce supplément apporté par la volonté et le cœur à l'intelligence que l'on appelle *croire*, et c'est ce qui est un véritable *devoir* quand il s'agit du devoir et de tout ce qui s'y rattache. La connaissance consiste seulement dans la démonstration ou dans l'intuition immédiate. La croyance consiste dans une opération propre et nouvelle qui de ce qui est apparent conclut à ce qui est caché, du signe à la chose signifiée, des effets aux causes, lorsque la cause est disproportionnée à l'effet, et cela, comme dit saint Thomas, « en vertu de l'empire de la volonté qui meut l'intelligence, » *propter imperium voluntatis moventis intellectum*.

Telle est la théorie générale de l'auteur, dans laquelle se cachent, selon nous, plusieurs équivoques qu'il importe de démêler.

M. Ollé-Laprune dit très bien et avec juste raison qu'il ne suffit pas de connaître la vérité, qu'il faut l'aimer; mais cela n'est-il pas vrai de toute vérité, même spéculative? On peut dire, même d'un géomètre, que, s'il n'aime pas la vérité géométrique, si les conceptions géométriques le laissent froid, s'il n'est pas saisi d'enthousiasme devant les nombres et les figures, il ne sera jamais un grand géomètre. On nous rapporte de Pythagore qu'il voua une hécatombe à Jupiter lorsqu'il eut découvert le théorème du carré de l'hypoténuse. Nous savons aussi de Descartes que le jour où il découvrit « l'invention merveilleuse », comme il l'appelle, c'est-à-dire l'application de l'algèbre à la géométrie, il fit vœu d'un pèlerinage à Notre-Dame de Lorette. Malebranche, lisant le traité aride de Descartes sur l'*Homme*, éprouva de si violentes palpitations qu'il pensa se trouver mal. Voilà l'enthousiasme du savant, du philosophe! voilà le signe divin! voilà comment la vérité ne parle pas seulement à l'esprit, mais à l'âme! Et si cela est vrai pour les objets purement abstraits, combien, à plus forte raison, pour les choses morales! Savoir qu'il y a un

Dieu sans lui donner son âme, savoir que nous possédons la liberté sans être fiers et sans être prêts à tout pour sauver une telle prérogative contre toute atteinte, savoir qu'il y a une vie future et être incapable de sacrifier sa vie pour la confesser, voilà sans doute des vérités mortes, froides, stériles. « Malheureuse, dit Bossuet, la connaissance qui ne se tourne pas à aimer! » Tout cela est vrai, et personne n'y contredit. Mais, dans aucun de ces cas, l'intervention de la volonté et du cœur n'ajoute rien à la vérité en tant que vérité, et ne peut en rien suppléer à ce qui lui manquerait à ce point de vue. J'entends bien et j'accorde qu'il ne faut pas seulement connaître, mais croire, si croire veut dire connaître avec amour; j'admets qu'il faut aller à la vérité avec toute notre âme. Mais doit-on conclure de là que la volonté puisse dispenser la vérité du degré d'évidence qui est nécessaire pour être admise logiquement et rigoureusement? Peut-elle constituer un supplément de preuves et conférer une certitude qui lui soit propre? C'est ce que nous n'admettons pas. Voyons, en effet, comment l'auteur établit que les vérités dont il s'agit doivent devenir des croyances.

Il prend pour point de départ et pour exemple de ce qu'il appelle « la foi morale », la croyance au témoignage des hommes : « Vous me parlez, dit-il, de faits que je n'ai point vus, que je n'ai pu voir; votre témoignage me garantit la vérité que je suis incapable de constater moi-même. J'ai confiance en vous, je vous crois... Ma certitude s'appuie, non sur la nature de l'objet clairement connu, mais sur votre autorité... Admettre ce qu'un témoin révèle, c'est *croire*; admettre une vérité évidente, c'est connaître. On connaît, on *sait* proprement quand on voit une chose ou en elle-même ou par quelque autre chose ayant avec elle une naturelle relation; on *croit* quand la chose affirmée demeure cachée et que, par conséquent, la raison de l'assentiment est, d'une certaine manière, extérieure à ce qu'on affirme. »

Nous ne pouvons admettre cette théorie du témoignage humain. Sans doute, on peut bien convenir d'appeler *foi* l'acte par lequel nous affirmons sur la parole d'autrui, au lieu d'affirmer par nous-même ; mais ce n'est là qu'une question de mots, et, dans le fond, le témoignage se ramène à toutes les lois ordinaires de la connaissance et ne vient nullement d'un acte surérogatoire de la volonté. Si je crois à la parole des hommes, c'est en raison d'une induction parfaitement légitime, et égale en autorité à toute induction scientifique. C'est que l'expérience m'a appris, soit chez moi-même, soit chez les autres, que l'homme ne trompe jamais quand il n'a pas d'intérêt à le faire, ou quand on a des raisons de supposer qu'il n'est pas trompé lui-même. Les règles du témoignage et de la critique scientifique sont des règles très précises, qui ne sont que des cas particuliers des lois générales de l'induction. Je conclus des paroles du témoin aux faits attestés avec la même certitude et en vertu des mêmes principes qui me font conclure en général du signe à la chose signifiée, par exemple des vestiges fossiles laissés par les plantes, qu'il y a eu une flore à telle ou telle période géologique. Il n'y a pas là une certitude spéciale d'un genre nouveau, mais la même certitude que dans les sciences expérimentales ; seulement, les signes étant plus douteux et plus difficiles à interpréter, il y a beaucoup plus de part à faire à la probabilité qu'à la certitude. C'est donc là une véritable connaissance, et l'on n'emploie le mot de croyance que par équivoque.

Voilà pour le témoignage en matière de faits. En est-il autrement du témoignage en matière de doctrine ? Non, sans doute ; et c'est, selon nous, tout à fait la même chose. Si je crois à l'autorité d'un savant quand il s'agit de sa science, à celle d'un historien s'il s'agit d'érudition, à celle d'un jurisconsulte en matière de lois, c'est que je suppose, en vertu de l'expérience, que celui qui s'est occupé d'une science en sait plus que celui qui ne l'a pas apprise, et qu'il en sait par conséquent plus que moi. Mais si, au lieu de m'en tenir là et de me borner à une juste déférence envers une autorité supérieure, je m'y livrais aveuglément, l'expérience me prouve que je me tromperais très souvent. La croyance n'est donc pas encore ici une œuvre propre de la volonté : c'est une induction qui doit être proportionnée à la compétence supposée du témoignage que j'invoque. Il n'y a donc à tirer de là aucun argument en faveur du devoir de croire au delà des signes précis dont la logique peut seule déterminer la valeur.

M. Ollé-Laprune pense, au contraire, que, quand il s'agit de vérités morales, c'est un droit et même un devoir de dépasser le strict degré d'évidence qu'exigerait la connaissance scientifique, d'affirmer, par une sorte de *saltus*, des conséquences non contenues dans les prémisses, des causes disproportionnées aux effets, le plus en partant du moins. Il donne pour exemple la confiance que l'on a en un autre homme pour la conduite de la vie. « Je suis, dit-il, dans une situation perplexe, embarrassante; je n'ai pas assez de lumières pour me décider moi-même. Je vais trouver un ami, un sage en qui j'ai toute confiance, et je lui dis : « Prononcez « vous-même, prononcez pour moi; je ferai ce que vous « voudrez. » Je m'incline, je me soumets, je m'abandonne, non pas d'une manière aveugle (car si mon conseiller devenait subitement fou, je renoncerais à lui); mais tant que je le crois raisonnable, je le laisse prononcer : c'est là un acte de foi. »

Cet exemple n'offre encore rien à nos yeux qui se distingue des cas ordinaires du témoignage et qui ne se ramène par conséquent aux lois de la logique pure et simple. Remarquons d'abord qu'il s'agit ici, non plus de vérité, mais d'action. Je suppose que je suis forcé d'agir; de là la nécessité de prendre un parti. Dès lors, quoi de plus raisonnable que de s'adresser à l'homme que l'on croit plus capable que soi? Quoi de plus conforme aux règles d'une légitime induction que de se dire, par exemple : « Un homme plus âgé que moi a plus d'expérience; il doit savoir ce que je ne sais pas moi-même; » ou encore : « Un homme connaît mieux les affaires qu'une femme; je m'en fierai donc au jugement d'un homme? » C'est de là que vient la pratique du mandat dans tous les genres. Je ne puis pas me soigner moi-même, ne sachant pas la médecine : je m'adresse au médecin. Ne sachant pas le droit, je m'adresse à l'avocat. Même s'il s'agit de morale, je puis croire qu'un sage, un saint homme, un prêtre qui fait son état d'étudier les consciences, en sait plus que moi, homme du monde, sur les délicatesses et surtout les sévérités de la morale. C'est donc une opération très légitime et conforme à toutes les lois de la logique de s'adresser en tout à plus savant que soi. Et ce qui prouve bien qu'il ne s'agit pas ici d'une certitude spéciale, fondée sur des principes différents de ceux qui fondent la certitude en général, c'est que, dans tous les cas cités, le conseiller que j'ai choisi peut se tromper et me tromper. J'en cours le risque ; mais, comme le dit Descartes, il vaut mieux prendre un chemin qui vous conduira quelque part, que de rester égaré au fond d'une forêt.

M. Ollé-Laprune parle de la puissance de la foi : « On dit qu'un homme a foi en lui-même. Cette confiance le rend capable d'une heureuse hardiesse... Qu'est-ce qu'avoir foi dans une idée? C'est la croire tellement vraie et efficace que, malgré toutes les apparences contraires, on n'admet pas qu'elle ne puisse finir par triompher. On espère quand tout semble fait pour décourager l'espérance. » Tout cela est vrai et chaleureusement exprimé ; mais il ne s'agit pas de la puissance de la foi, il s'agit de la vérité. Or, combien de fois de telles confiances, de telles espérances, n'ont-elles pas été démenties? Combien de fois les hommes n'ont-ils pas été trompés par la confiance en eux-mêmes et dans leurs idées? Combien de fois des causes définitivement perdues n'ont-elles pas suscité des défenseurs et des croyants qui espéraient contre toute espérance? Le paganisme n'en a-t-il pas eu de ce genre? Et aujourd'hui même, ne voyons-nous pas en Orient (et peut-être en Occident) des preuves de cet aveuglement stupide dont sont atteintes les causes perdues, qui pourraient se relever peut-être si quelque rayon de lumière et de raison venait éclairer et corriger la folie de la foi! Qui ne sait que la puissance de la foi est exactement la même qu'il s'agisse du vrai ou du faux? Ne faut-il pas une grande puissance de foi pour qu'une femme jeune demande comme un bonheur et comme un droit de mourir sur le bûcher de son mari? Et cependant, cette foi, tout héroïque qu'elle est, donne-t-elle le moindre degré de vérité à un préjugé aussi absurde? Laissons donc ces raisons extérieures. La foi peut être une des nécessités pratiques de notre existence : mais la vérité ne relève que de la raison.

Selon M. Ollé-Laprune, la foi consisterait à affirmer plus qu'on ne voit, « avec de bonnes raisons de croire ». Que voulez-vous dire? Qui parle de ne jamais affirmer que ce qu'on voit? Est-ce que les géologues, qui affirment que l'Océan a été sur les Alpes, l'ont vu de leurs yeux? Est-ce que les historiens ont vu la mort de César? Est-ce que je vois votre pensée? Et cependant, dans tous ces cas, je ne fais qu'appliquer les règles les plus élémentaires de la logique, sans que ma volonté y soit pour rien. Vous dites qu'il faut « de bonnes raisons » pour croire. Qu'entendez-vous par bonnes raisons? sont-ce des raisons suffisantes? Dès lors, il s'agit de connaissance et non pas de croyance. Sont-ce des raisons insuffisantes? Alors elles ne sont pas tout à fait bonnes. Si je n'affirme que dans la mesure de ces raisons, je ne fais rien de plus que ce qu'autorise et exige la logique, et il n'y a rien là qui puisse s'appeler foi dans le sens propre du mot. Si j'affirme au delà, je puis avoir raison au point de vue pratique; car, ainsi que le dit Voltaire, « il faut prendre un parti; » mais je cours un risque, car je puis me tromper, précisément dans la proportion de ce que j'ajoute de mon propre mouvement à ce que les raisons me donnent. M. Ollé-Laprune reconnaît que c'est là une faiblesse; « mais, dit-il, c'est une heureuse faiblesse, puisqu'elle rend possible la confiance », et qu'elle rend « la confiance plus méritoire ». Mais, encore une fois, vous sortez de la question : vous parlez de l'*efficace* de la foi, du *mérite* de la foi quand il s'agit de certitude et de vérité. S'il y a un Dieu, sans doute j'aurai du mérite auprès de lui de l'avoir cru sans preuves suffisantes; cette confiance est belle; mais elle ne fait pas qu'il y ait un Dieu, et elle ne peut rien ajouter aux raisons qui le démontrent. Nous ne contestons nullement la nécessité pratique de la foi; mais, nous plaçant au point de vue rigoureusement philosophique, nous nous demandons en quoi le désir et l'espérance peuvent décider du vrai et du faux.

En résumé, la croyance n'est pas, selon nous, un acte essentiellement différent de la connaissance. C'est une induction, mais une induction incomplète et imparfaite, à laquelle nous nous décidons par nécessité pratique et sous l'empire d'un sentiment légitime. La croyance court toujours quelque risque; elle n'offre jamais qu'une certitude insuffisante au point de vue absolument strict; mais ce risque, nous consentons à le courir, parce que nous y sommes obligés par la nécessité et parce que c'est un beau risque à courir, comme dit Platon. Mais ce n'est pas là ce qu'on peut appeler certitude dans le sens propre du mot.

II

M. Ollé-Laprune croit que c'est un devoir pour l'homme d'affirmer certaines vérités. Nous verrons tout à l'heure quel est, à ce point de vue, mon devoir en tant qu'homme. Mais je déclare, en tant que philosophe, que je ne reconnais qu'un seul devoir, celui de « n'affirmer comme vrai que ce qui me paraîtra évidemment être tel, c'est-à-dire ce que je verrai si clairement et si distinctement que je ne saurais le révoquer en doute ». Voilà, selon nous, pour le philosophe, la loi et les prophètes. Voilà la règle absolue. Descartes l'a posée au début de la philosophie moderne, et c'est par là qu'il l'a créée, constituée. Nul n'est forcé d'être philosophe. Mais celui qui aspire à la philosophie accepte par là même cette loi suprême. C'est son Évangile. Il s'engage envers lui-même et envers les autres à n'avoir d'autre règle que l'évidence, à ne pas prendre ses désirs, même les meilleurs, pour le criterium de la vérité. Il ne croira pas que l'affirmation par elle-même soit un devoir; elle ne l'est que lorsqu'elle est imposée par l'évidence; mais elle devient une faute, un péché envers la philosophie, lorsqu'elle dépasse l'évidence. Sans doute, lorsqu'un philosophe refuse d'admettre une vérité évidente parce qu'elle lui déplaît, il est coupable ; mais s'il affirme une vérité qui n'est pas évidente parce qu'elle lui plaît, il n'en est pas moins coupable. Toutes les illusions, toutes les superstitions, toutes les folies pourront reparaître sous le prétexte de croyances légitimes. Quoi qu'on dise des dangers du scepticisme, ces dangers ne sont rien à côté du danger bien autrement grave de mettre le critérium du vrai dans la volonté. Descartes, qu'on invoque aujourd'hui en faveur de cette thèse, ne l'a jamais soutenue. Il a toujours placé dans l'évidence seule la distinction du vrai et du faux ; et s'il y a joint la véracité divine, c'est que cette véracité elle-même est évidente pour lui et qu'elle est la source de l'évidence. La volonté, pour Descartes, est cause de l'erreur, mais elle ne fait pas la vérité.

Sans doute, la nécessité pratique nous force souvent à dépasser dans l'affirmation et dans l'action la limite de l'évidence ; mais alors nous agissons comme hommes, non comme philosophes. Par exemple, il faut que j'émette un vote dans une assemblée délibérante. Il y a du pour et du contre ; l'avenir est obscur ; je ne sais au juste de quel côté est la vérité. Cependant l'abstention elle-même est déjà une décision qui peut entraîner les mêmes périls que l'action. Après avoir pesé les raisons de part et d'autre et poussé l'examen aussi loin que je le peux, je finis par me décider pour des raisons prévalentes. Voilà un cas où l'affirmation dépasse l'évidence. Tout ce qu'on appelle croyances, opinions, convictions, peut se ramener à ce cas. C'est toujours la nécessité de la conduite pratique qui nous impose l'obligation de choisir un système en politique, en religion, en morale, sans attendre la fin de l'examen, qui, en effet, ne se terminerait jamais. Or des convictions fortes et décidées valent mieux que l'abstention. Rien ne se fait par le doute. La foi, au contraire, soulève des montagnes.

A la nécessité pratique s'ajoute le sentiment pour constituer la croyance. Le sentiment de l'honneur, par exemple, nous détermine à rester fidèles à nos doctrines, lors même que nous pourrions les considérer comme condamnées à périr. Le sentiment de l'amitié nous commande de croire à la fidélité d'un ami sans avoir besoin pour cela de preuves rationnelles. La confiance est un sentiment généreux qui devient un devoir entre personnes qui s'aiment, mais qui ne peut pas constituer une certitude, car elle peut être trompée par l'événement. Sans doute c'est un devoir pour un fils de croire à la chasteté de sa mère; mais peut-on dire qu'un fils ne sera jamais trompé dans cette croyance? Comment pourrait-elle être la source d'une certitude spéciale? La générosité est une vertu morale, ce n'est pas un criterium de certitude. Lorsque Alexandre buvait la potion présentée par son médecin Philippe, qui lui était dénoncé comme voulant l'empoisonner, il faisait un acte héroïque, mais en quoi héroïque? C'est que la dénonciation pouvait être vraie et qu'il risquait sa vie plutôt que de faire injure à un honnête homme. Mais n'y a-t-il jamais eu dans le monde de générosité trompée et de confiance trahie, de foi démentie par l'événement? Comment donc peut-on confondre le devoir moral qui nous ordonne de risquer l'erreur en cas de nécessité pratique et pour obéir aux lois de la patrie, de la famille et de l'amitié, avec les conditions de la certitude?

M. Ollé-Laprune, au contraire, croit que la foi, la confiance, engendrent une certitude spéciale égale à celle de l'évidence, quoique différente; que dans les cas où la lumière est mêlée d'obscurité, c'est à la volonté à franchir l'intervalle qui sépare l'évidence incomplète de l'évidence complète. C'est ce qui a lieu, suivant lui, pour les quatre vérités morales qui constituent le code de la religion naturelle. Ces quatre vérités sont d'abord des connaissances fondées sur des raisons solides. Mais, en même temps, ce sont des connaissances imparfaites et obscures que la foi seulement peut transformer en vérités inébranlables et absolument certaines. On sait que c'est le propre de toute philosophie de la croyance, quelque mitigée qu'elle soit, de faire une certaine part au scepticisme. Il y a là, en effet, une corrélation logique, nécessaire. On n'est obligé de croire que là où cesse la connaissance. Ce sont donc les lacunes de la connaissance qui nécessitent la foi. Quelle que soit la réserve avec laquelle on insiste sur ces lacunes, on ne peut cependant s'empêcher de les signaler, et en cela même on paraît faire cause commune avec le scepticisme. M. Ollé-Laprune n'échappe pas à cette nécessité de sa thèse, et il est assez piquant de voir ce croyant si convaincu se faire lui-même l'avocat du diable contre les quatre vérités qu'il veut nous imposer comme devoirs, et élever contre elles des doutes qu'on s'attend d'ordinaire à voir paraître d'un autre côté.

La vie future, par exemple, est bien établie, selon l'auteur, par un raisonnement solide qui en prouve la nécessité morale. Mais que d'obscurités dans cette croyance! « Toutes les apparences sont contre : la seule vie que nous connaissions, c'est la vie du corps. » Sans doute, rien n'est détruit, rien n'est anéanti; mais l'indestructibilité de la matière n'empêche pas de profonds changements et de perpétuelles métamorphoses. Notre être, d'ailleurs, ne pourrait-il pas subsister sans que la personne subsistât? « Voilà les apparences contraires que la raison peut nous présenter. Ces apparences, il faut les mépriser pour admettre la vie future. » C'est donc la foi qui rend visible ce qui ne l'est pas. *Quod non sapis, quod non vides, animosa firmat fides.*

Il en est de même de la croyance en Dieu. En effet, on ne dit pas : « Je *sais* que Dieu est; » on dit : Je *crois* en Dieu. » Dire simplement: « Je *sais* que Dieu est, » cela est froid, cela n'a pas de valeur morale; c'est une lumière sèche et sans chaleur. D'ailleurs l'obscurité se mêle tellement ici à la lumière, que ce n'est pas là un objet de pure science. « Puis-je jamais prétendre, dit M. Ollé-Laprune, quand il s'agit d'un tel objet, que les preuves les plus solides réduisent à néant toutes les difficultés, dissipent tous les nuages? Si je suis sincère, je ne puis prétendre ceci; ce ne sont, à vrai dire, que vaines apparences et fantômes; mais encore faut-il que j'ose les mépriser. *Aude contemnere.* »

La liberté est encore une vérité prouvée par l'expérience intime et par le raisonnement, cela est incontestable. Mais quelle chose mystérieuse que notre volonté! « Plus je veux approfondir la liberté, plus les difficultés augmentent. » Que d'oppositions s'élèvent contre elle! que d'ombres l'enveloppent! que de prétextes à la résistance et au doute! C'est donc « une vérité, mais une vérité morale »; c'est « un fait, mais un fait moral ». Il faut l'admettre; mais admettre une chose malgré les obscurités et les difficultés qui s'y rattachent, c'est y croire. On passe donc encore ici de la sphère du visible à celle de l'invisible : il faut pour cela un acte de confiance, un acte de foi.

Enfin la loi morale elle-même est encore au fond un acte de foi. Car que suppose-t-elle? C'est qu'il y a entre les choses un ordre de dignité et de perfection qui n'est pas l'ordre de la quantité; que l'esprit, l'âme est d'un ordre supérieur aux choses sensibles. Or cet ordre, il faut déjà y être pour en comprendre la dignité, et pour comprendre la vérité morale, il faut être déjà une créature morale, ce qui n'a pas lieu sans la volonté. La vérité morale se distingue de toutes les autres en ce qu'elle est une vérité pratique. Il faut y croire avant de la voir : c'est un acte de foi.

C'est ainsi que, pour ces quatre vérités fondamentales, la foi vient compléter l'œuvre de la raison. Il y a donc une certitude d'un ordre particulier qui a son fondement dans l'âme, dans le cœur, dans la volonté. C'est la certitude morale.

Dans tous les exemples précédents, il nous semble que l'auteur confond deux choses bien distinctes : d'une part, les apparences sensibles, qui paraissent déposer contre les vérités intellectuelles et qui les rendent suspectes à des esprits peu exercés, et, de l'autre, les obscurités proprement dites, ou difficultés qui viennent de ce que les vérités dont il s'agit ne sont pas suffisamment démontrées. Il y a là une équivoque qui obscurcit tout. Qu'il faille mépriser les apparences sensibles, quand il s'agit de choses intellectuelles, cela est certain; mais c'est affaire de raison, non de foi. De telles apparences, il s'en rencontre dans toutes les sciences. Quoi de plus prodigieux pour l'esprit que cette doctrine que la lumière est un mouvement, que la terre tourne sur elle-même, qu'il y a des antipodes, que le soleil a disparu sous l'horizon quand nous le voyons encore au-dessus? Quoi de plus mystérieux que la communication du mouvement en mécanique? Quoi de plus invraisemblable que ce qu'on appelle quantités négatives, imaginaires, irrationnelles, etc.? Voilà mille cas où, dans les sciences proprement dites, la vérité vient se heurter à des apparences. A-t-on recours pour cela à la foi? Nullement. On les explique par la raison seule, ou, à défaut d'explication, on les laisse subsister en qualité de problèmes, et on n'affirme jamais que dans la mesure de ce qui est démontré. De même, si en métaphysique il y a des apparences semblables, c'est aussi à la raison à en démontrer la vanité. C'est à elle à prouver, avec Descartes, que tout ce qui est sensible suppose quelque chose qui n'est pas sensible, une vérité d'ordre intellectuel, à savoir : je pense. Tout ne se ramène donc pas aux sens. Toute la discussion des idées innées est affaire de raison, non de foi. C'est la pensée qui se prouve elle-même en analysant et en décomposant les données sensibles.

Mais maintenant peut-on confondre ces obscurités apparentes, qui naissent de la prédominance habituelle des sens, avec les obscurités qui viennent des difficultés ou des objections? De deux choses l'une : ou vous répondez complètement à ces objections, et alors il n'y a plus d'obscurités; ou vous n'y répondez pas complètement, et il reste un fond de difficultés non résolues; dès lors, votre affirmation ne peut être que proportionnée à la lumière de votre esprit, et, dans la mesure où il reste des difficultés non résolues, il manque quelque chose à la certitude de votre affirmation. Sans doute on peut et même j'accorde qu'on doit franchir cet intervalle par la croyance; mais c'est là un acte purement pratique, non philosophique, et qui n'a aucune autorité pour constituer un degré de certitude qui n'existait pas auparavant.

M. Ollé-Laprune nous paraît donc toujours confondre le

rôle du philosophe dans la recherche pure de la vérité avec le rôle de l'homme dans la vie pratique. Sans doute dans la pratique il faut des croyances. L'humanité a-t-elle attendu que Kant ait démontré l'impératif catégorique pour croire à la vertu? Non, sans doute; et moi-même, quand j'agis comme homme, je n'ai pas le temps d'attendre que j'aie réfuté la doctrine de l'intérêt bien entendu ou la morale évolutionniste. Il faut agir : donc il faut croire; voilà ce qu'il y a de vrai dans la doctrine de l'auteur. Mais nous ne pouvons pas aller au delà. Nous n'admettons pas qu'en philosophie, et en tant que philosophes, nous puissions affirmer au delà de la stricte évidence et autrement que dans la mesure de cette évidence.

Il n'y a rien là qui ne soit contenu dans l'idée même d'une philosophie, idée que Descartes a conçue et exprimée le premier avec une incomparable fermeté. La philosophie est un idéal auquel les hommes n'atteindront peut-être jamais, mais à la réalisation duquel ils travaillent sous la direction de cet idéal. Son objet, c'est la transformation progressive de toutes nos affirmations instinctives, machinales, empiriques, pratiques, en affirmations rationnelles, en vérités lumineuses et pures. Pour qu'un tel idéal fût réalisé, il faudrait que l'homme fût pure raison, ce qui n'est pas, et il faudrait que sa raison fût infinie, ce qui n'est pas davantage. C'est donc une œuvre impossible en quelque sorte, et même absurde, si l'on supposait que l'humanité fût obligée d'attendre le résultat de ce travail pour accomplir ses destinées. L'État, en effet, aurait le temps de périr, s'il fallait attendre que les philosophes eussent démontré la nécessité d'obéir aux lois; la famille serait dissoute avant que les philosophes eussent démontré la nécessité du mariage; et les religions seraient glacées et bientôt mortes, si elles dépendaient des démonstrations de l'existence de Dieu. Heureusement l'humanité vit d'instinct avant de vivre de raison : cet instinct devient sentiment; ce sentiment devient croyance, et l'humanité est gouvernée par les instincts, les sentiments et les croyances, bien plus que par les idées de la philosophie. Non que la philosophie soit sans influence; loin de là, c'est d'elle que descendent peu à peu dans les masses ces lumières qui transforment insensiblement les instincts, les sentiments et les croyances; mais la puissance de la philosophie est liée à son indépendance, à la conscience énergique qu'elle aura de son droit et qui lui interdit de se laisser imposer quelque joug que ce soit autre que celui de l'évidence. Voilà son rôle, voilà son domaine. A la croyance, le gouvernement de la vie; à la philosophie, la liberté spéculative absolue. Ajoutons que, pour le philosophe, la philosophie elle-même devient une croyance à laquelle toutes les autres doivent être subordonnées. Être philosophe, c'est croire à la raison, c'est placer dans la raison la loi suprême, c'est ne reconnaître d'autre souveraineté que celle de la pensée. Une telle foi n'a rien de contraire aux principes du spiritualisme le plus pur : car elle n'est au fond que l'expression du spiritualisme lui-même. Comment soutenir que la pensée a un droit inaliénable et absolu, si l'on ne suppose par là même que la pensée est chose absolue, d'essence absolue, et qu'elle est par conséquent, selon l'expression de Kant, une *fin en soi*, qui ne peut être transformée en moyen? Comment cela pourrait-il être, si la pensée n'était qu'un accident produit par le concours fortuit des atomes ou par le jeu des combinaisons chimiques? Pourquoi cet accident ne pourrait-il pas être plié et subordonné à d'autres accidents du même genre, par exemple le plaisir, l'intérêt, la sécurité? Quelle que soit d'ailleurs la valeur de cet argument, c'est le droit et le devoir de la pensée de n'admettre d'autre souveraineté que la raison propre; et lors même qu'elle se fixerait des limites et accepterait une autorité, ce serait encore, ce serait toujours en vertu de son propre droit. La foi en ce sens est elle-même un produit de la raison et ne vaut que dans la mesure où elle est autorisée par la raison. Attribuer à la croyance une certitude propre, c'est usurper sur les droits de la raison; c'est manquer au devoir philosophique, qui n'est pas, à la vérité, un devoir pour tout le monde, mais qui en est un pour le philosophe.

M. Ollé-Laprune dit des choses excellentes et très sensées

sur le devoir de tout homme de ne pas faire obstacle à la vérité, sur les dispositions morales qu'il faut apporter dans la recherche de la vérité, sur la bonne volonté qui, si elle est pleine et entière, fera que la vérité ne peut manquer de luire à notre esprit. Tout cela est d'une vérité incontestable et ne peut être nié par personne. Mais qui ne voit que ces raisons valent d'une manière générale et s'appliquent à tout le monde et à toutes les opinions, sans pouvoir en autoriser aucune en particulier, sans jamais conduire au droit ni au devoir d'affirmer au delà de l'évidence ou d'une manière disproportionnée au degré de l'évidence?

L'auteur, avec un grand courage d'opinion dont nous lui savons gré, et une remarquable souplesse de dialectique, essaye d'établir que la croyance en Dieu, alors même qu'elle ne serait pas absolument évidente, est un devoir pour la volonté; que l'athéisme n'est pas seulement une erreur, mais une faute, faute qui peut être sans doute atténuée par beaucoup de circonstances et qui même, en telles circonstances, pourrait être nulle, mais qui en soi et en principe est une faute; « car, dit-il, comment pourrai-je croire que Dieu est, si je n'affirme pas en même temps la vérité objective de cette croyance? et comment puis-je affirmer cette vérité objective, sans l'imposer par cela même à tous les hommes qui pensent? Mais imposer une vérité, n'est-ce pas dire que tous les hommes doivent la reconnaître? n'est-ce pas dire que, s'ils ne la reconnaissent pas, c'est leur faute? Je ne puis donc croire en Dieu sans affirmer par là même que l'athéisme est coupable, sinon pour tel ou tel état de conscience que je ne puis connaître, au moins en soi. Car si l'athée apportait à la recherche de la vérité les dispositions morales nécessaires, nul doute que la vérité morale n'éclatât à ses yeux. »

Il y a encore bien des équivoques dans cette doctrine. Sans doute si nous supposons un philosophe qui verrait clairement et distinctement que Dieu est nécessaire à la morale et qui rejetterait ensuite cette croyance volontaire pour ne pas subir le joug, pour se livrer à son orgueil et à ses passions, j'accorde que, dans une telle hypothèse, l'athéisme pourrait être coupable. Mais qui ne voit que l'argument peut être rétorqué? Imaginons en effet un philosophe qui ne voit pas clairement et distinctement que Dieu est nécessaire à la morale, et qui cependant affirme cette vérité parce qu'elle plaît à son cœur, ou, ce qui serait encore d'un moindre prix, pour s'assurer la vie future et avoir un garant d'immortalité : en accordant que cette doctrine eût plus d'avantages pratiques que l'autre, cependant serait-elle moins blâmable au point de vue strictement philosophique, qui exige que l'intérêt personnel n'intervienne en rien dans aucune de nos affirmations? L'auteur prétend que l'athée est sous le joug de certains préjugés qui lui viennent de l'éducation. Mais n'y a-t-il pas des préjugés contraires? Et puisque l'on parle de l'éducation, n'agit-elle pas beaucoup plus en faveur des croyances religieuses que contre elles? L'auteur est trop éclairé pour oser reproduire ouvertement la doctrine souvent exposée contre les athées, à savoir que c'est pour se délivrer d'un joug et d'un frein et pour se livrer sans crainte à ses passions que l'athée rejette Dieu; et au XVIIe siècle, en effet, l'athéisme des gentilshommes n'était souvent que le véhicule du libertinage. Mais attribuer un tel motif à tel penseur que chacun peut nommer, ce serait se couvrir d'un tel ridicule qu'un apologiste tel que M. Ollé-Laprune a bien soin de ne pas tomber dans cet excès ; mais il n'y échappe pas tout à fait. Il parle de « passions subtiles et délicates, d'invisibles faiblesses, de secret orgueil ». Est-il bien sûr qu'il n'y ait pas autant d'orgueil d'un côté que de l'autre? Il parle ailleurs « d'indifférence à chercher la vérité ». Peut-on imputer à un Bruno, à un Vanini, qui meurent sur le bûcher, l'indifférence pour la vérité? Il parle des difficultés soulevées par « une demi-science ». Peut-on dire que les objections d'un Kant ou d'un Spinoza viennent d'une demi-science? Ce sont cependant ces objections qui font les athées de notre temps.

On s'étonne aussi qu'un philosophe aussi clairvoyant, qui déclare courageusement que l'athéisme est un péché, ait oublié de nous dire clairement ce qu'il entend par athéisme, comme si la question ne valait pas la peine d'être examinée. Il n'est pas cependant un philosophe qui ne sache combien l'expression d'athéisme est difficile à définir, et combien il y a peu de doctrines qui puissent être rigoureusement appelées de ce nom. Même le baron d'Holbach, quand il parle de la nature, lui prête des attributs qui sont pour la plupart les attributs de la Divinité. L'idée de Dieu se compose, comme on le sait, de deux sortes d'attributs : les attributs métaphysiques et les attributs moraux. Certains philosophes sacrifient les attributs moraux aux attributs métaphysiques; le sens commun et la croyance populaire sacrifient volontiers les attributs métaphysiques aux attributs moraux. Y a-t-il plus d'athéisme d'un côté que de l'autre? En un sens, le polythéisme n'était-il pas athéisme? Spinoza et Hegel sont-ils des athées pour avoir considéré la personnalité divine comme incompatible avec l'essence de l'infini et de l'absolu? Quand on sait, par l'étude journalière de l'histoire de la philosophie, combien ces délimitations sont délicates et difficiles, on se demande où est le point où l'on devient véritablement coupable.

Je suis bien loin de nier qu'il n'y ait un athéisme fanatique aussi intolérant et aussi intolérable que le fanatisme religieux. Mais c'est en tant que fanatisme qu'une telle opinion est répréhensible, ce n'est pas en tant qu'athéisme. Je ne sais d'ailleurs ce que notre auteur aurait à répondre à un tel athéisme ; car il s'appuie précisément sur la même raison que lui : c'est que l'on ne peut croire soi-même quelque chose de vrai sans l'imposer aux autres. Toute résistance à la vérité ne peut venir que de mauvaises passions, de mauvaises intentions. On impute les croyances religieuses à l'hypocrisie, à la servilité, à la crainte de mourir, etc., de même que, de l'autre côté, on a imputé le scepticisme et l'incrédulité à l'orgueil, à la mauvaise foi. On se renvoie les uns aux autres les mêmes raisons, les mêmes arguments : on commence par se contredire, on finit par se haïr. Car comment ne pas haïr celui qui résiste volontairement à la vérité? Chacun se considère comme centre, se croit le privilégié de la vérité et excommunie tout ce qui ne subit pas son *credo*. C'est le contraire de l'esprit philosophique, qui ne fait appel qu'à la raison et qui, reconnaissant chez tous la même raison, reconnaît à tous le même droit de chercher la vérité et en même temps le droit de se tromper : car l'un ne va pas sans l'autre. Imputer à mauvaises intentions l'opinion de nos adversaires, c'est accepter d'avance la même inculpation pour nous-mêmes; or, comme il n'y a pas de juge entre nous, il faut écarter de part et d'autre cette objection que l'on peut se renvoyer indéfiniment, suivant cette règle si judicieuse de saint Augustin : *Omittamus ista communia, quæ dici ex utraque parte possunt.*

III

Il reste une dernière difficulté que nous ne devons pas écarter si nous voulons aller jusqu'au fond de la question, quoique l'auteur ne l'ait peut-être pas suffisamment creusée lui-même et ne lui ait pas donné toute sa valeur. Admettons, pourrait-il dire, que Dieu et la vie future ne soient que des vérités spéculatives, que ce ne soit pas un devoir d'y croire. Mais peut-on aller jusqu'à soutenir que ce ne soit pas un devoir de croire au devoir? Ainsi, si nous remontons à la source des vérités morales, sans parler des postulats précédents, comme les appelle Kant, nous verrons qu'il y a au moins un cas où l'évidence n'est pas la règle seule de la vérité, où la morale a sa voix en même temps que la logique, où la volonté est tenue de faire preuve de bonne volonté, où elle se manque à elle-même en ne se faisant pas à elle-même sa propre croyance : c'est le cas de la loi morale, laquelle ne peut admettre qu'elle puisse être même un moment mise en suspicion, qu'elle puisse être contestée innocemment, et qui, par conséquent, lors même qu'elle ne s'imposerait pas à nous comme connaissance, s'imposerait encore à titre de croyance.

Nous n'hésitons pas à soutenir, même sur ce terrain, la liberté philosophique. Non, en philosophie, ce n'est pas un devoir de croire au devoir. Autrement, Descartes eût manqué au devoir en enveloppant la morale dans son doute méthodique, et en se contentant d'une « morale par provision ». Le *Discours de la Méthode* serait une œuvre immorale. Bien loin d'en faire la base de l'enseignement philosophique, il faudrait l'en exclure et la proscrire absolument. Ne serait-ce donc que pour la forme qu'on accepte le *Discours de la Méthode*? N'y voit-on qu'un jeu sans danger, un artifice innocent? Une telle apppréciation serait-elle digne de Descartes? Non sans doute. Or l'autorité du *Discours de la Méthode* réside précisément dans cette doctrine fondamentale qui est la base de toute philosophie : c'est que nous ne devons rien affirmer, en tant que philosophes, que sur l'évidence. Mais le devoir dans le sens strict que lui donne la philosophie, à savoir l'*impératif catégorique* de Kant, est-il évident sans examen? Ce que dans la pratique on appelle de ce nom n'est-il pas un mélange confus d'instincts, de sentiments, d'habitudes, de prudence, qu'il appartient seulement à la philosophie d'élever à une notion claire et distincte? Cela est-il possible si on ne soumet pas cette notion à l'examen aussi bien que toute autre vérité? Et pendant qu'on l'examine, qu'on l'analyse, qu'on la critique, peut-on, sans cercle vicieux, la supposer d'avance et l'imposer comme devoir avant de l'avoir établie comme vérité? Et si, après examen, il reste des doutes, des difficultés, des obscurités (par exemple, telle ou telle part à faire au sentiment), est-on tenu philosophiquement d'affirmer plus que la science n'aura démontré? La part d'obscurité qui reste, de quelque manière qu'on l'entende, peut-elle être autre chose qu'une certaine chance d'erreur? Et si l'on est autorisé pratiquement à n'en pas tenir compte, est-ce un devoir, est-ce même un droit pour le philosophe de négliger cette chance d'erreur et de mettre sur la même ligne, au point de vue de la certitude rigoureuse, ce qui est évident et ce qui ne l'est pas?

Mais, dit-on, la morale suppose dans les objets un ordre et une gradation de dignité et de valeur qui ne peut pas être objet de raison pure, mais seulement de sentiment, de croyance.

La morale implique un élément que l'on appelle la qualité, la dignité, la perfection. Or la qualité, la dignité, ne se démontrent pas; elles ne peuvent être que senties. Démontrez-moi qu'un bon cœur vaut mieux qu'un bon estomac. Il y a donc là un acte de croyance, non de science : c'est cependant une certitude égale à toute autre, si on veut toutefois qu'il y ait une morale. J'accorde tout cela, et je sais bien qu'au début de la morale comme de toute science, il faut poser un principe initial qui sépare cette science de toutes les autres; mais je me demande pourquoi ce principe premier, en morale plus que dans toute autre science, serait attribué au sentiment plus qu'à la raison. Et d'ailleurs, en supposant même qu'il en fût ainsi, il n'en résulterait qu'une chose, c'est que la doctrine du sentiment l'emporterait précisément sur la doctrine du devoir pur : car c'est le propre du devoir de s'imposer absolument à la raison, abstraction faite de toute influence de la sensibilité. Et ainsi la prétendue croyance obligatoire au devoir aboutirait à la négation même du devoir pur, dans son sens rigoureusement philosophique. Enfin, quand même la doctrine du sentiment serait vraie, ce serait toujours à la raison, d'après la règle de l'évidence, à le démontrer. Ce serait à elle à faire la description des sentiments pour y constater celui-là, à en faire l'analyse pour bien montrer qu'il ne se réduit à aucun autre, à en faire l'histoire pour montrer qu'il n'est pas le résultat des coutumes, des mœurs, de l'éducation, etc., et c'est dans la mesure de l'évidence que chacune de ces démonstrations pourra invoquer que nous serons autorisés à affirmer philosophiquement la valeur propre du sentiment moral : réciproquement, dans la mesure où ce travail laisserait à désirer, une part devrait être laissée au doute, et on se contenterait de probabilités. Cependant, en attendant, il faut agir, et chacun agira en vertu de ses croyances, en les éclairant le plus possible par la raison. Mais ces croyances, qui sont en partie des instincts, en partie des habitudes, en partie des prévisions rapides, mais confuses, ne peuvent s'arroger le droit de décider objectivement et absolument du vrai et du faux.

Cette doctrine peut paraître dure et excessive, mais elle n'offre aucun danger; car nous la restreignons au domaine spéculatif et scientifique; nous entendons que chacun, dans la pratique, a le droit ou, si l'on veut, le devoir, en tout cas subit la nécessité de conduire sa vie par la croyance. Mais il nous a paru nécessaire d'exprimer avec quelque rigueur le principe essentiel de toute philosophie. On peut nier la philosophie, on peut s'en passer; on peut la remplacer, pour soi-même, par la religion, par les arts ou par la science; mais on ne doit ni en méconnaître ni en altérer le principe. *Sit ut est, aut non sit.* Elle ne peut pas plus consentir à être la servante de la religion naturelle, ni même de la morale, que de la théologie. Ce n'est pas seulement dans le camp des croyants positifs que de telles altérations sont à craindre. Même dans le camp de la libre pensée, on voit des esprits ingénieux qui ne sont pas éloignés de croire que la philosophie est une œuvre d'art, que des systèmes sont des poèmes, qu'il est permis à chacun de s'enchanter de ce qui lui paraît le plus beau, en un mot que chacun se fait sa vérité. Mais que ce soit la croyance ou la fantaisie que l'on proclame souveraine, cette sorte de subjectivisme est, à nos yeux, la négation ou l'abdication de toute philosophie.

VII

LA THÉORIE DE L'ERREUR

M. VICTOR BROCHARD

(*De l'Erreur*, 1879.)

L'œuvre de M. Victor Brochard sur l'*Erreur* porte sur les mêmes problèmes que celle de M. Ollé-Laprune. C'est encore la question de la certitude, celle de la croyance et de l'erreur. Il y a dans les deux écrits une tendance à faire une part très large à la croyance. Mais tandis que M. Ollé-Laprune restreint cette part au domaine moral, et reconnaît pour toutes les vérités intellectuelles une certitude logique, tandis qu'il ne voit dans la certitude morale que le supplément de la certitude rationnelle, M. Victor Brochard professe une doctrine plus radicale, et introduit la croyance à la place même de la certitude en général. Toute certitude est un acte de croyance. La vérité ne s'impose pas du dehors par des signes irréfragables, par une lumière impérieuse et accablante. La vérité, sinon en elle-même, du moins pour nous, est l'œuvre de nos efforts, l'œuvre de notre volonté. Résumons cet ensemble d'idées que l'auteur a développées avec une rare subtilité dialectique dans son travail sur l'*Erreur*.

M. Brochard commence par écarter l'ancienne définition de la vérité, à savoir : la conformité de la pensée avec son objet. Cette définition, selon lui, était de mise dans les écoles ontologique et dogmatique, pour lesquelles l'objet était une chose en soi. La pensée était la représentation de la chose en soi ; une pensée vraie était celle qui représentait fidèlement et exactement cette chose, qui lui était conforme : *adæquatio mentis et rei*. Mais cette hypothèse ontologique est pleine de difficultés, et il est devenu constant aujourd'hui pour tous les philosophes que l'esprit ne peut pas sortir de lui-même. La vérité n'est donc plus la conformité de la pensée avec son objet, mais la conformité de la pensée avec elle-même.

La vérité n'existe pas dans les idées toutes seules. Une idée n'est ni vraie ni fausse. Elle n'existe pas non plus dans une simple succession d'images. Il n'y a de vérité que lorsque nous généralisons, que nous considérons le lien établi entre nos idées comme subsistant en dehors de nous, et comme s'imposant aux autres hommes aussi bien qu'à nous-mêmes. Cela étant, le seul criterium de la vérité est l'impossibilité où nous sommes de détruire certaines synthèses mentales. Par exemple, nous ne pouvons pas nous empêcher de dire que $2 + 2$ font 4; ou bien, ayant un cygne noir sous les yeux, nous ne pouvons pas penser que tous les cygnes sont blancs. C'est cette nécessité qui constitue la propriété particulière de la pensée vraie ou de la pensée objective.

En résumé, la vérité consiste dans des rapports constants et généraux entre nos représentations, et il faut admettre comme postulats ces deux principes :

1° A priori, il y a des représentations que la conscience ne peut unir par aucun effort, et c'est ce qu'on appelle contradiction ;

2° A posteriori, nous pouvons distinguer les images des sensations; et ces distinctions se présentent à nous comme un caractère de nécessité tout à fait analogue à la nécessité logique.

Voilà la vérité. En conséquence, cette synthèse mentale est fausse lorsqu'elle est contradictoire ou à priori ou à posteriori, en soi ou dans son rapport aux phénomènes déjà connus.

De ces deux postulats l'auteur conclut, conformément à la tradition philosophique, qu'il y a deux sortes de vérités : les vérités rationnelles et les vérités empiriques, qui ont pour caractère, les unes et les autres, d'être des enchaînements nécessaires de représentations. Il y aura donc deux criteriums : l'enchaînement rationnel et l'expérience.

La question est de savoir si ces deux critères sont réductibles l'un à l'autre, la vérité rationnelle à la vérité empirique, ou la vérité empirique à la vérité rationnelle. Selon l'auteur, cette réduction est impossible. Il faut donc admettre deux logiques comme deux sortes de vérités.

Mais si la vérité n'est pas la conformité à un objet extérieur ; si elle ne consiste que dans un certain système de relations entre nos représentations, ne peut-on pas dire que ce système n'est relatif qu'à notre esprit, et, par conséquent, n'est-on pas conduit à soutenir, avec Protagoras, que l'homme est la mesure de toutes choses?

L'auteur écarte cette objection en se demandant ce que pourrait signifier cette proposition. Veut-on dire par là qu'il pourrait y avoir des esprits autres que l'esprit humain, pensant autrement que lui, et par conséquent que la vérité pour nous n'est qu'une vérité humaine? Mais qu'entend-on par d'autres esprits?

Il y a ici trois hypothèses possibles : 1° ou ces esprits auront les mêmes catégories que nous, avec d'autres différentes ; 2° ou ils auront seulement des catégories différentes ; 3° ou ils auront des catégories contraires.

Dans le premier cas, ces autres esprits connaîtront plus de choses que nous ; mais ce qui est vrai pour nous sera vrai pour eux. Dans le second cas, ce qui est vrai pour nous ne sera sans doute pas vrai pour un autre sujet différent du nôtre, mais ne sera pas faux non plus. Dans le troisième cas, un esprit qui n'offrirait pas de synthèse dans ses représentations ne penserait pas, et par conséquent ne serait pas un esprit.

Cette théorie de la vérité étant donnée, nous avons à nous demander ce que c'est que l'erreur.

L'erreur, disent les logiciens, est un jugement faux. Qu'est-ce qu'un jugement? Suivant les mêmes logiciens, juger, c'est affirmer. Pour comprendre l'erreur, il faut donc bien comprendre la nature de l'affirmation.

L'auteur distingue l'acte de penser, dont il vient de faire l'analyse, de l'acte d'affirmer, qu'il confond avec l'acte de croire. La théorie de l'erreur suppose donc la théorie de la croyance.

Théoriquement on distingue la certitude de la croyance. La croyance est un état purement subjectif qui peut être vrai ou faux. La certitude est l'adhésion absolue à la vérité.

Mais cette distinction est superficielle et n'est pas fondée en fait. En fait, nous donnons à des idées fausses la même adhésion absolue qui semble n'appartenir qu'à la certitude. Il semble même que, dans certains cas, la certitude de la croyance l'emporte sur celle de la raison elle-même.

Je vois, je sais, je crois,

dit Pauline dans *Polyeucte*. En tout cas, il est impossible de distinguer la certitude vraie de la certitude fausse.

Qu'est-ce donc que la croyance? Il semble que ce soit une manière d'être de l'idée. Il est clair, en effet, qu'on ne peut croire sans penser, et, d'un autre côté, il semble que l'on puisse penser sans croire. Les perceptions externes de la conscience impliquent la croyance. Suivant D. Stewart, toute image, toute conception est accompagnée de croyance à l'existence de son objet.

L'auteur fait des réserves sur cet accompagnement nécessaire de l'idée et de la croyance; mais lors même qu'on accorderait que l'acte de penser est nécessairement accompagné de croyance, il resterait encore à savoir si la croyance est uniquement déterminée par la pensée, si l'on ne croit que parce que l'on pense et en proportion de ce que l'on pense.

Pour qu'il en fût ainsi, il faudrait qu'il y eût dans l'idée un caractère propre et objectif tel que nous soyons absolument forcés de lui donner notre adhésion. On a prétendu que ce caractère existait, et qu'il était ce qu'on appelle évidence. Mais qui ne voit que tout le monde trouve évident ce qu'il croit vrai? Comment ce qui est évident pour l'un ne l'est-il pas pour l'autre? On a remarqué depuis longtemps qu'il y a une vraie et une fausse évidence? Suivant l'auteur, « l'évidence n'est pas la cause de la croyance; elle en est l'effet. Nous ne croyons pas une chose parce qu'elle est évidente; mais elle est évidente parce que nous la croyons : l'évidence est la croyance même, objectivée et considérée comme une qualité de la notion, à peu près comme la couleur, sensation du sujet, est attribuée à l'objet. L'expression souvent employée, *c'est évident*, désigne plutôt une croyance qui s'obstine qu'une croyance qui se justifie. » (P. 103.)

Mais si l'évidence n'est pas objective, si c'est notre croyance qui en est la cause, on ne peut plus dire que ce soit la vérité qui s'impose; mais c'est nous qui faisons la vérité, et chacun fait la sienne.

L'auteur écarte cette objection, qui est le scepticisme même. Il distingue le règne de la vérité et le règne de la croyance. Ce n'est pas parce que nous le croyons que la vérité existe en soi; mais elle n'existe pour nous qu'en tant que nous la croyons. La vérité existe, et nous pouvons la reconnaître; et, l'ayant reconnue, nous pouvons y croire. L'union de la croyance et de la vérité est la certitude.

Ainsi l'auteur veut maintenir à la fois le caractère objectif de la vérité et le caractère personnel de la croyance; mais il lui est bien difficile de concilier l'une et l'autre, et en même temps il se refuse de sacrifier l'une à l'autre; de là des contradictions dont il semble qu'il ne puisse sortir.

Il montre, par exemple, qu'il n'y a pas de vérité évidente dont on ne puisse douter, comme l'a prouvé Descartes. Même le *cogito* n'a de valeur absolue qu'au point de vue subjectif, c'est-à-dire à un point de vue insignifiant. Le monde extérieur n'est évident qu'en tant que représentation; même, suivant Descartes, on peut douter des vérités mathématiques. Il n'y a donc pas de croyances fatales provoquées par les idées.

Maintenant, qu'est-ce que la croyance? Est-ce le sentiment? Non : le sentiment agit sur la croyance, il ne la constitue pas.

La croyance est un acte de volonté. Mais que faut-il entendre par volonté? Pour expliquer ce terme, l'auteur prête à Descartes une théorie toute contraire à celle qu'on lui attribue d'ordinaire. Il dit que la volonté n'est que l'idée immobilisée; et il prétend que la théorie de Spinoza est la même que celle de Descartes, sans expliquer comment il se fait que Spinoza oppose sa doctrine à celle de Descartes et confond l'affirmation avec l'idée, tandis que Descartes voit dans l'affirmation un acte de libre arbitre, absolument distinct de l'idée.

Cependant, que faut-il répondre à cette objection banale : on ne croit pas ce qu'on veut?

Comment l'auteur répond-il à cette objection, qu'il appelle banale, mais qui n'en est pas moins le vrai fond de la question? Suivant l'auteur, on ne croit pas ce qu'on veut, en ce sens que la volonté ne se décide que pour des idées. Il faut qu'il y ait idée pour qu'il y ait croyance. S'il n'y a pas d'abord une idée, ou plus exactement une synthèse de représentations, la croyance n'apparaîtra pas. Mais, d'un autre côté, l'idée n'entraîne pas nécessairement la croyance. L'intelligence commence la croyance ; la volonté l'achève. La volonté n'est pas arbitraire, puisqu'elle suppose l'intelligence ; mais elle n'est pas fatale. Il ne suffit pas de vouloir pour croire; mais on ne croit que parce qu'on veut.

Du reste, l'auteur admet que l'on finit par se faire croire à soi-même ce qu'on veut. La volonté écarte les idées qui contrarient les croyances. L'habitude intervenant, peu à peu la croyance s'objective. Le caractère volontaire de la croyance est reconnu par ceux qui en font une grâce divine. C'est pourquoi nous rendons souvent les hommes responsables de leurs croyances. C'est pourquoi aussi nous défendons nos croyances avec tant de susceptibilité et de passion, et nous sommes plus fiers de faire partager nos croyances que d'enseigner une vérité démontrée.

Mais s'il en est ainsi, ne faut-il pas dire que la vérité est relative à chacun de nous, et qu'à proprement parler elle n'est pas, elle se fait? Mais ne serait-ce pas scandaliser tous ceux qui ont cherché, qui ont aimé la vérité avec passion (avec quelles angoisses ils l'ont dit dans des pages immortelles)? Que diraient-ils s'ils apprenaient que le croyant doit se prêter à sa croyance, aller au-devant d'elle, la créer au lieu de la recevoir? Une telle croyance ne disparaîtrait-elle pas au moment même où elle naîtrait, et cette certitude factice ne serait-elle pas la suprême incertitude?

L'auteur répond à cette difficulté, qui est encore le fond même de la question, en distinguant la certitude scientifique et la certitude morale. Ici nous entrerons dans le point de vue que nous avons précédemment discuté, à savoir le point de vue de M. Ollé-Laprune. La certitude morale est d'un autre ordre que la certitude scientifique; mais elle ne lui cède en rien en tant que certitude. Telle est la certitude de la croyance au devoir et à la liberté. Ici la liberté et la nécessité se confondent et se concilient. Le devoir est une loi; il se présente à nous avec un caractère de nécessité et de contrainte; en cela il ressemble aux vérités mathématiques et métaphysiques; mais en même temps c'est une loi que la volonté se donne à elle-même. Elle est, comme dit Kant, autonome et législatrice. Dès lors, comment l'âme douterait-elle d'une loi qu'elle s'est elle-même donnée? Il y a donc là à la fois certitude et croyance. Bien plus, la certitude scientifique elle-même suppose la certitude morale ; car elle implique le bon usage de nos facultés; et ce bon usage est un usage moral.

Ayant excepté la croyance au devoir, l'auteur reconnaît que toutes les autres croyances religieuses et philosophiques n'équivalent jamais à la certitude, parce qu'elles ne sont pas vérifiables. Elles conservent toujours plus ou moins le caractère subjectif et volontaire; ce n'est pas à dire pour cela que toutes les croyances sont égales. Elles relèvent de la logique, et elles doivent être condamnées : 1° lorsqu'elles sont contradictoires avec elles-mêmes; 2° lorsqu'elles contredisent des faits avérés. S'il n'y a pas de criterium de la vérité, il y a un criterium de l'erreur; et ce criterium est impliqué dans les deux postulats précédemment posés, à savoir le principe de contradiction et la croyance aux faits.

Si de ces considérations sur les croyances nous passons à la théorie de l'erreur qui était l'objet propre de la recherche de l'auteur, nous n'avons qu'à tirer les conséquences de ce qui précède. L'erreur n'est qu'un cas particulier de la croyance; elle est une croyance[1]. On a essayé de distinguer le jugement faux du jugement vrai en disant que l'un est positif et l'autre négatif; que dans tout jugement ce qui est affirmatif est vrai, ce qui est négatif est faux; le faux n'est qu'une négation. Une erreur ne serait donc qu'une vérité incomplète, une demi-vérité. Telle est la théorie de Spinoza, pour qui l'erreur n'est qu'une idée inadéquate. Par exemple, cette proposition : le soleil est à six cents pieds de nous, est vraie, en tant qu'il nous paraît tel. Mais l'auteur fait remarquer avec raison qu'il n'en est pas toujours ainsi. Par exemple, qu'y a-t-il de vrai dans cette proposition : l'or potable est un remède universel? On peut donc affirmer quelque chose de positif qui sera absolument faux. Une chose n'est fausse qu'en tant que nous l'objectivons, c'est-à-dire en tant que nous nous la représentons comme nécessaire et universelle. Or, c'est bien là un jugement positif. Si je me trompe, ce n'est pas parce qu'il manque quelque chose à mon affirmation, c'est au contraire parce que j'y mets plus qu'il ne faut; et comme c'est la raison qui généralise et individualise, c'est bien elle qui est coupable. Je me trompe, non pas quoique raisonnable, mais parce que je suis raisonnable.

Toute cette discussion sur le caractère positif de l'erreur est très solide et très bien conduite : c'est une des parties les plus intéressantes du travail de M. Brochard; mais elle ne nous semble pas rien ajouter à la probabilité de la thèse fondamentale.

La conclusion de l'ouvrage à laquelle l'auteur paraît tenir le plus, parce qu'il y revient souvent et qu'il l'exprime à plu-

---

1. Page 125.

sieurs reprises, c'est que la vérité n'est pas toute faite, mais qu'elle se fait et que nous la faisons :

« La raison n'est pas une intuition infaillible ; elle n'est pas enchaînée à l'être, immobilisée dans la contemplation de l'être. Elle est une forme abstraite et mobile, également capable de s'attacher à ce qui est et à ce qui n'est pas. Mais si cette mobilité est la mère de nos erreurs, il ne faut pas oublier qu'elle est aussi la condition de la vérité. Bien loin de se placer du premier coup et comme de plain-pied dans l'absolu et au cœur de l'être, la pensée s'accommode par une série de modifications nécessaires à la réalité qu'elle veut représenter. Elle est essentiellement discontinue ; elle procède par bonds, s'élance hardiment dans l'inconnu, essayant toutes les routes, s'égarant souvent dans ses courses aventureuses, mais capable aussi, c'est là sa récompense, de trouver le bon chemin. La même activité exubérante et hardie qui l'emporte loin du but est aussi capable de l'y conduire ou de l'y ramener. Elle ne se trompe que parce qu'elle doit trouver d'elle-même la vérité, et pour ainsi dire la créer à nouveau. Ce qui fait sa faiblesse est aussi ce qui fait sa force. »

II

Après l'exposition, la discussion. Le point faible de la philosophie de la croyance, c'est le danger du scepticisme. Cette proposition peut paraître choquante au premier abord ; car la croyance paraît être le contraire du scepticisme. L'objet principal de la croyance est d'échapper au scepticisme ; rien de moins sceptique qu'un croyant. Par exemple, nul scepticisme dans un mahométan. Mais il faut distinguer la croyance comme fait de l'âme et essentiellement affirmative, et la philosophie de la croyance, qui essaye de faire sa part à la croyance dans la connaissance humaine, ou mieux, qui fait de la croyance le fond même de la connaissance. Or la croyance est subjective et individuelle. Il est à craindre qu'en accordant à la croyance la plus grande part, et même le rôle principal dans la connaissance, on ne rende la vérité subjective et individuelle, ce qui est le principe même du scepticisme. Nous avons vu plus haut que même M. Ollé-Laprune, qui est un croyant, n'a pu faire de la croyance la règle dernière des vérités morales qu'à la condition d'affaiblir les preuves de ces mêmes vérités. Il n'a pas dit, comme Kant, que ces preuves fussent nulles; il n'a pas même dit qu'elles étaient faibles; mais il a dit qu'elles étaient insuffisantes, obscures, voilées, imparfaites. C'est du scepticisme mitigé, mais c'est encore du scepticisme. L'auteur du travail sur l'*Erreur* est bien plus menacé encore de tomber dans ce péril, puisqu'il fait de la croyance, non pas l'auxiliaire, mais le principe même de toute connaissance. Il est à craindre qu'il n'aboutisse à un scepticisme plus général encore et plus complet. Il a, du reste, vu le danger, et il essaye d'y échapper. Il ne veut pas accepter le scepticisme. Ce serait détruire la pensée même de son ouvrage; car substituer des lieux communs sceptiques à des lieux communs dogmatiques n'aurait rien de bien original; la prétention de l'auteur, au contraire, est de soutenir précisément qu'on ne peut arriver à la certitude que par la croyance; car la croyance est une certitude.

L'auteur défend donc à la fois ces deux propositions : 1° qu'il y a de la vérité, et en cela il n'est pas sceptique; 2° qu'on ne peut atteindre à la vérité que par la croyance. Mais ces deux propositions sont-elles conciliables entre elles? Il nous semble que son travail admet à la fois l'une et l'autre, passe sans cesse de l'une à l'autre, sans réussir à les concilier, et son fidéisme paraît bien n'être qu'un compromis perpétuel entre le dogmatisme et le scepticisme.

Toute sa doctrine est concentrée dans deux chapitres : l'un sur la vérité, l'autre sur la croyance.

Le chapitre sur la vérité est excellent; nous aurions bien peu de réserves à faire. Mais ce chapitre nous paraît entièrement dogmatique, nullement fidéiste; nous nous demandons quelle part il reste à faire à la croyance après ces affirmations si fermes, si catégoriques. Nous accordons à l'auteur que la vérité consiste dans une synthèse mentale, — que « cette synthèse s'élève au-dessus des phénomènes », — que « cette synthèse est une généralisation valant pour les autres hommes comme pour nous-mêmes », en un mot, qu'elle consiste dans des rapports universels et nécessaires.

Cela étant, dit-il, le vrai criterium de la vérité est l'impossibilité où nous sommes de modifier certaines synthèses mentales ; par exemple, nous ne pouvons nous empêcher de penser que $2+2=4$. L'auteur semble donc accepter pour son compte le criterium d'Herbert Spencer, à savoir l'inconcevabilité du contraire. Mais en quoi ce criterium diffère-t-il de celui de Descartes, que notre auteur semble repousser, à savoir du criterium de l'évidence ? Qu'est-ce que l'évidence selon Descartes ? C'est ce que nous concevons si clairement et si distinctement qu'il nous est impossible de le révoquer en doute. L'impossibilité de douter est précisément ce que Descartes appelle évidence. Or dans quel cas est-il impossible de douter ? Dans le cas où la vérité nous apparaît si clairement et si distinctement qu'il nous soit impossible de la révoquer en doute ; et dans le cas où nous disons : 2 et 2 font 4, qui nie que cette proposition nous apparaisse avec une parfaite clarté ?

Or il y a, suivant l'auteur, deux cas où la vérité s'impose à nous avec une absolue nécessité : 1° à priori, il y a des représentations que la conscience ne peut unir et que l'on appelle contradictoires ; 2° à posteriori, il y a des sensations qui s'imposent à nous avec une nécessité empirique égale à la nécessité logique.

On pourrait se demander si ces deux cas épuisent le nombre des vérités nécessaires. L'auteur, qui est un idéaliste critique de l'école de Kant, semble avoir oublié que, pour Kant, il y a dans l'esprit deux espèces de lois : les unes analytiques, dont le contraire est contradictoire ; les autres synthétiques, dont le contraire n'est pas contradictoire ; mais nous ne sommes pas moins forcés de penser celles-ci que celles-là.

En outre, l'auteur se fait à lui-même cette objection importante : il se demande si, en faisant consister la vérité dans une synthèse mentale, qui ne se produit que dans l'esprit humain, nous ne rendons pas par là la vérité relative, et par conséquent si nous n'allons pas retomber par un autre côté dans le scepticisme ; et il fait un effort remarquable, qui n'avait pas encore été fait, pour identifier la pensée humaine avec la pensée en général.

Il suppose trois cas : 1° un autre esprit qui aurait les mêmes catégories que nous avec d'autres en plus ; 2° un esprit qui aurait des catégories différentes ; 3° un esprit qui aurait des catégories absolument contraires.

Dans le premier cas, ce qui est vrai pour nous serait vrai pour cet autre esprit ; dans le second cas, ce qui est vrai pour nous ne serait pas vrai pour lui, mais ne serait pas faux non plus ; dans le troisième cas enfin, un esprit qui n'aurait que des catégories contraires aux nôtres serait un esprit qui ne penserait pas et qui par conséquent ne serait pas un esprit.

Je ne sais si cette triple hypothèse suffirait à prouver l'identité de la vérité humaine et de la vérité en soi. Sur quoi se fonderait-on pour affirmer qu'un esprit qui aurait des catégories contraires aux nôtres ne penserait pas ? N'est-ce pas supposer qu'on ne peut pas penser, sinon sans, du moins contre nos propres catégories, et par conséquent que notre pensée a une valeur absolue, et n'est pas seulement une vérité humaine ? En outre, il ne suffit pas de savoir que notre pensée n'est pas fausse ; nous demandons en outre qu'elle soit vraie. Le fait de ne pas être fausse ne suffit pas à disculper notre pensée du caractère de relativité.

En réalité, le seul sens possible plausible de la doctrine qui place la vérité dans la pensée, c'est, comme le dit l'auteur, de la considérer comme l'attribut d'une intelligence universelle, qui serait toujours en acte. Mais en quoi une telle doctrine se distingue-t-elle de celle de la métaphysique dogmatique ? N'est-ce pas celle de Platon, d'Aristote, de Leibniz, de Bossuet ? Une telle doctrine échappe au scepticisme, mais elle échappe aussi au criticisme. Elle n'est que la doctrine traditionnelle des métaphysiciens.

Ainsi, dans ce chapitre sur la vérité, nous ne rencontrons guère que des propositions auxquelles nous adhérons; mais ces propositions sont dogmatiques; nous n'avons pas encore vu apparaître l'acte de croire. L'affirmation repose sinon sur l'évidence (point réservé), du moins sur la nécessité et l'impossibilité de douter. Que l'on appelle cela du nom de croyance (ce que l'auteur d'ailleurs ne fait pas), je le veux bien; mais c'est une question ou même un abus de mots : car c'est confondre la nécessité implacable de la nature avec l'acte de la volonté.

Quoi qu'il en soit de ce premier stade, passons au second, à savoir le problème de la croyance. Dans le chapitre précédent, nous avons vu l'auteur marchant de concert avec les dogmatiques. Ici, nous allons le voir marchant d'accord avec les sceptiques, et ne se séparer d'eux que par des contradictions.

La difficulté fondamentale qui pèse sur toute la théorie apparaît dès la première page du chapitre de la croyance. L'auteur refuse d'admettre la différence généralement acceptée entre la certitude et la croyance. Il affirme qu'il n'y a aucun moyen de constater la moindre différence entre le cas où nous sommes certains et le cas où nous croyons l'être. La certitude est une espèce de croyance, un cas particulier de la croyance. On voit que, s'il en est ainsi, il n'y a plus aucune différence entre un jugement vrai et un jugement faux; et nous voici en plein scepticisme.

Nous reconnaissons que la difficulté soulevée par l'auteur pèse sur toutes les philosophies. Dans toutes il y a difficulté à distinguer la certitude de la croyance, ou, si l'on veut, la certitude objective de la certitude subjective. Par exemple, ceux qui croient aux esprits frappeurs peuvent y croire avec la même sécurité, la même énergie avec laquelle le savant croit au principe d'Archimède ou au carré de l'hypoténuse. Mais il nous semble que cette difficulté pèse bien plus encore, et à un plus haut degré, sur la philosophie de la croyance. En effet, les philosophes distinguent d'ordinaire entre croire et connaître. Ils commencent par mettre à l'abri tout le domaine de la connaissance ; et c'est là l'objet de la logique. La difficulté ne commence pour eux qu'avec la croyance. C'est alors seulement qu'il devient très difficile de distinguer la croyance vraie de la croyance fausse. Mais si l'on répudie la différence du connaître et du croire, et que la croyance soit la base même de la connaissance, il semble qu'alors la difficulté porte sur toute connaissance, et par conséquent met en péril l'intelligence tout entière. Sans doute, l'auteur distingue lui-même entre penser et croire. La pensée d'une proposition n'est pas l'assentiment à cette proposition. La croyance s'ajoute à la pensée ; elle ne s'identifie pas avec elle. Penser que $2+2=4$, ce n'est pas croire que réellement $2+2=4$. La pensée n'est que la représentation d'une idée ou d'une proposition en tant que possible. L'affirmation seule décide du vrai et du faux : or l'affirmation est une croyance. Mais c'est précisément cette affirmation qui est l'acte constitutif de l'intelligence : car l'acte essentiel de l'intelligence est le jugement, et le jugement est une affirmation. Si donc l'affirmation est une croyance, l'intelligence tout entière repose sur la croyance ; et la difficulté qui, dans la philosophie dogmatique, ne porte que sur la croyance, porte ici sur l'intelligence tout entière.

L'auteur nous semble donc avoir grossi la difficulté qui pèse sur toute philosophie, en adoptant le point de vue sceptique, qui n'admet aucune différence assignable entre la certitude vraie et la certitude fausse ; il l'a grossie, dis-je, en faisant reposer l'intelligence sur la croyance. Il l'a grossie encore plus et l'a rendue tout à fait insoluble en rejetant le seul criterium que les dogmatistes aient pu trouver pour distinguer le vrai du faux, à savoir le criterium de l'évidence.

On appelle évidence, dit-il, cette qualité intrinsèque et objective des idées telle que, mise en présence d'un esprit, elle provoque immédiatement l'adhésion. Mais, dit-il, la difficulté n'est que reculée ; car il y a une vraie et une fausse évidence ; et il reste toujours à distinguer l'une de l'autre. Suivant l'auteur, l'évidence n'appartient pas à la chose pensée, mais au sujet qui pense, qui l'introduit dans l'objet; elle est le pseudonyme de la croyance. Ce n'est pas parce qu'une chose est évidente que nous la croyons; c'est parce que nous la croyons qu'elle est évidente. L'évidence n'est que la croyance objectivée. Ce sont là, nous le reconnaissons, des propositions remarquables, des formules fortement frappées. Mais à qui profiteront ces formules, ce n'est pas aux sceptiques; comment conviendra-t-on d'une doctrine aussi absolue sur l'indiscernabilité de la vérité et de l'erreur? Le dogmatisme essaye de trouver une différence; il la trouve dans l'évidence. Il y a là du moins un effort pour un caractère objectif de la vérité; mais si nous supprimons l'évidence, si nous en faisons la conséquence de la croyance, au lieu qu'elle en soit la cause, il n'y a plus de criterium possible, et le scepticisme triomphe sur toute la ligne.

Cependant l'auteur s'effraye lui-même de son objection, et il se hâte d'ajouter que la vérité existe, comme il l'avait lui-même établi dans le chapitre précédent : « Sans doute, dit-il, la vérité n'existe pour nous qu'en tant que nous la croyons, mais ce n'est pas en tant que nous la croyons qu'elle existe. » Donc il y a de la vérité en soi : bien ; mais y a-t-il de la vérité pour nous? « Oui, dit l'auteur, la vérité existe, et nous pouvons la reconnaître; et, la reconnaissant, nous pouvons y croire. » Voilà donc un nouveau retour au dogmatisme; mais n'est-ce pas au prix d'une contradiction? Car, lui dirons-nous, qu'entendez-vous par reconnaître? N'est-ce pas précisément ce que les dogmatistes appellent évidence? Comment reconnaîtra-t-on une chose qui n'aurait pas de caractère distinctif et propre? Dire qu'on reconnaît la vérité, n'est-ce pas précisément lui imputer le caractère objectif qu'on répudiait tout à l'heure?

L'auteur se fait encore une autre objection. Si la vérité ne s'impose pas par sa propre autorité, par sa propre évidence, si la vérité n'est qu'affaire de croyance, et si, comme l'affirme l'auteur, la croyance n'est qu'un acte de volonté, il s'ensuit que le choix de la vérité est un acte volontaire, que l'on peut croire ce qu'on veut. La vérité est donc relative et arbitraire.

L'auteur répond à cette objection que l'on ne pense pas ce qu'on veut, en ce sens que la volonté ne précède pas l'idée. Il faut qu'il y ait idée pour qu'il y ait croyance. S'il n'y a pas d'abord idée, ou plus exactement synthèse de représentations, la croyance n'apparaîtra pas. Mais, d'un autre côté, l'idée n'entraîne pas nécessairement la croyance. L'intelligence commence la croyance ; la croyance l'achève. La croyance n'est pas arbitraire, parce qu'elle suppose l'intelligence ; mais elle n'est pas fatale. Il ne suffit pas de vouloir pour croire, mais l'on ne croit que parce que l'on veut.

Cette réponse réduit, si l'on veut, la gravité de l'objection, mais elle ne la supprime pas. Sans doute l'idée est une des conditions de la croyance ; je ne suis pas libre de croire au Manitou des sauvages et à la métempsycose des Hindous, cela est vrai ; mais toujours est-il que, telles ou telles prémisses étant données, je puis conclure dans un sens ou dans l'autre par un acte de volonté ; or, dans la mesure même où ma volonté intervient, la vérité est volontaire, et par conséquent arbitraire ; c'est *ma* vérité, ce n'est pas *la* vérité. On ne peut donc disculper une telle doctrine de tourner au scepticisme.

L'auteur invoque en faveur de sa doctrine le fait et l'expérience. « En fait, dit-il, n'est-il pas certain que nous nous faisons à nous-mêmes notre vérité? La volonté écarte les idées qui contrarient ses croyances, et, l'habitude aidant, la croyance s'objective. » Cela est vrai en fait ; mais en principe cela ne doit pas être. Ce n'est pas une bonne règle de logique que de nous dire : « Faites votre vérité. » La logique a précisément pour objet de nous apprendre à chercher une vérité objective, en nous dégageant de tout mobile subjectif, sentiment, habitude, etc.

L'auteur dit encore que le caractère volontaire de la croyance est reconnu par tous ceux qui en font une faveur ou une grâce divine. On peut dire, au contraire, que la doctrine de la grâce a précisément pour objet d'échapper aux dangers d'une vérité purement volontaire. Il s'agit d'un acte surnaturel, qui vient de Dieu et qui par conséquent est objectif. A quoi la reconnaîtra-t-on, cette grâce divine? C'est une question; mais, en tout cas, ce n'est pas l'acte d'une volonté individuelle.

Pour en revenir maintenant au chapitre précédent sur la vérité, comment concilier cette doctrine de la croyance qui est un acte volontaire, et qui n'a en soi aucun caractère objectif qui puisse nous permettre de distinguer le vrai du faux, comment concilier, dis-je, cette théorie avec le principe précédemment posé, à savoir que le criterium de la vérité est la nécessité avec laquelle certaines synthèses mentales s'imposent à nous, en d'autres termes l'impossibilité de penser le contraire de ce que nous pensons? Par exemple, la pensée ne peut, par aucun effort, unir des contradictoires. Elle ne peut davantage s'affranchir de nos sensations. Il y a donc au moins deux cas où la vérité s'impose d'une manière absolue et objective, à savoir le principe de contradiction et les sensations. Dans ces deux cas, la croyance, si on veut l'appeler ainsi, se confond avec la connaissance; en réalité, ce n'est pas là une croyance; car la volonté, qui est de l'essence de la croyance, n'y est absolument pour rien.

A la vérité, il est un ordre de principes sur lesquels il pourrait y avoir quelque doute : ce sont ceux que Kant appelle les principes synthétiques à priori; car, comme le contraire de ces principes n'est pas contradictoire, ils ne rentreraient pas dans la définition précédente. On peut cependant affirmer avec Kant que ces principes sont absolument nécessaires, et nous ne pouvons pas penser le contraire, même en le voulant. A la vérité, Stuart Mill a dit que nous pourrions nous représenter un monde sans causalité, c'est-à-dire un monde incohérent et désordonné, où les phénomènes ne seraient soumis à aucune loi; mais un tel monde serait sans lois, mais non pas sans causes; un chaos, tel qu'il résulte, par exemple, d'un tremblement de terre, n'est pas un phénomène sans cause; outre que le phénomène général du tremblement de terre a une cause, chacun des phénomènes particuliers dont se compose le phénomène général a sa cause ; dans une éruption de volcan, l'ensemble affecte l'apparence d'un chaos ; mais chaque pierre est tombée ici ou là en vertu des lois de la pesanteur et des lois du mouvement. Mill cite encore, pour prouver que nous pouvons concevoir un phénomène sans cause, le fait des miracles et celui du libre arbitre ; mais un miracle n'est pas un fait sans cause, car il est l'œuvre de la Providence, et le libre arbitre est si loin d'être sans cause, qu'il est lui-même une cause, et la plus puissante de toutes, puisqu'elle est affranchie de tout déterminisme.

Nous ne pouvons donc pas plus nous affranchir des principes synthétiques que des principes analytiques. En un mot, il y a un certain nombre de vérités qui s'imposent nécessairement à nous. Que l'on donne ou que l'on ne donne pas le nom d'évidence au caractère qui fait que ces vérités nous paraissent irrésistibles, cela importe peu ; toujours est-il que, dans les cas cités, la vérité s'impose à nous objectivement et irrésistiblement. Peut-on appeler croyance l'acte par lequel nous adhérons à ces vérités, il nous importe peu ; toujours est-il qu'il y aura des croyances primitives, inhérentes à l'esprit humain, et même, selon l'auteur, à tout esprit ; et, en outre, d'autres croyances, toutes différentes, venant de la sensibilité et de la volonté : ce sont les premières auxquelles nous donnerons le nom de connaissances ; et ce sont les autres auxquelles nous réservons le nom de croyances.

Mais maintenant, l'auteur, après avoir reconnu l'existence de telles vérités avec leur criterium de nécessité et avoir donné par là des gages sérieux au dogmatisme, l'auteur semble revenir sur ces assurances dans son chapitre sur la croyance, en affirmant qu'il n'y a pas d'assertions dont il soit impossible de douter. Il se prononce en signalant ces propositions mêmes que Descartes croit avoir mises à l'abri du doute :

1° Le *cogito ergo sum* : si l'on entend par là l'existence

substantielle, il est certain qu'on peut en douter. S'il ne s'agit que de l'existence purement empirique, on n'en doutera pas, sans doute ; mais c'est une vérité insignifiante et que le scepticisme lui-même ne nierait pas ;

2° Le monde extérieur : on ne doute pas sans doute de la liaison des apparences : mais cela ne prouve pas l'existence objective du monde ;

3° Les vérités mathématiques : et Descartes lui-même a reconnu que l'on en peut douter.

Il n'y a donc pas de croyances nécessaires et fatales, quoiqu'il puisse y avoir des pensées nécessaires. L'auteur résout ainsi l'opposition qui paraissait exister entre les premières propositions et les suivantes. Suivant lui, il y a une différence radicale entre penser et croire. Ce dont il parlait dans le chapitre sur la vérité, c'était de l'acte de penser. Nous ne pouvons pas ne pas penser certaines choses ; mais nous pouvons ne pas y croire. Il nous semble, quant à nous, que cette distinction est inadmissible lorsqu'il s'agit de pensées irrésistibles. Sans doute nous pouvons penser une chose sans y croire : par exemple, je puis penser que les astres sont habités, sans y croire ; c'est la distinction vulgaire entre concevoir et affirmer ; mais, dans ce cas-là, on peut aussi penser le contraire. Mais quand il s'agit de pensées irrésistibles, je demande où est la distinction du penser et du croire : si je ne puis pas ne pas penser cette proposition, c'est comme si je disais que je ne puis pas ne pas y croire ; car ne pas croire que $2+2=4$, c'est croire qu'ils peuvent faire 5 ; et cependant, c'est ce qu'il m'est impossible de penser. Je n'accorde donc pas, même à Descartes, que l'on puisse douter des mathématiques, si ce n'est en tant que vérités objectives s'appliquant au monde, mais non pas en elles-mêmes ; je ne pourrais en douter qu'à la condition de ne pas penser. Enfin quant à l'argument du malin génie de Descartes, on peut y répondre par l'argument même dont l'auteur se servait plus haut, à savoir qu'un esprit qui pourrait avoir des catégories contraires aux nôtres ne serait pas un esprit.

Quoi qu'il en soit, il y aurait toujours, en dehors du doute, l'existence de nos sensations, c'est-à-dire toute notre vie subjective, et en second lieu l'enchaînement nécessaire de nos sensations, c'est-à-dire le monde extérieur, au moins à titre de phénomènes bien liés; et ce ne serait pas déjà si peu de chose. Il y aurait encore le principe d'identité ou l'impossibilité de penser les contradictoires. Si nous y ajoutons le principe de causalité, voilà un vaste domaine enlevé à la croyance proprement dite et s'imposant à l'esprit avec une nécessité invincible.

La question maintenant est de savoir si, avec ces trois éléments, à savoir les sensations, le principe d'identité et le principe de causalité, on peut construire tout le système des connaissances humaines. Pour ma part, je le crois, et c'est la fonction de la philosophie, même de cette philosophie populaire que l'on appelle le sens commun, laquelle est obligée d'aller plus vite, à cause de la nécessité d'agir. Seulement, à mesure que l'on s'éloigne des principes et des faits et que la chaîne des raisonnements s'allonge et devient plus compliquée, les affirmations sont de moins en moins évidentes et plus sujettes à l'erreur. On pourra donc appeler croyances ces affirmations médiates, tirées de plus ou moins loin des principes posés. Encore dans le domaine de la science, grâce à des prodiges de méthode, on pourra pousser l'évidence le plus loin possible, et trouver à l'extrémité la même certitude qu'au début; et là la certitude médiate arrive presque à se confondre avec la certitude immédiate et intuitive. Il n'en est pas de même dans l'ordre moral, parce que le criterium des sens extérieurs fait défaut.

Quelle est donc la différence entre un jugement vrai et un jugement faux? Le jugement vrai est celui qui est fondé sur l'évidence. Le criterium de Descartes est le vrai, et l'on ne peut remonter plus haut. Si on renonce à ce criterium, il n'y en a plus d'autre, et chacun croira ce qu'il veut. Et quant à la question de savoir quelle est la vraie évidence, nous répondrons avec Descartes : « C'est celle dont il n'est pas possible de douter après examen; » c'est d'abord l'évidence immédiate, ou évidence des principes et des faits; c'est en outre l'évidence scientifique, qui se confond presque avec l'évidence immédiate. Quant à l'évidence médiate, elle est toujours plus ou moins mêlée d'obscurité. C'est celle-là seule qui peut nous tromper. Le triage entre les opinions se fait à la longue et par la discussion, qui dans chaque question dégage les parties vraiment évidentes de celles qui ne le sont pas. C'est là le domaine de la libre discussion, qui, bien loin de détruire la certitude, la féconde en substituant peu à peu la vraie évidence à l'évidence trompeuse du sentiment et de l'imagination. En apparence, le libre examen semble porter avec lui le scepticisme, car il montre que ce qui paraissait évident ne l'était pas. Le petit nombre de vérités qu'il met à l'abri est bien peu de chose à côté du grand nombre d'illusions qu'il dévoile. Ce que l'on appelle une fausse évidence n'est qu'une évidence moindre qui est surpassée par une évidence plus grande : mais c'est toujours l'évidence qui juge l'évidence. Voilà un théorème de géométrie que j'ai cru vrai, parce que j'ai négligé une donnée : vous me faites remarquer que j'ai négligé cette donnée, et par là je reconnais mon erreur : c'est une évidence incomplète qui a cédé à une évidence plus complète; mais c'est toujours l'évidence qui est le criterium; il n'y en a pas d'autre. Si l'erreur était incorrigible, on pourrait croire qu'elle dépose contre la connaissance humaine. Mais nous nous corrigeons de nos erreurs; nous avons donc un moyen de distinguer la vérité. Quel est le progrès dans la science historique? c'est d'apprendre à distinguer les témoignages vrais des témoignages faux; dans la science physique? les faits vrais et les faits faux; dans la science en général? le raisonnement vrai du raisonnement faux. Et c'est toujours l'évidence qui nous sert de guide et de lumière. Et quel autre moyen avons-nous de trouver l'évidence, que celui indiqué par Descartes, à savoir l'attention et l'absence de précipitation et de préventions?

J'examinerai en dernier lieu une opinion à laquelle l'auteur paraît tenir beaucoup, car il y revient souvent : c'est à savoir la distinction entre ce qu'il appelle une vérité toute faite, et une opinion qui se fait. Il semble croire que s'il y a un criterium objectif de la vérité, cette vérité ne soit quelque chose de tout fait, qui s'impose du dehors sans que nous ayons besoin d'effort pour l'acquérir. Au contraire, si c'est nous qui faisons la vérité par un acte de volonté, si elle est notre conquête, elle a bien plus de prix. En outre, hors de cette hypothèse, le progrès paraît impossible : la science est immobile ; la morale, la religion, la politique, sont une fois données ; nous n'avons rien à y ajouter.

Mais, selon nous, la distinction présente entre la vérité toute faite et la vérité qui se fait, a tout aussi bien sa place dans la doctrine de l'évidence que dans la doctrine de la croyance. Nul ne soutient la thèse d'une vérité donnée en bloc, et contenant tout ce qu'il faut croire dans tous les ordres de connaissance. Ce qui est donné, ce qui est tout fait, ce sont les principes et les faits. Mais, sur ce terrain, il faut construire tout le système de nos connaissances, et cette construction est notre œuvre. Nous pouvons donc dire aussi que la vérité se fait. Nous pouvons parler également du progrès ; car la vérité ne se découvre pas en un jour. C'est par nos efforts, nos tâtonnements, nos erreurs même, que la vérité se dévoile à nous. C'est l'observation, l'analyse, l'abstraction, toutes opérations qui viennent de nous, qui servent à construire la science. La doctrine de l'évidence n'exclut donc pas la doctrine du progrès, et n'ôte rien à la dignité et à la liberté de la pensée.

En résumé, l'auteur nous a rendu service en mettant en relief le rôle de la croyance dans la connaissance. Tous nous sommes portés à confondre nos croyances avec nos connaissances proprement dites. Il était utile de dissiper cette illusion. Dans beaucoup de cas, nous disons : « Cela est ainsi, » lorsqu'il faudrait se borner à dire : « Je crois que cela est ainsi. » Mais la croyance n'est pas toute la connaissance ; car alors il n'y aurait plus de criterium entre le vrai et le faux. Il ne faut pas rétrograder au delà de Descartes. C'est lui qui a donné à la connaissance un but fixe et infranchissable. Hors de là il n'y a plus rien.

VIII

L'IDÉALISME DE M. LACHELIER

(*Du Fondement de l'induction*, 1872.)

Tous ou presque tous les travaux précédents appartiennent à l'ordre d'idées que l'on appelle aujourd'hui le *volontarisme,* selon lequel le premier rôle revient à la volonté dans la connaissance et dans l'existence. Au contraire, il semble bien que le travail que nous abordons maintenant relève plutôt de ce que l'on appelle aussi l'*intellectualisme;* en tout cas, c'est l'intelligence dont il est surtout question, et dont on cherche à expliquer les principes[1]. C'est en outre un intellectualisme idéaliste, qui prend son point d'appui, comme Kant, dans la pensée et non dans la chose en soi. Ce travail, qui a eu une grande influence sur la nouvelle philosophie universitaire, mérite une étude spéciale et approfondie.

Nous avons dit dans le corps de cet ouvrage (livre VI, leçon 1re) qu'il y a trois sortes d'idéalisme : 1° l'idéalisme phénoméniste et naturaliste, celui des Anglais, qui réduit tout à des états de conscience et aux états de conscience de l'individu, en un mot à des sensations : c'est celui de David Hume et de Stuart Mill; 2° l'idéalisme de Kant, qu'il appelle transcendantal, lequel réduit le monde non pas à la conscience individuelle et à la sensation particulière de chacun, comme David Hume, mais aux lois de l'esprit humain, de la raison

---

1. Nous n'oublierons pas que dans la seconde partie de son ouvrage, M. Lachelier paraît bien avoir voulu faire une part à la philosophie de la volonté; mais ce qui domine incontestablement dans tout l'ouvrage, c'est l'intellectualisme.

humaine en général ; 3° enfin une troisième sorte d'idéalisme qui consiste à donner toute réalité non pas à la pensée individuelle, non pas même à la pensée humaine en général, mais à la pensée en soi, la pensée absolue. Il n'y a plus de choses : tout est pensée. Un être vivant est un syllogisme. Un homme qui est tué par une pierre qui lui tombe sur la tête « n'est pas tué par la pierre, mais par la vitesse et par le temps », qui sont des idées. Et c'est l'idéalisme absolu, l'idéalisme de Hegel, qui se rapproche de celui de Platon.

De ces trois espèces d'idéalisme, quel est celui de M. Lachelier? Si nous l'en croyons lui-même, ce serait celui de Kant; mais, selon nous et dans le fait, il est beaucoup plus près de Hegel que de Kant; il est une sorte de passage de l'un à l'autre, et c'est le mélange de ces deux notions si différentes qui jette une grande obscurité sur sa philosophie et qui y introduit des incohérences et même des contradictions au moins apparentes, que nous nous attacherons à démêler.

Voici le principe dont notre auteur est parti, et qui en effet relève plutôt de la philosophie de Kant que de toute autre : mais ce n'est que le point de départ. « Quel que soit le fondement mystérieux sur lequel reposent les phénomènes, *l'ordre* dans lequel ils se produisent est déterminé *exclusivement* par les exigences de notre propre pensée. » Cette proposition a un sens très clair. Elle signifie que nous ne savons pas d'où viennent nos sensations, que nous ne savons rien des choses qui se manifestent par elles, ni même s'il y a telles choses; mais que ces sensations, quelle qu'en soit l'origine, obéissent à certaines lois ou règles de notre esprit, par exemple la loi de la cause et de l'effet, de la substance et du mode, de l'espace et du temps. Or ces lois ne viennent pas des causes extérieures, elles ne sont que les lois de notre pensée; elles sont inhérentes à l'esprit humain, et rien ne prouve qu'elles soient les lois des choses en soi, ni même les lois de tous les esprits en général.

L'auteur se fait tout d'abord une objection qui se présente tout naturellement : « On se demandera, dit-il, comment la pensée peut modifier, en quelque mesure que ce soit, la nature de ses objets? »

Voici la réponse : « Nous ne prétendons pas que la pensée puisse modifier après coup et par une intervention arbitraire la nature de ses objets; nous soutenons seulement que, par cela seul qu'ils existent, ils doivent posséder par eux-mêmes *une nature qui rende possible l'existence de la pensée.* »

Ainsi la pensée ne modifie pas la nature des objets; mais ces objets, par cela seul qu'ils sont pensés, doivent être d'une nature pensable. Ils attendent en quelque sorte la pensée pour prendre un certain ordre; mais cela vient de ce que, en eux-mêmes, ils ont une prédisposition, une aptitude à prendre cet ordre. Mais n'est-ce pas là le renversement de l'hypothèse? Tout à l'heure l'ordre des phénomènes dépendait exclusivement de la nature de la pensée; maintenant il vient de ce que les phénomènes, pris en eux-mêmes, ont une nature pensable. N'est-ce pas là une contradiction? Mais poursuivons, et nous allons voir peu à peu dans cette hypothèse soi-disant idéaliste, l'objet se substituer au sujet.

Quelle est la première condition de la possibilité de la pensée? C'est l'existence d'un sujet qui se distingue de ses modifications; ce sujet doit être un, car toute pensée suppose l'unité. Mais en quoi consiste cette unité? Écoutons ce passage caractéristique et fondamental dans la doctrine : « L'unité qui nous constitue, dit notre philosophe, n'est pas l'unité d'un acte (comme dans l'école de Maine de Biran); c'est l'unité d'une *forme;* et, au lieu d'établir entre nos sensations un lien extérieur et factice, elle résulte d'*une sorte d'affinité et de cohésion naturelle de ces sensations elles-mêmes.* »

Mais nous demanderons : Qu'est-ce que l'unité d'une forme? et qu'est-ce qu'une forme? L'auteur ne le dit pas et ne l'explique en aucune manière.

Si nous comprenons bien ces expressions, il nous semble qu'elles signifient que ce qui existe véritablement ce sont nos sensations, comme dans l'école phénoméniste. Seulement, tandis que dans cette école les sensations sont extérieures les unes aux autres, et se rattachent par des liens fortuits de contiguïté dans le temps et dans l'espace, ici, au contraire, les sensations auraient une cohésion et une affinité naturelles, de sorte que la forme ne serait pas distincte des sensations elles-mêmes ; elle leur serait, en quelque sorte, immanente et consubstantielle. Mais alors comment ce lien peut-il être connu à priori ? Comment peut-il déterminer l'ordre des phénomènes ? Comment peut-il les régir à titre de loi supérieure, s'il n'est autre chose que la propriété interne des sensations, à savoir leur affinité et leur cohésion ? Ce serait encore ici dans l'objet qu'il faudrait chercher les conditions de l'unité du sujet.

C'est ce qui résulte encore plus évidemment des propositions qui suivent. Nous avons à chercher l'unité du sujet pensant. Or, dit notre philosophe, nos sensations correspondent aux phénomènes, et le lien des sensations doit être le même que celui des phénomènes. Il s'ensuit que « la question de savoir comment nos sensations s'unissent en une seule pensée est la même que celle de savoir *comment tous les phénomènes composent un seul univers* ».

Il semble que nous soyons ici en présence d'une contradiction radicale. On nous dit d'abord que l'ordre des phénomènes dépend *exclusivement* des lois de la pensée ; c'est donc la pensée qui doit expliquer l'unité de l'univers ; et cependant c'est à l'unité de l'univers que l'on a recours pour expliquer l'unité de la pensée. N'est-ce point un cercle vicieux ? Cela n'est intelligible que si l'on sort de l'hypothèse de Kant, c'est-à-dire de l'idéalisme subjectif, si l'on s'élève à la doctrine d'une identité de la pensée et de l'être en général, en un mot si l'on passe de l'idéalisme subjectif à l'idéalisme absolu, dans lequel unité de la pensée et unité de l'univers se confondent en un seul sujet.

Continuons cependant et cherchons en quoi consiste l'unité de l'univers. Cette unité ne résulte pas de ce que les phénomènes sont dans le temps et dans l'espace, quoique ce soient un seul espace et un seul temps ; mais ce n'est là qu'une unité extérieure et apparente. L'espace et le temps sont plutôt une diversité qu'une unité. Dans l'espace et dans le temps, chaque phénomène pourrait exister indépendamment des autres. Pour qu'il y ait unité de l'univers, il faut qu'il y ait enchaînement nécessaire, c'est-à-dire que chaque phénomène détermine l'existence du suivant, ce qui ne se comprend que si ces deux phénomènes ne sont pas deux existences distinctes, se succédant à deux moments du temps, mais deux moments d'une seule existence qui se continue en les transformant du premier au second. « Tous les phénomènes, nous dit-on, sont donc soumis à la loi des causes efficientes, puisque cette loi est le seul fondement que nous puissions assigner à l'unité de l'univers et que cette unité à son tour est la condition suprême de l'unité de la pensée. »

Il semble donc qu'il ressort de cette analyse que ce que l'auteur appelle l'unité du sujet pensant n'est autre chose en réalité que l'unité de la chose pensée. On dit en général que, pour penser, il faut que nous soyons les mêmes dans les différents moments de notre pensée, par exemple que je sois le même être qui pense à la fois le sujet et l'attribut. M. Lachelier renverse cette proposition et nous dit que nous ne pouvons penser une chose qu'à la condition que cette chose reste la même aux différents moments de l'existence de cette chose. C'est ce que l'auteur appelle, nous ne savons pourquoi, la loi de causalité : car pour Kant, au contraire, la loi de causalité consiste en ce que le premier moment du rapport est essentiellement différent du second ; et c'est là-dessus même qu'il fonde la théorie des jugements synthétiques à priori, sur laquelle repose toute sa doctrine.

Pour bien comprendre le système de notre auteur, il nous faut écarter de notre esprit toutes les notions auxquelles nous sommes habitués, à savoir l'idée d'un sujet pensant, un et identique, idée qui subsiste encore même dans la philosophie de Kant. Il ne faut songer qu'à la pensée en elle-même, à la pensée abstraite, aux conditions pures et idéales de la pensée. Pour qu'une pensée soit possible (que ce soit la pensée de n'importe qui, fût-ce même la pensée de personne), il faut que les phénomènes qui se présentent à nous comme pensables soient considérés comme un seul phénomène identique à lui-même. Il n'y a point de sujet pensant, ou du moins ce que nous croyons tel n'est qu'un accident en quelque sorte. C'est la conscience qui, intervenant après coup, et s'ajoutant à la pensée en général, la découpe en individus pensants et fait croire à chacun de ces individus qu'il est un moi, une substance, un acte, en un mot une chose qui pense. La pensée paraît à ce moi comme étant un de ses phénomènes, tandis qu'en réalité c'est lui, ce que nous appelons le moi, qui est un des phénomènes de la pensée.

En un mot, loin d'être idéaliste dans le sens subjectif, il nous semble que l'auteur, au contraire, fait évanouir complètement la subjectivité, et ne laisse subsister que la logique des choses, ce que Hegel appelle l'*idée*. Rien ne ressemble moins à Kant; et la difficulté de comprendre notre auteur vient de ce que l'on veut à toute force, d'après ses propres déclarations, le faire entrer dans les cadres de la philosophie kantienne. A l'origine de ce travail, il semble ne parler que de la raison humaine, par exemple lorsqu'il dit que les choses obéissent aux lois de notre pensée. Mais pour avoir le droit de dire : *notre* pensée, il faudrait qu'il y eût des hommes, des êtres pensants, des esprits, et nous voilà retombés en plein spiritualisme. Non; il n'y a rien de semblable. Il n'y a que *la* pensée, la nécessité logique des choses. Un tel idéalisme pourrait tout aussi bien s'appeler réalisme dans le sens du moyen âge. C'est l'abstrait qui existe avant le concret et qui en est la forme : c'est le rationnel avant la raison, le *cogitatum* avant le *cogito*; ou plutôt ce n'est ni l'un ni l'autre, mais seulement le rapport des deux.

Dans toute pensée il y a deux choses : la conscience de la pensée que nous attribuons à un sujet pensant, et la chose pensée que nous attribuons à un objet existant en soi. Eh bien, il faut supprimer les deux termes en ne conservant que le rapport abstrait du sujet à l'objet : voilà le réel, voilà la vérité.

La logique est le fond des choses : c'est dans ce sens que l'on peut dire que l'idée mène le monde, que la force des choses détermine les événements. Les phénomènes ne sont que l'expression de cette force des choses qui est la pensée. Nous sommes accidentellement avertis de l'existence de cette pensée par la conscience individuelle ; et il nous semble que cette forme est la forme propre de notre esprit. Au contraire, elle lui est antérieure ; c'est elle qui le constitue, et qui nous fait sujets pensants. Notre unité n'est pas notre propriété ; elle n'est que l'unité de cette forme de la pensée, dont nous sommes les fortuits dépositaires et les spectateurs passagers.

C'est ainsi du moins que nous comprenons cette philosophie, et que nous essayons de donner un sens à ce qui nous paraissait tout à l'heure tout à fait contradictoire. Nous ne voudrions pas cependant rendre l'auteur responsable de nos propres commentaires. Nous nous contentons de dire que, quelque chose qu'il ait voulu penser, c'est cela qu'il nous fait penser. On comprendra alors pourquoi nous lui avons reproché de mettre sa doctrine sous le patronage de Kant. L'idée d'une pensée en soi, d'une logique pure qui serait le fond des choses, une telle idée vaut ce qu'elle vaut ; et nous ne la jugeons pas ici. Mais en prêtant à cette doctrine les apparences du criticisme, on la détruit en même temps qu'on l'expose. Il y a là un double courant qui paraît contradiction. En dégageant l'un des deux éléments du mélange de l'autre, nous croyons être fidèle à la pensée de l'auteur, qui nous paraît clairement résumée dans le passage suivant : « La pensée n'est rien à ses propres yeux en dehors de la nécessité qui constitue l'existence des phénomènes. Comment, d'ailleurs, en aurait-elle conscience, si elle en était substantiellement distincte ? Et comment se représenter cette nécessité elle-même, sinon comme une sorte de pensée aveugle et répandue dans les choses ? Nous ne savons ce que peut être l'existence d'une chose en soi, ou quelle conscience nous pourrions avoir de nous-mêmes dans une autre vie ; mais, dans ce monde de phénomènes dont nous occupons le centre, *la pensée et l'existence ne sont que deux noms de l'universelle et éternelle nécessité.* »

Le système précédent se présente donc à nous avec tous les caractères d'un nécessitarisme absolu. C'est un idéalisme mécanique qui ressemble, quant aux conséquences, à un véritable matérialisme; mais nous allons voir le système changer de face comme par un coup de baguette, et devenir un système de dynamisme spiritualiste. Cette révolution est due à la superposition du principe des causes finales au-dessus du principe des causes efficientes. En effet, la loi précédente, celle du mouvement comme cause unique de tous les phénomènes de l'univers, ne garantit en aucune façon l'existence et la perpétuité de ce que nous appelons l'ordre de la nature. Cette loi du mouvement, que l'auteur appelle loi de causalité, exige que chaque mouvement soit déterminé par des mouvements antérieurs; mais elle ne va pas jusqu'à coordonner entre elles plusieurs séries de mouvements. Dans une hypothèse purement mécanique, rien ne nous garantirait l'existence des espèces; et il pourrait se faire indifféremment ou que chaque génération donnât naissance à une espèce d'êtres nouvelle, ou à des monstres, ou enfin que la vie disparût de la terre. On ne serait pas plus assuré de la reproduction indéfinie des corps bruts, puisqu'ils sont eux-mêmes composés de petits corps, et ceux-ci encore de plus petits; et rien n'exige qu'ils se rencontrent toujours dans les mêmes combinaisons.

Une fois le principe des causes finales posé, l'auteur rétablit l'une après l'autre, selon la méthode de Kant, toutes les vérités de la doctrine spiritualiste, et il se flatte de substituer dans la nature la vie à la mort, et la liberté à la nécessité. L'idéalisme mécanique cède la place à un réalisme spiritualiste; cette philosophie se compose donc de deux moments et de deux étages, en un mot de deux principes : le principe de causalité et le principe de finalité. Mais comment le second peut-il se superposer au premier? Nous ne le voyons pas clairement. Il n'en est pas moins vrai que l'auteur conclut par la finalité et qu'il place la finalité au-dessus du mécanisme. Ce serait donc injuste de ne pas qualifier sa doctrine, comme il le fait lui-même, par le terme de réalisme spiritualiste, quelque personnelle que soit d'ailleurs la forme qu'il donne à ce spiritualisme.

Revenons maintenant sur les théories précédentes, et principalement sur la thèse fondamentale de notre auteur, à savoir la thèse idéaliste. Nous avons déjà fait remarquer que cette thèse nous paraît incohérente, en ce qu'elle flotte entre deux formes très différentes d'idéalisme, l'idéalisme subjectif et l'idéalisme absolu. L'auteur, il est vrai, en s'appuyant sur l'idéalisme de Kant, nie que ce soit là un idéalisme subjectif; il oppose, au contraire, cette thèse à celle de David Hume, qui est bien en effet celle d'un idéalisme vraiment subjectif, et il donne à la thèse de Kant le nom d'idéalisme objectif. En un sens il a raison. Dans Hume, en effet, il n'est question que de sensations individuelles; il n'y a d'autre réalité que ce que nous sentons et au moment où nous le sentons. C'est l'individu qui est le juge suprême et, comme le disait le sophiste Protagoras, la mesure de toutes choses. Dans Kant, au contraire, au-dessus de la sensation individuelle il y a les lois de l'esprit humain, lois qui s'imposent à chaque individu avec une autorité souveraine. Qu'on le veuille ou non, on ne peut s'empêcher de voir les choses dans l'espace et dans le temps, ou bien de les concevoir comme soumises à la loi de la cause et de l'effet. L'esprit, en imposant ainsi aux sensations individuelles des lois nécessaires et universelles, leur donne par là même une existence objective, et chacune de ces sensations, aux yeux de l'homme individuel, prend les apparences d'un objet. Mais ces lois, ces formes, ces catégories, ne sont que les lois de l'esprit humain. L'objectivité ainsi entendue n'est donc encore qu'une objectivité relative. En réalité, les objets ne sont que ce que les formes de notre esprit nous imposent de voir. La vérité n'est donc qu'une vérité humaine, et par conséquent subjective. Lorsque Kant parle de l'espace et du temps, il entend bien parler des formes propres à la sensibilité humaine. Partout il fait allusion à un autre mode de connaissance qui serait intuitif et qui atteindrait les choses telles qu'elles sont en soi; mais c'est un mode de connaissance qui nous est absolument interdit. Dans la thèse de M. Lachelier, il n'est presque jamais question de ce genre de restriction; il semble donc que ce qu'il a devant les yeux ce soit la pensée en soi, et non pas seulement la pensée humaine. Mais alors que devient son kantisme, et pourquoi se met-il sous le patronage de Kant? N'est-ce pas suggérer à ses élèves la tentation de le traduire dans le sens de M. Renouvier? C'est ce qui est arrivé en effet. Or, cela, c'est la négation même de sa philosophie.

Laissons maintenant de côté cette oscillation entre la doctrine d'une pensée relative et tout humaine, et celle d'une pensée en soi qui serait la vérité même, la vérité absolue, et signalons les difficultés qui s'opposent soit à l'une soit à l'autre de ces deux conceptions.

Selon nous, le fait qui sert de pierre d'achoppement à toute espèce d'idéalisme, c'est le fait de la sensation. On s'étonnera sans doute de cette assertion; car, s'il y a aujourd'hui une proposition rebattue en philosophie, c'est que la sensation est toute subjective, qu'elle n'est qu'un mode de la sensibilité. On accule les sensualistes à l'idéalisme en leur disant qu'ils ne peuvent sortir de la sensation, c'est-à-dire du moi. En effet, en dehors d'un sujet sentant nous ne pouvons rien concevoir de ce que nous appelons chaleur, lumière ou son. De là le subjectivisme de Berkeley, le subjectivisme de Hume. Tout cela est admis et accordé depuis longtemps. Mais en parlant ainsi on ne considère la sensation que par un côté, à savoir le côté par où la sensation apparaît à un esprit, c'est-à-dire par où elle est sentie; en tant que sentie, la sensation est en effet quelque chose de subjectif. Mais il y a un autre aspect que l'on ne considère pas ou que l'on écarte, à savoir la sensation en tant qu'elle arrive, en tant qu'elle se produit, en tant qu'elle commence à exister et qu'elle sort du néant. La sensation ainsi conçue s'impose à nous; elle vient nous ne savons d'où, d'une manière inattendue : nous ne pouvons pas la produire à volonté. Quel que soit notre désir, nous ne pouvons pas faire apparaître tout à coup la sensation d'un éclair ou d'un coup de tonnerre. Elle est, comme le dit Descartes, *adventice*, et, suivant l'expression de Kant, elle est quelque chose de *donné*. Lui-même nous dit que la *matière* de la connaissance vient du dehors, et que la forme est apportée par l'esprit. Ce *donné*, cet *adventice*, n'est donc rien que nous puissions appeler nôtre ; nous le subissons, mais nous n'avons aucune conscience de le produire. La sensibilité, dans Kant, est une *réceptivité*, une passivité. Lui-même a protesté à plusieurs reprises contre l'idée que nous puissions produire nous-mêmes la matière de nos connaissances, c'est-à-dire les objets. Nous les déterminons, dit-il, quant à la connaissance, mais non pas quant à l'existence.

N'y a-t-il pas là une limite infranchissable à toute conception rigoureusement idéaliste des choses? M. Lachelier ne s'est pas posé cette question, tant il est subjugué par sa propre hypothèse. Cependant lui-même, nous l'avons vu, fait allusion à « un fondement mystérieux de nos sensations ». Mais il ne pousse pas cette pensée, et, laissant de côté la matière de la connaissance, il ne s'occupe que de la forme. Mais qu'est-ce qu'une doctrine qui prétend expliquer tout par la pensée, et qui laisse de côté la matière même de la pensée, le fond substantiel et réel de la connaissance? Toute connaissance se résout en sensations (sauf les notions absolues) : si donc la sensation est extérieure, adventive, donnée, la connaissance a un fond extérieur, qui ne vient pas de la pensée et du moi.

A la vérité, Descartes fait quelque part l'hypothèse que les sensations, quoiqu'elles paraissent adventives, pourraient bien procéder de l'action de quelque faculté inconnue existant en nous, et qui produirait la série de nos sensations sans que nous en eussions conscience ; et la philosophie qui a suivi Kant a adopté cette explication. Le monde, selon Fichte et selon Schopenhauer, serait le produit de l'imagination. L'imagination, c'est-à-dire la même faculté qui reproduit les images dans le rêve, les produirait une première fois dans la perception. Il y aurait donc deux imaginations : l'imagination productrice, qui crée la matière de la connaissance; et l'imagination reproductrice, qui fait reparaître les images créées par la première. Tel est le postulat nécessaire d'un idéalisme conséquent; mais, outre que cette hypothèse fait défaut dans la doctrine de M. Lachelier, je dis en plus que c'est là une hypothèse absolument gratuite, qui ne nous est suggérée par aucun fait, par aucun exemple; car une imagination productrice ne nous a jamais été donnée dans une expérience réelle. De plus, supposer à nos sensations cette origine inconnue, c'est donner à l'inconscient la faculté de produire le conscient. Et, de plus, cet inconscient, de quel droit et à quel titre sommes-nous autorisés à l'appeler *moi*? Aussi a-t-il fallu grossir et enfler au delà de toute mesure la notion du moi pour arriver à l'idée d'un moi absolu qui se pose soi-même. C'est, comme l'a dit Fichte, le Spinozisme retourné; c'est la substance de Spinoza vue du dedans. Un tel moi qui produit l'univers peut être un moi pour lui-même; mais il n'est pas moi pour moi, puisque je n'ai pas conscience de cette identité. Il est donc pour moi un objet, un non-moi. C'est ce que nous appelons l'*être*. Ce sont là les raisons qui ont fait dépasser à Schelling l'idéalisme de Fichte, et qui l'ont conduit à la philosophie de l'identité.

Quoi qu'il en soit, nous n'avons pas à discuter ces conceptions, puisque M. Lachelier n'en dit pas un mot. Bornons-nous à l'examen de sa proposition fondamentale, à savoir que, le réel de la sensation étant en dehors de nous, l'ordre au moins des phénomènes dépend des lois de notre pensée. Eh bien, voici la question : la pensée, ne produisant pas la matière des phénomènes, peut-elle leur imposer sa forme? La logique de notre esprit, les lois de notre esprit, veulent que les phénomènes suivent la loi de la cause et de l'objet, c'est-à-dire que, tel phénomène a étant donné, le phénomène b se produise à sa suite; ou réciproquement que, le phénomène b s'étant produit, nous soyons persuadés que le phénomène a a précédé. Mais chacun de ces phénomènes est une sensation.

Par conséquent, la loi exige que, la sensation *a* s'étant produite par le fait du fondement mystérieux dont nous avons parlé plus haut, le même fondement mystérieux consente à faire naître en nous la sensation *b* dont nous avons besoin pour que notre esprit soit satisfait. En vertu de quel pouvoir évoquons-nous cette sensation *b* nécessaire à la logique, mais qui matériellement échappe à nos prises? Par hypothèse, en elle-même, et avant l'œuvre de la pensée, la matière de nos connaissances est une matière confuse et chaotique qui n'a aucun ordre en soi, puisque l'ordre vient de la pensée, ou, ce qui serait encore plus difficile à concevoir, qui a par elle-même un ordre différent de celui de notre pensée. Dans les deux cas, comment cette matière, chaotique ou non, obéit-elle à notre pensée comme aux ordres d'un magicien, et par conséquent comment le second phénomène, exigé par la loi de causalité, vient-il à point se détacher du tout et apparaître après le premier parce que notre pensée le désire? Un savant fait des calculs dans son cabinet, desquels il résulte qu'une planète doit être dans le ciel à une place donnée; mais l'apparition de cette planète est une sensation lumineuse qui est adventice et extérieure; comment, de ce chaos adventice et hétérogène, la pensée voit-elle tout à coup surgir cette sensation lumineuse que nous appelons planète, et dont nous avons besoin en raison de nos calculs? Que si, encore une fois, au lieu de présenter cette matière comme un chaos, on suppose qu'elle a par elle-même un certain ordre, combien serait-il plus difficile encore de concevoir qu'elle consente à changer son ordre propre pour prendre le nôtre? Par exemple si, dans l'ordre réel des phénomènes, il n'y a point de planète au lieu indiqué, comment cette planète apparaîtra-t-elle là pour nous faire plaisir? Que si enfin on dit que cette opposition de la matière et de la forme n'est qu'une apparence, et qu'en réalité ces deux principes naissent d'un même fond, on renverse de font en comble l'hypothèse de Kant, qui dit expressément que la matière vient du dehors et que la forme vient du dedans, que la sensibilité est une « réceptivité » et l'entendement une

« productivité », ce qui maintient une différence essentielle entre les deux éléments. On devra donc passer de l'idéalisme subjectif à l'idéalisme absolu.

Considérons maintenant ce second point de vue. Il nous semble que les mêmes objections portent contre cette nouvelle hypothèse aussi bien que contre la première. Il y a toujours à se demander : « Qu'est-ce que la sensation? D'où vient la sensation? Comment y a-t-il quelque chose de donné? » Si, en effet, la pensée est tout l'esprit et tout l'être, elle doit tout tirer d'elle-même. Pourquoi n'en tire-t-elle pas la sensation? Or, on a beau faire, on ne peut déduire la sensation de la pensée. L'expérience est toujours là qui s'impose à la pensée pure. Aucun aveugle-né ne pourra tirer des lois de la pensée la sensation de lumière. On ne devinerait pas la sensation électrique si on ne l'avait pas éprouvée. Il y a donc toujours, quoi qu'on fasse, un ordre de choses irréductible à la pensée; et si, comme nous l'avons vu, l'ordre des phénomènes n'est que l'ordre des sensations, et si nous ne pouvons à volonté faire apparaître les sensations exigées par l'ordre logique, il s'ensuit que la pensée en soi ne peut, pas plus que la pensée purement humaine, déterminer l'ordre extérieur des phénomènes.

Il est vrai que l'auteur essaye d'expliquer la sensation en la réduisant au mouvement; et, mettant à profit une idée de Leibniz, il suppose que la sensation n'est que la perception confuse de certains mouvements; mais nous n'avons rien gagné par là, car le mouvement lui-même n'est qu'une sensation; il n'est point engendré a priori par nous. Si nous ne savions pas par l'expérience qu'il y a du mouvement, nous ne pourrions pas le deviner. Quand même on accepterait l'hypothèse kantienne de l'espace et du temps, comme formes de la sensibilité, ces formes ne contiennent pas le mouvement. L'espace en lui-même est immobile. Il faut donc toujours que le mouvement soit donné par la sensation, et il y a encore là une matière extérieure à la pensée et qui ne vient pas d'elle. En outre, comment concevoir le mouvement sans quelque chose qui se meut et comme le mouvement de quelque chose? Quel est ce quelque chose? Et comment le déduirez-vous de la pensée? Je veux bien qu'il n'y ait pas de corps; encore faut-il un mobile quelconque, fût-ce un simple point, au moins à titre d'idée. Où prendra-t-on ce point? Ce ne sera pas un point physique; car un point physique est un corps. Est-ce un point lumineux? mais la lumière elle-même est un mouvement : elle ne peut donc engendrer le mouvement. Sera-ce un point mathématique? mais le point mathématique, dit Leibniz, n'est qu'une modalité, qui suppose autre chose : c'est le lieu d'intersection de deux lignes; il nous faut donc la notion de ligne; mais la ligne elle-même est l'intersection de deux surfaces, et la surface l'intersection des solides. Nous voilà ramenés à la notion de corps. Dire que nous avons à priori la notion d'espace ne peut servir à rien ; car l'espace en lui-même est vide et immobile; il ne contient aucune figure, ni surface, ni ligne, ni mouvement. Sans doute nous pouvons construire à priori des figures dans l'espace, mais c'est à la condition de pouvoir y tirer des lignes et d'y faire mouvoir des points. Mais, encore une fois, d'où vient l'idée de ligne, d'où vient l'idée de point?

Telles sont les difficultés inhérentes à toute espèce d'idéalisme subjectif ou absolu. Elles demanderaient, on le comprend, de plus longs développements; et d'ailleurs notre but était beaucoup plutôt de faire connaître la philosophie de M. Lachelier que de la juger.

IX

LE SPIRITUALISME BIRANIEN [1]

Au système exposé dans le travail précédent, et qui s'inspire surtout de l'idéalisme de Kant, nous opposons le système spiritualiste tel qu'il a été compris et développé par Maine de Biran, et qui est en quelque sorte sous-entendu à toutes les pages de notre ouvrage.

Le principe dont nous partons avec Maine de Biran est celui-ci :

Le point de vue d'un être qui se connaît intérieurement lui-même ne peut être assimilé au point de vue de ce qui est connu extérieurement.

L'erreur fondamentale des sensualistes était de se représenter les causes internes, les facultés, sur le modèle des causes externes et objectives. Celles-ci n'étant pas connues en elles-mêmes, puisqu'elles sont externes, ne le sont que par leurs manifestations. Ce ne sont que des qualités occultes, de purs abstraits, représentant des groupes de phénomènes qui vont se perdre les uns dans les autres, à mesure que l'on découvre entre ces groupes de nouvelles analogies. L'attraction, l'affinité, l'électricité, ne sont que des noms; ainsi, pour les sensualistes, la sensibilité, l'entendement, la volonté même et en général la causalité subjective, ne sont que de purs abstraits.

---

1. Ce travail a été publié dans la *Revue des Deux Mondes*, en 1868, précisément au moment où paraissait le beau *Rapport sur la philosophie du dix-neuvième siècle*, par M. Félix Ravaisson. Nous faisons remarquer cette coïncidence pour constater que nous n'avions pas attendu ce rapport pour signaler et mettre en lumière le rôle et l'originalité de Maine de Biran dans la philosophie française de notre siècle. Depuis cette époque, ces pages ont été reproduites par nous dans nos *Problèmes du dix-neuvième siècle*, livre IV (Calmann-Lévy).

Mais, disait Biran, l'être qui se sait agir et qui est témoin de son action peut-il se considérer lui-même comme un objet? Sans doute, l'âme considérée dans l'absolu nous est inaccessible : c'est un x. Mais, entre le point de vue des métaphysiciens abstraits, qui se plaçaient dans l'absolu, et le point de vue des empiristes purs, il y a le point de vue de la réflexion interne, par laquelle le sujet individuel se saisit comme tel et se distingue de tous ses modes, au lieu de se confondre avec eux, ainsi que le voulait Condillac.

Ainsi le *moi-objet,* ou chose absolue, chose en soi, tel est le terme auquel aboutissait la métaphysique cartésienne et leibnizienne. Le *moi-phénomène,* ou manifestation extérieure, tel était le terme de l'école empirique. Le *moi-sujet,* voilà le principe du spiritualisme biranien. Voici le développement de cette pensée.

Le sujet pensant et conscient ne se connaît pas seulement lui-même en tant que phénoménal, car alors il serait pour lui-même une chose extérieure; il ne se connaît pas en tant qu'absolu : car il serait une chose en soi, et Biran est d'accord avec Kant pour accorder que nous ne pouvons connaître la chose en soi.

Ce qui n'est ni une chose en soi ni une chose extérieure, ce qui est *pour* soi-même, c'est le *sujet,* c'est l'*esprit.*

Le sujet ou esprit est donc ce qui est intérieurement présent à soi-même : terme moyen entre la substance de Spinoza et la collection des modes de Condillac.

Analysons cette idée du sujet et comparons-la, soit à la notion empirique (Locke, Condillac, Hume), soit à la notion dogmatique (Descartes et Leibniz).

De l'idée de chose extérieure résulte évidemment cette conséquence que cette sorte de chose ne peut être connue que par le dehors, c'est-à-dire par ses manifestations. Je ne puis connaître une chose en dehors de moi que si elle se manifeste par des signes qui ne peuvent jamais être évidemment la chose elle-même, mais son langage. Je ne puis pas plus percevoir en soi la chose extérieure que je ne puis percevoir directement la pensée d'un autre homme. Cette pensée ne peut m'être perceptible que par des signes. Il en est de même de la chose externe.

On ne peut donc jamais dire que la perception de la chose externe soit immédiate. Je ne perçois immédiatement que les signes qui attestent son existence, mais non cette chose elle-même. Pour percevoir cette chose, il faudrait que je devinsse elle, que j'entrasse dans son intérieur, et par conséquent qu'elle cessât d'être extérieure.

Lorsqu'on discutait pour savoir si la perception est immédiate, ou si elle a lieu par des intermédiaires (discussion qui a eu une si grande importance au commencement de notre siècle), on ne pouvait pas vouloir dire que l'on percevait la chose extérieure intérieurement et dans son fond, ce qui est contradictoire, mais on entendait, comme nous l'avons enseigné nous-même [1], que les qualités perçues par nous étaient accompagnées de la suggestion immédiate d'une existence externe, et non le résultat de la raison discursive. En laissant cette question pendante, il suit évidemment de ce qui précède qu'il est de l'essence d'une chose externe de n'être connue que par les phénomènes qui la manifestent.

Si nous passons maintenant à la chose qui se connaît elle-même, on peut se demander d'abord s'il existe une telle chose; mais la réponse est donnée par la question même, parce que celui qui demande cela sait bien qu'il le demande, et par conséquent sait qu'il pense, et par conséquent encore se sait lui-même. Voilà le *cogito* de Descartes. Maintenant un tel être qui se connaît lui-même se connaît-il comme il connaît les choses externes, à savoir par ses manifestations, par ses apparences, derrière lesquelles il y aurait un inconnu, un x, qu'il conclurait par induction? Je réponds que non; car alors cette chose inconnue deviendrait une chose externe; le moi se verrait en dehors de soi. Ce serait le moi de Sosie, un moi objectif, un moi qui ne serait pas moi.

---

1. Voir plus haut, livre V, leçon II.

Comment, étant donnée une série de phénomènes, puis-je dire que ces phénomènes sont *miens*, si je ne suis pas intérieurement présent à toute la série, et si je ne m'aperçois pas du dedans au lieu de ne m'apercevoir que par le dehors?

Cette intuition interne est donc nécessaire : 1° pour que je puisse m'attribuer chacun de mes phénomènes en particulier ; 2° pour que je puisse les relier tous dans l'unité de mon être, car ils sont tous miens au même titre. Il y a donc dans l'intuition du dedans, dans l'être qui se connaît lui-même, quelque chose de plus que dans l'intuition de la chose externe ; et c'est ce quelque chose qui fait : 1° que je m'attribue chaque phénomène en particulier ; 2° que je les relie tous dans une unité continue. Ce quelque chose de plus, je l'appelle être. On peut donc dire que l'esprit humain ne perçoit pas seulement en lui des phénomènes, mais qu'il plonge dans l'être. Il sent en lui de l'être et du phénomène, du demeurer et du devenir (μένειν καὶ γενέσθαι), de l'un et du plusieurs. Tous ces termes : être, permanence, unité, continuité, sont adéquats ; tous les autres : phénomènes, diversité, pluralité, le sont aussi.

Il y a donc un fondement à la métaphysique : c'est le point de vue de l'intériorité spirituelle donnée immédiatement dans une expérience, non pas dans une expérience externe, mais dans une expérience interne.

Non seulement l'expérience interne nous donne l'être et le phénomène, l'un et le plusieurs ; mais elle nous donne le passage de l'un à l'autre. Ce passage est l'activité. Je me sens, en effet, capable de produire des phénomènes, et, en tant que j'ai conscience de passer de l'être au phénomène, je dis que je suis actif. Par cela seul que je m'attribue ces phénomènes, je sens qu'ils dérivent de mon activité intérieure. Supposé, en effet, que je n'aie pas conscience de cette activité intérieure, comment pourrais-je savoir que ces phénomènes sont miens ? Je ne puis subjectiver ces phénomènes qu'à la condition de les sentir sortir de moi. Là est la différence du phénomène subjectif et du phénomène objectif. Réciproquement, le sentiment de mon être intérieur n'est pas seulement le sentiment d'une existence une, mais le sentiment d'une existence active et perpétuellement tendue, aspirant sans cesse à passer d'un état à un autre. C'est là le sentiment d'une tendance et comme d'une anticipation continuelle d'être.

Sans doute le moi ne se sent pas toujours le principe actif de ses sensations, et il assiste à ce qui se passe en lui comme à un spectacle; mais alors le sentiment du moi disparaît ou s'affaiblit; et l'on peut dire que le sentiment du moi est en raison directe de l'activité. En même temps que l'esprit sent son activité, par là même il sent en lui la puissance, la spontanéité, la liberté, car ce sont les degrés divers de l'activité. En un mot, le moi ne se sent pas seulement comme être, mais comme force.

Ainsi l'âme ne se perçoit pas comme phénomène ou comme suite ou collection de phénomènes. Se perçoit-elle davantage comme chose en soi? Ici Kant et Maine de Biran sont d'accord pour dire que l'âme ne perçoit pas en elle la substance, qu'elle ne se perçoit pas dans l'absolu.

Cette proposition a besoin de quelques restrictions.

Sans doute, le moi ne se perçoit pas dans l'absolu de son être :

1° Le moi n'a aucune conscience de son commencement. Il ne sait ni quand ni comment il a commencé. Rien ne l'autorise à croire qu'il ait toujours existé; même il ne sait que par autrui son commencement phénoménal. Au delà d'une certaine limite rétrograde, l'esprit se perd dans un vague inconnu.

2° Le moi ne sait pas davantage s'il durera toujours ou s'il doit périr; il n'a aucune intuition de son avenir, pas plus que de son passé. Il sait par l'expérience des autres hommes que les conditions phénoménales auxquelles semble attachée la présence de la conscience se dissoudront un jour, et tout signe extérieur de conscience avec elle; mais il ne sait si cette disparition est absolue, ou si elle n'est qu'une transition à un autre état de conscience. Spinoza a dit à la vérité : *Sentimus, experimur nos esse æternos* : nous sentons, nous éprouvons que nous sommes éternels; mais cette éternité que nous sentons en nous est-elle autre chose que l'éternité de la substance universelle, à laquelle nous sommes unis par un lien de dépendance, et à laquelle nous participons pendant le cours de notre existence mortelle? Est-ce l'éternité du moi ou l'éternité de Dieu? C'est ce que la conscience ne nous apprend pas.

3° La conscience semble paraître et disparaître dans plusieurs états de l'existence du moi. Elle passe par des phases de lumière et d'obscurité. Que devient le moi dans ces moments d'engourdissement et de disparition de la conscience? L'esprit ne le sait pas.

4° Nous l'avons dit, l'esprit n'est pas seulement une collection de phénomènes. Il *est;* et si l'on ne veut pas dire : Il est *un* être, pour ne pas multiplier l'être, il faut dire : Il y a de l'être dans l'esprit; et c'est cet être que la conscience nous atteste. Mais combien y a-t-il d'être dans le moi? *Quot libras invenies?* Qui pourrait mesurer la quantité d'être dont dispose l'esprit? Pascal a dit : « L'homme est un milieu entre rien et tout. » Comment déterminer ce milieu? où est la mesure? Le moi ne se connaît donc point dans son dernier fond. Il sait que ses phénomènes lui viennent d'une activité intérieure, que cette activité suppose de l'être; il plonge dans l'être, avons-nous dit. Mais jusqu'où y plonge-t-il? L'être qui passe est-il du roc ou de l'argile, comme le disait Descartes? N'est-il pas quelque chose de mouvant, de flottant, de fluide, quelque chose qui court, qui ne se contient pas lui-même, qui est comme suspendu au-dessus du vide? Le regard intérieur, quand il se replie sur nous-mêmes, remonte des phénomènes à l'activité, de l'activité à l'être ; mais au-dessous il plonge dans une nuit sans fond, dans un grand abîme. L'esprit n'a nullement conscience d'être son tout à lui-même. Il ne sent pas non plus l'attache qui le tient à sa dernière racine. Il flotte dans un éther immense, sans comprendre ce qui le contient.

On voit que nous accordons beaucoup à la thèse de Kant, à savoir l'incognoscibilité de la chose en soi; mais nous ne lui accordons pas tout. Nous ne pénétrons pas dans les dernières profondeurs de la chose en soi : comment le pourrions-nous sans être l'infini lui-même? Mais nous atteignons quelque chose ; car nous saisissons non seulement nos phénomènes, mais aussi notre être : car quelle autre chose que moi pourrait dire *moi?* L'être est inné à lui-même, dit Leibniz. Se savoir, c'est être ; se connaître, c'est se poser, a dit Fichte. Le moi de Kant est encore un objet. S'il n'est qu'une forme logique, une condition logique de la synthèse intérieure, il n'est pas moi, il est un non-moi.. Et puis, comment cette forme logique pourrait-elle être appliquée aux phénomènes autrement que par un entendement, c'est-à-dire par un esprit[1]? Et c'est cet esprit qui alors serait le moi ; et ainsi, selon Kant lui-même, il y aurait un moi qui ne serait pas une pure forme logique, mais un moi réel et vivant. Quoi qu'il en soit d'ailleurs de la pensée de Kant, la nôtre est que par la conscience nous pénétrons jusqu'à l'être sans aller jusqu'au fond des choses. C'est là la part que nous faisons à la doctrine de Kant, comme Biran d'ailleurs l'avait fait lui-même lorsqu'il affirmait que nous ne connaissons pas l'âme dans son absolu.

On voit par ces développements comment Maine de Biran a pu dire que l'âme, considérée dans son absolu, c'est-à-dire dans son essence intime, est un x, une inconnue, un noumène, tout en soutenant que l'intuition du sujet par lui-même va au delà du pur phénomène et atteint la force active et continue qui constitue le moi. Mais, si l'on dit que l'âme en soi nous est tout à fait inconnue, n'est-ce point par là donner gain de cause au scepticisme, et permettre toute hypothèse, par exemple celle du matérialisme aussi bien que celle du panthéisme? Si l'âme substance m'est entièrement inconnue, qui m'assure que cette substance n'est pas la matière? qui m'assure que cette substance n'est pas la substance divine? que puis-je répondre à Locke lorsqu'il me dit que Dieu a pu donner à la matière la puissance de penser? que puis-je répondre à Spinoza lorsqu'il me dit que l'âme est une idée de Dieu?

Sans rien savoir directement de l'essence de l'âme, j'en sais

---

1. Voir notre leçon sur l'idéalisme de Kant, livre VI.

au moins ceci : c'est qu'elle doit être telle qu'elle ne rende pas impossible l'intuition de soi-même, qui est le fait primitif. Ampère, dans ses lettres à Biran, fait ici une comparaison ingénieuse. Nos sens, dit-il, aperçoivent un ciel apparent, un ciel *phénoménal;* les astronomes nous décrivent un ciel réel, un ciel *nouménal :* ces deux ciels ne se ressemblent pas, et cependant on peut conclure de l'un à l'autre. Le ciel phénoménal ne peut être tel qu'à la condition que le vrai ciel, le ciel nouménal, soit tel qu'il est; ainsi de l'apparence on peut conclure rigoureusement à la réalité. De même, dit Ampère, il y a un moi phénoménal, celui qui apparaît immédiatement à la conscience comme sujet pensant, et un moi nouménal, qui est l'âme elle-même. Or, cette âme, cette chose en soi, doit être telle qu'elle ne rende pas impossible le moi apparent, le moi phénoménal. Tel est le principe qui permet de passer de la psychologie à l'ontologie, et c'est en partant de ce principe que l'on peut échapper soit au matérialisme, soit au panthéisme.

Supposons qu'il y ait en dehors de nous une certaine chose appelée matière, — ce qui peut être mis en doute; — écartons l'idée de cette chose considérée dans son essence, laquelle nous est aussi inconnue que celle de l'âme; prenons enfin l'idée de la matière telle que l'expérience nous la donne et telle qu'elle est représentée par les sens et par l'imagination, à savoir comme une pluralité de choses coexistant dans l'espace, quelles que soient d'ailleurs ces choses (atomes, phénomènes ou monades) ; — on peut affirmer qu'une telle pluralité, et en général toute pluralité, est hors d'état de se connaître intérieurement comme être, puisque cette pluralité n'a pas d'intérieur. Sans doute une pluralité de parties peut former une unité au point de vue de celui qui la considère extérieurement : la Grande Ourse forme une constellation dont l'unité est constituée par l'esprit qui la contemple; mais cette constellation n'est pas une unité pour elle-même. L'unité de conscience veut un vrai centre, un centre effectif, et la raison humaine sera toujours hors d'état de comprendre que la pluralité puisse se percevoir elle-même comme unité sans l'être effectivement. Telle est la raison permanente et indestructible du spiritualisme, raison que Kant lui-même appelle l'Achille de l'argumentation dialectique. Il réfute, à la vérité, cet argument, et le réfute bien; mais c'est que dès l'origine il s'est placé en dehors de la vraie notion du sujet, telle que Biran l'a déterminée.

Si une pluralité de substances coexistantes ne peut arriver à une véritable unité, à une unité intérieure et consciente, une pluralité de substances successives ne peut pas davantage constituer une véritable identité, c'est-à-dire une continuité sentie. Dire avec Kant qu'on peut se représenter une succession de substances se transmettant l'une à l'autre une même conscience comme une succession de billes se transmettent un même mouvement, c'est méconnaître la vraie idée de la conscience, c'est confondre encore le point de vue intérieur avec le point de vue extérieur; la transmission d'une conscience implique contradiction. Il paraît donc démontré, au moins à nos yeux, qu'une pluralité (de succession ou de coexistence) ne peut parvenir à l'unité et à l'identité sentie, en d'autres termes que la matière ne peut devenir esprit. L'âme, considérée en soi, comme chose absolue, n'est donc pas un *nombre*, une *harmonie*, comme le prétendaient les anciens. Là est l'écueil où viendra toujours échouer toute doctrine matérialiste.

Que si on nous dit que la matière prise en soi n'est peut-être pas une pluralité, puisque nous n'en connaissons pas l'essence, nous répondrons que ce n'est plus alors la matière, ou du moins ce qu'on appelle ainsi. Pour nous qui aimons les idées précises, nous réservons le nom de matérialisme à la doctrine qui, partant de l'idée de matière telle qu'elle est donnée par les sens et représentée par l'imagination (à savoir une pluralité existant dans l'espace), et donnant à cette pluralité apparente une réalité substantielle, en fait non plus seulement la condition, mais le *substratum* de la pensée. L'atomisme épicurien est le vrai et le seul matérialisme rigoureux, parce qu'il se représente les derniers éléments des corps sur le modèle des corps réels : ce sont pour lui comme de petits cailloux insécables qui composent toutes choses. Aussitôt qu'on nous parle d'une autre matière que celle-là, il n'y a pas plus de raison de l'appeler matière que de quelque autre nom, — la substance, l'idée, l'esprit ou même Dieu, — et le matérialisme se transforme en idéalisme ou en panthéisme. Ici la discussion change d'aspect, et un nouveau point de vue se présente à nous.

En même temps que l'expérience intérieure nous donne l'unité du moi, l'expérience externe, aidée de l'induction, nous autorise à affirmer l'existence des autres hommes, et par conséquent de consciences semblables à la nôtre. La pluralité des consciences est un postulat que l'on peut considérer comme acquis à la science sans démonstration. Il est très remarquable, en effet, qu'aucun sceptique n'ait jamais expressément nié l'existence des autres hommes. L'hypothèse qui ferait de l'intelligence de tous les hommes sans exception une sorte de réfraction ou de diffraction de la mienne propre, cette hypothèse suivant laquelle les pensées d'un Newton ou d'un Laplace seraient encore mes propres pensées, même lorsque je suis absolument incapable de les comprendre, une telle hypothèse, si contraire au sens commun, n'a jamais été explicitement, que je sache, soutenue par aucun philosophe. Les sceptiques, en parlant des contradictions humaines, supposent par là même qu'il y a plusieurs esprits différant les uns des autres. Protagoras disait que « l'homme était la mesure de toutes choses »; mais il reconnaissait ainsi que chacun était pour soi-même la mesure de la vérité, et par conséquent il entendait bien admettre l'existence des divers individus. Berkeley, qui niait la réalité de la matière, admettait expressément l'existence des esprits. Fichte enfin, qui fait tout sortir du moi, démontre, dans son *Traité de droit naturel,* la pluralité des *moi* (*die Mehrheit der Ichten*). Il y a donc, à n'en pas douter, des consciences individuelles distinctes.

Or, la conscience d'un homme est absolument fermée à

celle d'un autre homme. Je ne puis pas avoir conscience du plaisir ou de la douleur d'un autre. Les consciences sont donc nécessairement discontinues. Elles forment des mondes distincts, des *moi* séparés. Il n'y a aucun passage intelligible du moi d'un homme au moi d'un autre homme. Le langage sans doute est un intermédiaire; la sympathie et l'amour sont des liens; une multitude de consciences peuvent vibrer à l'unisson, comme il arrive dans l'enthousiasme et dans l'énergie des passions populaires; enfin il y a entre tous les hommes un lien intime et secret, une essence commune, et, comme on l'a dit, une solidarité qu'il ne faut pas oublier; mais, si intime que soit ce lien, il ne va pas, il ne peut aller jusqu'à effacer la limite qui sépare radicalement les esprits, à savoir ce caractère essentiel d'être présent à soi-même, ce qui implique que l'on ne peut être en autrui comme l'on est en soi.

La pluralité des consciences a donc pour corollaire la discontinuité des consciences : d'où je tire cette conséquence, c'est que, dans l'hypothèse d'une unité primitive, homogène, sans division et absolument continue, la pluralité des consciences serait impossible. Cette grande unité, en lui supposant un moi, n'en aurait qu'un seul et ne se démembrerait pas en consciences diverses et séparées. Supposez l'être infini, un et homogène; supposez-le affecté de phénomènes multiples; supposez enfin qu'il ait conscience de lui-même : je le répète, il y aura en lui une seule conscience, une conscience totale et unique, mais non une pluralité de consciences fermées les unes aux autres, comme le sont les consciences humaines : d'où je conclus qu'entre l'unité primitive, s'il y a une telle unité, et la multitude infinie des phénomènes, il doit y avoir des principes d'unité distincts, des *points de conscience*. Je ne les appellerai pas des substances, puisque la chose en soi m'est inconnue et que le mot substance en dit peut-être trop pour ce mode d'existence qui tient encore tant au phénomène; peut-être enfin l'être est-il substantiellement indivisible. Cependant il doit y avoir au moins des forces individuelles qui à leur base échappent à nos regards, mais qui se manifestent à elles-mêmes leur unité dans le fait de conscience. Ces unités de conscience ne peuvent d'ailleurs s'entendre comme des concentrations successives de la pluralité phénoménale extérieure, car ce serait revenir à l'hypothèse déjà réfutée.

Nous conclurons donc par les propositions suivantes : 1° une pluralité quelconque (atomes, forces, phénomènes) ne peut être le principe d'une unité consciente : ce qui se connaît soi-même ne sera jamais une résultante; 2° la pluralité des consciences ne peut s'expliquer dans l'hypothèse d'une unité uniforme et continue sans qu'il y ait quelque intermédiaire entre l'unité primitive et les consciences discontinues. En d'autres termes, la pluralité absolue n'explique point l'unité du moi, — l'unité absolue n'explique pas la pluralité des moi. Entre le matérialisme, qui réduit tout à la pluralité, et le panthéisme, qui réduit tout à l'unité, se place le spiritualisme, qui admet les unités secondaires entre l'unité première et la pluralité infinie. Le spiritualisme n'exclut aucune relation, si intime qu'elle soit, de l'esprit avec la matière. Il n'exclut non plus aucune relation, si intime qu'elle soit, de l'esprit avec Dieu. Le spiritualisme subsiste, pourvu que l'on admette ces deux vérités fondamentales : l'unité de centre pour expliquer la conscience du sujet, — la pluralité des centres pour expliquer la discontinuité des consciences.

Nous avons recueilli et développé librement dans les pages précédentes l'idée mère du spiritualisme français fondé par Maine de Biran; mais nous n'avons pas fait connaître sa philosophie, qui a des aspects bien plus étendus et une portée beaucoup plus vaste qu'on ne peut l'indiquer dans une esquisse rapide. Pour bien faire comprendre cette philosophie, il faudrait pouvoir exposer avec détail et précision toutes ces belles théories, qui resteront dans la science : la théorie de l'effort volontaire, par laquelle Biran établit contre Kant et contre Hume la vraie origine de l'idée de cause; la théorie de l'obstacle, par laquelle il démontre, d'accord avec Ampère, l'objectivité du monde extérieur; la théorie de l'habitude, dont il a le premier démontré les lois; ses vues, si neuves alors, sur le sommeil, le somnambulisme, l'aliénation mentale, et en général sur les rapports du physique et du moral; la classification des opérations de l'âme en quatre systèmes : affectif, sensitif, perceptif et réflexif; enfin sa théorie de l'origine du langage. Dans cette étude, on aurait à faire la part, en consultant avec soin leur correspondance, de ce qui doit être attribué à Ampère ou à Biran dans cette doctrine commune[1]; mais un travail critique d'une telle étendue ne peut pas même être essayé ici.

Maine de Biran a donné à la France une philosophie de l'esprit : il ne lui a donné ni une philosophie de la nature ni une philosophie religieuse. Ce n'est que vers la fin de sa vie qu'il s'est posé à lui-même le problème de Dieu. Jusque-là, il semblait l'avoir systématiquement écarté. Le moi l'occupait tout entier, et la pensée de l'absolu et du divin semblait dormir dans les profondeurs de sa conscience : une note mystérieuse ajoutée aux *Rapports du physique et du moral* était la seule indication d'une tendance religieuse et déjà mystique qui devait se développer plus tard dans sa dernière phase philosophique. De cette dernière phase, il ne nous reste que des débris, et tout porte à croire qu'elle était plutôt un sentiment de l'âme qu'une doctrine rigoureusement philosophique.

Quoi qu'il en soit de ce point, revendiquons pour Maine de Biran et pour le spiritualisme français de notre siècle l'honneur d'avoir apporté à la philosophie une idée vivante et nouvelle, l'idée de la personnalité humaine. Cette idée, il faut en convenir, n'était pas une des idées dominantes de la philosophie du xviie siècle. Elle est dans Descartes, je le reconnais, mais à quel faible degré! Comme il oublie vite le sujet pensant pour l'être absolu, et la psychologie pour la physique! Combien l'homme occupe peu de place dans sa philosophie! C'est surtout par sa méthode hardie et libre, par son principe de l'examen et du doute, que Descartes a bien mérité de la personne humaine; mais ce n'est là pour lui qu'un

---

1. Ampère lui-même semble avoir fait ce partage dans la dernière lettre de la correspondance publiée par M. Barthélemy Saint-Hilaire.

moyen de recherche, ce n'est pas sa philosophie même. Il ne voit pas que cette liberté de penser n'est qu'une des formes de la responsabilité personnelle, l'une des preuves les plus évidentes de notre libre individualité. Dans la philosophie de Malebranche et de Spinoza, on sait ce que devient la personnalité; elle y est ou singulièrement déprimée ou tout à fait anéantie. Dans Leibniz, elle se relève; mais, même chez lui, ce qui domine encore, c'est plutôt l'idée métaphysique de l'individualité des substances que l'idée psychologique de la personnalité humaine.

Pour être vrai, il faut reconnaître que ce n'est point par la métaphysique, c'est par la philosophie sociale et politique que le principe de la personnalité est entré dans la pensée moderne. Ce principe est la gloire du xviiie siècle. Ce n'est pas que je veuille dire qu'avant cette grande époque on n'ait eu à aucun degré l'idée de la personne humaine. Partout où il y a une législation, on distingue à quelque degré la personne et la chose. Le christianisme ne doit pas être suspect d'amoindrir la personne humaine, puisqu'il l'a jugée digne d'être rachetée par le sang d'un Dieu. Toutefois, il est certain qu'avant le xviiie siècle ni les juriconsultes ni les théologiens n'avaient vu clairement tout ce que contenait ce principe de la personnalité : droits de la conscience, droits de la pensée, droits du travail, droits de la propriété, toutes ces formes légitimes de la personne humaine étaient méconnues, altérées ou opprimées. Toutes les inégalités qui pesaient sur les hommes prouvent bien à quel point il est difficile à l'esprit humain de distinguer la personne de la chose. Cette distinction fut la conquête de la philosophie sociale du xviiie siècle, de Locke, de Voltaire, de Montesquieu, de Rousseau et de Turgot. Le spiritualisme français se fait honneur de descendre de la libre philosophie du xviiie siècle plus directement encore que de l'idéalisme cartésien.

Il fallait donc trouver un fondement métaphysique à cette personnalité dont on proclamait si éloquemment les titres et les droits. C'est ce que firent à la fois en Allemagne et en

France deux grands penseurs, Fichte et Biran, le premier plus porté au spéculatif suivant le goût et le génie de sa nation, le second plus psychologue, plus observateur, — le premier liant la métaphysique à la politique, passionné pour les idées du XVIII° siècle et de la Révolution, le second royaliste dans la pratique, assez indifférent pour ces sortes de recherches, et occupé d'une manière tout abstraite à l'étude de la vie intérieure, — tous deux enfin, par une rencontre singulière et, selon toute apparence, par des raisons analogues, ayant terminé leur carrière par le mysticisme, mais le premier par un mysticisme inclinant au panthéisme, le second par le mysticisme chrétien.

Le spiritualisme français, sans méconnaître le génie de Fichte et les éclatants services que cet éloquent et profond philosophe a rendus à la cause de la personnalité humaine, se rattache plutôt par un lien historique naturel à Maine de Biran. Avec lui, il enseigne que l'âme est, non un *objet*, mais un *sujet*; non un *substratum* mystérieux, mais une force libre, ayant conscience de soi, puisant dans le sentiment antérieur de sa causalité propre la conviction de son individualité, d'une unité effective et non nominale, identique d'une identité non pas apparente, mais essentielle, inexplicable enfin par toute hypothèse de collection, collection de modes ou de parties. Hors de là il nous paraît impossible de fonder une vraie morale et une vraie politique, car si la personne n'est, comme la chose elle-même, qu'une collection d'atomes, comment lui attribuez-vous d'autres titres et d'autres droits qu'à la chose? Si l'homme n'est qu'une combinaison chimique, comme la pierre, pourquoi ne pourrions-nous pas la briser comme la pierre elle-même, suivant nos besoins? Pourquoi ne peut-il pas être pour nous un moyen, au même titre que les choses extérieures? Pourquoi y a-t-il quelque chose en moi d'inviolable et de sacré? Pourquoi suis-je tenu à être pour moi-même et pour les autres un objet de respect? On n'a jamais pu tirer du matérialisme d'autre morale ni d'autre droit que la loi du plus fort. Aujourd'hui une jeunesse passionnée et ardente croit trouver la liberté par la voie du matérialisme, comme si l'essence même du despotisme n'était pas de se servir de la matière pour opprimer l'esprit! Ces conséquences irrécusables du matérialisme, la logique de l'histoire les a mille fois démontrées. Un triste aveuglement les méconnaît aujourd'hui et croit travailler à la cause du droit en combattant la cause de l'esprit. Notre philosophie, que l'on essaye de discréditer en la représentant comme liée à l'orthodoxie religieuse du xvii° siècle, est la vraie fille de la philosophie du xviii°. Ni Voltaire, ni Rousseau, ni Montesquieu, ni Turgot en France; ni Locke, ni Adam Smith, ni Ferguson en Angleterre et en Écosse; ni Lessing, ni Kant, ni Jacobi en Allemagne, ni Haller, ni Réaumur, ni Bonnet en Suisse, aucun de ces grands libérateurs de la raison humaine au xviii° siècle n'a été matérialiste. Comme eux, nous croyons que le droit est inséparable d'un ordre intelligible et moral dont nous sommes les citoyens, et dont le souverain, c'est-à-dire Dieu, est le type absolu de la sainteté et de la justice.

Tels sont, sommairement résumés et librement développés, les principaux points de la philosophie spiritualiste, telle du moins que nous l'entendons. Aujourd'hui que les grands fondateurs et organisateurs de cette philosophie ont disparu, que de nombreuses écoles se sont élevées en dehors d'elle, que l'opinion est partagée à son égard, il n'est pas sans opportunité de s'interroger sur son état présent et sa destinée dans l'avenir. On nous permettra à ce sujet quelques considérations en terminant.

Il se passe en ce moment quelque chose d'analogue dans toutes les grandes doctrines : toutes sont partagées et tiraillées, pour ainsi dire, en deux sens opposés, tantôt du côté du dogme, tantôt du côté de la liberté. D'un côté, le besoin de trouver un point fixe dans la fluctuation universelle des croyances et des consciences rattache les esprits droits à une doctrine déterminée et fixe; d'un autre côté, le besoin de voir de plus en plus clair dans ses pensées, la passion du progrès, à laquelle personne de notre temps ne peut échapper absolument, entraîne plus ou moins les hommes sincères hors des voies réglementaires et consacrées. Est-il permis, est-il possible de concilier ces deux tendances contraires? Est-il possible de croire à quelque chose sans se refuser à toute objection, à tout examen, à tout progrès? Est-il possible, au contraire, de s'affranchir, de s'émanciper, d'ouvrir son intelligence à de nouvelles lumières, de transformer et de développer ses idées et ses opinions, sans paraître mettre en question le fond des croyances que l'on soumet ainsi à un examen sans cesse renaissant? Car, si ce sont des vérités absolues, comment seraient-elles susceptibles d'être modifiées, et si elles se modifient, comment seraient-elles des vérités absolues?

Ce problème se produit d'une manière différente suivant la nature des doctrines; mais il existe dans toutes sous une forme ou sous une autre. Dans le catholicisme, par exemple, il est évident que la discussion ne peut pas porter sur le dogme lui-même, car celui qui mettrait en doute une seule lettre du Symbole, qui voudrait modifier le dogme en quoi que ce soit, cesserait par là même d'être catholique. Le dogme paraît donc accepté par tous sans examen et sans discussion; mais le débat s'engage lorsqu'il s'agit d'appliquer le dogme à la société. Il y a des catholiques pour qui toutes les grandes conquêtes modernes, liberté de conscience, liberté de pensée, liberté de la presse, liberté politique, ne sont que de grandes et funestes erreurs : c'est la liberté du mal. Ils n'entendent, ne comprennent et ne veulent appliquer que la liberté du bien, c'est-à-dire leur propre domination et le gouvernement de la haute société tout entière par l'Église catholique. D'autres, plus éclairés, ayant eux-mêmes reçu plus ou moins le souffle de cet esprit moderne si détesté, voudraient que le catholicisme s'alliât à cet esprit pour le diriger, en adoptât hautement les maximes, et revendiquât pour l'Évangile même l'honneur de ces principes que l'on dirige faussement contre lui. D'un côté est le catholicisme ultramontain, de l'autre le catholicisme libéral. Sans doute cette lutte, si vive et si profonde qu'elle soit dans le fond des consciences, éclate rarement au dehors[1], car il est de l'essence du catholicisme de couvrir les dissidences réelles par l'apparence de l'unanimité. Cependant tout le monde sait que cette lutte existe : un acte célèbre, il y a quelques années, en a donné le secret au public indiscret. Les uns ont approuvé avec enthousiasme cet acte de réaction extravagant; les autres l'ont désavoué en l'expliquant, et se sont habilement servis de leur science théologique pour embrouiller la matière.

On pourrait nous dire que cette dissidence, en supposant qu'elle existât (et l'on cherche autant qu'il est possible à nous la dissimuler), ne porte, après tout, que sur des questions libres, des questions sociales et politiques, mais que l'Église catholique nous offre au moins un point fixe et un asile sûr dans un dogme incontesté, formulé par une autorité infaillible. Outre que c'est déjà un problème de savoir quelle est cette autorité infaillible, je fais remarquer que cette autorité suprême, quelle qu'elle soit, ne nous assure la sécurité que dans un domaine qui nous touche de très loin, et nous laisse dans le trouble là où nous aurions le plus besoin de lumières. Je ne suis certainement pas juge de l'importance que peut avoir en théologie dogmatique la croyance à l'immaculée conception; cependant il faut avouer que les hommes de nos jours étaient peu troublés par cette question, et qu'ils eussent volontiers attendu l'autre monde pour savoir à quoi s'en tenir à ce sujet; mais leur conscience d'hommes et de citoyens est tous les jours déchirée par le conflit des anciennes doctrines et des nouvelles, et c'est là-dessus qu'on les laisserait libres, à ce que l'on dit. Au fond, n'en doutons pas, on ne les laisse libres que provisoirement et dans la mesure où l'on a besoin d'eux. Le dogme est impitoyable et ne permet rien en dehors de lui. On peut donc affirmer qu'en dépit des apparences le conflit est entre le dogme et la liberté[2].

---

1. Cette opposition a éclaté vivement lors des débats relatifs à l'infaillibilité pontificale; et malgré l'accord survenu en apparence, au moins en France, on sait que la division est plus profonde que jamais.
2. Ce n'est plus un problème.

Dans le protestantisme, la même crise éclate sous une autre forme et dans d'autres conditions. Dans le protestantisme traditionnel, en effet, il y a bien un dogme, il n'y a pas d'autorité, ou du moins la seule autorité est l'Écriture sainte ; mais comme l'Écriture a besoin d'être expliquée, et que le dogme n'y a jamais été systématiquement exposé et canoniquement défini, il y a là un champ vaste abandonné à la latitude des interprétations. Comme il n'y a pas de juges, chacun est juge. « Nous sommes tous prêtres, » disait Luther : c'était dire qu'il n'y a pas d'intermédiaires entre l'homme et Dieu pour l'administration des sacrements ; de même aussi dans le vrai protestantisme tout fidèle est pape, en d'autres termes il n'y a point d'intermédiaires entre l'homme et Dieu pour l'interprétation de la doctrine. Bien souvent, dans l'Église protestante, on a essayé de constituer une autorité ; les synodes ont voulu jouer le rôle des conciles ; les confessions de foi ont essayé de se donner pour des *credo* ; mais la radicale contradiction qui éclatait dans ces tentatives d'organisation doctrinale devait les faire échouer infailliblement ; et, malgré les résistances des dogmatiques, malgré les anathèmes de Bossuet, le protestantisme continua de donner l'exemple, si nouveau en Europe, d'une religion mobile et incessamment transformée. Néanmoins, tant que ces variations et oppositions ne se manifestaient que dans les limites du dogme lui-même, c'est-à-dire sans mettre en question le fondement surnaturel du christianisme, il y avait dans l'Église protestante un fond commun, une unité de foi, et en quelque sorte un point fixe : la divinité du Christ et la croyance à une révélation spéciale de Dieu ; mais le moment est arrivé où, la liberté d'examen venant s'étendre jusqu'aux bases mêmes de la théologie dogmatique, s'est élevée la question de savoir si le christianisme est absolument lié à tel ou tel dogme, s'il lui est interdit de s'ouvrir aux lumières de la critique et de la philosophie moderne, et si rejeter le surnaturel, c'est abdiquer l'esprit chrétien. Les uns pensent qu'il n'y a pas de christianisme sans un dogme chrétien : c'est ce qu'on appelle le protestantisme orthodoxe ; les autres pensent que le christianisme consiste dans l'esprit et dans le sentiment chrétien, et non dans un dogme déterminé : c'est le protestantisme libéral. Là est aujourd'hui le débat entre les deux Églises[1].

Une crise analogue à celle que nous venons de décrire pourrait bien se manifester dans le sein du spiritualisme philosophique, si certaines tendances contraires, enveloppées jusqu'ici dans une apparente unanimité, venaient à se manifester un peu plus énergiquement. Tous les spiritualistes sans exception croient à la fois à la nécessité de l'esprit d'examen ; mais il semble que les uns attachent plus d'importance à la doctrine qu'à la liberté, aux conclusions déjà trouvées qu'à la recherche de vérités nouvelles, à la défense qu'à la découverte, à l'intérêt moral et pratique qu'à la pure science et à la libre spéculation, au repos qu'au mouvement, à la tranquillité d'une conviction satisfaite qu'aux ardeurs toujours anxieuses et dangereuses d'une pensée en travail. Les autres ne sont pas disposés à se contenter aussi facilement ; l'immobilité d'une doctrine une fois faite ne leur paraît guère conforme à la nature de l'esprit humain, surtout dans l'ordre purement philosophique ; avec le besoin de croire, ils éprouvent en même temps le besoin de penser ; la fermeté de leurs convictions ne tarit pas chez eux l'activité de l'investigation scientifique. Ils voudraient ne rien sacrifier de ce qu'ils ont pensé jusqu'ici et y ajouter quelque chose ; ils cherchent à résoudre le problème que la société elle-même poursuit depuis quatre-vingts ans, perfectionner sans détruire, conserver en transformant.

De ce double esprit naissent deux sortes de dispositions, non pas contraires, mais différentes, soit à l'égard des croyances traditionnelles, soit à l'égard des doctrines nouvelles. Les spiritualistes que j'appellerai orthodoxes, qui tendent de plus en plus à faire de leur philosophie un dogme, se trouvent par là

---

[1]. Sur le fond de ce débat, voir le dernier chapitre de notre ouvrage intitulé : *les Problèmes du dix-neuvième siècle*.

même rapprochés de la théologie orthodoxe. Plus préoccupés des conclusions que de la liberté philosophique, ils attachent peu d'importance à la différence de méthode, et, reconnaissant dans la théologie, sous des formes plus ou moins symboliques, les vérités dont se compose leur *credo* philosophique, ils sont disposés à une alliance avec les religions positives contre ce qu'ils appellent les mauvaises doctrines. Les spiritualistes que j'appellerai libéraux sont loin d'être animés de mauvais sentiments à l'égard des religions positives : ils respectent et ils aiment la conviction partout où ils la trouvent, et ils sont loin de renier ce qu'il y a de commun dans leurs croyances personnelles et dans les croyances chrétiennes. Peut-être même seraient-ils encore plus disposés que les autres à emprunter quelque chose, mais librement, à la métaphysique chrétienne. Enfin, nés et élevés dans le christianisme, ils conservent et conserveront toujours pour cette grande religion des sentiments filiaux; mais ils ont aussi pour la philosophie des sentiments filiaux, et ils ne sont pas disposés autant que leurs amis à mettre au service d'une puissance rivale leur liberté intellectuelle. Ils n'oublient pas que le spiritualisme philosophique a été considéré, lui aussi, par la théologie comme une mauvaise doctrine, qu'il fut un temps, encore peu éloigné de nous, où tout ce qu'on appelle rationalisme était condamné sans examen et sans distinction, sous l'accusation commune de panthéisme, d'athéisme, de scepticisme et même de socialisme, où les libres penseurs, même spiritualistes, étaient livrés au mépris par une plume grossièrement éloquente, et l'on sait assez que cette même plume a toujours son encre toute prête pour recommencer à nous flétrir. Sans doute, la théologie est devenue plus conciliante et plus condescendante lorsqu'elle a vu qu'elle pouvait utiliser nos services et que nous étions une bonne avant-garde contre des doctrines bien autrement menaçantes. Néanmoins nous ne pouvons oublier que, si nous avons avec les théologiens des croyances communes, nous avons aussi des principes absolument différents. Comme eux, nous croyons à Dieu et à l'âme; mais pour eux la liberté de penser est un crime, pour nous c'est le droit et la vie, et nous aimons mieux l'erreur librement cherchée que la vérité servilement adoptée. En un mot, nous n'entendons pas qu'entre nos mains la philosophie redevienne ce qu'elle a cessé d'être depuis longtemps, la servante de la théologie.

Il résulte encore de tout ce qui précède que les spiritualistes libéraux ne sont pas tout à fait placés au même point de vue que leurs amis par rapport aux doctrines nouvelles. Pour les spiritualistes orthodoxes, toutes ces doctrines, quelles qu'elles soient, ne sont autre chose que de mauvaises doctrines, des doctrines basses, odieuses, désespérantes. Dans cette proscription générale, on enveloppe et on condamne sans distinction tout ce qui n'est pas le spiritualisme pur et doctrinal dont on a fait un *credo*. Le panthéisme allemand, le scepticisme anglais, le positivisme, le matérialisme, tout est confondu dans une réprobation sans réserve. La philosophie n'a autre chose à faire qu'à combattre ces mauvaises doctrines, à les refouler, et c'est surtout pour cette entreprise, si nécessaire à l'ordre social, qu'il faut s'unir à la religion, plus puissante encore et plus efficace que la philosophie dans cette lutte sociale du bien contre le mal. Les spiritualistes libéraux, je le répète, ne considèrent pas tout à fait les choses de la même manière. Ils sont tout aussi ennemis que qui que ce soit des doctrines basses et avilissantes ; ils sont surtout révoltés de l'espèce de fanatisme en sens inverse qui éclate aujourd'hui dans les jeunes écoles matérialistes. L'intolérance athée est la plus absurde de toutes, et il est évident que nous y marchons. Nous sommes donc aussi peu disposés que personne à transiger avec ces folies, et nous ne pensons pas que la philosophie se soit affranchie de la Sorbonne pour se soumettre au joug de telle ou telle école. Nous protestons contre l'orthodoxie aveugle de la négation, autant et plus que contre l'aveugle orthodoxie de la croyance. L'esprit de secte nous est intolérable partout.

Cependant, tout en faisant la part d'ignorance et d'aveuglement fanatique qui se rencontre dans les bas-fonds des écoles nouvelles, il faut reconnaître que tout grand mouvement philosophique a sa raison d'être et sa légitimité. C'est un principe qui a été suffisamment démontré par l'histoire de la philosophie, et nous ne voyons pas pourquoi on ne l'appliquerait pas au temps présent comme on l'applique généralement au passé. Ce grand mouvement critique auquel nous assistons ne prouve certainement pas que le spiritualisme ait tort ; mais il prouve, à n'en pas douter, que nos moyens de démonstration sont insuffisants, qu'il y a des lacunes dans nos doctrines, qu'elles ne sont pas complètement appropriées aux lumières de notre temps, qu'elles laissent en dehors d'elles un trop grand nombre de faits inexpliqués, qu'elles se sont montrées trop indifférentes à l'égard des sciences physiques et naturelles, qu'elles ont trop abandonné la nature aux savants, enfin qu'elles ont trop préféré en général l'analyse à la synthèse.

Il y a deux sortes de problèmes en philosophie : le problème de la distinction, et le problème de l'union. Ce n'est pas tout de séparer, il faut réunir. Ce n'est pas tout de dire : « L'âme n'est pas le corps, Dieu n'est pas le monde ; » il faut encore rattacher l'âme au corps et Dieu au monde. La distinction exagérée n'a pas moins de périls que la confusion. Si l'âme et le corps n'ont rien de commun ni même d'analogue, comment peuvent-ils coexister et former un seul et même être ? Si Dieu et le monde sont hors l'un de l'autre, comme une chose est en dehors d'une autre chose, comment Dieu peut-il agir sur le monde et le gouverner ? Les métaphysiciens qui ne sont préoccupés que de la distinction des choses sont semblables aux politiques qui ne pensent qu'à la séparation des pouvoirs. Il faut sans doute que les pouvoirs soient séparés, c'est la condition de la liberté ; mais il faut qu'ils marchent d'accord, c'est la condition de la vie et du mouvement. Or il me semble que le spiritualisme du XIXe siècle a été trop préoccupé de l'un des deux termes du problème, de la distinction, qu'il a négligé le point de vue de l'union. Il a distingué la psychologie de la physiologie, et cela était excellent. Il faut en même temps les rapprocher, c'est ce qu'il n'a pas assez fait. Il a distingué l'une de l'autre, mais il n'a pas assez montré leur action commune. Il a montré Dieu hors du monde et le monde hors de Dieu ; il n'a pas assez montré Dieu dans le monde et le monde en Dieu.

Il n'est pas dans la nature des choses qu'une doctrine philosophique reste immobile et stagnante comme un dogme théologique. La philosophie, de même que toutes les sciences, ne prouve sa vitalité que par le développement et le progrès. L'expérience historique nous prouve que l'idée spiritualiste est susceptible de prendre les formes les plus différentes, de se concilier avec les points de vue les plus variés. L'idée spiritualiste a pu se concilier avec le mécanisme de Descartes, et le dynamisme de Leibniz avec l'animisme de Stahl, et le vitalisme de Montpellier avec le mysticisme de Malebranche et l'empirisme de Locke. L'idée spiritualiste, n'ayant point exclu le mouvement dans le passé, ne l'exclut pas davantage dans la variété et l'avenir. On conçoit donc aisément que, sans rien abandonner de fondamental, la pensée spiritualiste puisse se transformer et se renouveler, comme elle l'a fait déjà si souvent. On nous le demande de tous les côtés ; les théologiens libéraux, tels que le P. Gratry, trouvent notre philosophie sèche et étroite, tout aussi bien que les métaphysiciens novateurs, comme M. Vacherot. Il faut bien qu'il y ait quelque chose de vrai dans des reproches qui nous viennent de côtés si différents. On accuse notre philosophie d'être à la frois froide et timide, de ne donner complètement satisfaction ni à l'esprit religieux ni à l'esprit scientifique. Elle a craint le mysticisme, elle a craint la métaphysique ; elle a craint la science, et, pour échapper à tous ces écueils, elle a trop aimé à se reposer dans l'érudition. Pour reprendre sa marche ascendante, il faut qu'elle travaille à s'enrichir et à se compléter, il faut qu'elle s'assimile ce qu'il y a de bon dans les écoles adverses, il faut qu'elle ne craigne pas trop une certaine division dans son propre sein, car la diversité des points de vue semble être un des caractères essentiels de l'esprit philosophique ; il faut enfin qu'elle prépare des matériaux à la reconstruction d'une philosophie nouvelle.

En parlant ainsi, je n'indique pas seulement ce qui doit se faire, j'indique ce qui se fait. Il est évident, pour tous ceux qui savent ce qui se passe, qu'un travail de rajeunissement et de rénovation s'opère dans le sein de la philosophie spiritualiste. Elle se rapproche des sciences, dont elle fait une étude de plus en plus attentive et sérieuse : elle réconcilie la psychologie et la physiologie. Elle s'informe de toutes les idées nouvelles, et elle cherche librement à s'en rendre compte. Elle étudie scrupuleusement les monuments de la philosophie allemande. De jeunes métaphysiciens pleins de sève et de prudente audace mûrissent dans la solitude les fruits d'une pensée inquiète et pénétrante qui ne se contente plus de lieux communs. Elle se complète par de fortes études sociales, politiques et esthétiques[1]. S'il était possible de rallier ces éléments divers, on verrait que, malgré le préjugé contraire, l'école spiritualiste est encore la plus active, la plus féconde, et je dirai même la plus progressive des écoles contemporaines. Tandis que nous marchons et que nous nous renouvelons, les autres se figent et se cristallisent. Nous sommes passés du dogme à la liberté ; elles passent au contraire de la liberté au dogme. Tel sceptique doute de tout avec l'âpreté d'un docteur de Sorbonne. Le positivisme, le matérialisme, se forment en Églises, et hors de ces Églises il n'y a plus de salut. L'esprit de secte les asservit ; l'esprit d'examen nous affranchit. Nous ouvrons

---

1. M. Caro (*le Matérialisme et la Science*), M. Magy (*la Science et la Nature*), ont commencé à jeter les bases d'une philosophie naturelle. M. Fr. Bouillier (*l'Ame pensante et le Principe vital*), M. Albert Lemoine (*le Sommeil, l'Aliéné, l'Ame et le Corps*), ont rattaché la psychologie et la physiologie. M. Ad. Franck (*Philosophie du droit pénal et du droit ecclésiastique*), M. Beaussire (*la Liberté dans l'ordre intellectuel et moral*), et surtout M. Jules Simon, dans ses nombreux ouvrages devenus si populaires, ont constitué une vraie philosophie politique. M. Ch. Lévêque (*la Science du beau*) nous a donné un bel essai d'esthétique. M. Ern. Bersot (*Libre Philosophie, morale et politique*) associe la philosophie aux libres mouvements de la philosophie du dehors. Mentionnons aussi quelques noms qui ne sont pas encore connus du public, mais qui ne tarderont pas à l'être : M. Lachelier, qui professe avec succès à l'École normale; M. Fouillée, dont l'Académie des sciences morales vient de couronner un mémoire sur la philosophie de Platon, aussi remarquable par la pensée que par la science. Nous nous permettons enfin de faire allusion plus haut au Cours que nous venons d'inaugurer à la Sorbonne sur la philosophie allemande.

nos rangs, tandis qu'ils ferment les leurs. Où est le mouvement ? où est le progrès ? où est la vie ?

Telle est aussi la conclusion à laquelle arrive un savant et profond penseur qui vient de nous donner l'intéressant tableau des études philosophiques en France au xix° siècle[1]. M. Félix Ravaisson, l'éminent historien d'Aristote, n'a pas reculé devant cette proposition, paradoxale en apparence, que c'est aujourd'hui l'idée spiritualiste qui est en progrès. Le bruit qui se fait à la surface de notre société agitée ne lui est pas la vraie mesure de ce qui se passe véritablement au fond des esprits. En reconnaissant avec une haute impartialité les services rendus par les nouvelles écoles, il montre que toutes, même les plus hostiles, quand elles sortent de la critique, en reviennent toujours à des principes qui ne sont, sous d'autres noms, que les principes mêmes qu'elles avaient combattus. Matière et force, disent les uns; tout n'est donc pas matière. Idéal, disent les autres; tout n'est donc pas positif. Axiome éternel, dit celui-ci; tout n'est donc pas phénomène. Ressort, tendance instinctive vers le mieux, dit un dernier; tout n'est donc pas combinaison fortuite. Ainsi, du sein même de la critique, mais d'une critique se rendant de plus en plus compte d'elle-même, reverdiront, refleuriront les principes si décriés. L'esprit public, aveuglé et enivré par l'entraînement des réactions, les adoptera sans les reconnaître sous des noms différents; puis viendra sans doute quelque esprit vigoureux qui, rassemblant ces éléments épars dans une synthèse nouvelle, rendra à la pensée spiritualiste sa puissance et son éclat. Peut-être périrons-nous dans cette révolution dont nous n'aurons été que les obscurs préparateurs, simples chaînons entre ce qui tombe et ce qui s'élève; mais qu'importe qu'une école périsse, si l'idée qui repose en elle renaît plus vivante et plus jeune, revêtue de son immortel éclat!

1. *La Philosophie en France au dix-neuvième siècle*, par M. F. Ravaisson, de l'Institut. — Rapport publié sous les auspices du ministère de l'instruction publique.

X

L'AUTOMATISME PSYCHOLOGIQUE[1]

M. PIERRE JANET

Parmi les thèses philosophiques présentées au doctorat ès lettres devant la faculté des lettres de Paris, l'une des plus intéressantes et des plus originales est celle de M. Pierre Janet sur l'*Automatisme psychologique*. M. Pierre Janet a conquis, quoique jeune, une grande autorité dans les recherches de psychologie morbide ou pathologie mentale, recherches qui paraissaient jusqu'ici du domaine exclusif des médecins. Quand les philosophes avaient besoin de notions psychologiques sur l'état mental des aliénés, des somnambules, ils étaient obligés d'avoir recours aux médecins; et cependant les facultés mentales, même morbides, sont encore des facultés de l'âme, et elles appartiennent à la même science que les facultés normales. La mémoire, l'imagination, la conscience, la volonté à l'état morbide, sont toujours des faits de conscience; or tout les faits de conscience relèvent de la psychologie. Il était donc légitime de revendiquer et de reconquérir ce domaine pour la psychologie, et par conséquent pour la philosophie. C'est ce qu'a fait M. Pierre Janet. L'objet de son travail est l'étude de l'activité humaine dans ses formes les plus rudimentaires, et non seulement de l'activité, mais encore de la sensibilité et de la conscience.

---

1. Ce travail est extrait d'un cours sur le Doctorat philosophique à la Sorbonne. De la même source viennent quelques-uns des travaux précédents : les études sur MM. Lachelier, Boutroux, V. Brochard, et, dans le corps de l'ouvrage, MM. Ribot et Fouillée.

Pour cette étude, l'auteur emploiera cette forme de la méthode psychologique que l'on appelle *objective*, c'est-à-dire s'appuyant sur l'observation extérieure des autres hommes. Cette méthode offre l'avantage que l'on peut choisir son sujet d'observation, celui qui présentera au plus haut degré les phénomènes à étudier ; or ces sujets, ce sont les malades. Cette thèse sera donc un travail de psychologie morbide. Enfin on essayera de produire ou de susciter ces phénomènes par l'expérimentation, et c'est là de la psychologie expérimentale. En général, les expériences faites sur le moral peuvent être dangereuses, par exemple celle du haschisch. Mais il est un état qui peut être provoqué expérimentalement sans grand danger chez les sujets qui en sont susceptibles : c'est le somnambulisme. Le somnambulisme provoqué s'appelait autrefois le magnétisme ; le magnétisme s'appelle aujourd'hui l'hypnotisme. C'est donc la méthode hypnotique que l'auteur emploiera pour constater les faits élémentaires de la conscience et en découvrir les lois.

L'auteur a surtout pratiqué l'hypnotisme sur les femmes, et en particulier sur les malades atteintes de la maladie nerveuse appelée *hystérie*. Il ne se prononce pas sur la question de savoir si l'on peut obtenir des phénomènes du même genre chez les personnes saines. Il ne prétend pas non plus confondre l'hypnose avec l'hystérie. Tout ce qu'il affirme, c'est qu'il n'a opéré que sur des malades et sur des hystériques. Il a observé quatorze femmes hystériques et hypnotiques, cinq hommes atteints de la même maladie, et huit aliénés. Mais ses observations ont surtout porté sur quatre sujets qu'il désigne sous les noms de Léonie, Lucie, Rose et Marie. Ce sont elles qui ont manifesté au plus haut degré les phénomènes psychologiques qu'il voulait étudier.

L'auteur compare sa méthode à celle de Condillac, qui avait eu l'idée d'étudier séparément chacun des cinq sens, et s'était demandé ce qui arriverait si la statue supposée n'avait successivement à sa disposition que l'un de ces sens. C'était une méthode excellente, mais purement idéale. Eh bien, ces expériences purement idéales peuvent être réalisées aujourd'hui. Il est un état qui réduit le sujet au minimum de conscience possible, qui en fait une sorte de statue vivante réduite à un seul état, immobile et persistant. C'est l'état de catalepsie. La catalepsie peut exister naturellement et spontanément, ou être provoquée par l'expérimentation. Elle peut exister seule sans autre crise nerveuse, ou bien elle peut être une des phases de l'hystérie. M. Pierre Janet s'applique surtout à démontrer que la catalepsie n'est pas absolument inconsciente, qu'elle est réduite à un seul état de conscience qui subsiste tant que l'accès dure. Cette discussion est très intéressante, et, quoique encore problématique, la thèse de l'auteur présente un haut degré de vraisemblance. Mais, quelque intérêt que présente cette discussion, nous sommes obligés de la négliger pour arriver au sujet principal de la thèse, sur lequel l'auteur a concentré toutes ses recherches. C'est le somnambulisme.

Qu'est-ce que le somnambulisme? On a cherché à le caractériser à l'aide de certains signes physiques purement extérieurs, par exemple l'insensibilité ou *anesthésie*; mais c'est là un caractère insuffisant; car les mêmes personnes qui sont *anesthésiques* à l'état de somnambulisme, le sont aussi à l'état normal; et même souvent, au contraire, l'un des caractères du somnambulisme est précisément le retour à la sensibilité normale. On a signalé aussi l'absence de déglutition : le somnambule, dit-on, ne peut pas avaler; mais ce n'est pas un phénomène constant; il est même assez rare; en général, le somnambule mange et boit comme les autres hommes. On a cru encore trouver un caractère dans l'occlusion des paupières : mais ce signe n'est pas plus constant que le précédent. En réalité, il n'y a pas de signes physiques caractéristiques du somnambulisme. Si nous passons aux signes moraux, on a signalé surtout l'absence de volonté, la disposition à recevoir des suggestions; mais ces sujets, la plupart hystériques, sont aussi suggestifs et aboulique à l'état de veille; et même il est certains sujets qui récupèrent une plus grande dose de spontanéité et de volonté à l'état somnambulique.

Suivant M. Pierre Janet, les caractères essentiels et distinctifs du somnambulisme sont les suivants : 1° oubli complet pendant la veille de ce qui s'est passé à l'état somnambulique; 2° souvenir complet, dans un nouvel accès de somnambulisme, de ce qui s'est passé dans l'accès précédent; 3° souvenir complet pendant le somnambulisme de ce qui s'est passé pendant la veille.

Mais la question se complique par le fait qu'il peut y avoir deux phases de somnambulisme différentes. Pour distinguer ses différents sujets dans ces différentes phases, l'auteur a pris le parti de les numéroter. C'est ainsi que le sujet qui a pour nom Léonie s'appellera Léonie 1 à l'état normal, Léonie 2 dans le premier état de somnambulisme, et Léonie 3 dans le second. Dans cette dernière phase, que va-t-il arriver par rapport à la mémoire? C'est que l'état n° 3 va être à l'état n° 2 ce que celui-ci est à l'état n° 1, c'est-à-dire à l'état normal ou état de veille. Dans l'état du second somnambulisme, le sujet se souvient de ce qui lui est arrivé dans le même état précédent; il se souvient du premier somnambulisme, et enfin il se souvient de la veille. Mais la réciproque n'est pas vraie; en passant du second somnambulisme au premier, il ne se souvient plus de l'accès précédent, pas plus que, revenu à l'état de veille, il ne se souvient de l'accès n° 1.

Pour expliquer le phénomène de l'oubli au réveil, l'auteur propose une hypothèse curieuse et originale, fondée sur une observation intéressante. Une de ses malades, appelée Rose, avait oublié toute une partie de la vie (trois mois environ), et, même mise en état de somnambulisme, elle ne se souvenait pas davantage de ces trois mois perdus; mais, étant un jour tombée par hasard dans un état de somnambulisme second, elle vint à reproduire facilement tout ce qui lui était arrivé dans l'état d'absence jusque-là oublié. Il y avait donc lieu de supposer que cet état disparu de la conscience était un état de somnambulisme second. Or, qu'est-ce qui caractérisait ce second somnambulisme? L'auteur découvrit que c'était le retour de la sensibilité tactile et musculaire. Il conclut qu'il devait y avoir une relation entre l'état de la sensibilité et l'état de la mémoire. En effet, suivant lui, pour que l'image puisse se reproduire, et par conséquent pour que la mémoire puisse avoir lieu, il faut de toute nécessité que la faculté de sentir existe au moins en partie. Un individu qui aurait complètement perdu ses sens aurait perdu en même temps les images liées à ces sensations. Or le sujet précédent, à l'état de veille ou de simple somnambulisme, était complètement anesthésique, et il était impossible de lui suggérer des hallucinations tactiles. Mais, cette sensibilité tactile reparaissant dans le second état somnambulique, la mémoire revenait également, et, avec elle, les phénomènes psychologiques complexes, les idées, les mouvements volontaires, le langage. Ainsi, la sensibilité étant absente, les images et les souvenirs disparaissent; la sensibilité reparaissant, les images et les souvenirs reparaissent avec elle. La mémoire et l'oubli se rattachent donc au même fait, à savoir la persistance, ou l'absence, ou la variation de la sensibilité.

De tous ces faits, l'auteur conclut qu'on ne peut jamais dire si un sujet est ou n'est pas à l'état somnambulique. Tel somnambule présente tous les caractères de l'état de veille; tel état de veille présente tous les caractères de somnambulisme. La seule différence est la comparaison d'un état avec l'état précédent, et l'oubli de l'état second dans le retour à l'état premier; on ne dira pas non plus que cet état premier est l'état normal, et l'autre l'état anormal; car en réalité ce premier état normal est lui-même anormal, puisqu'il a pour caractère essentiel l'anesthésie, d'où l'auteur conjecture, sans l'affirmer, que si l'on pouvait faire durer cet état de somnambulisme profond, l'hystérie serait guérie.

Ce qui est certain, c'est que ces sortes de sujets peuvent passer par des phases psychologiques différentes : c'est ce que l'auteur appelle *les existences successives*. C'est le fait bien connu aujourd'hui sous le nom de *dédoublement de la per-*

sonnalité. Le cas le plus célèbre est celui de la somnambule de Bordeaux Félia, qui a eu pendant longtemps, qui a peut-être encore aujourd'hui deux existences distinctes, absolument différentes, séparées par un intervalle à peine perceptible. Dans l'une de ces existences, elle est gaie, vive, courageuse; dans l'autre, elle est triste avec des idées de suicide ; dans l'une elle est affectueuse et dévouée ; dans l'autre elle est égoïste et acariâtre. La seconde existence n'a d'abord été que de quelques heures; puis elle a constamment gagné sur la première existence, appelée improprement état de veille; puis les deux états sont devenus égaux en durée; puis la seconde existence a prédominé; le somnambulisme est devenu l'état normal, et l'hystérie semble avoir disparu.

Lorsque ces somnambules sont dans l'état de condition seconde, comme on l'appelle, il est nécessaire de savoir ce que devient la conscience dans ces sujets hypnotisés. La plupart du temps, lorsqu'il passe à l'état second, le sujet se trouve d'abord simplement *changé*. Ordinairement, ces malades disent qu'elles dorment (ce sont la plupart du temps des femmes), parce qu'on leur a dit qu'on les endormait; mais en réalité elles ne dorment pas plus qu'à l'état de veille. L'une dit : « Je suis changée; je suis drôle, qu'est-ce que vous m'avez fait? » En réalité, on a modifié leur état sensoriel, on leur a donné ou on leur a restitué un sens qui leur manquait. Une autre dit : « C'est bien toujours moi, mais ce n'est pas la même chose. » Souvent aussi le second sujet refuse de se reconnaître, se moque de son ancienne personnalité, et prétend être une personne nouvelle. Elles parlent d'elles-mêmes à la troisième personne. Adélaïde ne convenait jamais de son identité avec Petite, nom qu'elle se donnait en somnambulisme. « Qui êtes-vous? demande-t-on à un autre sujet. — Je suis la malade. » Elle se fait appeler Nichette, nom qu'elle avait dans son enfance. Léonie se fait appeler Léontine, et parle d'elle-même comme d'une autre; elle dit : « Cette brave femme n'est pas moi; elle est trop bête; » et encore : « Comment croire que je ressemble à cette sotte ? » Cet état psychologique est très singulier et difficile à comprendre ; on peut dire qu'elles ont à la fois et qu'elles n'ont pas conscience d'elles-mêmes. Elles ont conscience de leur moi ordinaire, puisqu'elles en parlent, et elles n'en ont pas conscience, puisqu'elles s'en distinguent.

Tous les faits que nous venons de signaler appartiennent à ce que l'auteur appelle l'automatisme total, c'est-à-dire que ces états psychologiques des sujets sont les états du sujet tout entier. Les personnes sont tout entières à l'état somnambulique ; mais il n'en est pas toujours ainsi. Il peut arriver que l'automatisme psychologique, au lieu d'être complet, ne régisse qu'une partie des phénomènes du moi isolés de la conscience totale de l'individu, qui continue à se développer pour son compte. Dans ce cas, les phénomènes automatiques semblent ignorés du sujet et sont en apparence inconscients. Les faits inconscients sont des faits qui ont tous les caractères des faits psychologiques, sauf un seul, la conscience. L'individu continue à avoir conscience de tous ses actes, excepté de celui-là.

Les actes inconscients les plus simples sont les catalepsies partielles. Un bras, par exemple, se comporte comme s'il était le bras d'un cataleptique ; mais le sujet tout entier cause et rit sans se préoccuper de ce que devient son bras ; on lui imprime un mouvement, et ce mouvement continuera avec la régularité d'un pendule. On peut lui faire envoyer des baisers ou faire des signes de croix ; on lui met un crayon dans la main ; elle écrira ou dessinera, et continuera même si on lui retire le papier. Comment comprendre ces faits ? Suivant notre auteur, ces faits ne sont pas absolument inconscients ; ils sont conscients, mais pour eux-mêmes et en dehors de la conscience totale ; il y aurait donc au dehors et au-dessous de la conscience normale une autre conscience, une conscience séparée. Ce sont des phénomènes *subconscients*.

La plupart du temps, la catalepsie est accompagnée d'anesthésie ; mais l'anesthésie peut être remplacée par la *distrac-*

tion, celle-ci étant une sorte d'anesthésie. Si, pendant que Léonie est tout entière à la conversation, on imprime doucement un mouvement à son bras droit, non anesthésié, il continue à se mouvoir comme le bras gauche qui est insensible, parce qu'elle ne s'en aperçoit pas ; mais aussitôt qu'elle a cessé de parler, elle cesse le mouvement. De même, par la distraction, on peut lui imprimer des suggestions, quoiqu'elle ne soit pas suggestible à l'état de veille; par exemple, si on lui parle à voix basse, on lui fait tirer sa montre, ôter et remettre ses gants sans qu'elle s'en aperçoive. A l'état de somnambulisme, elle est en général très peu suggestible; il faut lui parler fort et lui répéter plusieurs fois la même chose pour lui suggérer quelque chose, tandis que, si on la laisse causer avec une autre personne, on lui fait faire à voix basse tout ce qu'on veut. Un autre sujet, Lucie, était très apte à la suggestion inconsciente, toujours en lui commandant à voix basse : on lui fait faire un pied de nez sans qu'elle s'en doute, on lui fait chanter un air de *Mignon*, elle interrompt une phrase commencée, chante, et aussitôt recommence ou continue sa phrase comme si de rien n'était.

Il y a aussi des hallucinations par distraction. Dans ce cas, le conscient et l'inconscient se mêlent de la manière la plus bizarre. On suggère à un sujet que l'eau est amère. Elle fait en buvant une sorte de grimace, et en même temps elle dit : « L'eau n'est pas amère. » On lui suggère l'image d'un papillon; elle court pour l'attraper, et en même temps elle dit qu'elle ne voit pas de papillon. Ici l'hallucination ne se manifeste que par des actes. Dans d'autres cas, elle se manifeste directement dans l'esprit, sans que le sujet ait conscience du commandement. On suggère à Léonie, toujours à voix basse et sans qu'elle paraisse entendre, que son interlocuteur a une redingote verte. Tout à coup, au milieu de sa conversation, elle s'interrompt pour s'écrier : « Oh! mon Dieu! que vous êtes drôlement habillé! »

A l'aide de ces suggestions par distraction, on peut obtenir des états très compliqués qui ne sont plus cataleptiques. C'est ainsi que l'on peut, par le moyen de ce que l'auteur appelle l'*écriture automatique,* causer avec un sujet sans qu'il s'en doute, et pendant qu'il parle à une autre personne. Il suffit de lui mettre un crayon dans la main. Elle répond aux questions qu'on lui fait à voix basse, pendant qu'elle parle à une autre personne : « Quel âge avez-vous? Dans quelle ville sommes-nous? » L'auteur même a pu obtenir du sujet de faire quelques opérations simples d'arithmétique.

Ces faits nous ouvrent la voie à l'interprétation d'autres faits plus compliqués encore et qui ont beaucoup étonné.

Parmi les différentes espèces de suggestions imprimées aux sujets hypnotiques, il en est une particulièrement étrange, et qui s'éclaircit par le moyen des faits précédents. Ce sont les suggestions *post-hypnotiques,* à savoir celles qui sont faites pendant le somnambulisme, et qui sont exécutées pendant la veille. On suggère au somnambule l'idée de revenir chez le médecin tel jour, à telle heure. Au jour dit et à l'heure dite, le désir d'obéir lui viendra sans qu'il sache pourquoi, et il exécutera l'ordre donné.

On avait élevé une difficulté[1] sur ces suggestions à longue échéance, à savoir celle-ci : comment le somnambule peut-il compter le temps, tant de jours, tant d'heures, sans avoir aucun point de repère, sans un signal qui soit lié dans la mémoire au jour et à l'heure indiqués? L'auteur pense que le somnambule continue à exister pendant la période normale, que l'on appelle veille, et que c'est lui qui compte réellement le temps. Par exemple, on dit à Léonie pendant l'état de somnambulisme : « Lorsque vous serez réveillée et que je frapperai douze coups, au douzième coup vous vous rendormirez. » Pendant qu'on l'entoure et qu'on lui parle d'autres choses, l'opérateur frappe douze coups très faiblement; au douzième, elle se rendort. Elle a évidemment compté les coups; et même on a pu lui faire compter ainsi jusqu'à 434. Il y avait donc en elle à l'état de veille une faculté subcons-

---

[1]. C'est nous-même qui, dans nos articles sur la suggestion hypnotique (*Revue bleue,* 1884, 2ᵉ semestre, p. 201), avions suscité cette difficulté.

ciente de compter. On peut varier l'expérience, et toujours l'on trouvera que la somnambule éveillée conserve le souvenir de la suggestion et fait des jugements inconscients. Par exemple : « Quand je prononcerai deux lettres semblables, ou quand je dirai un nombre impair, vous vous rendormirez. » Or le sujet revenu à l'état de veille, et tout en causant de toute autre chose, exécute rigoureusement le commandement. Elle a donc jugé, comparé, sans le savoir ; car pour reconnaître deux lettres semblables, ou pour distinguer le pair de l'impair, il faut juger. L'auteur a compliqué l'expérience : « Quand les nombres que j'aurai nommés, feront 10, vous enverrez des baisers. » L'opérateur prononce donc 2, 3, 1, 4, et aussitôt le sujet exécute l'ordre prescrit. Elle a fait une addition, et cela inconsciemment, puisqu'elle est occupée de toute autre chose. On lui fait faire ainsi des divisions et des multiplications, à l'aide de l'écriture automatique, par exemple : « Vous multiplierez 739 par 42 ; vous écrirez une lettre ; » etc.

Les idées précédentes servent aussi à expliquer un phénomène très étrange connu sous le nom d'*hallucination négative* ou *anesthésie systématique*. Ce fait consiste à suggérer au sujet, pendant le somnambulisme, qu'à son réveil il ne verra pas telle personne ou tel objet, qu'il n'entendra pas tel son, en un mot qu'une perception normale disparaîtra de la conscience. Ce n'est pas là une paralysie de l'œil ; car le sujet voit les autres objets. Voici les caractères principaux de ce fait : 1° on ne voit pas la personne supprimée, mais on voit les objets qui la touchent, par exemple le chapeau de cette personne, sans rien dessous ; 2° la personne invisible cache les objets comme dans la perception réelle ; 3° l'objet invisible doit être cependant perçu, puisque le sujet voit les couleurs complémentaires, par exemple le rouge évoque la sensation du vert ; 4° il faut que le sujet reconnaisse l'objet pour ne pas le voir.

Maintenant la question est celle-ci : comment le sujet peut-il reconnaître un signe qu'il est censé ne pas voir ?

Reprenons l'expérience avec quelques détails : On présente au sujet endormi cinq papiers, dont deux sont marqués d'une croix : « Vous ne verrez pas ces deux papiers, lui dit-on, quand vous serez réveillée; » et en effet, au réveil elle n'en voit en réalité que trois; mais si l'on retourne les papiers, elle les voit tous les cinq. Mais n'a-t-il pas fallu, pour reconnaître ceux qui sont marqués d'une croix, qu'elle les ait vus? On complique l'expérience en suggérant de ne pas voir les papiers où sont écrits les multiples de 3, ou encore, ce qui est plus piquant, ceux qui sont marqués du mot *invisible*. Dans tous ces cas, il faut voir les objets pour ne pas les voir. Autre expérience. On a suggéré au sujet de ne pas voir au réveil le docteur P.; donc elle ne le voit pas. Mais en même temps on lui dit à voix basse : « Va donner ta main au docteur, » et elle y va.

D'une manière générale, l'auteur explique les phénomènes précédents et tous les phénomènes analogues par ce qu'il appelle le principe de la *désagrégation psychologique* : « L'anesthésie, dit-il, est une lésion ou affaiblissement, non de la sensation, mais de la faculté de synthétiser les sensations ou perceptions personnelles, affaiblissement qui amène une véritable désagrégation de phénomènes psychologiques. »

Mais ce qu'il y a de remarquable, c'est que ces sensations subconscientes, enlevées au domaine de la conscience normale, peuvent à leur tour se coordonner, se synthétiser, et former une seconde conscience coexistant avec la première. Il y a donc ainsi, non plus seulement, comme tout à l'heure, des existences successives, mais des existences simultanées; et il se forme une seconde personne psychologique qui, comme la première, a conscience et dit : « Moi. »

Ce sont là des phénomènes tellement nouveaux et tellement complexes qu'il y aurait imprudence à essayer dès aujourd'hui de les soumettre à la théorie; aussi nous ne saurions trop louer la circonspection avec laquelle l'auteur cherche à interpréter ces faits. Néanmoins, et avec raison aussi, il ne craint pas de présenter quelques idées qui méritent l'examen.

Nous le louerons d'abord d'avoir appelé ces différents états psychologiques des *existences,* et non des *personnalités.*

Il y aurait abus, à ce qu'il nous semble, à appeler double personnalité la double existence empirique que nous venons de décrire. Sans doute dans l'idée d'une personne, si nous entendons ce mot dans le sens le plus vulgaire de la conversation, nous faisons entrer généralement le caractère de la personne. Si nous avons connu quelqu'un comme généreux, confiant, sincère; et que nous le retrouvions avare, égoïste, hypocrite, nous dirons que ce n'est plus le même homme, que ce n'est pas la même personne; mais nous ne l'entendons ainsi qu'au point de vue de la vie sociale; pour cet homme lui-même, en tant qu'il s'attribue les états de conscience de son homonyme antérieur, il est le même que cet homonyme. N'oublions pas que dans l'état normal, dans la vie de tous les jours, nous changeons sans cesse d'état psychologique; et ces changements sont si opposés à l'idée du moi, du moi identique, que ce moi se définit précisément par rapport à ces changements : c'est, disons-nous, l'unité dans la diversité, l'identité dans les changements. Chacun de nous passe ainsi du gai au triste, de la générosité à l'égoïsme, et, sous l'influence de certaines modifications organiques, le moi change de caractère, l'homme de tournure d'esprit. Cela n'a rien de plus étonnant que les changements par l'âge, par la maladie, par les événements de la vie.

Il est donc certain que le moi n'est pas constitué par ce que Kant appelle le *caractère empirique.* Le moi n'est pas une somme ni une résultante de sensations : c'est la condition de l'unité qui rassemble toutes ces sensations en un centre commun. Que le contenu empirique enveloppé dans cette unité centrale se transforme et en apparence se multiplie, cela n'empêche pas l'unité de subsister.

En un mot, comme l'a dit Kant, il y a deux consciences : une conscience empirique, attachée aux phénomènes, et une conscience transcendantale ou pure, qui est la conscience du moi et la condition de la conscience empirique. Le changement dans la conscience empirique n'entraîne nécessairement pas la disparition de la conscience pure.

Cependant la difficulté est plus grande qu'elle ne paraît d'abord. Le point délicat, c'est la disparition de la mémoire, sinon de la veille au somnambulisme, du moins du somnambulisme à la veille. Si le fait caractéristique du somnambulisme est, comme nous l'avons dit, l'oubli au réveil, n'a-t-on pas le droit de dire que la personne réveillée n'est pas la même personne que la personne endormie?

Mais c'est une question de savoir si l'identité personnelle repose sur la mémoire. Sans doute c'est la mémoire qui nous atteste et nous fait reconnaître notre identité personnelle à travers les changements du temps; mais celle-ci ne peut-elle pas subsister sans celle-là? C'est l'opinion de Leibniz, qui contestait sur ce point l'opinion de Locke[1].

Mais, indépendamment de cette considération générale, à savoir que le moi ne dépend pas de la mémoire, nous pouvons répondre ici d'une manière plus directe. Si nous considérons, en effet, les deux conditions ou états dont nous avons parlé, il est vrai sans doute que l'état de veille ou état premier n'a pas le souvenir de l'état somnambulique ou état second; mais il est vrai aussi que l'état second ou somnambulique conserve le souvenir de l'état premier, ou état de veille. Donc, de ces deux états il y en a au moins un où l'une des deux personnes a conscience de l'autre, par conséquent où elle est reliée à l'autre par l'identité personnelle. Mais si le somnambule est la même personne que l'homme éveillé, ne faut-il pas admettre réciproquement que l'homme éveillé est la même personne que le somnambule, quand même il ne s'en souvient pas?

L'auteur de l'ouvrage sur l'*Automatisme psychologique* donne, nous l'avons vu, une théorie très ingénieuse de l'oubli au réveil, caractère essentiel du somnambulisme. Ce phénomène tiendrait, dit-il, à l'apparition ou à la disparition d'une certaine espèce de sensibilité (soit visuelle, soit tactile, soit

---

[1]. *Nouveaux Essais*, l. II, c. xxvii.

auditive) qui manquerait à l'état dit normal, reparaîtrait à l'état somnambulique, et disparaîtrait de nouveau lors du retour à l'état de veille. Ce sens nouveau ou récupéré grouperait autour de lui tous les phénomènes du moi et, en disparaissant, les entraînerait tous avec lui.

Quelle que soit la valeur de cette hypothèse, nous pouvons dire que l'apparition ou la disparition d'un sens ne constitue pas la présence ou l'absence de la personnalité. Un homme qui devient aveugle n'est pas une autre personne que le même homme avant la cécité; et il ne devient pas non plus une autre personne lorsqu'il recouvre la vue, l'oubli d'ailleurs, comme nous l'avons montré d'après Leibniz, n'étant pas une preuve de la cessation de la personnalité.

De cette première discussion, nous croyons pouvoir conclure que le fait des existences successives ne porte aucune atteinte à la notion du moi.

En sera-t-il de même pour les existences simultanées? Ici, il faut le reconnaître, le cas est beaucoup plus difficile. Cependant, pour un certain nombre de faits (par exemple pour ceux qui sont cités par M. Taine dans son livre de l'*Intelligence*[1], on peut dire que ce sont plutôt des *illusions de conscience* analogues, selon nous, à ce qu'on appelle erreurs des sens, qu'un véritable dédoublement de conscience dans le sens propre du mot.

Dans ces différents cas, en effet, il ne s'agit pas d'une erreur de la conscience elle-même, mais d'une erreur d'interprétation. En réalité, quoique le moi empirique suppose toujours un moi pur, nous confondons toujours, dans la vie pratique, le moi pur avec le moi extérieur, le moi habillé, le moi de tel lieu, de tel temps, telle situation, portant tel nom, etc. Lorsque cet ensemble de phénomènes vient à changer, il est naturel que nous disions d'une part : « Je n'existe plus; » de l'autre : « Je suis un autre. » Mais remarquons que ces locutions sont contradictoires. On dit : « Je n'existe plus; » mais ce *je*

---

1. Taine, tome II, note sur la formation de l'idée du moi, p. 461.

qui se nie lui-même existe bien, puisqu'il se nie. « *Je* suis un autre; » ici encore ce *je* qui s'affirme autre s'identifie par là même avec cet autre. Il en est de même d'un autre cas dont nous avons nous-même été témoin. Un aliéné disait devant nous : « Vous êtes bien heureux, vous; vous avez un moi; *moi, je* n'ai plus de moi. » Mais il faut encore être moi pour pouvoir dire : « Je n'ai plus de moi. »

Ces faits ne paraissent donc pas déposer contre l'unité de conscience. Ce sont des erreurs, mais non de véritables dédoublements. Plus difficiles et plus obscurs sont tous les faits cités plus haut. Il s'agit ici non plus d'une conscience qui se trompe et qui interprète mal le domaine de l'expérience interne; il s'agit d'une véritable double conscience, d'une conscience divisée en deux, dont chacune agit pour son compte tout à fait simultanément. Cependant faut-il abandonner, même ici, cette doctrine si solide de l'unité de conscience, sans laquelle tout s'évanouit dans une illusion universelle.

Examinons d'abord les différentes explications données par l'auteur. Il invoque une théorie de Maine de Biran, à savoir l'hypothèse des « états affectifs sans moi ». Mais cette théorie n'expliquera que les actes subconscients (la catalepsie par exemple), les sensations embryonnaires, en un mot les états psychologiques indéterminés, mais non la formation d'une personnalité secondaire. Pour Maine de Biran, ces états affectifs sont hors du moi et ne constituent pas du tout un second moi identique au premier.

L'auteur ramène tous les phénomènes du somnambulisme à une loi générale qu'il appelle la désagrégation psychologique. La personne normale n'a plus la force de grouper tous les phénomènes à la fois dans une certaine unité. Ces phénomènes se séparent les uns des autres et vivent de leur propre vie. Ces phénomènes séparés se groupent cependant, autrement il n'y aurait pas de conscience; mais ils se groupent les uns hors des autres, et forment ainsi des unités distinctes de consciences séparées.

Cette loi de désagrégation est très vraie et très importante, et elle correspond aux faits ; mais est-elle exclusive de l'unité de conscience, et les consciences séparées ne sont-elles pas au fond les expressions distinctes d'une même conscience ?

Si l'on admettait la théorie sensualiste ou phénoméniste d'après laquelle le moi n'est qu'une somme, une résultante de phénomènes, il semble que les faits en question seraient plus faciles à comprendre. Ces phénomènes, séparés les uns des autres, se réuniraient de nouveau en vertu de leur affinité et de la loi d'association. Ils formeraient ainsi des groupes nouveaux et des synthèses distinctes. L'auteur ne semble pas cependant vouloir de cette solution ; car, dit-il, « la multiplicité ne contient pas la raison de l'unité ». La conscience, dit-il encore, est une *création*. C'est là une solution bien désespérée ; faire sortir une conscience du néant aussitôt qu'on en a besoin pour expliquer les formations d'un nouveau moi, n'est-ce pas faire appel à l'ultra-transcendant pour rendre compte des faits naturels ? Ne serait-il pas plus sage d'essayer de s'en tirer avec la conscience donnée ?

La désagrégation psychologique a-t-elle pour conséquence nécessaire la divisibilité du moi ? Nous ne le croyons pas. Admettons la simultanéité des états de conscience. Admettons que ces états de conscience se désagrègent et forment des groupes séparés. Admettons enfin que le moi se soit habitué à s'identifier avec le contenu de ces états de conscience : je me demande s'il ne pourra pas se produire dans ces conditions une création apparente de personnalités distinctes qui, bien que séparées, n'en seront pas moins constituées par le même moi. Dans certains cas, les deux moi se pénètrent. « M'entendez-vous ? — Non. — Mais vous m'entendez, puisque vous me répondez. — Cela est vrai. — Qui est-ce qui entend ? — Autre que Lucie. » On voit que le sujet a conscience qu'il entend au moment même où il croit ne pas entendre. De même pour Léonie. En tout cas, lors même que les deux individualités sont fermées l'une à l'autre, il sera toujours plus simple d'admettre que c'est la même conscience qui fait la synthèse de part et d'autre, que d'admettre la création *ex nihilo* d'une conscience nouvelle. Quant à la conscience résultante, elle soulèvera toujours les mêmes difficultés, qu'il y en ait une seule ou qu'il y en ait plusieurs.

En résumé, ces faits sont trop récents et trop obscurs pour être encore susceptibles d'être expliqués scientifiquement. Il faut de nouvelles expériences poussées dans le même sens, soit pour confirmer, soit pour rectifier les expériences précédentes, et M. Pierre Janet est naturellement indiqué pour pousser à bout cette question de la double personnalité.

XI

LE TESTAMENT D'UN PHILOSOPHE

M. VACHEROT

(*Le Nouveau Spiritualisme*, Paris, 1884.

Un homme d'un esprit élevé et d'un caractère respectable, connu par un livre philosophique qui n'est pas sans originalité : *le Système moral*, M. Charles Lambert, mort récemment, a fondé un prix, accepté par l'Institut, sur ce sujet : l'avenir du spiritualisme. Si nous étions encore dans l'âge des concours, nous eussions aimé à être au nombre des concurrents. Nous nous sommes en effet bien souvent interrogé sur ce redoutable problème : nous nous sommes demandé quelles peuvent bien être encore, dans la société moderne divisée par tant de courants d'idées, les espérances des idées spiritualistes. S'il fallait en croire les apparences, ne seraient-ce pas plutôt les idées contraires qui sont de plus en plus envahissantes et menaçantes? Voyez, dira-t-on, la science, dans son développement progressif, ne donne-t-elle pas de plus en plus raison aux doctrines matérialistes? Les esprits les plus libres ne se portent-ils pas de ce côté? Soit, mais je n'ai pas besoin d'autres faits que ceux-là mêmes pour déjouer l'illusion dont on est dupe. Qu'invoque le matérialisme en sa faveur? La science et la liberté de penser : or, ce sont là deux choses toutes spirituelles. Ce que le matérialiste aime dans sa doctrine, ce n'est pas la matière, c'est de jouir de son propre esprit : c'est cet esprit qu'il contemple dans les lois de la nature et dont il s'enorgueillit dans sa révolte contre les dogmes sacrés. Mais quoi! dira-t-on, cette société n'est-elle pas vouée aux luttes des intérêts matériels, aux luttes prosaïques du commerce et de l'industrie? Je le veux bien; mais d'où viennent le commerce et l'industrie, sinon du travail humain, de l'invention humaine, de la volonté et de la pensée, choses éminemment spirituelles? On dira encore que cette société ne s'occupe que de bien-être, de richesse, de santé physique, qu'elle ne pense qu'au corps. D'abord, cela est faux : car jamais la société n'a été plus ardente à répandre les lumières, et d'ailleurs cette même propagation de l'intelligence et du bien-être, qui est-ce qui la provoque et la stimule, si ce n'est un sentiment d'humanité et de fraternité dont jamais les hommes n'ont été plus occupés qu'aujourd'hui? Or, ne sont-ce pas là des sentiments d'un ordre tout spirituel? Enfin dira-t-on, vos gouvernements ne sont que des gouvernements matériels, s'appuyant sur la loi du nombre, qui n'est qu'une force brutale : encore un progrès du matérialisme. Eh bien, non! Cette souveraineté prétendue du nombre est, en réalité, celle de la personnalité humaine que l'on suppose égale chez tous les hommes. S'il y a là une illusion, c'est une illusion spiritualiste : car c'est par l'âme et non par le corps que les hommes sont égaux. C'est ce qu'entendait Montesquieu lorsqu'il disait que, dans les états démocratiques, « tout homme, étant censé avoir une âme libre, doit être gouverné par lui-même ».

Le spiritualisme aurait donc en sa faveur, si l'on y regardait de près, un plus grand nombre de forces qu'on n'est tenté de le croire, s'il voulait connaître ces forces et s'en servir, au lieu de les laisser entre les mains de ses adversaires et de les envelopper dans un même esprit de défiance. Le spiritualisme est une des formes indestructibles de la pensée humaine : seulement il doit se modifier suivant les temps et suivant les progrès de la science, de la société et de la raison.

Sous quelle forme cependant devons-nous nous représenter aujourd'hui le spiritualisme de l'avenir? M. Renan a souvent émis cette pensée remarquable, que le christianisme restera sans doute le fond de la société européenne, mais qu'il deviendra de plus en plus un christianisme individuel. Chacun sera chrétien selon sa conscience, selon sa mesure, selon les exigences de son esprit. Eh bien! je crois également que le spiritualisme sera dans l'avenir et est déjà dans le présent un spiritualisme individuel. C'est de cette manière que l'on peut entendre, je crois, ce que M. Vacherot vient d'appeler, dans un livre récent, « le nouveau spiritualisme ». Il l'oppose à l'ancien, c'est-à-dire à celui d'il y a trente ou quarante ans. A cette époque, pour des raisons sur lesquelles il est inutile de revenir et que nous avons exposées en temps et lieu, le spiritualisme avait cru devoir se condenser et se formuler en un certain nombre d'articles précis et définis. Il était devenu « la religion naturelle », le christianisme moins la foi. Le spiritualisme, tel que l'entend M. Vacherot, a un tout autre caractère. Il est ouvert, il est libre; il n'impose rien : il comprend les formes les plus nuancées et les plus variées; et ce qui le prouve, c'est que M. Vacherot s'y comprend lui-même, quoiqu'il ait depuis longtemps rompu avec l'orthodoxie de l'école. Or, devons-nous, par un rigorisme excessif, exclure du spiritualisme celui qui en accepte le drapeau, parce que sur tel point plus ou moins grave on pourrait avec lui diverger d'opinion? Devons-nous imiter les protestants orthodoxes qui disent aux libéraux : « Vous n'êtes plus des protestants, vous n'êtes plus même des chrétiens : allez rejoindre les libres penseurs? » Il nous semble que celui qui se dit chrétien (à moins qu'on ne le suppose un menteur) l'est par cela même. Par la même raison, celui qui se dit spiritualiste l'est en effet. Autrement, il mentirait ou ne saurait ce qu'il dit : ce que personne ne peut supposer d'un esprit aussi éclairé et d'un caractère aussi élevé que le sont l'esprit et le caractère de M. Vacherot.

A la vérité, il reste à savoir quel sera le lien commun, quel sera le criterium de cette doctrine que l'on appellera du même nom, sous ses formes le plus variées. Peut-elle être à la fois une et plusieurs, être une doctrine et n'en être pas, avoir un drapeau, sans quoi son nom ne serait plus qu'un mensonge, et cependant se développer à la fois dans les sens les plus divers? Si vous avez une doctrine, où est la liberté? Si vous avez la liberté, où est la doctrine? Cette objection se résoudra beaucoup mieux par l'histoire et par les exemples que par la théorie. Le xviie siècle est pour nous le siècle du spiritualisme, et il nous est la preuve que cette doctrine peut être à la fois une et variée. Qui niera, par exemple, que Descartes, que Malebranche, que Pascal et Leibniz ne soient tous les quatre des philosophes spiritualistes? Et cependant combien leur philosophie est différente! Descartes est mécaniste, Leibniz est dynamiste, Malebranche est idéaliste, et Pascal est mystique. Encore ne s'agit-il ici que du spiritualisme chrétien. Si l'on élargissait le cadre, combien de plus nombreuses nuances seraient-elles possibles! et un Plotin, malgré ses hypostases; un Marc-Aurèle, malgré sa pauvre physique; un Kant, malgré son criticisme, pourraient y trouver place. A une certaine hauteur, on sait que Platon et Aristote se concilient. Et cependant que de diversités et même d'oppositions entre ces deux grands maîtres? Voilà bien des exemples qui prouvent que la liberté n'exclut pas l'unité. Ce qui est le principe commun de tous les spiritualistes, c'est de prendre dans la conscience et dans la pensée le type de l'être et de la vérité. Quelques-uns ne vont pas jusqu'au bout de cette pensée, et peut-être M. Vacherot est-il de ceux-là ; ils ne voient que la personne humaine et laissent le reste dans l'obscurité; d'autres, au contraire, se placent au centre de la vérité absolue et mettent en péril la personnalité humaine ; c'est dans la détermination du rapport entre ces deux termes (absolu et relatif) qu'est le principe de la diversité; mais c'est dans la prépondérance du principe spirituel, à quelque étage que l'on s'arrête, que réside l'unité de doctrine.

Nous aurons à rechercher jusqu'où et dans quelle mesure M. Vacherot, dans son récent ouvrage, exprime la pensée spiritualiste. Doctrine à part, on ne peut que s'intéresser vivement au testament philosophique de l'un des écrivains de notre temps qui ont le plus travaillé pour la science et pour la philosophie. Il a voulu s'interroger pour nous dire son dernier mot. Rien de plus noble, rien de plus touchant que ce grand effort. L'activité d'un esprit toujours éveillé, qui se travaille sans cesse pour trouver les formes les plus adéquates de sa pensée, la possession d'innombrables matériaux métaphysiques recueillis et rassemblés dans tous les âges et maniés par l'auteur avec une aisance et une compétence merveilleuses, une largeur et une abondance de style qui font penser à Malebranche (y compris peut-être quelque diffusion), une noblesse constante de pensée, voilà ce qu'on ne peut méconnaître dans le livre de M. Vacherot. Nous ne disons pas que tout y soit neuf et que tout y soit cohérent; mais il y a cette nouveauté relative qui consiste dans le progrès d'une pensée individuelle, et cette harmonie qui, sans être toujours dans la lettre, est du moins dans l'esprit. Pour nous, le véritable intérêt de l'ouvrage sera dans la comparaison de cette œuvre avec les œuvres précédentes du même auteur : c'est une occasion pour nous de revenir sur l'ensemble de l'œuvre de M. Vacherot et de déterminer sa place et son rôle dans la philosophie contemporaine.

I

La carrière philosophique de M. Vacherot peut se diviser en trois périodes : la première est surtout consacrée à l'histoire de la philosophie; mais de cette histoire il dégage une doctrine qu'il ne développe pas encore, à savoir la doctrine de l'unité de substance. C'est l'époque de l'*Histoire de l'école d'Alexandrie*. Dans la seconde, il abandonne l'histoire pour la science pure. Il construit toute une métaphysique sur la base d'une distinction des plus importantes : la distinction de l'être infini et de l'être parfait. C'est l'objet de sa plus grande œuvre : *la Métaphysique et la Science*. Enfin, dans la dernière période il développe avec plus d'insistance les éléments psychologiques de sa doctrine. Il défend la psychologie et la conscience contre les écoles nouvelles, positivisme et matérialisme, et il se montre surtout et hautement disciple de

Maine de Biran. Si l'on voulait caractériser ces trois phases par des expressions précises, toujours un peu inexactes, on pourrait dire qu'il a été panthéiste dans la première période, idéaliste dans la seconde, spiritualiste dans la troisième, sans avoir jamais changé réellement de philosophie. Nous résumerons brièvement les deux premières phases, et nous insisterons surtout sur la troisième, dont son récent ouvrage, *le Nouveau Spiritualisme,* est le couronnement.

Tout le monde sait, ou plutôt tout le monde a oublié le bruit que fit à son apparition le troisième volume de *l'École d'Alexandrie*. Ce fut pour les bien pensants d'alors un scandale public. Un ecclésiastique illustre, aumônier de l'École normale, où M. Vacherot était alors directeur des études, le P. Gratry, crut devoir dénoncer l'œuvre de son collègue. L'ouvrage fut déféré au Conseil supérieur de l'instruction publique, M. Vacherot condamné et révoqué. Ce fut un des événements d'un temps fertile en événements. En relisant aujourd'hui l'ouvrage de M. Vacherot, on est confondu d'un tel bruit, d'une telle sévérité, d'un tel éclat pour un livre plus historique que théorique, où les doctrines ne sont exposées qu'indirectement, sous la forme la plus abstraite et la plus spéculative. C'est à peine si ces doctrines trouveraient grâce aujourd'hui devant nos positivistes : c'est de la métaphysique, c'est tout dire. On pouvait sans doute trouver que M. Vacherot avait quelque peu manqué d'à-propos (ce qui lui arrive quelquefois), en choisissant le moment où venait de triompher le parti clérical et où l'Université était gravement menacée, pour rompre avec l'orthodoxie spiritualiste. Ce qui est vrai, c'est qu'il avait eu le mérite de secouer l'espèce de torpeur métaphysique où l'on se laissait peu à peu entraîner par la crainte de compromettre la philosophie universitaire. Ce fut lui qui le premier, avant M. Taine, avant M. Renan, vint, selon l'expression de Kant, réveiller la philosophie de son sommeil dogmatique. La philosophie, pas plus que les constitutions, n'est une « tente dressée pour le sommeil ». Le livre de M. Vacherot, surtout accompagné de proscription, fut un avertissement éclatant de la crise qui commençait alors. Les adversaires de la libre pensée, en croyant triompher dans cette circonstance, firent en réalité la faute la plus grave. Ils infligèrent au spiritualisme et au théisme la note d'une doctrine officielle : ils lui imposèrent la complicité avec les doctrines rétrogrades. Ils précipitèrent dans les doctrines adverses tout ce qui n'était pas catholique et croyant.

Si nous nous demandons maintenant quelle était la doctrine exposée et condamnée dans l'*École d'Alexandrie,* elle n'est autre que la doctrine de l'unité de substance. Voici les passages qui furent alors les plus incriminés : « La raison, y est-il dit, unit dans un système indissoluble la vie individuelle et la vie universelle. Elle ne comprend pas plus l'être universel sans les individus que les individus sans l'être universel. En effet, sans les individus qui le réalisent, l'être universel n'est qu'une abstraction : sans l'universel qui les contient, les produit et les conserve, il est impossible d'expliquer l'existence propre des individus. Donc, loin de s'exclure, l'individuel et l'universel s'impliquent réciproquement... Dieu est pour la raison l'être en soi, l'être nécessaire dont les individus ne sont que les manifestations. Non seulement les individus demeurent en lui, mais ils y subsistent et y vivent. Il est tout aussi impossible de concevoir Dieu sans le monde que le monde sans Dieu. On ne conçoit pas la création comme l'œuvre libre d'un démiurge organisant une matière première, mais comme l'acte nécessaire, immanent, éternel, d'une cause infinie. »

A dire la vérité, ces propositions ne firent du bruit alors, et ne furent saluées par les jeunes libéraux, qu'à titre de notes d'indépendance et de réveil libéral ; car, en elles-mêmes, il était difficile de leur attribuer une véritable originalité. Elles n'étaient qu'un retour à la première philosophie de Victor Cousin, et étaient empruntées, non seulement pour le fond, mais même en partie textuellement, à ses livres, à ses cours, à ses préfaces. C'est lui qui avait dit : « Sans fini, pas d'infini, et réciproquement. — Si Dieu n'est pas tout, il n'est rien. — La substance doit être unique pour être substance. — Un

Dieu sans monde est aussi incompréhensible qu'un monde sans Dieu. » La doctrine de l'unité de substance, comme nous l'avons démontré, avait donc été la doctrine constante de Victor Cousin depuis 1818 jusqu'en 1833; depuis, il l'avait laissée dormir, et plus tard il l'avait rétractée. Le mérite de M. Vacherot (je ne parle pas du fond des choses, mais du développement historique des idées), fut d'évoquer cette doctrine, de réveiller les esprits qui en perdaient de vue la gravité et la portée, qui, préoccupés outre mesure de la personnalité divine, oubliaient quelque peu la notion d'infini et d'universel, qui n'est pas moins constitutive de l'idée de Dieu, et qui réclame aussitôt qu'elle est ou paraît trop sacrifiée ou trop méconnue.

Cependant M. Vacherot apportait quelque chose de nouveau à la doctrine de l'unité de substance : il y regardait de plus près que n'avait fait Victor Cousin. Celui-ci, en effet, s'appuyait à la fois, dans son panthéisme, sur l'école d'Alexandrie et sur la philosophie allemande, sur Plotin et sur Schelling. Mais les philosophes allemands entendent-ils l'unité de substance de la même manière que les Alexandrins? Il est permis d'en douter. La philosophie de Plotin est une philosophie mystique, quasi religieuse, dans laquelle la vie, le monde, la réalité, sont sacrifiés à l'âme, à l'être, à l'un absolu. Le monde est une chute, une dégradation de Dieu. La philosophie de Schelling, au contraire (au moins la première), la philosophie de la nature, est une philosophie scientifique, sortie de la science du xviiie siècle interprétée à l'aide de Kant et de Spinoza, et elle est profondément imprégnée de l'idée du xviiie siècle, l'idée du progrès. Comment nier la réalité de la vie dans une philosophie du moi? Schelling n'excluait donc ni la vie, ni la nature, ni l'art, ni rien de ce qui compose l'existence finie : Hegel encore moins. Ni l'un ni l'autre n'étaient mystiques, ascétiques, extatiques, superstitieux, comme l'avaient été les Alexandrins. Cousin n'avait pas distingué ces deux aspects de la doctrine panthéistique. Après avoir admis la consubstantialité du fini et de l'infini, il reste encore à savoir si le fini est pour l'infini un développement ou une chute. M. Vacherot vit le problème, et le trancha dans le sens moderne. Tout en admettant le principe alexandrin de la vie de toutes choses dans l'unité et dans l'être, il protesta contre l'ascétisme alexandrin, si peu conforme au sentiment de la vie réelle dont nous sommes tous aujourd'hui si profondément pénétrés. Le panthéisme oriental devait succomber devant le panthéisme occidental. L'idée de progrès l'emportait sur l'idée de chute. Aussi l'auteur critiquait-il sévèrement la théorie de la *procession,* qui est le principal moteur de la nature dans la philosophie d'Alexandrie : « Dans cette hypothèse, dit-il, l'être va toujours se dégradant, s'amoindrissant à mesure qu'il se développe, commençant par le meilleur, finissant par le pire, s'éloignant graduellement de la perfection absolue qui est son point de départ, pour aller se perdre dans le néant après une série infinie de défaillances. Le monde, au lieu de s'avancer vers le bien par un progrès continu, s'avance vers sa fin à travers des révolutions successives qui préparent la catastrophe universelle. » A cette fausse théorie, M. Vacherot opposait la théorie moderne du progrès : « La nature va du pire au meilleur, non du meilleur au pire ; loin de descendre par une série de dégradations, elle s'élève par un progrès continu de l'être inférieur à l'être par excellence ; de la nature à l'esprit... ; la loi de l'être est de monter, non de descendre. » L'auteur voyait bien l'objection qui s'élève contre ce système : « Il faut bien se garder de conclure, disait-il, que le pire engendre le meilleur, que la vie et la pensée ont pour principe la dure matière : ce serait confondre la cause et la condition. » Cette réponse, empruntée au spiritualisme, est-elle bien légitime dans la doctrine de l'identité? Si l'être universel poursuit toujours, sans l'atteindre jamais, « une représentation adéquate à sa nature », en vertu de quel principe se dépasse-t-il ainsi lui-même, et quelle est cette nature qui cherche toujours sa représentation sans l'atteindre jamais? Si l'être universel n'est que « l'être en puissance », comme M. Vacherot le disait explicitement, comment nier qu'il aille du moins au plus, du pire au meilleur? Si, au contraire, il est supérieur à tous ses développements, et que le monde ne soit que sa représentation, n'est-ce pas revenir en quelque mesure à la doctrine de la transcendance?

La doctrine précédente, contenue dans les conclusions de l'*Histoire de l'école d'Alexandrie,* était bien une sorte de panthéisme, quoique l'auteur ne l'appelât pas de ce nom ; M. Vacherot n'aimait pas cette qualification de sa doctrine : non sans doute par scrupule timoré ou par respect humain, mais par deux raisons, l'une et l'autre très philosophiques : la première, c'est que le panthéisme d'ordinaire sacrifie l'individualité et la personne humaine, ainsi que la liberté morale, principes que M. Vacherot tenait à conserver, aussi bien que les spiritualistes les plus décidés; la seconde, c'est que, conservant de Dieu la même idée que les spiritualistes, il lui répugnait d'appeler Dieu le principe des choses après lui avoir retiré tout ce qui, dans les croyances communes, caractérise le plus la Divinité, à savoir la personnalité, la providence, les attributs moraux. Il y avait donc à s'expliquer sur ces différents points, et c'est ce que fit notre philosophe dans son grand ouvrage : *la Métaphysique et la Science,* qui est son principal titre en philosophie.

Ce livre parut en 1859, avec beaucoup d'éclat et un grand succès[1]. L'école spiritualiste fléchissait et s'affaiblissait ; l'école critique faisait chaque jour de nouveaux progrès. Dans le silence des uns, dans le progrès triomphant des autres, l'apparition d'une vaste construction métaphysique où toutes les questions (trop de questions peut-être) étaient traitées et résolues, une revue de tous les systèmes (dans laquelle on se trouvait un peu noyé), une critique éclairée qui faisait la part du vrai et du faux dans chacun d'eux, un large éclectisme qui se croyait une synthèse, quoiqu'il n'échappât peut-être pas lui-même à l'objection faite à l'éclectisme, de n'être qu'une juxtaposition d'éléments divergents, mais surtout, au milieu

---

[1]. Voyez, sur ce livre, dans la *Revue des Deux Mondes* du 15 janvier 1860, l'étude de M. Renan : *l'Avenir de la Métaphysique.*

de tout cela, une critique neuve et profonde de l'une des idées fondamentales de la métaphysique, l'idée d'être parfait, tout cela, en réveillant fortement la pensée spéculative, fit le succès de ce livre, qui, tout en inquiétant quelque peu les spiritualistes libéraux, leur donnait au fond, cependant, confiance et espoir, en leur montrant que tout n'était pas dit, et que leur science avait encore devant elle de vastes et brillantes perspectives. Ce fut le malheur d'un autre beau livre qui parut à la même époque, l'*Essai de philosophie religieuse* d'Émile Saisset, de rencontrer cette éclatante concurrence. Saisset terminait une période, tandis qu'on était impatient d'en commencer une autre. Le livre de Saisset résumait brillamment et noblement les conceptions du spiritualisme cartésien et leibnizien; au fond, c'était bien lui qui avait raison; mais il ne faisait aucune part aux nouveaux éléments de la pensée, ni à la philosophie allemande, ni au mouvement scientifique moderne. La philosophie a besoin de remuement et d'action, comme le dit Pascal de la vie humaine. Dans cette noble conclusion des doctrines spiritualistes, la philosophie était trop pacifiée et trop simplifiée. Ce n'était pas moins une belle œuvre, qui n'a eu que le tort de ne pas venir à son heure. Plus tôt, ou plus tard, ces idées eussent paru fortes : mais alors on les connaissait trop.

Notre intention ne peut être de revenir sur l'analyse du livre de *la Métaphysique et la Science;* nous signalerons seulement l'étape nouvelle de l'auteur et le point de vue saillant qui la caractérise. L'*Histoire de l'école d'Alexandrie* n'avait été au fond, nous l'avons vu, que le retour à la doctrine de Cousin sur l'unité de substance. Ici l'auteur a une théorie qui lui est propre, la théorie de l'idéal; elle était déjà, mais en sous-ordre, dans l'ouvrage précédent : ici, elle devenait tout à fait une thèse ; pour la bien comprendre, il faut remonter de quelques pas en arrière et tenir compte des antécédents.

C'est Kant qui, le premier, a soutenu cette doctrine que nous n'avons pas le droit de conclure de l'idée à la réalité : c'est lui qui a dit que Dieu n'est qu'un idéal; et, en ce sens, la doctrine de M. Vacherot n'est qu'une conséquence et une suite de celle de Kant : ce n'est donc pas une hypothèse tout à fait originale. Mais il faut remarquer que la critique de Kant se bornait à ceci : l'impossibilité du passage de l'idée à l'être par voie de raisonnement; en d'autres termes, l'insuffisance logique des preuves de l'existence de Dieu, et particulièrement de l'argument à priori qui est, suivant lui, le postulat sous-entendu dans toutes ces preuves. Mais Kant ne tirait pas d'objection particulière de l'idée de perfection; il niait en général toute objectivité, celle de l'âme et du monde aussi bien que celle de Dieu, l'infini et l'absolu aussi bien que le parfait. C'étaient les choses en soi en général qui lui paraissaient manquer des conditions de l'objectivité. Cependant il conservait encore l'inconditionnel ou l'absolu comme une loi de l'esprit.

Cette dernière concession de Kant fut l'objet de la critique pénétrante, acérée, vraiment profonde, de l'Écossais Hamilton dans son célèbre article : *Cousin-Schelling*. Il reprochait à Kant de n'avoir pas complètement « exorcisé la notion de l'absolu ». Pour lui, non seulement l'absolu n'existe pas en tant qu'être (si ce n'est pour la foi); il n'existe pas même en tant qu'idée. Il distinguait d'ailleurs deux formes de l'inconditionnel, non seulement différentes, mais opposées, quoique toujours confondues : l'infini et l'absolu. L'un n'est pas plus compréhensible que l'autre; aucun d'eux n'a de raison d'être que l'impossibilité de son contraire. L'un et l'autre sont exclus par cette raison commune que la loi de toute connaissance est le relatif et le fini : « Penser, c'est conditionner. » Par cette critique, Hamilton supprimait complètement le rôle régulateur que Kant avait encore conservé à la notion d'absolu. En même temps il prétendait retrouver par la croyance ce qu'il détruisait par la science; et même ce n'était pas sans quelque arrière-pensée de sauver les mystères chrétiens que les philosophes de cette école, notamment M. Mansel, insistaient si énergiquement sur l'incompréhensibilité de Dieu.

Quel fut maintenant le point de vue de M. Vacherot, par

rapport à ces deux conceptions, celle de Kant et celle d'Hamilton? Il ne soulevait pas, ou plutôt il résolvait dogmatiquement contre Kant le problème de l'objectivité; il rejetait, et peut-être même n'examinait-il pas assez la critique d'Hamilton contre les notions d'infini et d'absolu. Il conservait ces deux notions; mais, ce qu'Hamilton n'avait pas fait, il concentrait sa critique sur une troisième idée qui n'est ni celle d'infini ni celle d'absolu, mais celle d'être parfait, que l'on n'avait jamais nettement dégagée des deux autres. Le sens de sa critique peut être entendu ainsi : quand même vous auriez raison de Kant et d'Hamilton, quand même vous admettriez l'objectivité en général de l'être en soi, et en particulier de l'infini et de l'absolu, vous n'auriez pas prouvé par là même la réalité de Dieu, comme on le croit dans l'école : car Dieu n'est ni l'absolu ni l'infini; il est le parfait. Est-ce que le monde d'Épicure n'est pas infini? Est-ce que les atomes ne sont pas absolus? Est-ce qu'une matière universelle et unique n'est pas infinie et absolue, puisqu'elle n'a ni commencement, ni fin, ni forme dans l'espace, ni cause qui la produit, ni agent extérieur qui la modifie? La théologie se distingue de la métaphysique. La vraie question théologique n'est pas celle de l'existence de l'absolu, mais de l'existence du parfait. Les Cartésiens ont donc eu raison de définir Dieu l'être parfait; s'il n'est pas parfait, il n'est pas. Mais l'être parfait peut-il exister? Voilà la question.

Pour M. Vacherot, la perfection est par essence incompatible avec l'existence. Perfection est un terme qui s'applique aux attributs, aux qualités d'un être, considéré dans son essence, dans son idée, abstraction faite de son existence. C'est un modèle que nous construisons avec les élémens de la réalité. Par exemple, la réalité nous donne des cercles; mais le cercle parfait, qui est la vérité du cercle réel, n'existe cependant pas : il n'existe que dans notre esprit. Ainsi en est-il du sage stoïcien, de la République de Platon, de toutes ces formes idéales qui nous servent de modèles quand nous voulons juger les choses, mais qui n'ont aucun type dans la réalité.

Je sais, dit l'auteur, que Descartes a fait une distinction entre les créations de notre imagination et les conceptions rationnelles nécessaires, dont le propre est d'impliquer l'existence de leurs objets. Mais il ne semble pas que la notion de parfait rentre dans cette catégorie. C'est une simple généralisation des notions diverses de types déterminés, à laquelle il n'est nullement nécessaire d'attribuer l'existence objective. Autre chose est la perfection relative, autre chose la perfection absolue, la perfection en soi : autant l'une est claire, autant l'autre est obscure. Ce que nous appelons perfection relative se rapporte toujours à un type déterminé. On sait ce que c'est que la perfection d'une qualité, d'une vertu, d'une forme ; mais on ne sait ce que c'est que la perfection de l'être en soi. Le règne minéral, le règne végétal, le règne animal, ont chacun leur perfection : autant de types divers, autant de perfections différentes ; mais la perfection en soi est inintelligible. Pour donner un contenu à cette idée de perfection, on est obligé de prêter à Dieu les attributs de la nature humaine ; et ce qu'on appelle l'être parfait n'est pas autre chose qu'un homme parfait.

Est-ce à dire cependant que la notion de perfection ne soit rien qu'un mot, une abstraction vide, un non-sens ? Nullement : c'est une catégorie importante de l'esprit ; c'est une *loi*. Si nous n'avions pas en nous l'idée de perfection absolue, comment pourrions-nous comparer les divers degrés de perfection ? De quel droit prononcerions-nous la supériorité d'un type sur l'autre, de la plante sur la pierre, de l'animal sur la plante, de l'homme sur l'animal ? L'esprit ne peut s'arrêter à un type déterminé ; il lui faut toujours monter dans l'échelle des types. Ainsi, l'idée de perfection existe dans l'esprit, mais non au dehors. L'objet du concept d'infini, d'absolu, d'universel, existe en acte : c'est le monde réel. L'objet du concept de perfection n'existe pas en acte : c'est un *idéal*. Ce n'est pas néanmoins un concept vide et inutile. Est-ce que la géométrie est une science vide, parce que c'est une science idéale ? Est-ce que la morale est une science vide, pour être non moins idéale? La ligne, le cercle, le polygone régulier, ne sont que des notions idéales ; et sur ces notions idéales on fonde la science la plus solide. Le sage, le juste, le héros, le saint, ne sont aussi que des types idéaux, et ce sont cependant ces types qui sont la loi de la vie pratique.

Il en est de même de l'idée de Dieu. Ce n'est qu'une conception idéale ; mais c'est la plus haute de toutes. Loin d'exclure la théologie, M. Vacherot la mettait fort au-dessus de la métaphysique, par la même raison que la géométrie pure est supérieure à la géométrie appliquée. Il opposait la réalité et la vérité. La métaphysique est la science de la réalité ; la théologie est la science de la vérité. La théologie, ou métaphysique idéale, s'élève donc jusqu'à Dieu : bien plus, elle le définit; elle l'appelle l'Esprit. Il n'y a que l'esprit qui puisse être pris par nous pour le type de la perfection, c'est là ce qu'il y a de vrai dans la théologie chrétienne et cartésienne. Mais l'esprit pur, l'esprit parfait, ne peut exister qu'en esprit et en vérité, c'est-à-dire dans la pensée, non dans la réalité. L'esprit seul est Dieu; le monde n'est pas Dieu. C'est par un étrange abus de mots que le panthéisme lui donne ce nom. Quelque magnifique idée que l'on se fasse du *Cosmos,* il y a un abîme entre Dieu et le monde. Les vrais théologiens ne sont ni Parménide, ni Spinoza, ni Hegel, qui ont cherché Dieu dans l'universel : c'est Platon, c'est Aristote, c'est saint Augustin, Descartes, Leibniz, qui l'ont cherché dans l'être parfait, dans l'esprit. Le sentiment religieux peut se conserver tout entier dans une philosophie qui admet l'idéal; et l'auteur, entraîné par l'ivresse de sa pensée, s'écriait, en modifiant un mot célèbre de Fénelon : « O Idéal! n'es-tu pas le Dieu que je cherche? » Un instant, il avait cru le trouver dans le monde réel, mais il s'en est détourné : « Ce n'est que le Dieu Pan de l'imagination... Où le chercher alors, s'il n'est ni dans le monde ni hors du monde? Où le chercher, sinon en toi, saint Idéal de la pensée? »

Ainsi, dans cette seconde phase de sa philosophie, M. Vacherot renonçait au panthéisme de la première. Le panthéisme essaye de confondre l'idée de Dieu et l'idée du monde, la réalité et la vérité. Ce fut pour notre auteur un premier éblouissement ; mais bientôt il fut amené à briser cette unité panthéistique, il vit le monde d'un côté et Dieu de l'autre. Il sépara la réalité de la vérité. Pour ce qui est du monde et de la réalité, il fut hardiment athée ; pour ce qui est de la vérité et de l'idéal, il fut hardiment théiste. Il ne voulut plus d'un Dieu imparfait qui contient dans ses entrailles le crime et l'erreur. Il voulut pouvoir en appeler du monde à Dieu dans le ciel de la conscience. Ce Dieu n'est qu'une conception de la pensée, mais il est plus vrai que le Dieu réel, qui ne vit que dans l'espace et dans le temps[1].

II

Considérons maintenant la philosophie de M. Vacherot dans sa troisième et dernière phase, dont son récent ouvrage n'est que le complément et l'achèvement. Dans cette troisième phase, c'est le spiritualisme qui domine et qui éclate. Ce spiritualisme n'était nullement absent des phases précédentes, mais il y était subordonné à des idées plus importantes aux yeux du philosophe, parce qu'elles constituaient la part d'indépendance et de personnalité qu'il revendiquait en philosophie. Il y a donc ici, non un changement essentiel, mais un changement de plan et de perspective, et aussi quelques additions notables et quelques suppressions notables qui sont le progrès naturel de la pensée.

Il est très vrai de dire que les principes spiritualistes de notre philosophe n'avaient jamais manqué à aucun de ses écrits. Il ne faut pas oublier que le terme de spiritualisme, en philosophie, a surtout rapport à la question de l'âme, et non à la question de Dieu. Il s'oppose au matérialisme, non au panthéisme. Il relève de la psychologie plus que de la cosmologie et de la théologie. C'est en psychologie que

---

1. Sur l'objectivité de l'idée d'être parfait, voir plus haut, livre IV, leçon III.

M. Vacherot est et a toujours été spiritualiste : c'est en cosmologie, nous l'avons vu, qu'il a séparé le théisme du spiritualisme ; et encore, en maintenant un théisme idéal, il prétendait rester fidèle à la tradition spiritualiste.

Déjà, en 1846, dans l'article *Conscience*, publié par le *Dictionnaire des sciences philosophiques,* article qui fut fort remarqué à cette époque, M. Vacherot exprimait, avec l'ampleur qui caractérise sa manière, le nouveau spiritualisme d'alors, celui de Maine de Biran. Ce spiritualisme se distinguait de celui de Royer-Collard et de Cousin en ce que, pour ceux-ci, la conscience n'allait pas au delà des phénomènes et des actes du moi, et que l'induction seule pouvait s'élever jusqu'aux substances, tandis que, suivant Maine de Biran, la conscience pénétrait au delà des phénomènes, atteignait la cause elle-même, le principe de nos actes, l'âme dans son être et dans son fond. Voici comment M. Vacherot résumait cette doctrine, alors très neuve, et qui fut admise immédiatement par toute l'école spiritualiste : « Le moi n'a pas seulement conscience de ses actes et de ses facultés ; il a conscience du fond même de son être, puisque le fond de son être c'est la simplicité, la causalité, la personnalité, la liberté. Il se sent donc comme substance, comme âme, comme esprit... S'il y a des mystères dans la science de l'homme, c'est au delà du moi qu'ils commencent. » Et, caractérisant la nature de l'âme, il disait : « Qu'est-ce que l'âme ? Une cause, une force simple, spontanément active, principe et centre de tous les mouvements de la vie extérieure... L'unité, la simplicité, l'activité spontanée, ne sont pas les attributs d'un être mystérieux, d'une substance indéfinissable et inaccessible qu'on nommerait l'esprit... Le moi est le vrai type de l'âme ; la conscience, le vrai sanctuaire de la vie spirituelle. »

Dans le livre de *la Métaphysique et la Science,* l'auteur maintenait la même doctrine. C'est, comme on sait, un dialogue entre le savant et le métaphysicien. Mais ils changent quelquefois de rôle. Ici, c'est le savant qui expose la doctrine précédente : « Que n'a-t-on pas dit sur la nature de l'âme ?

Et quoi de plus simple?... L'esprit est-il autre chose que la force une, identique, permanente, libre, consciente et raisonnante, que chaque homme sent en soi? Qu'avez-vous besoin d'en savoir davantage? » Cette doctrine est approuvée par le métaphysicien, qui déclare que, pour tous les êtres individuels dont se compose la nature, « la notion de force épuise la notion du sujet ». C'est bien là toujours la doctrine leibnizienne et biranienne, doctrine qui, généralisée et étendue à tous les êtres de la nature, ne voit partout que des forces analogues à l'âme humaine, supprime ou croit supprimer le mystère de la communication de l'âme et du corps, parce qu'au lieu d'associer l'une à l'autre deux substances hétérogènes, elle associe l'âme à des forces inférieures, mais analogues à elle. C'est ce qu'on appelle le dynamisme : une échelle de forces graduées et liées, voilà la nature. Ainsi, tant que vous ne sortiez pas du domaine des forces individuelles et finies, le philosophe marchait d'accord avec les spiritualistes de son temps. Le seul point réservé était le passage de l'individuel à l'universel, des êtres particuliers au Tout. « Comment ces forces arrivent-elles à correspondre, à coopérer de manière à former un tout, un système, le Cosmos en un mot? » C'était le problème de la métaphysique : c'était à celle-ci à compléter la psychologie.

Les mêmes doctrines, plus accusées encore et de plus en plus dirigées contre le matérialisme, le positivisme, le relativisme, sont le fond des écrits de M. Vacherot depuis 1868, par exemple les *Essais de philosophie critique,* dans lesquels l'auteur défendait vivement la méthode psychologique contre toutes les formes récentes de l'empirisme ; et l'ouvrage intitulé *Science et Conscience,* où il essaye de résoudre le conflit entre ces deux facteurs, tout en maintenant énergiquement le principe de l'activité individuelle et de la liberté de nos âmes. On voit par cet historique que M. Vacherot était autorisé par ses propres précédents à intituler son dernier ouvrage : *le Nouveau Spiritualisme,* et qu'il n'y faut pas chercher une rétractation et une conversion. L'auteur ne fait qu'y reproduire ce qu'il disait en 1846 sur la doctrine de Maine de Biran : « Qu'est-ce que l'âme au témoignage de la conscience ? une cause, une force, etc. » L'auteur se rétracte si peu qu'il se copie et reproduit textuellement, comme sa doctrine définitive, le passage même que nous avons cité plus haut. Il maintient contre le matérialisme la nécessité d'une unité centrale et d'un principe permanent. Il affirme, comme tous les spiritualistes, qu'il n'y a pas de conscience sans personnalité, de mémoire sans identité, de devoir sans liberté. Sans doute, il continue à écarter la doctrine des deux substances, je veux dire des deux espèces de substances, puisque tout est force, et, par conséquent, toutes les substances sont homogènes ; mais il maintient la distinction des deux vies, des deux natures, par conséquent l'*homo duplex;* et il met en garde la psychologie contemporaine contre les excès de l'école physiologique.

En même temps qu'il maintient le principe spiritualiste en psychologie, il maintient en cosmologie l'explication dynamique et ne voit partout dans l'univers que des forces et des centres de force. Il croit par là être l'interprète fidèle de la science moderne, qu'il prétend ainsi réconcilier avec la métaphysique. Mais peut-être la science ne tient-elle pas autant qu'il le croit à l'idée de force. Beaucoup de savants, au contraire, inclinent à croire que c'est là une notion très obscure et à peu près inutile, qu'il faut laisser à la métaphysique. Que la science actuelle tende, comme au temps de Descartes, à ramener au mouvement la plupart des phénomènes de la nature, cela est vrai ; mais le mouvement suppose non seulement un principe de mouvement, mais encore un sujet de mouvement ; non seulement quelque chose qui meut, mais quelque chose qui se meut. Or une force est quelque chose qui meut, mais non pas quelque chose qui se meut, et surtout qui est mue. Se représente-t-on une force qui court, une force qui marche, qui vole, qui se transporte d'un endroit à un autre ? La force produit le mouvement ; elle ne le subit pas. Il faut donc de deux choses l'une : ou admettre que le mouvement n'est qu'une apparence, une forme de l'imagination, et transformer le dynamisme en idéalisme ; ou admettre dans la matière non seulement le moteur, mais le mobile et, par conséquent, un élément passif susceptible d'être mû, soit qu'on admette d'ailleurs le dualisme inséparable de la matière et de la force, soit qu'on sépare l'une de l'autre. En outre, l'analogie de la force spirituelle avec les forces matérielles n'est pas non plus sans difficulté : car, si l'on peut admettre, sans grande résistance, que la matière a de l'analogie avec l'esprit, il faut aussi prévoir la réciproque. Les forces matérielles étant soumises aux lois du choc, de l'élasticité, de l'attraction à distance, de la pesanteur, comment la force âme, si elle est de même espèce, échappera-t-elle à ces lois? Il faudra donc admettre que nos âmes sont soumises aux lois de la mécanique, qu'elles peuvent s'attirer en raison inverse du carré des distances ; que, réunies en faisceau, elles pourront former une masse susceptible de poids ; on pourra être écrasé par des âmes, etc.[1]. On voit que le dynamisme a ses difficultés propres et qu'il y avait là des recherches dignes de la haute pénétration de M. Vacherot.

Mais nous n'avons pas à nous attarder sur ces questions, M. Vacherot, dans son dernier ouvrage, n'ayant rien changé sur ce point à ses doctrines précédentes. La partie vraiment intéressante de son livre est sa doctrine sur Dieu. C'est là qu'il y a quelques modifications importantes qui le rapprochent, à ce qu'il nous semble, beaucoup plus que par le passé, de ses amis spiritualistes. Nous ne dirons pas que ses vues soient très fermes, et qu'il n'y ait pas quelques fluctuations entre la pensée antérieure et la pensée actuelle ; nous ne dirons pas qu'en voulant s'expliquer, il n'ait pas plus ou moins compromis l'unité de sa doctrine ; enfin nous sommes loin de croire qu'il ait trouvé le point fixe entre toutes les nuances de solution qu'un si grand problème peut suggérer. Mais nous ne croyons pas devoir tirer parti de ces contradictions s'il y

---

[1]. Kant, qui avait passé par le dynamisme leibnizien, a signalé des difficultés semblables dans son curieux écrit : *les Rêves d'un métaphysicien*.

en a. De telles fluctuations se trouvent également chez tous les penseurs de notre époque, même les plus grands. Ni Schelling ni Biran n'en ont été exempts. Elles tiennent au progrès même de la pensée, qui nous fournit aujourd'hui trop d'idées à la fois; nous ne pouvons plus nous contenter d'idées étroites, et nous n'avons pas la force de lier des idées larges. De là ces perpétuels pour et contre que l'on peut trouver chez tous les philosophes, même les plus distingués. Ces contradictions nous paraîtraient moins graves si l'on s'habituait à considérer les propositions d'un philosophe non comme les solutions absolues d'un mathématicien ou d'un théologien, mais comme les approximations, les tâtonnements, les à peu près d'une pensée investigatrice, qui vous montre sincèrement tous les aspects ou points de vue qui la frappent à la fois, laissant au progrès de la science le soin de les concilier. Ce qui nous intéresse donc ici, ce n'est pas le système; c'est le progrès intérieur qui s'est accompli dans l'esprit d'un homme éminent, qui est à la fois pour nous une lumière et un exemple.

Voici les points sur lesquels la doctrine de M. Vacherot n'a pas varié dans son nouvel ouvrage. Ce sont : 1° le principe de l'immanence; 2° l'idéalité de l'être parfait. Sur le premier point, il s'exprime ainsi : « Entre nous et les spiritualistes, reste encore le problème de l'immanence et de la transcendance. L'immanence est pour moi une nécessité de la raison qui ne peut arriver à comprendre l'existence de cette cause au delà de l'espace et du temps... L'absolu n'existe pas en dehors des réalités relatives dont l'ensemble compose l'univers. » Enfin, il consacre un chapitre tout entier à ce qu'il appelle « l'immanence divine ». — En second lieu, il persiste à nier la réalité de l'être parfait. Cette idée est toujours pour lui « un idéal, un type », dont on ne peut rien conclure pour l'existence de son objet. Personne ne nie qu'en faisant de ses idées des êtres, Platon n'ait réalisé des abstractions. Pourquoi en serait-il autrement de l'idée de Dieu, de l'idée de l'être parfait? L'auteur condamne le fameux argument de saint Anselme. Il nie que notre raison conçoive l'être parfait avec la même nécessité que nous concevons que tout phénomène a une cause : « Le métaphysicien réalise donc une abstraction, comme le géomètre qui aurait la pensée de transporter ses figures idéales dans le domaine de la réalité. » L'auteur persiste à opposer la vérité et la réalité, l'essence et l'existence : « Qui dit perfection dit idéal; qui dit idéal dit une pensée pure, un type supérieur à toutes les conditions de la réalité... S'il existe des êtres supérieurs à l'homme dans la série des êtres intelligents, on aura beau remonter plus haut, on ne rencontrera jamais la perfection absolue. »

On voit que notre auteur reste fidèle à lui-même et à son ancien programme. Pas de transcendance; pas d'être parfait. Voilà ce qu'il n'a pas changé dans sa doctrine; voyons maintenant, s'il y en a, les points sur lesquels sa pensée s'est renouvelée.

Nous remarquerons d'abord que, dans son récent ouvrage, M. Vacherot paraît avoir renoncé à la théologie idéale, à laquelle il attachait dans sa philosophie antérieure une très sérieuse importance. Il dit bien encore que l'être parfait est un idéal; mais il ne paraît plus croire que cet idéal puisse tenir lieu de la réalité. Il avoue ce qu'il y avait d'étrange, au moins dans la forme, à admettre en quelque sorte deux Dieux : « un Dieu parfait qui n'est pas vivant, et un Dieu vivant qui n'est pas parfait ». Il désavoue cette sorte d'hymne à l'idéal, dont nous avons cité plus haut quelques lignes, et qu'il dénonce maintenant comme une ancienne illusion. « J'ai longtemps cherché Dieu dans la catégorie de l'essence : j'ai gardé moi-même longtemps cette illusion... Alors même que ma pensée s'est détachée de l'abstraction que je prenais pour la suprême réalité, j'ai fini un chapitre d'un de mes livres par un hymne à l'idéal... J'abrège (ajoute-t-il après avoir cité cet hymne) cette interminable élévation de mon âme éprise de l'idéal jusqu'à l'ivresse. » Il est évident qu'ici M. Vacherot appelle du nom d'illusion non seulement la croyance que l'être parfait est une réalité, non un idéal, mais encore la croyance que cet idéal est Dieu, le seul Dieu, qu'une catégorie de la pensée peut jouer sérieusement le rôle de Dieu, et donner satisfaction à la conscience religieuse. En désavouant cet hymne éloquent, ou du moins en le reléguant dans le passé, en accordant qu'il a mérité, au moins pour la forme, le reproche de contradiction par son hypothèse des deux Dieux, l'un réel, qui n'est pas parfait, l'autre parfait, qui n'est pas réel, il nous semble que M. Vacherot reconnaît, par cela même, que de deux choses l'une : ou il faut chercher Dieu dans la réalité, ou il faut savoir s'en passer absolument. Le Dieu idéal est une chimère : c'est l'ombre d'une ombre ; n'en parlons plus.

De cette renonciation à une théologie idéale sortaient des conséquences inévitables. Lorsque M. Vacherot croyait que son Dieu idéal peut suffire, il n'avait, au fond, nul besoin d'un Dieu réel; aussi, dans son livre de *la Métaphysique et la Science*, évitait-il avec soin de donner le nom de Dieu non seulement au monde, mais à l'infini et à l'universel, dont le monde est la manifestation. Convaincu, comme tous les spiritualistes, que Dieu doit être parfait, et la réalité, même infinie, étant imparfaite, il ne pouvait admettre que rien de réel fût Dieu; il ne craignait donc pas d'être athée en réalité, sachant qu'il était, autant que personne, théiste dans l'idéal. Mais aujourd'hui, ce théisme idéal étant écarté, notre philosophe se résignera-t-il pour tout de bon à l'athéisme? Non; son esprit élevé, bien plus, le fond même et les tendances générales de sa philosophie lui interdisent cette solution désespérée. Dès lors, le nom de Dieu, réservé jusque-là à l'idéal, reviendra de droit au principe réel des choses. M. Vacherot appellera donc de ce nom, comme Spinoza, la substance, l'être, le fond des choses. Dieu sera pour lui un être vivant et réel, et non pas une abstraction.

Mais les mots ont leurs lois et leurs forces secrètes ; et ce n'est pas impunément que l'on emploie le mot de Dieu. Tant qu'il était retranché dans son théisme idéal, M. Vacherot pouvait réduire en toute liberté les attributs de la substance.

réelle, qui n'a d'autre mérite que d'exister, et qui même semblait bien n'être pour lui que la collection des êtres particuliers. Cette substance n'était pas Dieu; on pouvait en penser ce qu'on voulait. Mais aujourd'hui qu'on lui a restitué ce nom auguste (car c'est le titre du chapitre qui lui est consacré), il faut bien que ce nom lui convienne, par quelque endroit, et qu'il ne soit pas en contradiction avec elle. Elle sera immanente dans l'univers : soit; elle n'échappera pas aux lois de l'espace et du temps : fort bien. Toujours est-il qu'il faut qu'elle soit quelque chose, et quelque chose d'assez grand pour mériter le nom nouveau dont on la décore. De là une tendance, dans la nouvelle théologie de M. Vacherot, à faire rentrer peu à peu dans la notion du Dieu réel un certain nombre d'attributs appartenant au Dieu parfait. Il rejettera encore cette expression; il traitera de sophisme l'argument de saint Anselme repris par Descartes; mais, malgré tout, la force des choses le ramènera vers le théisme, ou tout au moins vers le panthéisme; or le panthéisme lui-même est une sorte de théisme, ou il n'est rien. Considérons quelques-unes des modifications que l'idée de Dieu va recevoir dans cette nouvelle conception.

C'est ainsi que l'auteur renonce expressément au Dieu-progrès, qui semblait bien être le fond de sa pensée dans son *École d'Alexandrie*. Sans doute, le progrès reste la loi du monde, le développement extérieur de Dieu; mais Dieu lui-même, dans son essence et dans son fond, n'est pas un devenir : « Quelque arrêtée, dit-il, que soit ma pensée sur l'immanence, je n'aime pas qu'on vienne nous dire, avec Hegel et M. Renan, que *Dieu se fait*. Je ne trouve pas cette manière de parler correcte. Je consens bien à ne pas faire du Dieu vivant quelque chose d'immuable dans sa nature abstraite, reléguée au delà de l'espace et du temps : ce n'est pas une raison pour le soumettre à la catégorie du devenir comme ses œuvres. » Fort bien; mais il nous semble que, dans ce passage, M. Vacherot ne saisit pas sa propre pensée d'une manière bien ferme et bien cohérente. Car enfin, de deux choses l'une : ou Dieu change, ou il ne change pas ; s'il ne change pas, il est immuable et en dehors de l'espace et du temps : c'est l'abstraction dont vous ne voulez pas ; mais s'il change, comment échapperait-il à la catégorie du devenir? et si la loi du changement est le progrès, il est rigoureusement exact de dire avec M. Renan : *Dieu se fait;* avec Diderot : *Dieu sera peut-être un jour.* En un mot, de deux choses l'une : ou Dieu *est,* ou il *se fait.* Si vous rejetez la seconde hypothèse, vous êtes inévitablement reporté vers la première. Sans doute, la loi du devenir pourra être la loi du *Deus explicitus,* de la *natura naturata;* mais l'immutabilité, l'unité, et par là même la perfection, seront la loi de la *natura naturans,* et ce sera seulement cette *natura naturans* qui sera le véritable Dieu, quel que soit d'ailleurs le lien mystérieux qui l'unisse à sa représentation externe.

Non seulement M. Vacherot rejette de l'idée de Dieu le devenir, mais il rejette encore cette autre forme du panthéisme, dont il n'était pas très éloigné dans sa seconde phase philosophique, à savoir celle qui confond Dieu avec le monde et l'unité avec la totalité : « Dieu n'est pas le monde, puisqu'il en est la cause. Il ne s'en distingue pas seulement comme le tout de ses parties... Le tout n'est que l'unité collective... Définir Dieu par le tout, ce n'est pas seulement le panthéisme, c'est tomber dans l'athéisme pur. » Non seulement notre auteur rejette le Dieu-tout de Diderot, mais encore le Dieu-substance de Spinoza ; et, reprenant une distinction de Victor Cousin[1], il soutient que Dieu n'est pas seulement *substance,* mais qu'il est *cause* : « Oui, le créateur est immanent dans son œuvre, mais non pas à la façon du Dieu de Spinoza. Le Dieu vivant est une cause qui crée de vraies causes, et non une substance qui se manifeste par des modes dépourvus de toute spontanéité. Ce puissant esprit a vu Dieu, car il a conçu la suprême Unité ; mais cette unité n'est pas vivante. »

1. *Fragments philosophiques,* préface de la 2ᵉ édition, 1833 : « Le Dieu de Spinoza est une substance et n'est pas une cause. La substance de Spinoza a des attributs plutôt que des effets. »

Ainsi, par voie d'exclusion, M. Vacherot s'éloigne de plus en plus de la conception naturaliste et panthéistique qui l'avait autrefois plus ou moins séduit, et à laquelle il s'abandonnait sans scrupule quand il croyait pouvoir se réfugier dans les *Templa serena* de l'idéal ou de la pure pensée. Maintenant qu'il reprend cette idée de Dieu pour lui rendre la réalité et la vie, il lui faut donner un contenu à cette idée, et il se refuse à l'absorber dans son œuvre. Que reste-t-il donc pour constituer l'essence divine? Deux attributs fondamentaux que le théisme sera bien loin de nier, mais qu'il réclame au contraire comme siens, à savoir : la cause créatrice et la cause finale : « *Cause première* et *fin dernière* d'un monde où tout est causalité et finalité, voilà les deux seuls attributs humains qu'une psychologie discrète peut ajouter aux attributs métaphysiques de la nature divine, sans tomber dans l'anthropomorphisme. »

Considérons donc ces deux attributs. M. Vacherot n'hésite pas à attribuer à Dieu la puissance créatrice. Il l'appelle *le Créateur*. Sans doute il ne faut pas prendre ce mot à la lettre dans la doctrine de l'immanence ; il n'est pas question ici d'une création *ex nihilo*. Mais la philosophie théiste, de son côté, est-elle absolument liée à l'idée d'une création *ex nihilo*? Cette doctrine, en réalité, n'est autre chose qu'un mystère chrétien : or, la philosophie spiritualiste n'est pas plus tenue à enseigner ce mystère que les autres, par exemple l'Incarnation et la Trinité. Et d'ailleurs est-on bien loin de la création *ex nihilo*, lorsque l'on dit avec M. Vacherot : « Dieu reste distinct de ses créations, non comme une cause étrangère et extérieure au monde, mais en ce sens qu'il garde toute sa fécondité, toute son activité, tout son être, après toutes les œuvres qu'il crée, *sans les faire sortir de son sein*... Il en reste distinct en demeurant au fond de tout ce qui se passe, mais toujours avec la *même énergie de création*. » Je le demande, une cause inépuisable, qui conserve toujours la même énergie de création, qui par conséquent ne perd rien en produisant tout, qui d'ailleurs n'est pas sujette au devenir, une telle cause ne crée-t-elle pas en effet les choses de rien? Je trouve même que M. Vacherot fait trop bien les choses en déclarant que Dieu ne crée pas les êtres en les tirant de son propre sein. Car, à parler humainement, et en laissant les mystères à la théologie, il est difficile de concevoir l'Être suprême faisant sortir les êtres du néant, sans puiser à la source même de l'être qui est lui-même; et, pour le distinguer de ses créatures, il suffit que son être soit tellement inépuisable qu'il soit aussi riche après avoir créé qu'auparavant.

Ainsi, pour le premier attribut, celui de la cause créatrice, nul doute que M. Vacherot ne se rapproche de la conception spiritualiste et théiste : il en est de même et bien plus encore de la cause finale. Dieu n'est pas seulement cause première; il est alpha et oméga. Tout vient de lui, mais tout retourne à lui. Cela suffit pour donner une raison d'être à l'univers, une signification à l'existence et à la vie. C'est ici la plus notable addition que M. Vacherot fasse aujourd'hui à ses doctrines antérieures; et nous avons la petite vanité de croire que nous n'avons pas été sans y contribuer. Sans doute il n'avait jamais nié les causes finales et l'évolution de la nature vers un but; mais il n'avait donné aucun développement à cette idée, et paraissait même l'avoir par trop négligée. Ici, l'affirmation explicite, absolue, de l'idée de finalité, la doctrine d'une évolution finaliste, achève et complète, de la manière la plus noble et la plus brillante, une philosophie qui sans cela risquerait trop de se confondre avec le pur naturalisme : « Le monde, dit l'auteur, est une immense variété de causes et de forces qui, sorties du sein de Dieu, tendent à y rentrer par la loi suprême de la finalité... Le principe de la finalité est une de ces idées que Pascal logeait derrière la tête du savant, et dont Leibniz faisait la lumière de toute science... Est-ce au moment où le ciel de nos astronomes nous fait contempler la majestueuse harmonie de ses mondes en mouvement, où la terre de nos géologues nous découvre les étonnantes métamorphoses à travers lesquelles elle a passé,... où l'humanité de nos historiens nous laisse voir la série des changements qui l'ont élevée d'une barbarie voisine de la bestialité à la plus haute civilisation,... où toute science nous montre la loi d'une évolution progressive,... est-ce à ce moment que la philosophie dite positive pourrait réussir à éteindre le flambeau qui illumine l'immense scène de la nature? Je ne puis le croire. » C'est donc, on le voit, dans la finalité (immanente ou transcendante, peu importe) que l'auteur trouve la dernière explication des choses. C'est par là que la philosophie se distingue de la science, sans qu'on ait pour cela le droit de la faire passer pour un rêve : « La métaphysique, dit-il, n'est ni science ni rêve; elle est la pensée supérieure qui éclaire la science et qui dissipe tout rêve. »

Sans doute M. Vacherot accepte l'hypothèse de l'évolution; mais il dit que cette hypothèse est susceptible de deux sens : l'évolution fatale et l'évolution finale. Au fond et dans son essence, la doctrine de l'évolution est indifférente entre ces deux hypothèses. En soi, elle ne signifie rien autre chose que la négation des créations spéciales. Elle signifie que l'acte créateur a été un acte unique et absolu, qui ne s'est pas répété historiquement à des périodes précises. Par la même raison que l'on a éloigné l'acte créateur de chacun des phénomènes spéciaux de l'univers, le tonnerre, les éclipses, les tremblements de terre, la doctrine de l'évolution enseigne qu'il n'y a pas plus de raison de l'admettre à l'origine des espèces, et même à l'origine de l'homme; car l'apparition d'une espèce, même de l'espèce humaine, n'est après tout qu'un phénomène comme les autres, seulement plus grand et qui dure plus longtemps. Bien loin que la philosophie spiritualiste ait aucune objection à élever contre ce point de vue, elle ne peut, au contraire, que lui être favorable; car ce n'est autre chose que l'extension du dynamisme leibnizien, selon lequel Dieu, en créant les êtres, a mis en eux-mêmes la loi de leur développement. On peut donc admettre l'évolutionnisme, sans admettre le moins du monde le naturalisme et l'athéisme; et sur ce point, nous sommes de l'avis de M. Vacherot. Quant au principe moteur de cette évolution, puisqu'il le place en Dieu et non dans la nature elle-même; et puisqu'il exclut du Dieu le devenir et le progrès, ce qui d'ailleurs est bien le distinguer de la nature, à qui seule ces attributs conviennent; puisqu'il exclut aussi le mécanisme de Spinoza, que reste-t-il, sinon d'attribuer cette évolution à un acte primordial d'intelligence et de liberté? Ici, sans doute, l'auteur s'arrête et nous arrête : la crainte de l'anthropomorphisme ne lui permet pas de parler ce langage. Cependant, il ne se refuse pas à appeler du nom de *Providence* ce haut optimisme qui voit dans l'univers une marche ascendante vers le bien. « Le gouvernement de la Providence, dit-il, se manifeste par les grandes lois de la nature que la science nous révèle chaque jour, et dont la bienfaisante action assure l'ordre, la conservation, le progrès incessant du Cosmos. » Sans doute il ne s'agit point ici d'une providence particulière, d'un père veillant sur ses créatures comme sur ses enfants. Mais les plus grands métaphysiciens, même chrétiens, Malebranche, par exemple, enseignaient déjà que Dieu n'agit que par des volontés générales ; et même l'optimisme classique de Leibniz ne s'appliquait guère qu'à l'ensemble des choses, et fort peu aux individus. D'ailleurs, si on admet qu'en Dieu l'universel et l'individuel ne font qu'un, ne pourrait-on pas soutenir que la providence générale est en même temps une providence particulière, et qu'à la consommation des siècles toute créature sera transfigurée et trouvera le secret de son existence? La doctrine précédente ne contient rien qui contredise cette espérance. Sans sortir de la vie actuelle, c'est déjà beaucoup que de savoir qu'on vit dans le monde de la raison, qu'on réalise un plan divin, que la nature a un but, et qu'en travaillant pour la justice on se rapproche de la Divinité. Je ne crois pas être infidèle à la doctrine de M. Vacherot en la traduisant en ces termes; et lui-même nous y autorise en donnant à cette doctrine le nom de spiritualisme.

En résumé, sans vouloir exagérer le changement que nous avons cru découvrir dans le nouvel écrit de M. Vacherot, il nous semble que sa doctrine métaphysique s'est quelque peu transformée au profit du point de vue théologique; que l'auteur a obéi à son tour à cette loi d'évolution que nous avons rencontrée chez un grand nombre de penseurs, et qui consiste à compléter leurs conceptions spéculatives par une conception religieuse. C'est ainsi que Fichte, accusé d'athéisme en 1798, pour avoir appelé Dieu « l'ordre moral », s'est élevé, dans la *Destination de l'homme* et dans la *Vie bienheureuse,* à un point de vue hautement religieux et presque mystique : c'est ainsi que Maine de Biran, le philosophe de la volonté et du stoïcisme, a également fini par une phase mystique. Cabanis, revenant de plus loin, est au moins remonté jusqu'au stoïcisme; et, dans la *Lettre sur les causes premières,* il a représenté l'univers comme gouverné par l'intelligence. Diderot lui-même avait fini par réfuter le livre de l'*Esprit*, dont le matérialisme le révoltait; et il déclarait en dernier lieu qu'on ne peut pas faire sortir ce qui pense de ce qui ne pense pas, et, d'un autre côté, que c'est une hypothèse arbitraire et gratuite de considérer la sensibilité comme inhérente à la matière. Schelling, comme on sait, passait de la philosophie de la nature à une sorte de néo-christianisme; Auguste Comte enfin finissait par fonder une religion et occupait, dit-on, les dernières années de sa vie à lire l'*Imitation de Jésus-Christ*. N'y a-t-il pas dans ce concours de faits une indication et un enseignement? On ne peut sans doute attribuer ombre de mysticisme à la nouvelle philosophie de M. Vacherot; et ce n'est pas nous qui lui en ferons un reproche; mais chacun opère cette transformation finale à sa manière. C'est dans l'ordre intellectuel et scientifique que M. Vacherot s'est renfermé. Il n'en est pas moins vrai que ce livre nous paraît d'un caractère assez différent de ceux qui ont précédé. Il nous porte vers le spiritualisme, tandis que les autres nous en éloignaient. C'est ce qui nous a paru, dans cette analyse, le point le plus intéressant à faire ressortir.

III

Après cette longue exposition, mêlée de critique indirecte, des idées de M. Vacherot, on ne manquera pas de nous demander ce que nous pensons nous-mêmes sur ces problèmes ; et l'on nous dira : « Eh bien ! vous qui parlez, à votre tour de vous expliquer. » Nous avouons sincèrement que nous aimerions échapper à cette dure obligation, car il est plus facile d'exposer et de critiquer les autres que de s'engager soi-même. Cependant il ne serait pas de bonne guerre de juger sans s'exposer à être jugé ; et le métaphysicien dont on traite de haut la doctrine et les écrits a parfaitement le droit de vous dire à son tour :

> Je voudrais bien, pour voir, que, de votre manière,
> Vous en composassiez sur la même matière.

Heureusement le travail nous a été rendu facile par ce que j'appellerai la méthode généreuse de M. Vacherot, méthode qui consiste à faire toutes les concessions que son principe lui permet, et à s'avancer autant qu'il lui est possible sur le terrain de ses adversaires. Nous n'avons qu'à imiter cette méthode, et à rendre concession pour concession : le point où nous nous arrêterons délimitera le champ de la dispute. Cette méthode d'acheminement respectif l'un vers l'autre et de concession réciproque n'est guère de mise en philosophie. On considère les concessions comme de petites lâchetés, et on se cantonne dans des idées à outrance qui d'ordinaire ne se répondent pas les unes aux autres, et qui, triomphant, chacune de son côté, des sottises de la partie adverse, amènent en général la galerie à conclure pour le scepticisme. Si, au contraire, on commençait par dire avec précision jusqu'où l'on peut aller de chaque côté, le champ de la contradiction serait d'autant réduit ; et il y aurait au moins un gain certain, à savoir les choses acceptées d'un commun accord. Herbert Spencer a dit admirablement : « La controverse métaphysique n'est qu'une délimitation de frontières. » Par exemple, pour ce qui concerne le problème de Dieu (bien entendu ceux qui nient cette notion étant en dehors du débat), la question entre les panthéistes et les théistes est une fixation de limites entre l'élément métaphysique et l'élément moral qui composent cette conception. Le panthéisme fait ressortir l'élément métaphysique, le théisme fait ressortir l'élément moral : jusqu'où peut-on aller dans un sens ou dans l'autre? Voilà la question.

Cela posé, nous dirons que le fort de la doctrine de l'immanence ou du panthéisme (M. Vacherot nous permettra ce mot pour aller plus vite), le fort, dis-je, de cette doctrine, c'est la conception de l'infini, conception qui est commune aux théistes et aux panthéistes, mais que les premiers oublient souvent. Comment peut-il y avoir quelque chose en dehors de l'infini? L'infini, à ce qu'il semble, par définition même, enveloppe et pénètre tout ce qui est fini; il ne peut y avoir en lui ni en dehors de lui aucun vide dans lequel quelque être véritable viendrait se placer. Dieu n'est pas un être comme les autres, un être supérieur aux autres, un individu plus grand, plus puissant que les autres individus, mais enfin un individu. Non; il est autre chose que cela; il est plus que cela. Il est l'infini, l'immense, l'éternel, l'être des êtres, l'être en soi. Tous ces noms constituent ce qu'on appelle dans l'école les attributs métaphysiques de Dieu. Les théistes les admettent comme les panthéistes ; mais souvent ils n'y pensent plus quand ils passent aux attributs moraux. L'idée du bon Dieu que l'on enseigne aux petits enfants est certainement une idée touchante et bienfaisante, qu'il ne faut pas laisser affaiblir dans l'éducation; mais enfin ce n'est, après tout, que l'idée d'un ange plus grand que les autres, un *Jupiter optimus maximus*. Que deviennent dans ce type humanisé les grands attributs que nous avons nommés? Dieu n'a pas de cause; il n'a pas été créé. Qu'est-ce à dire, sinon qu'il a en lui tout ce qu'il faut pour exister, qu'il contient en lui la source de l'être, en un mot qu'il est l'être? Étant l'être lui-même, il l'est tout entier, et il est tout être. Il n'y a rien de commun même entre lui et les êtres; et, comme on disait dans l'école, le mot d'être n'est pas univoque entre le créateur et la créature.

Pour contester ces prémisses, remarquez qu'il faudrait rejeter non seulement la métaphysique de Plotin, de Spinoza ou de Hegel, mais encore celle de Descartes, de Leibniz, de Malebranche, de Fénelon et de tous les grands chrétiens, de saint Augustin, de saint Bernard, de Bossuet. Il y a plus d'affinité entre la métaphysique chrétienne et le panthéisme qu'entre cette métaphysique et celle du déisme populaire, pour qui Dieu est surtout et avant tout, comme pour les païens, un individu, un ami, un père, dans le sens propre du mot. Ainsi le théisme, tout en se séparant du panthéisme, doit expliquer cependant comment il entend maintenir les conceptions fondamentales que nous avons signalées, pour ne pas tomber dans l'anthropomorphisme, qui n'est que le paganisme purifié.

Du haut de ces principes, on ne voit pas comment on soutiendrait une doctrine de transcendance rigoureusement entendue. La vraie transcendance supposerait que non seulement Dieu est en dehors du monde, mais aussi que le monde est en dehors de Dieu, que le monde a sa réalité comme Dieu a la sienne, que ce sont les deux facteurs de l'existence, indépendants et autonomes. Une telle doctrine n'est pas le théisme, c'est le dualisme. En dehors de cette doctrine (qui serait la vraie transcendance), il ne peut être question que d'une transcendance relative, qui distingue les deux termes sans les séparer. On ne voit donc pas trop comment une métaphysique qui part de l'idée d'infini peut échapper à une sorte d'immanence. Ce monde n'a d'être qu'en Dieu; il ne subsiste et ne vit qu'en lui : *In Deo vivimus.* Et, comme le dit saint Jean, πάντα ἐξ αὐτοῦ, ἀπ' αὐτοῦ καὶ διὰ αὐτόν. La métaphysique chrétienne est pleine de cette pénétration de l'infini et du fini. Bien loin d'exagérer l'indépendance du fini, elle en diminue autant qu'elle peut la substantialité. De là un grand nombre de doctrines qui attribuent à Dieu tout le réel de la création; la création continuée, le *concursus divinus,* non seulement *simulta-*

neus, mais encore *prævius,* la promotion physique, etc.[1], et cela non dans des sectes hérétiques, mais dans les plus grands représentants de l'orthodoxie. Toutes ces doctrines, les théistes modernes les ont laissées tomber sans se demander si ce n'était pas des conséquences inévitables de l'idée d'infini. Ils semblent plus préoccupés de sauver l'indépendance du monde que la suprématie de Dieu. Ils lui font donner une chiquenaude au monde, et puis ils n'ont plus que faire de Dieu.

C'est donc cette conscience de la compénétration réciproque de l'infini et du fini qui est le fort du panthéisme. Quelques explications que puissent donner plus tard les théistes, il faut qu'elles s'accordent avec ces prémisses. Autrement, ils sacrifieraient l'essence interne de Dieu à ses attributs externes. Dieu est bon, dit-on ; sans doute, mais ce n'est pas là son essence, puisque l'homme peut être bon aussi, et que cet attribut peut se communiquer à la créature. Ce qu'il ne peut communiquer, et son essence propre, c'est l'Infini, c'est l'Être, c'est l'Absolu. C'est tout cela qui est Dieu, et non pas tel ou tel attribut qui n'est qu'une manière d'être, et non le fond d'être qui le constitue.

Cela étant, que faut-il penser de la doctrine de la personnalité divine, à laquelle on a tout suspendu lors du grand débat entre le théisme et le panthéisme? Remarquons d'abord que cette doctrine n'est nullement une doctrine classique en philosophie. Jamais Descartes, jamais Fénelon, ni Malebranche, ni même Leibniz, n'ont défini Dieu par la personnalité. Ils n'ont même jamais connu cette expression. C'était en théologie, non en métaphysique, que l'on parlait de personnes divines : c'était un mystère, et si bien un mystère qu'il y en avait trois et non pas une seule. Et, d'ailleurs, comment dire

---

[1]. La théorie du *concursus divinus* consiste à dire que Dieu concourt à tous les actes de la créature, et que c'est de lui que vient tout le réel de l'action; et cela, non seulement au moment de l'action, mais même auparavant, la prédisposition à l'action venant encore de Dieu. La prémotion physique est une doctrine analogue : « Dieu, dit Bossuet, comme premier agissant, doit être cause de toute action, tellement qu'*il fait en nous l'agir même, comme il fait le pouvoir d'agir.* » (*Traité du libre arbitre*, chap. x.)

que Dieu est une personne, sans en faire un être particulier, un certain être? Mais alors il ne sera plus l'Être. D'ailleurs, qu'appelons-nous une personne? Un être qui dit : *Moi*. Mais nous ne connaissons d'autre moi que celui qui s'oppose au non-moi : « Sans le *toi*, dit Jacobi, le *moi* est impossible. » Mais en Dieu le moi s'oppose-t-il à un non-moi? Quel est ce non-moi? Est-ce le monde? Le monde a donc une réalité égale à celle de Dieu. Il lui fait donc équilibre. Est-ce au moi fini que s'oppose le moi infini? Eh quoi! je fais équilibre à Dieu! Il me pense comme je le pense : il m'oppose à lui comme je l'oppose à moi, comme je m'oppose à mes semblables! Tout cela est dualisme. Cela serait vrai dans l'hypothèse d'une matière coéternelle à Dieu : ce n'est pas vrai dans la doctrine du Dieu unique. Concluons que Dieu n'est pas une personne, mais qu'il est l'essence et la source de toute personnalité; il est ce qui rend la personnalité possible; il n'est pas impersonnel, mais il est suprapersonnel[1].

Nous en dirons autant des attributs humains que nous transportons en Dieu par induction en les élevant, dit-on, à l'infini. Mais, par là même, nous leur ôtons tout ce qui les rend accessibles et intelligibles pour nous. Quand nous parlons de l'intelligence divine, nous en retranchons les sens, parce que Dieu n'a pas de corps; l'imagination, parce qu'il n'a pas de sens; la mémoire et la prévision, parce qu'il n'est pas dans le temps; l'abstraction, la généralisation et le raisonnement, parce qu'il voit tout d'un seul coup; enfin le langage, parce qu'il n'a pas besoin de signes pour s'entendre sur lui-même. Quand nous parlons de la liberté divine, nous en retranchons le pouvoir de faillir et même le pouvoir de choisir; quand nous lui attribuons l'amour et la bonté, nous en retranchons la douleur, sans laquelle il est bien difficile de concevoir la pitié : *non ignara mali*. Ainsi, tous ces attributs ne peuvent se retrouver en Dieu que transfigurés; ils y sont en essence et en vérité, mais sous une forme qui nous est

---

1. Voir plus haut, livre IV, leçon IV.

incompréhensible et inconnue. N'est-ce pas là, après tout, la conception que Fénelon lui-même se fait des attributs divins, et avons-nous le droit d'être plus exigeants que Fénelon? « Je me représente cet être unique, nous dit-il, sous différentes faces, c'est-à-dire *suivant les divers rapports qu'il a avec ses ouvrages*: c'est ce qu'on nomme perfections ou attributs. Je donne à la même chose divers noms, suivant ses divers rapports extérieurs; mais je ne prétends point, par ces divers noms, exprimer des choses réellement diverses... Cette distinction des perfections divines n'est donc rien de vrai en lui;... mais c'est un ordre et une méthode que je mets, par nécessité, dans les opérations bornées et successives de mon esprit, pour en faire des espèces d'entrepôts dans ce travail, et pour contempler l'infini à diverses reprises, en le regardant par rapport aux diverses choses qu'il fait hors de lui. » C'est en conformité avec cette doctrine que nous écrivions, dans nos *Causes finales*, ces paroles que M. Vacherot veut bien citer : « Nous avons trop le sentiment des limites de notre raison, pour faire de nos conceptions humaines la mesure de l'absolu. » Mais nous ajoutions : « Une telle hypothèse (à savoir celle de l'intelligence divine) peut bien n'être qu'une approximation de la vérité et une représentation humaine de la nature divine; mais pour ne pas être adéquate à son objet, il ne s'ensuit pas qu'elle lui soit infidèle; elle en est la projection dans une conscience humaine, la traduction dans la langue des hommes, et c'est tout ce qu'on peut demander à la philosophie. »

On voit par ce qui précède jusqu'où nous pouvons suivre la doctrine de l'immanence, ou, pour parler franchement, du panthéisme. Dieu n'est pas un être : il est l'Être. Le monde et les créatures ne vivent et ne subsistent qu'en lui. Dieu n'est pas une personne : il est la source et l'essence de la personnalité. Les attributs divins ne sont que des symboles, des noms approximatifs par lesquels nous nous représentons ce qui correspond en Dieu aux diverses perfections des choses. On ne peut accuser cette doctrine de trop d'anthropomorphisme.

Mais si nous suivons le panthéisme jusque-là, nous l'abandonnons au moment où, après avoir maintenu contre le théisme exclusif le privilège suprême de l'infinité et de l'être, il abandonne et corrompt son propre principe en faisant du fini le mode d'existence nécessaire de la Divinité. Oui, l'infini est au fond l'essence, et, si l'on veut, même, la substance du fini; mais faut-il admettre la réciproque? Le fini fait-il partie de l'essence de Dieu? Est-il sa manifestation nécessaire? Dieu vit-il dans et par le fini, comme l'âme ne vit que dans et par les phénomènes du moi? C'est de cette réciproque qu'il s'agit entre les théistes et les panthéistes. Je veux bien admettre que ce pavé est divin, comme disait Servet à Calvin; mais suis-je forcé d'admettre que Dieu soit un pavé, et qu'il ne puisse exister sans devenir pavé? Là est la contradiction incurable du panthéisme. Il part de la plus haute idée de la Divinité; puis il la sacrifie à son contraire. Il craint d'attribuer à Dieu la personnalité même parfaite, de peur d'en faire un être fini, et en même temps il ne comprend pour lui d'autre vie que la vie finie indéfiniment répétée. Ainsi, placer la sainteté en Dieu, c'est de l'anthropomorphisme; mais placer en Dieu le crime, l'erreur, le doute, l'ignorance et la folie, dire qu'il est homme, animal, plante et pierre, ce n'est pas de l'anthropomorphisme, ce n'est pas du fétichisme. Je comprends qu'on dise : « Il n'y a pas de Dieu; il n'y a que le monde; il n'y a que la matière brute et ses lois, produisant par une série d'accidents la conscience et la volonté; » mais cela, ce n'est plus panthéisme, c'est athéisme. Pour avoir le droit de se dire panthéiste, il faut maintenir la notion de Dieu; et, nous l'avons vu, ce qui fait précisément la force et la beauté du panthéisme, c'est de maintenir cette notion très haut. Mais, dès lors, n'est-ce pas déchoir de ses propres principes que de faire consister la vie divine dans la vie du monde, dans ce tâtonnement pénible et laborieux dont la loi sans doute est le progrès, mais dont les étapes sont le mal, la souffrance, la chute et la mort? Quel Dieu est-ce que celui-là?

Le vrai panthéisme ne sera donc pas celui qui absorbe Dieu

dans le monde; sera-t-il davantage celui qui absorbe le monde en Dieu? pour qui le monde est si peu de chose, qu'il n'est, à proprement parler, rien? pour qui toute réalité s'évanouit comme une fumée devant l'infini? Voilà le vrai panthéisme, le panthéisme indien. Mais où sont ceux qui croient cela aujourd'hui? Si le monde n'est rien dans le sens rigoureux du mot, que deviennent alors la science, l'art, la patrie, la famille, la liberté, l'amour, la vie en un mot? Tout cela est mensonge, non-être, illusion : tout cela est vide; et ce qu'il y a de plus pressé pour nous, c'est de faire le vide, en sacrifiant famille, patrie, liberté, art, science, tout ce qui est profane, tout ce qui est humain, tout ce qui est mondain. C'est le *mouni* indien qui a raison; c'est Siméon Stylite sur sa colonne; c'est l'ermite du désert arrosant un bâton mort, pour montrer l'inanité du travail humain. Où est le philosophe, le métaphysicien qui pense sérieusement ces choses et qui les pratique? Les nirvanistes modernes ne vont pas au désert; Schopenhauer prêchait le nirvâna en passant toutes ses soirées à l'Opéra, en vantant le pessimisme dans les salons à la mode et en jouissant de tous les plaisirs de la vie.

Il faut donc maintenir à la fois l'idée d'infini et l'idée de fini; l'infini, sans quoi on se perd dans l'athéisme (ce que le panthéisme repousse); le fini, sans quoi on tombe dans l'ascétisme et le nihilisme : ce qui contredit l'idée même de la science et de la philosophie. Mais alors, les deux termes étant admis comme coexistants sans pouvoir être absorbés l'un dans l'autre, que devient la doctrine de l'immanence absolue? Cette doctrine est écartée, aussi bien que celle de la transcendance absolue : il reste une immanence relative ou une transcendance relative, et les deux doctrines se rapprochent l'une de l'autre. Le fini, sans doute, doit être dans et par l'infini, mais non au point d'en être la vie et la réalité, ni au point de n'être rien du tout. Il doit aussi être hors de l'infini, mais non au point de s'opposer à lui et de lui être égal. Quant au degré et à la mesure de cette existence, nous n'avons point de balance pour la peser.

Reste la question de l'être parfait, sur laquelle nous devons encore nous expliquer, en laissant les discussions trop techniques pour la controverse de l'école. Nous maintenons, quant à nous, l'idée cartésienne de l'être infiniment parfait. Mais en parlant ainsi, nous ne croyons rien dire de plus qu'en disant qu'il est l'Être, l'Être sans rien ajouter, disait Fénelon : car nous ne pouvons concevoir l'être que comme perfection, et la perfection que comme être. Nous sommes bien étonné d'entendre un métaphysicien aussi exercé que M. Vacherot nous dire que « Dieu doit être cherché dans la catégorie de l'existence ». Mais cette catégorie est absolument vide. L'existence n'est qu'un fait. C'est, comme dit Kant, la position d'un objet, mais il faut que cet objet soit lui-même quelque chose. L'existence n'ajoute rien de plus à la chose. Un être qui existe ne contient rien de plus que le même être conçu par l'esprit : cent thalers pensés sont égaux à cent thalers réels. Si Dieu n'est que l'existence, il faut qu'il soit l'existence de quelque chose : ce quelque chose ne peut alors être que le monde. Dieu sera donc l'existence du monde. Comment peut-il en être la puissance causatrice et la cause finale ? Sans doute M. Vacherot entend par existence la catégorie de l'être ; mais c'est tout autre chose. L'être a un contenu : et le plus grand contenu correspond au plus grand être : or, ce plus grand contenu est ce que nous appelons la plus haute perfection. Une intelligence qui veille a plus de perfection qu'une intelligence qui dort, parce qu'elle contient plus d'être. Plus l'activité est intense, plus il y a d'être : la perfection et l'être sont donc coextensifs ; si Dieu est l'être en soi, il est la perfection en soi : c'est une seule et même chose. Autrement, on confond l'être en soi avec l'être indéterminé, l'être en puissance, l'être qui n'est rien, mais qui peut tout devenir : ce n'est plus que la matière première d'Aristote ; c'est le moindre être, c'est le non-être, c'est ce que Hegel a appelé l'identité de l'être et du néant : c'est ce qui a fait dire à un penseur allemand que tout commence par 0 ; mais M. Vacherot n'admet pas cette doctrine, il la réfute souvent. Il admet donc par là même que l'Être en soi est le plein et non pas le vide. Nous ne voulons rien dire de plus en affirmant que Dieu est la perfection absolue.

On dit que Dieu est le monde en puissance, et M. Vacherot cite ce beau mot de Schelling : *Deus mundus implicitus; mundus Deus explicitus*. Nous ne répudions pas ces formules : elles sont, comme dit Leibniz, susceptibles d'un beau sens. Il y a, en effet, deux manières d'être en puissance. Le chêne est en puissance dans le gland; mais le gland est aussi en puissance dans le chêne. Chacun d'eux contient l'autre, mais non pas de la même manière. Quand le chêne sort du gland, c'est le plus qui sort du moins; quand le gland sort du chêne, c'est le moins qui sort du plus. Le gland devient chêne, mais le chêne ne devient pas gland; il reste chêne, avec la faculté de produire indéfiniment des glands et d'autres chênes semblables à lui-même. Dans l'impossibilité où nous sommes de comprendre l'opération par laquelle l'infini passe au fini, nous pouvons en trouver ici une image suffisante : c'est celle d'une puissance ou d'une force qui ne s'épuise pas dans sa multiplication, qui reste entière et aussi pleine qu'auparavant dans son développement au dehors; et, comme ce n'est pas un être particulier, selon les propres principes du panthéisme, mais l'être lui-même, il contient donc en lui la source indéfectible et inépuisable de l'être. Que signifie cette plénitude, cette indéfectibilité de l'être, si ce n'est précisément ce que les Cartésiens appelaient la perfection? Nous accordons à M. Vacherot que l'être parfait, en tant qu'il est l'être humain transfiguré, n'est qu'un idéal, un modèle d'imagination; mais il n'en est pas de même de l'être en soi, entendu comme plénitude absolue de l'être, comme inépuisable source d'existence. Est-il absolument nécessaire, pour que j'aie l'idée de Dieu et pour que j'éprouve le sentiment d'ineffable vénération que mérite ce nom, de me le représenter sous la forme des attributs humains? Ne me suffit-il pas que ces attributs soient contenus en lui en puissance et au delà, et, comme on dit dans l'école, éminemment? Ne me suffit-il pas de savoir que tout ce que j'admire, tout ce que je vénère, tout ce que j'aime est expression, émanation, fulguration de l'être absolu? D'où il suit qu'il est lui-même tout cela condensé et synthétisé dans une insondable essence. Cause finale et cause première, il est en tout, et tout est en lui : n'est-ce pas assez accorder à l'immanence, et faut-il aller jusqu'à dire qu'il est tout et que tout est lui, au risque de voir s'évanouir l'un ou l'autre de ces deux termes? S'il n'est pas une personne, il est ce qui rend la personnalité possible : s'il n'est pas bon, il est le bien; s'il n'est pas sage, il est la vérité; s'il n'est pas libre à la manière humaine, puisqu'il est impeccable, qu'il ignore la délibération, le choix et l'erreur, il n'est pas moins supérieur au fatalisme et au déterminisme, puisque c'est lui qui produit le déterminisme au lieu de le subir.

Maintenant, après avoir accordé que la nature de l'homme et celle de Dieu sont incomparables, incommensurables, que l'être de Dieu n'est pas *univoque* avec celui des créatures, est-il vrai cependant de dire, comme M. Vacherot, qu'il n'y a rien à tirer de la conscience humaine pour s'élever jusqu'à la Divinité? Sans doute, Fénelon a dit avec raison : « Dieu n'est ni esprit ni corps; il est tout ce qu'il y a d'essentiel dans les corps et dans les esprits. » Mais tout en accordant que Dieu n'est pas esprit dans le sens fini, ne peut-on pas dire cependant qu'il est plus esprit que corps? De tout ce que nous connaissons, l'esprit n'est-il pas plus près de lui que le corps? Et ne sommes-nous pas autorisés à trouver dans notre esprit, dans notre moi, un monogramme représentant l'essence divine? Si l'on accorde, comme le fait M. Vacherot, la doctrine de Maine de Biran, à savoir que la conscience atteint en nous-mêmes autre chose que le phénomène, qu'elle pénètre jusqu'à l'être même, cet être que nous sentons en nous n'est-il que notre être individuel, n'est-il pas aussi l'être lui-même? « L'être est inné à lui-même, » dit Leibniz. N'est-ce pas dire que nous sentons l'infini dans le fini, et ne peut-on pas aller jusqu'à dire, avec M. Ravaisson, que nous sentons Dieu en nous, et, suivant sa belle expression, « qu'il nous est plus intérieur que notre intérieur » ? Si l'on admet, en outre, avec Descartes, que la volonté est infinie, absolue, dire que nous sentons en nous la volonté, n'est-ce pas dire que nous sentons l'infini? Dire que nous avons conscience du libre arbitre, n'est-ce pas dire que nous avons conscience d'être au-dessus de la chaîne des phénomènes? Or cela n'est vrai que de Dieu. Sentir le libre arbitre, c'est donc sentir Dieu en nous. Sans doute le libre arbitre, la volonté, sont le cachet propre de la personnalité; c'est ce qui autorise chacun de nous à dire *moi*. D'un autre côté cependant, la personnalité doit-elle se confondre avec l'individualité? Un animal est un individu; mais il n'est pas une personne. La personnalité commence avec l'idée du bien, l'idée du droit et du devoir, l'idée de la loi. Or, ce sont là des idées impersonnelles qui sont les mêmes dans toutes les consciences. De même le libre arbitre est identique chez tous les hommes; la volonté est également identique. C'est là l'essence commune de l'humanité : c'est par là que tous les hommes sont semblables et égaux. C'est par là que l'homme est *sacré* pour l'homme : *homo res sacra homini*. Or, n'est-ce pas l'absolu, l'infini, le divin, qui seul peut rendre un être sacré? N'est-ce pas le divin qui constitue en nous le devoir et le droit? Et sans approfondir le mystère des deux personnes, des deux natures confondues dans le moi, n'est-il pas vrai de dire que, par le fait de la conscience, l'homme atteint en lui-même beaucoup plus près de l'être de Dieu qu'il ne le fait dans la nature extérieure? La crainte de l'anthropomorphisme n'entraîne-t-elle pas trop loin M. Vacherot, lorsqu'il refuse de voir dans la conscience une révélation sur le monde de l'infini? Sans refuser d'admettre que Dieu est plus qu'esprit (hyperspirituel), il sera permis cependant, humainement parlant, de dire qu'il est au moins esprit, et surtout, quelles que soient les profondeurs de son essence, qu'il devient en quelque sorte esprit en s'abaissant jusqu'à nous.

On entrevoit donc, sans qu'il soit permis à personne de donner la vraie formule, une vaste et haute idée de la Divinité vers laquelle s'achemineraient, des points divers de l'horizon philosophique, les premiers penseurs de notre temps, chacun s'arrêtant, d'ailleurs, à telle ou telle phase, à telle ou telle perspective. M. Vacherot, au lieu du Dieu-monde vers lequel il inclinait jadis, accorde aujourd'hui le Dieu cause première et cause finale. M. Littré, après avoir exclu de la science la notion d'infini, finissait par reconnaître que « l'*Immensité, tant physique qu'intellectuelle,* est une notion positive de premier ordre », et que la contemplation de cette idée est « aussi *salutaire* que formidable ». Comment une notion qui serait complètement vide pourrait-elle être salutaire? M. Herbert Spencer maintient énergiquement l'indestructibilité du sentiment religieux, et montre qu'il a pour objet l'inconnaissable considéré au point de vue de la volonté humaine, et il voit dans le sentiment de l'effort le symbole de l'immense et inépuisable activité[1]. M. Secrétan et M. Ravaisson, tout en inclinant vers l'identité finale et primordiale, font cependant consister dans la liberté, dans la pureté, dans la sainteté, la notion sainte du Dieu vivant. Pour nous, nous n'hésitons pas à reconnaître que l'on a exagéré la notion de personnalité divine, que l'on a trop rapproché les attributs divins des attributs humains, trop tiré la théodicée de la psychologie; qu'on a aussi exagéré, à un autre point de vue, la transcendance, qui, prise à la lettre, rendrait l'homme étranger à Dieu, et Dieu étranger à l'homme; et, sans aller jusqu'au panthéisme, nous admettons ce qu'un philosophe allemand a appelé le panenthéisme, πᾶν ἐν Θεῷ. N'y a-t-il pas dans tous ces faits la preuve qu'on est, en philosophie, moins éloigné les uns des autres qu'on ne croit l'être, que la complexité des points de vue et la difficulté du langage philosophique crée le plus sou-

---

[1]. Voir le remarquable article de la *Nineteenth century* de janvier 1884, intitulé : *Religion, Retrospect and Prospect.* « Cette force objective, on se la représente toujours sous forme d'énergie interne dont l'homme a conscience en tant qu'effort musculaire. A défaut d'un autre symbole, il est obligé de symboliser la forme objective dans les termes de la force subjective. » Cette remarquable rencontre finale de l'évolutionnisme et du spiritualisme biranien prouve combien il est nécessaire de laisser les idées se développer librement : elles finissent toujours par se rencontrer.

vent des dissidences qui s'effaceraient ou s'atténueraient si l'on pouvait entrer dans la conscience des autres, et penser leur pensée. Nous ne pouvons donc qu'admirer un philosophe sincère qui, s'interrogeant une dernière fois, s'est moins préoccupé de faire valoir ses pensées personnelles que de chercher par où il pourrait se rapprocher des philosophes qu'il paraissait contredire. C'est une preuve qu'il aime mieux la philosophie que lui-même, et qu'il préfère la vérité à la jouissance de son propre esprit. C'est là un noble exemple dont chacun de nous doit chercher à faire son profit.

Nous pouvons tirer encore de là une autre leçon. L'idée de Dieu est aujourd'hui soumise à un assaut formidable, tel qu'on n'en a jamais vu dans l'histoire, parce que l'esprit humain et les sociétés humaines n'ont jamais joui d'une telle liberté. Il semble donc que Dieu s'obscurcisse dans la conscience. De là à croire que cette idée ira toujours en s'affaiblissant, et finira par s'éteindre un jour tout à fait, il n'y a qu'un pas. C'est cependant, selon nous, une radicale erreur. L'idée de Dieu, pendant des siècles, a été le patrimoine des pauvres, des humbles, des ignorants; c'étaient les gens d'esprit qui, par haine de la superstition, devenaient athées. Dès qu'on s'est aperçu qu'il y avait là une sorte d'aristocratie, et que c'était sortir du commun que de cesser de croire en Dieu, tout le monde a voulu être athée, comme tout le monde veut être bachelier. Quelques-uns même, s'apercevant que cela devient commun, se sont mis à crier plus fort que les autres et à blasphémer courageusement contre quelqu'un qui n'existe pas. On ne peut dire jusqu'où ira ce mouvement de négation et de critique; mais il aura inévitablement son mouvement de retour. Ceux qui dans une société croyante étaient athées redeviendront théistes dans une société athée : ils recueilleront la succession des idées religieuses. Ils comprendront l'essence divine de la pensée, ils comprendront quelle plate philosophie, quelle plate société, quelle science plate et inutile que celle qui n'a pas d'étoile. De même que, dans les beaux-arts, la foule des naturalistes encombrera les expositions vulgaires, tandis que quelques natures distinguées et hautes persisteront à garder le feu sacré du grand art ; de même, tandis que la foule servile se précipitera vers le positivisme, le déterminisme, le matérialisme, les penseurs élevés reviendront de la science à la métaphysique, et de la métaphysique à la philosophie divine, qui est la source de tout. Ce seront alors les gens d'esprit qui croiront en Dieu : mais la même loi d'imitation qui a fait descendre l'athéisme dans les foules y fera descendre également les idées religieuses épurées. C'est pourquoi nous ne craignons pas la liberté de penser : nous désirons qu'elle épuise le plus tôt possible toute sa fougue, et qu'elle se dévore elle-même pour retourner à son principe, sans lequel elle n'est rien. On voit que nous ne sommes pas au nombre des découragés et des désespérés : nous aimons les idées; nous n'avons pas peur d'elles; ce seront elles qui travailleront pour nous.

FIN

TABLE DES MATIÈRES

LIVRE TROISIÈME. — VOLONTÉ ET LIBERTÉ

		Pages
Leçon première.	— La volonté et l'action réflexe...................	3
—	II. — Analyse psychologique de la volonté.............	18
—	III. — Suite de l'analyse de la volonté................	29
—	IV. — La liberté. — Les deux sens du mot liberté.........	46
—	V. — Une illusion d'optique dans le problème du libre arbitre.................................	54
—	VI. — Le libre arbitre et la possibilité des contraires.......	62
—	VII. — L'idée de la liberté.........................	71

LIVRE QUATRIÈME. — DIEU

Leçon première.	— L'Infini...............................	83
—	II. — L'Absolu..............................	95
—	III. — L'idée de perfection.......................	102
—	IV. — La personnalité divine......................	111
—	V. — Des rapports de Dieu et du monde..............	123
—	VI. — Le devoir et Dieu.........................	134

LIVRE CINQUIÈME. — LE MONDE EXTÉRIEUR

Leçon première.	— De la subjectivité des sensations.................	149
—	II. — De l'objectivité des sensations.................	160
—	III. — De la perception visuelle de la distance...........	169
—	IV. — Un essai de démonstration de l'existence du monde extérieur................................	189
—	V. — Perception et imagination....................	200
—	VI. — Perception et imagination (suite)...............	208
—	VII. — Les illusions et les hallucinations...............	220

LIVRE SIXIÈME. — DE L'IDÉALISME

Leçon première.	— De l'idéalisme en général et de ses différentes formes.	237
—	II. — L'idéalisme anglais. — Le relativisme de M. Grote...	247
—	III. — Discussion du relativisme....................	257

Leçon IV. — L'idéalisme de Kant. — La perception extérieure..... 269
— V. — La théorie de la conscience dans la philosophie de Kant... 278
— VI. — L'idéalisme de Kant en lui-même..................... 288
— VII. — L'idée de Dieu dans la philosophie de Kant. — L'argument ontologique................................. 303
— VIII. — Réalisme et idéalisme.............................. 314

APPENDICE. — ÉTUDES CRITIQUES

I. — Leçon d'ouverture d'un cours de théodicée 327
II. — La philosophie de la liberté. — Schelling et Secrétan......... 349
III. — La philosophie de la volonté. — Schopenhauer et Hartmann.... 389
IV. — Schopenhauer et la physiologie française. — Cabanis et Bichat.. 418
V. — La philosophie de la contingence. — M. Émile Boutroux....... 451
VI. — La philosophie de la croyance. — M. Ollé-Laprune........... 467
VII. — La théorie de l'erreur. — M. Victor Brochard.............. 493
VIII. — L'idéalisme de M. Lachelier.............................. 515
IX. — Le spiritualisme biranien................................ 530
X. — L'automatisme psychologique. — M. Pierre Janet........... 556
XI. — Le testament d'un philosophe. — M. Vacherot.............. 573

SOCIÉTÉ ANONYME D'IMPRIMERIE DE VILLEFRANCHE-DE-ROUERGUE
Jules Bardoux, Directeur.

www.ingramcontent.com/pod-product-compliance
Lightning Source LLC
Chambersburg PA
CBHW060400230426
43663CB00008B/1332